OEUVRES COMPLÈTES

DE

M. DE BALZAC.

PARIS, IMPRIMÉ PAR BÉTHUNE ET PLON.

SCÈNES

DE LA

VIE DE PROVINCE

TOME II.

Les Célibataires : le Curé de Tours. — Un Ménage de Garçon. — Les Parisiens en Province : l'illustre Gaudissart. — La Muse du Département.

PARIS,

FURNE,
RUE SAINT-ANDRÉ-DES-ARTS, 55;

J. J. DUBOCHET ET CIE,
RUE DE SEINE, 33;

J. HETZEL,
RUE DE SEINE, 33.

1843

LA COMÉDIE HUMAINE,

SIXIÈME VOLUME.

PREMIÈRE PARTIE,

ÉTUDES DE MOEURS.

DEUXIÈME LIVRE

L'abbé Birotteau, petit homme court, de constitution apoplectique, avait déjà subi plusieurs attaques de goutte.

DEUXIÈME LIVRE,

SCÈNES DE LA VIE DE PROVINCE.

LES CÉLIBATAIRES.

(DEUXIÈME HISTOIRE.)

LE CURÉ DE TOURS.

A DAVID, STATUAIRE.

La durée de l'œuvre sur laquelle j'inscris votre nom, deux fois illustre dans ce siècle, est très-problématique; tandis que vous gravez le mien sur le bronze qui survit aux nations, ne fût-il frappé que par le vulgaire marteau du monnayeur. Les numismates ne seront-ils pas embarrassés de tant de têtes couronnées dans votre atelier, quand ils retrouveront parmi les cendres de Paris ces existences par vous perpétuées au delà de la vie des peuples, et dans lesquelles ils voudront voir des dynasties? A vous donc ce divin privilége, à moi la reconnaissance.

DE BALZAC.

Au commencement de l'automne de l'année 1826, l'abbé Birotteau, principal personnage de cette histoire, fut surpris par une averse en revenant de la maison où il était allé passer la soirée. Il traversait donc aussi promptement que son embonpoint pouvait le lui permettre, la petite place déserte nommée *le Cloître*, qui se trouve derrière le chevet de Saint-Gatien, à Tours.

L'abbé Birotteau, petit homme court, de constitution apoplectique, âgé d'environ soixante ans, avait déjà subi plusieurs attaques de goutte. Or, entre toutes les petites misères de la vie humaine, celle pour laquelle le bon prêtre éprouvait le plus d'aversion, était le subit arrosement de ses souliers à larges agrafes d'argent et l'immersion de leurs semelles. En effet, malgré les chaussons de flanelle dans lesquels il s'empaquetait en tout temps les pieds avec le soin que les ecclésiastiques prennent d'eux-mêmes, il y gagnait toujours un peu d'humidité; puis, le lendemain, la goutte lui donnait infailliblement quelques preuves de sa constance. Néanmoins, comme le pavé du Cloître est toujours sec, que l'abbé Birotteau avait gagné trois livres dix sous au wisth chez madame de Listomère, il endura la pluie avec résignation depuis le milieu de la place de l'Archevêché, où elle avait commencé à tomber en abondance. En ce moment, il caressait d'ailleurs sa chimère, un désir déjà vieux de douze ans, un désir de prêtre! un désir qui, formé tous les soirs, paraissait alors près de s'accomplir; enfin, il s'enveloppait trop bien dans l'aumusse d'un canonicat vacant pour sentir les intempéries de l'air : pendant la soirée, les personnes habituellement réunies chez madame de Listomère lui avaient presque garanti sa nomination à la place de chanoine, alors vacante au Chapitre métropolitain de Saint-Gatien, en lui prouvant que personne ne la méritait mieux que lui, dont les droits long-temps méconnus étaient incontestables. S'il eût perdu au jeu, s'il eût appris que l'abbé Poirel, son concurrent, passait chanoine, le bonhomme eût alors trouvé la pluie bien froide. Peut-être eût-il médit de l'existence. Mais il se trouvait dans une de ces rares circonstances de la vie où d'heureuses sensations font tout oublier. En hâtant le pas, il obéissait à un mouvement machinal, et la vérité, si essentielle dans une histoire des mœurs, oblige à dire qu'il ne pensait ni à l'averse, ni à la goutte.

Jadis, il existait dans le Cloître, du côté de la Grand'rue, plusieurs maisons réunies par une clôture, appartenant à la Cathédrale et où logeaient quelques dignitaires du Chapitre. Depuis l'aliénation des biens du clergé, la ville a fait du passage qui sépare ces maisons une rue, nommée rue de la *Psalette*, et par laquelle on va du Cloître à la Grand'rue. Ce nom indique suffisamment que là demeurait autrefois le grand Chantre, ses écoles et ceux qui vivaient sous sa dépendance. Le côté gauche de cette rue est rempli par une seule maison dont les murs sont traversés par les arcs-boutants de Saint-Gatien qui sont implantés dans son petit jardin étroit, de manière à laisser en doute si la Cathédrale fut bâtie avant ou après cet antique logis. Mais en examinant les arabesques et la forme des fenêtres, le cintre de la porte, et l'extérieur de cette maison brunie par le temps, un archéologue voit qu'elle a toujours fait partie du monument magnifique avec lequel elle est mariée. Un antiquaire, s'il y en avait à Tours, une des villes les moins littéraires de France, pourrait même reconnaître, à l'entrée du passage dans le Cloître, quelques vestiges de l'arcade qui formait jadis le portail de ces habitations ecclésiastiques et qui devait s'harmonier au caractère général de l'édifice. Située au nord de Saint-Gatien, cette maison se trouve continuellement dans les ombres projetées par cette grande cathédrale sur laquelle le temps a jeté son manteau noir, imprimé ses rides, semé son froid humide, ses mousses et ses hautes herbes. Aussi cette habitation est-elle toujours enveloppée dans un profond silence interrompu seulement par le bruit des cloches, par le chant des offices qui franchit les murs de l'église, ou par les cris des choucas nichés dans le sommet des clochers. Cet endroit est un désert de pierres, une solitude pleine de physionomie, et qui ne peut être habitée que par des êtres arrivés à une nullité complète ou doués d'une force d'âme prodigieuse. La maison dont il s'agit avait toujours été occupée par des abbés, et appartenait à une vieille fille nommée mademoiselle Gamard. Quoique ce bien eût été acquis de la nation, pendant la Terreur, par le père de mademoiselle Gamard ; comme depuis vingt ans cette vieille fille y logeait des prêtres, personne ne s'avisait de trouver mauvais, sous la Restauration, qu'une dévote conservât un bien national : peut-être les gens religieux lui supposaient-ils l'intention de le léguer au Chapitre, et les gens du monde n'en voyaient-ils pas la destination changée.

L'abbé Birotteau se dirigeait donc vers cette maison, où il demeurait depuis deux ans. Son appartement avait été, comme l'était alors le canonicat, l'objet de son envie et son *hoc erat in votis* pendant une douzaine d'années. Être le pensionnaire de mademoiselle Gamard et devenir chanoine, furent les deux grandes affaires de sa vie ; et peut-être résument-elles exactement l'ambition d'un prêtre, qui, se considérant comme en voyage vers l'éternité, ne peut souhaiter en ce monde qu'un bon gîte, une bonne table, des vêtements propres, des souliers à agrafes d'argent, choses suffisantes pour les besoins de la bête, et un canonicat pour satisfaire l'amour-propre, ce sentiment indicible qui nous suivra, dit-on, jusqu'auprès de Dieu, puisqu'il y a des grades parmi les saints. Mais la convoitise de l'appartement alors habité par l'abbé Birotteau, ce sentiment minime aux yeux des gens du monde, avait été pour lui toute une passion, passion pleine d'obstacles, et, comme les plus criminelles passions, pleine d'espérances, de plaisirs et de remords.

La distribution intérieure et la contenance de sa maison n'avaient pas permis à mademoiselle Gamard d'avoir plus de deux pensionnaires logés. Or, environ douze ans avant le jour où Birotteau devint le pensionnaire de cette fille, elle s'était chargée d'entretenir en joie et en santé monsieur l'abbé Troubert et monsieur l'abbé Chapeloud. L'abbé Troubert vivait. L'abbé Chapeloud était mort, et Birotteau lui avait immédiatement succédé.

Feu monsieur l'abbé Chapeloud, en son vivant chanoine de Saint-Gatien, avait été l'ami intime de l'abbé Birotteau. Toutes les fois que le vicaire était entré chez le chanoine, il en avait admiré constamment l'appartement, les meubles et la bibliothèque. De cette admiration naquit un jour l'envie de posséder ces belles choses. Il avait été impossible à l'abbé Birotteau d'étouffer ce désir, qui souvent le fit horriblement souffrir quand il venait à penser que la mort de son meilleur ami pouvait seule satisfaire cette cupidité cachée, mais qui allait toujours croissant. L'abbé Chapeloud et son ami Birotteau n'étaient pas riches. Tous deux fils de paysans, ils n'avaient rien autre chose que les faibles émoluments accordés aux prêtres ; et leurs minces économies furent employées à passer les temps malheureux de la Révolution. Quand Napoléon rétablit le culte catholique, l'abbé Chapeloud fut nommé chanoine de Saint-Gatien, et Birotteau devint vicaire de la Cathédrale. Chapeloud se mit alors en pension chez mademoiselle Gamard. Lorsque Birotteau vint visiter le chanoine dans sa nouvelle demeure, il trouva l'appartement parfaitement bien distribué ; mais il n'y vit rien autre chose. Le début de cette concupiscence mobilière fut semblable à celui d'une passion vraie, qui, chez un jeune homme, commence quelquefois par une froide admiration pour la femme que plus tard il aimera toujours.

Cet appartement, desservi par un escalier en pierre, se trouvait dans un corps de logis à l'exposition du midi. L'abbé Troubert occupait le rez-de-chaussée, et mademoiselle Gamard le premier étage du principal bâtiment situé sur la rue. Lorsque Chapeloud entra dans son logement, les pièces étaient nues et les plafonds noircis par la fumée. Les chambranles des cheminées en pierre assez mal sculptée n'avaient jamais été peints. Pour tout mobilier, le pauvre chanoine y mit d'abord un lit, une table, quelques chaises, et le peu de livres qu'il possédait. L'appartement ressemblait à une belle femme en haillons. Mais, deux ou trois ans après, une vieille dame ayant laissé deux mille francs à l'abbé Chapeloud, il employa cette somme à l'emplète d'une bibliothèque en chêne, provenant de la démolition d'un château dépecé par la Bande Noire, et remarquable par des sculptures dignes de l'admiration des artistes. L'abbé fit cette acquisition, séduit moins par le bon marché que par la parfaite concordance qui existait entre les dimensions de ce meuble et celles de la galerie. Ses économies lui permirent alors de restaurer entièrement la galerie jusque-là pauvre et délaissée. Le parquet fut soigneusement frotté, le plafond blanchi ; et les boiseries furent peintes de manière à figurer les teintes et les nœuds du chêne. Une cheminée de marbre remplaça l'ancienne. Le chanoine eut assez de goût pour chercher et pour trouver de vieux fauteuils en bois de noyer sculpté. Puis une longue table en ébène et deux meubles de Boulle achevèrent de donner à cette galerie une physionomie pleine de caractère. Dans l'espace de deux ans, les libéralités de plusieurs personnes dévotes, et des legs de ses pieuses pénitentes, quoique légers, remplirent de livres les rayons de la bibliothèque alors vide. Enfin, un oncle de Chapeloud, ancien Oratorien, lui légua en mourant une collection complète in-folio des Pères de l'Église, et plusieurs autres grands ouvrages précieux pour un ecclésiastique. Birotteau, surpris de plus en plus par les transformations successives de cette galerie jadis nue, arriva par degrés à une involontaire convoitise. Il souhaita posséder ce cabinet, si bien en rapport avec la gravité des mœurs ecclésiastiques. Cette passion s'accrut de jour en jour. Occupé pendant des journées entières à travailler dans cet asile, le vicaire put en apprécier le silence et la paix, après en avoir primitivement admiré l'heureuse distribution. Pendant les années suivantes, l'abbé Chapeloud fit de la cellule un oratoire que ses dévotes amies se plurent à embellir. Plus tard encore, une dame offrit au chanoine pour sa chambre un meuble en tapisserie qu'elle avait faite elle-même pendant longtemps sous les yeux de cet homme aimable sans qu'il en soupçonnât la destination. Il en fut alors de la chambre à coucher comme de la galerie, elle éblouit le vicaire. Enfin, trois ans avant sa mort, l'abbé Chapeloud avait complété le comfortable de son appartement en en décorant le salon. Quoique simplement garni de velours d'Utrecht rouge, le meuble avait séduit Birotteau. Depuis le jour où le camarade du chanoine vit les rideaux de lampasse rouge, les meubles d'acajou, le tapis d'Aubusson qui ornaient cette vaste pièce peinte à neuf, l'appartement de Chapeloud devint pour lui l'objet d'une monomanie secrète. Y demeurer, se coucher dans le lit à grands rideaux de soie où couchait le chanoine, et trouver toutes ses aises autour de lui, comme les trouvait Chapeloud, fut pour Birotteau le bonheur complet : il ne voyait rien au delà. Tout ce que les choses du monde font naître d'envie et d'ambition dans le cœur des autres hommes se concentra chez l'abbé Birotteau dans le sentiment secret et profond avec lequel il désirait un intérieur semblable à celui que s'était créé l'abbé Chapeloud. Quand son ami tombait malade, il venait certes chez lui conduit par une sincère affection ; mais, en apprenant l'indisposition du chanoine, ou en lui tenant compagnie, il s'élevait, malgré lui, dans le fond de son âme mille pensées dont la formule la plus simple était toujours : — Si Chapeloud mourait, je pourrais avoir son logement. Cependant, comme Birotteau avait un cœur excellent, des idées étroites et une intelligence bornée, il n'allait pas jusqu'à concevoir les moyens de se faire léguer la bibliothèque et les meubles de son ami.

L'abbé Chapeloud, égoïste aimable et indulgent, devina la passion de son ami, ce qui n'était pas difficile, et la lui pardonna, ce qui peut sembler moins facile chez un prêtre. Mais aussi le vicaire, dont l'amitié resta toujours la même, ne cessa-t-il pas de se promener avec son ami tous les jours dans la même allée du mail de Tours, sans lui faire tort un seul moment du temps consacré depuis vingt années à cette promenade. Birotteau, qui considérait ses vœux involontaires comme des fautes, eût été capable, par contrition, du plus grand dévouement pour l'abbé Chapeloud. Celui-ci paya sa dette envers une fraternité si naïvement sincère en disant, quelques jours avant sa mort au vicaire, qui lui lisait la Quotidienne : — Pour cette fois, tu auras l'appartement. Je sens que tout est fini pour moi. En effet, par son testament, l'abbé Chapeloud légua sa bibliothèque et son mobilier à Birotteau. La possession de ces choses, si vivement désirées, et la perspective d'être pris en pension par mademoiselle Gamard, adoucirent beaucoup la douleur que causait à Birotteau la perte de son ami le chanoine : il ne l'aurait peut-être pas ressuscité, mais il le pleura. Pendant quelques jours il fut comme Gargantua, dont la femme étant morte en accouchant de Pantagruel, ne savait s'il devait se réjouir de la naissance de son fils, ou se chagriner d'avoir enterré sa bonne Badbec, et qui se trompait en se réjouissant de la mort de sa femme, et déplorant la naissance de Pantagruel.

L'abbé Birotteau passa les premiers jours de son deuil à vérifier les ouvrages de *sa* bibliothèque, à se servir de *ses* meubles, à les examiner, en disant d'un ton qui, malheureusement, n'a pu être noté : — Pauvre Chapeloud ! Enfin sa joie et sa douleur l'occupaient tant qu'il ne ressentit aucune peine de voir donner à un autre la place de chanoine, dans laquelle feu Chapeloud espérait avoir Birotteau pour successeur. Mademoiselle Gamard ayant pris avec plaisir le vicaire en pension, celui-ci participa dès lors à toutes les félicités de la vie matérielle que lui vantait le défunt chanoine. Incalculables avantages ! A entendre feu l'abbé Chapeloud, aucun de tous les prêtres qui habitaient la ville de Tours ne pouvait être, sans en excepter l'Archevêque, l'objet de soins aussi délicats, aussi minutieux que ceux prodigués par mademoiselle Gamard à ses deux pensionnaires. Les premiers mots que disait le chanoine à son ami, en se promenant sur le Mail, avaient presque toujours trait au succulent dîner qu'il venait de faire, et il était bien rare que, pendant les sept promenades de la semaine, il ne lui arrivât pas de dire au moins quatorze fois : — Cette excellente fille a certes pour vocation le service ecclésiastique.

— Pensez donc, disait l'abbé Chapeloud à Birotteau, que, pendant douze années consécutives, linge blanc, aubes, surplis, rabats, rien ne m'a jamais manqué. Je trouve toujours chaque chose en place, en nombre suffisant, et sentant l'iris. Mes meubles sont frottés, et toujours si bien essuyés que, depuis long-temps, je ne connais plus la poussière. En avez-vous vu un seul grain chez moi ? Jamais ! Puis le bois de chauffage est bien choisi, les moindres choses sont excellentes; bref, il semble que mademoiselle Gamard ait sans cesse un œil dans ma chambre. Je ne me souviens pas d'avoir sonné deux fois, en dix ans, pour demander quoi que ce fût. Voilà vivre ! N'avoir rien à chercher, pas même ses pantoufles. Trouver toujours bon feu, bonne table. Enfin, mon soufflet m'impatientait, il avait le larynx embarrassé, je ne m'en suis pas plaint deux fois. Brst, le lendemain mademoiselle m'a donné un très-joli soufflet, et cette paire de badines avec lesquelles vous me voyez tisonnant.

Birotteau, pour toute réponse, disait : — Sentant l'iris ! Ce *sentant l'iris* le frappait toujours. Les paroles du chanoine accusaient un bonheur fantastique pour le pauvre vicaire, à qui ses rabats et ses aubes faisaient tourner la tête ; car il n'avait aucun ordre, et oubliait assez fréquemment de commander son dîner. Aussi, soit en quêtant, soit en disant la messe, quand il apercevait mademoiselle Gamard à Saint-Gatien, ne manquait-il jamais de lui jeter un regard doux et bienveillant, comme sainte Thérèse pouvait en jeter au ciel. Le bien-être que désire toute créature, et qu'il avait si souvent rêvé, lui était donc échu. Cependant, comme il est difficile à tout le monde, même à un prêtre, de vivre sans un dada ; depuis dix-huit mois, l'abbé Birotteau avait remplacé ses deux passions satisfaites par le souhait d'un canonicat. Le titre de chanoine était devenu pour lui ce que doit être la pairie pour un ministre plébéien. Aussi la probabilité de sa nomination, les espérances qu'on venait de lui donner chez madame de Listomère, lui tournaient-elles si bien la tête qu'il ne se rappela y avoir oublié son parapluie qu'en arrivant à son domicile. Peut-être même, sans la pluie qui tombait alors à torrents, ne s'en serait-il pas souvenu, tant il était absorbé par le plaisir avec lequel il rabâchait en lui-même tout ce que lui avaient dit, au sujet de sa promotion, les personnes de la société de madame de Listomère, vieille dame chez laquelle il passait la soirée du mercredi. Le vicaire sonna vivement comme pour dire à la servante de ne pas le faire attendre. Puis il se serra dans le coin de la porte, afin de se laisser arroser le moins possible ; mais l'eau qui tombait du toit coula précisément sur le bout de ses souliers, et le vent poussa par moments sur lui certaines bouffées de pluie assez semblables à des douches. Après avoir calculé le temps nécessaire pour sortir de la cuisine et venir tirer le cordon placé sous la porte, il resonna encore de manière à produire un carillon très-significatif. — Ils ne peuvent pas être sortis, se dit-il en n'entendant aucun mouvement dans l'intérieur. Et pour la troisième fois il recommença sa sonnerie, qui retentit si aigrement dans la maison, et fut si bien répétée par tous les échos de la Cathédrale, qu'à ce factieux tapage il était impossible de ne pas se réveiller. Aussi, quelques instants après, n'entendit-il pas, sans un certain plaisir mêlé d'humeur, les sabots de la servante qui claquaient sur le petit pavé caillouteux. Néanmoins le malaise du podagre ne finit pas aussitôt qu'il le croyait. Au lieu de tirer le cordon, Marianne fut obligée d'ouvrir la serrure de la porte avec la grosse clef et de défaire les verrous.

— Comment me laissez-vous sonner trois fois par un temps pareil? dit-il à Marianne.

— Mais, monsieur, vous voyez bien que la porte était fermée. Tout le monde est couché depuis long-temps, les trois quarts de dix heures sont sonnés. Mademoiselle aura cru que vous n'étiez pas sorti.

— Mais vous m'avez bien vu partir, vous! D'ailleurs mademoiselle sait bien que je vais chez madame de Listomère tous les mercredis.

— Ma foi! monsieur, j'ai fait ce que mademoiselle m'a commandé de faire, répondit Marianne en fermant la porte.

Ces paroles portèrent à l'abbé Birotteau un coup qui lui fut d'autant plus sensible que sa rêverie l'avait rendu plus complétement heureux. Il se tut, suivit Marianne à la cuisine pour prendre son bougeoir, qu'il supposait y avoir été mis. Mais, au lieu d'entrer dans la cuisine, Marianne mena l'abbé chez lui, où le vicaire aperçut son bougeoir sur une table qui se trouvait à la porte du salon rouge, dans une espèce d'antichambre formée par le palier de l'escalier auquel le défunt chanoine avait adapté une grande clôture vitrée. Muet de surprise, il entra promptement dans sa chambre, n'y vit pas de feu dans la cheminée, et appela Marianne, qui n'avait pas encore eu le temps de descendre.

— Vous n'avez donc pas allumé de feu? dit-il.

— Pardon, monsieur l'abbé, répondit-elle. Il se sera éteint.

Birotteau regarda de nouveau le foyer, et s'assura que le feu était resté couvert depuis le matin.

— J'ai besoin de me sécher les pieds, reprit-il, faites-moi du feu.

Marianne obéit avec la promptitude d'une personne qui avait envie de dormir. Tout en cherchant lui-même ses pantoufles qu'il ne trouvait pas au milieu de son tapis de lit, comme elles y étaient jadis, l'abbé fit, sur la manière dont Marianne était habillée, certaines observations par lesquelles il lui fut démontré qu'elle ne sortait pas de son lit, comme elle le lui avait dit. Il se souvint alors que, depuis environ quinze jours, il était sevré de tous ces petits soins qui, pendant dix-huit mois, lui avaient rendu la vie si douce à porter. Or, comme la nature des esprits étroits les porte à deviner les minuties, il se livra soudain à de très-grandes réflexions sur ces quatre événements, imperceptibles pour tout autre, mais qui, pour lui, constituaient quatre catastrophes. Il s'agissait évidemment de la perte entière de son bonheur, dans l'oubli des pantoufles, dans le mensonge de Marianne relativement au feu, dans le transport insolite de son bougeoir sur la table de l'antichambre, et dans la station forcée qu'on lui avait ménagée, par la pluie, sur le seuil de la porte.

Quand la flamme eut brillé dans le foyer, quand la lampe de nuit fut allumée, et que Marianne l'eut quitté sans lui demander, comme elle le faisait jadis : — Monsieur a-t-il encore besoin de quelque chose? l'abbé Birotteau se laissa doucement aller dans la belle et ample bergère de son défunt ami ; mais le mouvement par lequel il y tomba eut quelque chose de triste. Le bonhomme était accablé sous le pressentiment d'un affreux malheur. Ses yeux se tournèrent successivement sur le beau cartel, sur la commode, sur les siéges, les rideaux, les tapis, le lit en tombeau, le bénitier, le crucifix, sur une Vierge du Valentin, sur un Christ de Lebrun, enfin sur tous les accessoires de cette chambre ; et l'expression de sa physionomie révéla les douleurs du plus tendre adieu qu'un amant ait jamais fait à sa première maîtresse, ou un vieillard à ses derniers arbres plantés. Le vicaire venait de reconnaître, un peu tard à la vérité, les signes d'une persécution sourde exercée sur lui depuis environ trois mois par mademoiselle Gamard, dont les mauvaises intentions eussent sans doute été beaucoup plus tôt devinées par un homme d'esprit. Les vieilles filles n'ont-elles pas toutes un certain talent pour accentuer les actions et les mots que la haine leur suggère? Elles égratignent à la manière des chats. Puis, non-seulement elles blessent, mais elles éprouvent du plaisir à blesser, et à faire voir à leur victime qu'elles l'ont blessée. Là où un homme du monde ne se serait pas laissé griffer deux fois, le bon Birotteau avait besoin de plusieurs coups de patte dans la figure avant de croire à une intention méchante.

Aussitôt, avec cette sagacité questionneuse que contractent les prêtres habitués à diriger les consciences et à creuser des riens au fond du confessionnal, l'abbé Birotteau se mit à établir, comme s'il s'agissait d'une controverse religieuse, la proposition suivante : — En admettant que mademoiselle Gamard n'ait plus songé à la soirée de madame de Listomère, que Marianne ait oublié de faire mon feu, que l'on m'ait cru rentré ; attendu que j'ai descendu ce matin, et moi-même ! *mon bougeoir ! ! !* il est impossible que mademoiselle Gamard, en le voyant dans son salon, ait pu me supposer couché. *Ergo,* mademoiselle Gamard a voulu me laisser à la porte par la pluie ; et, en faisant remonter mon bougeoir chez moi, elle a eu l'intention de me faire connaître... — Quoi ? dit-il tout haut, emporté par la gravité des cinconstances, en se levant pour quitter ses habits mouillés, prendre sa robe de chambre et se coiffer de nuit. Puis il alla de son lit à la cheminée, en gesticulant et lançant sur des tons différents les phrases suivantes, qui toutes furent terminées d'une voix de fausset, comme pour remplacer des points d'interjection.

— Que diantre lui ai-je fait ? Pourquoi m'en veut-elle ? Marianne n'a pas dû oublier mon feu ! C'est mademoiselle qui lui aura dit de ne pas l'allumer ! Il faudrait être un enfant pour ne pas s'apercevoir, au ton et aux manières qu'elle prend avec moi, que j'ai eu le malheur de lui déplaire. Jamais il n'est arrivé rien de pareil à Chapeloud ! Il me sera impossible de vivre au milieu des tourments que... A mon âge...

Il se coucha dans l'espoir d'éclaircir le lendemain matin la cause de la haine qui détruisait à jamais ce bonheur dont il avait joui pendant deux ans, après l'avoir si long-temps désiré. Hélas ! les secrets motifs du sentiment que mademoiselle Gamard lui portait devaient lui être éternellement inconnus, non qu'ils fussent difficiles à deviner, mais parce que le pauvre homme manquait de cette bonne foi avec laquelle les grandes âmes et les fripons savent réagir sur eux-mêmes et se juger. Un homme de génie ou un intrigant seuls, se disent : — J'ai eu tort. L'intérêt et le talent sont les seuls conseillers consciencieux et lucides. Or, l'abbé Birotteau, dont la bonté allait jusqu'à la bêtise, dont l'instruction n'était en quelque sorte que plaquée à force de travail, qui n'avait aucune expérience du monde ni de ses mœurs, et qui vivait entre la messe et le confessionnal, grandement occupé de décider les cas de conscience les plus légers, en sa qualité de confesseur des pensionnats de la ville et de quelques belles âmes qui l'appréciaient, l'abbé Birotteau pouvait être considéré comme un grand enfant, à qui la majeure partie des pratiques sociales était complètement étrangère. Seulement, l'égoïsme naturel à toutes les créatures humaines, renforcé par l'égoïsme particulier au prêtre, et par celui de la vie étroite que l'on mène en province, s'était insensiblement développé chez lui, sans qu'il s'en doutât. Si quelqu'un eût pu trouver assez d'intérêt à fouiller l'âme du vicaire, pour lui démontrer que, dans les infiniment petits détails de son existence et dans les devoirs minimes de sa vie privée, il manquait essentiellement de ce dévouement dont il croyait faire profession, il se serait puni lui-même, et se serait mortifié de bonne foi. Mais ceux que nous offensons, même à notre insu, nous tiennent peu compte de notre innocence, ils veulent et savent se venger. Donc Birotteau, quelque faible qu'il fût, dut être soumis aux effets de cette grande Justice distributive, qui va toujours chargeant le monde d'exécuter ses arrêts, nommés par certains niais *les malheurs de la vie.*

Il y eut cette différence entre feu l'abbé Chapeloud et le vicaire, que l'un était un égoïste adroit et spirituel, et l'autre un franc et maladroit égoïste. Lorsque l'abbé Chapeloud vint se mettre en pension chez mademoiselle Gamard, il sut parfaitement juger le caractère de son hôtesse. Le confessionnal lui avait appris à connaître tout ce que le malheur de se trouver en dehors de la société, met d'amertume au cœur d'une vieille fille, il calcula donc sagement sa conduite chez mademoiselle Gamard. L'hôtesse, n'ayant guère alors que trente-huit ans, gardait encore quelques prétentions, qui, chez ces discrètes personnes, se changent plus tard en une haute estime d'elles-mêmes. Le chanoine comprit que, pour bien vivre avec mademoiselle Gamard, il devait lui toujours accorder les mêmes attentions et les mêmes soins, être plus infaillible que ne l'est le pape. Pour obtenir ce résultat, il ne laissa s'établir entre elle et lui que les points de contact strictement ordonnés par la politesse, et ceux qui existent nécessairement entre des personnes vivant sous le même toit. Ainsi, quoique l'abbé Troubert et lui fissent régulièrement trois repas par jour, il s'était abstenu de partager le déjeuner commun, en habituant mademoiselle Gamard à lui envoyer dans son lit une tasse de café à la crème. Puis, il avait évité les ennuis du souper en prenant tous les soirs du thé dans les maisons où il allait passer ses soirées. Il voyait ainsi rarement son hôtesse à un autre moment de la journée que celui du dîner; mais il venait toujours quelques instants avant l'heure fixée. Durant cette espèce de visite polie, il lui avait adressé, pendant les douze années qu'il passa sous son toit, les mêmes questions, en obtenant d'elle les mêmes réponses. La manière dont avait dormi mademoiselle Gamard durant la nuit, son déjeuner, les petits événements domestiques, l'air de son visage, l'hygiène de sa personne, le temps qu'il faisait, la durée des offices, les incidents de la messe, enfin la santé de tel ou tel prêtre faisaient tous les frais de cette conversation périodique. Pendant le dîner, il procédait toujours par des flatteries indirectes, allant sans cesse de la qualité d'un poisson, du bon goût des assaisonnements ou des qualités d'une sauce, aux qualités de mademoiselle Gamard et à ses vertus de maîtresse de maison. Il était sûr de caresser toutes les vanités de la vieille fille en vantant l'art avec lequel étaient faits ou préparés ses confitures, ses cornichons, ses conserves, ses pâtés, et autres inventions gastronomiques. Enfin, jamais le rusé chanoine n'était sorti du salon jaune de son hôtesse, sans dire que, dans aucune maison de Tours, on ne prenait du café aussi bon que celui qu'il venait d'y déguster. Grâce à cette parfaite entente du caractère de mademoiselle Gamard, et à cette science d'existence professée pendant douze années par le chanoine, il n'y eut jamais entre eux matière à discuter le moindre point de discipline intérieure. L'abbé Chapeloud avait tout d'abord reconnu les angles, les aspérités, le rêche de cette vieille fille, et réglé l'action des tangentes inévitables entre leurs personnes, de manière à obtenir d'elle toutes les concessions nécessaires au bonheur et à la tranquillité de sa vie. Aussi, mademoiselle Gamard disait-elle que l'abbé Chapeloud était un homme très-aimable, extrêmement facile à vivre, et de beaucoup d'esprit.

Quant à l'abbé Troubert, la dévote n'en disait absolument rien. Complétement entré dans le mouvement de sa vie comme un satellite dans l'orbite de sa planète, Troubert était pour elle une sorte de créature intermédiaire entre les individus de l'espèce humaine et ceux de l'espèce canine; il se trouvait classé dans son cœur immédiatement avant la place destinée aux amis et celle occupée par un gros carlin poussif qu'elle aimait tendrement; elle le gouvernait entièrement, et la promiscuité de leurs intérêts devint si grande, que bien des personnes, parmi celles de la société de mademoiselle Gamard, pensaient que l'abbé Troubert avait des vues sur la fortune de la vieille fille, se l'attachait insensiblement par une continuelle patience, et la dirigeait d'autant mieux qu'il paraissait lui obéir, sans laisser apercevoir en lui le moindre désir de la mener.

Lorsque l'abbé Chapeloud mourut, la vieille fille, qui voulait un pensionnaire de mœurs douces, pensa naturellement au vicaire. Le testament du chanoine n'était pas encore connu, que déjà mademoiselle Gamard méditait de donner le logement du défunt à son bon abbé Troubert, qu'elle trouvait fort mal au rez-de-chaussée. Mais quand l'abbé Birotteau vint stipuler avec la vieille fille les conventions chirographaires de sa pension, elle le vit si fort épris de cet appartement pour lequel il avait nourri si long-temps des désirs dont la violence pouvait alors être avouée, qu'elle n'osa lui parler d'un échange, et fit céder l'affection aux exigences de l'intérêt. Pour consoler le bien-aimé chanoine, mademoiselle remplaça les larges briques blanches de Château-Regnault qui formaient le carrelage de l'appartement par un parquet en point de Hongrie, et reconstruisit une cheminée qui fumait.

L'abbé Birotteau avait vu pendant douze ans son ami Chapeloud, sans avoir jamais eu la pensée de chercher d'où procédait l'extrême circonspection de ses rapports avec mademoiselle Gamard. En venant demeurer chez cette sainte fille, il se trouvait dans la situation d'un amant sur le point d'être heureux. Quand il n'aurait pas été déjà naturellement aveugle d'intelligence, ses yeux étaient trop éblouis par le bonheur pour qu'il lui fût possible de juger mademoiselle Gamard, et de réfléchir sur la mesure à mettre dans ses relations journalières avec elle.

Mademoiselle Gamard, vue de loin et à travers le prisme des félicités matérielles que le vicaire rêvait de goûter près d'elle, lui semblait une créature parfaite, une chrétienne accomplie, une personne essentiellement charitable, la femme de l'Évangile, la vierge sage, décorée de ces vertus humbles et modestes qui répandent sur la vie un céleste parfum. Aussi, avec tout l'enthousiasme d'un homme qui parvient à un but long-temps souhaité, avec la candeur d'un enfant et la niaise étourderie d'un vieillard sans expérience mondaine, entra-t-il dans la vie de mademoiselle Gamard, comme une mouche se prend dans la toile d'une araignée. Ainsi, le premier jour où il vint dîner et coucher chez la vieille fille, il fut retenu dans son salon par le désir de faire connaissance avec elle, aussi bien que par cet inexplicable embarras qui gêne souvent les gens timides, et leur fait craindre d'être impolis en interrompant une conversation pour sortir. Il y resta donc pendant toute la soirée.

Une autre vieille fille, amie de Birotteau, nommée mademoiselle Salomon de Villenoix, vint le soir. Mademoiselle Gamard eut alors la joie d'organiser chez elle une partie de boston. Le vicaire trouva, en se couchant, qu'il avait passé une très-agréable soirée. Ne connaissant encore que fort légèrement mademoiselle Gamard et l'abbé Troubert, il n'aperçut que la superficie de leurs caractères. Peu de personnes montrent tout d'abord leurs défauts à nu. Généralement, chacun tâche de se donner une écorce attrayante. L'abbé Birotteau conçut donc le charmant projet de consacrer ses soirées à mademoiselle Gamard, au lieu d'aller les passer au dehors. L'hôtesse avait, depuis quelques années, enfanté un désir qui se reproduisait plus fort de jour en jour. Ce désir, que forment les vieillards et même les jolies femmes, était devenu chez elle une passion semblable à celle de Birotteau pour l'appartement de son ami Chapeloud, et tenait au cœur de la vieille fille par les sentiments d'orgueil et d'égoïsme, d'envie et de vanité qui préexistent chez les gens du monde. Cette histoire est de tous les temps : il suffit d'étendre un peu le cercle étroit au fond duquel vont agir ces personnages pour trouver la raison coefficiente des événements qui arrivent dans les sphères les plus élevées de la société.

Mademoiselle Gamard passait alternativement ses soirées dans six ou huit maisons différentes. Soit qu'elle regrettât d'être obligée d'aller chercher le monde et se crût en droit, à son âge, d'en exiger quelque retour ; soit que son amour-propre eût été froissé de ne point avoir de société à elle ; soit enfin que sa vanité désirât les compliments et les avantages dont elle voyait jouir ses amies, toute son ambition était de rendre son salon le point d'une réunion vers laquelle chaque soir un certain nombre de personnes se dirigeassent *avec plaisir*. Quand Birotteau et son amie mademoiselle Salomon eurent passé quelques soirées chez elle, en compagnie du fidèle et patient abbé Troubert ; un soir, en sortant de Saint-Gatien, mademoiselle Gamard dit aux bonnes amies, de qui elle se considérait comme l'esclave jusqu'alors, que les personnes qui voulaient la voir pouvaient bien venir une fois par semaine chez elle où elle réunissait un nombre d'amis suffisant pour faire une partie de boston ; elle ne devait pas laisser seul l'abbé Birotteau, son nouveau pensionnaire ; mademoiselle Salomon n'avait pas encore manqué une seule soirée de la semaine ; elle appartenait à ses amis, et que.... et que.... etc., etc.... Ses paroles furent d'autant plus humblement altières et abondamment doucereuses, que mademoiselle Salomon de Villenoix tenait à la société la plus aristocratique de Tours. Quoique mademoiselle Salomon vînt uniquement par amitié pour le vicaire, mademoiselle Gamard triomphait de l'avoir dans son salon, et se vit, grâce à l'abbé Birotteau, sur le point de faire réussir son grand dessein de former un cercle qui pût devenir aussi nombreux, aussi agréable que l'étaient ceux de madame de Listomère, de mademoiselle Merlin de La Blottière, et autres dévotes en possession de recevoir la société pieuse de Tours.

Mais, hélas! l'abbé Birotteau fit avorter l'espoir de mademoiselle Gamard. Or, si tous ceux qui dans leur vie sont parvenus à jouir d'un bonheur souhaité long-temps, ont compris la joie que put avoir le vicaire en se couchant dans le lit de Chapeloud, ils devront aussi prendre une légère idée du chagrin que mademoiselle Gamard ressentit au renversement de son plan favori. Après avoir pendant six mois accepté son bonheur assez patiemment, Birotteau déserta le logis, entraînant avec lui mademoiselle Salomon. Malgré des efforts inouïs, l'ambitieuse Gamard avait à peine recruté cinq à six personnes, dont l'assiduité fut très-problématique, et il fallait au moins quatre gens fidèles pour constituer un boston. Elle fut donc forcée de faire amende honorable et de retourner chez ses anciennes amies, car les vieilles filles se trouvent en trop mauvaise compagnie avec elles-mêmes pour ne pas rechercher les agréments équivoques de la société.

La cause de cette désertion est facile à concevoir. Quoique le vicaire fût un de ceux auxquels le paradis doit un jour appartenir en vertu de l'arrêt : *Bienheureux les pauvres d'esprit!* il ne pouvait, comme beaucoup de sots, supporter l'ennui que lui causaient d'autres sots. Les gens sans esprit ressemblent aux mauvaises herbes qui se plaisent dans les bons terrains, et ils aiment d'autant plus être amusés qu'ils s'ennuient eux-mêmes. L'incarnation de l'ennui dont ils sont victimes, jointe au besoin qu'ils éprouvent de divorcer perpétuellement avec eux-mêmes, produit cette passion pour le mouvement, cette nécessité d'être toujours là où ils ne sont pas qui les distingue, ainsi que les êtres dépourvus de sensibilité et ceux dont la destinée est manquée, ou qui souffrent par leur faute.

Sans trop sonder le vide, la nullité de mademoiselle Gamard, ni sans s'expliquer la petitesse de ses idées, le pauvre abbé Birotteau s'aperçut un peu tard, pour son malheur, des défauts qu'elle partageait avec toutes les vieilles filles et de ceux qui lui étaient particuliers. Le mal, chez autrui, tranche si vigoureusement sur le bien, qu'il nous frappe presque toujours la vue avant de nous blesser. Ce phénomène moral justifierait, au besoin, la pente qui nous porte plus ou moins vers la médisance. Il est, socialement parlant, si naturel de se moquer des imperfections d'autrui, que nous devrions pardonner le bavardage railleur que nos ridicules autorisent, et ne nous étonner que de la calomnie. Mais les yeux du bon vicaire n'étaient jamais à ce point d'optique qui permet aux gens du monde de voir et d'éviter promptement les aspérités du voisin ; il fut donc obligé, pour reconnaître les défauts de son hôtesse, de subir l'avertissement que donne la nature à toutes ses créations, la douleur !

Les vieilles filles n'ayant pas fait plier leur caractère et leur vie à une autre vie ni à d'autres caractères, comme l'exige la destinée de la femme, ont, pour la plupart, la manie de vouloir tout faire plier autour d'elles. Chez mademoiselle Gamard, ce sentiment dégénérait en despotisme ; mais ce despotisme ne pouvait se prendre qu'à de petites choses. Ainsi, entre mille exemples, le panier de fiches et de jetons posé sur la table de boston pour l'abbé Birotteau devait rester à la place où elle l'avait mis ; et l'abbé la contrariait vivement en le dérangeant, ce qui arrivait presque tous les soirs. D'où procédait cette susceptibilité stupidement portée sur des riens, et quel en était le but ? Personne n'eût pu le dire, mademoiselle Gamard ne le savait pas elle-même. Quoique très-mouton de sa nature, le nouveau pensionnaire n'aimait cependant pas plus que les brebis à sentir trop souvent la houlette, surtout quand elle est armée de pointes. Sans s'expliquer la haute patience de l'abbé Troubert, Birotteau voulut se soustraire au bonheur que mademoiselle Gamard prétendait lui assaisonner à sa manière, car elle croyait qu'il en était du bonheur comme de ses confitures ; mais le malheureux s'y prit assez maladroitement, par suite de la naïveté de son caractère. Cette séparation n'eut donc pas lieu sans bien des tiraillements et des picoteries auxquels l'abbé Birotteau s'efforça de ne pas se montrer sensible.

A l'expiration de la première année qui s'écoula sous le toit de mademoiselle Gamard, le vicaire avait repris ses anciennes habitudes en allant passer deux soirées par semaine chez madame de Listomère, trois chez mademoiselle Salomon, et les deux autres chez mademoiselle Merlin de La Blottière. Ces personnes appartenaient à la partie aristocratique de la société tourangelle, où mademoiselle Gamard n'était point admise. Aussi l'hôtesse fut-elle vivement outragée par l'abandon de l'abbé Birotteau, qui lui faisait sentir son peu de valeur : toute espèce de choix implique un mépris pour l'objet refusé.

— Monsieur Birotteau ne nous a pas trouvés assez aimables, dit l'abbé Troubert aux amis de mademoiselle Gamard lorsqu'elle fut obligée de renoncer à ses soirées. C'est un homme d'esprit, un gourmet ! Il lui faut du beau monde, du luxe, des conversations à saillies, les médisances de la ville.

Ces paroles amenaient toujours mademoiselle Gamard à justifier l'excellence de son caractère aux dépens de Birotteau.

— Il n'a pas déjà tant d'esprit, disait-elle. Sans l'abbé Chapeloud, il n'aurait jamais été reçu chez madame de Listomère. Oh ! j'ai bien perdu en perdant l'abbé Chapeloud. Quel homme aimable et facile à vivre ! Enfin, pendant douze ans, je n'ai pas eu la moindre difficulté ni le moindre désagrément avec lui.

Mademoiselle Gamard fit de l'abbé Birotteau un portrait si peu flatteur, que l'innocent pensionnaire passa dans cette société bourgeoise, secrètement ennemie de la société aristocratique, pour un homme essentiellement difficultueux et très-difficile à vivre. Puis la vieille fille eut, pendant quelques semaines, le plaisir de s'entendre plaindre par ses amies, qui, sans penser un mot de ce qu'elles disaient, ne cessèrent de lui répéter : — Comment vous, si douce et si bonne, avez-vous inspiré de la répugnance.... Ou : — Consolez-vous, ma chère mademoiselle Gamard, vous êtes si bien connue que... etc.

Mais, enchantées d'éviter une soirée par semaine dans le Cloître, l'endroit le plus désert, le plus sombre et le plus éloigné du centre qu'il y ait à Tours, toutes bénissaient le vicaire.

Entre personnes sans cesse en présence, la haine et l'amour vont toujours croissant : on trouve à tout moment des raisons pour s'aimer ou se haïr mieux. Aussi l'abbé Birotteau devint-il insupportable à mademoiselle Gamard. Dix-huit mois après l'avoir pris en pension, au moment où le bonhomme croyait voir la paix du contentement dans le silence de la haine, et s'applaudissait d'avoir su *très-bien corder* avec la vieille fille, pour se servir de son expression, il fut pour elle l'objet d'une persécution sourde et d'une vengeance froidement calculée. Les quatre circonstances capitales de la porte fermée, des pantoufles oubliées, du manque de feu, du bougeoir porté chez lui, pouvaient seules lui révéler cette inimitié terrible dont les dernières conséquences ne devaient le frapper qu'au moment où elles seraient irréparables. Tout en s'endormant, le bon vicaire se creusait donc, mais inutilement, la cervelle, et certes il en sentait bien vite le fond, pour s'expliquer la conduite singulièrement impolie de mademoiselle Gamard. En effet, ayant agi jadis très-logiquement en obéissant aux lois naturelles de son égoïsme, il lui était impossible de deviner ses torts envers son hôtesse.

Si les choses grandes sont simples à comprendre, faciles à exprimer, les petitesses de la vie veulent beaucoup de détails. Les événements qui constituent en quelque sorte l'avant-scène de ce drame bourgeois, mais où les passions se retrouvent tout aussi violentes que si elles étaient excitées par de grands intérêts, exigeaient cette longue introduction, et il eût été difficile à un historien exact d'en resserrer les minutieux développements.

Le lendemain matin, en s'éveillant, Birotteau pensa si fortement à son canonicat qu'il ne songeait plus aux quatre circonstances dans lesquelles il avait aperçu, la veille, les sinistres pronostics d'un avenir plein de malheurs. Le vicaire n'était pas homme à se lever sans feu, il sonna pour avertir Marianne de son réveil et la faire venir chez lui : puis il resta, selon son habitude, plongé dans les rêvasseries somnolescentes pendant lesquelles la servante avait coutume, en lui embrasant la cheminée, de l'arracher doucement à ce dernier sommeil par les bourdonnements de ses interpellations et de ses allures, espèce de musique qui lui plaisait. Une demi-heure se passa sans que Marianne eût paru. Le vicaire, à moitié chanoine, allait sonner de nouveau, quand il laissa le cordon de sa sonnette en entendant le bruit d'un pas d'homme dans l'escalier. En effet, l'abbé Troubert, après avoir discrètement frappé à la porte, entra sur l'invitation de Birotteau.

Cette visite, que les deux abbés se faisaient assez régulièrement une fois par mois l'un à l'autre, ne surprit point le vicaire. Le chanoine s'étonna, dès l'abord, que Marianne n'eût pas encore allumé

2.

le feu de son quasi-collègue. Il ouvrit une fenêtre, appela Marianne d'une voix rude, lui dit de venir chez Birotteau ; puis, se retournant vers son frère : — Si mademoiselle apprenait que vous n'avez pas de feu, elle gronderait Marianne.

Après cette phrase, il s'enquit de la santé de Birotteau, et lui demanda d'une voix douce s'il avait quelques nouvelles récentes qui lui fissent espérer d'être nommé chanoine. Le vicaire lui expliqua ses démarches, et lui dit naïvement quelles étaient les personnes auprès desquelles madame de Listomère agissait, ignorant que Troubert n'avait jamais su pardonner à cette dame de ne pas l'avoir admis chez elle, lui, l'abbé Troubert, déjà deux fois désigné pour être vicaire-général du diocèse.

Il était impossible de rencontrer deux figures qui offrissent autant de contrastes qu'en présentaient celles de ces deux abbés. Troubert, grand et sec, avait un teint jaune et bilieux, tandis que le vicaire était ce qu'on appelle familièrement grassouillet. Ronde et rougeaude, la figure de Birotteau peignait une bonhomie sans idées ; tandis que celle de Troubert, longue et creusée par des rides profondes, contractait en certains moments une expression pleine d'ironie ou de dédain : mais il fallait cependant l'examiner avec attention pour y découvrir ces deux sentiments. Le chanoine restait habituellement dans un calme parfait, en tenant ses paupières presque toujours abaissées sur deux yeux orangés dont le regard devenait à son gré clair et perçant. Des cheveux roux complétaient cette sombre physionomie, sans cesse obscurcie par le voile que de graves méditations jettent sur les traits. Plusieurs personnes avaient pu d'abord le croire absorbé par une haute et profonde ambition ; mais celles qui prétendaient le mieux connaître avaient fini par détruire cette opinion en le montrant hébété par le despotisme de mademoiselle Gamard, ou fatigué par de trop longs jeûnes. Il parlait rarement et ne riait jamais. Quand il lui arrivait d'être agréablement ému, il lui échappait un sourire faible qui se perdait dans les plis de son visage. Birotteau était, au contraire, tout expansion, tout franchise, aimait les bons morceaux, et s'amusait d'une bagatelle avec la simplicité d'un homme sans fiel ni malice. L'abbé Troubert causait, à la première vue, un sentiment de terreur involontaire, tandis que le vicaire arrachait un sourire doux à ceux qui le voyaient. Quand, à travers les arcades et les nefs de Saint-Gatien, le haut chanoine marchait d'un pas solennel, le front incliné, l'œil sévère, il excitait le respect : sa figure cambrée était en harmonie avec les voussures jaunes de la cathédrale, les plis de sa soutane avaient quelque chose de monumental, digne de la statuaire. Mais le bon vicaire y circulait sans gravité, trottait, piétinait en paraissant rouler sur lui-même. Ces deux hommes avaient néanmoins une ressemblance. De même que l'air ambitieux de Troubert, en donnant lieu de le redouter, avait contribué peut-être à le faire condamner au rôle insignifiant de simple chanoine, le caractère et la tournure de Birotteau semblaient le vouer éternellement au vicariat de la cathédrale. Cependant l'abbé Troubert, arrivé à l'âge de cinquante ans, avait tout à fait dissipé, par la mesure de sa conduite, par l'apparence d'un manque total d'ambition et par sa vie toute sainte, les craintes que sa capacité soupçonnée et son terrible extérieur avaient inspirées à ses supérieurs. Sa santé s'étant même gravement altérée depuis un an, sa prochaine élévation au vicariat-général de l'archevêché paraissait probable. Ses compétiteurs eux-mêmes souhaitaient sa nomination, afin de pouvoir mieux préparer la leur pendant le peu de jours qui lui seraient accordés par une maladie devenue chronique. Loin d'offrir les mêmes espérances, le triple menton de Birotteau présentait aux concurrents qui lui disputaient son canonicat les symptômes d'une santé florissante, et sa goutte leur semblait être, suivant le proverbe, une assurance de longévité. L'abbé Chapeloud, homme d'un grand sens, et que son amabilité avait toujours fait rechercher par les gens de bonne compagnie et par les différents chefs de la métropole, s'était toujours opposé, mais secrètement et avec beaucoup d'esprit, à l'élévation de l'abbé Troubert ; il lui avait même très-adroitement interdit l'accès de tous les salons où se réunissait la meilleure société de Tours, quoique pendant sa vie Troubert l'eût traité sans cesse avec un grand respect, en lui témoignant en toute occasion la plus haute déférence. Cette constante soumission n'avait pu changer l'opinion du défunt chanoine qui, pendant sa dernière promenade, disait encore à Birotteau : — Défiez-vous de ce grand sec de Troubert ! C'est Sixte-Quint réduit aux proportions de l'Évêché. Tel était l'ami, le commensal de mademoiselle Gamard, qui venait, le lendemain même du jour où elle avait pour ainsi dire déclaré la guerre au pauvre Birotteau, le visiter et lui donner des marques d'amitié.

— Il faut excuser Marianne, dit le chanoine en la voyant entrer. Je pense qu'elle a commencé par venir chez moi. Mon appartement est très-humide, et j'ai beaucoup toussé pendant toute la nuit. — Vous êtes très-sainement ici, ajouta-t-il en regardant les corniches.

— Oh! je suis ici en chanoine, répondit Birotteau en souriant.

— Et moi en vicaire, répliqua l'humble prêtre.

— Oui, mais vous logerez bientôt à l'Archevêché, dit le bon prêtre qui voulait que tout le monde fût heureux.

— Oh! ou dans le cimetière. Mais que la volonté de Dieu soit faite! Et Troubert leva les yeux au ciel par un mouvement de résignation. — Je venais, ajouta-t-il, vous prier de me prêter le *pouiller* des évêques. Il n'y a que vous à Tours qui ayez cet ouvrage.

— Prenez-le dans ma bibliothèque, répondit Birotteau que la dernière phrase du chanoine fit ressouvenir de toutes les jouissances de sa vie.

Le grand chanoine passa dans la bibliothèque, et y resta pendant le temps que le vicaire mit à s'habiller. Bientôt la cloche du déjeuner se fit entendre, et le goutteux pensant que, sans la visite de Troubert, il n'aurait pas eu de feu pour se lever, se dit : — C'est un bon homme!

Les deux prêtres descendirent ensemble, armés chacun d'un énorme *in-folio*, qu'ils posèrent sur une des consoles de la salle à manger.

— Qu'est-ce que c'est que ça? demanda d'une voix aigre mademoiselle Gamard en s'adressant à Birotteau. J'espère que vous n'allez pas encombrer ma salle à manger de vos bouquins.

— C'est des livres dont j'ai besoin, répondit l'abbé Troubert, monsieur le vicaire a la complaisance de me les prêter.

— J'aurais dû deviner cela, dit-elle en laissant échapper un sourire de dédain. Monsieur Birotteau ne lit pas souvent dans ces gros livres-là.

— Comment vous portez-vous, mademoiselle? reprit le pensionnaire d'une voix flûtée.

— Mais pas très-bien, répondit-elle séchement. Vous êtes cause que j'ai été réveillée hier pendant mon premier sommeil, et toute ma nuit s'en est ressentie. En s'asseyant, mademoiselle Gamard ajouta : — Messieurs, le lait va se refroidir.

Stupéfait d'être si aigrement accueilli par son hôtesse quand il en attendait des excuses, mais effrayé, comme le sont les gens timides, par la perspective d'une discussion, surtout quand ils en sont l'objet, le pauvre vicaire s'assit en silence. Puis, en reconnaissant dans le visage de mademoiselle Gamard les symptômes d'une mauvaise humeur apparente, il resta constamment en guerre avec sa raison, qui lui ordonnait de ne pas souffrir le manque d'égards de son hôtesse, tandis que son caractère le portait à éviter une querelle. En proie à cette angoisse intérieure, Birotteau commença par examiner sérieusement les grandes hachures vertes peintes sur le gros taffetas ciré que, par un usage immémorial, mademoiselle Gamard laissait pendant le déjeuner sur la table, sans avoir égard ni aux bords usés ni aux nombreuses cicatrices de cette couverture. Les deux pensionnaires se trouvaient établis, chacun dans un fauteuil de canne, en face l'un de l'autre, à chaque bout de cette table royalement carrée, dont le centre était occupé par l'hôtesse, et qu'elle dominait du haut de sa chaise à patins, garnie de coussins et adossée au poêle de la salle à manger. Cette pièce et le salon commun étaient situés au rez-de-chaussée, sous la chambre et le salon de l'abbé Birotteau. Lorsque le vicaire eut reçu de mademoiselle Gamard sa tasse de café sucrée, il fut glacé du profond silence dans lequel il allait accomplir l'acte si habituellement gai de son déjeuner. Il n'osait regarder ni la figure aride de Troubert, ni le visage menaçant de la vieille fille, et se tourna par contenance vers un gros carlin chargé d'embonpoint, qui, couché sur un coussin près du poêle, n'en bougeait jamais, trouvant toujours à sa gauche un petit plat rempli de friandises, et à sa droite un bol plein d'eau claire.

— Eh ! bien, mon mignon, lui dit-il, tu attends ton café.

Ce personnage, l'un des plus importants au logis, mais peu gênant en ce qu'il n'aboyait plus et laissait la parole à sa maîtresse, leva sur Birotteau ses petits yeux perdus sous les plis formés dans son masque par la graisse, puis il les referma sournoisement. Pour comprendre la souffrance du pauvre vicaire, il est nécessaire de dire que, doué d'une loquacité vide et sonore comme le retentissement d'un ballon, il prétendait, sans avoir jamais pu donner aux médecins une seule raison de son opinion, que les paroles favorisaient la digestion. Mademoiselle, qui partageait cette doctrine hygiénique, n'avait pas encore manqué, malgré leur mésintelligence, à causer pendant les repas ; mais, depuis plusieurs matinées, le vicaire avait usé vainement son intelligence à lui faire des questions insidieuses pour parvenir à lui délier la langue. Si les bornes étroites dans lesquelles se renferme cette histoire avaient permis de rapporter une seule de ces conversations qui excitaient presque toujours le sourire amer et sardonique de l'abbé Troubert, elle eût offert une peinture achevée de la vie béotienne des provinciaux. Quelques gens d'esprit n'apprendraient peut-être pas sans plaisir les étranges développements que l'abbé Birotteau et mademoiselle Gamard donnaient à leurs opinions personnelles sur la politique, la religion et la littérature. Il y aurait certes quelque chose de comique à exposer : soit les raisons qu'ils avaient tous deux de douter sérieusement, en 1826, de la mort de Napoléon ; soit les conjectures qui les faisaient croire à l'existence de Louis XVII, sauvé dans le creux d'une grosse bûche. Qui n'eût pas ri de les entendre établissant, par des raisons bien évidemment à eux, que le roi de France disposait seul de tous les impôts, que les Chambres étaient assemblées pour détruire le clergé, qu'il était mort plus de treize cent mille personnes sur l'échafaud pendant la révolution ? Puis ils parlaient de la Presse sans connaître le nombre des journaux, sans avoir la moindre idée de ce qu'était cet instrument moderne. Enfin, monsieur Birotteau écoutait avec attention mademoiselle Gamard, quand elle disait qu'un homme nourri d'un œuf chaque matin devait infailliblement mourir à la fin de l'année, et que cela s'était vu ; qu'un petit pain mollet, mangé sans boire pendant quelques jours, guérissait de la sciatique ; que tous les ouvriers qui avaient travaillé à la démolition de l'abbaye Saint-Martin étaient morts dans l'espace de six mois ; que certain préfet avait fait tout son possible, sous Bonaparte, pour ruiner les tours de Saint-Gatien, et mille autres contes absurdes.

Mais en ce moment Birotteau se sentit la langue morte, il se résigna donc à manger sans entamer la conversation. Bientôt il trouva ce silence dangereux pour son estomac et dit hardiment : — Voilà du café excellent ! Cet acte de courage fut complétement inutile. Après avoir regardé le ciel par le petit espace qui séparait, au-dessus du jardin, les deux arcs-boutants noirs de Saint-Gatien, le vicaire eut encore le courage de dire : — Il fera plus beau aujourd'hui qu'hier...

A ce propos, mademoiselle Gamard se contenta de jeter la plus gracieuse de ses œillades à l'abbé Troubert, et reporta ses yeux empreints d'une sévérité terrible sur Birotteau, qui heureusement avait baissé les siens.

Nulle créature du genre féminin n'était plus capable que mademoiselle Sophie Gamard de formuler la nature élégiaque de la vieille fille; mais, pour bien peindre un être dont le caractère prête un intérêt immense aux petits événements de ce drame, et à la vie antérieure des personnages qui en sont les acteurs, peut-être faut-il résumer ici les idées dont l'expression se trouve chez la vieille fille : la vie habituelle fait l'âme, et l'âme fait la physionomie. Si tout, dans la société comme dans le monde, doit avoir une fin, il y a certes ici-bas quelques existences dont le but et l'utilité sont inexplicables. La morale et l'économie politique repoussent également l'individu qui consomme sans produire, qui tient une place sur terre sans répandre autour de lui ni bien ni mal; car le mal est sans doute un bien dont les résultats ne se manifestent pas immédiatement. Il est rare que les vieilles filles ne se rangent pas d'elles-mêmes dans la classe de ces êtres improductifs. Or, si la conscience de son travail donne à l'être agissant un sentiment de satisfaction qui l'aide à supporter la vie, la certitude d'être à charge ou même inutile doit produire un effet contraire, et inspirer pour lui-même à l'être inerte le mépris qu'il excite chez les autres. Cette dure réprobation sociale est une des causes qui, à l'insu des vieilles filles, contribuent à mettre dans leurs âmes le chagrin qu'expriment leurs figures. Un préjugé dans lequel il y a du vrai peut-être jette constamment partout, et en France encore plus qu'ailleurs, une grande défaveur sur la femme avec laquelle personne n'a voulu ni partager les biens ni supporter les maux de la vie. Or, il arrive pour les filles un âge où le monde, à tort ou à raison, les condamne sur le dédain dont elles sont victimes. Laides, la bonté de leur caractère devait racheter les imperfections de la nature; jolies, leur malheur a dû être fondé sur des causes graves. On ne sait lesquelles, des unes ou des autres, sont les plus dignes de rebut. Si leur célibat a été raisonné, s'il est un vœu d'indépendance, ni les hommes, ni les mères ne leur pardonnent d'avoir menti au dévouement de la femme, en s'étant refusées aux passions qui rendent leur sexe si touchant : renoncer à ses douleurs, c'est en abdiquer la poésie, et ne plus mériter les douces consolations auxquelles une mère a toujours d'incontestables droits. Puis les sentiments généreux, les qualités exquises de la femme ne se développent que par leur constant exercice; en restant fille, une créature du sexe féminin n'est plus qu'un non-sens : égoïste et froide, elle fait horreur. Cet arrêt implacable est malheureusement trop juste pour que les vieilles filles en ignorent les motifs. Ces idées germent dans leur cœur aussi naturellement que les effets de leur triste vie se reproduisent dans leurs traits. Donc elles se flétrissent, parce que l'expansion constante ou le bonheur qui épanouit la figure des femmes et jette tant de mollesse dans leurs mouvements n'a jamais existé chez elles. Puis elles deviennent âpres et chagrines, parce qu'un être qui a manqué sa vocation est malheureux ; il souffre, et la souffrance engendre la méchanceté. En effet, avant de s'en prendre à elle-même de son isolement, une fille en accuse long-temps le monde. De l'accusation à un désir de vengeance, il n'y a qu'un pas. Enfin, la mauvaise grâce répandue sur leurs personnes est encore un résultat nécessaire de leur vie. N'ayant jamais senti le besoin de plaire, l'élégance, le bon goût leur restent étrangers. Elles ne voient qu'elles en elles-mêmes. Ce sentiment les porte insensiblement à choisir les choses qui leur sont commodes, au détriment de celles qui peuvent être agréables à autrui. Sans se bien rendre compte de leur dissemblance avec les autres femmes, elles finissent par l'apercevoir et par en souffrir. La jalousie est un sentiment indélébile dans les cœurs féminins. Les vieilles filles sont donc jalouses à vide, et ne connaissent que les malheurs de la seule passion que les hommes pardonnent au beau sexe, parce qu'elle les flatte. Ainsi, torturées dans tous leurs vœux, obligées de se refuser aux développements de leur nature, les vieilles filles éprouvent toujours une gêne intérieure à laquelle elles ne s'habituent jamais. N'est-il pas dur à tout âge, surtout pour une femme, de lire sur les visages un sentiment de répulsion, quand il est dans sa destinée de n'éveiller autour d'elle, dans les cœurs, que des sensations gracieuses ? Aussi le regard d'une vieille fille est-il toujours oblique, moins par modestie que par peur et honte. Ces êtres ne pardonnent pas à la société leur position fausse, parce qu'ils ne se la pardonnent pas à eux-mêmes. Or, il est impossible à une personne perpétuellement en guerre avec elle, ou en contradiction avec la vie, de laisser les autres en paix, et de ne pas envier leur bonheur. Ce monde d'idées tristes était tout entier dans les yeux gris et ternes de mademoiselle Gamard ; et le large cercle noir par lequel ils étaient bordés, accusait les longs combats de sa vie solitaire. Toutes les rides de son visage étaient droites. La charpente de son front, de sa tête et de ses joues avait les caractères de la rigidité, de la sécheresse. Elle laissait pousser, sans aucun souci, les poils jadis bruns de quelques signes parsemés sur son menton. Ses lèvres minces couvraient à peine des dents trop longues qui ne manquaient pas de blancheur. Brune, ses cheveux jadis noirs avaient été blanchis par d'affreuses migraines. Cet accident la contraignait à porter un tour ; mais ne sachant pas le mettre de manière à en dissimuler la naissance, il existait souvent de légers interstices entre le bord de son bonnet et le cordon noir qui soutenait cette demi-perruque assez mal bouclée. Sa robe, de taffetas en été, de mérinos en hiver, mais toujours de couleur carmélite, serrait un peu trop sa taille disgracieuse et ses bras maigres. Sans cesse rabattue, sa collerette laissait voir un cou dont la peau rougeâtre était aussi artistement rayée que peut l'être une feuille de chêne vue dans la lumière. Son origine expliquait assez bien les malheurs de sa conformation. Elle était fille d'un marchand de bois, espèce de paysan parvenu. A dix-huit ans, elle avait pu être fraîche et grasse, mais il ne lui restait aucune trace ni de la blancheur de teint ni des jolies couleurs qu'elle se vantait d'avoir eues. Les tons de sa chair avaient contracté la teinte blafarde assez commune chez les dévotes. Son nez aquilin était celui de tous les traits de sa figure qui contribuait le plus à exprimer le despotisme de ses idées, de même que la forme plate de son front trahissait l'étroitesse de son esprit. Ses mouvements avaient une soudaineté bizarre qui excluait toute grâce ; et rien qu'à la voir tirant son mouchoir de son sac pour se moucher à grand bruit, vous eussiez deviné son caractère et ses mœurs. D'une taille assez élevée, elle se tenait très-droit, et justifiait l'observation d'un naturaliste qui a physiquement expliqué la démarche de toutes les vieilles filles en prétendant que leurs jointures se soudent. Elle marchait sans que le mouvement se distribuât également dans sa personne, de manière à produire ces ondulations si gracieuses, si attrayantes chez les femmes ; elle allait, pour ainsi dire, d'une seule pièce, en paraissant surgir, à chaque pas, comme la statue du Commandeur. Dans ses moments de bonne humeur, elle donnait à entendre, comme le font toutes les vieilles filles, qu'elle aurait bien pu se marier, mais elle s'était heureusement aperçue à temps de la mauvaise foi de son amant, et faisait ainsi, sans le savoir, le procès à son cœur en faveur de son esprit de calcul.

Cette figure typique du genre *vieille fille* était très-bien encadrée par les grotesques inventions d'un papier verni représentant, des paysages turcs qui ornaient les murs de la salle à manger. Mademoiselle Gamard se tenait habituellement dans cette pièce décorée de deux consoles et d'un baromètre. A la place adoptée par chaque abbé se trouvait un petit coussin en tapisserie dont les couleurs étaient passées. Le salon commun où elle recevait était digne d'elle. Il sera bientôt connu en faisant observer qu'il se nommait *le salon jaune :* les draperies en étaient jaunes, le meuble et la tenture jaunes; sur la cheminée garnie d'une glace à cadre doré, des flambeaux et une pendule en cristal jetaient un éclat dur à l'œil. Quant au logement particulier de mademoiselle Gamard, il n'avait été permis à personne d'y pénétrer. L'on pouvait seulement conjecturer qu'il était rempli de ces chiffons, de ces meubles usés, de ces espèces de haillons dont s'entourent toutes les vieilles filles, et auxquels elles tiennent tant.

Telle était la personne destinée à exercer la plus grande influence sur les derniers jours de l'abbé Birotteau.

Faute d'exercer, selon les vœux de la nature, l'activité donnée à la femme, et par la nécessité où elle était de la dépenser, cette vieille fille l'avait transportée dans les intrigues mesquines, les caquetages de province et les combinaisons égoïstes dont finissent par s'occuper exclusivement toutes les vieilles filles. Birotteau, pour son malheur, avait développé chez Sophie Gamard les seuls sentiments qu'il fût possible à cette pauvre créature d'éprouver, ceux de la haine qui, latents jusqu'alors, par suite du calme et de la monotonie d'une vie provinciale dont pour elle l'horizon s'était encore rétréci, devaient acquérir d'autant plus d'intensité qu'ils allaient s'exercer sur de petites choses et au milieu d'une sphère étroite. Birotteau était de ces gens qui sont prédestinés à tout souffrir, parce que, ne sachant rien voir, ils ne peuvent rien éviter : tout leur arrive.

— Oui, il fera beau, répondit après un moment le chanoine qui parut sortir de sa rêverie et vouloir pratiquer les lois de la politesse.

Birotteau, effrayé du temps qui s'écoula entre la demande et la réponse, car il avait, pour la première fois de sa vie, pris son café sans parler, quitta la salle à manger où son cœur était serré comme dans un étau. Sentant sa tasse de café pesante sur son estomac, il alla se promener tristement dans les petites allées étroites et bordées de buis qui dessinaient une étoile dans le jardin. Mais en se retournant, après le premier tour qu'il y fit, il vit sur le seuil de la porte du salon mademoiselle Gamard et l'abbé Troubert plantés silencieusement : lui, les bras croisés et immobile comme la statue d'un tombeau ; elle, appuyée sur la porte-persienne. Tous deux semblaient, en le regardant, compter le nombre de ses pas. Rien n'est déjà plus gênant pour une créature naturellement timide que d'être l'objet d'un examen curieux ; mais s'il est fait par les yeux de la haine, l'espèce de souffrance qu'il cause se change en un martyre intolérable. Bientôt l'abbé Birotteau s'imagina qu'il empêchait mademoiselle Gamard et le chanoine de se promener. Cette idée, inspirée tout à la fois par la crainte et par la bonté, prit un tel accroissement qu'elle lui fit abandonner la place. Il s'en alla, ne pensant déjà plus à son canonicat, tant il était absorbé par la désespérante tyrannie de la vieille fille. Il trouva par hasard, et heureusement pour lui, beaucoup d'occupation à Saint-Gatien, où il y eut plusieurs enterrements, un mariage et deux baptêmes. Il put alors oublier ses chagrins. Quand son estomac lui annonça l'heure du dîner, il ne tira pas sa montre sans effroi, en voyant quatre heures et quelques minutes. Il connaissait la ponctualité de mademoiselle Gamard, il se hâta donc de se rendre au logis.

Il aperçut dans la cuisine le premier service desservi. Puis, quand il arriva dans la salle à manger, la vieille fille lui dit d'un son de voix où se peignaient également l'aigreur d'un reproche et la joie de trouver son pensionnaire en faute : — Il est quatre heures et demie, monsieur Birotteau. Vous savez que nous ne devons pas nous attendre.

Le vicaire regarda le cartel de la salle à manger, et la manière dont était posée l'enveloppe de gaze destinée à le garantir de la poussière, lui prouva que son hôtesse l'avait remonté pendant la matinée, en se donnant le plaisir de le faire avancer sur l'horloge de Saint-Gatien. Il n'y avait pas d'observation possible. L'expression verbale du soupçon conçu par le vicaire eût causé la plus terrible et la mieux justifiée des explosions éloquentes que mademoiselle Gamard sût, comme toutes les femmes de sa classe, faire jaillir en pareil cas. Les mille et une contrariétés qu'une servante peut faire subir à son maître, ou une femme à son mari dans les habitudes privées de la vie, furent devinées par mademoiselle Gamard, qui en accabla son pensionnaire. La manière dont elle se plaisait à ourdir ses conspirations contre le bonheur domestique du pauvre prêtre portèrent l'empreinte du génie le plus profondément malicieux. Elle s'arrangea pour ne jamais paraître avoir tort.

Huit jours après le moment où ce récit commence, l'habitation de cette maison, et les relations que l'abbé Birotteau avait avec mademoiselle Gamard, lui révélèrent une trame ourdie depuis six mois. Tant que la vieille fille avait sourdement exercé sa vengeance, et que le vicaire avait pu s'entretenir volontairement dans l'erreur, en refusant de croire à des intentions malveillantes, le mal moral avait fait peu de progrès chez lui. Mais, depuis l'affaire du bougeoir remonté, de la pendule avancée, Birotteau ne pouvait plus douter qu'il ne vécût sous l'empire d'une haine dont l'œil était toujours ouvert sur lui. Il arriva dès lors rapidement au désespoir, en apercevant, à toute heure, les doigts crochus et effilés de mademoiselle Gamard prêts à s'enfoncer dans son cœur. Heureuse de vivre par un sentiment aussi fertile en émotions que l'est celui de la vengeance, la vieille fille se plaisait à planer, à peser sur le vicaire, comme un oiseau de proie plane et pèse sur un mulot avant de le dévorer. Elle avait conçu depuis long-temps un plan que le prêtre abasourdi ne pouvait deviner, et qu'elle ne tarda pas à dérouler, en montrant le génie que savent déployer, dans les petites choses, les personnes solitaires dont l'âme, inhabile à sentir les grandeurs de la piété vraie, s'est jetée dans les minuties de la dévotion. Dernière, mais affreuse aggravation de peine! La nature de ses chagrins interdisait à Birotteau, homme d'expansion, aimant à être plaint et consolé, la petite douceur de les raconter à ses amis. Le peu de tact qu'il devait à sa timidité lui faisait redouter de paraître ridicule en s'occupant de pareilles niaiseries. Et cependant ces niaiseries composaient toute son existence, sa chère existence pleine d'occupations dans le vide et de vide dans les occupations; vie terne et grise où les sentiments trop forts étaient des malheurs, où l'absence de toute émotion était une félicité. Le paradis du pauvre prêtre se changea donc subitement en enfer. Enfin, ses souffrances devinrent intolérables. La terreur que lui causait la perspective d'une explication avec mademoiselle Gamard s'accrut de jour en jour; et le malheur secret qui flétrissait les heures de sa vieillesse, altéra sa santé. Un matin, en mettant ses bas bleus chinés, il reconnut une perte de huit lignes dans la circonférence de son mollet. Stupéfait de ce diagnostic si cruellement irrécusable, il résolut de faire une tentative auprès de l'abbé Troubert, pour le prier d'intervenir officieusement entre mademoiselle Gamard et lui.

En se trouvant en présence de l'imposant chanoine, qui, pour le recevoir dans une chambre nue, quitta promptement un cabinet plein de papiers où il travaillait sans cesse, et où ne pénétrait personne, le vicaire eut presque honte de parler des taquineries de mademoiselle Gamard à un homme qui lui paraissait si sérieusement occupé. Mais après avoir subi toutes les angoisses de ces délibérations intérieures que les gens humbles, indécis ou faibles éprouvent même pour des choses sans importance, il se décida, non sans avoir le cœur grossi par des pulsations extraordinaires, à expliquer sa position à l'abbé Troubert. Le chanoine écouta d'un air grave et froid, essayant, mais en vain, de réprimer certains sourires qui, peut-être, eussent révélé les émotions d'un contentement intime à des yeux intelligents. Une flamme parut s'échapper de ses paupières lorsque Birotteau lui peignit, avec l'éloquence que donnent les sentiments vrais, la constante amertume dont il était abreuvé; mais Troubert mit la main au-dessus de ses yeux par un geste assez familier aux penseurs, et garda l'attitude de dignité qui lui était habituelle. Quand le vicaire eut cessé de parler, il aurait été bien embarrassé s'il avait voulu chercher sur la figure de Troubert, alors marbrée par des taches plus jaunes encore que ne l'était ordinairement son teint bilieux, quelques traces des sentiments qu'il avait dû exciter chez ce prêtre mystérieux. Après être resté pendant un moment silencieux, le chanoine fit une de ces réponses dont toutes les paroles devaient être long-temps étudiées pour que leur portée fût entièrement mesurée, mais qui, plus tard, prouvaient aux gens réfléchis l'étonnante profondeur de son âme et la puissance de son esprit. Enfin, il accabla Birotteau en lui disant : que « ces choses l'étonnaient d'autant plus, qu'il ne s'en serait jamais aperçu sans la confession de son frère ; il attribuait ce défaut d'intelligence à ses occupations sérieuses, à ses travaux, et à la tyrannie de certaines pensées élevées qui ne lui permettaient pas de regarder aux détails de la vie. » Il lui fit observer, mais sans avoir l'air de vouloir censurer la conduite d'un homme dont l'âge et les connaissances méritaient son respect, que « jadis les solitaires songeaient rarement à leur nourriture, à leur abri, au fond des thébaïdes où ils se livraient à de saintes contemplations, » et que, « de nos jours, le prêtre pouvait par la pensée se faire partout une thébaïde. » Puis, revenant à Birotteau, il ajouta : que « ces discussions étaient tout nouvelles pour lui. Pendant douze années, rien de semblable n'avait eu lieu entre mademoiselle Gamard et le vénérable abbé Chapeloud. Quant à lui, sans doute, il pouvait bien, ajouta-t-il, devenir l'arbitre entre le vicaire et leur hôtesse, parce que son amitié pour elle ne dépassait pas les bornes imposées par les lois de l'Église à ses fidèles serviteurs ; mais alors la justice exigeait qu'il entendît aussi mademoiselle Gamard. » — Que, d'ailleurs, il ne trouvait rien de changé en elle ; qu'il l'avait toujours vue ainsi ; qu'il s'était volontiers soumis à quelques-uns de ses caprices, sachant que cette respectable demoiselle était la bonté, la douceur même ; qu'il fallait attribuer les légers changements de son humeur aux souffrances causées par une pulmonie dont elle ne parlait pas, et à laquelle elle se résignait en vraie chrétienne... Il finit en disant au vicaire, que « pour peu qu'il restât encore quelques années auprès de mademoiselle, il saurait mieux l'apprécier, et reconnaître les trésors de cet excellent caractère. »

L'abbé Birotteau sortit confondu. Dans la nécessité fatale où il se trouvait de ne prendre conseil que de lui-même, il jugea mademoiselle Gamard d'après lui. Le bonhomme crut, en s'absentant pendant quelques jours, éteindre, faute d'aliment, la haine que lui portait cette fille. Donc il résolut d'aller, comme jadis, passer plusieurs jours à une campagne où madame de Listomère se rendait à la fin de l'automne, époque à laquelle le ciel est ordinairement pur et doux en Touraine. Pauvre homme ! il accomplissait précisément les vœux secrets de sa terrible ennemie, dont les projets ne pouvaient être déjoués que par une patience de moine ; mais, ne devinant rien, ne sachant point ses propres affaires, il devait succomber comme un agneau, sous le premier coup du boucher.

Située sur la levée qui se trouve entre la ville de Tours et les hauteurs de Saint-Georges, exposée au midi, entourée de rochers, la propriété de madame de Listomère offrait les agréments de la campagne et tous les plaisirs de la ville. En effet, il ne fallait pas plus de dix minutes pour venir du pont de Tours à la porte de cette maison, nommée *l'Alouette ;* avantage précieux dans un pays où personne ne veut se déranger pour quoi que ce soit, même pour aller chercher un plaisir. L'abbé Birotteau était à l'Alouette depuis environ dix jours, lorsqu'un matin, au moment du déjeuner, le concierge vint lui dire que monsieur Caron désirait lui parler. Monsieur Caron était un avocat chargé des affaires de mademoiselle Gamard. Birotteau ne s'en souvenant pas et ne se connaissant aucun point litigieux à démêler avec qui que ce fût au monde, quitta la table en proie à une sorte d'anxiété pour chercher l'avocat : il le trouva modestement assis sur la balustrade d'une terrasse.

— L'intention où vous êtes de ne plus loger chez mademoiselle Gamard étant devenue évidente... dit l'homme d'affaires.

— Eh! monsieur, s'écria l'abbé Birotteau en interrompant, je n'ai jamais pensé à la quitter.

— Cependant, monsieur, reprit l'avocat, il faut bien que vous vous soyez expliqué à cet égard avec mademoiselle, puisqu'elle m'envoie à la fin de savoir si vous restez long-temps à la campagne. Le cas d'une longue absence, n'ayant pas été prévu dans vos conventions, peut donner matière à contestation. Or, mademoiselle Gamard entendant que votre pension...

— Monsieur, dit Birotteau surpris et interrompant encore l'avocat, je ne croyais pas qu'il fût nécessaire d'employer des voies presque judiciaires pour...

— Mademoiselle Gamard, qui veut prévenir toute difficulté, dit monsieur Caron, m'a envoyé pour m'entendre avec vous.

— Eh! bien, si vous voulez avoir la complaisance de revenir demain, reprit encore l'abbé Birotteau, j'aurai consulté de mon côté.

— Soit, dit Caron en saluant.

Et le ronge-papiers se retira. Le pauvre vicaire, épouvanté de la persistance avec laquelle mademoiselle Gamard le poursuivait, rentra dans la salle à manger de madame de Listomère, en offrant une figure bouleversée. A son aspect, chacun de lui demander : — Que vous arrive-t-il donc, monsieur Birotteau?...

L'abbé, désolé, s'assit sans répondre, tant il était frappé par les vagues images de son malheur. Mais, après le déjeuner, quand plusieurs de ses amis furent réunis dans le salon devant un bon feu, Birotteau leur raconta naïvement les détails de son aventure. Ses auditeurs, qui commençaient à s'ennuyer de leur séjour à la campagne, s'intéressèrent vivement à cette intrigue si bien en harmonie avec la vie de province. Chacun prit parti pour l'abbé contre la vieille fille.

— Comment! lui dit madame de Listomère, ne voyez-vous pas clairement que l'abbé Troubert veut votre logement?

Ici, l'historien serait en droit de crayonner le portrait de cette dame; mais il a pensé que ceux mêmes auxquels le système de *co-*

gnomologie de Sterne est inconnu, ne pourraient pas prononcer ces trois mots : MADAME DE LISTOMÈRE ! sans se la peindre noble, digne, tempérant les rigueurs de la piété par la vieille élégance des mœurs monarchiques et classiques, par des manières polies ; bonne, mais un peu roide ; légèrement nasillarde ; se permettant la lecture de la Nouvelle Héloïse, la comédie, et se coiffant encore en cheveux.

— Il ne faut pas que l'abbé Birotteau cède à cette vieille tracassière ! s'écria monsieur de Listomère, lieutenant de vaisseau venu en congé chez sa tante. Si le vicaire a du cœur et veut suivre mes avis, il aura bientôt conquis sa tranquillité.

Enfin, chacun se mit à analyser les actions de mademoiselle Gamard avec la perspicacité particulière aux gens de province, auxquels on ne peut refuser le talent de savoir mettre à nu les motifs les plus secrets des actions humaines.

— Vous n'y êtes pas, dit un vieux propriétaire qui connaissait le pays. Il y a là-dessous quelque chose de grave que je ne saisis pas encore. L'abbé Troubert est trop profond pour être deviné si promptement. Notre cher Birotteau n'est qu'au commencement de ses peines. D'abord, sera-t-il heureux et tranquille, même en cédant son logement à Troubert ? J'en doute. — Si Caron est venu vous dire, ajouta-t-il en se tournant vers le prêtre ébahi, que vous aviez l'intention de quitter mademoiselle Gamard, sans doute mademoiselle Gamard a l'intention de vous mettre hors de chez elle... Eh ! bien, vous en sortirez bon gré mal gré. Ces sortes de gens ne hasardent jamais rien, et ne jouent qu'à coup sûr.

Ce vieux gentilhomme, nommé monsieur de Bourbonne, résumait toutes les idées de la province aussi complétement que Voltaire a résumé l'esprit de son époque. Ce vieillard sec et maigre, professait en matière d'habillement toute l'indifférence d'un propriétaire dont la valeur territoriale est cotée dans le département. Sa physionomie, tannée par le soleil de la Touraine, était moins spirituelle que fine. Habitué à peser ses paroles, à combiner ses actions, il cachait sa profonde circonspection sous une simplicité trompeuse. Aussi l'observation la plus légère suffisait-elle pour apercevoir que, semblable à un paysan de Normandie, il avait toujours l'avantage dans toutes les affaires. Il était très-supérieur en œnologie, la science favorite des Tourangeaux. Il avait su arrondir les prairies d'un de ses domaines aux dépens des lais de la Loire en évitant tout procès avec l'État. Ce bon tour le faisait passer pour un homme de talent. Si, charmé par la conversation de monsieur de Bourbonne, vous eussiez demandé sa biographie à quelque Tourangeau : — Oh! *c'est un vieux malin!* eut été la réponse proverbiale de tous ses jaloux, et il en avait beaucoup. En Touraine, la jalousie forme, comme dans la plupart des provinces, *le fond de la langue.*

L'observation de monsieur de Bourbonne occasionna momentanément un silence pendant lequel les personnes qui composaient ce petit comité parurent réfléchir. Sur ces entrefaites, mademoiselle Salomon de Villenoix fut annoncée. Amenée par le désir d'être utile à Birotteau, elle arrivait de Tours, et les nouvelles qu'elle en apportait changèrent complétement la face des affaires. Au moment de son arrivée, chacun, sauf le propriétaire, conseillait à Birotteau de guerroyer contre Troubert et Gamard, sous les auspices de la société aristocratique qui devait le protéger.

— Le vicaire-général auquel le travail du personnel est remis, dit mademoiselle Salomon, vient de tomber malade, et l'archevêque a commis à sa place monsieur l'abbé Troubert. Maintenant, la nomination au canonicat dépend donc entièrement de lui. Or, hier, chez mademoiselle de La Blottière, l'abbé Poirel a parlé des désagréments que l'abbé Birotteau causait à mademoiselle Gamard, de manière à vouloir justifier la disgrâce dont sera frappé notre bon abbé : « L'abbé Birotteau est un homme auquel l'abbé Chapeloud était bien nécessaire, disait-il, et depuis la mort de ce vertueux chanoine, il a été prouvé que... » Les suppositions, les calomnies se sont succédé. Vous comprenez?

— Troubert sera vicaire-général, dit solennellement monsieur de Bourbonne.

— Voyons! s'écria madame de Listomère en regardant Birotteau. Que préférez-vous : être chanoine, ou rester chez mademoiselle Gamard?

— Être chanoine, fut un cri général.

— Eh! bien, reprit madame de Listomère, il faut donner gain de cause à l'abbé Troubert et à mademoiselle Gamard. Ne vous font-ils pas savoir indirectement, par la visite de Caron, que si vous consentez à les quitter vous serez chanoine? Donnant, donnant!

Chacun se récria sur la finesse et la sagacité de madame de Listomère, excepté le baron de Listomère son neveu, qui dit, d'un ton comique, à monsieur de Bourbonne : — J'aurais voulu le combat entre *la Gamard* et *le Birotteau.*

Mais, pour le malheur du vicaire, les forces n'étaient pas égales entre les gens du monde et la vieille fille soutenue par l'abbé Troubert. Le moment arriva bientôt où la lutte devait se dessiner plus franchement, s'agrandir, et prendre des proportions énormes. Sur l'avis de madame de Listomère et de la plupart de ses adhérents qui commençaient à se passionner pour cette intrigue jetée dans le vide de leur vie provinciale, un valet fut expédié à monsieur Caron. L'homme d'affaires revint avec une célérité remarquable, et qui n'effraya que monsieur de Bourbonne.

— Ajournons toute décision jusqu'à un plus ample informé, fut l'avis de ce Fabius en robe de chambre auquel de profondes réflexions révélaient les hautes combinaisons de l'échiquier tourangeau.

Il voulut éclairer Birotteau sur les dangers de sa position. La sagesse du *vieux malin* ne servait pas les passions du moment, il n'obtint qu'une légère attention. La conférence entre l'avocat et Birotteau dura peu. Le vicaire rentra tout effaré, disant : — Il me demande un écrit qui constate mon *retrait*.

— Quel est ce mot effroyable? dit le lieutenant de vaisseau.

— Qu'est-ce que cela veut dire? s'écria madame de Listomère.

— Cela signifie simplement que l'abbé doit déclarer vouloir quitter la maison de mademoiselle Gamard, répondit monsieur de Bourbonne en prenant une prise de tabac.

— N'est-ce que cela? Signez! dit madame de Listomère en regardant Birotteau. Si vous êtes décidé sérieusement à sortir de chez elle, il n'y a aucun inconvénient à constater votre volonté.

La *volonté de Birotteau!*

— Cela est juste, dit monsieur de Bourbonne en fermant sa tabatière par un geste sec dont la signification est impossible à rendre, car c'était tout un langage. — Mais il est toujours dangereux d'écrire, ajouta-t-il en posant sa tabatière sur la cheminée d'un air à épouvanter le vicaire.

Birotteau se trouvait tellement hébété par le renversement de toutes ses idées, par la rapidité des événements qui le surprenaient sans défense, par la facilité avec laquelle ses amis traitaient les affaires les plus chères de sa vie solitaire, qu'il restait immobile, comme perdu dans la lune, ne pensant à rien, mais écoutant et cherchant à comprendre le sens des rapides paroles que tout le monde prodiguait. Il prit l'écrit de monsieur Caron, et le lut, comme si le *libellé* de l'avocat allait être l'objet de son attention ; mais ce fut un mouvement machinal. Et il signa cette pièce, par laquelle il reconnaissait renoncer volontairement à demeurer chez mademoiselle Gamard, comme à y être nourri suivant les conventions faites entre eux. Quand le vicaire eut achevé d'apposer sa signature, le sieur Caron reprit l'acte et lui demanda dans quel endroit sa cliente devait faire remettre les choses à lui appartenant. Birotteau indiqua la maison de madame de Listomère. Par un signe, cette dame consentit à recevoir l'abbé pour quelques jours, ne doutant pas qu'il ne fût bientôt nommé chanoine. Le vieux propriétaire voulut voir cette espèce d'acte de renonciation, et monsieur Caron le lui apporta.

— Eh ! bien, demanda-t-il au vicaire après l'avoir lu, il existe donc entre vous et mademoiselle Gamard des conventions écrites ? où sont-elles ? quelles en sont les stipulations ?

— L'acte est chez moi, répondit Birotteau.

— En connaissez-vous la teneur ? demanda le propriétaire à l'avocat.

— Non, monsieur, dit monsieur Caron en tendant la main pour reprendre le papier fatal.

— Ah ! se dit en lui-même le vieux propriétaire, toi, monsieur l'avocat, tu sais sans doute tout ce que cet acte contient ; mais tu n'es pas payé pour nous le dire.

Et monsieur de Bourbonne rendit la renonciation à l'avocat.

— Où vais-je mettre tous mes meubles ? s'écria Birotteau, et mes livres, ma belle bibliothèque, mes beaux tableaux, mon salon rouge, enfin tout mon mobilier !

Et le désespoir du pauvre homme, qui se trouvait déplanté pour ainsi dire, avait quelque chose de si naïf ; il peignait si bien la pureté de ses mœurs, son ignorance des choses du monde, que madame de Listomère et mademoiselle Salomon lui dirent pour le consoler, en prenant le ton employé par les mères quand elles promettent un jouet à leurs enfants : — N'allez-vous pas vous inquiéter de ces niaiseries-là ? Mais nous vous trouverons toujours bien une maison moins froide, moins noire que celle de mademoiselle Gamard. S'il ne se rencontre pas de logement qui vous plaise, eh ! bien, l'une de nous vous prendra chez elle en pension. Allons, faisons un trictrac. Demain vous irez voir monsieur l'abbé Troubert pour lui demander son appui, et vous verrez comme vous serez bien reçu par lui!

Les gens faibles se rassurent aussi facilement qu'ils se sont effrayés. Donc le pauvre Birotteau, ébloui par la perspective de demeurer chez madame de Listomère, oublia la ruine, consommée sans retour, du bonheur qu'il avait si long-temps désiré, dont il avait si délicieusement joui. Mais le soir, avant de s'endormir, et avec la douleur d'un homme pour qui le tracas d'un déménagement et de nouvelles habitudes étaient la fin du monde, il se tortura l'esprit à chercher où il pourrait retrouver pour sa bibliothèque un emplacement aussi commode que l'était sa galerie. En voyant ses livres errants, ses meubles disloqués et son ménage en désordre, il se demandait mille fois pourquoi la première année passée chez mademoiselle Gamard avait été si douce, et la seconde si cruelle. Et toujours son aventure était un puits sans fond où tombait sa raison. Le canonicat ne lui semblait plus une compensation suffisante à tant de malheurs, et il comparait sa vie à un bas dont une seule maille échappée faisait déchirer toute la trame. Mademoiselle Salomon lui restait. Mais, en perdant ses vieilles illusions, le pauvre prêtre n'osait plus croire à une jeune amitié.

Dans la *citta dolente* des vieilles filles, il s'en rencontre beaucoup, surtout en France, dont la vie est un sacrifice noblement offert tous les jours à de nobles sentiments. Les unes demeurent fièrement fidèles à un cœur que la mort leur a trop promptement ravi : martyres de l'amour, elles trouvent le secret d'être femmes par l'âme. Les autres obéissent à un orgueil de famille, qui, chaque jour, déchoit à notre honte, et se dévouent à la fortune d'un frère, ou à des neveux orphelins : celles-là se font mères en restant vierges. Ces vieilles filles atteignent au plus haut héroïsme de leur sexe, en consacrant tous les sentiments féminins au culte du malheur. Elles idéalisent la figure de la femme, en renonçant aux récompenses de sa destinée et n'en acceptant que les peines. Elles vivent alors entourées de la splendeur de leur dévouement, et les hommes inclinent respectueusement la tête devant leurs traits flétris. Mademoiselle de Sombreuil n'a été ni femme ni fille ; elle fut et sera toujours une vivante poésie. Mademoiselle Salomon appartenait à ces créatures héroïques. Son dévouement était religieusement sublime, en ce qu'il devait être sans gloire, après avoir été une souffrance de tous les jours. Belle, jeune, elle fut aimée, elle aima ; son prétendu perdit la raison. Pendant cinq années, elle s'était, avec le courage de l'amour, consacrée au bonheur mécanique de ce malheureux, de qui elle avait si bien épousé la folie qu'elle ne le croyait point fou. C'était, du reste, une personne simple de manières, franche en son langage, et dont le visage pâle ne manquait pas de physionomie, malgré la régularité de ses traits. Elle ne parlait jamais des événements de sa vie. Seulement, parfois, les tressaillements soudains qui lui échappaient en entendant le récit d'une aventure affreuse, ou triste, révélaient en elle les belles qualités que développent les grandes douleurs. Elle était venue habiter Tours après avoir perdu le compagnon de sa vie. Elle ne pouvait y être appréciée à sa juste valeur, et passait pour une *bonne personne*. Elle faisait beaucoup de bien, et s'attachait, par goût, aux êtres faibles. A ce titre, le pauvre vicaire lui avait inspiré naturellement un profond intérêt.

Mademoiselle de Villenoix, qui allait à la ville dès le matin, y emmena Birotteau, le mit sur le quai de la Cathédrale, et le laissa s'acheminant vers le Cloître où il avait grand désir d'arriver pour sauver au moins le canonicat du naufrage, et veiller à l'enlèvement de son mobilier. Il ne sonna pas sans éprouver de violentes palpitations de cœur, à la porte de cette maison où il avait l'habitude de venir depuis quatorze ans, qu'il avait habitée, et d'où il devait s'exiler à jamais, après avoir rêvé d'y mourir en paix, à l'imitation de son ami Chapeloud. Marianne parut surprise de voir le vicaire. Il lui dit qu'il venait parler à l'abbé Troubert, et se dirigea vers le rez-de-chaussée où demeurait le chanoine ; mais Marianne lui cria :

— L'abbé Troubert n'est plus là, monsieur le vicaire, il est dans votre ancien logement.

Ces mots causèrent un affreux saisissement au vicaire qui comprit enfin le caractère de Troubert, et la profondeur d'une vengeance si lentement calculée, en le trouvant établi dans la bibliothèque de Chapeloud, assis dans le beau fauteuil gothique de Chapeloud, couchant sans doute dans le lit de Chapeloud, jouissant des meubles de Chapeloud, logé au cœur de Chapeloud, annulant le testament de Chapeloud, et déshéritant enfin l'ami de ce Chapeloud, qui, pendant si long-temps, l'avait parqué chez mademoiselle Gamard, en lui interdisant tout avancement et lui fermant les salons de Tours.

Par quel coup de baguette magique cette métamorphose avait-elle eu lieu ? Tout cela n'appartenait-il donc plus à Birotteau ? Certes, en voyant l'air sardonique avec lequel Troubert contemplait cette bibliothèque, le pauvre Birotteau jugea que le futur vicaire-général était sûr de posséder toujours la dépouille de ceux qu'il avait si cruellement haïs, Chapeloud comme un ennemi, et Birotteau, parce qu'en lui se retrouvait encore Chapeloud. Mille idées se levèrent, à cet aspect, dans le cœur du bonhomme, et le plongèrent dans une sorte de songe. Il resta immobile et comme fasciné par l'œil de Troubert, qui le regardait fixement.

— Je ne pense pas, monsieur, dit enfin Birotteau, que vous vouliez me priver des choses qui m'appartiennent. Si mademoiselle Gamard a pu être impatiente de vous mieux loger, elle doit se montrer cependant assez juste pour me laisser le temps de reconnaître mes livres et d'enlever mes meubles.

— Monsieur, dit froidement l'abbé Troubert en ne laissant paraître sur son visage aucune marque d'émotion, mademoiselle Gamard m'a instruit hier de votre départ, dont la cause m'est encore inconnue. Si elle m'a installé ici, ce fut par nécessité. Monsieur l'abbé Poirel a pris mon appartement. J'ignore si les choses qui sont dans ce logement appartiennent ou non à mademoiselle; mais, si elles sont à vous, vous connaissez sa bonne foi : la sainteté de sa vie est une garantie de sa probité. Quant à moi, vous n'ignorez pas la simplicité de mes mœurs. J'ai couché pendant quinze années dans une chambre nue sans faire attention à l'humidité qui m'a tué à la longue. Cependant, si vous vouliez habiter de nouveau cet appartement, je vous le céderais volontiers.

En entendant ces mots terribles, Birotteau oublia l'affaire du canonicat, il descendit avec la promptitude d'un jeune homme pour chercher mademoiselle Gamard, et la rencontra au bas de l'escalier sur le large palier dallé qui unissait les deux corps de logis.

— Mademoiselle, dit-il en la saluant et sans faire attention ni au sourire aigrement moqueur qu'elle avait sur les lèvres ni à la flamme extraordinaire qui donnait à ses yeux la clarté de ceux des tigres, je ne m'explique pas comment vous n'avez pas attendu que j'aie enlevé mes meubles, pour...

— Quoi! lui dit-elle en l'interrompant. Est-ce que tous vos effets n'auraient pas été remis chez madame de Listomère?

— Mais, mon mobilier?

— Vous n'avez donc pas lu votre acte? dit la vieille fille d'un ton qu'il faudrait pouvoir écrire musicalement pour faire comprendre combien la haine sut mettre de nuances dans l'accentuation de chaque mot.

Et mademoiselle Gamard parut grandir, et ses yeux brillèrent encore; et son visage s'épanouit, et toute sa personne frissonna de plaisir. L'abbé Troubert ouvrit une fenêtre pour lire plus distinctement dans un volume in-folio. Birotteau resta comme foudroyé. Mademoiselle Gamard lui cornait aux oreilles, d'une voix aussi claire que le son d'une trompette, les phrases suivantes : — N'est-il pas convenu, au cas où vous sortiriez de chez moi, que votre mobilier m'appartiendrait, pour m'indemniser de la différence qui existait entre la quotité de votre pension et celle du respectable abbé Chapeloud? Or, monsieur l'abbé Poirel ayant été nommé chanoine...

En entendant ces derniers mots, Birotteau s'inclina faiblement, comme pour prendre congé de la vieille fille; puis il sortit précipitamment. Il avait peur, en restant plus long-temps, de tomber en défaillance, et de donner ainsi un trop grand triomphe à de si implacables ennemis. Marchant comme un homme ivre, il gagna la maison de madame de Listomère où il trouva dans une salle basse son linge, ses vêtements et ses papiers contenus dans une malle. A l'aspect des débris de son mobilier, le malheureux prêtre s'assit, et se cacha le visage dans ses mains pour dérober aux gens la vue de ses pleurs. L'abbé Poirel était chanoine! Lui, Birotteau, se voyait sans asile, sans fortune et sans mobilier! Heureusement, mademoiselle Salomon vint à passer en voiture. Le concierge de la maison, qui comprit le désespoir du pauvre homme, fit un signe au cocher. Puis, après quelques mots échangés entre la vieille fille et le concierge, le vicaire se laissa conduire demi-mort près de sa fidèle amie, à laquelle il ne put dire que des mots sans suite. Mademoiselle Salomon, effrayée du dérangement momentané d'une tête déjà si faible, l'emmena sur-le-champ à l'Alouette, en attribuant ce commencement d'aliénation mentale à l'effet qu'avait dû produire sur lui la nomination de l'abbé Poirel. Elle ignorait les conventions du prêtre avec mademoiselle Gamard, par l'excellente raison qu'il en ignorait lui-même l'étendue. Et comme il est dans la nature que le comique se trouve mêlé parfois aux choses les plus pathétiques, les étranges réponses de Birotteau firent presque sourire mademoiselle Salomon.

— Chapeloud avait raison, disait-il. C'est un monstre !
— Qui ? demandait-elle.

— Chapeloud. Il m'a tout pris.
— Poirel donc?
— Non, Troubert.

Enfin, ils arrivèrent à l'Alouette, où les amis du prêtre lui prodiguèrent des soins si empressés, que, vers le soir, ils le calmèrent, et purent obtenir de lui le récit de ce qui s'était passé pendant la matinée.

Le flegmatique propriétaire demanda naturellement à voir l'acte qui, depuis la veille, lui paraissait contenir le mot de l'énigme. Birotteau tira le fatal papier timbré de sa poche, le tendit à monsieur de Bourbonne, qui le lut rapidement, et arriva bientôt à une clause ainsi conçue : « *Comme il se trouve une différence de*
» *huit cents francs par an entre la pension que payait*
» *feu monsieur Chapeloud et celle pour laquelle ladite*
» *Sophie Gamard consent à prendre chez elle, aux con-*
» *ditions ci-dessus stipulées, ledit François Birotteau;*
» *attendu que le soussigné François Birotteau reconnaît*
» *surabondamment être hors d'état de donner pendant*
» *plusieurs années le prix payé par les pensionnaires de*
» *la demoiselle Gamard, et notamment par l'abbé Trou-*
» *bert; enfin, eu égard à diverses avances faites par la-*
» *dite Sophie Gamard soussignée, ledit Birotteau s'en-*
» *gage à lui laisser à titre d'indemnité le mobilier dont*
» *il se trouvera possesseur à son décès, ou lorsque, par*
» *quelque cause que ce puisse être, il viendrait à quitter*
» *volontairement, et à quelque époque que ce soit, les lieux*
» *à lui présentement loués, et à ne plus profiter des avan-*
» *tages stipulés dans les engagements pris par mademoi-*
» *selle Gamard envers lui, ci-dessus...* »

— Tudieu, quelle grosse! s'écria le propriétaire, et de quelles griffes est armée ladite Sophie Gamard!

Le pauvre Birotteau, n'imaginant dans sa cervelle d'enfant aucune cause qui pût le séparer un jour de mademoiselle Gamard, comptait mourir chez elle. Il n'avait aucun souvenir de cette clause, dont les termes ne furent pas même discutés jadis, tant elle lui avait semblé juste, lorsque, dans son désir d'appartenir à la vieille fille, il aurait signé tous les parchemins qu'on lui aurait présentés. Cette innocence était si respectable, et la conduite de mademoiselle Gamard si atroce; le sort de ce pauvre sexagénaire avait quelque chose de si déplorable, et sa faiblesse le rendait si touchant, que, dans un premier moment d'indignation, madame de Listomère s'écria : — Je suis cause de la signature de l'acte qui vous a ruiné, je dois vous rendre le bonheur dont je vous ai privé.

— Mais, dit le vieux gentilhomme, l'acte constitue un dol, et il y a matière à procès...

— Eh! bien, Birotteau plaidera. S'il perd à Tours, il gagnera à Orléans. S'il perd à Orléans, il gagnera à Paris, s'écria le baron de Listomère.

— S'il veut plaider, reprit froidement monsieur de Bourbonne, je lui conseille de se démettre d'abord de son vicariat.

— Nous consulterons des avocats, reprit madame de Listomère, et nous plaiderons s'il faut plaider. Mais cette affaire est trop honteuse pour mademoiselle Gamard, et peut devenir trop nuisible à l'abbé Troubert, pour que nous n'obtenions pas quelque transaction.

Après mûre délibération, chacun promit son assistance à l'abbé Birotteau dans la lutte qui allait s'engager entre lui et tous les adhérents de ses antagonistes. Un sûr pressentiment, un instinct provincial indéfinissable forçait chacun à unir les deux noms de Gamard et Troubert. Mais aucun de ceux qui se trouvaient alors chez madame de Listomère, excepté le vieux malin, n'avait une idée bien exacte de l'importance d'un semblable combat. Monsieur de Bourbonne attira dans un coin le pauvre abbé.

— Des quatorze personnes qui sont ici, lui dit-il à voix basse, il n'y en aura pas une pour vous dans quinze jours. Si vous avez besoin d'appeler quelqu'un à votre secours, vous ne trouverez peut-être alors que moi d'assez hardi pour oser prendre votre défense, parce que je connais la province, les hommes, les choses, et, mieux encore, les intérêts! Mais tous vos amis, quoique pleins de bonnes intentions, vous mettent dans un mauvais chemin d'où vous ne pourrez vous tirer. Écoutez mon conseil. Si vous voulez vivre en paix, quittez le vicariat de Saint-Gatien, quittez Tours. Ne dites pas où vous irez, mais allez chercher quelque cure éloignée où Troubert ne puisse pas vous rencontrer.

— Abandonner Tours? s'écria le vicaire avec un effroi indescriptible.

C'était pour lui une sorte de mort. N'était-ce pas briser toutes les racines par lesquelles il s'était planté dans le monde. Les célibataires remplacent les sentiments par des habitudes. Lorsqu'à ce système moral, qui les fait moins vivre que traverser la vie, se joint un caractère faible, les choses extérieures prennent sur eux un empire étonnant. Aussi Birotteau était-il devenu semblable à quelque végétal : le transplanter, c'était en risquer l'innocente fructification. De même que, pour vivre, un arbre doit retrouver à toute heure les mêmes sucs, et toujours avoir ses chevelus dans le même terrain, Birotteau devait toujours trotter dans Saint-Gatien ; toujours piétiner dans l'endroit du Mail où il se promenait habituellement, sans cesse parcourir les rues par lesquelles il passait, et continuer d'aller dans les trois salons, où il jouait, pendant chaque soirée, au wisth ou au trictrac.

— Ah ! je n'y pensais pas, répondit monsieur de Bourbonne en regardant le prêtre avec une espèce de pitié.

Tout le monde sut bientôt, dans la ville de Tours, que madame la baronne de Listomère, veuve d'un lieutenant-général, recueillait l'abbé Birotteau, vicaire de Saint-Gatien. Ce fait, que beaucoup de gens révoquaient en doute, trancha nettement toutes les questions, et dessina les partis, surtout lorsque mademoiselle Salomon osa, la première, parler de dol et de procès. Avec la vanité subtile qui distingue les vieilles filles, et le fanatisme de personnalité qui les caractérise, mademoiselle Gamard se trouva fortement blessée du parti que prenait madame de Listomère. La baronne était une femme de haut rang, élégante dans ses mœurs, et dont le bon goût, les manières polies, la piété ne pouvaient être contestés. Elle donnait, en recueillant Birotteau, le démenti le plus formel à toutes les assertions de mademoiselle Gamard, en censurait indirectement la conduite, et semblait sanctionner les plaintes du vicaire contre son ancienne hôtesse.

Il est nécessaire, pour l'intelligence de cette histoire, d'expliquer ici tout ce que le discernement et l'esprit d'analyse avec lequel les vieilles femmes se rendent compte des actions d'autrui prêtaient de force à mademoiselle Gamard, et quelles étaient les ressources de son parti. Accompagnée du silencieux abbé Troubert, elle allait passer ses soirées dans quatre ou cinq maisons où se réunissaient une douzaine de personnes toutes liées entre elles par les mêmes goûts, et par l'analogie de leur situation. C'était un ou deux vieillards qui épousaient les passions et les caquetages de leurs servantes ;

cinq ou six vieilles filles qui passaient toute leur journée à tamiser les paroles, à scruter les démarches de leurs voisins et des gens placés au-dessus ou au-dessous d'elles dans la société; puis, enfin, plusieurs femmes âgées, exclusivement occupées à distiller les médisances, à tenir un registre exact de toutes les fortunes, ou à contrôler les actions des autres : elles pronostiquaient les mariages et blâmaient la conduite de leurs amies aussi aigrement que celle de leurs ennemies. Ces personnes, logées toutes dans la ville de manière à y figurer les vaisseaux capillaires d'une plante, aspiraient, avec la soif d'une feuille pour la rosée, les nouvelles, les secrets de chaque ménage, les pompaient et les transmettaient machinalement à l'abbé Troubert, comme les feuilles communiquent à la tige la fraîcheur qu'elles ont absorbée. Donc, pendant chaque soirée de la semaine, excitées par ce besoin d'émotion qui se retrouve chez tous les individus, ces bonnes dévotes dressaient un bilan exact de la situation de la ville, avec une sagacité digne du conseil des Dix, et faisaient la police armées de cette espèce d'espionnage à coup sûr que créent les passions. Puis, quand elles avaient deviné la raison secrète d'un événement, leur amour-propre les portait à s'approprier la sagesse de leur sanhédrin, pour donner le ton du bavardage dans leurs zones respectives. Cette congrégation oisive et agissante, invisible et voyant tout, muette et parlant sans cesse, possédait alors une influence que sa nullité rendait en apparence peu nuisible, mais qui cependant devenait terrible quand elle était animée par un intérêt majeur. Or, il y avait bien long-temps qu'il ne s'était présenté dans la sphère de leurs existences un événement aussi grave et aussi généralement important pour chacune d'elles que l'était la lutte de Birotteau, soutenu par madame de Listomère, contre l'abbé Troubert et mademoiselle Gamard.

En effet, les trois salons de mesdames de Listomère, Merlin de La Blottière et de Villenoix étant considérés comme ennemis par ceux où allait mademoiselle Gamard, il y avait au fond de cette querelle l'esprit de corps et toutes ses vanités. C'était le combat du peuple et du sénat romain dans une taupinière, ou une tempête dans un verre d'eau, comme l'a dit Montesquieu en parlant de la république de Saint-Marin dont les charges publiques ne duraient qu'un jour, tant la tyrannie y était facile à saisir. Mais cette tempête développait néanmoins dans les âmes autant de passions qu'il en aurait fallu pour diriger les plus grands intérêts sociaux. N'est-ce pas une erreur de croire que le temps ne soit rapide que pour les cœurs en proie aux vastes projets qui troublent la vie et la font bouillonner. Les heures de l'abbé Troubert coulaient aussi animées, s'enfuyaient chargées de pensées tout aussi soucieuses, étaient ridées par des désespoirs et des espérances aussi profondes que pouvaient l'être les heures cruelles de l'ambitieux, du joueur et de l'amant. Dieu seul est dans le secret de l'énergie que nous coûtent les triomphes occultement remportés sur les hommes, sur les choses et sur nous-mêmes. Si nous ne savons pas toujours où nous allons, nous connaissons bien les fatigues du voyage. Seulement, s'il est permis à l'historien de quitter le drame qu'il raconte pour prendre pendant un moment le rôle des critiques, s'il vous convie à jeter un coup d'œil sur les existences de ces vieilles filles et des deux abbés, afin d'y chercher la cause du malheur qui les viciait dans leur essence; il vous sera peut-être démontré qu'il est nécessaire à l'homme d'éprouver certaines passions pour développer en lui des qualités qui donnent à sa vie de la noblesse, en étendent le cercle, et assoupissent l'égoïsme naturel à toutes les créatures.

Madame de Listomère revint en ville sans savoir que, depuis cinq ou six jours, plusieurs de ses amis étaient obligés de réfuter une opinion, accréditée sur elle, dont elle aurait ri si elle l'eût connue, et qui supposait à son affection pour son neveu des causes presque criminelles. Elle mena l'abbé Birotteau chez son avocat, à qui le procès ne parut pas chose facile. Les amis du vicaire, animés par le sentiment que donne la justice d'une bonne cause, ou paresseux pour un procès qui ne leur était pas personnel, avaient remis le commencement de l'instance au jour où ils reviendraient à Tours. Les amis de mademoiselle Gamard purent donc prendre les devants, et surent raconter l'affaire peu favorablement pour l'abbé Birotteau.

Donc l'homme de loi, dont la clientèle se composait exclusivement des gens pieux de la ville, étonna beaucoup madame de Listomère en lui conseillant de ne pas s'embarquer dans un semblable procès, et il termina la conférence en disant : que, d'ailleurs, il ne s'en chargerait pas, parce que, aux termes de l'acte, mademoiselle Gamard avait raison en Droit; qu'en Équité, c'est-à-dire en dehors de la justice, l'abbé Birotteau paraîtrait, aux yeux du tribunal et à ceux des honnêtes gens, manquer au caractère de paix, de conciliation et à la mansuétude qu'on lui avait supposés jusqu'alors; que mademoiselle Gamard, connue pour une personne douce et facile à vivre, avait obligé Birotteau en lui prêtant l'argent nécessaire pour payer les droits successifs auxquels avait donné lieu le testament de Chapeloud, sans lui en demander de reçu; que Birotteau n'était pas d'âge et de caractère à signer un acte sans savoir ce qu'il contenait, ni sans en connaître l'importance; et que s'il avait quitté mademoiselle Gamard après deux ans d'habitation, quand son ami Chapeloud était resté chez elle pendant douze ans, et Troubert pendant quinze, ce ne pouvait être qu'en vue d'un projet à lui connu; que le procès serait donc jugé comme un acte d'ingratitude, etc.

Après avoir laissé Birotteau marcher en avant vers l'escalier, l'avoué prit madame de Listomère à part, en la reconduisant, et l'engagea, au nom de son repos, à ne pas se mêler de cette affaire.

Cependant, le soir, le pauvre vicaire, qui se tourmentait autant qu'un condamné à mort dans le cabanon de Bicêtre quand il y attend le résultat de son pourvoi en cassation, ne put s'empêcher d'apprendre à ses amis le résultat de sa visite, au moment où, avant l'heure de faire les parties, le cercle se formait devant la cheminée de madame de Listomère.

— Excepté l'avoué des Libéraux, je ne connais, à Tours, aucun homme de chicane qui voulût se charger de ce procès sans avoir l'intention de vous le faire perdre, s'écria monsieur de Bourbonne, et je ne vous conseille pas de vous y embarquer.

— Hé! bien, c'est une infamie, dit le lieutenant de vaisseau. Moi, je conduirai l'abbé chez cet avoué.

— Allez-y lorsqu'il fera nuit, dit monsieur de Bourbonne en l'interrompant.

— Et pourquoi?

— Je viens d'apprendre que l'abbé Troubert est nommé vicaire-général, à la place de celui qui est mort avant-hier.

— Je me moque bien de l'abbé Troubert!

Malheureusement, le baron de Listomère, homme de trente-six ans, ne vit pas le signe que lui fit monsieur de Bourbonne, pour lui recommander de peser ses paroles, en lui montrant un conseiller de préfecture, ami de Troubert. Le lieutenant de vaisseau ajouta donc : — Si monsieur l'abbé Troubert est un fripon...

— Oh! dit monsieur de Bourbonne en l'interrompant, pourquoi mettre l'abbé Troubert dans une affaire à laquelle il est complétement étranger?...

— Mais, reprit le baron, ne jouit-il pas des meubles de l'abbé Birotteau? Je me souviens d'être allé chez Chapeloud, et d'y avoir vu deux tableaux de prix. Supposez qu'ils valent dix mille francs?... Croyez-vous que monsieur Birotteau ait eu l'intention de donner, pour deux ans d'habitation chez cette Gamard, dix mille francs, quand déjà la bibliothèque et les meubles valent à peu près cette somme?

L'abbé Birotteau ouvrit de grands yeux en apprenant qu'il avait possédé un capital si énorme.

Et le baron, poursuivant avec chaleur, ajouta : — Par Dieu! monsieur Salmon, l'ancien expert du Musée de Paris, est venu voir ici sa belle-mère. Je vais y aller ce soir même, avec l'abbé Birotteau, pour le prier d'estimer les tableaux. De là je le mènerai chez l'avoué.

Deux jours après cette conversation, le procès avait pris de la consistance. L'avoué des Libéraux, devenu celui de Birotteau, jetait beaucoup de défaveur sur la cause du vicaire. Les gens opposés au gouvernement, et ceux qui étaient connus pour ne pas aimer les prêtres ou la religion, deux choses que beaucoup de gens confondent, s'emparèrent de cette affaire, et toute la ville en parla. L'ancien expert du Musée avait estimé onze mille francs la Vierge du Valentin et le Christ de Lebrun, morceaux d'une beauté capitale. Quant à la bibliothèque et aux meubles gothiques, le goût dominant qui croissait de jour en jour à Paris pour ces sortes de choses leur donnait momentanément une valeur de douze mille francs. Enfin, l'expert, vérification faite, évalua le mobilier entier à dix mille écus. Or, il était évident que, Birotteau n'ayant pas entendu donner à mademoiselle Gamard cette somme énorme pour le peu d'argent qu'il pouvait lui devoir en vertu de la soulte stipulée, il y avait, judiciairement parlant, lieu à réformer leurs conventions; autrement la vieille fille eût été coupable d'un dol volontaire. L'avoué des Libéraux entama donc l'affaire en lançant un exploit introductif d'instance à mademoiselle Gamard. Quoique très-acerbe, cette pièce, fortifiée par des citations d'arrêts souverains et corroborée par quelques articles du Code, n'en était pas moins un chef-d'œuvre de logique judiciaire, et condamnait si évidemment la vieille fille que trente ou quarante copies en furent méchamment distribuées dans la ville par l'Opposition.

Quelques jours après le commencement des hostilités entre la vieille fille et Birotteau, le baron de Listomère, qui espérait être compris, en qualité de capitaine de corvette, dans la première promotion, annoncée depuis quelque temps au Ministère de la Marine, reçut une lettre par laquelle l'un de ses amis lui annonçait qu'il était question dans les bureaux de le mettre hors du cadre d'activité. Étrangement surpris de cette nouvelle, il partit immédiatement pour Paris, et vint à la première soirée du ministre, qui en parut fort étonné lui-même, et se prit à rire en apprenant les craintes dont lui fit part le baron de Listomère. Le lendemain, nonobstant la parole du ministre, le baron consulta les Bureaux. Par une indiscrétion que certains chefs commettent assez ordinairement pour leurs amis, un secrétaire lui montra un travail tout préparé, mais que la maladie d'un directeur avait empêché jusqu'alors d'être soumis au ministre, et qui confirmait la fatale nouvelle. Aussitôt, le baron de Listomère alla chez un de ses oncles, lequel, en sa qualité de député, pouvait voir immédiatement le ministre à la Chambre, et il le pria de sonder les dispositions de Son Excellence, car il s'agissait pour lui de la perte de son avenir. Aussi attendit-il avec la plus vive anxiété, dans la voiture de son oncle, la fin de la séance. Le député sortit bien avant la clôture, et dit à son neveu pendant le chemin qu'il fit en se rendant à son hôtel : — Comment, diable! vas-tu te mêler de faire la guerre aux prêtres? Le ministre a commencé par m'apprendre que tu t'étais mis à la tête des Libéraux à Tours! Tu as des opinions détestables, tu ne suis pas la ligne du gouvernement, etc. Ses phrases étaient aussi entortillées que s'il parlait encore à la Chambre. Alors je lui ai dit : — Ah! ça, entendons nous? Son Excellence a fini par m'avouer que tu étais mal avec la Grande-Aumônerie. Bref, en demandant quelques renseignements à mes collègues, j'ai su que tu parlais fort légèrement d'un certain abbé Troubert, simple vicaire-général, mais le personnage le plus important de la province où il représente la Congrégation. J'ai répondu de toi corps pour corps au ministre. Monsieur mon neveu, si tu veux faire ton chemin, ne te crée aucune inimitié sacerdotale. Va vite à Tours, fais-y ta paix avec ce diable de vicaire-général. Apprends que les vicaires-généraux sont des hommes avec lesquels il faut toujours vivre en paix. Morbleu! lorsque nous travaillons tous à rétablir la religion, il est stupide à un lieutenant de vaisseau, qui veut être capitaine, de déconsidérer les prêtres. Si tu ne te raccommodes pas avec l'abbé Troubert, ne compte plus sur moi : je te renierai. Le ministre des Affaires Ecclésiastiques m'a parlé tout à l'heure de cet homme comme d'un futur évêque. Si Troubert prenait notre famille en haine, il pourrait m'empêcher d'être compris dans la prochaine fournée de pairs. Comprends-tu?

Ces paroles expliquèrent au lieutenant de vaisseau les secrètes occupations de Troubert, de qui Birotteau disait niaisement : — Je ne sais pas à quoi lui sert de passer les nuits.

La position du chanoine au milieu du sénat femelle qui faisait si subtilement la police de la province et sa capacité personnelle l'avaient fait choisir par la Congrégation, entre tous les ecclésiastiques de la ville, pour être le proconsul inconnu de la Touraine. Archevêque, général, préfet, grands et petits étaient sous son occulte domination. Le baron de Listomère eut bientôt pris son parti.

— Je ne veux pas, dit-il à son oncle, recevoir une seconde bordée ecclésiastique dans mes *œuvres-vives*.

Trois jours après cette conférence diplomatique entre l'oncle et le neveu, le marin, subitement revenu par la malle-poste à Tours, révélait à sa tante, le soir même de son arrivée, les dangers que couraient les plus chères espérances de la famille de Listomère, s'ils s'obstinaient l'un et l'autre à soutenir *cet imbécile de Birotteau*. Le baron avait retenu monsieur de Bourbonne au moment où le vieux gentilhomme prenait sa canne et son chapeau pour s'en aller après la partie de wisth. Les lumières du vieux malin étaient indispensables pour éclairer les écueils dans lesquels se trouvaient engagés les Listomère, et le vieux malin n'avait prématurément cherché sa canne et son chapeau que pour se faire dire à l'oreille : — Restez, nous avons à causer.

Le prompt retour du baron, son air de contentement, en désaccord avec la gravité peinte en certains moments sur sa figure, avaient accusé vaguement à monsieur de Bourbonne quelques échecs reçus par le lieutenant dans sa croisière contre Gamard et Troubert. Il ne marqua point de surprise en entendant le baron proclamer le secret pouvoir du vicaire-général congréganiste.

— Je le savais, dit-il.

— Hé! bien, s'écria la baronne, pourquoi ne pas nous avoir avertis?

— Madame, répondit-il vivement, oubliez que j'ai deviné l'invisible influence de ce prêtre, et j'oublierai que vous la connaissez également. Si nous ne nous gardions pas le secret, nous passerions pour ses complices : nous serions redoutés et haïs. Imitez-moi : feignez d'être une dupe; mais sachez bien où vous mettez les pieds. Je vous en avais assez dit, vous ne me compreniez point, et je ne voulais pas me compromettre.

— Comment devons-nous maintenant nous y prendre? dit le baron.

Abandonner Birotteau n'était pas une question, et ce fut une première condition sous-entendue par les trois conseillers.

— Battre en retraite avec les honneurs de la guerre a toujours été le chef-d'œuvre des plus habiles généraux, répondit monsieur de Bourbonne. Pliez devant Troubert : si sa haine est moins forte que sa vanité, vous vous en ferez un allié ; mais si vous pliez trop, il vous marchera sur le ventre ; car

> Abîme tout plutôt, c'est l'esprit de l'Église,

a dit Boileau. Faites croire que vous quittez le service, vous lui échappez, monsieur le baron. Renvoyez le vicaire, madame, vous donnerez gain de cause à la Gamard. Demandez chez l'archevêque à l'abbé Troubert s'il sait le wisth, il vous dira *oui*. Priez-le de venir faire une partie dans ce salon, où il veut être reçu ; certes, il y viendra. Vous êtes femme, sachez mettre ce prêtre dans vos intérêts. Quand le baron sera capitaine de vaisseau, son oncle pair de France, Troubert évêque, vous pourrez faire Birotteau chanoine tout à votre aise. Jusque-là pliez; mais pliez avec grâce et en menaçant. Votre famille peut prêter à Troubert autant d'appui qu'il vous en donnera ; vous vous entendrez à merveille. D'ailleurs marchez la sonde en main, marin !

— Ce pauvre Birotteau! dit la baronne.

— Oh! entamez-le promptement, répliqua le propriétaire en s'en allant. Si quelque libéral adroit s'emparait de cette tête vide, il vous causerait des chagrins. Après tout, les tribunaux prononceraient en sa faveur, et Troubert doit avoir peur du jugement. Il peut encore vous pardonner d'avoir entamé le combat; mais, après une défaite, il serait implacable. J'ai dit.

Il fit claquer sa tabatière, alla mettre ses doubles souliers, et partit.

Le lendemain matin, après le déjeuner, la baronne resta seule avec le vicaire, et lui dit, non sans un visible embarras : — Mon cher monsieur Birotteau, vous allez trouver mes demandes bien injustes et bien inconséquentes ; mais il faut, pour vous et pour nous, d'abord éteindre votre procès contre mademoiselle Gamard en vous désistant de vos prétentions, puis quitter ma maison. En entendant ces mots le pauvre prêtre pâlit. — Je suis, reprit-elle, la cause innocente de vos malheurs, et sais que sans mon neveu vous n'eussiez pas intenté le procès qui maintenant fait votre chagrin et le nôtre. Mais écoutez?

Elle lui déroula succinctement l'immense étendue de cette affaire et lui expliqua la gravité de ses suites. Ses méditations lui avaient fait deviner pendant la nuit les antécédents probables de la vie de Troubert : elle put alors, sans se tromper, démontrer à Birotteau la trame dans laquelle l'avait enveloppé cette vengeance si habilement ourdie, lui révéler la haute capacité, le pouvoir de son ennemi en lui en dévoilant la haine, en lui en apprenant les causes, en le lui montrant couché durant douze années devant Chapeloud, et dévorant Chapeloud, et persécutant encore Chapeloud dans son ami. L'innocent Birotteau joignit ses mains comme pour prier et pleura de chagrin à l'aspect d'horreurs humaines que son âme pure n'avait jamais soupçonnées. Aussi effrayé que s'il se fût trouvé sur le bord d'un abîme, il écoutait, les yeux fixés et humides, mais sans exprimer aucune idée, le discours de sa bienfaitrice, qui lui dit en terminant : — Je sais tout ce qu'il y a de mal à vous abandonner ; mais, mon cher abbé, les devoirs de famille passent avant ceux de l'amitié. Cédez, comme je le fais, à cet orage, je vous en prouverai toute ma reconnaissance. Je ne vous parle pas de vos intérêts, je m'en charge. Vous serez hors de toute inquiétude pour votre existence. Par l'entremise de Bourbonne, qui saura sauver les apparences, je ferai en sorte que rien ne vous manque. Mon ami, donnez-moi le droit de vous trahir. Je resterai votre amie, tout en me conformant aux maximes du monde. Décidez.

Le pauvre abbé stupéfait s'écria : — Chapeloud avait donc raison en disant que, si Troubert pouvait venir le tirer par les pieds dans la tombe, il le ferait ! Il couche dans le lit de Chapeloud.

— Il ne s'agit pas de se lamenter, dit madame de Listomère, nous avons peu de temps à nous. Voyons !

Birotteau avait trop de bonté pour ne pas obéir, dans les grandes crises, au dévouement irréfléchi du premier moment. Mais d'ailleurs sa vie n'était déjà plus qu'une agonie. Il dit, en jetant à sa protectrice un regard désespérant qui la navra : — Je me confie à vous. Je ne suis plus qu'un *bourrier* de la rue !

Ce mot tourangeau n'a pas d'autre équivalent possible que le mot brin de paille. Mais il y a de jolis petits brins de paille, jaunes, polis, rayonnants, qui font le bonheur des enfants ; tandis que le bourrier est le brin de paille décoloré, boueux, roulé dans les ruisseaux, chassé par la tempête, tordu par les pieds du passant.

— Mais, madame, je ne voudrais pas laisser à l'abbé Troubert le portrait de Chapeloud ; il a été fait pour moi, il m'appartient, obtenez qu'il me soit rendu, j'abandonnerai tout le reste.

— Hé ! bien, dit madame de Listomère, j'irai chez mademoiselle Gamard. Ces mots furent dits d'un ton qui révéla l'effort extraordinaire que faisait la baronne de Listomère en s'abaissant à flatter l'orgueil de la vieille fille. — Et, ajouta-t-elle, je tâcherai de tout arranger. A peine osé-je l'espérer. Allez voir monsieur de Bourbonne, qu'il minute votre désistement en bonne forme, apportez m'en l'acte bien en règle ; puis, avec le secours de monseigneur l'archevêque, peut-être pourrons-nous en finir.

Birotteau sortit épouvanté. Troubert avait pris à ses yeux les dimensions d'une pyramide d'Égypte. Les mains de cet homme étaient à Paris et ses coudes dans le cloître Saint-Gatien.

— Lui, se dit-il, empêcher monsieur le marquis de Listomère de devenir pair de France ?... *Et peut-être, avec le secours de monseigneur l'archevêque, pourra-t-on en finir !*

En présence de si grands intérêts, Birotteau se trouvait comme un ciron : il se faisait justice.

La nouvelle du déménagement de Birotteau fut d'autant plus étonnante que la cause en était impénétrable. Madame de Listomère disait que, son neveu voulant se marier et quitter le service, elle avait besoin, pour agrandir son appartement, de celui du vicaire. Personne ne connaissait encore le désistement de Birotteau. Ainsi les instructions de monsieur de Bourbonne étaient sagement exécutées. Ces deux nouvelles, en parvenant aux oreilles du grand-vicaire, devaient flatter son amour-propre en lui apprenant que, si elle ne capitulait pas, la famille de Listomère restait au moins neutre, et reconnaissait tacitement le pouvoir occulte de la Congrégation : le reconnaître, n'était-ce pas s'y soumettre ? Mais le procès demeurait tout entier *sub judice*. N'était-ce pas à la fois plier et menacer ?

Les Listomère avaient donc pris dans cette lutte une attitude exactement semblable à celle du grand-vicaire : ils se tenaient en dehors et pouvaient tout diriger. Mais un événement grave survint et rendit encore plus difficile la réussite des desseins médités par monsieur de Bourbonne et par les Listomère pour apaiser le parti Gamard et Troubert. La veille, mademoiselle Gamard avait pris du froid en sortant de la cathédrale, s'était mise au lit et passait pour être dangereusement malade. Toute la ville retentissait de plaintes excitées par une fausse commisération. « La sensibilité de made-» moiselle Gamard n'avait pu résister au scandale de ce procès. » Malgré son bon droit, elle allait mourir de chagrin. Birotteau » tuait sa bienfaitrice... » Telle était la substance des phrases jetées en avant par les tuyaux capillaires du grand conciliabule femelle, et complaisamment répétées par la ville de Tours.

Madame de Listomère eut la honte d'être venue chez la vieille fille sans recueillir le fruit de sa visite. Elle demanda fort poliment à parler à monsieur le vicaire-général. Flatté peut-être de recevoir dans la bibliothèque de Chapeloud, et au coin de cette cheminée ornée des deux fameux tableaux contestés, une femme par laquelle il avait été méconnu, Troubert fit attendre la baronne un moment ; puis il consentit à lui donner audience. Jamais courtisan ni diplomate ne mirent dans la discussion de leurs intérêts particuliers, ou dans la conduite d'une négociation nationale, plus d'habileté, de dissimulation, de profondeur que n'en déployèrent la baronne et l'abbé dans le moment où ils se trouvèrent tous les deux en scène.

Semblable au parrain qui, dans le moyen âge, armait le champion et en fortifiait la valeur par d'utiles conseils, au moment où il entrait en lice, le vieux malin avait dit à la baronne : — N'oubliez pas votre rôle, vous êtes conciliatrice et non partie intéressée. Troubert est également un médiateur. Pesez vos mots ! étudiez les inflexions de la voix du vicaire-général. S'il se caresse le menton, vous l'aurez séduit.

Quelques dessinateurs se sont amusés à représenter en caricature le contraste fréquent qui existe entre *ce que l'on dit* et *ce que l'on pense*. Ici, pour bien saisir l'intérêt du duel de paroles qui eut lieu entre le prêtre et la grande dame, il est nécessaire de dévoiler les pensées qu'ils cachèrent mutuellement sous des phrases en apparence insignifiantes. Madame de Listomère commença par témoigner le chagrin que lui causait le procès de Birotteau, puis elle parla du désir qu'elle avait de voir terminer cette affaire à la satisfaction des deux parties.

— Le mal est fait, madame, dit l'abbé d'une voix grave, la vertueuse mademoiselle Gamard se meurt. (*Je ne m'intéresse pas plus à cette sotte fille qu'au Prêtre-Jean, pensait-il; mais je voudrais bien vous mettre sa mort sur le dos, et vous en inquiéter la conscience, si vous êtes assez niais pour en prendre du souci.*)

— En apprenant sa maladie, monsieur, lui répondit la baronne, j'ai exigé de monsieur le vicaire un désistement que j'apportais à cette sainte fille. (*Je te devine, rusé coquin! pensait-elle; mais nous voilà mis à l'abri de tes calomnies. Quant à toi, si tu prends le désistement, tu t'enferreras, tu avoueras ainsi ta complicité.*)

Il se fit un moment de silence.

— Les affaires temporelles de mademoiselle Gamard ne me concernent pas, dit enfin le prêtre en abaissant ses larges paupières sur ses yeux d'aigle pour voiler ses émotions. (*Oh! oh! vous ne me compromettrez pas! Mais Dieu soit loué! les damnés avocats ne plaideront pas une affaire qui pouvait me salir. Que veulent donc les Listomère, pour se faire ainsi mes serviteurs?*)

— Monsieur, répondit la baronne, les affaires de monsieur Birotteau me sont aussi étrangères que vous le sont les intérêts de mademoiselle Gamard; mais malheureusement la religion peut souffrir de leurs débats, et je ne vois en vous qu'un médiateur, là où moi-même j'agis en conciliatrice... (*Nous ne nous abuserons ni l'un ni l'autre, monsieur Troubert, pensait-elle. Sentez-vous le tour épigrammatique de cette réponse?*)

— La religion souffrir, madame? dit le grand-vicaire. La religion est trop haut située pour que les hommes puissent y porter atteinte. (*La religion, c'est moi*, pensait-il.) — Dieu nous jugera sans erreur, madame, ajouta-t-il, je ne reconnais que son tribunal.

— Hé! bien, monsieur, répondit-elle, tâchons d'accorder les jugements des hommes avec les jugements de Dieu. (*Oui, la religion, c'est toi.*)

L'abbé Troubert changea de ton : — Monsieur votre neveu n'est-il pas allé à Paris? (*Vous avez eu là de mes nouvelles*, pensait-il. *Je puis vous écraser, vous qui m'avez méprisé. Vous venez capituler.*)

— Oui, monsieur, je vous remercie de l'intérêt que vous prenez à lui. Il retourne ce soir à Paris, il est mandé par le ministre, qui est parfait pour nous, et voudrait ne pas lui voir quitter le service. (*Jésuite, tu ne nous écraseras pas*, pensait-elle, *et ta plaisanterie est comprise.*) Un moment de silence. — Je ne trouve pas sa conduite convenable dans cette affaire, reprit-elle, mais il faut pardonner à un marin de ne pas se connaître en Droit. — (*Faisons alliance*, pensait-elle. *Nous ne gagnerons rien à guerroyer.*)

Un léger sourire de l'abbé se perdit dans les plis de son visage : — Il nous aura rendu le service de nous apprendre la valeur de ces deux peintures, dit-il en regardant les tableaux, elles seront un bel ornement pour la chapelle de la Vierge. (*Vous m'avez lancé une épigramme*, pensait-il ; *en voici deux, nous sommes quittes, madame.*)

— Si vous les donniez à Saint-Gatien, je vous demanderais de me laisser offrir à l'église des cadres dignes du lieu et de l'œuvre. (*Je voudrais bien te faire avouer que tu convoitais les meubles de Birotteau*, pensait-elle.)

— Elles ne m'appartiennent pas, dit le prêtre en se tenant toujours sur ses gardes.

— Mais voici, dit madame de Listomère, un acte qui éteint toute discussion, et les rend à mademoiselle Gamard. Elle posa le désistement sur la table. (*Voyez, monsieur*, pensait-elle, *combien j'ai de confiance en vous.*) — Il est digne de vous, monsieur, ajouta-t-elle, digne de votre beau caractère, de réconcilier deux chrétiens ; quoique je prenne maintenant peu d'intérêt à monsieur Birotteau.....

— Mais il est votre pensionnaire, dit-il en l'interrompant.

— Non, monsieur, il n'est plus chez moi. (*La pairie de mon beau-frère et le grade de mon neveu me font faire bien des lâchetés*, pensait-elle.)

L'abbé demeura impassible, mais son attitude calme était l'indice des émotions les plus violentes. Monsieur de Bourbonne avait seul deviné le secret de cette paix apparente. Le prêtre triomphait !

— Pourquoi vous êtes-vous donc chargée de son désistement ?

demanda-t-il excité par un sentiment analogue à celui qui pousse une femme à se faire répéter des compliments.

— Je n'ai pu me défendre d'un mouvement de compassion. Birotteau, dont le caractère faible doit vous être connu, m'a suppliée de voir mademoiselle Gamard, afin d'obtenir pour prix de sa renonciation à...

L'abbé fronça ses sourcils.

— ... A des *droits* reconnus par des avocats distingués, le portrait...

Le prêtre regarda madame de Listomère.

— ... Le portrait de Chapeloud, dit-elle en continuant. Je vous laisse le juge de sa prétention... (*Tu serais condamné, si tu voulais plaider*, pensait-elle.)

L'accent que prit la baronne pour prononcer les mots *avocats distingués* fit voir au prêtre qu'elle connaissait le fort et le faible de l'ennemi. Madame de Listomère montra tant de talent à ce connaisseur émérite dans le cours de cette conversation qui se maintint long-temps sur ce ton, que l'abbé descendit chez mademoiselle Gamard pour aller chercher sa réponse à la transaction proposée.

Il revint bientôt.

— Madame, voici les paroles de la pauvre mourante : « *Monsieur l'abbé Chapeloud m'a témoigné trop d'amitié*, m'a-t-elle dit, *pour que je me sépare de son portrait.* » Quant à moi, reprit-il, s'il m'appartenait, je ne le céderais à personne. J'ai porté des sentiments trop constants au cher défunt pour ne pas me croire le droit de disputer son image à tout le monde.

— Monsieur, ne *nous brouillons* pas pour une mauvaise peinture. (*Je m'en moque autant que vous vous en moquez vous-même*, pensait-elle.) — Gardez-la, nous en ferons faire une copie. Je m'applaudis d'avoir assoupi ce triste et déplorable procès, et j'y aurai personnellement gagné le plaisir de vous connaître. J'ai entendu parler de votre talent au wisth. Vous pardonnerez à une femme d'être curieuse, dit-elle en souriant. Si vous vouliez venir jouer quelquefois chez moi, vous ne pouvez pas douter de l'accueil que vous y recevrez.

Troubert se caressa le menton.

(*Il est pris ! Bourbonne avait raison*, pensait-elle, *il a sa dose de vanité.*)

En effet, le grand vicaire éprouvait en ce moment la sensation délicieuse contre laquelle Mirabeau ne savait pas se défendre, quand, aux jours de sa puissance, il voyait ouvrir devant sa voiture la porte cochère d'un hôtel autrefois fermé pour lui.

— Madame, répondit-il, j'ai de trop grandes occupations pour aller dans le monde; mais pour vous, que ne ferait-on pas? (*La vieille fille va crever, j'entamerai les Listomère, et les servirai s'ils me servent!* pensait-il. *Il vaut mieux les avoir pour amis que pour ennemis.*)

Madame de Listomère retourna chez elle, espérant que l'archevêque consommerait une œuvre de paix si heureusement commencée. Mais Birotteau ne devait pas même profiter de son désistement. Madame de Listomère apprit le lendemain la mort de mademoiselle Gamard. Le testament de la vieille fille ouvert, personne ne fut surpris en apprenant qu'elle avait fait l'abbé Troubert son légataire universel. Sa fortune fut estimée à cent mille écus. Le vicaire-général envoya deux billets d'invitation pour le service et le convoi de son amie chez madame de Listomère : l'un pour elle, l'autre pour son neveu.

— Il faut y aller, dit-elle.

— Ça ne veut pas dire autre chose, s'écria monsieur de Bourbonne. C'est une épreuve par laquelle monseigneur Troubert veut vous juger. Baron, allez jusqu'au cimetière, ajouta-t-il en se tournant vers le lieutenant de vaisseau qui, pour son malheur, n'avait pas quitté Tours.

Le service eut lieu, et fut d'une grande magnificence ecclésiastique. Une seule personne y pleura. Ce fut Birotteau, qui, seul dans une chapelle écartée, et sans être vu, se crut coupable de cette mort, et pria sincèrement pour l'âme de la défunte, en déplorant avec amertume de n'avoir pas obtenu d'elle le pardon de ses torts.

L'abbé Troubert accompagna le corps de son amie jusqu'à la fosse où elle devait être enterrée. Arrivé sur le bord, il prononça un discours où, grâce à son talent, le tableau de la vie étroite menée par la testatrice prit des proportions monumentales. Les assistants remarquèrent ces paroles dans la péroraison :

« Cette vie pleine de jours acquis à Dieu et à sa religion, cette vie que décorent tant de belles actions faites dans le silence, tant de vertus modestes et ignorées, fut brisée par une douleur que nous appellerions imméritée, si, au bord de l'éternité, nous pouvions oublier que toutes nos afflictions nous sont envoyées par Dieu. Les nombreux amis de cette sainte fille, connaissant la noblesse et la candeur de son âme, prévoyaient qu'elle pouvait tout supporter, hormis des soupçons qui flétrissaient sa vie entière. Aussi, peut-être la Providence l'a-t-elle emmenée au sein de Dieu, pour l'enlever à nos misères. Heureux ceux qui peuvent reposer, ici-bas, en paix avec eux-mêmes, comme Sophie repose maintenant au séjour des bienheureux dans sa robe d'innocence! »

— Quand il eut achevé ce pompeux discours, reprit monsieur de Bourbonne qui raconta les circonstances de l'enterrement à madame de Listomère au moment où, les parties finies et les portes fermées, ils furent seuls avec le baron, figurez-vous, si cela est possible, ce Louis XI en soutane, donnant ainsi le dernier coup de goupillon chargé d'eau bénite.

Monsieur de Bourbonne prit la pincette, et imita si bien le geste de l'abbé Troubert, que le baron et sa tante ne purent s'empêcher de sourire.

— Là seulement, reprit le vieux propriétaire, il s'est démenti. Jusqu'alors, sa contenance avait été parfaite; mais il lui a sans doute été impossible, en calfeutrant pour toujours cette vieille fille qu'il méprisait souverainement et haïssait peut-être autant qu'il a détesté Chapeloud, de ne pas laisser percer sa joie dans un geste.

Le lendemain matin, mademoiselle Salomon vint déjeuner chez madame de Listomère, et, en arrivant, lui dit tout émue : — Notre pauvre abbé Birotteau a reçu tout à l'heure un coup affreux, qui annonce les calculs les plus étudiés de la haine. Il est nommé curé de Saint-Symphorien.

Saint-Symphorien est un faubourg de Tours, situé au delà du pont. Ce pont, un des plus beaux monuments de l'architecture française, a dix-neuf cents pieds de long, et les deux places qui le terminent à chaque bout sont absolument pareilles.

— Comprenez-vous? reprit-elle après une pause et tout étonnée de la froideur que marquait madame de Listomère en apprenant cette nouvelle. L'abbé Birotteau sera là comme à cent lieues de Tours, de ses amis, de tout. N'est-ce pas un exil d'autant plus affreux qu'il est arraché à une ville que ses yeux verront tous les jours et où il ne pourra plus guère venir? Lui qui, depuis ses malheurs, peut à peine marcher, serait obligé de faire une lieue pour nous voir. En ce moment, le malheureux est au lit, il a la fièvre. Le presbytère de Saint-Symphorien est froid, humide et la paroisse n'est pas assez riche pour le réparer. Le pauvre vieillard va donc se trouver enterré dans un véritable sépulcre. Quelle atroce combinaison!

Maintenant il nous suffira peut-être, pour achever cette histoire, de rapporter simplement quelques événements, et d'esquisser un dernier tableau.

Cinq mois après, le vicaire-général fut nommé évêque. Madame de Listomère était morte, et laissait quinze cents francs de rente par testament à l'abbé Birotteau. Le jour où le testament de la baronne fut connu, monseigneur Hyacinthe, évêque de Troyes, était sur le point de quitter la ville de Tours pour aller résider dans son diocèse; mais il retarda son départ. Furieux d'avoir été joué par une femme à laquelle il avait donné la main tandis qu'elle tendait secrètement la sienne à un homme qu'il regardait comme son ennemi, Troubert menaça de nouveau l'avenir du baron et la pairie du marquis de Listomère. Il dit en pleine assemblée, dans le salon de l'archevêque, un de ces mots ecclésiastiques, gros de vengeance et pleins de mielleuse mansuétude. L'ambitieux marin vint voir ce prêtre implacable qui lui dicta sans doute de dures conditions; car la conduite du baron attesta le plus entier dévouement aux volontés du terrible congréganiste. Le nouvel évêque rendit, par un acte authentique, la maison de mademoiselle Gamard au Chapitre de la cathédrale, il donna la bibliothèque et les livres de Chapeloud au petit séminaire, il dédia les deux tableaux contestés à la chapelle de la Vierge; mais il garda le portrait de Chapeloud. Personne ne s'expliqua cet abandon presque total de la succession de mademoiselle Gamard. Monsieur de Bourbonne supposa que l'évêque en conservait secrètement la partie liquide, afin d'être à même de tenir avec honneur son rang à Paris, s'il était porté au banc des Évêques dans la chambre haute. Enfin, la veille du départ de monseigneur Troubert, le *vieux malin* finit par deviner le dernier calcul que cachât cette action, coup de grâce donné par la plus persistante de toutes les vengeances à la plus faible de toutes les victimes. Le legs de madame de Listomère à Birotteau fut attaqué par le baron de Listomère sous prétexte de captation! Quelques jours après l'exploit introductif d'instance, le baron fut nommé capitaine de vaisseau. Par une mesure disciplinaire, le curé de Saint-Symphorien était interdit. Les supérieurs ecclésiastiques jugeaient le procès par avance. L'assassin de feu Sophie Gamard était donc un fripon ! Si monseigneur Troubert avait conservé la succession de la vieille fille, il eût été difficile de faire censurer Birotteau.

Au moment où monseigneur Hyacinthe, évêque de Troyes, venait en chaise de poste, le long du quai Saint-Symphorien, pour se rendre à Paris, le pauvre abbé Birotteau avait été mis dans un fauteuil, au soleil, au-dessus d'une terrasse. Ce curé frappé par l'archevêque était pâle et maigre. Le chagrin, empreint dans tous ses traits, décomposait entièrement ce visage qui jadis était si doucement gai. La maladie jetait sur ses yeux, naïvement animés autrefois par les plaisirs de la bonne chère et dénués d'idées pesantes, un voile qui simulait une pensée. Ce n'était plus que le squelette du Birotteau qui roulait, un an auparavant, si vide mais si content, à travers le Cloître. L'évêque lui lança un regard de mépris et de pitié ; puis, il consentit à l'oublier, et passa.

Nul doute que Troubert n'eût été en d'autres temps Hildebrandt ou Alexandre VI. Aujourd'hui l'Église n'est plus une puissance politique, et n'absorbe plus les forces des gens solitaires. Le célibat offre donc alors ce vice capital que, faisant converger les qualités de l'homme sur une seule passion, l'égoïsme, il rend les célibataires ou nuisibles ou inutiles. Nous vivons à une époque où le défaut des gouvernements est d'avoir moins fait la Société pour l'Homme, que l'Homme pour la Société. Il existe un combat perpétuel entre l'individu contre le système qui veut l'exploiter et qu'il tâche d'exploiter à son profit ; tandis que jadis l'homme réellement plus libre se montrait plus généreux pour la chose publique. Le cercle au milieu duquel s'agitent les hommes s'est insensiblement élargi : l'âme qui peut en embrasser la synthèse ne sera jamais qu'une magnifique exception ; car, habituellement, en morale comme en physique, le mouvement perd en intensité ce qu'il gagne en étendue. La Société ne doit pas se baser sur des exceptions. D'abord, l'homme fut purement et simplement père, et son cœur battit chaudement, concentré dans le rayon de sa famille. Plus tard, il vécut pour un clan ou pour une petite république ; de là, les grands dévouements historiques de la Grèce ou de Rome. Puis, il fut l'homme d'une caste ou d'une religion pour les grandeurs de laquelle il se montra souvent sublime ; mais là, le champ de ses intérêts s'augmenta de toutes les régions intellectuelles. Aujourd'hui, sa vie est attachée à celle d'une immense patrie ; bientôt, sa famille sera, dit-on, le monde entier. Ce cosmopolitisme moral, espoir de la Rome chrétienne, ne serait-il pas une sublime erreur ? Il est si naturel de croire à la réalisation d'une noble chimère, à la fraternité des hommes. Mais, hélas ! la machine humaine n'a pas de si divines proportions. Les âmes assez vastes pour épouser une sentimentalité réservée aux grands hommes ne seront jamais celles ni des simples citoyens, ni des pères de famille. Certains physiologistes pensent que lorsque le cerveau s'agrandit ainsi, le cœur doit se resserrer. Erreur ! L'égoïsme apparent des hommes qui portent une science, une nation, ou des lois dans leur sein, n'est-il pas la plus noble des passions, et en quelque sorte, la maternité des masses : pour enfanter des peuples neufs ou pour produire des idées nouvelles, ne doivent-ils pas unir dans leurs puissantes têtes les mamelles de la femme à la force de Dieu ? L'histoire des Innocent III, des Pierre-le-Grand, et de tous les meneurs de siècle ou de nation prouverait au besoin, dans un ordre très-élevé, cette immense pensée que Troubert représentait au fond du cloître Saint-Gatien.

Saint-Firmin, avril 1832.

PHILIPPE BRIDAU

Philippe fut un des bonapartistes les plus assidus du café Lemblin. Il y prit les habitudes, les manières, le style et la vie des officiers à demi-solde; etc., etc.

LES CÉLIBATAIRES.

(TROISIÈME HISTOIRE.)

UN MÉNAGE DE GARÇON.

A MONSIEUR CHARLES NODIER,
Membre de l'Académie française, bibliothécaire à l'Arsenal.

Voici, mon cher Nodier, un ouvrage plein de ces faits soustraits à l'action des lois par le huis-clos domestique; mais où le doigt de Dieu, si souvent appelé le hasard, supplée à la justice humaine, et où la morale, pour être dite par un personnage moqueur, n'en est pas moins instructive et frappante. Il en résulte, à mon sens, de grands enseignements et pour la Famille et pour la Maternité. Nous nous apercevrons peut-être trop tard des effets produits par la diminution de la puissance paternelle, qui ne cessait autrefois qu'à la mort du père, qui constituait le seul tribunal humain où ressortissaient les crimes domestiques, et qui, dans les grandes occasions, avait recours au pouvoir royal pour faire exécuter ses arrêts. Quelque tendre et bonne que soit la Mère, elle ne remplace pas plus cette royauté patriarcale que la Femme ne remplace un Roi sur le trône; et si cette exception arrive, il en résulte un être monstrueux. Peut-être n'ai-je pas dessiné de tableau qui montre plus que celui ci combien le mariage indissoluble est indispensable aux sociétés européennes, quels sont les malheurs de la faiblesse féminine, et quels dangers comporte l'intérêt personnel quand il est sans frein. Puisse une société basée uniquement sur le pouvoir de l'argent frémir en apercevant l'impuissance de la justice sur les combinaisons d'un système qui déifie le succès en en graciant tous les moyens! Puisse t-elle recourir promptement au catholicisme pour purifier les masses par le sentiment religieux et par une éducation autre que celle d'une Université laïque. Assez de beaux caractères, assez de grands et nobles dévouements brilleront dans les Scènes de la Vie militaire, pour qu'il m'ait été permis d'indiquer ici combien de dépravation causent les nécessités de la guerre chez certains esprits, qui dans la vie privée osent agir comme sur les champs de bataille.

Vous avez jeté sur notre temps un sagace coup d'œil dont la philosophie se trahit dans plus d'une amère réflexion qui perce à travers vos pages élégantes, et vous avez mieux que personne apprécié les dégâts produits dans *l'esprit de notre pays par quatre systèmes politiques différents. Aussi ne pouvais-je mettre cette histoire sous la protection d'une autorité plus compétente. Peut être votre nom défendra-t-il cet ouvrage contre des accusations qui ne lui manqueront pas : où est le malade qui reste muet quand le chirurgien lui enlève l'appareil de ses plaies les plus vives? Au plaisir de vous dédier cette Scène se joint l'orgueil de trahir votre bienveillance pour celui qui se dit ici*

Un de vos sincères admirateurs,

DE BALZAC.

En 1792, la bourgeoisie d'Issoudun jouissait d'un médecin nommé Rouget, qui passait pour un homme profondément malicieux. Au dire de quelques gens hardis, il rendait sa femme assez malheureuse, quoique ce fût la plus belle femme de la ville. Peut-être cette femme était-elle un peu sotte. Malgré l'inquisition des amis, le commérage des indifférents et les médisances des jaloux, l'intérieur de ce ménage fut peu connu. Le docteur Rouget était un de ces hommes de qui l'on dit familièrement : « *Il n'est pas commode.* » Aussi, pendant sa vie, garda-t-on le silence sur lui, et lui fit-on bonne mine. Cette femme, une demoiselle Descoings, assez malingre déjà quand elle était fille (ce fut, disait-on, une raison pour le médecin de l'épouser), eut d'abord un fils, puis une fille qui, par hasard, vint dix ans après le frère, et à laquelle, disait-on toujours, le docteur ne s'attendait point, quoique médecin. Cette fille, tard venue, se nommait Agathe. Ces petits faits sont si simples, si ordinaires, que rien ne semble justifier un historien de les placer en tête d'un récit; mais, s'ils n'étaient pas connus, un homme de la trempe du docteur Rouget serait jugé comme un monstre, comme un père dénaturé; tandis qu'il obéissait tout bonnement à de mauvais penchants que beaucoup de gens abritent sous ce terrible axiome : *Un homme doit avoir du caractère !* Cette mâle sentence a causé le malheur de bien des femmes. Les Descoings, beau-père et belle-mère du docteur, commissionnaires en laine, se chargeaient également de vendre pour les propriétaires ou d'acheter pour les marchands les toisons d'or du Berry, et tiraient des deux côtés un droit de commission. A ce métier, ils devinrent riches et furent avares : morale de bien des existences. Descoings le fils, le cadet de madame Rouget, ne se plut pas à Issoudun. Il alla chercher fortune à Paris, et s'y établit épicier dans la rue St-Honoré. Ce fut sa perte. Mais, que voulez-vous? l'épicier est entraîné vers son commerce par une force attractive égale à la force de répulsion qui en éloigne les artistes. On n'a pas assez étudié les forces sociales qui constituent les diverses vocations. Il serait curieux de savoir ce qui détermine un homme à se faire papetier plutôt que boulanger, du moment où les fils ne succèdent pas forcément au métier de leur père comme chez les Égyptiens. L'amour avait aidé la vocation chez Descoings. Il s'était dit : Et moi aussi, je serai épicier ! en se disant autre chose à l'aspect de sa patronne, fort belle créature de laquelle il devint éperdument amoureux. Sans autre aide que la patience, et un peu d'argent que lui envoyèrent ses père et mère, il épousa la veuve du sieur Bixiou, son prédécesseur. En 1792, Descoings passait pour faire d'excellentes affaires. Les vieux Descoings vivaient encore à cette époque. Sortis des laines, ils employaient leurs fonds à l'achat des biens nationaux : autre toison d'or ! Leur gendre, à peu près sûr d'avoir bientôt à pleurer sa femme, envoya sa fille à Paris, chez son beau-frère, autant pour lui faire voir la capitale, que par une pensée matoise. Descoings n'avait pas d'enfants. Madame Descoings, de douze ans plus âgée que son mari, se portait fort bien; mais elle était grasse comme une grive après la vendange, et le rusé Rouget savait assez de médecine pour prévoir que monsieur et madame Descoings, contrairement à la morale des contes de fée, seraient toujours heureux et n'auraient point d'enfants. Ce ménage pourrait se passionner pour Agathe. Or le docteur Rouget voulait déshériter sa fille, et se flattait d'arriver à ses fins en la dépaysant. Cette jeune personne, alors la plus belle fille d'Issoudun, ne ressemblait ni à son père, ni à sa mère. Sa naissance avait été la cause d'une brouille éternelle entre le docteur Rouget et son ami intime, monsieur Lousteau, l'ancien Subdélégué qui venait de quitter Issoudun. Quand une famille s'expatrie, les naturels d'un pays aussi séduisant que l'est Issoudun ont le droit de chercher les raisons d'un acte si exorbitant. Au dire de quelques fines langues, monsieur Rouget, homme vindicatif, s'était écrié que Lousteau ne mourrait que de sa main. Chez un médecin, le mot avait la portée d'un boulet de canon. Quand l'Assemblée Nationale eut supprimé les Subdélégués, Lousteau partit et ne revint jamais à Issoudun. Depuis le départ de cette famille, madame Rouget passa tout son temps chez la propre sœur de l'ex-Subdélégué, madame Hochon, la marraine de sa fille et la seule personne à qui elle confiât ses peines. Aussi le peu que la ville d'Issoudun sut de la belle madame Rouget fut-il dit par cette bonne dame et toujours après la mort du docteur.

Le premier mot de madame Rouget, quand son mari lui parla d'envoyer Agathe à Paris, fut : — Je ne reverrai plus ma fille !

— Et elle a eu tristement raison, disait alors la respectable madame Hochon.

La pauvre mère devint alors jaune comme un coing, et son état ne démentit point les dires de ceux qui prétendaient que Rouget la tuait à petit feu. Les façons de son grand niais de fils devaient contribuer à rendre malheureuse cette mère injustement accusée. Peu retenu, peut-être encouragé par son père, ce garçon, stupide en tout point, n'avait ni les attentions ni le respect qu'un fils doit à sa mère. Jean-Jacques Rouget ressemblait à son père, mais en mal, et le docteur n'était pas déjà très-bien ni au moral ni au physique.

L'arrivée de la charmante Agathe Rouget ne porta point bonheur à son oncle Descoings. Dans la semaine, ou plutôt dans la décade (la République était proclamée), il fut incarcéré sur un mot de Robespierre à Fouquier-Tinville. Descoings, qui eut l'imprudence de croire la famine factice, eut la sottise de communiquer son opinion (il pensait que les opinions étaient libres) à plusieurs de ses clients et clientes, tout en les servant. La citoyenne Duplay, femme du menuisier chez qui demeurait Roberspierre et qui faisait le ménage de ce grand citoyen, honorait, par malheur pour Descoings, le magasin de ce Berrichon de sa pratique. Cette citoyenne regarda la croyance de l'épicier comme insultante pour Maximilien Ier. Déjà peu satisfaite des manières du ménage Descoings, cette illustre tricoteuse du club des Jacobins regardait la beauté de la citoyenne Descoings comme une sorte d'aristocratie. Elle envenima les propos des Descoings en les répétant à son bon et doux maître. L'épicier fut arrêté sous la vulgaire accusation d'*accaparement*. Descoings en prison, sa femme s'agita pour le faire mettre en liberté ; mais ses démarches furent si maladroites, qu'un observateur qui l'eût écoutée parlant aux arbitres de cette destinée aurait pu croire qu'elle voulait honnêtement se défaire de lui. Madame Descoings connaissait Bridau, l'un des secrétaires de Roland, Ministre de l'Intérieur, le bras droit de tous ceux qui se succédèrent à ce Ministère. Elle mit en campagne Bridau pour sauver l'épicier. Le très-incorruptible Chef de Bureau, l'une de ces vertueuses dupes toujours si admirables de désintéressement, se garda bien de corrompre ceux de qui dépendait le sort de Descoings : il essaya de les éclairer ! Éclairer les gens de ce temps-là, autant aurait valu les prier de rétablir les Bourbons. Le ministre girondin qui luttait alors contre Roberspierre, dit à Bridau : — De quoi te mêles-tu? Tous ceux que l'honnête chef sollicita lui répétèrent cette phrase atroce : — De quoi te mêles-tu? Bridau conseilla sagement à madame Descoings de se tenir tranquille; mais, au lieu de se concilier l'estime de la femme de ménage de Roberspierre, elle jeta feu et flamme contre cette dénonciatrice; elle alla voir un conventionnel, qui tremblait pour lui-même, et qui lui dit : — J'en parlerai à Roberspierre. La belle épicière s'endormit sur cette parole, et naturellement ce protecteur garda le plus profond silence. Quelques pains de sucre, quelques bouteilles de bonnes liqueurs données à la citoyenne Duplay, auraient sauvé Descoings. Ce petit accident prouve qu'en révolution, il est aussi dangereux d'employer à son salut des honnêtes gens que des coquins : on ne doit compter que sur soi-même. Si Descoings périt, il eut du moins la gloire d'aller à l'échafaud en compagnie d'André de Chénier. Là, sans doute, l'Épicerie et la Poésie s'embrassèrent pour la première fois en personne, car elles avaient alors et auront toujours des relations secrètes. La mort de Descoings produisit beaucoup plus de sensation que celle d'André de Chénier. Il a fallu trente ans pour reconnaître que la France avait perdu plus à la mort de Chénier qu'à celle de Descoings. La mesure de Roberspierre eut cela de bon que, jusqu'en 1830, les épiciers effrayés ne se mêlèrent plus de politique. La boutique de Descoings était à cent pas du logement de Roberspierre. Le successeur de l'épicier y fit de mauvaises affaires. César Birotteau, le célèbre parfumeur, s'établit à cette place. Mais, comme si l'échafaud y eût mis l'inexplicable contagion du malheur, l'inventeur de la *Double pâte des sultanes* et de *l'Eau carminative* s'y ruina. La solution de ce problème regarde les Sciences Occultes.

Pendant les quelques visites que le chef de bureau fit à la femme de l'infortuné Descoings, il fut frappé de la beauté calme, froide, candide, d'Agathe Rouget. Lorsqu'il vint consoler la veuve, qui fut assez inconsolable pour ne pas continuer le commerce de son second défunt, il finit par épouser cette charmante fille dans la décade, et après l'arrivée du père qui ne se fit pas attendre. Le médecin, ravi de voir les choses succédant au delà de ses souhaits, puisque sa femme devenait seule héritière des Descoings, accourut à Paris, moins pour assister au mariage d'Agathe que pour faire rédiger le contrat à sa guise. Le désintéressement et l'amour excessif du citoyen Bridau laissèrent carte blanche à la perfidie du médecin, qui exploita l'aveuglement de son gendre, comme la suite de cette histoire vous le démontrera. Madame Rouget, ou plus exactement le docteur, hérita donc de tous les biens, meubles et immeubles de monsieur et de madame Descoings père et mère, qui moururent à deux ans l'un de l'autre. Puis Rouget finit par avoir raison de sa femme, qui mourut au commencement de l'année 1799. Et il eut des vignes, et il acheta des fermes, et il acquit des forges, et il eut des laines à vendre! Son fils bien-aimé ne savait rien faire; mais il le destinait à l'état de propriétaire, il le laissa croître en richesse et en sottise, sûr que cet enfant en saurait toujours autant que les plus savants en se laissant vivre et mourir. Dès 1799, les calculateurs d'Issoudun donnaient déjà trente mille livres de rente au père Rouget. Après la mort de sa femme, le docteur mena toujours une vie débauchée; mais il la régla pour ainsi dire et la réduisit au huis-clos du chez soi. Ce médecin, plein de caractère, mourut en 1805. Dieu sait alors combien la bourgeoisie d'Issoudun parla sur le compte de cet homme, et combien d'anecdotes il circula sur son horrible vie privée. Jean-Jacques Rouget, que son père avait fini par tenir sévèrement en en reconnaissant la sottise, resta garçon par des raisons graves dont l'explication forme une partie importante de cette histoire. Son célibat fut en partie causé par la faute du docteur, comme on le verra plus tard.

Maintenant il est nécessaire d'examiner les effets de la vengeance exercée par le père sur une fille qu'il ne regardait pas comme la sienne, et qui, croyez-le bien, lui appartenait légitimement. Personne à Issoudun n'avait remarqué l'un de ces accidents bizarres qui font de la génération un abîme où la science se perd. Agathe ressemblait à la mère du docteur Rouget. De même que, selon une observation vulgaire, la goutte saute par-dessus une génération, et va d'un grand-père à un petit-fils, de même il n'est pas rare de voir la ressemblance se comportant comme la goutte.

Ainsi, l'aîné des enfants d'Agathe, qui ressemblait à sa mère, eut tout le moral du docteur Rouget, son grand-père. Léguons la solution de cet autre problème au vingtième siècle avec une belle nomenclature d'animalcules microscopiques, et nos neveux écriront peut-être autant de sottises que nos Corps Savants en ont écrit déjà sur cette question ténébreuse.

Agathe Rouget se recommandait à l'admiration publique par une de ces figures destinées, comme celle de Marie, mère de notre Seigneur, à rester toujours vierges, même après le mariage. Son portrait, qui existe encore dans l'atelier de Bridau, montre un ovale parfait, une blancheur inaltérée et sans le moindre grain de rousseur, malgré sa chevelure d'or. Plus d'un artiste en observant ce front pur, cette bouche discrète, ce nez fin, de jolies oreilles, de longs cils aux yeux, et des yeux d'un bleu foncé d'une tendresse infinie, enfin cette figure empreinte de placidité, demande aujourd'hui à notre grand peintre : — Est-ce la copie d'une tête de Raphaël? Jamais homme ne fut mieux inspiré que le Chef de Bureau en épousant cette jeune fille. Agathe réalisa l'idéal de la ménagère élevée en province et qui n'a jamais quitté sa mère. Pieuse sans être dévote, elle n'avait d'autre instruction que celle donnée aux femmes par l'Église. Aussi fut-elle une épouse accomplie dans le sens vulgaire, car son ignorance des choses de la vie engendra plus d'un malheur. L'épitaphe d'une célèbre Romaine : *Elle fit de la tapisserie et garda la maison*, rend admirablement compte de cette existence pure, simple et tranquille. Dès le Consulat, Bridau s'attacha fanatiquement à Napoléon, qui le nomma Chef de Division en 1804, un an avant la mort de Rouget. Riche de douze mille francs d'appointements et recevant de belles gratifications, Bridau fut très-insouciant des honteux résultats de la liquidation qui se fit à Issoudun, et par laquelle Agathe n'eut rien. Six mois avant sa mort, le père Rouget avait vendu à son fils une portion de ses biens dont le reste fut attribué à Jean-Jacques, tant à titre de donation par préférence qu'à titre d'héritier. Une avance d'hoirie de cent mille francs, faite à Agathe dans son contrat de mariage, représentait sa part dans la succession de sa mère et de son père. Idolâtre de l'Empereur, Bridau servit avec un dévouement de séide les puissantes conceptions de ce demi-dieu moderne, qui, trouvant tout détruit en France, y voulut tout organiser. Jamais le Chef de Division ne disait : Assez. Projets, mémoires, rapports, études, il accepta les plus lourds fardeaux, tant il était heureux de seconder l'Empereur; il l'aimait comme homme, il l'adorait comme souverain et ne souffrait pas la moindre critique sur ses actes ni sur ses projets. De 1804 à 1808, le Chef de Division se logea dans un grand et bel appartement sur le quai Voltaire, à deux pas de son Ministère et des Tuileries. Une cuisinière et un valet de chambre composèrent tout le domestique du ménage au temps de la splendeur de madame Bridau. Agathe, toujours levée la première, allait à la Halle accompagnée de sa cuisinière. Pendant que le domestique faisait l'appartement, elle veillait au déjeuner. Bridau ne se rendait jamais au Ministère que sur les onze heures. Tant que dura leur union, sa femme éprouva le même plaisir à lui préparer un exquis déjeuner, seul repas que Bridau fît avec plaisir. En toute saison, quelque temps qu'il fît lorsqu'il partait, Agathe regardait son mari par la fenêtre allant au Ministère, et ne rentrait la tête que quand il avait tourné la rue du Bac. Elle desservait alors elle-même, donnait son coup d'œil à l'appartement; puis elle s'habillait, jouait avec ses enfants, les promenait ou recevait ses visites en attendant le retour de Bridau. Quand le Chef de Division rapportait des travaux urgents, elle s'installait auprès de sa table, dans son cabinet, muette comme une statue et tricotant en le voyant travailler, veillant tant qu'il veillait, se couchant quelques instants avant lui. Quelquefois les époux allaient au spectacle dans les loges du Ministère. Ces jours-là, le ménage dînait chez un restaurateur; et le spectacle que présentait le restaurant causait toujours à madame Bridau ce vif plaisir qu'il donne aux personnes qui n'ont pas vu Paris. Forcée souvent d'accepter de ces grands dîners priés qu'on offrait au Chef de Division qui menait une portion du Ministère de l'Intérieur, et que Bridau rendait honorablement, Agathe obéissait au luxe des toilettes d'alors; mais elle quittait au retour avec joie cette richesse d'apparat, en reprenant dans son ménage sa simplicité de provinciale. Une fois par semaine, le jeudi, Bridau recevait ses amis. Enfin il donnait un grand bal le mardi gras. Ce peu de mots est l'histoire de toute cette vie conjugale qui n'eut que trois grands événements : la naissance de deux enfants, nés à trois ans de distance, et la mort de Bridau, qui périt, en 1808, tué par ses veilles, au moment où l'Empereur allait le nommer Directeur-Général, comte et Conseiller d'État. En ce temps Napoléon s'adonna spécialement aux affaires de l'Intérieur, il accabla Bridau de travail et acheva de ruiner la santé de ce bureaucrate intrépide. Napoléon, à qui Bridau n'avait jamais rien demandé, s'était enquis de ses mœurs et de sa fortune. En apprenant que cet homme dévoué ne possédait rien que sa place, il reconnut une de ces âmes incorruptibles qui rehaussaient, qui moralisaient son administration, et il voulut surprendre Bridau par d'éclatantes récompenses. Le désir de terminer un immense travail avant le départ de l'Empereur pour l'Espagne tua le Chef de Division, qui mourut d'une fièvre inflammatoire. A son retour, l'Empereur, qui vint préparer en quelques jours à Paris sa campagne de 1809, dit en apprenant cette perte : — Il y a des hommes qu'on ne remplace jamais ! Frappé d'un dévouement que n'attendait aucun de ces brillants témoignages réservés à ses soldats, l'Empereur résolut de créer un Ordre richement rétribué pour le civil comme il avait créé la Légion-d'Honneur pour le militaire. L'impression produite sur lui par la mort de Bridau lui fit imaginer l'Ordre de la Réunion ; mais il n'eut pas le temps d'achever cette création aristocratique dont le souvenir est si bien aboli qu'au nom de cet ordre éphémère, la plupart des lecteurs se demanderont quel en était l'insigne : il se portait avec un ruban bleu. L'Empereur appela cet ordre la Réunion dans la pensée de confondre l'ordre de la Toison-d'Or de la cour d'Espagne avec l'ordre de la Toison-d'Or de la cour d'Autriche. La Providence, a dit un diplomate prussien, a su empêcher cette profanation. L'Empereur se fit rendre compte de la situation de madame Bridau. Les deux enfants eurent chacun une bourse entière au lycée Impérial, et l'Empereur mit tous les frais de leur éducation à la charge de sa cassette. Puis il inscrivit madame Bridau pour une pension de quatre mille francs, en se réservant sans doute de veiller à la fortune des deux fils. Depuis son mariage jusqu'à la mort de son mari, madame Bridau n'eut pas la moindre relation avec Issoudun. Elle était sur le point d'accoucher de son second fils au moment où elle perdit sa mère. Quand son père, de qui elle se savait peu aimée, mourut, il s'agissait du sacre de l'Empereur, et le couronnement donna tant de travail à Bridau qu'elle ne voulut pas quitter son mari. Jean-Jacques Rouget, son frère, ne lui avait pas écrit un mot depuis son départ d'Issoudun. Tout en s'affligeant de la tacite répudiation de sa famille, Agathe finit par penser très-rarement à ceux qui ne pensaient point à elle. Elle recevait tous les ans une lettre de sa marraine, madame Hochon, à laquelle elle répondait des banalités, sans étudier les avis que cette excellente et pieuse femme lui donnait à mots couverts. Quelque temps avant la mort du docteur Rouget, madame Hochon écrivit à sa filleule qu'elle n'aurait rien de son père si elle n'envoyait sa procuration à monsieur Hochon. Agathe eut de la répugnance à tourmenter son frère. Soit que Bridau comprît que la spoliation était conforme au Droit et à la Coutume du Berry, soit que cet homme pur et juste partageât la grandeur d'âme et l'indifférence de sa femme en matière d'intérêt, il ne voulut point écouter Roguin, son notaire, qui lui conseillait de profiter de sa position pour contester les actes par lesquels le père avait réussi à priver sa fille de sa part *légitime*. Les époux approuvèrent ce qui se fit alors à Issoudun. Cependant, en ces circonstances Roguin avait fait réfléchir le Chef de Division sur les intérêts compromis de sa femme. Cet homme supérieur pensa que, s'il mourait, Agathe se trouverait sans fortune. Il voulut alors examiner l'état de ses affaires, il trouva que, de 1793 à 1805, sa femme et lui avaient été forcés de prendre environ trente mille francs sur les cinquante mille francs effectifs que le vieux Rouget avait donnés à sa fille, et il plaça les vingt mille francs restant sur le Grand-Livre. Les fonds étaient alors à quarante, Agathe eut donc environ deux mille livres de rente sur l'État. Veuve, madame Bridau pouvait donc vivre honorablement avec six mille livres de rente. Toujours femme de province, elle voulut renvoyer le domestique de Bridau, ne garder que sa cuisinière et changer d'appartement ; mais son amie intime qui persistait à se dire sa tante, madame Descoings, vendit son mobilier, quitta son appartement et vint demeurer avec Agathe, en faisant du cabinet de feu Bridau une chambre à coucher. Ces deux veuves réunirent leurs revenus et se virent à la tête de douze mille francs de rente. Cette conduite semble simple et naturelle. Mais rien dans la vie n'exige plus d'attention que les choses qui paraissent naturelles, on se défie toujours assez de l'extraordinaire ; aussi voyez-vous les hommes d'expérience, les avoués, les juges, les médecins, les prêtres attachant une énorme importance aux affaires simples : on les trouve méticuleux. Le serpent sous les fleurs est un des plus beaux mythes que l'Antiquité nous ait légués pour la conduite de nos affaires. Combien de fois les sots, pour s'excuser à leurs propres yeux et à ceux des autres, s'écrient : — C'était si simple que tout le monde y aurait été pris !

En 1809, madame Descoings, qui ne disait point son âge, avait soixante-cinq ans. Nommée dans son temps la belle épicière, elle était une de ces femmes si rares que le temps respecte, et devait à une excellente constitution le privilège de garder une beauté qui néanmoins ne soutenait pas un examen sérieux. De moyenne taille, grasse, fraîche, elle avait de belles épaules, un teint légèrement rosé. Ses cheveux blonds, qui tiraient sur le châtain, n'offraient pas, malgré la catastrophe de Descoings, le moindre changement de couleur. Excessivement friande, elle aimait à se faire de bons petits plats; mais, quoiqu'elle parût beaucoup penser à la cuisine, elle adorait aussi le spectacle et cultivait un vice enveloppé par elle dans le plus profond mystère : elle mettait à la loterie ! Ne serait-ce pas cet abîme que la mythologie nous a signalé par le tonneau des Danaïdes? La Descoings, on doit nommer ainsi une femme qui jouait à la loterie, dépensait peut-être un peu trop en toilette, comme toutes les femmes qui ont le bonheur de rester jeunes long-temps; mais, hormis ces légers défauts, elle était la femme la plus agréable à vivre. Toujours de l'avis de tout le monde, ne contrariant personne, elle plaisait par une gaieté douce et communicative. Elle possédait surtout une qualité parisienne qui séduit les commis retraités et les vieux négociants : elle entendait la plaisanterie !... Si elle ne se remaria pas en troisièmes noces, ce fut sans doute la faute de l'époque. Durant les guerres de l'Empire, les gens à marier trouvaient trop facilement des jeunes filles belles et riches pour s'occuper des femmes de soixante ans. Madame Descoings voulut égayer madame Bridau, elle la fit aller souvent au spectacle et en voiture, elle lui composa d'excellents petits dîners, elle essaya même de la marier avec son fils Bixiou. Hélas! elle lui avoua le terrible secret profondément gardé par elle, par défunt Descoings et par son notaire. La jeune, l'élégante Descoings, qui se donnait trente-six ans, avait un fils de trente-cinq ans, nommé Bixiou, déjà veuf, major au 21e de ligne, qui périt colonel à Dresde en laissant un fils unique. La Descoings, qui ne voyait jamais que secrètement son petit-fils Bixiou, le faisait passer pour le fils d'une première femme de son mari. Sa confidence fut un acte de prudence : le fils du colonel, élevé au lycée Impérial avec les deux fils Bridau, y eut une demi-bourse. Ce garçon, déjà fin et malicieux au lycée, s'est fait plus tard une grande réputation comme dessinateur et comme homme d'esprit. Agathe n'aimait plus rien au monde que ses enfants et ne voulait plus vivre que pour eux, elle se refusa à de secondes noces et par raison et par fidélité. Mais il est plus facile à une femme d'être bonne épouse que d'être bonne mère. Une veuve a deux tâches dont les obligations se contredisent : elle est mère et doit exercer la puissance paternelle. Peu de femmes sont assez fortes pour comprendre et jouer ce double rôle. Aussi la pauvre Agathe, malgré ses vertus, fut-elle la cause innocente de bien des malheurs. Par suite de son peu d'esprit et de la confiance à laquelle s'habituent les belles âmes, Agathe fut la victime de madame Descoings qui la plongea dans un effroyable malheur. La Descoings nourrissait des ternes, et la loterie ne faisait pas crédit à ses actionnaires. En gouvernant la maison, elle put employer à ses mises l'argent destiné au ménage qu'elle endetta progressivement, dans l'espoir d'enrichir son petit-fils Bixiou, sa chère Agathe et les petits Bridau. Quand les dettes arrivèrent à dix mille francs, elle fit de plus fortes mises en espérant que son terne favori, qui n'était pas sorti depuis neuf ans, comblerait l'abîme du déficit. La dette monta dès lors rapidement. Arrivée au chiffre de vingt mille francs, la Descoings perdit la tête et ne gagna pas le terne. Elle voulut alors engager sa fortune pour rembourser sa nièce; mais Roguin, son notaire, lui démontra l'impossibilité de cet honnête dessein. Feu Rouget, à la mort de son beau-frère Descoings, en avait pris la succession en désintéressant madame Descoings par un usufruit qui grevait les biens de Jean-Jacques Rouget. Aucun usurier ne voudrait prêter vingt mille francs à une femme de soixante-sept ans sur un usufruit d'environ quatre mille francs, dans une époque où les placements à dix pour cent abondaient. Un matin la Descoings alla se jeter aux pieds de sa nièce, et, tout en sanglotant, avoua l'état des choses: madame Bridau ne lui fit aucun reproche, elle renvoya le domestique et la cuisinière, vendit le superflu de son mobilier, vendit les trois quarts de son inscription sur le Grand-Livre, paya tout, et donna congé de son appartement.

Un des plus horribles coins de Paris est certainement la portion de la rue Mazarine, à partir de la rue Guénégaud jusqu'à l'endroit où elle se réunit à la rue de Seine, derrière le palais de l'Institut. Les hautes murailles grises du collége et de la bibliothèque que le cardinal Mazarin offrit à la ville de Paris, et où devait un jour se loger l'Académie française, jettent des ombres glaciales sur ce coin de rue; le soleil s'y montre rarement, la bise du nord y souffle. La pauvre veuve ruinée vint se loger au troisième étage d'une des maisons situées dans ce coin humide, noir et froid. Devant cette maison s'élèvent les bâtiments de l'Institut, où se trouvaient alors les loges des animaux féroces connus sous le nom d'artistes par les bourgeois et sous le nom de rapins dans les ateliers. On y entrait rapin, on pouvait en sortir élève du gouvernement à Rome. Cette opération ne se faisait pas sans des tapages extraordinaires aux époques de l'année où l'on enfermait les concurrents dans ces loges. Pour être lauréats, ils devaient avoir fait, dans un temps donné, qui sculpteur, le modèle en terre glaise d'une statue ; qui peintre, l'un des tableaux que vous pouvez voir à l'école des Beaux-Arts ; qui musicien, une cantate ; qui architecte, un projet de monument. Au moment où ces lignes sont écrites, cette ménagerie a été transportée de ces bâtiments sombres et froids dans l'élégant palais des Beaux-Arts, à quelques pas de là. Des fenêtres de madame Bridau, l'œil plongeait sur ces loges grillées, vue profondément triste. Au nord, la perspective est bornée par le dôme de l'Institut. En remontant la rue, les yeux ont pour toute récréation la file de fiacres qui stationnent dans le haut de la rue Mazarine. Aussi la veuve finit-elle par mettre sur ses fenêtres trois caisses pleines de terre où elle cultiva l'un de ces jardins aériens que menacent les ordonnances de police, et dont les végétations raréfient le jour et l'air. Cette maison, adossée à une autre qui donne rue de Seine, a nécessairement peu de profondeur, l'escalier y tourne sur lui-même. Ce troisième étage est le dernier. Trois fenêtres, trois pièces : une salle à manger, un petit salon, une chambre à coucher ; et en face, de l'autre côté du palier, une petite cuisine au-dessus, deux chambres de garçon et un immense grenier sans destination. Madame Bridau choisit ce logement pour trois raisons : la modicité, il coûtait quatre cents francs, aussi fit-elle un bail de neuf ans ; la proximité du collége, elle était à peu de distance du lycée Impérial ; enfin elle restait dans le quartier où elle avait pris ses habitudes. L'intérieur de l'appartement fut en harmonie avec la maison. La salle à manger, tendue d'un petit papier jaune à fleurs vertes, et dont le carreau rouge ne fut pas frotté, n'eut que le strict nécessaire : une table, deux buffets, six chaises, le tout provenant de l'appartement quitté. Le salon fut orné d'un tapis d'Aubusson donné à Bridau lors du renouvellement du mobilier au Ministère. La veuve y mit un de ces meubles communs, en acajou, à têtes égyptiennes, que Jacob Desmalter fabriquait par grosses en 1806, et garni d'une étoffe en soie verte à rosaces blanches. Au-dessus du canapé, le portrait de Bridau fait au pastel par une main amie attirait aussitôt les regards. Quoique l'art pût y trouver à reprendre, on reconnaissait bien sur le front la fermeté de ce grand citoyen obscur. La sérénité de ses yeux, à la fois doux et fiers, y était bien rendue. La sagacité, de laquelle ses lèvres prudentes témoignaient, et le souvenir franc, l'air de cet homme de qui l'Empereur disait : *Justum et tenacem* avaient été saisis, sinon avec talent, du moins avec exactitude. En considérant ce portrait, on voyait que l'homme avait toujours fait son devoir. Sa physionomie exprimait cette incorruptibilité qu'on accorde à plusieurs hommes employés sous la République. En regard et au-dessus d'une table à jeu brillait le portrait de l'Empereur colorié, fait par Vernet, et où Napoléon passe rapidement à cheval, suivi de son escorte. Agathe se donna deux grandes cages d'oiseaux, l'une pleine de serins, l'autre d'oiseaux des Indes. Elle s'adonnait à ce goût enfantin depuis la perte, irréparable pour elle comme pour beaucoup de monde, qu'elle avait faite. Quant à la chambre de la veuve, elle fut, au bout de trois mois, ce qu'elle devait être jusqu'au jour néfaste où elle fut obligée de la quitter, un fouillis qu'aucune description ne pourrait mettre en ordre. Les chats y faisaient leur domicile sur les bergères; les serins, mis parfois en liberté, y laissaient des virgules sur tous les meubles. La pauvre bonne veuve y posait pour eux du millet et du mouron en plusieurs endroits. Les chats y trouvaient des friandises dans des soucoupes écornées. Les hardes traînaient. Cette chambre sentait la province et la fidélité. Tout ce qui avait appartenu à feu Bridau y fut soigneusement conservé. Ses ustensiles de bureau obtinrent les soins qu'autrefois la veuve d'un paladin eût donnés à ses armes. Chacun comprendra le culte touchant de cette femme d'après un seul détail. Elle avait enveloppé, cacheté une plume, et mis cette inscription sur l'enveloppe : « Dernière plume dont se soit servi mon cher mari. » La tasse dans laquelle il avait bu sa dernière gorgée était sous verre sur la cheminée. Les bonnets et les faux cheveux trônèrent plus tard sur les globes de verre qui recouvraient ces précieuses reliques. Depuis la mort de Bridau, il n'y avait plus chez cette jeune veuve de trente-cinq ans ni trace de coquetterie ni soin de femme. Séparée du seul homme qu'elle eût connu, estimé, aimé, qui ne lui avait pas donné le moindre chagrin, elle ne s'était plus sentie femme, tout lui fut indifférent; elle ne s'habilla plus. Jamais rien ne fut ni plus simple ni plus complet que cette démission du bonheur conjugal et de la coquetterie. Certains êtres reçoivent de l'amour la puissance de transporter leur *moi* dans un autre ; et quand il leur est enlevé, la vie ne leur est plus possible. Agathe, qui ne pouvait plus exister que pour ses enfants, éprouvait une tristesse infinie en voyant combien de privations sa ruine allait leur imposer. Depuis son emménagement rue Mazarine, elle eut dans sa physionomie une teinte de mélancolie qui la rendit touchante. Elle comptait bien un peu sur l'Empereur, mais l'Empereur ne pouvait rien faire de plus que ce qu'il faisait pour le moment : sa cassette donnait par an six cents francs pour chaque enfant, outre la bourse.

Quant à la brillante Descoings, elle occupa, au second, un appartement pareil à celui de sa nièce. Elle avait fait à madame Bridau une délégation de mille écus à prendre par préférence sur son usufruit. Roguin le notaire avait mis madame Bridau en règle à cet égard, mais il fallait environ sept ans pour que ce lent remboursement eût réparé le mal. Roguin, chargé de rétablir les quinze cents francs de rente, encaissait à mesure les sommes ainsi retenues. La Descoings, réduite à douze cents francs, vivait petitement avec sa nièce. Ces deux honnêtes, mais faibles créatures, prirent pour le matin seulement une femme de ménage. La Descoings, qui aimait à cuisiner, faisait le dîner. Le soir, quelques amis, des employés du Ministère autrefois placés par Bridau, venaient faire la partie avec les deux veuves. La Descoings nourrissait toujours son terne, qui s'entêtait, disait-elle, à ne pas sortir. Elle espérait rendre d'un seul coup ce qu'elle avait emprunté forcément à sa nièce. Elle aimait les deux petits Bridau plus que son petit-fils Bixiou, tant elle avait le sentiment de ses torts envers eux, et tant elle admirait la bonté de sa nièce, qui, dans ses plus grandes souffrances, ne lui adressa jamais le moindre reproche. Aussi croyez que Joseph et Philippe étaient choyés par la Descoings. Semblable à toutes les personnes qui ont un vice à se faire pardonner, la vieille actionnaire de la loterie impériale de France leur arrangeait de petits dîners chargés de friandises. Plus tard, Joseph et Philippe pouvaient extraire avec la plus grande facilité de sa poche quelque argent, le cadet pour des fusins, des crayons, du papier, des estampes ; l'aîné pour des chaussons aux pommes, des billes, des ficelles et des couteaux. Sa passion l'avait amenée à se contenter de cinquante francs par mois pour toutes ses dépenses, afin de pouvoir jouer le reste.

De son côté, madame Bridau, par amour maternel, ne laissait pas sa dépense s'élever à une somme plus considérable. Pour se punir de sa confiance, elle se retranchait héroïquement ses petites jouissances. Comme chez beaucoup d'esprits timides et d'intelligence bornée, un seul sentiment froissé et sa défiance réveillée l'amenaient à déployer si largement un défaut, qu'il prenait la consistance d'une vertu. L'Empereur pouvait oublier, se disait-elle, il pouvait périr dans une bataille, sa pension cesserait avec elle. Elle frémissait en voyant des chances pour que ses enfants restassent sans aucune fortune au monde. Incapable de comprendre les calculs de Roguin quand il essayait de lui démontrer qu'en sept ans une retenue de trois mille francs sur l'usufruit de madame Descoings lui rétablirait les rentes vendues, elle ne croyait ni au notaire, ni à sa tante, ni à l'État, elle ne comptait plus que sur elle-même et sur ses privations. En mettant chaque année de côté mille écus sur sa pension, elle aurait trente mille francs au bout de dix ans, avec lesquels elle constituerait déjà quinze cents francs de rentes pour un de ses enfants. A trente-six ans, elle avait assez le droit de croire pouvoir vivre encore vingt ans ; et, en suivant ce système, elle devait donner à chacun d'eux le strict nécessaire. Ainsi ces deux veuves étaient passées d'une fausse opulence à une misère volontaire, l'une sous la conduite d'un vice, et l'autre sous les enseignes de la vertu la plus pure. Rien de toutes ces choses si menues n'est inutile à l'enseignement profond qui résultera de cette histoire prise aux intérêts les plus ordinaires de la vie, mais dont la portée n'en sera peut-être que plus étendue. La vue des loges, le frétillement des rapins dans la rue, la nécessité de regarder le ciel pour se consoler des effroyables perspectives qui cernent ce coin toujours humide, l'aspect de ce portrait encore plein d'âme et de grandeur malgré le faire du peintre amateur, le spectacle des couleurs riches, mais vieillies et harmonieuses, de cet intérieur doux et calme, la végétation des jardins aériens, la pauvreté de ce ménage, la préférence de la mère pour son aîné, son opposition aux goûts du cadet, enfin l'ensemble de faits et de circonstances qui sert de préambule à cette histoire contient peut-être les causes génératrices auxquelles nous devons Joseph Bridau, l'un des grands peintres de l'École française actuelle.

Philippe, l'aîné des deux enfants de Bridau, ressemblait d'une manière frappante à sa mère. Quoique ce fût un garçon blond aux yeux bleus, il avait un air tapageur qui se prenait facilement pour de la vivacité, pour du courage. Le vieux Claparon, entré au Ministère en même temps que Bridau, et l'un des fidèles amis qui venaient le soir faire la partie des deux veuves, disait deux ou trois fois par mois à Philippe, en lui donnant une tape sur la joue : — Voilà un petit gaillard qui n'aura pas froid aux yeux ! L'enfant stimulé prit, par fanfaronnade, une sorte de résolution. Cette pente une fois donnée à son caractère, il devint adroit à tous les exercices corporels. A force de se battre au lycée, il contracta cette hardiesse et ce mépris de la douleur qui engendre la valeur militaire ; mais naturellement il contracta la plus grande aversion pour l'étude, car l'éducation publique ne résoudra jamais le problème difficile du développement simultané du corps et de l'intelligence. Agathe concluait de sa ressemblance purement physique avec Philippe à une concordance morale, et croyait fermement retrouver un jour en lui sa délicatesse de sentiments agrandie par la force de l'homme. Philippe avait quinze ans au moment où sa mère vint s'établir dans le triste appartement de la rue Mazarine, et la gentillesse des enfants de cet âge confirmait alors les croyances maternelles. Joseph, de trois ans moins âgé, ressemblait à son père, mais en mal. D'abord, son abondante chevelure noire était toujours mal peignée quoi qu'on fît ; tandis que, malgré sa vivacité, son frère restait toujours joli. Puis, sans qu'on sût par quelle fatalité, mais une fatalité trop constante devient une habitude, Joseph ne pouvait conserver aucun vêtement propre : habillé de vêtements neufs, il en faisait aussitôt de vieux habits. L'aîné, par amour-propre, avait soin de ses affaires. Insensiblement, la mère s'accoutumait à gronder Joseph et à lui donner son frère pour exemple. Agathe ne montrait donc pas toujours le même visage à ses deux enfants ; et, quand elle les allait chercher, elle disait de Joseph : — Dans quel état m'aura-t-il mis ses affaires ? Ces petites choses poussaient son cœur dans l'abîme de la préférence maternelle. Personne, parmi les êtres extrêmement ordinaires qui formaient la société des deux veuves, ni le père du Bruel, ni le vieux Claparon, ni Desroches le père, ni même l'abbé Loraux, le confesseur d'Agathe, ne remarqua la pente de Joseph vers l'observation. Dominé par son goût, le futur coloriste ne faisait attention à rien de ce qui le concernait ; et, pendant son enfance, cette disposition ressembla si bien à de la torpeur, que son père avait eu des inquiétudes sur lui. La capacité extraordinaire de la tête, l'étendue du front avaient tout d'abord fait craindre que l'enfant ne fût hydrocéphale. Sa figure si tourmentée, et dont l'originalité peut passer pour de la laideur aux yeux de ceux qui ne connaissent pas la valeur morale d'une physionomie, fut pendant sa jeunesse assez rechignée. Les traits, qui, plus tard, se développèrent, semblaient être contractés, et la profonde attention que l'enfant prêtait aux choses les crispait encore. Philippe flattait donc toutes les vanités de sa mère à qui Joseph n'attirait pas le moindre compliment. Il échappait à Philippe de ces mots heureux, de ces reparties qui font croire aux parents que leurs enfants seront des hommes remarquables, tandis que Joseph restait taciturne et songeur. La mère espérait des merveilles de Philippe, elle ne comptait point sur Joseph. La prédisposition de Joseph pour l'Art fut développée par le fait le plus ordinaire : en 1812, aux vacances de Pâques, en revenant de se promener aux Tuileries avec son frère et madame Descoings, il vit un élève faisant sur le mur la caricature de quelque professeur, et l'admiration le cloua sur le pavé devant ce trait à la craie qui pétillait de malice. Le lendemain, il se mit à la fenêtre, observa l'entrée des élèves par la porte de la rue Mazarine, descendit furtivement et se coula dans la longue cour de l'Institut où il aperçut les statues, les bustes, les marbres commencés, les terres cuites, les plâtres qu'il contempla fiévreusement. Son instinct se révélait, sa vocation l'agitait. Il entra dans une salle basse dont la porte était entr'ouverte, et y vit une dizaine de jeunes gens dessinant une statue. Son petit cœur palpita, mais il fut aussitôt l'objet de mille plaisanteries.

— Petit, petit ! fit le premier qui l'aperçut en prenant de la mie de pain et la lui jetant émiettée.

— A qui l'enfant ?

— Dieu ! qu'il est laid !

Enfin, pendant un quart d'heure, Joseph essuya les charges de l'atelier du grand statuaire Chaudet; mais, après s'être bien moqué de lui, les élèves furent frappés de sa persistance, de sa physionomie, et lui demandèrent ce qu'il voulait. Joseph répondit qu'il avait bien envie de savoir dessiner; et, là-dessus, chacun de l'encourager. L'enfant, pris à ce ton d'amitié, raconta comme quoi il était le fils de madame Bridau.

— Oh ! dès que tu es le fils de madame Bridau ! s'écria-t-on de tous les coins de l'atelier, tu peux devenir un grand homme. Vive le fils à madame Bridau! Est-elle jolie, ta mère? S'il faut en juger sur l'échantillon de ta boule, elle doit être un peu chique!

— Ah! tu veux être artiste, dit le plus âgé des élèves en quittant sa place et venant à Joseph pour lui faire une charge; mais sais-tu bien qu'il faut être crâne et supporter de grandes misères? Oui, il y a des épreuves à vous casser bras et jambes. Tous ces crapauds que tu vois, eh! bien, il n'y en a pas un qui n'ait passé par les épreuves. Celui-là, tiens, il est resté sept jours sans manger! Voyons si tu peux être un artiste?

Il lui prit un bras et le lui éleva droit en l'air; puis il plaça l'autre comme si Joseph avait à donner un coup de poing.

— Nous appelons cela l'épreuve du télégraphe, reprit-il. Si tu restes ainsi, sans baisser ni changer la position de tes membres pendant un quart d'heure, eh! bien, tu auras donné la preuve d'être un fier crâne.

— Allons, petit, du courage, dirent les autres. Ah! dame, il faut souffrir pour être artiste.

Joseph, dans sa bonne foi d'enfant de treize ans, demeura immobile pendant environ cinq minutes, et tous les élèves le regardaient sérieusement.

— Oh! tu baisses, disait l'un.

— Eh! tiens-toi, saperlotte! disait l'autre. L'Empereur Napoléon est bien resté pendant un mois comme tu le vois là, dit un élève en montrant la belle statue de Chaudet.

L'Empereur, debout, tenait le sceptre impérial, et cette statue fut abattue, en 1814, de la colonne qu'elle couronnait si bien. Au bout de dix minutes, la sueur brillait en perles sur le front de Joseph. En ce moment un petit homme chauve, pâle et maladif, entra. Le plus respectueux silence régna dans l'atelier.

— Eh! bien, gamins, que faites-vous? dit-il en regardant le martyr de l'atelier.

— C'est un petit bonhomme qui pose, dit le grand élève qui avait disposé Joseph.

— N'avez-vous pas honte de torturer un pauvre enfant ainsi? dit Chaudet en abaissant les deux membres de Joseph. Depuis quand es-tu là? demanda-t-il à Joseph en lui donnant sur la joue une petite tape d'amitié.

— Depuis un quart d'heure.

— Et qui t'amène ici?

— Je voudrais être artiste.

— Et d'où sors-tu, d'où viens-tu?

— De chez maman.

— Oh! maman! crièrent les élèves.

— Silence dans les cartons! cria Chaudet. Que fait ta maman?

— C'est madame Bridau. Mon papa, qui est mort, était un ami de l'Empereur. Aussi l'Empereur, si vous voulez m'apprendre à dessiner, payera-t-il tout ce que vous demanderez.

— Son père était Chef de Division au Ministère de l'Intérieur, s'écria Chaudet frappé d'un souvenir. Et tu veux être artiste déjà?

— Oui, monsieur.

— Viens ici tant que tu voudras, et l'on t'y amusera! Donnez-lui un carton, du papier, des crayons, et laissez-le faire. Apprenez, drôles, dit le sculpteur, que son père m'a obligé. Tiens, Corde-à-Puits, va chercher des gâteaux, des friandises et des bonbons, dit-il en donnant de la monnaie à l'élève qui avait abusé de Joseph. Nous verrons bien si tu es un artiste à la manière dont tu chiqueras les légumes, reprit Chaudet en caressant le menton de Joseph.

Puis il passa les travaux de ses élèves en revue, accompagné de l'enfant qui regardait, écoutait et tâchait de comprendre. Les friandises arrivèrent. Tout l'atelier, le sculpteur lui-même et l'enfant donnèrent leur coup de dent. Joseph fut alors caressé tout aussi bien qu'il avait été mystifié. Cette scène, où la plaisanterie et le cœur des artistes se révélaient et qu'il comprit instinctivement, fit une prodigieuse impression sur l'enfant. L'apparition de Chaudet, sculpteur, enlevé par une mort prématurée, et que la protection de l'Empereur signalait à la gloire, fut pour Joseph comme une vision. L'enfant ne dit rien à sa mère de cette escapade; mais, tous les dimanches et tous les jeudis, il passa trois heures à l'atelier de Chaudet. La Descoings, qui favorisait les fantaisies des deux chérubins, donna dès lors à Joseph des crayons, de la sanguine, des estampes et du papier à dessiner. Au Lycée impérial, le futur artiste croquait ses maîtres, il dessinait ses camarades, il charbonnait les dortoirs, et fut d'une étonnante assiduité à la classe de dessin. Lemire, professeur du lycée Impérial, frappé non-seulement des dispositions, mais des progrès de Joseph, vint avertir madame Bridau de la vocation de son fils. Agathe, en femme de province qui comprenait aussi peu les arts qu'elle comprenait bien le ménage, fut saisie de terreur. Lemire parti, la veuve se mit à pleurer.

— Ah! dit-elle quand la Descoings vint, je suis perdue! Joseph, de qui je voulais faire un employé, qui avait sa route tout tracée au Ministère de l'Intérieur où, protégé par l'ombre de son père, il serait devenu chef de bureau à vingt-cinq ans, eh! bien, il veut se mettre peintre, un état de va-nu-pieds. Je prévoyais bien que cet enfant-là ne me donnerait que des chagrins!

Madame Descoings avoua que, depuis plusieurs mois, elle encourageait la passion de Joseph, et couvrait, le dimanche et le jeudi, ses évasions à l'Institut. Au Salon, où elle l'avait conduit, l'attention profonde que le petit bonhomme donnait aux tableaux tenait du miracle.

— S'il comprend la peinture à treize ans, ma chère, dit-elle, mais votre Joseph sera un homme de génie.

— Oui, voyez où le génie a conduit son père! à mourir usé par le travail à quarante ans.

Dans les derniers jours de l'automne, au moment où Joseph allait entrer dans sa quatorzième année, Agathe descendit, malgré les instances de la Descoings, chez Chaudet, pour s'opposer à ce qu'on lui débauchât son fils. Elle trouva Chaudet, en sarrau bleu, modelant sa dernière statue ; il reçut presque mal la veuve de l'homme qui jadis l'avait servi dans une circonstance assez critique ; mais, attaqué déjà dans sa vie, il se débattait avec cette fougue à laquelle on doit de faire, en quelques moments, ce qu'il est difficile d'exécuter en quelques mois ; il rencontrait une chose long-temps cherchée, il maniait son ébauchoir et sa glaise par des mouvements saccadés qui parurent à l'ignorante Agathe être ceux d'un maniaque. En toute autre disposition, Chaudet se fût mis à rire ; mais, en entendant cette mère maudire les arts, se plaindre de la destinée qu'on imposait à son fils et demander qu'on ne le reçût plus à son atelier, il entra dans une sainte fureur.

— J'ai des obligations à défunt votre mari, je voulais m'acquitter en encourageant son fils, en veillant aux premiers pas de votre petit Joseph dans la plus grande de toutes les carrières! s'écria-t-il. Oui, madame, apprenez, si vous ne le savez pas, qu'un grand artiste est un roi, plus qu'un roi : d'abord il est plus heureux, il est indépendant, il vit à sa guise ; puis il règne dans le monde de la fantaisie. Or, votre fils a le plus bel avenir! des dispositions comme les siennes sont rares, elles ne se sont dévoilées de si bonne heure que chez les Giotto, les Raphaël, les Titien, les Rubens, les Murillo ; car il me semble devoir être plutôt peintre que sculpteur. Jour de Dieu! si j'avais un fils semblable, je serais aussi heureux que l'Empereur l'est de s'être donné le roi de Rome! Enfin, vous êtes maîtresse du sort de votre enfant. Allez, madame! faites-en un imbécile, un homme qui ne fera que marcher en marchant, un misérable gratte-papier : vous aurez commis un meurtre. J'espère bien que, malgré vos efforts, il sera toujours artiste. La vocation est plus forte que tous les obstacles par lesquels on s'oppose à ses effets! La vocation, le mot veut dire l'appel, eh! c'est l'élection par Dieu! Seulement vous rendrez votre enfant malheureux! Il jeta dans un baquet avec violence la glaise dont il n'avait plus besoin, et dit alors à son modèle : — Assez pour aujourd'hui.

Agathe leva les yeux et vit une femme nue assise sur une escabelle dans un coin de l'atelier, où son regard ne s'était pas encore porté; et ce spectacle la fit sortir avec horreur.

— Vous ne recevrez plus ici le petit Bridau, vous autres, dit Chaudet à ses élèves. Cela contrarie madame sa mère.

— Hue! crièrent les élèves quand Agathe ferma la porte.

— Et Joseph allait là! se dit la pauvre mère effrayée de ce qu'elle avait vu et entendu.

Dès que les élèves en sculpture et en peinture apprirent que madame Bridau ne voulait pas que son fils devînt un artiste, tout leur bonheur fut d'attirer Joseph chez eux. Malgré la promesse que sa mère tira de lui de ne plus aller à l'Institut, l'enfant se glissa souvent dans l'atelier que Regnauld y avait, et on l'y encouragea à barbouiller des toiles. Quand la veuve voulut se plaindre, les élèves de Chaudet lui dirent que monsieur Regnauld n'était pas Chaudet; elle ne leur avait pas d'ailleurs donné monsieur son fils à garder, et mille autres plaisanteries. Ces atroces rapins composèrent et chantèrent une chanson sur madame Bridau, en cent trente-sept couplets.

Le soir de cette triste journée, Agathe refusa de jouer, et resta dans la bergère en proie à une si profonde tristesse que parfois elle eut des larmes dans ses beaux yeux.

— Qu'avez-vous, madame Bridau? lui dit le vieux Claparon.

— Elle croit que son fils mendiera son pain parce qu'il a la bosse de la peinture, dit la Descoings; mais moi je n'ai pas le plus léger souci pour l'avenir de mon beau-fils, le petit Bixiou, qui, lui aussi, a la fureur de dessiner. Les hommes sont faits pour percer.

— Madame a raison, dit le sec et dur Desroches qui n'avait jamais pu malgré ses talents devenir sous-chef. Moi je n'ai qu'un fils heureusement ; car avec mes dix-huit cents francs et une femme qui gagne à peine douze cents francs avec son bureau de papier timbré, que serais-je devenu? J'ai mis mon gars petit-clerc chez un avoué, il a vingt-cinq francs par mois et le déjeuner, je lui en donne autant ; il dîne et il couche à la maison : voilà tout, il faut bien qu'il aille, et il fera son chemin ! Je taille à mon gaillard plus de besogne que s'il était au Collége, et il sera quelque jour Avoué ; quand je lui paye un spectacle, il est heureux comme un roi, il m'embrasse, oh ! je le tiens roide, il me rend compte de l'emploi de son argent. Vous êtes trop bonne pour vos enfants. Si votre fils veut manger de la vache enragée, laissez-le faire ! il deviendra quelque chose.

— Moi, dit du Bruel, vieux Chef de Division qui venait de prendre sa retraite, le mien n'a que seize ans, sa mère l'adore ; mais je n'écouterais pas une vocation qui se déclarerait de si bonne heure. C'est alors pure fantaisie, un goût qui doit passer! Selon moi, les garçons ont besoin d'être dirigés...

— Vous, monsieur, vous êtes riche, vous êtes un homme et vous n'avez qu'un fils, dit Agathe.

— Ma foi, reprit Claparon, les enfants sont nos tyrans (*en cœur*). Le mien me fait enrager, il m'a mis sur la paille, j'ai fini par ne plus m'en occuper du tout (*indépendance*). Eh! bien, il en est plus heureux, et moi aussi. Le drôle est cause en partie de la mort de sa pauvre mère. Il s'est fait commis-voyageur, et il a bien trouvé son lot ; il n'était pas plutôt à la maison qu'il en voulait sortir, il ne tenait jamais en place, il n'a rien voulu apprendre ; tout ce que je demande à Dieu, c'est que je meure sans lui avoir vu déshonorer mon nom ! Ceux qui n'ont pas d'enfants ignorent bien des plaisirs, mais ils évitent aussi bien des souffrances.

— Voilà les pères! se dit Agathe en pleurant de nouveau.

— Ce que je vous en dis, ma chère madame Bridau, c'est pour vous faire voir qu'il faut laisser votre enfant devenir peintre ; autrement, vous perdriez votre temps...

— Si vous étiez capable de le morigéner, reprit l'âpre Desroches, je vous dirais de vous opposer à ses goûts ; mais, faible comme je vous vois avec eux, laissez-le barbouiller, crayonner.

— Perdu! dit Claparon.

— Comment, perdu? s'écria la pauvre mère.

— Eh! oui, *mon indépendance en cœur*, cette allumette de Desroches me fait toujours perdre.

— Consolez-vous, Agathe, dit la Descoings, Joseph sera un grand homme.

Après cette discussion, qui ressemble à toutes les discussions humaines, les amis de la veuve se réunirent au même avis, et cet avis ne mettait pas de terme à ses perplexités. On lui conseilla de laisser Joseph suivre sa vocation.

— Si ce n'est pas un homme de génie, lui dit du Bruel qui courtisait Agathe, vous pourrez toujours le mettre dans l'administration.

Sur le haut de l'escalier, la Descoings, en reconduisant les trois vieux employés, les nomma des *sages de la Grèce*.

— Elle se tourmente trop, dit du Bruel.

— Elle est trop heureuse que son fils veuille faire quelque chose, dit encore Claparon.

— Si Dieu nous conserve l'Empereur, dit Desroches, Joseph sera protégé d'ailleurs! Ainsi de quoi s'inquiète-t-elle?

— Elle a peur de tout, quand il s'agit de ses enfants, répondit la Descoings. — Eh! bien, bonne petite, reprit-elle en rentrant, vous voyez, ils sont unanimes, pourquoi pleurez-vous encore?

— Ah! s'il s'agissait de Philippe, je n'aurais aucune crainte. Vous ne savez pas ce qui se passe dans ces ateliers! Les artistes y ont des femmes nues.

— Mais ils y font du feu, j'espère, dit la Descoings.

Quelques jours après, les malheurs de la déroute de Moscou éclatèrent. Napoléon revint pour organiser de nouvelles forces et demander de nouveaux sacrifices à la France. La pauvre mère fut alors livrée à bien d'autres inquiétudes. Philippe, à qui le lycée déplaisait, voulut absolument servir l'Empereur. Une revue aux Tuileries, la dernière qu'y fit Napoléon et à laquelle Philippe assista, l'avait fanatisé. Dans ce temps-là, la splendeur militaire, l'aspect des uniformes, l'autorité des épaulettes exerçaient d'irrésistibles séductions sur certains jeunes gens. Philippe se crut pour le service les dispositions que son frère manifestait pour les arts. A l'insu de sa mère, il écrivit à l'Empereur une pétition ainsi conçue :

« Sire, je suis fils de votre Bridau, j'ai dix-huit ans, cinq pieds
» six pouces, de bonnes jambes, une bonne constitution, et le désir

» d'être un de vos soldats. Je réclame votre protection pour entrer
» dans l'armée, » etc.

L'Empereur envoya Philippe du lycée Impérial à Saint-Cyr dans les vingt-quatre heures; et, six mois après, en novembre 1813, il le fit sortir sous-lieutenant dans un régiment de cavalerie. Philippe resta pendant une partie de l'hiver au dépôt; mais, dès qu'il sut monter à cheval, il partit plein d'ardeur. Durant la campagne de France, il devint lieutenant à une affaire d'avant-garde où son impétuosité sauva son colonel. L'Empereur nomma Philippe capitaine à la bataille de La Fère-Champenoise où il le prit pour officier d'ordonnance. Stimulé par un pareil avancement, Philippe gagna la croix à Montereau. Témoin des adieux de Napoléon à Fontainebleau, et fanatisé par ce spectacle, le capitaine Philippe refusa de servir les Bourbons. Quand il revint chez sa mère, en juillet 1814, il la trouva ruinée. On supprima la bourse de Joseph aux vacances, et madame Bridau, dont la pension était servie par la cassette de l'Empereur, sollicita vainement pour la faire inscrire au Ministère de l'Intérieur. Joseph, plus peintre que jamais, enchanté de ces événements, demandait à sa mère de le laisser aller chez M. Regnauld, et promettait de pouvoir gagner sa vie. Il se disait assez fort élève de Seconde pour se passer de sa Rhétorique. Capitaine à dix-neuf ans et décoré, Philippe, après avoir servi d'aide-de-camp à l'Empereur sur deux champs de bataille, flattait énormément l'amour-propre de sa mère; aussi, quoique grossier, tapageur, et en réalité sans autre mérite que celui de la vulgaire bravoure du sabreur, fût-il pour elle l'homme de génie; tandis que Joseph, petit, maigre, souffreteux, au front sauvage, aimant la paix, la tranquillité, rêvant la gloire de l'artiste, ne devait lui donner, selon elle, que des tourments et des inquiétudes. L'hiver de 1814 à 1815 fut favorable à Joseph, qui, secrètement protégé par la Descoings et par Bixiou, élève de Gros, alla travailler dans ce célèbre atelier, d'où sortirent tant de talents différents, et où il se lia très-étroitement avec Schinner. Le 20 mars éclata, le capitaine Bridau, qui rejoignit l'Empereur à Lyon et l'accompagna aux Tuileries, fut nommé chef d'escadron aux Dragons de la Garde. Après la bataille de Waterloo, à laquelle il fut blessé, mais légèrement, et où il gagna la croix d'officier de la Légion-d'Honneur, il se trouva près du maréchal Davoust à Saint-Denis et ne fit point partie de l'armée de la Loire; aussi, par la protection du maréchal Davoust, sa croix d'officier et son grade lui furent-ils maintenus ; mais on le mit en demi-solde. Joseph, inquiet de l'avenir, étudia durant cette période avec une ardeur qui plusieurs fois le rendit malade au milieu de cet ouragan d'événements.

— C'est l'odeur de la peinture, disait Agathe à madame Descoings, il devrait bien quitter un état si contraire à sa santé.

Toutes les anxiétés d'Agathe étaient alors pour son fils le lieutenant-colonel ; elle le revit en 1816, tombé de neuf mille francs environ d'appointements que recevait un commandant des Dragons de la Garde Impériale à une demi-solde de trois cents francs par mois ; elle lui fit arranger la mansarde au-dessus de la cuisine, et y employa quelques économies. Philippe fut un des bonapartistes les plus assidus du café Lemblin, véritable Béotie constitutionnelle ; il y prit les habitudes, les manières, le style et la vie des officiers à demi-solde ; et, comme eût fait tout jeune homme de vingt et un ans, il les outra, voua sérieusement une haine mortelle aux Bourbons, ne se rallia point, il refusa même les occasions qui se présentèrent d'être employé dans la Ligne avec son grade de lieutenant-colonel. Aux yeux de sa mère, Philippe parut déployer un grand caractère.

— Le père n'eût pas mieux fait, disait-elle.

La demi-solde suffisait à Philippe, il ne coûtait rien à la maison, tandis que Joseph était entièrement à la charge des deux veuves. Dès ce moment, la prédilection d'Agathe pour Philippe se trahit. Jusque-là cette préférence fut un secret ; mais la persécution exercée sur un fidèle soldat de l'Empereur, le souvenir de la blessure reçue par ce fils chéri, son courage dans l'adversité, qui, bien que volontaire, était pour elle une noble adversité, firent éclater la tendresse d'Agathe. Ce mot : — Il est malheureux ! justifiait tout. Joseph, dont le caractère avait cette simplesse qui surabonde au début de la vie dans l'âme des artistes, élevé d'ailleurs dans une certaine admiration de son grand frère, loin de se choquer de la préférence de sa mère, la justifiait en partageant ce culte pour un brave qui avait porté les ordres de Napoléon dans deux batailles, pour un blessé de Waterloo. Comment mettre en doute la supériorité de ce grand frère qu'il avait vu dans le bel uniforme vert et or des Dragons de la Garde, commandant son escadron au Champ-de-Mai ! Malgré sa préférence, Agathe se montra d'ailleurs excellente mère : elle aimait Joseph, mais sans aveuglement ; elle ne le comprenait pas, voilà tout. Joseph adorait sa mère, tandis que Philippe se laissait adorer par elle. Cependant le dragon adoucissait pour elle sa brutalité soldatesque ; mais il ne dissimulait guère son mépris pour Joseph, tout en l'exprimant d'une manière amicale. En voyant ce frère dominé par sa puissante tête et maigri par un travail opiniâtre, tout chétif et malingre à dix-sept ans, il l'appelait : — Moutard ! Ses manières toujours protectrices eussent été blessantes sans l'insouciance de l'artiste qui croyait d'ailleurs à la bonté cachée chez les soldats sous leur air brutal. Joseph ne savait pas encore, le pauvre enfant, que les militaires d'un vrai talent sont doux et polis comme les autres gens supérieurs. Le génie est en toute chose semblable à lui-même.

— Pauvre garçon ! disait Philippe à sa mère, il ne faut pas le tracasser, laissez-le s'amuser.

Ce dédain, aux yeux de la mère, semblait une preuve de tendresse fraternelle.

— Philippe aimera toujours son frère et le protégera, pensait-elle.

En 1816, Joseph obtint de sa mère la permission de convertir en atelier le grenier contigu à sa mansarde, et la Descoings lui donna quelque argent pour avoir les choses indispensables au *métier de peintre ;* car, dans le ménage des deux veuves, la peinture n'était qu'un métier. Avec l'esprit et l'ardeur qui accompagnent la vocation, Joseph disposa tout lui-même dans son pauvre atelier. Le propriétaire, sollicité par madame Descoings, fit ouvrir le toit, et y plaça un châssis. Ce grenier devint une vaste salle peinte par Joseph en couleur chocolat ; il accrocha sur les murs quelques esquisses ; Agathe y mit, non sans regret, un petit poêle en fonte, et Joseph put travailler chez lui, sans négliger néanmoins l'atelier de Gros ni celui de Schinner. Le parti constitutionnel, soutenu surtout par les officiers en demi-solde et par le parti bonapartiste, fit alors des émeutes autour de la Chambre au nom de la Charte, de laquelle personne ne voulait, et ourdit plusieurs conspirations. Philippe, qui s'y fourra, fut arrêté, puis relâché faute de preuves ; mais le Ministre de la Guerre lui supprima sa demi-solde en le mettant dans un cadre qu'on pourrait appeler de discipline. La France n'était plus tenable, Philippe finirait par donner dans quelque piége tendu par les agents provocateurs. On parlait beaucoup alors des agents provocateurs. Pendant que Philippe jouait au billard dans les cafés suspects, y perdait son temps, et s'y habituait à humer des petits verres de différentes liqueurs, Agathe était dans des transes mortelles sur le grand homme de la famille. Les trois sages de la Grèce s'étaient trop habitués à faire le même chemin tous les soirs, à monter l'escalier des deux veuves, à les trouver les attendant et prêtes à leur demander leurs impressions du jour pour jamais les quitter, ils venaient toujours faire leur partie dans ce petit salon vert. Le Ministère de l'Intérieur, livré aux épurations de 1816, avait conservé Claparon, un de ces trembleurs qui donnent à mi-voix les nouvelles du *Moniteur* en ajoutant : Ne me compromettez pas! Desroches, mis à la retraite quelque temps après le vieux du Bruel, disputait encore sa pension. Ces trois amis, témoins du désespoir d'Agathe, lui donnèrent le conseil de faire voyager le colonel.

— On parle de conspirations, et votre fils, du caractère dont il est, sera victime de quelque affaire ; car il y a toujours des traîtres.

— Que diable! il est du bois dont son Empereur faisait les maréchaux, dit Bruel à voix basse en regardant autour de lui; et il ne doit pas abandonner son état. Qu'il aille servir dans l'Orient, aux Indes......

— Et sa santé? dit Agathe.

— Pourquoi ne prend-il pas une place? dit le vieux Desroches; il se forme tant d'administrations particulières ! Moi, je vais entrer chef de bureau dans une Compagnie d'Assurances, dès que ma pension de retraite sera réglée.

— Philippe est un soldat, il n'aime que la guerre, dit la belliqueuse Agathe.

— Il devrait alors être sage et demander à servir...

— Ceux-ci? s'écria la veuve. Oh! ce n'est pas moi qui le lui conseillerai jamais.

— Vous avez tort, reprit du Bruel. Mon fils vient d'être placé par le duc de Navarreins. Les Bourbons sont excellents pour ceux qui se rallient sincèrement. Votre fils serait nommé lieutenant-colonel à quelque régiment.

— On ne veut que des nobles dans la cavalerie, et il ne sera jamais colonel, s'écria la Descoings.

Agathe effrayée supplia Philippe de passer à l'étranger et de s'y mettre au service d'une puissance quelconque qui accueillerait toujours avec faveur un officier d'ordonnance de l'Empereur.

— Servir les étrangers?... s'écria Philippe avec horreur.

Agathe embrassa son fils avec effusion en disant : — C'est tout son père.

— Il a raison, dit Joseph, le Français est trop fier de sa Colonne pour aller s'encolonner ailleurs. Napoléon reviendra d'ailleurs peut-être encore une fois !

Pour complaire à sa mère, Philippe eut alors la magnifique idée de rejoindre le général Lallemant aux États-Unis, et de coopérer à la fondation du Champ-d'Asile, une des plus terribles mystifications connues sous le nom de Souscriptions Nationales. Agathe donna dix mille francs pris sur ses économies, et dépensa mille francs pour aller conduire et embarquer son fils au Havre. À la fin de 1817, Agathe sut vivre avec les six cents francs qui lui restaient de son inscription sur le Grand-Livre ; puis, par une heureuse inspiration, elle plaça sur le champ les dix mille francs qui lui restaient de ses économies, et dont elle eut sept cents autres francs de rente. Joseph voulut coopérer à cette œuvre de dévouement : il alla mis comme un recors ; il porta de gros souliers, des bas bleus ; il se refusa des gants et brûla du charbon de terre ; il vécut de pain, de lait, de fromage de Brie. Le pauvre enfant ne recevait d'encouragements que de la vieille Descoings et de Bixiou, son camarade de collège et son camarade d'atelier, qui fit alors ses admirables caricatures, tout en remplissant une petite place dans un Ministère.

— Avec quel plaisir j'ai vu venir l'été de 1818 ! a dit souvent Bridau en racontant ses misères d'alors. Le soleil m'a dispensé d'acheter du charbon.

Déjà tout aussi fort que Gros en fait de couleur, il ne voyait plus son maître que pour le consulter ; il méditait alors de rompre en visière aux classiques, de briser les conventions grecques et les lisières dans lesquelles on renfermait un art à qui la nature appartient comme elle est, dans la toute-puissance de ses créations et de ses fantaisies. Joseph se préparait à sa lutte qui, dès le jour où il apparut au Salon, en 1823, ne cessa plus. L'année fut terrible : Roguin, le notaire de madame Descoings et de madame Bridau, disparut en emportant les retenues faites depuis sept ans sur l'usufruit, et qui devaient déjà produire deux mille francs de rente. Trois jours après ce désastre, arriva de New-York une lettre de change de mille francs tirée par le colonel Philippe sur sa mère. Le pauvre garçon, abusé comme tant d'autres, avait tout perdu au Champ-d'Asile. Cette lettre, qui fit fondre en larmes Agathe, la Descoings et Joseph, parlait de dettes contractées à New-York, où des camarades d'infortune cautionnaient le colonel.

— C'est pourtant moi qui l'ai forcé de s'embarquer, s'écria la pauvre mère ingénieuse à justifier les fautes de Philippe.

— Je ne vous conseille pas, dit la vieille Descoings à sa nièce, de lui faire souvent faire des voyages de ce genre-là.

Madame Descoings était héroïque. Elle donnait toujours mille écus à madame Bridau, mais elle nourrissait aussi toujours le même terne qui, depuis 1799, n'était pas sorti. Vers ce temps, elle commençait à douter de la bonne foi de l'administration. Elle accusa le gouvernement, et le crut très-capable de supprimer les trois numéros dans l'urne afin de provoquer les mises furieuses des actionnaires. Après un rapide examen des ressources, il parut impossible de faire mille francs sans vendre une portion de rente. Les deux femmes parlèrent d'engager l'argenterie, une partie du linge ou le surplus de mobilier. Joseph, effrayé de ces propositions, alla trouver Gérard, lui exposa sa situation, et le grand peintre lui obtint au Ministère de la Maison du Roi deux copies du portrait de Louis XVIII à raison de cinq cents francs chacune. Quoique peu donnant, Gros mena son élève chez son marchand de couleurs, auquel il dit de mettre sur son compte les fournitures nécessaires à Joseph. Mais les mille francs ne devaient être payés que les copies livrées. Joseph fit alors quatre tableaux de chevalet en dix jours, les vendit à des marchands, et apporta les mille francs à sa mère qui put solder la lettre de change. Huit jours après, vint une autre lettre, par laquelle le colonel avisait sa mère de son départ sur un paquebot dont le capitaine le prenait sur sa parole. Philippe annonçait avoir besoin d'au moins mille autres francs en débarquant au Havre.

— Bon, dit Joseph à sa mère, j'aurai fini mes copies, tu lui porteras mille francs.

— Cher Joseph! s'écria tout en larmes Agathe en l'embrassant, Dieu te bénira. Tu l'aimes donc, ce pauvre persécuté? il est notre gloire et tout notre avenir. Si jeune, si brave et si malheureux! tout est contre lui, soyons au moins tous trois pour lui.

— Tu vois bien que la peinture sert à quelque chose, s'écria Joseph heureux d'obtenir enfin de sa mère la permission d'être un grand artiste.

Madame Bridau courut au-devant de son bien-aimé fils le colonel Philippe. Une fois au Havre, elle alla tous les jours au delà de la tour ronde bâtie par François Ier, attendant le paquebot américain, et concevant de jour en jour de plus cruelles inquiétudes. Les mères seules savent combien ces sortes de souffrances ravivent la maternité. Le paquebot arriva par une belle matinée du mois d'octobre 1819, sans avaries, sans avoir eu le moindre grain. Chez l'homme le plus brute, l'air de la patrie et la vue d'une mère produisent toujours un certain effet, surtout après un voyage plein de misères. Philippe se livra donc à une effusion de sentiments qui fit penser à Agathe : — Ah ! comme il m'aime, lui ! Hélas ! l'officier n'aimait plus qu'une seule personne au monde, et cette personne était le colonel Philippe. Ses malheurs au Texas, son séjour à New-York, pays où la spéculation et l'individualisme sont portés au plus haut degré, où la brutalité des intérêts arrive au cynisme, où l'homme, essentiellement isolé, se voit contraint de marcher dans sa force et de se faire à chaque instant juge dans sa propre cause, où la politesse n'existe pas; enfin, les moindres événements de ce voyage avaient développé chez Philippe les mauvais penchants du soudard : il était devenu brutal, buveur, fumeur, personnel, impoli; la misère et les souffrances physiques l'avaient dépravé. D'ailleurs le colonel se regardait comme persécuté. L'effet de cette opinion est de rendre les gens sans intelligence persécuteurs et intolérants. Pour Philippe, l'univers commençait à sa tête et finissait à ses pieds, le soleil ne brillait que pour lui. Enfin, le spectacle de New-York, interprété par cet homme d'action, lui avait enlevé les moindres scrupules en fait de moralité. Chez les êtres de cette espèce, il n'y a que deux manières d'être : ou ils croient, ou ils ne croient pas; ou ils ont toutes les vertus de l'honnête homme, ou ils s'abandonnent à toutes les exigences de la nécessité ; puis ils s'habituent à ériger leurs moindres intérêts et chaque vouloir momentané de leurs passions en nécessité. Avec ce système, on peut aller loin. Le colonel avait conservé, dans l'apparence seulement, la rondeur, la franchise, le laissez-aller du militaire. Aussi était-il excessivement dangereux, il semblait ingénu comme un enfant; mais, n'ayant à penser qu'à lui, jamais il ne faisait rien sans avoir réfléchi à ce qu'il devait faire, autant qu'un rusé procureur réfléchit à quelque tour de maître Gonin ; les paroles ne lui coûtaient rien, il en donnait autant qu'on en voulait croire. Si, par malheur, quelqu'un s'avisait de ne pas accepter les explications par lesquelles il justifiait les contradictions entre sa conduite et son langage, le colonel, qui tirait supérieurement le pistolet, qui pouvait défier le plus habile maître d'armes, et qui possédait le sang-froid de tous ceux auxquels la vie est indifférente, était prêt à vous demander raison de la moindre parole aigre ; mais, en attendant, il paraissait homme à se livrer à des voies de fait, après lesquelles aucun arrangement n'est possible. Sa stature imposante avait pris de la rotondité, son visage s'était bronzé pendant son séjour au Texas, il conservait son parler bref et le ton tranchant de l'homme obligé de se faire respecter au milieu de la population de New-York. Ainsi fait, simplement vêtu, le corps visiblement endurci par ses récentes misères, Philippe apparut à sa pauvre mère comme un héros ; mais il était tout simplement devenu ce que le peuple nomme assez énergiquement un *chenapan*. Effrayée du dénûment de son fils chéri, madame Bridau lui fit au Havre une garde-robe complète ; en écoutant le récit de ses malheurs, elle n'eut pas la force de l'empêcher de boire, de manger et de s'amuser comme devait boire et s'amuser un homme qui revenait du Champ-d'Asile. Certes, ce fut une belle conception que celle de la conquête du Texas par les restes de l'armée impériale ; mais elle manqua moins par les choses que par les hommes, puisqu'aujourd'hui le Texas est une république pleine d'avenir. Cette expérience du libéralisme sous la Restauration prouve énergiquement que ses intérêts étaient purement égoïstes et nullement nationaux, autour du pouvoir et non ailleurs. Ni les hommes, ni les lieux, ni l'idée, ni le dévouement ne firent faute ; mais bien les écus et les secours de cet hypocrite parti qui disposait de sommes énormes, et qui ne donna rien quand il s'agissait d'un empire à retrouver. Les ménagères du genre d'Agathe ont un bon sens qui leur fait deviner ces sortes de tromperies politiques. La pauvre mère entrevit alors la vérité d'après les récits de son fils ; car, dans l'intérêt du proscrit, elle avait écouté pendant son absence les pompeuses réclames des journaux constitutionnels, et suivi le mouvement de cette fameuse souscription qui produisit à peine cent cinquante mille francs lorsqu'il aurait fallu cinq à six millions. Les chefs du libéralisme s'étaient promptement aperçus qu'ils faisaient les affaires de Louis XVIII en exportant de France les glorieux débris de nos armées, et ils abandonnèrent les plus dévoués, les plus ardents, les plus enthousiastes, ceux qui s'avancèrent les premiers. Jamais Agathe ne put expliquer à son fils comment il était beaucoup plus une dupe qu'un homme persécuté. Dans sa croyance en son idole, elle s'accusa d'ignorance et déplora le malheur des temps qui frappait Philippe. En effet, jusqu'alors, dans toutes ces misères, il était moins fautif que victime de son beau caractère, de son énergie, de la chute de l'Empereur, de la duplicité des Libéraux, et de l'acharnement des Bourbons contre les Bonapartistes. Elle n'osa pas, durant cette semaine passée au Havre, semaine horriblement coûteuse, lui proposer de se réconcilier avec le gouvernement royal, et de se présenter au Ministre de la Guerre : elle eut assez à faire de le tirer du Havre, où la vie est horriblement chère, et de le ramener à Paris quand elle n'eut plus que l'argent du voyage. La Descoings et Joseph, qui attendaient le proscrit à son débarquer dans la cour des Messageries royales, furent frappés de l'altération du visage d'Agathe.

— Ta mère a pris dix ans en deux mois, dit la Descoings à Joseph au milieu des embrassades et pendant qu'on déchargeait les deux malles.

— Bonjour, mère Descoings, fut le mot de tendresse du colonel pour la vieille épicière que Joseph appelait affectueusement maman Descoings.

— Nous n'avons pas d'argent pour le fiacre, dit Agathe d'une voix dolente.

— J'en ai, lui répondit le jeune peintre. Mon frère est d'une superbe couleur, s'écria-t-il à l'aspect de Philippe.

— Oui, je me suis culotté comme une pipe. Mais, toi, tu n'es pas changé, petit.

Alors âgé de vingt et un ans, et d'ailleurs apprécié par quelques amis qui le soutinrent dans ses jours d'épreuves, Joseph sentait sa force et avait la conscience de son talent; il représentait la peinture dans un Cénacle formé par des jeunes gens dont la vie était adonnée aux sciences, aux lettres, à la politique et la philosophie; il fut donc blessé par l'expression de mépris que son frère marqua encore par un geste : Philippe lui tortilla l'oreille comme à un enfant. Agathe observa l'espèce de froideur qui succédait chez la Descoings et chez Joseph à l'effusion de leur tendresse; mais elle répara tout en leur parlant des souffrances endurées par Philippe pendant son exil. La Descoings, qui voulait faire un jour de fête du retour de l'enfant qu'elle nommait prodigue, mais tout bas, avait préparé le meilleur dîner possible, auquel étaient conviés le vieux Claparon et Desroches le père. Tous les amis de la maison devaient venir, et vinrent le soir. Joseph avait averti Léon Giraud, d'Arthez, Michel Chrestien, Fulgence Ridal et Bianchon, ses amis du Cénacle. La

Descoings dit à Bixiou, son prétendu beau-fils, qu'on ferait entre jeunes gens un écarté. Desroches le fils, devenu par la roide volonté de son père licencié en Droit, fut aussi de la soirée. Du Bruel, Claparon, Desroches et l'abbé Loraux étudièrent le proscrit dont les manières et la contenance grossières, la voix altérée par l'usage des liqueurs, la phraséologie populaire et le regard les effrayèrent. Aussi, pendant que Joseph arrangeait les tables de jeu, les plus dévoués entourèrent-ils Agathe en lui disant : — Que comptez-vous faire de Philippe?

— Je ne sais pas, répondit-elle; mais il ne veut toujours pas servir les Bourbons.

— Il est bien difficile de lui trouver une place en France. S'il ne rentre pas dans l'armée, il ne se casera pas de sitôt dans l'administration, dit le vieux du Bruel. Certes, il suffit de l'entendre pour voir qu'il n'aura pas, comme mon fils, la ressource de faire fortune avec des pièces de théâtre.

Au mouvement d'yeux par lequel Agathe répondit, chacun comprit combien l'avenir de Philippe l'inquiétait; et, comme aucun de ses amis n'avait de ressources à lui présenter, tous gardèrent le silence. Le proscrit, Desroches fils et Bixiou jouèrent à l'écarté, jeu qui faisait alors fureur.

— Maman Descoings, mon frère n'a pas d'argent pour jouer, vint dire Joseph à l'oreille de la bonne et excellente femme.

L'actionnaire de la Loterie Royale alla chercher vingt francs et les remit à l'artiste, qui les glissa secrètement dans la main de son frère. Tout le monde arriva. Il y eut deux tables de boston, et la soirée s'anima. Philippe se montra mauvais joueur. Après avoir d'abord gagné beaucoup, il perdit; puis, vers onze heures, il devait cinquante francs à Desroches fils et à Bixiou. Le tapage et les disputes de la table d'écarté résonnèrent plus d'une fois aux oreilles des paisibles joueurs de boston, qui observèrent Philippe à la dérobée. Le proscrit donna les preuves d'une si mauvaise nature que, dans sa dernière querelle où Desroches fils, qui n'était pas non plus très-bon, se trouvait mêlé, Desroches père, quoique son fils eût raison, lui donna tort et lui défendit de jouer. Madame Descoings en fit autant avec son petit-fils, qui commençait à lancer des mots si spirituels, que Philippe ne les comprit pas, mais qui pouvaient mettre ce cruel railleur en péril au cas où l'une de ses flèches barbelées fût entrée dans l'épaisse intelligence du colonel.

— Tu dois être fatigué, dit Agathe à l'oreille de Philippe, viens te coucher.

— Les voyages forment la jeunesse, dit Bixiou en souriant quand le colonel et madame Bridau furent sortis.

Joseph, qui se levait au jour et se couchait de bonne heure, ne vit pas la fin de cette soirée. Le lendemain matin, Agathe et la Descoings, en préparant le déjeuner dans la première pièce, ne purent s'empêcher de penser que les soirées seraient excessivement chères, si Philippe continuait à jouer ce jeu-là, selon l'expression de la Descoings. Cette vieille femme, alors âgée de soixante-seize ans, proposa de vendre son mobilier, de rendre son appartement au second étage au propriétaire qui ne demandait pas mieux que de le reprendre, de faire sa chambre du salon d'Agathe, et de convertir la première pièce en un salon où l'on mangerait. On économiserait ainsi sept cents francs par an. Ce retranchement dans la dépense permettrait de donner cinquante francs par mois à Philippe en attendant qu'il se plaçât. Agathe accepta ce sacrifice. Lorsque le colonel descendit, quand sa mère lui eut demandé s'il s'était trouvé bien dans sa petite chambre, les deux veuves lui exposèrent la situation de la famille. Madame Descoings et Agathe possédaient, en réunissant leurs revenus, cinq mille trois cents francs de rentes, dont les quatre mille de la Descoings étaient viagères. La Descoings faisait six cents francs de pension à Bixiou, qu'elle avouait pour son petit-fils depuis six mois, et six cents francs à Joseph; le reste de son revenu passait, ainsi que celui d'Agathe, au ménage et à leur entretien. Toutes les économies avaient été dévorées.

— Soyez tranquilles, dit le lieutenant-colonel, je vais chercher une place, je ne serai pas à votre charge, je ne demande pour le moment que la pâtée et la niche.

Agathe embrassa son fils, et la Descoings glissa cent francs dans la main de Philippe pour payer la dette du jeu faite la veille. En dix jours la vente du mobilier, la remise de l'appartement et le changement intérieur de celui d'Agathe se firent avec cette célérité qui ne se voit qu'à Paris. Pendant ces dix jours, Philippe décampa régulièrement après le déjeuner, revint pour dîner, s'en alla le soir, et ne rentra se coucher que vers minuit. Voici les habitudes que ce militaire réformé contracta presque machinalement et qui s'enracinèrent: il faisait cirer ses bottes sur le Pont-Neuf pour les deux sous qu'il eût dépensés en prenant par le pont des Arts pour gagner le Palais-Royal où il consommait deux petits verres d'eau-de-vie en lisant les journaux, occupation qui le menait jusqu'à midi ; vers cette heure, il cheminait par la rue Vivienne et se rendait au café Minerve où se brassait alors la politique libérale et où il jouait au billard avec d'anciens officiers. Tout en gagnant ou perdant, Philippe avalait toujours trois ou quatre petits verres de diverses liqueurs, et fumait dix cigares de la régie en allant, revenant et flânant par les rues. Après avoir fumé quelques pipes le soir à l'Estaminet Hollandais, il montait au jeu vers dix heures, le garçon de salle lui donnait une carte et une épingle ; il s'enquérait auprès de quelques joueurs émérites de l'état de la Rouge et de la Noire, et jouait dix francs au moment le plus opportun, sans jouer jamais plus de trois coups, perte ou gain. Quand il avait gagné, ce qui arrivait presque toujours, il consommait un bol de punch et regagnait sa mansarde ; mais il parlait alors d'assommer les Ultras, les Gardes-du-corps, et chantait dans les escaliers : *Veillons au salut de l'Empire!* Sa pauvre mère, en l'entendant, disait : — Il est gai ce soir, Philippe ; et elle montait l'embrasser, sans se plaindre des odeurs fétides du punch, des petits verres et du tabac.

— Tu dois être contente de moi, ma chère mère ? lui dit-il vers la fin de janvier, je mène la vie la plus régulière du monde.

Philippe avait dîné cinq fois au restaurant avec d'anciens camarades. Ces vieux soldats s'étaient communiqué l'état de leurs affaires en parlant des espérances que donnait la construction d'un bateau sous-marin pour la délivrance de l'Empereur. Parmi ses anciens camarades retrouvés, Philippe affectionna particulièrement un vieux capitaine des Dragons de la Garde, nommé Giroudeau, dans la compagnie duquel il avait débuté. Cet ancien dragon fut cause que Philippe compléta ce que Rabelais appellerait l'équipage du diable, en ajoutant au petit verre, au cigare et au jeu, une quatrième roue. Un soir, au commencement de février, Giroudeau emmena Philippe, après dîner, à la Gaîté, dans une loge donnée à un petit journal de théâtre appartenant à son neveu Finot, où il tenait la caisse, les écritures, pour lequel il faisait et vérifiait les bandes. Vêtus, selon la mode des officiers bonapartistes appartenant à l'opposition constitutionnelle, d'une ample redingote à collet carré, boutonnée jusqu'au menton, tombant sur les talons et décorée de la rosette, armés d'un jonc à pomme plombée qu'ils tenaient par un cordon de cuir tressé, les deux anciens troupiers s'étaient, pour employer une de leurs expressions, *donné une culotte*, et s'ouvraient mutuellement leurs cœurs en entrant dans la loge. A travers les vapeurs d'un certain nombre de bouteilles et de petits verres de diverses liqueurs, Giroudeau montra sur la scène à Philippe une petite, grasse et agile figurante nommée Florentine dont les bonnes grâces et l'affection lui venaient, ainsi que la loge, par la toute-puissance du journal.

— Mais, dit Philippe, jusqu'où vont ses bonnes grâces pour un vieux troupier gris-pommelé comme toi ?

— Dieu merci, répondit Giroudeau, je n'ai pas abandonné les vieilles doctrines de notre glorieux uniforme! Je n'ai jamais dépensé deux liards pour une femme.

— Comment ? s'écria Philippe en se mettant un doigt sur l'œil gauche.

— Oui, répondit Giroudeau. Mais, entre nous, le journal y est pour beaucoup. Demain, dans deux lignes, nous conseillerons à l'administration de faire danser un pas à mademoiselle Florentine. Ma foi, mon cher enfant, je suis très-heureux, dit Giroudeau.

— Eh! pensa Philippe, si ce respectable Giroudeau, malgré son crâne poli comme mon genou, ses quarante-huit ans, son gros ventre, sa figure de vigneron et son nez en forme de pomme de terre, est l'ami d'une figurante, je dois être celui de la première actrice de Paris. Où ça se trouve-t-il ? dit-il tout haut à Giroudeau.

— Je te ferai voir ce soir le ménage de Florentine. Quoique ma Dulcinée n'ait que cinquante francs par mois au théâtre, grâce à un ancien marchand de soieries nommé Cardot, qui lui offre cinq cents francs par mois, elle est encore assez bien ficelée!

— Eh! mais ?... dit le jaloux Philippe.

— Bah! fit Giroudeau, le véritable amour est aveugle.

Après le spectacle, Giroudeau mena Philippe chez mademoiselle Florentine, qui demeurait à deux pas du Théâtre, rue de Crussol.

— Tenons-nous bien, lui dit Giroudeau. Florentine a sa mère; tu comprends que je n'ai pas les moyens de lui en payer une, et que la bonne femme est sa vraie mère. Cette femme fut portière, mais elle ne manque pas d'intelligence, et se nomme Cabirolle, appelle-la madame, elle y tient.

Florentine avait ce soir-là chez elle une amie, une certaine Marie Godeschal, belle comme un ange, froide comme une danseuse, et d'ailleurs élève de Vestris qui lui prédisait les plus hautes destinées chorégraphiques. Mademoiselle Godeschal, qui voulait alors débuter au Panorama-Dramatique sous le nom de Mariette, comptait sur la protection d'un Premier Gentilhomme de la Chambre, à qui Vestris devait la présenter depuis long-temps. Vestris, encore vert à cette époque, ne trouvait pas son élève encore suffisamment savante. L'ambitieuse Marie Godeschal rendit fameux son pseudonyme de Mariette; mais son ambition fut d'ailleurs très-louable. Elle avait un frère, clerc chez Derville. Orphelins et misérables, mais s'aimant tous deux, le frère et la sœur avaient vu la vie comme elle est à Paris : l'un voulait devenir avoué pour établir sa sœur, et vivait avec dix sous par jour; l'autre avait résolu froidement de devenir danseuse, et de profiter autant de sa beauté que de ses jambes pour acheter une Étude à son frère. En dehors de leurs sentiments l'un pour l'autre, de leurs intérêts et de leur vie commune, tout, pour eux, était, comme autrefois pour les Romains et pour les Hébreux, barbare, étranger, ennemi. Cette amitié si belle, et que rien ne devait altérer, expliquait Mariette à ceux qui la connaissaient intimement. Le frère et la sœur demeuraient alors au huitième étage d'une maison de la Vieille rue du Temple. Mariette s'était mise à l'étude dès l'âge de dix ans, et comptait alors seize printemps. Hélas! faute d'un peu de toilette, sa beauté trotte-menu, cachée sous un cachemire de poil de lapin, montée sur des patins en fer, vêtue d'indienne et mal tenue, ne pouvait être devinée que par les Parisiens adonnés à la chasse des grisettes et à la piste des beautés malheureuses. Philippe devint amoureux de Mariette. Mariette vit en Philippe le commandant aux Dragons de la Garde, l'officier d'ordonnance de l'Empereur, le jeune homme de vingt-sept ans et le plaisir de se montrer supérieure à Florentine par l'évidente supériorité de Philippe sur Giroudeau. Florentine et Giroudeau, lui pour faire le bonheur de son camarade, elle pour donner un protecteur à son amie, poussèrent Mariette et Philippe à faire un mariage *en détrempe*. Cette expression du langage parisien équivaut à celle de *mariage morganatique* employée pour les rois et les reines. Philippe, en sortant, confia sa misère à Giroudeau; mais le vieux roué le rassura beaucoup.

— Je parlerai de toi à mon neveu Finot, lui dit Giroudeau. Vois-tu, Philippe, le règne des péquins et des phrases est arrivé, soumettons-nous. Aujourd'hui l'écritoire fait tout. L'encre remplace la poudre, et la parole est substituée à la balle. Après tout, ces petits crapauds de rédacteurs sont très-ingénieux et assez bons enfants.

Viens me voir demain au journal, j'aurai dit deux mots de ta position à mon neveu. Dans quelque temps, tu auras une place dans un journal quelconque. Mariette, qui, dans ce moment (ne t'abuse pas), te prend parce qu'elle n'a rien, ni engagement, ni possibilité de débuter, et à qui j'ai dit que tu allais être comme moi dans un journal, Mariette te prouvera qu'elle t'aime pour toi-même et tu le croiras ! Fais comme moi, maintiens-la figurante tant que tu pourras ! J'étais si amoureux que, dès que Florentine a voulu danser son pas, j'ai prié Finot de demander son début; mais mon neveu m'a dit : — Elle a du talent, n'est-ce pas? Eh ! bien, le jour où elle aura dansé son pas, elle te fera passer celui de sa porte. Oh ! mais voilà Finot. Tu verras un gars bien dégourdi.

Le lendemain, sur les quatre heures, Philippe se trouva rue du Sentier, dans un petit entresol où il aperçut Giroudeau encagé comme un animal féroce dans une espèce de poulailler à chatière où se trouvaient un petit poêle, une petite table, deux petites chaises, et de petites bûches. Cet appareil était relevé par ces mots magiques : *Bureau d'abonnement*, imprimés sur la porte en lettres noires, et par le mot *Caisse* écrit à la main et attaché au-dessus du grillage. Le long du mur qui faisait face à l'établissement du capitaine s'étendait une banquette où déjeunait alors un invalide amputé d'un bras, appelé par Giroudeau Coloquinte, sans doute à cause de la couleur égyptienne de sa figure.

— Joli ! dit Philippe en examinant cette pièce. Que fais-tu là, toi qui as été de la charge du pauvre colonel Chabert à Eylau ? Nom de nom ! Mille noms de nom, des officiers supérieurs !...

— Eh ! bien ! oui ! — broum ! broum ! — un officier supérieur faisant des quittances de journal, dit Giroudeau qui raffermit son bonnet de soie noire. Et, de plus, je suis l'éditeur responsable de ces farces-là, dit-il en montrant le journal.

— Et moi qui suis allé en Egypte, je vais maintenant au Timbre, dit l'invalide.

— Silence, Coloquinte, dit Giroudeau, tu es devant un brave qui a porté les ordres de l'Empereur à la bataille de Montmirail.

— Présent ! dit Coloquinte, j'y ai perdu le bras qui me manque.

— Coloquinte, garde la boutique, je monte chez mon neveu.

Les deux anciens militaires allèrent au quatrième étage, dans une mansarde, au fond d'un corridor, et trouvèrent un jeune homme à l'œil pâle et froid, couché sur un mauvais canapé. Le péquin ne se dérangea pas, tout en offrant des cigares à son oncle et à l'ami de son oncle.

— Mon ami, lui dit d'un ton doux et humble Giroudeau, voilà ce brave chef d'escadron de la Garde impériale de qui je t'ai parlé.

— Eh! bien? dit Finot en toisant Philippe qui perdit toute son énergie comme Giroudeau devant le diplomate de la presse.

— Mon cher enfant, dit Giroudeau qui tâchait de se poser en oncle, le colonel revient du Texas.

— Ah! vous avez donné dans le Texas, dans le Champ-d'Asile. Vous étiez cependant encore bien jeune pour vous faire *Soldat Laboureur.*

L'acerbité de cette plaisanterie ne peut être comprise que de ceux qui se souviennent du déluge de gravures, de paravents, de pendules, de bronze et de plâtres auxquelles donna lieu l'idée du Soldat Laboureur, grande image du sort de Napoléon et de ses braves qui a fini par engendrer plusieurs vaudevilles. Cette idée a produit au moins un million. Vous trouvez encore des Soldats Laboureurs sur des papiers de tenture, au fond des provinces. Si ce jeune homme n'eût pas été le neveu de Giroudeau, Philippe lui aurait appliqué une paire de soufflets.

— Oui, j'ai donné là-dedans, j'y ai perdu douze mille francs et mon temps, reprit Philippe en essayant de grimacer un sourire.

— Et vous aimez toujours l'Empereur? dit Finot.

— Il est mon Dieu, reprit Philippe Bridau.

— Vous êtes libéral?

— Je serai toujours de l'Opposition Constitutionnelle. Oh! Foy! oh! Manuel! oh! Laffitte! voilà des hommes! Ils nous débarrasseront de ces misérables revenus à la suite de l'étranger!

— Eh! bien, reprit froidement Finot, il faut tirer parti de votre malheur, car vous êtes une victime des Libéraux, mon cher! Restez libéral si vous tenez à votre opinion; mais menacez les Libéraux de dévoiler les sottises du Texas. Vous n'avez pas eu deux liards de la souscription nationale, n'est-ce pas? Eh! bien, vous êtes dans une belle position, demandez compte de la souscription. Voici ce qui vous arrivera : il se crée un nouveau journal d'Opposition, sous le patronage des Députés de la Gauche; vous en serez le caissier, à mille écus d'appointements, une place éternelle. Il suffit de vous procurer vingt mille francs de cautionnement; trouvez-les, vous serez casé dans huit jours. Je donnerai le conseil de se débarrasser de vous en vous faisant offrir la place ; mais criez, et criez fort !

Giroudeau laissa descendre quelques marches à Philippe, qui se confondait en remercîments, et dit à son neveu : — Eh ! bien, tu es encore drôle, toi !... tu me gardes ici à douze cents francs.

— Le journal ne tiendra pas un an, répondit Finot. J'ai mieux que cela pour toi.

— Nom de nom ! dit Philippe à Giroudeau, ce n'est pas une ganache, ton neveu ! Je n'avais pas songé à tirer, comme il le dit, parti de ma position.

Le soir, au café Lemblin, au café Minerve, le colonel Philippe déblatéra contre le parti libéral qui faisait des souscriptions, qui vous envoyait au Texas, qui parlait hypocritement des Soldats Laboureurs, qui laissait des braves sans secours, dans la misère, après leur avoir mangé des vingt mille francs et les avoir promenés pendant deux ans.

— Je vais demander compte de la souscription pour le Champ-d'Asile, dit-il à l'un des habitués du café Minerve qui le redit à des journalistes de la Gauche.

Philippe ne rentra pas rue Mazarine, il alla chez Mariette lui annoncer la nouvelle de sa coopération future à un journal qui devait avoir dix mille abonnés, et où ses prétentions chorégraphiques seraient chaudement appuyées. Agathe et la Descoings attendirent Philippe en se mourant de peur, car le duc de Berry venait d'être assassiné. Le lendemain, le colonel arriva quelques instants après le déjeuner ; quand sa mère lui témoigna les inquiétudes que son absence lui avait causées, il se mit en colère, il demanda s'il était majeur.

— Nom de nom ! je vous apporte une bonne nouvelle, et vous avez l'air de catafalques. Le duc de Berry est mort, eh ! bien, tant mieux ! c'est un de moins. Moi, je vais être caissier d'un journal à mille écus d'appointements, et vous voilà tirées d'embarras pour ce qui me concerne.

— Est-ce possible ? dit Agathe.

— Oui, si vous pouvez me faire vingt mille francs de cautionnement ; il ne s'agit que de déposer votre inscription de treize cents francs de rente, vous toucherez tout de même vos semestres.

Depuis près de deux mois, les deux veuves, qui se tuaient à chercher ce que faisait Philippe, où et comment le placer, furent si heureuses de cette perspective, qu'elles ne pensèrent plus aux diverses catastrophes du moment. Le soir, le vieux du Bruel, Claparon qui se mourait, et l'inflexible Desroches père, ces sages de la Grèce furent unanimes : ils conseillèrent tous à la veuve de cautionner son fils. Le journal, constitué très-heureusement avant l'assassinat du duc de Berry, évita le coup qui fut alors porté par M. Decaze à la Presse. L'inscription de treize cents francs de la veuve Bridau fut affectée au cautionnement de Philippe, nommé caissier. Ce bon fils promit aussitôt de donner cent francs par mois aux deux veuves pour son logement, pour sa nourriture, et fut proclamé le meilleur des enfants. Ceux qui avaient mal auguré de lui félicitèrent Agathe.

— Nous l'avions mal jugé, dirent-ils.

Le pauvre Joseph, pour ne pas rester en arrière de son frère, essaya de se suffire à lui-même, et y parvint. Trois mois après, le colonel, qui mangeait et buvait comme quatre, qui faisait le difficile et entraînait, sous prétexte de sa pension, les deux veuves à des dépenses de table, n'avait pas encore donné deux liards. Ni sa mère, ni la Descoings ne voulaient, par délicatesse, lui rappeler sa promesse. L'année se passa sans qu'une seule de ces pièces, si énergiquement appelées par Léon Gozlan *un tigre à cinq griffes*, eût passé de la poche de Philippe dans le ménage. Il est vrai qu'à cet égard le colonel avait calmé les scrupules de sa conscience : il dînait rarement à la maison.

— Enfin il est heureux, dit sa mère, il est tranquille, il a une place !

Par l'influence du feuilleton que rédigeait Vernou, l'un des amis de Bixiou, de Finot et de Giroudeau, Mariette débuta non pas au Panorama-Dramatique, mais à la Porte-Saint-Martin où elle eut du succès à côté de la Bégrand. Parmi les directeurs de ce théâtre, se trouvait alors un riche et fastueux officier-général amoureux d'une actrice et qui s'était fait *impresario* pour elle. A Paris, il se rencontre toujours des gens épris d'actrices, de danseuses ou de cantatrices qui se mettent Directeurs de Théâtre par amour. Cet officier-général connaissait Philippe et Giroudeau. Le petit journal de Finot et celui de Philippe y aidant, le début de Mariette fut une affaire d'autant plus promptement arrangée entre les trois officiers, qu'il semble que les passions soient toutes solidaires en fait de folies. Le malicieux Bixiou apprit bientôt à sa grand' mère et à la dévote Agathe que le caissier Philippe, le brave des braves, aimait Mariette, la célèbre danseuse de la Porte-Saint-Martin. Cette vieille nouvelle fut comme un coup de foudre pour les deux veuves : d'abord les sentiments religieux d'Agathe lui faisaient regarder les femmes de théâtre comme des tisons d'enfer ; puis il leur semblait à toutes deux que ces femmes vivaient d'or, buvaient des perles, et ruinaient les plus grandes fortunes.

— Eh! bien, dit Joseph à sa mère, croyez-vous que mon frère soit assez imbécile pour donner de l'argent à sa Mariette? Ces femmes-là ne ruinent que les riches.

— On parle déjà d'engager Mariette à l'Opéra, dit Bixiou. Mais n'ayez pas peur, madame Bridau, le corps diplomatique se montre à la Porte-Saint-Martin, cette belle fille ne sera pas long-temps avec votre fils. On parle d'un ambassadeur amoureux-fou de Mariette. Autre nouvelle ! Le père Claparon est mort, on l'enterre demain, et son fils, devenu banquier, qui roule sur l'or et sur l'argent, a commandé un convoi de dernière classe. Ce garçon manque d'éducation. Ça ne se passe pas ainsi en Chine !

Philippe proposa, dans une pensée cupide, à la danseuse de l'épouser; mais, à la veille d'entrer à l'Opéra, mademoiselle Godeschal le refusa, soit qu'elle eût deviné les intentions du colonel, soit qu'elle eût compris combien son indépendance était nécessaire à sa fortune. Pendant le reste de cette année, Philippe vint tout au plus voir sa mère deux fois par mois. Où était-il ? A sa caisse, au théâtre ou chez Mariette. Aucune lumière sur sa conduite ne transpira dans le ménage de la rue Mazarine. Giroudeau, Finot, Bixiou, Vernou, Lousteau lui voyaient mener une vie de plaisirs. Philippe était de toutes les parties de Tullia, l'un des premiers sujets de l'Opéra, de Florentine qui remplaça Mariette à la Porte-Saint-Martin, de Florine et de Matifat, de Coralie et de Camusot. A partir de quatre heures, moment où il quittait sa caisse, il s'amusait jusqu'à minuit; car il y avait toujours une partie de liée la veille, un bon dîner donné par quelqu'un, une soirée de jeu, un souper. Philippe vécut alors comme dans son élément. Ce carnaval, qui dura dix-huit mois, n'alla pas sans soucis. La belle Mariette, lors de son début à l'Opéra, en janvier 1821, soumit à sa loi l'un des ducs les plus brillants de la cour de Louis XVIII. Philippe essaya de lutter contre le duc; mais, malgré quelque bonheur au jeu, au renouvellement du mois d'avril il fut obligé, par sa passion, de puiser dans la caisse du journal. Au mois de mai, il devait onze mille francs.

Dans ce mois fatal, Mariette partit pour Londres y exploiter les lords pendant le temps qu'on bâtissait la salle provisoire de l'Opéra, dans l'hôtel Choiseul, rue Lepelletier. Le malheureux Philippe en était arrivé, comme cela se pratique, à aimer Mariette malgré ses patentes infidélités ; mais elle n'avait jamais vu dans ce garçon qu'un militaire brutal et sans esprit, un premier échelon sur lequel elle ne voulait pas long-temps rester. Aussi, prévoyant le moment où Philippe n'aurait plus d'argent, la danseuse avait-elle su conquérir des appuis dans le journalisme qui la dispensaient de conserver Philippe ; néanmoins, elle eut la reconnaissance particulière à ces sortes de femmes pour celui qui, le premier, leur a pour ainsi dire aplani les difficultés de l'horrible carrière du théâtre.

Forcé de laisser aller sa terrible maîtresse à Londres sans l'y suivre, Philippe reprit ses quartiers d'hiver, pour employer ses expressions, et revint rue Mazarine dans sa mansarde ; il y fit de sombres réflexions en se couchant et se levant. Il sentit en lui-même l'impossibilité de vivre autrement qu'il n'avait vécu depuis un an. Le luxe qui régnait chez Mariette, les dîners et les soupers, la soirée dans les coulisses, l'entrain des gens d'esprit et des journalistes, l'espèce de bruit qui se faisait autour de lui, toutes les caresses qui en résultaient pour les sens et pour la vanité ; cette vie, qui ne se trouve d'ailleurs qu'à Paris, et qui offre chaque jour quelque chose de neuf, était devenue plus qu'une habitude pour Philippe ; elle constituait une nécessité comme son tabac et ses petits verres. Aussi reconnut-il qu'il ne pouvait pas vivre sans ces continuelles jouissances. L'idée du suicide lui passa par la tête, non pas à cause du déficit qu'on allait reconnaître dans sa caisse, mais à cause de l'impossibilité de vivre avec Mariette et dans l'atmosphère de plaisirs où il se chafriolait depuis un an. Plein de ces sombres idées, il vint pour la première fois dans l'atelier de son frère qu'il trouva travaillant, en blouse bleue, à copier un tableau pour un marchand.

— Voici donc comment se font les tableaux ? dit Philippe pour entrer en matière.

— Non, répondit Joseph, mais voilà comment ils se copient.

— Combien te paye-t-on cela ?

— Hé ! jamais assez, deux cent cinquante francs ; mais j'étudie la manière des maîtres, j'y gagne de l'instruction, je surprends les secrets du métier. Voilà l'un de mes tableaux, lui dit-il en lui indiquant du bout de sa brosse une esquisse dont les couleurs étaient encore humides.

— Et que mets-tu dans ton sac par année, maintenant?

— Malheureusement je ne suis encore connu que des peintres. Je suis appuyé par Schinner qui doit me procurer des travaux au château de Presles où j'irai vers octobre faire des arabesques, des encadrements, des ornements très-bien payés par le comte de Sérizy. Avec ces *brocantes-là*, avec les commandes des marchands, je pourrai désormais faire dix-huit cents à deux mille francs, tous frais payés. Bah! à l'Exposition prochaine, je présenterai ce tableau-là; s'il est goûté, mon affaire sera faite : mes amis en sont contents.

— Je ne m'y connais pas, dit Philippe d'une voix douce qui força Joseph à le regarder.

— Qu'as-tu? demanda l'artiste en trouvant son frère pâli.

— Je voudrais savoir en combien de temps tu ferais mon portrait.

— Mais en travaillant toujours, si le temps est clair, en trois ou quatre jours j'aurai fini.

— C'est trop de temps, je n'ai que la journée à te donner. Ma pauvre mère m'aime tant que je voulais lui laisser ma ressemblance. N'en parlons plus.

— Eh! bien, est-ce que tu t'en vas encore?

— Je m'en vais pour ne plus revenir, dit Philippe d'un air faussement gai.

— Ah çà! Philippe, mon ami, qu'as-tu? Si c'est quelque chose de grave, je suis un homme, je ne suis pas un niais; je m'apprête à de rudes combats; et, s'il faut de la discrétion, j'en aurai.

— Est-ce sûr?

— Sûr mon honneur.

— Tu ne diras rien à qui que ce soit au monde?

— A personne.

— Eh! bien, je vais me brûler la cervelle.

— Toi! tu vas donc te battre?

— Je vais me tuer.

— Et pourquoi?

— J'ai pris onze mille francs dans ma caisse, et je dois rendre mes comptes demain, mon cautionnement sera diminué de moitié; notre pauvre mère sera réduite à six cents francs de rente. Ça! ce n'est rien, je pourrais lui rendre plus tard une fortune; mais je suis déshonoré! Je ne veux pas vivre dans le déshonneur.

— Tu ne seras pas déshonoré pour avoir restitué, mais tu perdras ta place, il ne te restera plus que les cinq cents francs de ta croix, et avec cinq cents francs on peut vivre.

— Adieu! dit Philippe qui descendit rapidement et ne voulut rien entendre.

Joseph quitta son atelier et descendit chez sa mère pour déjeuner; mais la confidence de Philippe lui avait ôté l'appétit. Il prit la Descoings à part et lui dit l'affreuse nouvelle. La vieille femme fit une épouvantable exclamation, laissa tomber un poêlon de lait qu'elle avait à la main, et se jeta sur une chaise. Agathe accourut. D'exclamations en exclamations, la fatale vérité fut avouée à la mère.

— Lui! manquer à l'honneur! le fils de Bridau prendre dans la caisse qui lui est confiée!

La veuve trembla de tous ses membres, ses yeux s'agrandirent, devinrent fixes, elle s'assit et fondit en larmes.

— Où est-il? s'écria-t-elle au milieu de ses sanglots. Peut-être s'est-il jeté dans la Seine!

— Il ne faut pas vous désespérer, dit la Descoings, parce que le pauvre garçon a rencontré une mauvaise femme, et qu'elle lui a fait faire des folies. Mon Dieu! cela se voit souvent. Philippe a eu jusqu'à son retour tant d'infortunes, et il a eu si peu d'occasions d'être heureux et aimé, qu'il ne faut pas s'étonner de sa passion pour cette créature. Toutes les passions mènent à des excès! J'ai dans ma vie un reproche de ce genre à me faire, et je me crois cependant une honnête femme! Une seule faute ne fait pas le vice! Et puis, après tout, il n'y a que ceux qui ne font rien qui ne se trompent pas!

Le désespoir d'Agathe l'accablait tellement que la Descoings et Joseph furent obligés de diminuer la faute de Philippe en lui disant que dans toutes les familles il arrivait de ces sortes d'affaires.

— Mais il a vingt-huit ans, s'écriait Agathe, et ce n'est plus un enfant.

Mot terrible et qui révèle combien la pauvre femme pensait à la conduite de son fils.

— Ma mère, je t'assure qu'il ne songeait qu'à ta peine et au tort qu'il te fait, lui dit Joseph.

— Oh! mon Dieu, qu'il revienne! qu'il vive, et je lui pardonne tout! s'écria la pauvre mère à l'esprit de laquelle s'offrit l'horrible tableau de Philippe retiré mort de l'eau.

Un sombre silence régna pendant quelques instants. La journée se passa dans les plus cruelles alternatives. Tous les trois ils s'élançaient à la fenêtre du salon au moindre bruit, et se livraient à une foule de conjectures. Pendant le temps où sa famille se désolait, Philippe mettait tranquillement tout en ordre à sa caisse. Il eut l'audace de rendre ses comptes en disant que, craignant quelque malheur, il avait les onze mille francs chez lui. Le drôle sortit à quatre heures en prenant cinq cents francs de plus à sa caisse, et monta froidement au jeu, où il n'était pas allé depuis qu'il occupait sa place, car il avait bien compris qu'un caissier ne peut pas hanter les maisons de jeu. Ce garçon ne manquait pas de calcul. Sa conduite postérieure prouvera d'ailleurs qu'il tenait plus de son aïeul Rouget que de son vertueux père. Peut-être eût-il fait un bon général ; mais, dans sa vie privée, il fut un de ces profonds scélérats qui abritent leurs entreprises et leurs mauvaises actions derrière le paravent de la légalité et sous le toit discret de la famille. Philippe garda tout son sang-froid dans cette suprême entreprise. Il gagna d'abord et alla jusqu'à une masse de six mille francs ; mais il se laissa éblouir par le désir de terminer son incertitude d'un coup. Il quitta le Trente-et-Quarante en apprenant qu'à la roulette la Noire venait de passer seize fois ; il alla jouer cinq mille francs sur la Rouge, et la Noire sortit encore une dix-septième fois. Le colonel mit alors son billet de mille francs sur la Noire et gagna. Malgré cette étonnante entente du hasard, il avait la tête fatiguée ; et, quoiqu'il le sentît, il voulut continuer ; mais le sens divinatoire qu'écoutent les joueurs et qui procède par éclairs était altéré déjà. Vinrent des intermittences qui sont la perte des joueurs. La lucidité, de même que les rayons du soleil, n'a d'effet que par la fixité de la ligne droite, elle ne devine qu'à la condition de ne pas rompre son regard ; elle se trouble dans les sautillements de la chance. Philippe perdit tout. Après de si fortes épreuves, l'âme la plus insouciante comme la plus intrépide s'affaisse. Aussi, en revenant chez lui, Philippe pensait-il d'autant moins à sa promesse de suicide, qu'il n'avait jamais voulu se tuer. Il ne songeait plus ni à sa place perdue, ni à son cautionnement entamé, ni à sa mère, ni à Mariette, la cause de sa ruine ; il allait machinalement. Quand il entra, sa mère en pleurs, la Descoings et son frère lui sautèrent au cou, l'embrassèrent et le portèrent avec joie au coin du feu.

— Tiens ! pensa-t-il, l'annonce a fait son effet.

Ce monstre prit alors d'autant mieux une figure de circonstance que la séance au jeu l'avait profondément ému. En voyant son atroce Benjamin pâle et défait, la pauvre mère se mit à ses genoux, lui baisa les mains, se les mit sur le cœur et le regarda long-temps les yeux pleins de larmes.

— Philippe, lui dit-elle d'une voix étouffée, promets-moi de ne pas te tuer, nous oublierons tout !

Philippe regarda son frère attendri, la Descoings qui avait la larme à l'œil; il se dit à lui-même : — C'est de bonnes gens ! Il prit alors sa mère, la releva, l'assit sur ses genoux, la pressa sur son cœur, et lui dit à l'oreille en l'embrassant : — Tu me donnes une seconde fois la vie !

La Descoings trouva le moyen de servir un excellent dîner, d'y joindre deux bouteilles de vieux vin, et un peu de liqueur des îles, trésor provenant de son ancien fonds.

— Agathe, il faut lui laisser fumer ses cigares ! dit-elle au dessert. Et elle offrit des cigares à Philippe.

Les deux pauvres créatures avaient imaginé qu'en laissant prendre toutes ses aises à ce garçon, il aimerait la maison et s'y tiendrait, et toutes deux essayèrent de s'habituer à la fumée du tabac qu'elles exécraient. Cet immense sacrifice ne fut pas même aperçu par Philippe. Le lendemain Agathe avait vieilli de dix années. Une fois ses inquiétudes calmées, la réflexion vint, et la pauvre femme ne put fermer l'œil pendant cette horrible nuit. Elle allait être réduite à six cents francs de rente. Comme toutes les femmes grasses et friandes, la Descoings, douée d'une toux catarrhale opiniâtre, devenait lourde; son pas, dans les escaliers, retentissait comme des coups de bûche; elle pouvait donc mourir de moment en moment; avec elle, disparaîtraient quatre mille francs. N'était-il pas ridicule de compter sur cette ressource? Que faire? que devenir? Décidée à se mettre à garder des malades plutôt que d'être à charge à ses enfants, Agathe ne songeait pas à elle. Mais que ferait Philippe réduit aux cinq cents francs de sa croix d'officier de la Légion-d'Honneur? Depuis onze ans, la Descoings, en donnant mille écus chaque année, avait payé presque deux fois sa dette, et continuait à immoler les intérêts de son petit-fils à ceux de la famille Bridau. Quoique tous les sentiments probes et rigoureux d'Agathe fussent froissés au milieu de ce désastre horrible, elle se disait : — Pauvre garçon, est-ce sa faute ? il est fidèle à ses serments. Moi, j'ai eu tort de ne pas le marier. Si je lui avais trouvé une femme, il ne se serait pas lié avec cette danseuse. Il est si fortement constitué!...

La vieille commerçante avait aussi réfléchi, pendant la nuit, à la manière de sauver l'honneur de la famille. Au jour, elle quitta son lit et vint dans la chambre de son amie.

— Ce n'est ni à vous ni à Philippe à traiter cette affaire délicate, lui dit-elle. Si nos deux vieux amis, Claparon et du Bruel sont morts, il nous reste le père Desroches qui a une bonne judiciaire, et je vais aller chez lui ce matin. Desroches dira que Philippe a été victime de sa confiance dans un ami; que sa faiblesse, en ce genre, le rend tout à fait impropre à gérer une caisse. Ce qui lui arrive aujourd'hui pourrait recommencer. Philippe préférera donner sa démission, il ne sera donc pas renvoyé.

Agathe, en voyant par ce mensonge officieux l'honneur de son fils mis à couvert, au moins aux yeux des étrangers, embrassa la Descoings, qui sortit arranger cette horrible affaire. Philippe avait dormi du sommeil des justes.

— Elle est rusée, la vieille! dit-il en souriant quand Agathe apprit à son fils pourquoi leur déjeuner était retardé.

Le vieux Desroches, le dernier ami de ces deux pauvres femmes, et qui, malgré la dureté de son caractère, se souvenait toujours d'avoir été placé par Bridau, s'acquitta, en diplomate consommé, de la mission délicate que lui confia la Descoings. Il vint dîner avec la famille, avertir Agathe d'aller signer le lendemain au Trésor, rue Vivienne, le transfert de la partie de la rente vendue, et de retirer le coupon de six cents francs qui lui restait. Le vieil employé ne quitta pas cette maison désolée sans avoir obtenu de Philippe de signer une pétition au Ministre de la Guerre par laquelle il demandait sa réintégration dans les cadres de l'armée. Desroches promit aux deux femmes de suivre la pétition dans les Bureaux de la Guerre, et de profiter du triomphe du duc sur Philippe chez la danseuse pour obtenir protection de ce grand seigneur.

— Avant trois mois, il sera lieutenant-colonel dans le régiment du duc de Maufrigneuse, et vous serez débarrassées de lui.

Desroches s'en alla comblé des bénédictions des deux femmes et de Joseph. Quant au journal, deux mois après, selon les prévisions de Finot, il cessa de paraître. Ainsi la faute de Philippe n'eut, dans le monde, aucune portée. Mais la maternité d'Agathe avait reçu la plus profonde blessure. Sa croyance en son fils une fois ébranlée, elle vécut dès lors en des transes perpétuelles, mêlées de satisfactions quand elle voyait ses sinistres appréhensions trompées.

Lorsque les hommes doués du courage physique mais lâches et ignobles au moral, comme l'était Philippe, ont vu la nature des choses reprenant son cours autour d'eux après une catastrophe où leur moralité s'est à peu près perdue, cette complaisance de la famille ou des amitiés est pour eux une prime d'encouragement. Ils comptent sur l'impunité : leur esprit faussé, leurs passions satisfaites les portent à étudier comment ils ont réussi à tourner les lois sociales, et ils deviennent alors horriblement adroits. Quinze jours après, Philippe, redevenu l'homme oisif, ennuyé, reprit donc fatalement sa vie de café, ses stations embellies de petits verres, ses longues parties de billard au punch, sa séance de nuit au jeu où il risquait à propos une faible mise, et réalisait un petit gain qui suffisait à l'entretien de son désordre. En apparence économe, pour mieux tromper sa mère et la Descoings, il portait un chapeau presque crasseux, pelé sur le tour et aux bords, des bottes rapiécées, une redingote râpée où brillait à peine sa rosette rouge, brunie par un long séjour à la boutonnière et salie par des gouttes de liqueur ou de café. Ses gants verdâtres en peau de daim lui duraient long-temps. Enfin il n'abandonnait son col de satin qu'au moment où il ressemblait à de la bourre. Mariette fut le seul amour de ce garçon ; aussi la trahison de cette danseuse lui endurcit-elle beaucoup le cœur. Quand par hasard il réalisait des gains inespérés, ou s'il soupait avec son vieux camarade Giroudeau, Philippe s'adressait à la Vénus des carrefours par une sorte de dédain brutal pour le sexe entier. Régulier d'ailleurs, il déjeunait, dînait au logis, et rentrait toutes les nuits vers une heure. Trois mois de cette vie horrible rendirent quelque confiance à la pauvre Agathe. Quant à Joseph, qui travaillait au tableau magnifique auquel il dut sa réputation, il vivait dans son atelier. Sur la foi de son petit-fils, la Descoings, qui croyait à la gloire de Joseph, prodiguait au peintre des soins maternels ; elle lui portait à déjeuner le matin, elle faisait ses courses, elle lui nettoyait ses bottes. Le peintre ne se montrait guère qu'au dîner, et ses soirées appartenaient à ses amis du Cénacle. Il lisait d'ailleurs beaucoup, il se donnait cette profonde et sérieuse instruction que l'on ne tient que de soi-même, et à laquelle tous les gens de talent se sont livrés entre vingt et trente ans. Agathe, voyant peu Joseph, et sans inquiétude sur son compte, n'existait que par Philippe, qui seul lui donnait les alternatives de craintes soulevées, de terreurs apaisées qui sont un peu la vie des sentiments, et tout aussi nécessaires à la maternité qu'à l'amour. Desroches, qui venait environ une fois par semaine voir la veuve de son ancien chef et ami, lui donnait des espérances : le duc de Maufrigneuse avait demandé Philippe dans son régiment, le Ministre de la Guerre se faisait faire un rapport ; et, comme le nom de Bridau ne se trouvait sur aucune liste de police, sur aucun dossier de palais, dans les premiers mois de l'année prochaine Philippe recevrait sa lettre de service et de réintégration. Pour réussir, Desroches avait mis toutes ses connaissances en mouvement, ses informations à la préfecture de police lui apprirent alors que Philippe allait tous les soirs au jeu, et il jugea nécessaire de confier ce secret à la Descoings seulement, en l'engageant à surveiller le futur lieutenant-colonel, car un éclat pouvait tout perdre ; pour le moment, le Ministre de la Guerre n'irait pas rechercher si Philippe était joueur. Or, une fois sous les drapeaux, le lieutenant-colonel abandonnerait une passion née de son désœuvrement. Agathe, qui le soir n'avait plus personne, lisait ses prières au coin de son feu pendant que la Descoings se tirait les cartes, s'expliquait ses rêves et appliquait les règles de la *cabale* à ses mises. Cette joueuse obstinée ne manquait jamais un tirage : elle poursuivait son terne, qui n'était pas encore sorti. Ce terne allait avoir vingt et un ans, il atteignait à sa majorité. La vieille actionnaire fondait beaucoup d'espoir sur cette puérile circonstance. L'un des numéros était resté au fond de toutes les roues depuis la création de la loterie ; aussi la Descoings chargeait-elle énormément ce numéro et toutes les combinaisons de ces trois chiffres. Le dernier matelas de son lit servait de dépôt aux économies de la pauvre vieille ; elle le décousait, y mettait la pièce d'or conquise sur ses besoins, bien enveloppée de laine, et le recousait après. Elle voulait, au dernier tirage de Paris, risquer toutes ses économies sur les combinaisons de son terne chéri. Cette passion, si universellement condamnée, n'a jamais été étudiée. Personne n'y a vu l'opium de la misère. La loterie, la plus puissante fée du monde, ne développait-elle pas des espérances magiques ? Le coup de roulette qui faisait voir aux joueurs des masses d'or et de jouissances ne durait que ce que dure un éclair ; tandis que la loterie donnait cinq jours d'existence à ce magnifique éclair. Quelle est aujourd'hui la puissance sociale qui peut, pour quarante sous, vous rendre heureux pendant cinq jours

et vous livrer idéalement tous les bonheurs de la civilisation? Le tabac, impôt mille fois plus immoral que le jeu, détruit le corps, attaque l'intelligence, il hébète une nation; tandis que la loterie ne causait pas le moindre malheur de ce genre. Cette passion était d'ailleurs forcée de se régler et par la distance qui séparait les tirages, et par la roue que chaque joueur affectionnait. La Descoings ne mettait que sur la roue de Paris. Dans l'espoir de voir triompher ce terne nourri depuis vingt ans, elle s'était soumise à d'énormes privations pour pouvoir faire en toute liberté sa mise du dernier tirage de l'année. Quand elle avait des rêves cabalistiques, car tous les rêves ne correspondaient point aux nombres de la loterie, elle allait les raconter à Joseph, car il était le seul être qui l'écoutât, non-seulement sans la gronder, mais en lui disant de ces douces paroles par lesquelles les artistes consolent les folies de l'esprit. Tous les grands talents respectent et comprennent les passions vraies, ils se les expliquent et en retrouvent les racines dans le cœur ou dans la tête. Selon Joseph, son frère aimait le tabac et les liqueurs, sa vieille maman Descoings aimait les ternes, sa mère aimait Dieu, Desroches fils aimait les procès, Desroches père aimait la pêche à la ligne, tout le monde, disait-il, aimait quelque chose. Il aimait, lui, le beau idéal en tout; il aimait la poésie de Byron, la peinture de Géricault, la musique de Rossini, les romans de Walter Scott.
— Chacun son goût, maman, s'écria-t-il. Seulement votre terne lanterne beaucoup.

— Il sortira, tu seras riche, et mon petit Bixiou aussi!

— Donnez tout à votre petit-fils, s'écriait Joseph. Au surplus, faites comme vous voudrez!

— Hé! s'il sort, j'en aurais assez pour tout le monde. Toi, d'abord, tu auras un bel atelier, tu ne te priveras pas d'aller aux Italiens pour payer tes modèles et ton marchand de couleurs. Sais-tu, mon enfant, lui dit-elle, que tu ne me fais pas jouer un beau rôle dans ce tableau-là?

Par économie, Joseph avait fait poser la Descoings dans son magnifique tableau d'une jeune courtisane amenée par une vieille femme chez un sénateur vénitien. Ce tableau, un des chefs-d'œuvre de la peinture moderne, pris par Gros lui-même pour un Titien, prépara merveilleusement les jeunes artistes à reconnaître et à proclamer la supériorité de Joseph au salon de 1823.

— Ceux qui vous connaissent savent bien qui vous êtes, lui ré-

LA VEUVE DESCOINGS.

Depuis une dizaine d'années, la Descoings avait pris les tons mûrs d'une pomme de reinette à Pâques.

UN MÉNAGE DE GARÇON.

pondit-il gaiement, et pourquoi vous inquiéteriez-vous de ceux qui ne vous connaissent pas ?

Depuis une dizaine d'années, la Descoings avait pris les tons mûrs d'une pomme de reinette à Pâques. Ses rides s'étaient formées dans la plénitude de sa chair, devenue froide et douillette. Ses yeux, pleins de vie, semblaient animés par une pensée encore jeune et vivace qui pouvait d'autant mieux passer pour une pensée de cupidité qu'il y a toujours quelque chose de cupide chez le joueur. Son visage grassouillet offrait les traces d'une dissimulation profonde et d'une arrière-pensée enterrée au fond du cœur. Sa passion exigeait le secret. Elle avait dans le mouvement des lèvres quelques indices de gourmandise. Aussi, quoique ce fût la probe et excellente femme que vous connaissez, l'œil pouvait-il s'y tromper. Elle présentait donc un admirable modèle de la vieille femme que Bridau voulait peindre. Coralie, jeune actrice d'une beauté sublime, morte à la fleur de l'âge, la maîtresse d'un jeune poète, un ami de Bridau, Lucien de Rubempré, lui avait donné l'idée de ce tableau. On accusa cette belle toile d'être un pastiche, quoiqu'elle fût une splendide mise en scène de trois portraits. Michel Chrestien, un des jeunes gens du Cénacle, avait prêté pour le sénateur sa tête républicaine, sur laquelle Joseph jeta quelques tons de maturité, de même qu'il força l'expression du visage de la Descoings. Ce grand tableau qui devait faire tant de bruit, et qui suscita tant de haines, tant de jalousies et d'admiration à Joseph, était ébauché ; mais contraint d'en interrompre l'exécution pour faire des travaux de commande afin de vivre, il copiait les tableaux des vieux maîtres en se pénétrant de leurs procédés ; aussi sa brosse est-elle une des plus savantes. Son bon sens d'artiste lui avait suggéré l'idée de cacher à la Descoings et à sa mère les gains qu'il commençait à récolter, en leur voyant à l'une et à l'autre une cause de ruine dans Philippe et dans la loterie. L'espèce de sang-froid déployé par le soldat dans sa catastrophe, le calcul caché sous le prétendu suicide et que Joseph découvrit, le souvenir des fautes commises dans une carrière qu'il n'aurait pas dû abandonner, enfin les moindres détails de la conduite de son frère, avaient fini par dessiller les yeux de Joseph. Cette perspicacité manque rarement aux peintres : occupés pendant des journées entières, dans le silence de leurs ateliers, à des travaux qui laissent jusqu'à un certain point la pensée libre, ils ressemblent un peu aux femmes ; leur esprit peut tourner autour des petits faits de la vie et en pénétrer le sens caché. Joseph avait acheté un de ces bahuts magnifiques, alors ignorés de la mode, pour en décorer un coin de son atelier où se portait la lumière qui papillotait dans les bas-reliefs, en donnant tout son lustre à ce chef-d'œuvre des artisans du seizième siècle. Il y reconnut l'existence d'une cachette, et y accumulait un pécule de prévoyance. Avec la confiance naturelle aux vrais artistes, il mettait habituellement l'argent qu'il s'accordait pour sa dépense du mois dans une tête de mort placée sur une des cases du bahut. Depuis le retour de son frère au logis, il trouvait un désaccord constant entre le chiffre de ses dépenses et celui de cette somme. Les cent francs du mois disparaissaient avec une incroyable vitesse. En ne trouvant rien, après n'avoir dépensé que quarante à cinquante francs, il se dit une première fois : Il paraît que mon argent a pris la poste ! Une seconde fois, il fit attention à ses dépenses; mais il eut beau compter, comme Robert-Macaire, seize et cinq font vingt-trois, il ne s'y retrouva point. En s'apercevant, pour la troisième fois, d'une plus forte erreur, il communiqua ce sujet de peine à la vieille Descoings, par laquelle il se sentait aimé de cet amour maternel, tendre, confiant, crédule, enthousiaste qui manquait à sa mère, quelque bonne qu'elle fût, et tout aussi nécessaire aux commencements de l'artiste que les soins de la poule à ses petits jusqu'à ce qu'ils aient des plumes. A elle seule, il pouvait confier ses horribles soupçons. Il était sûr de ses amis comme de lui-même, la Descoings ne lui prenait certes rien pour mettre à la loterie; et, à cette idée qu'il exprima, la pauvre femme se tordit les mains; Philippe seul pouvait donc commettre ce petit vol domestique.

— Pourquoi ne me demande-t-il pas ce dont il a besoin ? s'écria Joseph en prenant de la couleur sur sa palette et brouillant tous les tons sans s'en apercevoir. Lui refuserais-je de l'argent ?

— Mais c'est dépouiller un enfant, s'écria la Descoings dont le visage exprima la plus profonde horreur.

— Non, reprit Joseph, il le peut, il est mon frère, ma bourse est la sienne; mais il devrait m'avertir.

— Mets ce matin une somme fixe en monnaie et n'y touche pas, lui dit la Descoings, je saurai qui vient à ton atelier; et, s'il n'y a que lui qui y soit entré, tu auras une certitude.

Le lendemain même, Joseph eut ainsi la preuve des emprunts

forcés que lui faisait son frère. Philippe entrait dans l'atelier quand Joseph n'y était pas, et y prenait les petites sommes qui lui manquaient. L'artiste trembla pour son petit trésor.

— Attends! attends! je vais te pincer, mon gaillard, dit-il à la Descoings en riant.

— Et tu feras bien; nous devons le corriger, car je ne suis pas non plus sans trouver quelquefois du déficit dans ma bourse. Mais le pauvre garçon, il lui faut du tabac, il en a l'habitude.

— Pauvre garçon, pauvre garçon, reprit l'artiste, je suis un peu de l'avis de Fulgence et de Bixiou : Philippe nous tire constamment aux jambes ; tantôt il se fourre dans les émeutes et il faut l'envoyer en Amérique, il coûte alors douze mille francs à notre mère; il ne sait rien trouver dans les forêts du Nouveau-Monde, et son retour coûte autant que son départ. Sous prétexte d'avoir répété deux mots de Napoléon à un général, Philippe se croit un grand militaire et obligé de faire la grimace aux Bourbons; en attendant, il s'amuse, il voyage, il voit du pays; moi, je ne donne pas dans la colle de ses malheurs, il n'a pas la mine d'un homme à ne pas être au mieux partout! On trouve à mon gaillard une excellente place, il mène une vie de Sardanapale avec une fille d'Opéra, mange la grenouille d'un journal, et coûte encore douze mille francs à notre mère. Certes, pour ce qui me regarde, je m'en bats l'œil; mais Philippe mettra la pauvre femme sur la paille. Il me regarde comme rien du tout, parce que je n'ai pas été dans les Dragons de la Garde! Et c'est peut-être moi qui ferai vivre cette bonne chère mère dans ses vieux jours, tandis que, s'il continue, ce soudard finira je ne sais comment. Bixiou me disait : — C'est un fameux farceur, ton frère! Eh! bien, votre petit-fils a raison : Philippe inventera quelque frasque où l'honneur de la famille sera compromis, et il faudra trouver encore des dix ou douze mille francs! Il joue tous les soirs, il laisse tomber sur l'escalier, quand il rentre soûl comme un templier, des cartes piquées qui lui ont servi à marquer les tours de la Rouge et de la Noire. Le père Desroches se remue pour faire rentrer Philippe dans l'armée, et moi je crois qu'il serait, ma parole d'honneur! au désespoir de reservir. Auriez-vous cru qu'un garçon qui a de si beaux yeux bleus, si limpides, et un air de chevalier Bayard, tournerait au Sacripan?

Malgré la sagesse et le sang-froid avec lesquels Philippe jouait ses masses le soir, il éprouvait de temps en temps ce que les joueurs appellent des *lessives*. Poussé par l'irrésistible désir d'avoir l'enjeu de sa soirée, dix francs, il faisait alors main-basse dans le ménage sur l'argent de son frère, sur celui que la Descoings laissait traîner, ou sur celui d'Agathe. Une fois déjà la pauvre veuve avait eu, dans son premier sommeil, une épouvantable vision : Philippe était entré dans sa chambre, il y avait pris dans les poches de sa robe tout l'argent qui s'y trouvait. Agathe avait feint de dormir, mais elle avait alors passé le reste de la nuit à pleurer. Elle y voyait clair. Une faute n'est pas le vice, avait dit la Descoings ; mais, après de constantes récidives, le vice fut visible. Agathe n'en pouvait plus douter, son fils le plus aimé n'avait ni délicatesse ni honneur. Le lendemain de cette affreuse vision, après le déjeuner, avant que Philippe ne partît, elle l'avait attiré dans sa chambre pour le prier, avec le ton de la supplication, de lui demander l'argent qui lui serait nécessaire. Les demandes se renouvelèrent alors si souvent que, depuis quinze jours, Agathe avait épuisé toutes ses économies. Elle se trouvait sans un liard ; elle pensait à travailler ; elle avait pendant plusieurs soirées discuté avec la Descoings les moyens de gagner de l'argent par son travail. Déjà la pauvre mère était allée demander de la tapisserie à remplir au *Père de famille*, ouvrage qui donne environ vingt sous par jour. Malgré la profonde discrétion de sa nièce, la Descoings avait bien deviné le motif de cette envie de gagner de l'argent par un travail de femme. Les changements de la physionomie d'Agathe étaient d'ailleurs assez éloquents : son frais visage se desséchait, la peau se collait aux tempes, aux pommettes, et le front se ridait ; les yeux perdaient de leur limpidité ; évidemment quelque feu intérieur la consumait ; elle pleurait pendant la nuit ; mais ce qui causait le plus de ravages était la nécessité de taire ses douleurs, ses souffrances, ses appréhensions. Elle ne s'endormait jamais avant que Philippe ne fût rentré, elle l'attendait dans la rue, elle avait étudié les variations de sa voix, de sa démarche, le langage de sa canne traînée sur le pavé. Elle n'ignorait rien : elle savait à quel degré d'ivresse Philippe était arrivé, elle tremblait en l'entendant trébucher dans les escaliers ; elle y avait une nuit ramassé des pièces d'or à l'endroit où il s'était laissé tomber ; quand il avait bu et gagné, sa voix était enrouée, sa canne traînait ; mais quand il avait perdu, son pas avait quelque chose de sec, de net, de furieux ; il chantonnait d'une voix claire et tenait sa canne en l'air, au port d'armes ; au déjeuner, quand il avait gagné, sa contenance était gaie et presque affectueuse ; il badinait avec grossièreté, mais il badinait avec la Descoings, avec Joseph et avec sa mère ; sombre, au contraire, quand il avait perdu, sa parole brève et saccadée, son regard dur, sa tristesse effrayaient. Cette vie de débauche et l'habitude des liqueurs changeaient de jour en jour cette physionomie jadis si belle. Les veines du visage étaient injectées de sang, les traits grossissaient, les yeux perdaient leurs cils et se desséchaient. Enfin, peu soigneux de sa personne, Philippe exhalait les miasmes de l'estaminet ; une odeur de bottes boueuses qui, pour un étranger, eût semblé le sceau de la crapule.

— Vous devriez bien, dit la Descoings à Philippe dans les premiers jours de décembre, vous faire faire des vêtements neufs de la tête aux pieds.

— Et qui les payera ? répondit-il d'une voix aigre. Ma pauvre mère n'a plus le sou ; moi, j'ai cinq cents francs par an. Il faudrait un an de ma pension pour avoir des habits, et j'ai engagé ma pension pour trois ans...

— Et pourquoi ? dit Joseph.

— Une dette d'honneur. Giroudeau avait pris mille francs à Florentine pour me les prêter... Je ne suis pas flambant, c'est vrai ; mais quand on pense que Napoléon est à Sainte-Hélène et vend son argenterie pour vivre, les soldats qui lui sont fidèles peuvent bien marcher sur leurs tiges, dit-il en montrant ses bottes sans talons. Et il sortit.

— Ce n'est pas un mauvais garçon, dit Agathe, il a de bons sentiments.

— On peut aimer l'Empereur et faire sa toilette, dit Joseph. S'il avait soin de lui-même et de ses habits, il n'aurait pas l'air d'un va-nu-pieds !

— Joseph, il faut avoir de l'indulgence pour ton frère, dit Agathe. Tu fais ce que tu veux, toi ! tandis qu'il n'est certes pas à sa place.

— Pourquoi l'a-t-il quittée ? demanda Joseph. Qu'importe qu'il y ait les punaises de Louis XVIII ou le coucou de Napoléon sur les drapeaux, si ces chiffons sont français ? La France est la France ! Je peindrais pour le diable, moi ! Un soldat doit se battre, s'il est soldat, pour l'amour de l'art. Et s'il était resté tranquillement à l'armée, il serait général aujourd'hui...

— Vous êtes injustes pour lui, dit Agathe. Ton père, qui adorait l'Empereur, l'eût approuvé. Mais enfin il consent à rentrer dans l'armée! Dieu connaît le chagrin que cause à ton frère ce qu'il regarde comme une trahison.

Joseph se leva pour monter à son atelier; mais Agathe le prit par la main, et lui dit : — Sois bon pour ton frère, il est si malheureux!

Quand l'artiste revint à son atelier, suivi par la Descoings qui lui disait de ménager la susceptibilité de sa mère, en lui faisant observer combien elle changeait, et combien de souffrances intérieures ce changement révélait, ils y trouvèrent Philippe, à leur grand étonnement.

— Joseph, mon petit, lui dit-il d'un air dégagé, j'ai bien besoin d'argent. Nom d'une pipe! je dois pour trente francs de cigares à mon bureau de tabac, et je n'ose point passer devant cette maudite boutique sans les payer. Voici dix fois que je les promets.

— Eh! bien, j'aime mieux cela, répondit Joseph, prends dans la tête.

— Mais j'ai tout pris, hier soir, après le dîner.

— Il y avait quarante-cinq francs...

— Eh! oui, c'est bien mon compte, répondit Philippe, je les ai trouvés. Ai-je mal fait? reprit-il.

— Non, mon ami, non, répondit l'artiste. Si tu étais riche, je ferais comme toi; seulement, avant de prendre, je te demanderais si cela te convient.

— C'est bien humiliant de demander, reprit Philippe. J'aimerais mieux te voir prenant comme moi, sans rien dire : il y a plus de confiance. A l'armée, un camarade meurt, il a une bonne paire de bottes, on en a une mauvaise, on change avec lui.

— Oui, mais on ne la lui prend pas quand il est vivant!

— Oh! des petitesses, reprit Philippe en haussant les épaules. Ainsi, tu n'as pas d'argent?

— Non, dit Joseph qui ne voulait pas montrer sa cachette.

— Dans quelques jours nous serons riches, dit la Descoings.

— Oui, vous, vous croyez que votre terne sortira le 25, au tirage de Paris. Il faudra que vous fassiez une fameuse mise si vous voulez nous enrichir tous.

— Un terne sec de deux cents francs donne trois millions, sans compter les ambes et les extraits déterminés.

— A quinze mille fois la mise, oui, c'est juste deux cents francs qu'il vous faut! s'écria Philippe.

La Descoings se mordit les lèvres, elle avait dit un mot imprudent. En effet, Philippe se demandait dans l'escalier : — Où cette vieille sorcière peut-elle cacher l'argent de sa mise? C'est de l'argent perdu, je l'emploierais si bien! Avec quatre masses de cinquante francs on peut gagner deux cent mille francs! Et c'est un peu plus sûr que la réussite d'un terne! Il cherchait en lui-même la cachette probable de la Descoings. La veille des fêtes, Agathe allait à l'église et y restait long-temps, elle se confessait sans doute et se préparait à communier. On était à la veille de Noël, la Descoings devait nécessairement aller acheter quelques friandises pour le réveillon ; mais aussi peut-être ferait-elle en même temps sa mise. La loterie avait un tirage de cinq en cinq jours, aux roues de Bordeaux, de Lyon, de Lille, de Strasbourg et de Paris. La loterie de Paris se tirait le 25 de chaque mois, et les listes se fermaient le 24 à minuit. Le soldat étudia toutes ces circonstances et se mit en observation. Vers midi, Philippe revint au logis, d'où la Descoings était sortie ; mais elle en avait emporté la clef. Ce ne fut pas une difficulté. Philippe feignit d'avoir oublié quelque chose, et pria la portière d'aller chercher elle-même un serrurier qui demeurait à deux pas, rue Guénégaud, et qui vint ouvrir la porte. La première pensée du soudard se porta sur le lit : il le défit, tâta les matelas avant d'interroger le bois ; et, au dernier matelas, il palpa les pièces d'or enveloppées de papier. Il eut bientôt décousu la toile, ramassé vingt napoléons ; puis, sans prendre la peine de recoudre la toile, il refit le lit avec assez d'habileté pour que la Descoings ne s'aperçût de rien.

Le joueur détala d'un pied agile, en se proposant de jouer à trois reprises différentes, de trois heures en trois heures, chaque fois pendant dix minutes seulement. Les vrais joueurs, depuis 1786, époque à laquelle les jeux publics furent inventés, les grands joueurs que l'administration redoutait, et qui ont mangé, selon l'expression des tripots, de l'argent à la banque, ne jouèrent jamais autrement. Mais avant d'obtenir cette expérience on perdait des fortunes. Toute la philosophie des fermiers et leur gain venaient de l'impassibilité de leur caisse, des coups égaux appelés *le refait* dont la moitié restait acquise à la Banque, et de l'insigne mauvaise foi autorisée par le gouvernement qui consistait à ne tenir, à ne payer que facultativement les enjeux des joueurs. En un mot, le jeu, qui refusait la partie du joueur riche et de sang-froid ; dévorait la fortune du joueur assez sottement entêté pour se laisser griser par le rapide mouvement de cette machine. Les tailleurs du Trente-et-Quarante allaient presque aussi vite que la Roulette. Philipppe avait fini par acquérir ce sang-froid de général en chef qui permet de conserver l'œil clair et l'intelligence nette au milieu du tourbillon des choses. Il était arrivé à cette haute politique du jeu qui, disons-le en passant, faisait vivre à Paris un millier de personnes assez fortes pour contempler tous les soirs un abîme sans avoir le vertige. Avec ses quatre cents francs, Philippe résolut de faire fortune dans cette journée. Il mit en réserve deux cents francs dans ses bottes, et garda deux cents francs dans sa poche. A trois heures, il vint au salon maintenant occupé par le théâtre du Palais-Royal, où les banquiers tenaient les plus fortes sommes. Il sortit une demi-heure après riche de sept mille francs. Il alla voir Florentine, à laquelle il devait cinq cents francs ; il les lui rendit, et lui proposa de souper au Rocher de Cancale après le spectacle. En revenant il passa rue du Sentier, au bureau du journal, prévenir son ami Giroudeau du gala projeté. A six heures Philippe gagna vingt-cinq mille francs, et sortit au bout de dix minutes en se tenant parole. Le soir, à dix heures, il avait gagné soixante-quinze mille francs. Après le souper, qui fut magnifique, ivre et confiant Philippe revint au jeu vers minuit. A l'encontre de la loi qu'il s'était imposée, il joua pendant une heure, et doubla sa fortune. Les banquiers à qui, par sa manière de jouer, il avait extirpé cent cinquante mille francs, le regardaient avec curiosité.

— Sortira-t-il, restera-t-il? se disaient-ils par un regard. S'il reste, il est perdu.

Philippe crut être dans une veine de bonheur, et resta. Vers trois heures du matin, les cent cinquante mille francs étaient rentrés dans la caisse des jeux. L'officier, qui avait considérablement bu du grog en jouant, sortit dans un état d'ivresse que le froid par lequel il fut saisi porta au plus haut degré ; mais un garçon de salle le suivit, le ramassa, et le conduisit dans une de ces horribles maisons à la porte desquelles se lisent ces mots sur un réverbère : *Ici, on loge à la nuit.* Le garçon paya pour le joueur ruiné qui fut mis tout habillé sur un lit, où il demeura jusqu'au soir de Noël. L'administration des jeux avait des égards pour ses habitués et pour les grands joueurs. Philippe ne s'éveilla qu'à sept heures, la bouche pâteuse, la figure enflée, et en proie à une fièvre nerveuse. La force de son tempérament lui permit de gagner à pied la maison paternelle, où il avait, sans le vouloir, mis le deuil, la désolation, la misère et la mort.

La veille, lorsque son dîner fut prêt, la Descoings et Agathe attendirent Philippe pendant environ deux heures. On ne se mit à table qu'à sept heures. Agathe se couchait presque toujours à dix heures ; mais comme elle voulait assister à la messe de minuit, elle alla se coucher aussitôt après le dîner. La Descoings et Joseph restèrent seuls au coin du feu, dans ce petit salon qui servait à tout, et la vieille femme le pria de lui calculer sa fameuse mise, sa mise monstre, sur le célèbre terne. Elle voulait jouer les ambes et les extraits déterminés, enfin réunir toutes les chances. Après avoir bien savouré la poésie de ce coup, avoir versé les deux cornes d'abondance aux pieds de son enfant d'adoption, et lui avoir raconté ses rêves en démontrant la certitude du gain, en ne s'inquiétant que de la difficulté de soutenir un pareil bonheur, de l'attendre depuis minuit jusqu'au lendemain dix heures, Joseph, qui ne voyait pas les quatre cents francs de la mise, s'avisa d'en parler. La vieille femme sourit et l'emmena dans l'ancien salon, devenu sa chambre.

— Tu vas voir ! dit-elle.

La Descoings défit assez précipitamment son lit, et chercha ses ciseaux pour découdre le matelas, elle prit ses lunettes, examina la toile, la vit défaite et lâcha le matelas. En entendant jeter à cette vieille femme un soupir venu des profondeurs de la poitrine et comme étranglé par le sang qui se porta au cœur, Joseph tendit instinctivement les bras à la vieille actionnaire de la loterie, et la mit sur un fauteuil évanouie en criant à sa mère de venir. Agathe se leva, mit sa robe de chambre, accourut ; et, à la lueur d'une chandelle, elle fit à sa tante évanouie les remèdes vulgaires : de l'eau de Cologne aux tempes, de l'eau froide au front ; elle lui brûla une plume sous le nez, et la vit enfin revenir à la vie.

— Ils y étaient ce matin ; mais *il* les a pris, le monstre !

— Quoi ? dit Joseph.

— J'avais vingt louis dans mon matelas, mes économies de deux ans, Philippe seul a pu les prendre...

— Mais quand ? s'écria la pauvre mère accablée, il n'est pas revenu depuis le déjeuner.

— Je voudrais bien me tromper, s'écria la vieille. Mais ce matin, dans l'atelier de Joseph, quand j'ai parlé de ma mise, j'ai eu un pressentiment ; j'ai eu tort de ne pas descendre prendre mon petit saint-frusquin pour faire ma mise à l'instant. Je le voulais, et je ne sais plus ce qui m'en a empêchée. Oh ! mon Dieu ! je suis allée lui acheter des cigares !

— Mais, dit Joseph, l'appartement était fermé. D'ailleurs c'est si infâme que je ne puis y croire. Philippe vous aurait espionnée, il aurait décousu votre matelas, il aurait prémédité... non !

— Je les ai sentis ce matin en faisant mon lit, après le déjeuner, répéta la Descoings.

Agathe épouvantée descendit, demanda si Philippe était revenu pendant la journée, et la portière lui raconta le roman de Philippe. La mère, frappée au cœur, revint entièrement changée. Aussi blanche que la percale de sa chemise, elle marchait comme on se figure que doivent marcher les spectres, sans bruit, lentement et par l'effet d'une puissance surhumaine et cependant presque mécanique. Elle tenait un bougeoir à la main qui l'éclairait en plein et montra ses yeux fixes d'horreur. Sans qu'elle le sût, ses cheveux s'étaient éparpillés par un mouvement de ses mains sur son front ; et cette circonstance la rendait si belle d'horreur, que Joseph resta cloué par l'apparition de ce remords, par la vision de cette statue de l'Épouvante et du Désespoir.

— Ma tante, dit-elle, prenez mes couverts, j'en ai six, cela fait votre somme, car je l'ai prise pour Philippe, j'ai cru pouvoir la remettre avant que vous ne vous en aperçussiez. Oh ! j'ai bien souffert.

Elle s'assit. Ses yeux secs et fixes vacillèrent alors un peu.

— C'est lui qui a fait le coup, dit la Descoings tout bas à Joseph.

— Non, non, reprit Agathe. Prenez mes couverts, vendez-les, ils me sont inutiles, nous mangeons avec les vôtres.

Elle alla dans sa chambre, prit la boîte à couverts, la trouva légère, l'ouvrit et y vit une reconnaissance du Mont-de-Piété. La pauvre mère jeta un horrible cri. Joseph et la Descoings accoururent, regardèrent la boîte, et le sublime mensonge de la mère devint inutile. Tous trois restèrent silencieux en évitant de se jeter un regard. En ce moment, par un geste presque fou, Agathe se mit un doigt sur les lèvres pour recommander le secret que personne ne voulait divulguer. Tous trois ils revinrent devant le feu dans le salon.

— Tenez, mes enfants, s'écria la Descoings, je suis frappée au cœur : mon terne sortira, j'en suis sûre. Je ne pense plus à moi, mais à vous deux! Philippe, dit-elle à sa nièce, est un monstre; il ne vous aime point malgré tout ce que vous faites pour lui. Si vous ne prenez pas de précautions contre lui, le misérable vous mettra sur la paille. Promettez-moi de vendre vos rentes, d'en réaliser le capital et de le placer en viager. Joseph a un bon état qui le fera vivre. En prenant ce parti, ma petite, vous ne serez jamais à la charge de Joseph. Monsieur Desroches veut établir son fils. Le petit Desroches (il avait alors vingt-six ans) a trouvé une Etude, il vous prendra vos douze mille francs à rente viagère.

Joseph saisit le bougeoir de sa mère et monta précipitamment à son atelier, il en revint avec trois cents francs : — Tenez, maman Descoings, dit-il en lui offrant son pécule, nous n'avons pas à rechercher ce que vous faites de votre argent, nous vous devons celui qui vous manque, et le voici presque en entier!

— Prendre ton pauvre petit magot, le fruit de tes privations qui me font tant souffrir! Es-tu fou, Joseph? s'écria la vieille actionnaire de la loterie royale de France visiblement partagée entre sa foi brutale en son terne et cette action qui lui semblait un sacrilége.

— Oh! faites-en ce que vous voudrez, dit Agathe que le mouvement de son vrai fils émut aux larmes.

La Descoings prit Joseph par la tête et le baisa sur le front : — Mon enfant, ne me tente pas. Tiens, je perdrais encore. C'est des bêtises, la loterie!

Jamais rien de si héroïque n'a été dit dans les drames inconnus de la vie privée. Et, en effet, n'est-ce pas l'affection triomphant d'un vice invétéré? En ce moment, les cloches de la messe de minuit sonnèrent.

— Et puis il n'est plus temps, reprit la Descoings.

— Oh! dit Joseph, voilà vos calculs de cabale.

Le généreux artiste sauta sur les numéros, s'élança dans l'escalier et courut faire la mise. Quand Joseph ne fut plus là, Agathe et la Descoings fondirent en larmes.

— Il y va, le cher amour, s'écriait la joueuse. Mais ce sera tout pour lui, car c'est son argent!

Malheureusement Joseph ignorait entièrement la situation des bureaux de loterie que, dans ce temps, les habitués connaissaient dans Paris comme aujourd'hui les fumeurs connaissent les débits de tabac. Le peintre alla comme un fou regardant les lanternes.

Lorsqu'il demanda à des passants de lui enseigner un bureau de loterie, on lui répondit qu'ils étaient fermés, mais que celui du Perron au Palais-Royal restait quelquefois ouvert un peu plus tard. Aussitôt l'artiste vola vers le Palais-Royal, où il trouva le bureau fermé.

— Deux minutes de moins et vous auriez pu faire votre mise, lui dit un des crieurs de billets qui stationnaient au bas du Perron en vociférant ces singulières paroles : — Douze cents francs pour quarante sous ! et offrant des billets tout faits.

A la lueur du réverbère et des lumières du café de la Rotonde, Joseph examina si par hasard il y aurait sur ces billets quelques-uns des numéros de la Descoings; mais il n'en vit pas un seul, et revint avec la douleur d'avoir fait en vain tout ce qui dépendait de lui pour satisfaire la vieille femme, à laquelle il raconta ses disgrâces. Agathe et sa tante allèrent ensemble à la messe de minuit à Saint-Germain-des-Prés. Joseph se coucha. Le réveillon n'eut pas lieu. La Descoings avait perdu la tête, Agathe avait au cœur un deuil éternel. Les deux femmes se levèrent tard. Dix heures sonnèrent quand la Descoings essaya de se remuer pour faire le déjeuner, qui ne fut prêt qu'à onze heures et demie. Vers cette heure, des cadres oblongs appendus au-dessus de la porte des bureaux de loterie contenaient les numéros sortis. Si la Descoings avait eu son billet, elle serait allée à neuf heures et demie rue Neuve-des-Petits-Champs savoir son sort, qui se décidait dans un hôtel contigu au Ministère des Finances, et dont la place est maintenant occupée par le théâtre et la place Ventadour. Tous les jours de tirage, les curieux pouvaient admirer à la porte de cet hôtel un attroupement de vieilles femmes, de cuisinières et de vieillards qui, dans ce temps, formait un spectacle aussi curieux que celui de la queue des rentiers le jour du payement des rentes au Trésor.

— Eh! bien, vous voilà richissime! s'écria le vieux Desroches en entrant au moment où la Descoings savourait sa dernière gorgée de café.

— Comment? s'écria la pauvre Agathe.

— Son terne est sorti, dit-il en présentant la liste des numéros, écrits sur un petit papier et que les buralistes mettaient par centaines dans une sébile sur leurs comptoirs.

Joseph lut la liste. Agathe lut la liste. La Descoings ne lut rien, elle fut renversée comme par un coup de foudre; au changement de son visage, au cri qu'elle jeta, le vieux Desroches et Joseph la portèrent sur son lit. Agathe alla chercher un médecin. L'apoplexie foudroyait la pauvre femme, qui ne reprit sa connaissance que vers les quatre heures du soir ; le vieil Haudry, son médecin, annonça que, malgré ce mieux, elle devait penser à ses affaires et à son salut. Elle n'avait prononcé qu'un seul mot : — Trois millions !...

Desroches, le père, mis au fait des circonstances, mais avec les réticences nécessaires, par Joseph, cita plusieurs exemples de joueurs à qui la fortune avait échappé le jour où ils avaient par fatalité oublié de faire leurs mises ; mais il comprit combien un pareil coup devait être mortel quand il arrivait après vingt ans de persévérance. A cinq heures, au moment où le plus profond silence régnait dans ce petit appartement et où la malade, gardée par Joseph et par sa mère, assis l'un au pied, l'autre au chevet du lit, attendait son petit-fils que le vieux Desroches était allé chercher, le bruit des pas de Philippe et celui de sa canne retentirent dans l'escalier.

— Le voilà ! le voilà ! s'écria la Descoings qui se mit sur son séant et put remuer sa langue paralysée.

Agathe et Joseph furent impressionnés par le mouvement d'horreur qui agitait si vivement la malade. Leur pénible attente fut entièrement justifiée par le spectacle de la figure bleuâtre et décomposée de Philippe, par sa démarche chancelante, par l'état horrible de ses yeux profondément cernés, ternes, et néanmoins hagards ; il avait un violent frisson de fièvre, ses dents claquaient.

— Misère en Prusse ! s'écria-t-il. Ni pain, ni pâte, et j'ai le gosier en feu. Eh ! bien, qu'y a-t-il ? Le diable se mêle toujours de nos affaires. Ma vieille Descoings est au lit et me fait des yeux grands comme des soucoupes...

— Taisez-vous, monsieur, lui dit Agathe en se levant, et respectez au moins le malheur que vous avez causé.

— Oh ! *monsieur ?...* dit-il en regardant sa mère. Ma chère petite mère, ce n'est pas bien, vous n'aimez donc plus votre garçon ?

— Êtes-vous digne d'être aimé ? ne vous souvenez-vous plus de ce que vous avez fait hier ? Aussi pensez à chercher un appartement, vous ne demeurerez plus avec nous. A compter de demain, reprit-elle, car, dans l'état où vous êtes, il est bien difficile...

— De me chasser, n'est-ce pas ? reprit-il. Ah ! vous jouez ici le mélodrame du *Fils banni ?* Tiens ! tiens ! voilà comment vous prenez les choses? Eh! bien, vous êtes tous de jolis cocos. Qu'ai-je donc fait de mal? J'ai pratiqué sur les matelas de la vieille un petit nettoyage. L'argent ne se met pas dans la laine, que diable! Et où est le crime? Ne vous a-t-elle pas pris vingt mille francs, elle! Ne sommes-nous pas ses créanciers? Je me suis remboursé d'autant. Et voilà!...

— Mon Dieu! mon Dieu! cria la mourante en joignant les mains et priant.

— Tais-toi! s'écria Joseph en sautant sur son frère et lui mettant la main sur la bouche.

— Quart de conversion, par le flanc gauche, moutard de peintre! répliqua Philippe en mettant sa forte main sur l'épaule de Joseph qu'il fit tourner et tomber sur une bergère. On ne touche pas comme ça à la moustache d'un chef d'escadron aux Dragons de la Garde Impériale.

— Mais elle m'a rendu tout ce qu'elle me devait, s'écria Agathe en se levant et montrant à son fils un visage irrité. D'ailleurs cela ne regarde que moi, vous la tuez. Sortez, mon fils, dit-elle en faisant un geste qui usa ses forces, et ne reparaissez jamais devant moi. Vous êtes un monstre.

— Je la tue?

— Mais son terne est sorti, cria Joseph, et tu lui as volé l'argent de sa mise.

— Si elle crève d'un terne rentré, ce n'est donc pas moi qui la tue, répondit l'ivrogne.

— Mais sortez donc, dit Agathe, vous me faites horreur. Vous avez tous les vices! Mon Dieu est-ce mon fils?

Un râle sourd, parti du gosier de la Descoings, avait accru l'irritation d'Agathe.

— Je vous aime bien encore, vous, ma mère, qui êtes la cause de tous mes malheurs, dit Philippe. Vous me mettez à la porte, un jour de Noël, jour de naissance de... comment s'appelle-t-il?... Jésus! Qu'aviez-vous fait à grand-papa Rouget, à votre père, pour qu'il vous chassât et vous déshéritât? Si vous ne lui aviez pas déplu, nous aurions été riches et je n'aurais pas été réduit à la dernière des misères. Qu'avez-vous fait à votre père, vous qui êtes une bonne femme? Vous voyez bien que je puis être un bon garçon et tout de même être mis à la porte; moi, la gloire de la famille.

— La honte! cria la Descoings.

— Tu sortiras ou tu me tueras! s'écria Joseph qui s'élança sur son frère avec une fureur de lion.

— Mon Dieu! mon Dieu! dit Agathe en se levant et voulant séparer les deux frères.

En ce moment Bixiou et Haudry le médecin entrèrent. Joseph avait terrassé son frère et l'avait couché par terre.

— C'est une vraie bête féroce! dit-il. Ne parle pas! ou je te...

— Je me souviendrai de cela, beuglait Philippe.

— Une explication en famille? dit Bixiou.

— Relevez-le, dit le médecin, il est aussi malade que la bonne femme, déshabillez-le, couchez-le, et tirez-lui ses bottes.

— C'est facile à dire, s'écria Bixiou; mais il faut les lui couper, ses jambes sont trop enflées...

Agathe prit une paire de ciseaux. Quand elle eut fendu les bottes, qui dans ce temps se portaient par-dessus des pantalons collants, dix pièces d'or roulèrent sur le carreau.

— Le voilà, son argent, dit Philippe en murmurant. Satané bête que je suis, j'ai oublié la réserve. Et moi aussi j'ai raté la fortune!

Le délire d'une horrible fièvre saisit Philippe, qui se mit à extravaguer. Joseph, aidé par Desroches père qui survint, et par Brixiou, put donc transporter ce malheureux dans sa chambre. Le docteur Haudry fut obligé d'écrire un mot pour demander à l'hôpital de la Charité une camisole de force, car le délire s'accrut au point de faire craindre que Philippe ne se tuât : il devint furieux. A neuf heures, le calme se rétablit dans le ménage. L'abbé Loraux et Desroches essayaient de consoler Agathe qui ne cessait de pleurer au chevet de sa tante, elle écoutait en secouant la tête, et gardait un silence obstiné; Joseph et la Descoings connaissaient seuls la profondeur et l'étendue de sa plaie intérieure.

— Il se corrigera, ma mère, dit enfin Joseph quand Desroches père et Bixiou furent partis.

— Oh! s'écria la veuve, Philippe a raison : mon père m'a maudite. Je n'ai pas le droit de... Le voilà, l'argent, dit-elle à la Descoings en réunissant les trois cents francs de Joseph et les deux cents francs trouvés sur Philippe. Va voir s'il ne faut pas à boire à ton frère, dit-elle à Joseph.

— Tiendrez-vous une promesse faite à un lit de mort? dit la Descoings qui sentait son intelligence près de lui échapper.

— Oui, ma tante.

— Eh! bien, jurez-moi de donner vos fonds en viager au petit Desroches. Ma rente va vous manquer, et, d'après ce que je vous entends dire, vous vous laisseriez gruger jusqu'au dernier sou par ce misérable...

— Je vous le jure, ma tante.

La vieille épicière mourut le 31 décembre, cinq jours après avoir reçu l'horrible coup que le vieux Desroches lui avait innocemment porté. Les cinq cents francs, le seul argent qu'il y eût dans le ménage, suffirent à peine à payer les frais de l'enterrement de la veuve Descoings. Elle ne laissait qu'un peu d'argenterie et de mobilier, dont la valeur fut donnée à son petit-fils par madame Bridau. Réduite à huit cents francs de rente viagère que lui fit Desroches fils qui traita définitivement d'un titre nu, c'est-à-dire d'une charge sans clientèle, et qui prit alors ce capital de douze mille francs, Agathe rendit au propriétaire son appartement au troisième étage, et vendit tout le mobilier inutile. Quand, au bout d'un mois, le malade entra en convalescence, Agathe lui expliqua froidement que les frais de la maladie avaient absorbé tout l'argent comptant, elle serait désormais obligée de travailler pour vivre, elle l'engagea donc de la manière la plus affectueuse à reprendre du service et à se suffire à lui-même.

— Vous auriez pu vous épargner ce sermon, dit Philippe en regardant sa mère d'un œil qu'une complète indifférence rendait froid. J'ai bien vu que ni vous ni mon frère vous ne m'aimez plus. Je suis maintenant seul au monde : j'aime mieux cela !

— Rendez-vous digne d'affection, répondit la pauvre mère atteinte jusqu'au fond du cœur, et nous vous rendrons la nôtre.

— Des bêtises! s'écria-t-il en l'interrompant.

Il prit son vieux chapeau pelé sur les bords, sa canne, se mit le chapeau sur l'oreille et descendit les escaliers en sifflant.

— Philippe! où vas-tu sans argent? lui cria sa mère qui ne put réprimer ses larmes. Tiens...

Elle lui tendit cent francs en or enveloppés d'un papier, Philippe remonta les marches qu'il avait descendues et prit l'argent.

— Eh! bien, tu ne m'embrasses pas? dit-elle en fondant en larmes.

Il serra sa mère sur son cœur, mais sans cette effusion de sentiment qui donne seule du prix à un baiser.

— Et où vas-tu? lui dit Agathe.

— Chez Florentine, la maîtresse à Giroudeau. En voilà, des amis ! répondit-il brutalement.

Il descendit. Agathe rentra, les jambes tremblantes, les yeux obscurcis, le cœur serré. Elle se jeta à genoux, pria Dieu de prendre cet enfant dénaturé sous sa protection, et abdiqua sa pesante maternité.

En février 1822, madame Bridau s'était établie dans la chambre précédemment occupée par Philippe et située au-dessus de la cuisine de son ancien appartement. L'atelier et la chambre du peintre se trouvaient en face, de l'autre côté de l'escalier. En voyant sa mère réduite à ce point, Joseph avait voulu du moins qu'elle fût le mieux possible. Après le départ de son frère, il se mêla de l'arrangement de la mansarde, à laquelle il imprima le cachet des artistes. Il y mit un tapis. Le lit, disposé simplement, mais avec un goût exquis, eut un caractère de simplicité monastique. Les murs, tendus d'une percaline à bon marché, bien choisie, d'une couleur en harmonie avec le mobilier remis à neuf, rendirent cet intérieur élégant et propre. Il ajouta sur le carré une double porte et à l'intérieur une portière. La fenêtre fut cachée par un store qui donnait un jour doux. Si la vie de cette pauvre mère se restreignait à la plus simple expression que puisse prendre à Paris la vie d'une femme, Agathe fut du moins mieux que qui que ce soit dans une situation pareille, grâce à son fils. Pour éviter à sa mère les ennuis les plus cruels des ménages parisiens, Joseph l'emmena tous les jours dîner à une table d'hôte de la rue de Beaune où se trouvaient des femmes comme il faut, des députés, des gens titrés, et qui pour chaque personne coûtait quatre-vingt-dix francs par mois. Chargée uniquement du déjeuner, Agathe reprit pour le fils l'habitude que jadis elle avait pour le père. Malgré les pieux mensonges de Joseph, elle finit par savoir que son dîner coûtait environ cent francs par mois. Épouvantée par l'énormité de cette dépense, et n'imaginant pas que son fils pût gagner beaucoup d'argent à peindre des femmes nues, elle obtint, grâce à l'abbé Loraux, son confesseur, une place de sept cents francs par an dans un bureau de loterie appartenant à la comtesse de Bauvan, la veuve d'un chef de chouans. Les bureaux de loterie, le lot des veuves protégées, faisaient assez ordinairement vivre une famille qui s'employait à la gérance. Mais, sous la Restauration, la difficulté de récompenser, dans les limites du gouvernement constitutionnel, tous les services rendus, fit donner à des femmes titrées malheureuses, non pas un, mais deux bureaux de loterie, dont les recettes valaient de six à dix mille francs. Dans ce cas, la veuve du général ou du noble ainsi protégée ne tenait pas ses bureaux par elle-même, elle avait des gérants intéressés. Quand ces gérants étaient garçons, ils ne pouvaient se dispenser d'avoir avec eux un employé ; car le bureau devait rester toujours ouvert depuis le matin jusqu'à minuit, et les écritures exigées par le Ministère des Finances étaient d'ailleurs considérables. La comtesse de Bauvan, à qui l'abbé Loraux expliqua la position de la veuve Bridau, promit, au cas où son gérant s'en irait, la survivance pour Agathe ; mais en attendant, elle stipula pour la veuve six cents francs d'appointements. Obligée d'être au bureau dès dix heures du matin, la pauvre Agathe eut à peine le temps de dîner. Elle revenait à sept heures du soir au bureau, d'où elle ne sortait pas avant minuit. Jamais Joseph, pendant deux ans, ne faillit un seul jour à venir chercher sa mère le soir pour la ramener rue Mazarine, et souvent il l'allait prendre pour dîner ; ses amis lui virent quitter l'Opéra, les Italiens et les plus brillants salons pour se trouver avant minuit rue Vivienne.

Agathe contracta bientôt cette monotone régularité d'existence dans laquelle les personnes atteintes par des chagrins violents trouvent un point d'appui. Le matin, après avoir fini sa chambre où il n'y avait plus ni chats ni petits oiseaux, et préparé le déjeuner au coin de sa cheminée, elle le portait dans l'atelier, où elle déjeunait avec son fils. Elle arrangeait la chambre de Joseph, éteignait le feu chez elle, venait travailler dans l'atelier près du petit poêle en fonte, et sortait dès qu'il venait un camarade ou des modèles. Quoiqu'elle ne comprît rien à l'art ni à ses moyens, le silence profond de l'atelier lui convenait. Sous ce rapport, elle ne fit pas un progrès, elle n'y mettait aucune hypocrisie, elle s'étonnait naïvement de voir l'importance qu'on attachait à la Couleur, à la Composition, au Dessin. Quand un des amis du Cénacle ou quelque peintre ami de Joseph, comme Schinner, Pierre Grassou, Léon de Lora, très-jeune rapin qu'on appelait alors Mistigris, discutaient, elle venait regarder avec attention et ne découvrait rien de ce qui donnait lieu à ces grands mots et à ces chaudes disputes. Elle faisait le linge de son fils, lui raccommodait ses bas, ses chaussettes ; elle arriva jusqu'à lui nettoyer sa palette, à lui ramasser des linges pour essuyer ses brosses, à tout mettre en ordre dans l'atelier. En voyant sa mère avoir l'intelligence de ces petits détails, Joseph la comblait de soins. Si la mère et le fils ne s'entendaient point en fait d'Art, ils s'unirent admirablement par la tendresse. La mère avait son projet. Quand Agathe eut amadoué Joseph, un matin, pendant qu'il esquissait un immense tableau, réalisé plus tard et qui ne fut pas compris, elle se hasarda à dire tout haut : — Mon Dieu ! que fait-il ?

— Qui ?

— Philippe !

— Ah ! dam ! ce garçon-là mange de la vache enragée. Il se formera.

— Mais il a déjà connu la misère, et peut-être est-ce la misère qui nous l'a changé. S'il était heureux, il serait bon...

— Tu crois, ma chère mère, qu'il a souffert dans son voyage ? mais tu te trompes, il a fait le carnaval à New-York comme il le fait encore ici...

— S'il souffrait cependant près de nous, ce serait affreux...

— Oui, répondit Joseph. Quant à ce qui me regarde, je donnerais volontiers de l'argent, mais je ne veux pas le voir. Il a tué la pauvre Descoings.

— Ainsi, reprit Agathe, tu ne ferais pas son portrait ?

— Pour toi, ma mère, je souffrirais le martyre. Je puis bien ne me souvenir que d'une chose : c'est qu'il est mon frère.

— Son portrait en capitaine de dragons à cheval ?

— Oui, j'ai là un beau cheval d'après Gros, et je ne sais à quoi l'utiliser.

— Eh ! bien, va donc savoir chez son ami ce qu'il devient.

— J'irai.

Agathe se leva : ses ciseaux, tout tomba par terre ; elle vint embrasser Joseph sur la tête et cacha deux larmes dans ses cheveux.

— C'est ta passion, à toi, ce garçon ! dit-il, et nous avons tous notre passion malheureuse.

Le soir Joseph alla rue du Sentier, et y trouva, vers quatre heures, son frère qui remplaçait Giroudeau. Le vieux capitaine de dragons était passé caissier à un journal hebdomadaire entrepris par son neveu. Quoique Finot restât propriétaire du petit journal qu'il avait mis en actions, et dont toutes les actions étaient entre ses mains, le propriétaire et le rédacteur en chef visible était un de ses amis nommé Lousteau, précisément le fils du subdélégué d'Issoudun de qui le grand-père de Bridau avait voulu se venger, et conséquemment le neveu de madame Hochon. Pour être agréable à son oncle, Finot lui avait donné Philippe pour remplaçant, en diminuant toutefois de moitié les appointements. Puis, tous les jours à cinq heures, Giroudeau vérifiait la caisse et emportait l'argent de la recette journalière. Coloquinte, l'invalide qui servait de garçon de bureau et qui faisait les courses, surveillait un peu le capitaine Philippe. Philippe se comportait bien d'ailleurs. Six cents francs d'appointements et cinq cents francs de sa croix le faisaient d'autant mieux vivre, que, chauffé pendant la journée et passant ses soirées aux théâtres où il allait gratis, il n'avait qu'à penser à sa nourriture et à son logement. Coloquinte partait avec du papier timbré sur la tête, et Philippe brossait ses fausses manches en toile verte quand Joseph entra.

— Tiens, voilà le moutard, dit Philippe. Eh! bien, nous allons dîner ensemble, tu viendras à l'Opéra, Florine et Florentine ont une loge. J'y vais avec Giroudeau, tu en seras, et tu feras connaissance avec Nathan!

Il prit sa canne plombée et mouilla son cigare.

— Je ne puis pas profiter de ton invitation, j'ai notre mère à conduire; nous dînons à table d'hôte.

— Eh! bien, comment va-t-elle, cette pauvre bonne femme?

— Mais elle ne va pas mal, répondit le peintre. J'ai refait le portrait de notre père et celui de notre tante Descoings. J'ai fini le mien, et je voudrais donner à notre mère le tien, en uniforme des Dragons de la Garde Impériale.

— Bien!

— Mais il faut venir poser.

— Je suis tenu d'être, tous les jours, dans cette cage à poulet depuis neuf heures jusqu'à cinq heures...

— Deux dimanches suffiront.

— Convenu, petit, reprit l'ancien officier d'ordonnance de Napoléon en allumant son cigare à la lampe du portier.

Quand Joseph expliqua la position de Philippe à sa mère en allant dîner rue de Beaune, il lui sentit trembler le bras sur le sien, la joie illumina ce visage passé; la pauvre femme respira comme une personne débarrassée d'un poids énorme. Le lendemain elle eut pour Joseph des attentions que son bonheur et la reconnaissance lui inspirèrent, elle lui garnit son atelier de fleurs et lui acheta deux jardinières. Le premier dimanche pendant lequel Philippe dut venir poser, Agathe eut soin de préparer dans l'atelier un déjeuner exquis. Elle mit tout sur la table, sans oublier un flacon d'eau-de-vie qui n'était qu'à moitié plein. Elle resta derrière un paravent auquel elle fit un trou. L'ex-dragon avait envoyé la veille son uniforme, qu'elle ne put s'empêcher d'embrasser. Quand Philippe posa tout habillé sur un de ces chevaux empaillés qu'ont les selliers et que Joseph avait loué, Agathe fut obligée, pour ne pas se trahir, de confondre le léger bruit de ses larmes avec la conversation des deux frères. Philippe posa deux heures avant et deux heures après le déjeuner. A trois heures après-midi le dragon reprit ses habits ordinaires, et, tout en fumant un cigare, il proposa pour la seconde fois à son frère d'aller dîner ensemble au Palais-Royal. Il fit sonner de l'or dans son gousset.

— on, répondit Joseph, tu m'effraies quand je te vois de l'or.

— Ah! çà, vous aurez donc toujours mauvaise opinion de moi ici? s'écria le lieutenant-colonel d'une voix tonnante. On ne peut donc pas faire des économies!

— Non, non, répondit Agathe en sortant de sa cachette et venant embrasser son fils. Allons dîner avec lui, Joseph.

Joseph n'osa pas gronder sa mère, il s'habilla, et Philippe les mena vers la rue Montorgueil, au Rocher de Cancale, où il leur donna un dîner splendide dont la carte s'éleva jusqu'à cent francs.

— Diantre! dit Joseph inquiet, avec onze cents francs d'appointements, tu fais, comme Ponchard dans *la Dame Blanche*, des économies à pouvoir acheter des terres.

— Bah! je suis en veine, répondit le dragon qui avait énormément bu.

En entendant ce mot dit sur le pas de la porte et avant de monter en voiture pour aller au spectacle, car Philippe menait sa mère au Cirque-Olympique, seul théâtre où son confesseur lui permît d'aller, Joseph serra le bras de sa mère qui feignit aussitôt d'être indisposée, et qui refusa le spectacle. Philippe reconduisit alors sa mère et son frère rue Mazarine, où, quand elle se trouva seule avec Joseph dans sa mansarde, elle resta profondément silencieuse. Le dimanche suivant, Philippe vint poser. Cette fois sa mère assista visiblement à la séance. Elle servit le déjeuner et put questionner le dragon. Elle apprit alors que le neveu de la vieille madame Hochon, l'amie de sa mère, jouait un certain rôle dans la littérature. Philippe et son ami Giroudeau se trouvaient dans une société de journalistes, d'actrices, de libraires, et y étaient considérés en qualité de caissiers. Philippe, qui buvait toujours du kirsch en posant après le déjeuner, eut la langue déliée. Il se vanta de redevenir un personnage avant peu de temps. Mais, sur une question de Joseph relative à ses moyens pécuniaires, il garda le silence. Par hasard il n'y avait pas de journal le lendemain à cause d'une fête, et Philippe, pour en finir, proposa de venir poser le lendemain. Joseph lui représenta que l'époque du Salon approchait, il n'avait pas l'argent des deux cadres pour ses tableaux, et ne pouvait se le procurer qu'en achevant la copie d'un Rubens que voulait avoir un marchand de tableaux nommé Magus. L'original appartenait à un riche banquier suisse qui ne l'avait prêté que pour dix jours, la journée de demain était la dernière, il fallait donc absolument remettre la séance au prochain dimanche.

— C'est ça? dit Philippe en regardant le tableau de Rubens posé sur un chevalet.

— Oui, répondit Joseph. Cela vaut vingt mille francs. Voilà ce que peut le génie. Il y a des morceaux de toile qui valent des cent mille francs.

— Moi, j'aime mieux ta copie, dit le dragon.

— Elle est plus jeune, dit Joseph en riant; mais ma copie ne vaut que mille francs. Il me faut demain pour lui donner tous les tons de l'original et la vieillir afin qu'on ne les reconnaisse pas.

— Adieu, ma mère, dit Philippe en embrassant Agathe. A dimanche prochain.

Le lendemain, Elie Magus devait venir chercher sa copie. Un ami de Joseph, qui travaillait pour ce marchand, Pierre Grassou, voulut voir cette copie finie. Pour lui jouer un tour, en l'entendant frapper, Joseph Bridau mit sa copie vernie avec un vernis particulier à la place de l'original, et plaça l'original sur son chevalet. Il mystifia complètement Pierre Grassou de Fougères, qui fut émerveillé de ce tour de force.

— Tromperais-tu le vieil Elie Magus? lui dit Pierre Grassou.

— Nous allons voir, dit Joseph.

Le marchand ne vint pas, il était tard. Agathe dînait chez madame Desroches qui venait de perdre son mari. Joseph proposa donc à Pierre Grassou de venir à sa table d'hôte. En descendant il laissa, suivant ses habitudes, la clef de son atelier à la portière.

— Je dois poser ce soir, dit Philippe à la portière une heure après le départ de son frère. Joseph va revenir et je vais l'attendre dans l'atelier.

La portière donna la clef, Philippe monta, prit la copie en croyant prendre le tableau, puis il redescendit, remit la clef à la portière en paraissant avoir oublié quelque chose et alla vendre le Rubens trois mille francs. Il avait eu la précaution de prévenir Elie Magus de la part de son frère de ne venir que le lendemain. Le soir, quand Joseph, qui ramenait sa mère de chez madame veuve Desroches, rentra, le portier lui parla de la lubie de son frère, qui était aussitôt sorti qu'entré.

— Je suis perdu s'il n'a pas eu la délicatesse de ne prendre que la copie, s'écria le peintre en devinant le vol. Il monta rapidement les trois étages, se précipita dans son atelier, et dit : — Dieu soit loué ! il a été ce qu'il sera toujours, un vil coquin !

Agathe, qui avait suivi Joseph, ne comprenait rien à cette parole; mais quand son fils la lui eut expliquée, elle resta debout sans larmes aux yeux.

— Je n'ai donc plus qu'un fils, dit-elle d'une voix faible.

— Nous n'avons pas voulu le déshonorer aux yeux des étrangers, reprit Joseph; mais maintenant il faut le consigner chez le portier. Désormais nous garderons nos clefs. J'achèverai sa maudite figure de mémoire, il y manque peu de chose.

— Laisse-la comme elle est, il me ferait trop de mal à voir, répondit la mère atteinte au fond du cœur et stupéfaite de tant de lâcheté.

Philippe savait à quoi devait servir l'argent de cette copie, il connaissait l'abîme où il plongeait son frère, et n'avait rien respecté. Depuis ce dernier crime, Agathe ne parla plus de Philippe. sa figure prit l'expression d'un désespoir amer, froid et concentré ; une pensée la tuait.

— Quelque jour, se disait-elle, nous verrons Bridau devant les tribunaux !

Deux mois après, au moment où Agathe allait entrer dans son bureau de loterie, un matin, il se présenta, pour voir madame Bridau, qui déjeunait avec Joseph, un vieux militaire se disant l'ami de Philippe et amené par une affaire urgente.

Quand Giroudeau se nomma, la mère et le fils tremblèrent d'autant plus que l'ex-dragon avait une physionomie de vieux loup de mer peu rassurante. Ses deux yeux gris éteints, sa moustache pie, ses restes de chevelure ébouriffés autour de son crâne couleur beurre frais offraient je ne sais quoi d'éraillé, de libidineux. Il portait une vieille redingote gris de fer ornée de la rosette d'officier de la Légion-d'Honneur, et qui croisait difficilement sur un ventre de cuisinier en harmonie avec sa bouche fendue jusqu'aux oreilles, avec de fortes épaules. Son torse reposait sur de petites jambes grêles. Enfin il montrait un teint enluminé aux pommettes qui révélait une vie joyeuse. Le bas des joues, fortement ridé, débordait un col de velours noir usé. Entre autres enjolivements, l'ex-dragon avait d'énormes boucles d'or aux oreilles.

— Quel *noceur!* se dit Joseph en employant une expression populaire passée dans les ateliers.

— Madame, dit l'oncle et le caissier de Finot, votre fils se trouve dans une situation si malheureuse, qu'il est impossible à ses amis de ne pas vous prier de partager les charges assez lourdes qu'il leur impose; il ne peut plus remplir sa place au journal, et mademoiselle Florentine de la Porte-Saint-Martin le loge chez elle, rue de Vendôme, dans une pauvre mansarde. Philippe est mourant, si son frère et vous vous ne pouvez payer le médecin et les remèdes, nous allons être forcés, dans l'intérêt même de sa guérison, de le faire transporter aux Capucins; tandis que pour trois cents francs nous le garderions : il lui faut absolument une garde, il sort le soir pendant que mademoiselle Florentine est au théâtre, il prend alors des choses irritantes, contraires à sa maladie et à son traitement; et comme nous l'aimons, il nous rend vraiment malheureux. Ce pauvre garçon a engagé sa pension pour trois ans, il est remplacé provisoirement au journal et n'a plus rien ; mais il va se tuer, madame, si nous ne le mettons pas à la maison de santé du docteur Dubois. Cet hospice décent coûtera dix francs par jour. Nous ferons, Florentine et moi, la moitié d'un mois, faites l'autre?... Allez! il n'en aura guère que pour deux mois!

— Monsieur, il est difficile qu'une mère ne vous soit pas éternellement reconnaissante de ce que vous faites pour son fils, répondit Agathe ; mais ce fils est retranché de mon cœur; et, quant à de l'argent, je n'en ai point. Pour ne pas être à la charge de mon fils que voici, qui travaille nuit et jour, qui se tue et qui mérite tout l'amour de sa mère, j'entre après demain dans un bureau de loterie comme sous-gérante. A mon âge!

— Et vous, jeune homme, dit le vieux dragon à Joseph, voyons?

Ne ferez-vous pas pour votre frère ce que font une pauvre danseuse de la Porte-Saint-Martin et un vieux militaire?...

— Tenez, voulez-vous, dit Joseph impatienté, que je vous exprime en langage d'artiste l'objet de votre visite? Eh! bien, vous venez nous *tirer une carotte*.

— Demain, donc, votre frère ira à l'hôpital du Midi.

— Il y sera très-bien, reprit Joseph. Si jamais j'étais en pareil cas, j'irais, moi!

Giroudeau se retira très-désappointé, mais aussi très-sérieusement humilié d'avoir à mettre aux Capucins un homme qui avait porté les ordres de l'Empereur pendant la bataille de Montereau. Trois mois après, vers la fin du mois de juillet, un matin, en allant à son bureau de loterie, Agathe, qui prenait par le Pont-Neuf pour éviter de donner le sou du Pont-des-Arts, aperçut le long des boutiques du quai de l'École où elle longeait le parapet, un homme portant la livrée de la misère du second ordre et qui lui causa un éblouissement : elle lui trouva quelque ressemblance avec Philippe. Il existe en effet à Paris trois Ordres de misère. D'abord, la misère de l'homme qui conserve les apparences et à qui l'avenir appartient : misère des jeunes gens, des artistes, des gens du monde momentanément atteints. Les indices de cette misère ne sont visibles qu'au microscope de l'observateur le plus exercé. Ces gens constituent l'Ordre Équestre de la misère, ils vont encore en cabriolet. Dans le second Ordre se trouvent les vieillards à qui tout est indifférent, qui mettent au mois de juin la croix de la Légion-d'Honneur sur une redingote d'alpaga. C'est la misère des vieux rentiers, des vieux employés qui vivent à Sainte-Périne, et qui du vêtement extérieur ne se soucient plus guère. Enfin la misère en haillons, la misère du peuple, la plus poétique d'ailleurs, et que Callot, qu'Hogart, que Murillo, Charlet, Raffet, Gavarni, Meissonnier, que l'Art adore et cultive, au carnaval surtout! L'homme en qui la pauvre Agathe crut reconnaître son fils était à cheval sur les deux derniers Ordres. Elle aperçut un col horriblement usé, un chapeau galeux, des bottes éculées et rapiécées, une redingote filandreuse à boutons sans moule, dont les capsules béantes ou recroquevillées étaient en parfaite harmonie avec des poches usées et un collet crasseux. Des vestiges de duvet disaient assez que, si la redingote contenait quelque chose, ce ne pouvait être que de la poussière. L'homme sortit des mains aussi noires que celles d'un ouvrier, d'un pantalon gris de fer, décousu. Enfin, sur la poitrine, un gilet de laine tricotée, bruni par l'usage, qui débordait les manches, qui passait au-dessus du pantalon, se voyait partout et tenait sans doute lieu de linge. Philippe portait un garde-vue en taffetas vert et en fil d'archal. Sa tête presque chauve, son teint, sa figure hâve disaient assez qu'il sortait du terrible hôpital du Midi. Sa redingote bleue, blanchie aux lisières, était toujours décorée de la rosette. Aussi les passants regardaient-ils ce *brave*, sans doute une victime du gouvernement, avec une curiosité mêlée de pitié; car la rosette inquiétait le regard et jetait l'ultra le plus féroce en des doutes honorables pour la Légion-d'Honneur. En ce temps, quoiqu'on eût essayé de déconsidérer cet Ordre par des promotions sans frein, il n'y avait pas en France cinquante-trois mille personnes décorées. Agathe sentit tressaillir son être intérieur. S'il lui était impossible d'aimer ce fils, elle pouvait encore beaucoup souffrir par lui. Atteinte par un dernier rayon de maternité, elle pleura quand elle vit faire au brillant officier d'ordonnance de l'Empereur le geste d'entrer dans un débit de tabac pour y acheter un cigare, et s'arrêter sur le seuil : il avait fouillé dans sa poche et n'y trouvait rien. Agathe traversa rapidement le quai, prit sa bourse, la mit dans la main de Philippe, et se sauva comme si elle venait de commettre un crime. Elle resta deux jours sans pouvoir rien prendre : elle avait toujours devant les yeux l'horrible figure de son fils mourant de faim dans Paris.

— Après avoir épuisé l'argent de ma bourse, qui lui en donnera? pensait-elle. Giroudeau ne nous trompait pas : Philippe sort de l'hôpital.

Elle ne voyait plus l'assassin de sa pauvre tante, le fléau de la famille, le voleur domestique, le joueur, le buveur, le débauché de bas étage; elle voyait un convalescent mourant de faim, un fumeur sans tabac. Elle devint, à quarante-sept ans, comme une femme de soixante-dix ans. Ses yeux se ternirent alors dans les larmes et la prière. Mais ce ne fut pas le dernier coup que ce fils devait lui porter, et sa prévision la plus horrible fut réalisée. On découvrit alors une conspiration d'officiers au sein de l'armée, et l'on cria par les rues l'extrait du *Moniteur* qui contenait des détails sur les arrestations.

Agathe entendit du fond de sa cage, dans le bureau de loterie de la rue Vivienne, le nom de Philippe Bridau. Elle s'évanouit, et le gérant, qui comprit sa peine et la nécessité de faire des démarches, lui donna un congé de quinze jours.

— Ah! mon ami, c'est nous, avec notre rigueur, qui l'avons poussé là, dit-elle à Joseph en se mettant au lit.

— Je vais aller voir Desroches, lui répondit Joseph.

Pendant que l'artiste confiait les intérêts de son frère à Desroches, qui passait pour le plus madré, le plus astucieux des avoués de Paris, et qui d'ailleurs rendait des services à plusieurs personnages, entre autres à Des Lupeaulx, alors Secrétaire-Général d'un Ministère, Giroudeau se présentait chez la veuve, qui, cette fois, eut confiance en lui,

— Madame, lui dit-il, trouvez douze mille francs, et votre fils sera mis en liberté, faute de preuves. Il s'agit d'acheter le silence de deux témoins.

— Je les aurai, dit la pauvre mère sans savoir où ni comment.

Inspirée par le danger, elle écrivit à sa marraine, la vieille madame Hochon, de les demander à Jean-Jacques Rouget, pour sauver Philippe. Si Rouget refusait, elle pria madame Hochon de les lui prêter en s'engageant à les lui rendre en deux ans. Courrier par courrier, elle reçut la lettre suivante.

« Ma petite, quoique votre frère ait, bel et bien, quarante mille
» livres de rente, sans compter l'argent économisé depuis dix-sept
» années, que monsieur Hochon estime à plus de six cent mille
» francs, il ne donnera pas deux liards pour des neveux qu'il n'a
» jamais vus. Quant à moi, vous ignorez que je ne disposerai pas
» de six livres tant que mon mari vivra. Hochon est le plus grand
» avare d'Issoudun, j'ignore ce qu'il fait de son argent, il ne donne
» pas vingt francs par an à ses petits-enfants; pour emprunter, j'au-
» rais besoin de son autorisation, et il me la refuserait. Je n'ai pas
» même tenté de faire parler à votre frère, qui a chez lui une con-
» cubine de laquelle il est le très-humble serviteur. C'est pitié que
» de voir comment le pauvre homme est traité chez lui, quand il
» a une sœur et des neveux. Je vous ai fait sous-entendre à plusieurs
» reprises que votre présence à Issoudun pouvait sauver votre frère,
» et arracher pour vos enfants, des griffes de cette vermine, une
» fortune de quarante et peut-être soixante mille livres de rente;
» mais vous ne me répondez pas ou vous paraissez ne m'avoir jamais
» comprise. Aussi suis-je obligée de vous écrire aujourd'hui sans

» aucune précaution épistolaire. Je prends bien part au malheur
» qui vous arrive, mais je ne puis que vous plaindre, ma chère mi-
» gnonne. Voici pourquoi je ne puis vous être bonne à rien : à
» quatre-vingt-cinq ans, Hochon fait ses quatre repas, mange de
» la salade avec des œufs durs le soir, et court comme un lapin.
» J'aurai passé ma vie entière, car il fera mon épitaphe, sans avoir
» vu vingt livres dans ma bourse. Si vous voulez venir à Issoudun
» combattre l'influence de la concubine sur votre frère, comme il
» y a des raisons pour que Rouget ne vous reçoive pas chez lui,
» j'aurai déjà bien de la peine à obtenir de mon mari la permission
» de vous avoir chez moi. Mais vous pouvez y venir, il m'obéira
» sur ce point. Je connais un moyen d'obtenir ce que je veux de
» lui, c'est de lui parler de mon testament. Cela me semble si hor-
» rible que je n'y ai jamais eu recours ; mais pour vous, je ferai
» l'impossible. J'espère que votre Philippe s'en tirera, surtout si
» vous prenez un bon avocat ; mais arrivez le plus tôt possible à Is-
» soudun. Songez qu'à cinquante-sept ans votre imbécile de frère
» est plus chétif et plus vieux que monsieur Hochon. Ainsi la chose
» presse. On parle déjà d'un testament qui vous priverait de la suc-
» cession ; mais, au dire de monsieur Hochon, il est toujours temps
» de le faire révoquer. Adieu, ma petite Agathe, que Dieu vous
» aide ! et comptez aussi sur votre marraine qui vous aime,

» MAXIMILIENNE HOCHON, née LOUSTEAU.

» *P.-S.* Mon neveu Étienne, qui écrit dans les journaux et qui
» s'est lié, dit-on, avec votre fils Philippe, est-il venu vous rendre
» ses devoirs ? Mais venez, nous causerons de lui. »

Cette lettre occupa fortement Agathe, elle la montra nécessairement à Joseph, à qui elle fut forcée de raconter la proposition de
Giroudeau. L'artiste, qui devenait prudent dès qu'il s'agissait de
son frère, fit remarquer à sa mère qu'elle devait tout communiquer à Desroches.

Frappés de la justesse de cette observation, le fils et la mère
allèrent le lendemain matin, dès six heures, trouver Desroches,
rue de Bussy. Cet avoué, sec comme défunt son père, à la voix aigre, au teint âpre, aux yeux implacables, à visage de fouine qui
se lèche les lèvres du sang des poulets, bondit comme un tigre en
apprenant la visite et la proposition de Giroudeau.

— Ah çà, mère Bridau, s'écria-t-il de sa petite voix cassée, jusqu'à quand serez-vous la dupe de votre maudit brigand de fils? Ne donnez pas deux liards! Je vous réponds de Philippe, c'est pour sauver son avenir que je tiens à le laisser juger par la Cour des Pairs, vous avez peur de le voir condamné, mais Dieu veuille que son avocat laisse obtenir une condamnation contre lui. Allez à Issoudun, sauvez la fortune de vos enfants. Si vous n'y parvenez pas, si votre frère a fait un testament en faveur de cette femme, et si vous ne savez pas le faire révoquer... eh! bien, rassemblez au moins les éléments d'un procès en captation, je le mènerai. Mais vous êtes trop honnête femme pour savoir trouver les bases d'une instance de ce genre! Aux vacances, j'irai, moi! à Issoudun,... si je puis.

Ce : « J'irai, moi! » fit trembler l'artiste dans sa peau. Desroches cligna de l'œil pour dire à Joseph de laisser aller sa mère un peu en avant, et il le garda pendant un moment seul.

— Votre frère est un grand misérable, il est volontairement ou involontairement la cause de la découverte de la conspiration, car le drôle est si fin qu'on ne peut pas savoir la vérité là-dessus. Entre niais ou traître, choisissez-lui un rôle. Il sera sans doute mis sous la surveillance de la haute police, voilà tout. Soyez tranquille, il n'y a que moi qui sache ce secret. Courez à Issoudun avec votre mère, vous avez de l'esprit, tâchez de sauver cette succession.

— Allons, ma pauvre mère, Desroches a raison, dit-il en rejoignant Agathe dans l'escalier; j'ai vendu mes deux tableaux, partons pour le Berry, puisque tu as quinze jours à toi.

Après avoir écrit à sa marraine pour lui annoncer son arrivée, Agathe et Joseph se mirent en route le lendemain soir pour Issoudun, abandonnant Philippe à sa destinée. La diligence passa par la rue d'Enfer pour prendre la route d'Orléans. Quand Agathe aperçut le Luxembourg où Philippe avait été transféré, elle ne put s'empêcher de dire : — Sans les Alliés il ne serait pourtant pas là!

Bien des enfants auraient fait un mouvement d'impatience, auraient souri de pitié; mais l'artiste, qui se trouvait seul avec sa mère dans le coupé, la saisit, la pressa contre son cœur, en disant : — O mère! tu es mère comme Raphaël était peintre! Et tu seras toujours une imbécile de mère!

Bientôt arrachée à ses chagrins par les distractions de la route, madame Bridau fut contrainte à songer au but de son voyage. Naturellement, elle relut la lettre de madame Hochon qui avait si fort ému l'avoué Desroches. Frappée alors des mots *concubine* et *vermine* que la plume d'une septuagénaire aussi pieuse que respectable avait employés pour désigner la femme en train de dévorer la fortune de Jean-Jacques Rouget, traité lui-même d'*imbécile*, elle se demanda comment elle pouvait, par sa présence à Issoudun, sauver une succession. Joseph, ce pauvre artiste si désintéressé, savait peu de chose du Code, et l'exclamation de sa mère le préoccupa.

— Avant de nous envoyer sauver une succession, notre ami Desroches aurait bien dû nous expliquer les moyens par lesquels on s'en empare, s'écria-t-il.

— Autant que ma tête, étourdie encore à l'idée de savoir Philippe en prison, sans tabac peut-être, sur le point de comparaître à la Cour des Pairs, me laisse de mémoire, repartit Agathe, il me semble que le jeune Desroches nous a dit de rassembler les éléments d'un procès en captation, pour le cas où mon frère aurait fait un testament en faveur de cette... cette... femme.

— Il est bon là, Desroches!.... s'écria le peintre. Bah! si nous n'y comprenons rien, je le prierai d'y aller.

— Ne nous cassons pas la tête inutilement, dit Agathe. Quand nous serons à Issoudun, ma marraine nous guidera.

Cette conversation, tenue au moment où, après avoir changé de voiture à Orléans, madame Bridau et Joseph entraient en Sologne, indique assez l'incapacité du peintre et de sa mère à jouer le rôle auquel le terrible maître Desroches les destinait. Mais en revenant à Issoudun après trente ans d'absence, Agathe allait y trouver de tels changements dans les mœurs qu'il est nécessaire de tracer en peu de mots un tableau de cette ville. Sans cette peinture, on comprendrait difficilement l'héroïsme que déployait madame Hochon en secourant sa filleule, et l'étrange situation de Jean-Jacques Rouget. Quoique le docteur eût fait considérer Agathe comme une étrangère à son fils, il y avait, pour un frère, quelque chose d'un peu trop extraordinaire à rester trente ans sans donner signe de vie à sa sœur. Ce silence reposait évidemment sur des circonstances bizarres que des parents, autres que Joseph et Agathe, auraient depuis long-temps voulu connaître. Enfin il existait entre l'état de la ville et les intérêts des Bridau certains rapports qui se reconnaîtront dans le cours même du récit.

N'en déplaise à Paris, Issoudun est une des plus vieilles villes de

France. Malgré les préjugés historiques qui font de l'Empereur Probus le Noé des Gaules, César a parlé de l'excellent vin de Champ-Fort (*de Campo Forti*), un des meilleurs clos d'Issoudun. Rigord s'exprime sur le compte de cette ville en termes qui ne laissent aucun doute sur sa grande population et sur son immense commerce. Mais ces deux témoignages assigneraient un âge assez médiocre à cette ville en comparaison de sa haute antiquité. En effet, des fouilles récemment opérées par un savant archéologue de cette ville, M. Armand Pérémet, ont fait découvrir sous la célèbre tour d'Issoudun une basilique du cinquième siècle, la seule probablement qui existe en France. Cette église garde, dans ses matériaux même, la signature d'une civilisation antérieure, car ses pierres proviennent d'un temple romain qu'elle a remplacé. Ainsi, d'après les recherches de cet antiquaire, Issoudun comme toutes les villes de France dont la terminaison ancienne ou moderne comporte le DUN (*dunum*), offrirait dans son nom le certificat d'une existence autochtone. Ce mot Dun, l'apanage de toute éminence consacrée par le culte druidique, annoncerait un établissement militaire et religieux des Celtes. Les Romains auraient bâti sous le Dun des Gaulois un temple à Isis. De là, selon Chaumeau, le nom de la ville : Is-sous-Dun! Is serait l'abréviation d'Isis. Richard-Cœur-de-Lion a bien certainement bâti la fameuse tour où il a frappé monnaie, au-dessus d'une basilique du cinquième siècle, le troisième monument de la troisième religion de cette vieille ville. Il s'est servi de cette église comme d'un point d'arrêt nécessaire à l'exhaussement de son rempart, et l'a conservée en la couvrant de ses fortifications féodales, comme d'un manteau. Issoudun était alors le siége de la puissance éphémère des Routiers et des Cottereaux, *condottieri* que Henri II opposa à son fils Richard, lors de sa révolte comme comte de Poitou. L'histoire de l'Aquitaine, qui n'a pas été faite par les Bénédictins, ne se fera sans doute point, car il n'y a plus de Bénédictins. Aussi ne saurait-on trop éclaircir ces ténèbres archéologiques dans l'histoire de nos mœurs, toutes les fois que l'occasion s'en présente. Il existe un autre témoignage de l'antique puissance d'Issoudun dans la canalisation de la Tournemine, petite rivière exhaussée de plusieurs mètres sur une grande étendue de pays au-dessus du niveau de la Théols, la rivière qui entoure la ville. Cet ouvrage est dû, sans aucun doute, au génie romain. Enfin le faubourg qui s'étend du Château vers le nord est traversé par une rue, nommée depuis plus de deux mille ans, la rue de Rome. Le faubourg lui-même s'appelle faubourg de Rome. Les habitants de ce faubourg, dont la race, le sang, la physionomie ont d'ailleurs un cachet particulier, se disent descendants des Romains. Ils sont presque tous vignerons et d'une remarquable roideur de mœurs, due sans doute à leur origine, et peut-être à leur victoire sur les Cottereaux et les Routiers, qu'ils ont exterminés au douzième siècle dans la plaine de Charost. Après l'insurrection de 1830, la France fut trop agitée pour avoir donné son attention à l'émeute des vignerons d'Issoudun, qui fut terrible, dont les détails n'ont pas été d'ailleurs publiés, et pour cause. D'abord, les bourgeois d'Issoudun ne permirent point aux troupes d'entrer en ville. Ils voulurent répondre eux-mêmes de leur cité, selon les us et coutumes de la bourgeoisie au Moyen-Age. L'autorité fut obligée de céder à des gens appuyés par six ou sept mille vignerons qui avaient brûlé toutes les archives et les bureaux des Contributions Indirectes, et qui traînaient de rue en rue un employé de l'Octroi, disant à chaque réverbère : — C'est là que faut le pendre ! Le pauvre homme fut arraché à ces furieux par la Garde nationale, qui lui sauva la vie en le conduisant en prison sous prétexte de lui faire son procès. Le général n'entra qu'en vertu d'une capitulation faite avec les vignerons, et il y eut du courage à pénétrer leurs masses ; car, au moment où il parut à l'Hôtel-de-Ville, un homme du faubourg de Rome lui passa son *volant* au cou (le volant est cette grosse serpe attachée à une perche qui sert à tailler les arbres), et lui cria : — *Pu d'coumis ou y a rin de fait !* Ce vigneron aurait abattu la tête à celui que seize ans de guerre avaient respecté, sans la rapide intervention d'un des chefs de la révolte à qui l'on promit de *demander aux Chambres la suppression des rats de cave !...*

Au quatorzième siècle Issoudun avait encore seize à dix-sept mille habitants, reste d'une population double au temps de Rigord. Charles VII y possédait un hôtel qui subsiste, et connu jusqu'au dix-huitième siècle sous le nom de Maison du Roy. Cette ville, alors le centre du commerce des laines, en approvisionnait une partie de l'Europe et fabriquait sur une grande échelle des draps, des chapeaux, et d'excellents gants de *chevreautin*. Sous Louis XIV, Issoudun, à qui l'on dut Baron et Bourdaloue, était toujours citée comme une ville d'élégance, de beau langage et de bonne société. Dans son histoire de Sancerre, le curé Poupart prétendait les habitants d'Issoudun remarquables, entre tous les Berrichons, par leur finesse et par leur *esprit naturel.* Aujourd'hui cette splendeur et cet esprit ont disparu complétement. Issoudun, dont l'étendue atteste l'ancienne importance, se donne douze mille âmes de population en y comprenant les vignerons de quatre énormes faubourgs : ceux de Saint-Paterne, de Vilatte, de Rome et des Alouettes, qui sont des petites villes. La bourgeoisie, comme celle de Versailles, est au large dans les rues. Issoudun conserve encore le marché des laines du Berry, commerce menacé par les améliorations de la race ovine qui s'introduisent partout et que le Berry n'adopte point. Les vignobles d'Issoudun produisent un vin qui se boit dans deux départements, et qui, s'il se fabriquait comme la Bourgogne et la Gascogne fabriquent le leur, deviendrait un des meilleurs vins de France. Hélas! *faire comme faisaient nos pères*, ne rien innover, telle est la loi du pays. Les vignerons continuent donc à laisser la râpe pendant la fermentation, ce qui rend détestable un vin qui pourrait être la source de nouvelles richesses et un objet d'activité pour le pays. Grâce à l'âpreté que la râpe lui communique et qui, dit-on, se modifie avec l'âge, ce vin traverse un siècle. Cette raison donnée par le Vignoble est assez importante en œnologie pour être publiée. Guillaume-le-Breton a d'ailleurs célébré dans sa Philippide cette propriété par quelques vers.

La décadence d'Issoudun s'explique donc par l'esprit d'immobilisme poussé jusqu'à l'ineptie et qu'un seul fait fera comprendre. Quand on s'occupa de la route de Paris à Toulouse, il était naturel de la diriger de Vierzon sur Châteauroux, par Issoudun. La route eût été plus courte qu'en la dirigeant, comme elle l'est, par Vatan. Mais les notabilités du pays et le conseil municipal d'Issoudun, dont la délibération existe, dit-on, demandèrent la direction par Vatan, en objectant que, si la grande route traversait leur ville, les vivres augmenteraient de prix, et que l'on serait exposé à payer les poulets trente sous. On ne trouve l'analogue d'un pareil acte que dans les contrées les plus sauvages de la Sardaigne, pays si peuplé, si riche autrefois, aujourd'hui si désert. Quand le roi Charles-Albert, dans une louable pensée de civilisation, voulut joindre Sassari, seconde capitale de l'île, à Cagliari par une belle et magnifique route, la seule qui existe dans cette savane appelée la Sardaigne, le tracé direct exigeait qu'elle passât par Bonorva, district habité par des gens insoumis, d'autant plus comparables à nos tribus arabes qu'ils descendent des Maures. En se voyant sur le point d'être gagnés par la civilisation, les sauvages de Bonorva, sans prendre la peine de délibérer, signifièrent leur opposition au tracé. Le gouvernement ne tint aucun compte de cette opposition. Le premier ingénieur qui vint planter le premier jalon reçut une balle dans la tête et mourut sur son jalon. On ne fit aucune recherche à ce sujet, et la route décrit une courbe qui l'allonge de huit lieues.

A Issoudun, l'avilissement croissant du prix des vins qui se consomment sur place, en satisfaisant ainsi le désir de la bourgeoisie de vivre à bon marché, prépare la ruine des vignerons, de plus en plus accablés par les frais de culture et par l'impôt; de même que la ruine du commerce des laines et du pays est préparée par l'impossibilité d'améliorer la race ovine. Les gens de la campagne ont une horreur profonde pour toute espèce de changement, même pour celui qui leur paraît utile à leurs intérêts. Un Parisien trouve dans la campagne un ouvrier qui mangeait à dîner une énorme quantité de pain, de fromage et de légumes ; il lui prouve que, s'il substituait à cette nourriture une portion de viande, il se nourrirait mieux, à meilleur marché, qu'il travaillerait davantage, et n'userait pas si promptement son capital d'existence. Le Berrichon reconnaît la justesse du calcul. — Mais les *disettes!* monsieur, répondit-il. — Quoi, les *disettes?*..... — Eh ! bien, oui, quoi qu'on dirait ? — Il serait la fable de tout le pays, fit observer le propriétaire sur les terres de qui la scène avait lieu, on le croirait riche comme un bourgeois, il a enfin peur de l'opinion publique, il a peur d'être montré au doigt, de passer pour un homme faible ou malade..... Voilà comme nous sommes dans ce pays-ci ! Beaucoup de bourgeois disent cette dernière phrase avec un sentiment d'orgueil caché. Si l'ignorance et la routine sont invincibles dans les campagnes où l'on abandonne les paysans à eux-mêmes, la ville d'Issoudun est arrivée à une complète stagnation sociale. Obligée de combattre la dégénérescence des fortunes par une économie sordide, chaque famille vit chez soi. D'ailleurs, la société s'y trouve à jamais privée de l'antagonisme qui donne du ton aux mœurs. La ville ne connaît plus cette opposition de deux forces à laquelle on a dû la vie des États italiens au Moyen-âge. Issoudun n'a plus de nobles. Les Cottereaux, les Routiers, la Jacquerie, les guerres de religion et la Révolution y ont totalement supprimé la noblesse. La ville est très-fière de ce triomphe. Issoudun a constamment refusé, toujours pour maintenir le bon marché des vivres, d'avoir une garnison. Elle a perdu ce moyen de communication avec le siècle, en perdant aussi les profits qui se font avec la troupe. Avant 1756, Issoudun était une des plus agréables villes de garnison. Un drame judiciaire qui occupa toute la France, l'affaire du Lieutenant-Général au Bailliage contre le marquis de Chapt, dont le fils, officier de dragons, fut, à propos de galanterie, justement peut-être mais traîtreusement mis à mort, priva la ville de garnison à partir de cette époque. Le séjour de la 44e demi-brigade, imposé durant la guerre civile, ne fut pas de nature à réconcilier les habitants avec la gent militaire. Bourges, dont la population décroît tous les dix ans, est atteinte de la même maladie sociale. La vitalité déserte ces grands corps. Certes, l'administration est coupable de ces malheurs. Le devoir d'un gouvernement est d'apercevoir ces taches sur le Corps Politique, et d'y remédier en envoyant des hommes énergiques dans ces localités malades pour y changer la face des choses. Hélas ! loin de là, on s'applaudit de cette funeste et funèbre tranquillité. Puis, comment envoyer de nouveaux administrateurs ou des magistrats capables ? Qui de nos jours est soucieux d'aller s'enterrer en des Arrondissements où le bien à faire est sans éclat ? Si, par hasard, on y case des ambitieux étrangers au pays, ils sont bientôt gagnés par la force d'inertie, et se mettent au diapason de cette atroce vie de province. Issoudun aurait engourdi Napoléon. Par suite de cette situation particulière, l'arrondissement d'Issoudun était, en 1822, administré par des hommes appartenant tous au Berry. L'autorité s'y trouvait donc annulée ou sans force, hormis les cas, naturellement très-rares, où la Justice est forcée d'agir à cause de leur gravité patente. Le Procureur du Roi, monsieur Mouilleron, était le cousin de tout le monde, et son Substitut appartenait à une famille de la ville. Le Président du Tribunal, avant d'arriver à cette dignité, se rendit célèbre par un de ces mots qui en province coiffent pour toute sa vie un homme d'un bonnet d'âne. Après avoir terminé l'instruction d'un procès criminel qui devait entraîner la peine de mort, il dit à l'accusé : — « Mon pauvre Pierre, ton affaire est claire, tu auras le cou coupé. Que cela te serve de leçon. » Le commissaire de police, commissaire depuis la Restauration, avait des parents dans tout l'Arrondissement. Enfin, non-seulement l'influence de la religion était nulle, mais le curé ne jouissait d'aucune considération. Cette bourgeoisie, libérale, taquine et ignorante, racontait des histoires plus ou moins comiques sur les relations de ce pauvre homme avec sa servante. Les enfants n'en allaient pas moins au catéchisme, et n'en faisaient pas moins leur première communion ; il n'y en avait pas moins un collége ; on disait bien la messe, on fêtait toujours les fêtes ; on payait les contributions, seule chose que Paris veuille de la province ; enfin le maire y prenait des Arrêtés ; mais ces actes de la vie sociale s'accomplissaient par routine. Ainsi, la mollesse de l'administration concordait admirablement à la situation intellectuelle et morale du pays. Les événements de cette histoire peindront d'ailleurs les effets de cet état de choses qui n'est pas si singulier qu'on pourrait le croire. Beaucoup de villes en France, et particulièrement dans le Midi, ressemblent à Issoudun. L'état dans lequel le triomphe de la Bourgeoisie a mis ce Chef-lieu d'arrondissement est celui qui attend toute la France et même Paris, si la Bourgeoisie continue à rester maîtresse de la politique extérieure et intérieure de notre pays.

Maintenant, un mot de la topographie. Issoudun s'étale du nord au sud sur un coteau qui s'arrondit vers la route de Châteauroux. Au bas de cette éminence, on a jadis pratiqué pour les besoins des fabriques ou pour inonder les douves des remparts au temps où florissait la ville, un canal appelé maintenant *la Rivière-Forcée*, et dont les eaux sont prises à la Théols. La Rivière-Forcée forme un bras artificiel qui se décharge dans la rivière naturelle, au delà du faubourg de Rome, au point où s'y jettent aussi la Tournemine et quelques autres courants. Ces petits cours d'eau vive, et les deux rivières arrosent des prairies assez étendues que cerclent de toutes parts des collines jaunâtres ou blanches parsemées de points noirs. Tel est l'aspect des vignobles d'Issoudun pendant sept mois de l'année. Les vignerons recèpent la vigne tous les ans et ne laissent qu'un moignon hideux et sans échalas au milieu d'un entonnoir. Aussi quand on arrive de Vierzon, de Vatan ou de Châteauroux, l'œil attristé par des plaines monotones est-il agréablement surpris à la vue des prairies d'Issoudun, l'oasis de cette partie du Berry, qui fournit de légumes le pays à dix lieues à la ronde. Au-dessous du faubourg de Rome, s'étend un vaste marais entièrement cultivé en potagers et divisé en deux régions qui portent le nom de bas et de haut Baltan. Une vaste et longue avenue ornée de deux contre-allées de peupliers, mène de la ville au travers des prairies à un ancien couvent nommé Frapesle, dont les jardins anglais, uniques dans l'Arrondissement, ont reçu le nom ambitieux de Tivoli. Le dimanche, les couples amoureux se font par là leurs confidences. Nécessairement les traces de l'ancienne grandeur d'Issoudun se révèlent à un observateur attentif, et les plus marquantes sont les divisions de la ville. Le Château, qui formait autrefois à lui seul une ville avec ses murailles et ses douves, constitue un quartier distinct où l'on ne pénètre aujourd'hui que par les anciennes portes, d'où l'on ne sort que par trois ponts jetés sur les bras des deux rivières et qui seul a la physionomie d'une vieille ville. Les remparts montrent encore de place en place leurs formidables assises sur lesquelles s'élèvent des maisons. Au-dessus du Château se dresse la Tour, qui en était la forteresse. Le maître de la ville étalée autour de ces deux points fortifiés, avait à prendre et la Tour et le Château. La possession du Château ne donnait pas encore celle de la Tour. Le faubourg de Saint-Paterne, qui décrit comme une palette au delà de la Tour en mordant sur la prairie, est trop considérable pour ne pas avoir été dans les temps les plus reculés la ville elle-même. Depuis le Moyen-Age, Issoudun, comme Paris, aura gravi sa colline, et se sera groupée au delà de la Tour et du Château. Cette opinion tirait, en 1822, une sorte de certitude de l'existence de la charmante église de Saint-Paterne, récemment démolie par l'héritier de celui qui l'acheta de la Nation. Cette église, un des plus jolis *specimen* d'église romane que possédât la France, a péri sans que personne ait pris le dessin du portail, dont la conservation était parfaite. La seule voix qui s'éleva pour sauver le monument ne trouva d'écho nulle part, ni dans la ville, ni dans le département. Quoique le Château d'Issoudun ait le caractère d'une vieille ville avec ses rues étroites et ses vieux logis, la ville proprement dite, qui fut prise et brûlée plusieurs fois à différentes époques, notamment durant la Fronde où elle brûla tout entière, a un aspect moderne. Des rues spacieuses, relativement à l'état des autres villes, et des maisons bien bâties forment avec l'aspect du Château un contraste assez frappant qui vaut à Issoudun, dans quelques géographies, le nom de Jolie.

Dans une ville ainsi constituée, sans aucune activité même commerciale, sans goût pour les arts, sans occupations savantes, où chacun reste dans son intérieur, il devait arriver et il arriva, sous la Restauration, en 1816, quand la guerre eut cessé, que, parmi les jeunes gens de la ville, plusieurs n'eurent aucune carrière à suivre, et ne surent que faire en attendant leur mariage ou la succession de leurs parents. Ennuyés au logis, ces jeunes gens ne trouvèrent aucun élément de distraction en ville ; et comme, suivant un mot du pays, *il faut que jeunesse jette sa gourme*, ils firent leurs farces aux dépens de la ville même. Il leur fut bien difficile d'opérer en plein jour, ils eussent été reconnus ; et, la coupe de leurs crimes une fois comblée, ils auraient fini par être traduits, à la première peccadille un peu trop forte, en police correctionelle ; ils choisirent donc assez judicieusement la nuit pour faire leurs mauvais tours. Ainsi dans ces vieux restes de tant de civilisations diverses disparues, brilla comme une dernière flamme un vestige de l'esprit de drôlerie qui distinguait les anciennes mœurs. Ces jeunes gens s'amusèrent comme jadis s'amusaient Charles IX et ses courtisans, Henri V et ses compagnons, et comme on s'amusa jadis dans beaucoup de villes de province. Une fois confédérés par la nécessité de s'entr'aider, de se défendre, et d'inventer des tours plaisants, il se développa chez eux, par le choc des idées, cette somme de malignité que comporte la jeunesse et qui s'observe jusque dans les animaux. La confédération leur donna de plus les petits plaisirs que procure le mystère d'une conspiration permanente. Ils se nommèrent *les Chevaliers de la Désœuvrance*. Pendant le jour, ces jeunes singes étaient de petits saints, ils affectaient tous d'être extrêmement tranquilles ; et, d'ailleurs, ils dormaient assez tard après les nuits pendant lesquelles ils avaient accompli quelque méchante œuvre. Les Chevaliers de la Désœuvrance commencèrent par des farces vulgaires, comme de décrocher et de changer des enseignes, de sonner aux portes, de précipiter avec fracas un tonneau oublié par quelqu'un à sa porte dans la cave du voisin, alors réveillé par un bruit qui faisait croire à l'explosion d'une mine. A Issoudun comme dans beaucoup de villes, on descend à la cave par une trappe dont la bouche placée à l'entrée de la maison est recouverte d'une forte planche à charnières, avec un gros cadenas pour fermeture. Ces nouveaux Mauvais-Garçons n'étaient pas encore sortis, vers la fin de 1816, des plaisanteries que font dans toutes les provinces les gamins et les jeunes gens. Mais en janvier 1817, l'Ordre de la Désœuvrance eut un Grand-Maître, et se distingua par des tours qui, jusqu'en 1823, répandirent une sorte de terreur dans Issoudun, ou du moins en tinrent les artisans et la bourgeoisie en de continuelles alarmes.

Ce chef fut un certain Maxence Gilet, appelé plus simplement

Max, que ses antécédents, non moins que sa force et sa jeunesse, destinaient à ce rôle. Maxence Gilet passait dans Issoudun pour être le fils naturel de ce Subdélégué, monsieur Lousteau, dont la galanterie a laissé beaucoup de souvenirs, le frère de madame Hochon, et qui s'était attiré, comme vous l'avez vu, la haine du vieux docteur Rouget, à propos de la naissance d'Agathe. Mais l'amitié qui liait ces deux hommes avant leur brouille fut tellement étroite, que, selon une expression du pays et du temps, ils passaient volontiers par les mêmes chemins. Aussi prétendait-on que Max pouvait tout aussi bien être le fils du docteur que celui du Subdélégué ; mais il n'appartenait ni à l'un ni à l'autre, car son père fut un charmant officier de dragons en garnison à Bourges. Néanmoins, par suite de leur inimitié, fort heureusement pour l'enfant, le docteur et le Subdélégué se disputèrent constamment cette paternité. La mère de Max, femme d'un pauvre sabotier du faubourg de Rome, était, pour la perdition de son âme, d'une beauté surprenante, une beauté de Trastéverine, seul bien qu'elle transmit à son fils. Madame Gilet, grosse de Max en 1788, avait pendant long-temps désiré cette bénédiction du ciel, qu'on eut la méchanceté d'attribuer à la galanterie des deux amis, sans doute pour les animer l'un contre l'autre. Gilet, vieil ivrogne à triple broc, favorisait les désordres de sa femme par une collusion et une complaisance qui ne sont pas sans exemple dans la classe inférieure. Pour procurer des protecteurs à son fils, la Gilet se garda bien d'éclairer les pères postiches. A Paris, elle eût été millionnaire ; à Issoudun, elle vécut tantôt à l'aise, tantôt misérablement, et à la longue méprisée. Madame Hochon, sœur de monsieur Lousteau, donna quelque dix écus par an pour que Max allât à l'école. Cette libéralité que madame Hochon était hors d'état de se permettre, par suite de l'avarice de son mari, fut naturellement attribuée à son frère, alors à Sancerre. Quand le docteur Rouget, qui n'était pas heureux en garçon, eut remarqué la beauté de Max, il paya jusqu'en 1805 la pension au collége de celui qu'il appelait *le jeune drôle*. Comme le Subdélégué mourut en 1800, et qu'en payant pendant cinq ans la pension de Max, le docteur paraissait obéir à un sentiment d'amour-propre, la question de paternité resta toujours indécise. Maxence Gilet, texte de mille plaisanteries, fut d'ailleurs bientôt oublié. Voici comment. En 1806, un an après la mort du docteur Rouget, ce garçon, qui semblait avoir été créé pour une vie hasardeuse, doué d'ailleurs d'une force et d'une agilité remarquables, se permettait une foule de méfaits plus ou moins dangereux à commettre. Il s'entendait déjà avec les petit-fils de monsieur Hochon pour faire enrager les épiciers de la ville, il récoltait les fruits avant les propriétaires, ne se gênant point pour escalader des murailles. Ce démon n'avait pas son pareil aux exercices violents, il jouait aux barres en perfection, il aurait attrapé les lièvres à la course. Doué d'un coup d'œil digne de celui de Bas-de-Cuir, il aimait déjà la chasse avec passion. Au lieu d'étudier, il passait son temps à tirer à la cible. Il employait l'argent soustrait au vieux docteur à acheter de la poudre et des balles pour un mauvais pistolet que le père Gilet, le sabotier, lui avait donné. Or, pendant l'automne de 1806, Max, alors âgé de dix-sept ans, commit un meurtre involontaire en effrayant, à la tombée de la nuit, une jeune femme grosse qu'il surprit dans son jardin où il allait voler des fruits. Menacé de la guillotine par son père le sabotier qui voulait sans doute se défaire de lui, Max se sauva d'une seule traite jusqu'à Bourges, y rejoignit un régiment en route pour l'Espagne, et s'y engagea. L'affaire de la jeune femme morte n'eut aucune suite.

Un garçon du caractère de Max devait se distinguer, et il se distingua si bien qu'en trois campagnes il devint capitaine, car le peu d'instruction qu'il avait reçue le servit puissamment. En 1809, en Portugal, il fut laissé pour mort dans une batterie anglaise où sa compagnie avait pénétré sans avoir pu s'y maintenir. Max, pris par les Anglais, fut envoyé sur les pontons espagnols de Cabrera, les plus horribles de tous. On demanda bien pour lui la croix de la Légion-d'Honneur et le grade de chef de bataillon ; mais l'Empereur était alors en Autriche, il réservait ses faveurs aux actions d'éclat qui se faisaient sous ses yeux ; il n'aimait pas ceux qui se laissaient prendre, et fut d'ailleurs assez mécontent des affaires de Portugal. Max resta sur les pontons de 1810 à 1814. Pendant ces quatre années, il s'y démoralisa complétement, car les pontons étaient le Bagne, moins le crime et l'infamie. D'abord, pour conserver son libre arbitre et se défendre de la corruption qui ravageait ces ignobles prisons indignes d'un peuple civilisé, le jeune et beau capitaine tua en duel (on s'y battait en duel dans un espace de six pieds carrés) sept bretteurs ou tyrans, dont il débarrassa son ponton, à la grande joie des victimes. Max régna sur son ponton, grâce à l'habileté prodigieuse qu'il acquit dans le maniement des armes, à sa force corporelle et son adresse. Mais il commit à son tour des actes arbitraires, il eut des complaisants qui travaillèrent pour lui, qui se firent ses courtisans. Dans cette école de douleur, où les caractères aigris ne rêvaient que vengeance, où les sophismes éclos dans ces cervelles entassées légitimaient les pensées mauvaises, Max se déprava tout à fait. Il écouta les opinions de ceux qui rêvaient la fortune à tout prix, sans reculer devant les résultats d'une action criminelle, pourvu qu'elle fût accomplie sans preuves. Enfin, à la paix, il sortit perverti quoique innocent, capable d'être un grand politique dans une haute sphère, et un misérable dans la vie privée, selon les circonstances de sa destinée. De retour à Issoudun, il apprit la déplorable fin de son père et de sa mère. Comme tous les gens qui se livrent à leurs passions et qui font, selon le proverbe, la vie courte et bonne, les Gilet étaient morts dans la plus affreuse indigence, à l'hôpital. Presque aussitôt la nouvelle du débarquement de Napoléon à Cannes se répandit par toute la France. Max n'eut alors rien de mieux à faire que d'aller demander à Paris son grade de chef de bataillon et sa croix. Le Maréchal qui eut alors le portefeuille de la guerre se souvint de la belle conduite du capitaine Gilet en Portugal; il le plaça dans la Garde comme capitaine, ce qui lui donnait, dans la Ligne, le grade de chef de bataillon; mais il ne put lui obtenir la croix. — L'Empereur a dit que vous sauriez bien la gagner à la première affaire, lui dit le Maréchal. En effet, l'Empereur nota le brave capitaine pour être décoré le soir du combat de Fleurus, où Gilet se fit remarquer. Après la bataille de Waterloo, Max se retira sur la Loire. Au licenciement, le Maréchal Feltre ne reconnut à Gilet ni son grade ni sa croix. Le soldat de Napoléon revint à Issoudun dans un état d'exaspération assez facile à concevoir, il ne voulait servir qu'avec la croix et le grade de chef de bataillon. Les Bureaux trouvèrent ces conditions exorbitantes chez un jeune homme de vingt-cinq ans, sans nom, et qui pouvait devenir ainsi colonel à trente ans. Max envoya donc sa démission. Le commandant, car entre eux les Bonapartistes se reconnurent les grades acquis en 1815, perdit ainsi le maigre traitement, appelé la demi-solde, qui fut alloué aux officiers de l'armée de la Loire. En voyant ce beau jeune homme, dont tout l'avoir consistait en vingt napoléons, on s'émut à Issoudun en sa faveur, et le maire lui donna une place de six cents francs d'appointements à la Mairie. Max, qui remplit cette place pendant six mois environ, la quitta de lui-même, et fut remplacé par un capitaine nommé Carpentier, resté comme lui fidèle à Napoléon. Déjà Grand-Maître de l'Ordre de la Désœuvrance, Gilet avait pris un genre de vie qui lui fit perdre la considération des premières familles de la ville, sans qu'on le lui témoignât d'ailleurs ; car il était violent et redouté par tout le monde, même par les officiers de l'ancienne armée, qui refusèrent comme lui de servir, et qui revinrent planter leurs choux en Berry. Le peu d'affection des gens nés à Issoudun pour les Bourbons n'a rien de surprenant d'après le tableau qui précède. Aussi, relativement à son peu d'importance, y eut-il dans cette petite ville plus de Bonapartistes que partout ailleurs. Les Bonapartistes se firent, comme on sait, presque tous Libéraux. On comptait à Issoudun ou dans les environs une douzaine d'officiers dans la position de Maxence, et qui le prirent pour chef, tant il leur plut ; à l'exception cependant de ce Carpentier, son successeur, et d'un certain monsieur Mignonnet, ex-capitaine d'artillerie dans la Garde. Carpentier, officier de cavalerie parvenu, se maria tout d'abord, et appartint à l'une des familles les plus considérables de la ville, les Borniche-Héreau. Mignonnet, élevé à l'École Polytechnique, avait servi dans un corps qui s'attribue une espèce de supériorité sur les autres. Il y eut, dans les armées impériales, deux nuances chez les militaires. Une grande partie eut pour le bourgeois, pour *le péquin*, un mépris égal à celui des nobles pour les vilains, du conquérant pour le conquis. Ceux-là n'observaient pas toujours les lois de l'honneur dans leurs relations avec le Civil, ou ne blâmaient pas trop ceux qui sabraient le bourgeois. Les autres, et surtout l'Artillerie, par suite de son républicanisme peut-être, n'adoptèrent pas cette doctrine, qui ne tendait à rien moins qu'à faire deux Frances : une France militaire et une France civile. Si donc le commandant Potel et le capitaine Renard, deux officiers du faubourg de Rome, dont les opinions sur les péquins ne varièrent pas, furent les amis *quand même* de Maxence Gilet, le commandant Mignonnet et le capitaine Carpentier se rangèrent du côté de la bourgeoisie, en trouvant la conduite de Max indigne d'un homme d'honneur. Le commandant Mignonnet, petit homme sec, plein de dignité, s'occupa des problèmes que la machine à vapeur offrait à résoudre, et vécut modestement en faisant sa société de monsieur et de madame Carpentier. Ses mœurs douces et ses occupations scientifiques lui méritèrent la considération de toute la ville. Aussi disait-on que messieurs Mignonnet et Carpentier étaient de *tout autres gens* que le commandant Potel et les capitaines Renard, Maxence et autres habitués du café Militaire qui conservaient les mœurs soldatesques et les errements de l'Empire.

Au moment où madame Bridau revenait à Issoudun, Max était donc exclus du monde bourgeois. Ce garçon se rendait d'ailleurs lui-même justice en ne se présentant point à la Société, dite le Cercle, et ne se plaignant jamais de la triste réprobation dont il était l'objet, quoiqu'il fût le jeune homme le plus élégant, le mieux mis de tout Issoudun, qu'il y fît une grande dépense et qu'il eût, par exception, un cheval, chose aussi étrange à Issoudun que celui de lord Byron à Venise. On va voir comment, pauvre et sans ressources, Maxence fut mis en état d'être le fashionable d'Issoudun; car les moyens honteux qui lui valurent le mépris des gens timorés ou religieux tiennent aux intérêts qui amenaient Agathe et Joseph à Issoudun. A l'audace de son maintien, à l'expression de sa physionomie, Max paraissait se soucier fort peu de l'opinion publique; il comptait sans doute prendre un jour sa revanche, et régner sur ceux-là mêmes qui le méprisaient. D'ailleurs, si la bourgeoisie mésestimait Max, l'admiration que son caractère excitait parmi le peuple formait un contre-poids à cette opinion; son courage, sa prestance, sa décision devaient plaire à la masse, à qui sa dépravation fut d'ailleurs inconnue, et que les bourgeois ne soupçonnaient même point dans toute son étendue. Max jouait à Issoudun un rôle presque semblable à celui du Forgeron dans la Jolie Fille de Perth, il y était le champion du Bonapartisme et de l'Opposition. On comptait sur lui comme les bourgeois de Perth comptaient sur Smith dans les grandes occasions. Une affaire mit surtout en relief le héros et la victime des Cent-Jours.

En 1819, un bataillon commandé par des officiers royalistes, jeunes gens sortis de la Maison Rouge, passa par Issoudun en allant à Bourges y tenir garnison. Ne sachant que faire dans une ville aussi constitutionnelle qu'Issoudun, les officiers allèrent passer le temps au Café Militaire. Dans toutes les villes de province, il existe un Café Militaire. Celui d'Issoudun, bâti dans un coin du rempart sur la Place d'Armes et tenu par la veuve d'un ancien officier, servait naturellement de club aux Bonapartistes de la ville, aux officiers en demi-solde, ou à ceux qui partageaient les opinions de Max et à qui l'esprit de la ville permettait l'expression de leur culte pour l'Empereur. Dès 1816, il se fit à Issoudun, tous les ans, un repas pour fêter l'anniversaire du couronnement de Napoléon. Les trois premiers Royalistes qui vinrent demandèrent les journaux, et entre autres la *Quotidienne*, le *Drapeau Blanc*. Les opinions d'Issoudun, celles du Café Militaire surtout, ne comportaient point de journaux royalistes. Le Café n'avait que le *Commerce*, nom que le Constitutionnel, supprimé par un Arrêt, fut forcé de prendre pendant quelques années. Mais, comme en paraissant pour la première fois sous ce titre, il commença son Premier Paris par ces mots : *Le Commerce est essentiellement Constitutionnel*, on continuait à l'appeler le Constitutionnel. Tous les abonnés saisirent le calembour plein d'opposition et de malice par lequel on les priait de ne pas faire attention à l'enseigne, le vin devant être toujours le même. Du haut de son comptoir, la grosse dame répondit aux Royalistes qu'elle n'avait pas les journaux demandés. — Quels journaux recevez-vous donc? fit un des officiers, un capitaine. Le garçon, un petit jeune homme en veste de drap bleu, et orné d'un tablier de grosse toile, apporta le *Commerce*. — Ah! c'est là votre journal, en avez-vous un autre? — Non, dit le garçon, c'est le seul. Le capitaine déchire la feuille de l'Opposition, la jette en morceaux, et crache dessus en disant : — Des dominos! En dix minutes, la nouvelle de l'insulte faite à l'Opposition constitutionnelle et au libéralisme dans la personne du sacro-saint journal, qui attaquait les prêtres avec le courage et l'esprit que vous savez, courut par les rues, se répandit comme la lumière dans les maisons; on se la conta de place en place. Le même mot fut à la fois dans toutes les bouches : — Avertissons Max! Max sut bientôt l'affaire. Les officiers n'avaient pas fini leur partie de dominos que Max, accompagné du commandant Potel et du capitaine Renard, suivi de trente jeunes gens curieux de voir la fin de cette aventure et qui presque tous restèrent groupés sur la place d'Armes, entra dans le café. Le café fut bientôt plein. — Garçon, *mon* journal? dit Max d'une voix douce. On joua une petite comédie. La grosse femme, d'un air craintif et conciliateur, dit : — Capitaine, je l'ai prêté. — Allez le chercher, s'écria un des amis de Max. — Ne pouvez-vous pas vous passer du journal? dit le garçon, nous ne l'avons plus. Les jeunes officiers riaient et jetaient des regards en coulisse sur les bourgeois. — On l'a déchiré! s'écria un jeune homme de la ville en regardant aux pieds du jeune capitaine royaliste.

— Qui donc s'est permis de déchirer le journal ? demanda Max d'une voix tonnante, les yeux enflammés et se levant les bras croisés. — Et nous avons craché dessus, répondirent les trois jeunes officiers en se levant et regardant Max. — Vous avez insulté toute la ville, dit Max devenu blême. — Eh ! bien, après ?... demanda le plus jeune officier. Avec une adresse, une audace et une rapidité que ces jeunes gens ne pouvaient prévoir, Max appliqua deux soufflets au premier officier qui se trouvait en ligne, et lui dit : — Comprenez-vous le français ? On alla se battre dans l'allée de Frapesle, trois contre trois. Potel et Renard ne voulurent jamais permettre que Maxence Gilet fît raison à lui seul aux officiers. Max tua son homme. Le commandant Potel blessa si grièvement le sien que le malheureux, un fils de famille, mourut le lendemain à l'hôpital où il fut transporté. Quant au troisième, il en fut quitte pour un coup d'épée et blessa le capitaine Renard, son adversaire. Le bataillon partit pour Bourges dans la nuit. Cette affaire, qui eut du retentissement en Berry, posa définitivement Maxence Gilet en héros.

Les chevaliers de la Désœuvrance, tous jeunes, le plus âgé n'avait pas vingt-cinq ans, admiraient Maxence. Quelques-uns d'entre eux, loin de partager la pruderie, la rigidité de leurs familles à l'égard de Max, enviaient sa position et le trouvaient bien heureux. Sous un tel chef, l'Ordre fit des merveilles. A partir du mois de janvier 1817, il ne se passa pas de semaine que la ville ne fût mise en émoi par un nouveau tour. Max, par point d'honneur, exigea des chevaliers certaines conditions. On promulgua des statuts. Ces diables devinrent alertes comme des élèves d'Amoros, hardis comme des milans, habiles à tous les exercices, forts et adroits comme des malfaiteurs. Ils se perfectionnèrent dans le métier de grimper sur les toits, d'escalader les maisons, de sauter, de marcher sans bruit, de gâcher du plâtre et de condamner une porte. Ils eurent un arsenal de cordes, d'échelles, d'outils, de déguisements. Aussi les chevaliers de la Désœuvrance arrivèrent-ils au beau idéal de la malice, non-seulement dans l'exécution mais encore dans la conception de leurs tours. Ils finirent par avoir ce génie du mal qui réjouissait tant Panurge, qui provoque le rire et qui rend la victime si ridicule qu'elle n'ose se plaindre. Ces fils de famille avaient d'ailleurs dans les maisons des intelligences qui leur permettaient d'obtenir les renseignements utiles à la perpétration de leurs attentats.

Par un grand froid, ces diables incarnés transportaient très-bien un poêle de la salle dans la cour, et le bourraient de bois de manière à ce que le feu durât encore au matin. On apprenait alors par la ville que monsieur un tel (un avare!) avait essayé de chauffer sa cour.

Ils se mettaient quelquefois tous en embuscade dans la Grand'-Rue ou dans la rue Basse, deux rues qui sont comme les deux artères de la ville, et où débouchent beaucoup de petites rues transversales. Tapis, chacun à l'angle d'un mur, au coin d'une de ces petites rues, et la tête au vent, au milieu du premier sommeil de chaque ménage ils criaient d'une voix effarée, de porte en porte, d'un bout de la ville à l'autre : — Eh! bien, qu'est-ce?... Qu'est-ce? Ces demandes répétées éveillaient les bourgeois qui se montraient en chemise et en bonnet de coton, une lumière à la main, en s'interrogeant tous, en faisant les plus étranges colloques et les plus curieuses faces du monde.

Il y avait un pauvre relieur, très-vieux, qui croyait aux démons. Comme presque tous les artisans de province, il travaillait dans une petite boutique basse. Les Chevaliers, déguisés en diables, envahissaient sa boutique à la nuit, le mettaient dans son coffre aux rognures, et le laissaient criant à lui seul comme trois brûlés. Le pauvre homme réveillait les voisins, auxquels il racontait les apparitions de Lucifer, et les voisins ne pouvaient guère le détromper. Ce relieur faillit devenir fou.

Au milieu d'un rude hiver, les Chevaliers démolirent la cheminée du cabinet du Receveur des Contributions, et la lui rebâtirent en une nuit, parfaitement semblable, sans faire de bruit, sans avoir laissé la moindre trace de leur travail. Cette cheminée était intérieurement arrangée de manière à enfumer l'appartement. Le Receveur fut deux mois à souffrir avant de reconnaître pourquoi sa cheminée, qui allait si bien, de laquelle il était si content, lui jouait de pareils tours, et il fut obligé de la reconstruire.

Ils mirent un jour trois bottes de paille soufrées et des papiers huilés dans la cheminée d'une vieille dévote, amie de madame Hochon. Le matin, en allumant son feu, la pauvre femme, une femme tranquille et douce, crut avoir allumé un volcan. Les pompiers arrivèrent, la ville entière accourut, et comme parmi les pompiers il se trouvait quelques Chevaliers de la Désœuvrance, ils inondèrent la maison de la vieille femme à laquelle ils firent peur de la noyade après lui avoir donné la terreur du feu. Elle fut malade de frayeur.

Quand ils voulaient faire passer à quelqu'un la nuit tout entière en armes et dans de mortelles inquiétudes, ils lui écrivaient une lettre anonyme pour le prévenir qu'il devait être volé ; puis ils allaient un à un le long de ses murs ou de ses croisées, en s'appelant par des coups de sifflet.

Un de leurs plus jolis tours, dont s'amusa long-temps la ville où il se raconte encore, fut d'adresser à tous les héritiers d'une vieille dame fort avare, et qui devait laisser une belle succession, un petit mot qui leur annonçait sa mort en les invitant à être exacts pour l'heure où les scellés seraient mis. Quatre-vingts personnes environ arrivèrent de Vatan, de Saint-Florent, de Vierzon et des environs, tous en grand deuil, mais assez joyeux, les uns avec leurs femmes, les veuves avec leurs fils, les enfants avec leurs pères, qui dans une carriole, qui dans un cabriolet d'osier, qui dans une méchante charrette. Imaginez les scènes entre la servante de la vieille dame et les premiers arrivés ? puis les consultations chez les notaires !... Ce fut comme une émeute dans Issoudun.

Enfin, un jour, le Sous-Préfet s'avisa de trouver cet ordre de choses d'autant plus intolérable qu'il était impossible de savoir qui se permettait ces plaisanteries. Les soupçons pesaient bien sur les jeunes gens ; mais comme la Garde Nationale était alors purement nominale à Issoudun, qu'il n'y avait point de garnison, que le lieutenant de gendarmerie n'avait pas plus de huit gendarmes avec lui, qu'il ne se faisait pas de patrouilles, il était impossible d'avoir des preuves. Le Sous-Préfet fut mis à *l'Ordre de nuit*, et pris aussitôt pour *bête noire*. Ce fonctionnaire avait l'habitude de déjeuner de deux œufs frais. Il nourrissait des poules dans sa cour, et joignait à la manie de manger des œufs frais celle de vouloir les faire cuire lui-même. Ni sa femme, ni sa servante, ni personne, selon lui, ne savait cuire un œuf comme il faut ; il regardait à sa montre, et se vantait de l'emporter en ce point sur tout le monde. Il cuisait ses œufs depuis deux ans avec un succès qui lui méritait mille plaisanteries. On enleva pendant un mois, toutes les nuits, les œufs de ses poules, auxquels on en substitua de durs. Le Sous-Préfet y perdit son latin et sa réputation de *Sous-Préfet à l'œuf*. Il finit par déjeuner autrement. Mais il ne soupçonna point les Chevaliers de la Désœuvrance, dont le tour était trop bien fait. Max inventa de lui graisser les tuyaux de ses poêles, toutes les nuits, d'une huile saturée d'odeurs si fétides, qu'il était impossible de tenir chez lui. Ce ne fut pas assez : un jour, sa femme, en voulant aller à la messe, trouva son châle intérieurement collé par une substance si tenace, qu'elle fut obligée de s'en passer. Le Sous-Préfet demanda son changement. La couardise et la soumission de ce fonctionnaire établirent définitivement l'autorité drolatique et occulte des Chevaliers de la Désœuvrance.

Entre la rue des Minimes et la place Misère, il existait alors une portion de quartier encadrée par le bras de la Rivière-Forcée vers le bas, et en haut par le rempart, à partir de la Place d'Armes jusqu'au Marché à la Poterie. Cet espèce de carré informe était rempli par des maisons d'un aspect misérable, pressées les unes contre les autres et divisées par des rues si étroites, qu'il est impossible d'y passer deux à la fois. Cet endroit de la ville, espèce de Cour des Miracles, était occupé par des gens pauvres ou exerçant des professions peu lucratives, logés dans ces taudis et dans des logis si pittoresquement appelés, en langage familier, des maisons borgnes. A toutes les époques, ce fut sans doute un quartier maudit, repaire des gens de mauvaise vie, car une de ces rues se nomme *la rue du Bourriau*. Il est constant que le bourreau de la ville y eut sa maison *à porte rouge* pendant plus de cinq siècles. L'aide du bourreau de Châteauroux y demeure encore, s'il faut en croire le bruit public, car la bourgeoisie ne le voit jamais. Les vignerons entretiennent seuls des relations avec cet être mystérieux qui a hérité de ses prédécesseurs le don de guérir les fractures et les plaies. Jadis les filles de joie, quand la ville se donnait des airs de capitale, y tenaient leurs assises. Il y avait des revendeurs de choses qui semblent ne pas devoir trouver d'acheteurs, puis des fripiers dont l'étalage empeste, enfin cette population apocryphe qui se rencontre dans un lieu semblable en presque toutes les villes, et où dominent un ou deux juifs. Au coin d'une de ces rues sombres, du côté le plus vivant de ce quartier, il exista de 1815 à 1823, et peut-être plus tard, un bouchon tenu par une femme appelée la mère Cognette. Ce bouchon consistait en une maison assez bien bâtie en chaînes de pierre blanche dont les intervalles étaient remplis de moellons et de mortier, élevée d'un étage et d'un grenier. Au-dessus de la porte, brillait cette énorme branche de pin semblable à du bronze de florence. Comme si ce symbole ne parlait pas assez, l'œil était saisi par le bleu d'une affiche collée au chambranle et où se voyait au-dessous de ces mots : BONNE BIÈRE DE MARS, un soldat offrant à une femme très-décolletée un jet de mousse qui se rend du cruchon au verre qu'elle tend, en décrivant une arche de pont, le tout d'une couleur à faire évanouir Delacroix. Le rez-dechaussée se composait d'une immense salle servant à la fois de cuisine et de salle à manger, aux solives de laquelle pendaient accrochées à des clous les provisions nécessaires à l'exploitation de ce commerce. Derrière cette salle, un escalier de meunier menait à l'étage supérieur; mais au pied de cet escalier s'ouvrait une porte donnant dans une petite pièce longue, éclairée sur une de ces cours de province qui ressemblent à un tuyau de cheminée, tant elles sont étroites, noires et hautes. Cachée par un appentis et dérobée à tous les regards par des murailles, cette petite salle servait aux Mauvais-Garçons d'Issoudun à tenir leur cour plénière. Ostensiblement le père Cognet hébergeait les gens de la campagne aux jours de marché; mais secrètement il était l'hôtelier des Chevaliers de la Désœuvrance. Ce père Cognet, jadis palefrenier dans quelque maison riche, avait fini par épouser la Cognette, une ancienne cuisinière de bonne maison. Le faubourg de Rome continue, comme en Italie et en Pologne, à féminiser, à la manière latine, le nom du mari pour la femme. En réunissant leurs économies, le père Cognet et sa femme avaient acheté cette maison pour s'y établir cabaretiers. La Cognette, femme d'environ quarante ans, de haute taille, grassouillette, ayant le nez à la Roxelane, la peau bistrée, les cheveux d'un noir de jais, les yeux bruns, ronds et vifs, un air intelligent et rieur, fut choisie par Maxence Gilet pour être la Léonarde de l'Ordre, à cause de son caractère et de ses talents en cuisine. Le père Cognet pouvait avoir cinquante-six ans, il était trapu, soumis à sa femme, et, selon la plaisanterie incessamment répétée par elle, il ne pouvait voir les choses que d'un bon œil, car il était borgne. En sept ans, de 1816 à 1823, ni le mari ni la femme ne commirent la plus légère indiscrétion sur ce qui se faisait nuitamment chez eux ou sur ce qui s'y complotait, et ils eurent toujours la plus vive affection pour tous les Chevaliers; quant à leur dévouement, il était absolu; mais peut-être le trouvera-t-on moins beau, si l'on vient à songer que leur intérêt cautionnait leur silence et leur affection. A quelque heure de nuit que les Chevaliers tombassent chez la Cognette, en frappant d'une certaine manière, le père Cognet, averti par ce signal, se levait, allumait le feu et des chandelles, ouvrait la porte, allait chercher à la cave des vins achetés exprès pour l'Ordre, et la Cognette leur cuisinait un exquis souper, soit avant, soit après les expéditions résolues ou la veille, ou pendant la journée.

Pendant que madame Bridau voyageait d'Orléans à Issoudun, les Chevaliers de la Désœuvrance préparèrent un de leurs meilleurs tours. Un vieil Espagnol, ancien prisonnier de guerre, et qui, lors de la paix, était resté dans le pays, où il faisait un petit commerce de grains, vint de bonne heure au marché, et laissa sa charrette vide au bas de la Tour d'Issoudun. Maxence, arrivé le premier au rendez-vous indiqué pour cette nuit au pied de la Tour, fut interpellé par cette question faite à voix basse : — Que ferons-nous cette nuit?

— La charrette au père Fario est là, répondit-il, j'ai failli me casser le nez dessus, montons-la d'abord sur la butte de la Tour, nous verrons après.

Quand Richard construisit la Tour d'Issoudun, il la planta, comme il a été dit, sur les ruines de la basilique assise à la place du temple romain et du Dun Celtique. Ces ruines, qui représentaient chacune une longue période de siècles, formèrent une montagne grosse des monuments de trois âges. La tour de Richard-Cœur-de-Lion se trouve donc au sommet d'un cône dont la pente est de toutes parts également roide et où l'on ne parvient que par escalade. Pour bien peindre en peu de mots l'attitude de cette tour, on peut la comparer à l'obélisque de Luxor sur son piédestal. Le piédestal de la Tour d'Issoudun, qui recélait alors tant de trésors archéologiques inconnus, a du côté de la ville quatre-vingts pieds de hauteur. En une heure, la charrette fut démontée, hissée pièce à pièce sur la butte au pied de la tour par un travail semblable à celui des soldats qui portèrent l'artillerie au passage du Mont Saint-Bernard. On remit la charrette en état et l'on fit disparaître toutes les traces du travail avec un tel soin qu'elle semblait avoir été transportée là par le diable ou par la baguette d'une fée. Après ce haut fait, les Chevaliers, ayant faim et soif, revinrent tous chez la Cognette, et se virent bientôt attablés dans la petite salle basse, où ils riaient par avance de la figure que ferait le Fario, quand, vers les dix heures, il chercherait sa charrette.

Naturellement les Chevaliers ne faisaient pas leurs farces toutes les nuits. Le génie des Sganarelle, des Mascarille et des Scapin réunis n'eût pas suffi à trouver trois cent soixante mauvais tours par année. D'abord les circonstances ne s'y prêtaient pas toujours :

il faisait un trop beau clair de lune, le dernier tour avait trop irrité les gens sages ; puis tel ou tel refusait son concours quand il s'agissait d'un parent. Mais si les drôles ne se voyaient pas toutes les nuits chez la Cognette, ils se rencontraient pendant la journée, et se livraient ensemble aux plaisirs permis de la chasse ou des vendanges en automne, et du patin en hiver. Dans cette réunion de vingt jeunes gens de la ville qui protestaient ainsi contre sa somnolence sociale, il s'en trouva quelques-uns plus étroitement liés que les autres avec Max, ou qui firent de lui leur idole. Un pareil caractère fanatise souvent la jeunesse. Or, les deux petits-fils de madame Hochon, François Hochon et Baruch Borniche, étaient les séides de Max. Ces deux garçons regardaient Max presque comme leur cousin, en admettant l'opinion du pays sur sa parenté de la main gauche avec les Lousteau. Max prêtait d'ailleurs généreusement à ces deux jeunes gens l'argent que leur grand-père Hochon refusait à leurs plaisirs ; il les emmenait à la chasse, il les formait ; il exerçait enfin sur eux une influence bien supérieure à celle de la famille. Orphelins tous deux, ces deux jeunes gens restaient, quoique majeurs, sous la tutelle de monsieur Hochon, leur grand-père, à cause de circonstances qui seront expliquées au moment où le fameux monsieur Hochon paraîtra dans cette scène.

En ce moment, François et Baruch (nommons-les par leurs prénoms pour la clarté de cette histoire) étaient, l'un à droite, l'autre à gauche de Max, au milieu de la table assez mal éclairée par la lueur fuligineuse de quatre chandelles des huit à la livre. On avait bu douze à quinze bouteilles de vins différents, car la réunion ne comptait pas plus de onze Chevaliers. Baruch, dont le prénom indique assez un restant de calvinisme à Issoudun, dit à Max, au moment où le vin avait délié toutes les langues : — Tu vas te trouver menacé dans ton centre...

— Qu'entends-tu par ces paroles ? demanda Max.

— Mais, ma grand-mère a reçu de madame Bridau, sa filleule, une lettre par laquelle elle lui annonce son arrivée et celle de son fils. Ma grand'mère a fait arranger hier deux chambres pour les recevoir.

— Et qu'est-ce que cela me fait ? dit Max en prenant son verre, le vidant d'un trait et le remettant sur la table par un geste comique.

Max avait alors trente-quatre ans. Une des chandelles placée près de lui projetait sa lueur sur sa figure martiale, illuminait bien son front et faisait admirablement ressortir son teint blanc, ses yeux de feu, ses cheveux noirs un peu crépus, et d'un brillant de jais. Cette chevelure se retroussait vigoureusement d'elle-même au-dessus du front et aux tempes, en dessinant ainsi nettement cinq langues noires que nos ancêtres appelaient *les cinq pointes.* Malgré ces brusques oppositions de blanc et de noir, Max avait une physionomie très-douce qui tirait son charme d'une coupe semblable à celle que Raphaël donne à ses figures de vierge, d'une bouche bien modelée et sur les lèvres de laquelle errait un sourire gracieux, espèce de contenance que Max avait fini par prendre. Le riche coloris qui nuance les figures berrichonnes ajoutait encore à son air de bonne humeur. Quand il riait vraiment, il montrait trente-deux dents dignes de parer la bouche d'une petite maîtresse. D'une taille de cinq pieds quatre pouces, Max était admirablement bien proportionné, ni gras, ni maigre. Si ses mains soignées étaient blanches et assez belles, ses pieds rappelaient le faubourg de Rome et le fantassin de l'Empire. Il eût certes fait un magnifique Général de Division ; il avait des épaules à porter une fortune de Maréchal de France, et une poitrine assez large pour tous les Ordres de l'Europe. L'intelligence animait ses mouvements. Enfin, né gracieux, comme presque tous les enfants de l'amour, la noblesse de son vrai père éclatait en lui.

— Tu ne sais donc pas, Max, lui cria du bout de la table le fils d'un ancien chirurgien-major appelé Goddet, le meilleur médecin de la ville, que la filleule de madame Hochon est la sœur de Rouget ? Si elle vient avec son fils le peintre, c'est sans doute pour r'avoir la succession du bonhomme, et adieu ta vendange...

Max fronça les sourcils. Puis, par un regard qui courut de visage en visage autour de la table, il examina l'effet produit par cette apostrophe sur les esprits, et il répondit encore : — Qu'est-ce que ça me fait ?

— Mais, reprit François, il me semble que si le vieux Rouget révoquait son testament, dans le cas où il en aurait fait un au profit de la Rabouilleuse...

Ici Max coupa la parole à son séide par ces mots : — Quand, en venant ici, je vous ai entendu nommer *un des cinq Hochons,* suivant le calembour qu'on faisait sur vos noms depuis trente ans, j'ai fermé le bec à celui qui t'appelait ainsi, mon cher François, et d'une si verte manière, que, depuis, personne à Issoudun n'a répété cette niaiserie, devant moi du moins! Et voilà comment tu t'acquittes avec moi : tu te sers d'un surnom méprisant pour désigner une femme à laquelle on me sait attaché.

Jamais Max n'en avait tant dit sur ses relations avec la personne à qui François venait de donner le surnom sous lequel elle était connue à Issoudun. L'ancien prisonnier des pontons avait assez d'expérience, le commandant des Grenadiers de la Garde savait assez ce qu'est l'honneur, pour deviner d'où venait la mésestime de la ville. Aussi n'avait-il jamais laissé qui que ce fût lui dire un mot au sujet de mademoiselle Flore Brazier, cette servante-maîtresse de Jean-Jacques Rouget, si énergiquement appelée *vermine* par la respectable madame Hochon. D'ailleurs chacun connaissait Max trop chatouilleux pour lui parler à ce sujet sans qu'il commençât, et il n'avait jamais commencé. Enfin, il était trop dangereux d'encourir la colère de Max ou de le fâcher pour que ses meilleurs amis plaisantassent de la Rabouilleuse. Quand on s'entretint de la liaison de Max avec cette fille devant le commandant Potel et le capitaine Renard, les deux officiers avec lesquels il vivait sur un pied d'égalité, Potel avait répondu : — S'il est le frère naturel de Jean-Jacques Rouget, pourquoi ne voulez-vous pas qu'il y demeure? — D'ailleurs, après tout, reprit le capitaine Renard, cette fille est un morceau de roi ; et quand il l'aimerait, où est le mal?... Est-ce que le fils Goddet n'aime pas madame Fichet pour avoir la fille en récompense de cette corvée?

Après cette semonce méritée, François ne retrouva plus le fil de ses idées ; mais il le retrouva bien moins encore quand Max lui dit avec douceur : — Continue...

— Ma foi, non! s'écria François.

— Tu te fâches à tort, Max, cria le fils Goddet. N'est-il pas convenu que chez la Cognette on peut tout se dire? Ne serions-nous pas tous les ennemis mortels de celui d'entre nous qui se souviendrait hors d'ici de ce qui s'y dit, de ce qui s'y pense ou de ce qui s'y fait? Toute la ville désigne Flore Brazier sous le surnom de la Rabouilleuse, si ce surnom a, par mégarde, échappé à François, est-ce un crime contre *la Désœuvrance?*

—Non, dit Max, mais contre notre amitié particulière. La réflexion m'est venue, j'ai pensé que nous étions *en désœuvrance*, et je lui ai dit : Continue...

Un profond silence s'établit. La pause fut si gênante pour tout le monde, que Max s'écria : — Je vais contiuer pour lui (sensation), pour vous tous (étonnement)!... et vous dire ce que vous pensez (profonde sensation)! Vous pensez que Flore, la Rabouilleuse, la Brazier, la gouvernante au père Rouget, car on l'appelle le père Rouget, ce vieux garçon qui n'aura jamais d'enfants! vous pensez, dis-je, que cette femme fournit, depuis mon retour à Issoudun, à tous mes besoins. Si je puis jeter par les fenêtres trois cents francs par mois, vous régaler souvent comme je le fais ce soir, et vous prêter de l'argent à tous, je prends les écus dans la bourse de mademoiselle Brazier? Eh! bien, oui (profonde sensation)! Sacrebleu, oui! mille fois oui!..... Oui, mademoiselle Brazier a couché en joue la succession de ce vieillard...

— Elle l'a bien gagnée de père en fils, dit le fils Goddet dans son coin.

— Vous croyez, continua Max après avoir souri du mot du fils Goddet, que j'ai conçu le plan d'épouser Flore après la mort du père Rouget, et qu'alors cette sœur et son fils, de qui j'entends parler pour la première fois, vont mettre mon avenir en péril?

— C'est cela! s'écria François.

— Voilà ce que pensent tous ceux qui sont autour de la table, dit Baruch.

— Eh! bien, soyez calmes, mes amis, répondit Max. Un homme averti en vaut deux! Maintenant, je m'adresse aux chevaliers de la Désœuvrance. Si, pour renvoyer ces Parisiens, j'ai besoin de l'Ordre, me prêtera-t-on la main?..... Oh! dans les limites que nous nous sommes imposées pour faire nos farces, ajouta-t-il vivement en apercevant un mouvement général. Croyez-vous que je veuille les tuer, les empoisonner?... Dieu merci, je ne suis pas imbécile. Et, après tout, les Bridau réussiraient, Flore n'aurait que ce qu'elle a, je m'en contenterais, entendez-vous? Je l'aime assez pour la préférer à mademoiselle Fichet, si mademoiselle Fichet voulait de moi!...

Mademoiselle Fichet était la plus riche héritière d'Issoudun, et la main de la fille entrait pour beaucoup dans la passion du fils Goddet pour la mère. La franchise a tant de prix, que les onze chevaliers se levèrent comme un seul homme.

— Tu es un brave garçon, Max!

— Voilà parler, Max, nous serons les chevaliers de la Délivrance.

— Bran pour les Bridau!
—Nous les briderons, les Bridau!
— Après tout, on s'est vu trois épouser des bergères!
— Que diable! le père Lousteau a bien aimé madame Rouget, n'y a-t-il pas moins de mal à aimer une gouvernante, libre et sans fers?
— Et si défunt Rouget est un peu le père de Max, ça se passe en famille.
— Les opinions sont libres!
— Vive Max!
— A bas les hypocrites!
— Buvons à la santé de la belle Flore?

Telles furent les onze réponses, acclamations ou toasts que poussèrent les Chevaliers de la Désœuvrance, et autorisés, disons-le, par leur morale excessivement relâchée. On voit quel intérêt avait Max, en se faisant le Grand-Maître de l'Ordre de la Désœuvrance. En inventant des farces, en obligeant les jeunes gens des principales familles, Max voulait s'en faire des appuis pour le jour de sa réhabilitation. Il se leva gracieusement, brandit son verre plein de vin de Bordeaux, et l'on attendit son allocution.

— Pour le mal que je vous veux, je vous souhaite à tous une femme qui vaille la belle Flore! Quant à l'invasion des parents, je n'ai pour le moment aucune crainte; et pour l'avenir, nous verrons!.....

— N'oublions pas la charrette à Fario!...
— Parbleu! elle est en sûreté, dit le fils Goddet.
— Oh! je me charge de finir cette farce-là, s'écria Max. Soyez au marché de bonne heure, et venez m'avertir quand le bonhomme cherchera sa brouette...

On entendit sonner trois heures et demie du matin, les Chevaliers sortirent alors en silence pour rentrer chacun chez eux en serrant les murailles sans faire le moindre bruit, chaussés qu'ils étaient de chaussons de lisières. Max regagna lentement la place Saint-Jean, située dans la partie haute de la ville, entre la porte Saint-Jean et la porte Villate, le quartier des riches bourgeois. Le commandant Gilet avait déguisé ses craintes; mais cette nouvelle l'atteignait au cœur. Depuis son séjour sur ou sous les pontons, il était devenu d'une dissimulation égale en profondeur à sa corruption. D'abord, et avant tout, les quarante mille livres de rente en fonds de terre que possédait le père Rouget, constituaient la passion de Gilet pour Flore Brazier, croyez-le bien? A la manière dont il se conduisait, il est facile d'apercevoir combien de sécurité la Rabouilleuse avait su lui inspirer sur l'avenir financier qu'elle devait à la tendresse du vieux garçon. Néanmoins, la nouvelle de l'arrivée des héritiers légitimes était de nature à ébranler la foi de Max dans le pouvoir de Flore. Les économies faites depuis dix-sept ans étaient encore placées au nom de Rouget. Or si le testament, que Flore disait avoir été fait depuis long-temps en sa faveur, se révoquait, ces économies pouvaient du moins être sauvées en les faisant mettre au nom de mademoiselle Brazier.

— Cette imbécile de fille ne m'a pas dit, en sept ans, un mot des neveux et de la sœur! s'écria Max en tournant de la rue Marmouse dans la rue l'Avenier. Sept cent cinquante mille francs placés dans dix ou douze études différentes, à Bourges, à Vierzon, à Châteauroux, ne peuvent ni se réaliser ni se placer sur l'État, en une semaine, et sans qu'on le sache dans un pays *à disettes!* Avant tout, il faut se débarrasser de la parenté; mais une fois que nous en serons délivrés, nous nous dépêcherons de réaliser cette fortune. Enfin, j'y songerai...

Max était fatigué. A l'aide de son passe-partout, il rentra chez le père Rouget, et se coucha sans faire de bruit, en se disant : — Demain, mes idées seront nettes.

Il n'est pas inutile de dire d'où venait à la sultane de la Place Saint-Jean ce surnom de Rabouilleuse, et comment elle s'était impatronisée dans la maison Rouget.

En avançant en âge, le vieux médecin, père de Jean-Jacques et de madame Bridau, s'aperçut de la nullité de son fils; il le tint alors assez durement, afin de le jeter dans une routine qui lui servit de sagesse; mais il le préparait ainsi, sans le savoir, à subir le joug de la première tyrannie qui pourrait lui passer un licou. Un jour, en revenant de sa tournée, ce malicieux et vicieux vieillard aperçut une petite fille ravissante au bord des prairies dans l'avenue de Tivoli. Au bruit du cheval, l'enfant se dressa du fond d'un des ruisseaux qui, vus du haut d'Issoudun, ressemblent à des rubans d'argent au milieu d'une robe verte. Semblable à une naïade, la petite montra soudain au docteur une des plus belles têtes de vierge que jamais un peintre ait pu rêver. Le vieux Rouget, qui connaissait tout le pays, ne connaissait pas ce miracle de beauté. La fille, quasi

FLORE BRAZIER.

La fille, quasi nue, portait une méchante jupe, courte, trouée et déchiquetée, en mauvaise étoffe de laine.

UN MÉNAGE DE GARÇON.

nue, portait une méchante jupe courte trouée et déchiquetée, en mauvaise étoffe de laine alternativement rayée de bistre et de blanc. Une feuille de gros papier attachée par un brin d'osier lui servait de coiffure. Dessous ce papier plein de bâtons et d'O, qui justifiait bien son nom de papier-écolier, était tordue et rattachée, par un peigne à peigner la queue des chevaux, la plus belle chevelure blonde qu'ait pu souhaiter une fille d'Ève. Sa jolie poitrine hâlée, son cou à peine couvert par un fichu en loques, qui jadis fut un madras, montrait des places blanches au-dessous du hâle. La jupe, passée entre les jambes, relevée à mi-corps et attachée par une grosse épingle, faisait assez l'effet d'un caleçon de nageur. Les pieds, les jambes, que l'eau claire permettait d'apercevoir, se recommandaient par une délicatesse digne de la statuaire au Moyen-Age. Ce charmant corps exposé au soleil avait un ton rougeâtre qui ne manquait pas de grâce. Le col et la poitrine méritaient d'être enveloppés de cachemire et de soie. Enfin, cette nymphe avait des yeux bleus garnis de cils dont le regard eût fait tomber à genoux un peintre et un poète. Le médecin, assez anatomiste pour reconnaître une taille délicieuse, comprit tout ce que les Arts perdraient si ce charmant modèle se détruisait au travail des champs.

— D'où es-tu, ma petite ? Je ne t'ai jamais vue, dit le vieux médecin alors âgé de soixante-dix ans.

Cette scène se passait au mois de septembre de l'année 1799.

— Je suis de Vatan, répondit la fille.

En entendant la voix d'un bourgeois, un homme de mauvaise mine, placé à deux cents pas de là, dans le cours supérieur du ruisseau, leva la tête.

— Eh ! bien, qu'as-tu donc, Flore ? cria-t-il, tu causes au lieu de *rabouiller*, la marchandise s'en ira !

— Et que viens-tu faire de Vatan, ici ? demanda le médecin sans s'inquiéter de l'apostrophe.

— Je *rabouille* pour mon oncle Brazier que voilà.

Rabouiller est un mot berrichon qui peint admirablement ce qu'il veut exprimer : l'action de troubler l'eau d'un ruisseau en la faisant bouillonner à l'aide d'une grosse branche d'arbre dont les rameaux sont disposés en forme de raquette. Les écrevisses effrayées par cette opération, dont le sens leur échappe, remontent précipitamment le cours d'eau, et dans leur trouble se jettent au milieu des engins que le pêcheur a placés à une distance convenable. Flore Brazier tenait à la main son *rabouilloir* avec la grâce naturelle à l'innocence.

— Mais ton oncle a-t-il la permission de pêcher des écrevisses ?

— Eh ! bien, ne sommes-nous plus sous la République une et indivisible ? cria de sa place l'oncle Brazier.

— Nous sommes sous le Directoire, dit le médecin, et je ne connais pas de loi qui permette à un homme de Vatan de venir pêcher sur le territoire de la commune d'Issoudun, répondit le médecin. As-tu ta mère, ma petite ?

— Non, monsieur, et mon père est à l'hospice de Bourges ; il est devenu fou à la suite d'un coup de soleil qu'il a reçu dans les champs, sur la tête...

— Que gagnes-tu ?

— Cinq sous par jour pendant toute la saison du rabouillage, j'allons rabouiller jusque dans la Braisne. Durant la moisson, je glane. L'hiver, je file.

— Tu vas sur douze ans.....

— Oui, monsieur.....

— Veux-tu venir avec moi? tu seras bien nourrie, bien habillée, et tu auras de jolis souliers.....

— Non, non, ma nièce doit rester avec moi, j'en suis chargé devant Dieu et devant *léz-houmes*, dit l'oncle Brazier qui s'était rapproché de sa nièce et du médecin. Je suis son tuteur, voyez-vous !

Le médecin retint un sourire et garda son air grave qui, certes, eût échappé à tout le monde à l'aspect de l'oncle Brazier. Ce tuteur avait sur la tête un chapeau de paysan rongé par la pluie et par le soleil, découpé comme une feuille de chou sur laquelle auraient vécu plusieurs chenilles, et rapetassé en fil blanc. Sous le chapeau se dessinait une figure noire et creusée, où la bouche, le nez et les yeux formaient quatre points noirs. Sa méchante veste ressemblait à un morceau de tapisserie, et son pantalon était en toile à torchons.

— Je suis le docteur Rouget, dit le médecin ; et puisque tu es le tuteur de cette enfant, amène-la chez moi, Place Saint-Jean, tu n'auras pas fait une mauvaise journée, ni elle non plus...

Et sans attendre un mot de réponse, sûr de voir arriver chez lui l'oncle Brazier avec la jolie Rabouilleuse, le docteur Rouget piqua des deux vers Issoudun. En effet, au moment où le médecin se mettait à table, sa cuisinière lui annonça le citoyen et la citoyenne Brazier.

— Asseyez-vous, dit le médecin à l'oncle et à la nièce.

Flore et son tuteur, toujours pieds nus, regardaient la salle du docteur avec des yeux hébétés. Voici pourquoi.

La maison que Rouget avait héritée des Descoings occupe le milieu de la place Saint-Jean, espèce de carré long et très-étroit, planté de quelques tilleuls malingres. Les maisons en cet endroit sont mieux bâties que partout ailleurs, et celle des Descoings est une des plus belles. Cette maison, située en face de celle de monsieur Hochon, a trois croisées de façade au premier étage, et au rez-de-chaussée une porte cochère qui donne entrée dans une cour au delà de laquelle s'étend un jardin. Sous la voûte de la porte cochère se trouve la porte d'une vaste salle éclairée par deux croisées sur la rue. La cuisine est derrière la salle, mais séparée par un escalier qui conduit au premier étage et aux mansardes situées au-dessus. En retour de la cuisine, s'étendent un bûcher, un hangar où l'on faisait la lessive, une écurie pour deux chevaux, et une remise, au-dessus desquels il y a de petits greniers pour l'avoine, le foin, la paille, et où couchait alors le domestique du docteur. La salle si fort admirée par la petite paysanne et par son oncle avait pour décoration une boiserie sculptée comme on sculptait sous Louis XV et peinte en gris, une belle cheminée en marbre, au-dessus de laquelle Flore se mirait dans une grande glace sans trumeau supérieur et dont la bordure sculptée était dorée. Sur cette boiserie, de distance en distance, se voyaient quelques tableaux, dépouilles des abbayes de Déols, d'Issoudun, de Saint-Gildas, de la Prée, du Chézal-Benoît, de Saint-Sulpice, des couvents de Bourges et d'Issoudun, que la libéralité de nos rois et des fidèles avaient enrichis de dons précieux et des plus belles œuvres dues à la Renaissance. Aussi dans les tableaux conservés par les Descoings et passés aux Rouget, se trouvait-il une Sainte Famille de l'Albane, un Saint Jérôme du Dominiquin, une tête de Christ de Jean Bellin, une Vierge de Léonard de Vinci, un Portement de croix du Titien qui venait du marquis de Belabre, celui qui soutint un siége et eut la tête tranchée sous Louis XIII; un Lazare de Paul Véronèse, un Mariage de la Vierge du Prêtre Génois, deux tableaux d'église de Rubens et une copie d'un tableau du Pérugin faite par le Pérugin ou par Raphaël; enfin, deux Corrége et un André del Sarto. Les

Descoings avaient trié ces richesses dans trois cents tableaux d'église, sans en connaître la valeur, et en les choisissant uniquement d'après leur conservation. Plusieurs avaient non-seulement des cadres magnifiques, mais encore quelques-uns étaient sous verre. Ce fut à cause de la beauté des cadres et de la valeur que les *vitres* semblaient annoncer que les Descoings gardèrent ces toiles. Les meubles de cette salle ne manquaient donc pas de ce luxe tant prisé de nos jours, mais alors sans aucun prix à Issoudun. L'horloge placée sur la cheminée entre deux superbes chandeliers d'argent à six branches se recommandait par une magnificence abbatiale qui annonçait Boulle. Les fauteuils en bois de chêne sculpté, garnis tous en tapisserie due à la dévotion de quelques femmes du haut rang, eussent été prisés haut aujourd'hui, car ils étaient tous surmontés de couronnes et d'armes. Entre les deux croisées, il existait une riche console venue d'un château, et sur le marbre de laquelle s'élevait un immense pot de la Chine, où le docteur mettait son tabac. Ni le médecin, ni son fils, ni la cuisinière, ni le domestique n'avaient soin de ces richesses. On crachait sur un foyer d'une exquise délicatesse dont les moulures dorées étaient jaspées de vert-de-gris. Un joli lustre moitié cristal, moitié en fleurs de porcelaine, était criblé, comme le plafond d'où il pendait, de points noirs qui attestaient la liberté dont jouissaient les mouches. Les Descoings avaient drapé aux fenêtres des rideaux en brocatelle arrachés au lit de quelque abbé commendataire. A gauche de la porte, un bahut, d'une valeur de quelques milliers de francs, servait de buffet.

— Voyons, Fanchette, dit le médecin à sa cuisinière, deux verres?... Et donnez-nous du chenu.

Fanchette, grosse servante berrichonne qui passait avant la Cognette pour être la meilleure cuisinière d'Issoudun, accourut avec une prestesse qui décelait le despotisme du médecin, et aussi quelque curiosité chez elle.

— Que vaut un arpent de vigne dans ton pays? dit le médecin en versant un verre au grand Brazier.

— *Cint* écus en argent...

— Eh! bien, laisse-moi ta nièce comme servante, elle aura cent écus de gages, et, en ta qualité de tuteur, tu toucheras les cent écus...

— Tous les *cins*?... fit Brazier en ouvrant des yeux qui devinrent grands comme des soucoupes.

— Je laisse la chose à ta conscience, répondit le docteur, elle est orpheline. Jusqu'à dix-huit ans, Flore n'a rien à voir aux recettes.

— *A va su* douze *eins*, ça ferait donc six arpents de vigne, dit l'oncle. *Mè all ét ben* gentille, douce *coume* un *igneau, ben* faite, et *ben* agile, et *ben* obéissante.. la *pôvr' criature, all* était la joie *edz'yeux* de *mein pôvr' freire !*

— Et je paye une année d'avance, fit le médecin.

— Ah ! ma foi, dit alors l'oncle, mettez deux *eins*, et je vous la lairrons, car *all* sera mieux chez vous que chez nous, que ma *fâme* la bat, *all* ne peut pas la *souffri...* Il n'y a que moi qui la *proutègeon, cte* sainte *criature* qu'est *innocinte coume* l'infant qui vient de *nettre.*

En entendant cette dernière phrase, le médecin, frappé par ce mot d'*innocente*, fit un signe à l'oncle Brazier et sortit avec lui dans la cour et de là dans le jardin, laissant la Rabouilleuse devant la table servie entre Fanchette et Jean-Jacques qui la questionnèrent et à qui elle raconta naïvement sa rencontre avec le docteur.

— Allons, chère petite mignonne, adieu, fit l'oncle Brazier en revenant embrasser Flore au front, tu peux bien dire que j'ai *fè* ton bonheur en te plaçant chez ce brave et digne père des indigents, faut lui obéir *coume* à *mé...* sois ben sage, ben gentille et *fè* tout ce *qui* voudra...

— Vous arrangerez la chambre au-dessus de la mienne, dit le médecin à Fanchette. Cette petite Flore, qui certes est bien nommée, y couchera dès ce soir. Demain, nous ferons venir pour elle le cordonnier et la couturière. Mettez-lui sur-le-champ un couvert, elle va nous tenir compagnie.

Le soir, dans tout Issoudun, il ne fut question que de l'établissement d'une petite Rabouilleuse chez le docteur Rouget. Ce surnom resta dans un pays de moquerie à mademoiselle Brazier, avant, pendant et après sa fortune.

Le médecin voulait sans doute faire en petit pour Flore Brazier ce que Louis XV fit en grand pour mademoiselle de Romans ; mais il s'y prenait trop tard : Louis XV était encore jeune, tandis que le docteur se trouvait à la fleur de la vieillesse. De douze à quatorze ans, la charmante Rabouilleuse connut un bonheur sans mélange. Bien mise et beaucoup mieux nippée que la plus riche fille d'Issoudun, elle portait une montre d'or et des bijoux que le docteur lui donna pour encourager ses études ; car elle eut un maître chargé de lui apprendre à lire, à écrire et à compter. Mais la vie presque animale des paysans avait mis en Flore de telles répugnances pour le vase amer de la science que le docteur en resta là de cette éducation. Ses desseins à l'égard de cette enfant, qu'il décrassait, instruisait et formait avec des soins d'autant plus touchants qu'on le croyait incapable de tendresse, furent diversement interprétés par la caqueteuse bourgeoisie de la ville, dont les *disettes* accréditaient, comme à propos de la naissance de Max et d'Agathe, de fatales erreurs. Il n'est pas facile au public des petites villes de démêler la vérité dans les mille conjectures, au milieu des commentaires contradictoires, et à travers toutes les suppositions auxquelles un fait y donne lieu. La Province, comme autrefois les politiques de la petite Provence aux Tuileries, veut tout expliquer, et finit par tout savoir. Mais chacun tient à la face qu'il affectionne dans l'événement; il y voit le vrai, le démontre et tient sa version pour la seule bonne. La vérité, malgré la vie à jour et l'espionnage des petites villes, est donc souvent obscurcie, et veut, pour être reconnue, ou le temps après lequel la vérité devient indifférente, ou l'impartialité que l'historien et l'homme supérieur prennent en se plaçant à un point de vue élevé.

— Que voulez-vous que ce vieux singe fasse à son âge d'une petite fille de quinze ans? disait-on deux ans après l'arrivée de la Rabouilleuse.

— Vous avez raison, répondait-on, il y a long-temps qu'*ils sont passés, ses jours de fête...*

— Mon cher, le docteur est révolté de la stupidité de son fils, et il persiste dans sa haine contre sa fille Agathe; dans cet embarras, peut-être n'a-t-il vécu si sagement depuis deux ans que pour épouser cette petite, s'il peut avoir d'elle un beau garçon agile et découplé, bien vivant comme Max, faisait observer une tête forte.

— Laissez-nous donc tranquilles, est-ce qu'après avoir mené la vie que Lousteau et Rouget ont faite de 1770 à 1787, on peut avoir des enfants à soixante-douze ans? Tenez, ce vieux scélérat a lu l'ancien Testament, ne fût-ce que comme médecin, et il y a vu comment le roi David réchauffait sa vieillesse.... Voilà tout, bourgeois!

— On dit que Brazier, quand il est gris, se vante, à Vatan, de l'avoir volé! s'écriait un de ces gens qui croient plus particulièrement au mal.

— Eh! mon Dieu, voisin, que ne dit-on pas à Issoudun?

De 1800 à 1805, pendant cinq ans, le docteur eut les plaisirs de l'éducation de Flore, sans les ennuis que l'ambition et les prétentions de mademoiselle de Romans donnèrent, dit-on, à Louis-le-Bien-Aimé. La petite Rabouilleuse était si contente, en comparant sa situation chez le docteur à la vie qu'elle eût menée avec son oncle Brazier, qu'elle se plia sans doute aux exigences de son maître, comme eût fait une esclave en Orient. N'en déplaise aux faiseurs d'idylles ou aux philanthropes, les gens de la campagne ont peu de notions sur certaines vertus ; et, chez eux, les scrupules viennent d'une pensée intéressée, et non d'un sentiment du bien ou du beau ; élevés en vue de la pauvreté, du travail constant, de la misère, cette perspective leur fait considérer tout ce qui peut les tirer de l'enfer de la faim et du labeur éternel, comme permis, surtout quand la loi ne s'y oppose point. S'il y a des exceptions, elles sont rares. La vertu, socialement parlant, est la compagne du bien-être, et commence à l'instruction. Aussi la Rabouilleuse était-elle un objet d'envie pour toutes les filles à dix lieues à la ronde, quoique sa conduite fût, aux yeux de la Religion, souverainement répréhensible. Flore, née en 1787, fut élevée au milieu des saturnales de 1793 et de 1798, dont les reflets éclairèrent ces campagnes privées de prêtres, de culte, d'autels, de cérémonies religieuses, où le mariage était un accouplement légal, et où les maximes révolutionnaires laissèrent de profondes empreintes, à Issoudun surtout, pays où la Révolte est traditionnelle. En 1802, le culte catholique était à peine rétabli. Ce fut pour l'Empereur une œuvre difficile que de trouver des prêtres. En 1806, bien des paroisses en France étaient encore veuves, tant la réunion d'un Clergé décimé par l'échafaud fut lente, après une si violente dispersion. En 1802, rien ne pouvait donc blâmer Flore, si ce n'est sa conscience. La conscience ne devait-elle pas être plus faible que l'intérêt chez la pupille de l'oncle Brazier? Si, comme tout le fit supposer, le cynique docteur fut forcé par son âge de respecter une enfant de quinze ans, la Rabouilleuse n'en passa pas moins pour une fille très-*délurée*, un mot du pays. Néanmoins, quelques personnes voulurent voir pour elle un certificat d'innocence dans la cessation des soins et des attentions du docteur, qui lui marqua pendant les deux dernières années de sa vie plus que du refroidissement.

Le vieux Rouget avait assez tué de monde pour savoir prévoir sa fin ; or, en le trouvant drapé sur son lit de mort dans le manteau de la philosophie encyclopédiste, son notaire le pressa de faire quelque chose en faveur de cette jeune fille, alors âgée de dix-sept ans.

— Eh ! bien, émancipons-la, dit-il.

Ce mot peint ce vieillard qui ne manquait jamais de tirer ses sarcasmes de la profession même de celui à qui il répondait. En couvrant d'esprit ses mauvaises actions, il se les faisait pardonner dans un pays où l'esprit a toujours raison, surtout quand il s'appuie sur l'intérêt personnel bien entendu. Le notaire vit dans ce mot le cri de la haine concentrée d'un homme chez qui la nature avait trompé les calculs de la débauche, une vengeance contre l'innocent objet d'un impuissant amour. Cette opinion fut en quelque sorte confirmée par l'entêtement du docteur, qui ne laissa rien à la Rabouilleuse, et qui dit avec un sourire amer : — elle est bien assez riche de sa beauté ! quand le notaire insista de nouveau sur ce sujet.

Jean-Jacques Rouget ne pleura point son père que Flore pleurait. Le vieux médecin avait rendu son fils très-malheureux, surtout depuis sa majorité, et Jean-Jacques fut majeur en 1791 ; tandis qu'il avait donné à la petite paysanne le bonheur matériel qui, pour les gens de la campagne, est l'idéal du bonheur. Quand, après l'enterrement du défunt, Fanchette dit à Flore : — Eh ! bien, qu'allez-vous devenir maintenant que monsieur n'est plus ? Jean-Jacques eut des rayons dans les yeux, et pour la première fois sa figure immobile s'anima, parut s'éclairer aux rayons d'une pensée, et peignit un sentiment.

— Laissez-nous, dit-il à Fanchette qui desservait alors la table.

A dix-sept ans, Flore conservait encore cette finesse de taille et de traits, cette distinction de beauté qui séduisit le docteur et que les femmes du monde savent conserver, mais qui se fanent chez les paysannes aussi rapidement que la fleur des champs. Cependant, cette tendance à l'embonpoint qui gagne toutes les belles campagnardes quand elles ne mènent pas aux champs et au soleil leur vie de travail et de privations, se faisait déjà remarquer en elle. Son corsage était développé. Ses épaules grasses et blanches dessinaient des plans riches et harmonieusement rattachés à son cou qui se plissait déjà. Mais le contour de sa figure restait pur, et le menton était encore fin.

— Flore, dit Jean-Jacques d'une voix émue, vous êtes bien habituée à cette maison ?...

JEAN-JACQUES ROUGET.

A la mort de son père, Jacques, âgé de trente-sept ans, était aussi timide et soumis à la discipline paternelle que peut l'être un enfant de douze ans.

UN MÉNAGE DE GARÇON.

— Oui, monsieur Jean...

Au moment de faire sa déclaration, l'héritier se sentit la langue glacée par le souvenir du mort enterré si fraîchement, il se demanda jusqu'où la bienfaisance de son père était allée. Flore, qui regarda son nouveau maître sans pouvoir en soupçonner la simplicité, attendit pendant quelque temps que Jean-Jacques reprît la parole; mais elle le quitta ne sachant que penser du silence obstiné qu'il garda. Quelle que fût l'éducation que la Rabouilleuse tenait du docteur, il devait se passer plus d'un jour avant qu'elle connût le caractère de Jean-Jacques, dont voici l'histoire en peu de mots.

A la mort de son père, Jacques, âgé de trente-sept ans, était aussi timide et soumis à la discipline paternelle que peut l'être un enfant de douze ans. Cette timidité doit expliquer son enfance, sa jeunesse et sa vie à ceux qui ne voudraient pas admettre ce caractère, ou les faits de cette histoire, hélas! bien communs partout, même chez les princes, car Sophie Dawes fut prise par le dernier des Condé dans une situation pire que celle de la Rabouilleuse. Il y a deux timidités : la timidité d'esprit, la timidité de nerfs; une timidité physique, et une timidité morale. L'une est indépendante de l'autre. Le corps peut avoir peur et trembler, pendant que l'esprit reste calme et courageux, et *vice versa*. Ceci donne la clef de bien des bizarreries morales. Quand les deux timidités se réunissent chez un homme, il sera nul pendant toute sa vie. Cette timidité complète est celle des gens dont nous disons : — C'est un imbécile. Il se cache souvent dans cet imbécile de grandes qualités comprimées. Peut-être devons-nous à cette double infirmité quelques moines qui ont vécu dans l'extase. Cette malheureuse disposition physique et morale est produite aussi bien par la perfection des organes et par celle de l'âme que par des défauts encore inobservés. La timidité de Jean-Jacques venait d'un certain engourdissement de ses facultés, qu'un grand instituteur, où un chirurgien comme Desplein eussent réveillées. Chez lui, comme chez les crétins, le sens de l'amour avait hérité de la force et de l'agilité qui manquait à l'intelligence, quoiqu'il lui restât encore assez de sens pour se conduire dans la vie. La violence de sa passion, dénuée de l'idéal où elle s'épanche chez tous les jeunes gens, augmentait encore sa timidité. Jamais il ne put se décider, selon l'expression familière, à faire la cour à une femme à Issoudun. Or, ni les jeunes filles, ni les bourgeoises ne pouvaient faire les avances à un jeune homme de moyenne taille, d'attitude pleine de honte et de mauvaise grâce, à figure commune, que deux gros yeux d'un vert pâle et saillants eussent rendue assez laide si déjà les traits écrasés et un teint blafard ne la vieillissaient avant le temps. La compagnie d'une femme annulait, en effet, ce pauvre garçon qui se sentait poussé par la passion aussi violemment qu'il était retenu par le peu d'idées dû à son éducation. Immobile entre deux forces égales, il ne savait alors que dire, et tremblait d'être interrogé, tant il avait peur d'être obligé de répondre! Le désir, qui délie si promptement la langue, lui glaçait la sienne. Jean-Jacques resta donc solitaire, et rechercha la solitude en ne s'y trouvant pas gêné. Le docteur aperçut, trop tard pour y remédier, les ravages produits par ce tempérament et par ce caractère. Il aurait bien voulu marier son fils; mais, comme il s'agissait de le livrer à une domination qui deviendrait absolue, il dut hésiter. N'était-ce pas abandonner le maniement de sa fortune à une étrangère, à une fille inconnue? Or, il savait combien il est difficile d'avoir des prévisions exactes sur le moral de la Femme, en étudiant la Jeune Fille. Aussi, tout en cherchant une personne dont l'éducation ou les sentiments lui offrissent des garanties, essaya-t-il de jeter son fils dans la voie de l'avarice. A défaut d'intelligence, il espérait ainsi donner à ce niais une sorte d'instinct. Il l'habitua d'abord à une vie mécanique, et lui légua des idées arrêtées pour le placement de ses revenus; puis il lui évita les principales difficultés de l'administration d'une fortune territoriale, en lui laissant des terres en bon état et louées par de longs baux. Le fait qui devait dominer la vie de ce pauvre être échappa cependant à la perspicacité de ce vieillard si fin. La timidité ressemble à la dissimulation, elle en a toute la profondeur. Jean-Jacques aima passionnément la Rabouilleuse. Rien de plus naturel d'ailleurs. Flore fut la seule femme qui restât près de ce garçon, la seule qu'il pût voir à son aise, en la contemplant en secret, en l'étudiant à toute heure; Flore illumina pour lui la maison paternelle, elle lui donna sans le savoir les seuls plaisirs qui lui dorèrent sa jeunesse. Loin d'être jaloux de son père, il fut enchanté de l'éducation qu'il donnait à Flore : ne lui fallait-il pas une femme facile, et avec laquelle il n'y eût pas de cour à faire? La passion qui, remarquez-le, porte son esprit avec elle, peut donner aux niais, aux sots, aux imbéciles une sorte d'intelligence; surtout pendant la jeunesse. Chez l'homme le plus brute, il se rencontre toujours l'instinct animal dont la persistance ressemble à une pensée.

Le lendemain Flore, à qui le silence de son maître avait fait faire des réflexions, s'attendit à quelque communication importante ; mais, quoiqu'il tournât autour d'elle et la regardât sournoisement avec des expressions de concupiscence, Jean-Jacques ne put rien trouver à dire. Enfin au moment du dessert, le maître recommença la scène de la veille.

— Vous vous trouvez bien ici ? dit-il à Flore.

— Oui, monsieur Jean.

— Eh ! bien, restez-y.

— Merci, monsieur Jean.

Cette situation étrange dura trois semaines. Par une nuit où nul bruit ne troublait le silence, Flore, qui se réveilla par hasard, entendit le souffle égal d'une respiration humaine à sa porte, et fut effrayée en reconnaissant sur le palier Jean-Jacques couché comme un chien, et qui, sans doute, avait fait lui-même un trou par en bas pour voir dans la chambre.

— Il m'aime, pensa-t-elle ; mais il attrapera des rhumatismes à ce métier-là.

Le lendemain, Flore regarda son maître d'une certaine façon. Cet amour muet et presque instinctif l'avait émue, elle ne trouva plus si laid ce pauvre niais dont les tempes et le front chargés de boutons semblables à des ulcères portaient cette horrible couronne, attribut des sangs gâtés.

— Vous ne voudriez pas retourner aux champs, n'est-ce pas ? lui dit Jean-Jacques quand ils se trouvèrent seuls.

— Pourquoi me demandez-vous cela ? dit-elle en le regardant.

— Pour le savoir, fit Rouget en devenant de la couleur des homards cuits.

— Est-ce que vous voulez m'y renvoyer ? demanda-t-elle.

— Non, mademoiselle.

— Eh ! bien, que voulez-vous donc savoir ? Vous avez une raison...

— Oui, je voudrais savoir...

— Quoi ? dit Flore.

— Vous ne me le diriez pas ! fit Rouget.

— Si, foi d'honnête fille...

— Ah ! voilà, reprit Rouget effrayé. Vous êtes une honnête fille...

— Pardè!

— Là, vrai?...

— Quand je vous le dis...

— Voyons? Êtes-vous la même que quand vous étiez là, pieds nus, amenée par votre oncle?

— Belle question! ma foi, répondit Flore en rougissant.

L'héritier atterré baissa la tête et ne la releva plus. Flore, stupéfaite de voir une réponse si flatteuse pour un homme accueillie par une semblable consternation, se retira.

Trois jours après, au même moment, car l'un et l'autre ils semblaient se désigner le dessert comme leur champ de bataille, Flore dit la première à son maître : — Est-ce que vous avez quelque chose contre moi?...

— Non, mademoiselle, répondit-il, non... (une pause). Au contraire.

— Vous avez paru contrarié hier de savoir que j'étais une honnête fille...

— Non, je voulais seulement savoir... (autre pause). Mais vous ne me le diriez pas...

— Ma foi, reprit-elle, je vous dirai toute la vérité...

— Toute la vérité sur... mon père... demanda-t-il d'une voix étranglée.

— Votre père, dit-elle en plongeant son regard dans les yeux de son maître, était un brave homme... il aimait à rire... Quoi!... un brin... Mais, pauvre cher homme!... c'était pas la bonne volonté qui lui manquait... Enfin, rapport à je ne sais quoi contre vous, il avait des intentions... oh! de tristes intentions. Souvent il me faisait rire, quoi!... Voilà... Après?...

— Eh! bien, Flore, dit l'héritier en prenant la main de la Rabouilleuse, puisque mon père ne vous était de rien.

— Et, de quoi voulez-vous qu'il me fût?... s'écria-t-elle en fille offensée d'une supposition injurieuse.

— Eh! bien, écoutez donc?

— Il était mon bienfaiteur, voilà tout. Ah! il aurait bien voulu que je fusse sa femme... mais...

— Mais, dit Rouget en reprenant la main que Flore lui avait retirée, puisqu'il ne vous a rien été, vous pourriez rester ici avec moi?...

— Si vous voulez, répondit-elle en baissant les yeux.

— Non, non, si vous vouliez, vous, reprit Rouget. Oui, vous pouvez être... la maîtresse. Tout ce qui est ici sera pour vous, vous y prendrez soin de ma fortune, elle sera quasiment la vôtre... car je vous aime, et vous ai toujours aimée depuis le moment où vous êtes entrée, ici, là, pieds nus.

Flore ne répondit pas. Quand le silence devint gênant, Jean-Jacques inventa cet argument horrible : — Voyons, cela ne vaut-il pas mieux que de retourner aux champs? lui demanda-t-il avec une visible ardeur.

— Dame ! monsieur Jean, comme vous voudrez, répondit-elle.

Néanmoins, malgré ce : *comme vous voudrez !* le pauvre Rouget ne se trouva pas plus avancé. Les hommes de ce caractère ont besoin de certitude. L'effort qu'ils font en avouant leur amour est si grand et leur coûte tant, qu'ils se savent hors d'état de le recommencer. De là vient leur attachement à la première femme qui les accepte. On ne peut présumer les événements que par le résultat. Dix mois après la mort de son père, Jean-Jacques changea complétement : son visage pâle et plombé, dégradé par des boutons aux tempes et au front, s'éclaircit, se nettoya, se colora de teintes rosées. Enfin sa physionomie respira le bonheur. Flore exigea que son maître prît des soins minutieux de sa personne, elle mit son amour-propre à ce qu'il fût bien mis ; elle le regardait s'en allant à la promenade en restant sur le pas de la porte, jusqu'à ce qu'elle ne le vît plus. Toute la ville remarqua ces changements, qui firent de Jean-Jacques un tout autre homme.

— Savez-vous la nouvelle ? se disait-on dans Issoudun.

— Eh ! bien, quoi ?

— Jean-Jacques a tout hérité de son père, même la Rabouilleuse...

— Est-ce que vous ne croyez pas feu le docteur assez malin pour avoir laissé une gouvernante à son fils ?

— C'est un trésor pour Rouget, c'est vrai, fut le cri général.

— C'est une finaude ! elle est bien belle, elle se fera épouser.

— Cette fille-là a-t-elle eu de la chance !

— C'est une chance qui n'arrive qu'aux belles filles.

— Ah ! bah, vous croyez cela, mais j'ai eu mon oncle Borniche-Héreau. Eh ! bien, vous avez entendu parler de mademoiselle Ganivet, elle était laide comme les sept péchés capitaux, elle n'en a pas moins eu de lui mille écus de rente...

— Bah ! c'était en 1778 !

— C'est égal, Rouget a tort, son père lui laisse quarante bonnes mille livres de rente, il aurait pu se marier avec mademoiselle Héreau...

— Le docteur a essayé, elle n'en a pas voulu, Rouget est trop bête...

— Trop bête ! les femmes sont bien heureuses avec les gens de cet acabit.

— Votre femme est-elle heureuse?

Tels fut le sens des propos qui coururent dans Issoudun. Si l'on commença, selon les us et coutumes de la province, par rire de ce quasi-mariage, on finit par louer Flore de s'être dévouée à ce pauvre garçon. Voilà comment Flore Brazier parvint au gouvernement de la maison Rouget, de père en fils, selon l'expression du fils Goddet. Maintenant il n'est pas inutile d'esquisser l'histoire de ce gouvernement pour l'instruction des célibataires.

La vieille Fanchette fut la seule dans Issoudun à trouver mauvais que Flore Brazier devînt la reine chez Jean-Jacques Rouget, elle protesta contre l'immoralité de cette combinaison et prit le parti de la morale outragée, il est vrai qu'elle se trouvait humiliée, à son âge, d'avoir pour maîtresse une Rabouilleuse, une petite fille venue pieds nus dans la maison. Fanchette possédait trois cents francs de rente dans les fonds, car le docteur lui avait fait ainsi placer ses économies, feu monsieur venait de lui léguer cent écus de rente viagère, elle pouvait donc vivre à son aise, et quitta la maison neuf mois après l'enterrement de son vieux maître, le 15 avril 1806. Cette date n'indique-t-elle pas aux gens perspicaces l'époque à laquelle Flore cessa d'être une honnête fille ?

La Rabouilleuse, assez fine pour prévoir la défection de Fanchette, car il n'y a rien comme l'exercice du pouvoir pour vous apprendre la politique, avait résolu de se passer de servante. Depuis six mois elle étudiait, sans en avoir l'air, les procédés culinaires qui faisaient de Fanchette un Cordon Bleu digne de servir un médecin. En fait de gourmandise, on peut mettre les médecins au même rang que les évêques. Le docteur avait perfectionné Fanchette. En province, le défaut d'occupation et la monotonie de la vie attirent l'activité de l'esprit sur la cuisine. On ne dîne pas aussi luxueusement en province qu'à Paris, mais on y dîne mieux ; les plats y sont médités, étudiés. Au fond des provinces, il existe des Carêmes en jupon, des ignorés, qui savent rendre un simple plat de haricots digne du hochement de tête par lequel Rossini accueille une chose parfaitement réussie. En prenant ses degrés à Paris, le docteur y avait suivi les cours de chimie de Rouelle, et il lui en était resté des notions qui tournèrent au profit de la chimie culinaire. Il est célèbre à Issoudun par plusieurs améliorations peu connues en dehors du Berry. Il a découvert que l'omelette était beaucoup plus délicate quand on ne battait pas le blanc et le jaune des œufs ensemble avec la brutalité que les cuisinières mettent à cette opération. On devait, selon lui, faire arriver le blanc à l'état de mousse, y introduire par degrés le jaune, et ne pas se servir d'une poêle, mais d'un *cagnard* en porcelaine ou de faïence. Le cagnard est une espèce de plat épais qui a quatre pieds, afin que, mis sur le fourneau, l'air, en circulant, empêche le feu de le faire éclater. En Touraine, le cagnard s'appelle un cauquemarre. Rabelais, je crois, parle de ce *cauquemarre* à cuire les cocquesigrues, ce qui démontre la haute antiquité de cet ustensile. Le docteur avait aussi trouvé le moyen d'empêcher l'âcreté des *roux* ; mais ce secret, que par malheur il restreignit à sa cuisine, a été perdu.

Flore, née friturière et rôtisseuse, les deux qualités qui ne peuvent s'acquérir ni par l'observation ni par le travail, surpassa Fanchette en peu de temps. En devenant Cordon Bleu, elle pensait au bonheur de Jean-Jacques ; mais elle était aussi, disons-le, passablement gourmande. Hors d'état, comme les personnes sans instruction, de s'occuper par la cervelle, elle déploya son activité dans le ménage. Elle frotta les meubles, leur rendit leur lustre, et tint tout au logis dans une propreté digne de la Hollande. Elle dirigea ces avalanches de linge sale et ces déluges qu'on appelle les lessives, et qui, selon l'usage des provinces, ne se font que trois fois par an. Elle observa le linge d'un œil de ménagère, et le raccommoda. Puis, jalouse de s'initier par degrés aux secrets de la fortune, elle s'assimila le peu de science des affaires que savait Rouget, et l'augmenta par des entretiens avec le notaire du feu docteur, monsieur Héron. Aussi donna-t-elle d'excellents conseils à son petit Jean-Jacques. Sûre d'être toujours la maîtresse, elle eut pour les intérêts de ce garçon autant de tendresse et d'avidité que s'il s'agissait d'elle-même. Elle n'avait pas à craindre les exigences de son oncle. Deux mois avant la mort du docteur, Brazier était mort d'une chute en sortant du cabaret où, depuis sa fortune, il passait sa vie. Flore avait également perdu son père. Elle servit donc son maître avec toute l'affection que devait avoir une orpheline heureuse de se faire une famille, et de trouver un intérêt dans la vie.

Cette époque fut le paradis pour le pauvre Jean-Jacques, qui prit les douces habitudes d'une vie animale embellie par une espèce de régularité monastique. Il dormait la grasse matinée. Flore qui, dès le matin, allait à la provision ou faisait le ménage, éveillait son maître de façon à ce qu'il trouvât le déjeuner prêt quand il avait fini sa toilette. Après le déjeuner, sur les onze heures, Jean-Jacques se promenait, causait avec ceux qui le rencontraient, et revenait à trois heures pour lire les journaux, celui du Département et un journal de Paris qu'il recevait trois jours après leur publication, gras des trente mains par lesquelles ils avaient passé, salis par les nez à tabac qui s'y étaient oubliés, brunis par toutes les tables sur lesquelles ils avaient traîné. Le célibataire atteignait ainsi l'heure de son dîner, et il y employait le plus de temps possible. Flore lui racontait les histoires de la ville, les caquetages qui couraient et qu'elle avait récoltés. Vers huit heures les lumières s'éteignaient. Aller au lit de bonne heure est une économie de chandelle et de feu très-pratiquée en province, mais qui contribue à l'hébétement des gens par les abus du lit. Trop de sommeil alourdit et encrasse l'intelligence.

Telle fut la vie de ces deux êtres pendant neuf ans, vie à la fois pleine et vide, où les grands événements furent quelques voyages à Bourges, à Vierzon, à Châteauroux ou plus loin quand ni les notaires de ces villes ni monsieur Héron n'avaient de placements hypothécaires. Rouget prêtait son argent à cinq pour cent par première hypothèque, avec subrogation dans les droits de la femme quand le prêteur était marié. Jamais il ne donnait plus du tiers de la valeur réelle des biens, et il se faisait faire des billets à son ordre qui représentaient un supplément d'intérêt de deux et demi pour cent échelonnés pendant la durée du prêt. Telles étaient les lois que son père lui avait dit de toujours observer. L'usure, ce rémora mis sur l'ambition des paysans, dévore les campagnes. Ce taux de sept et demi pour cent paraissait donc si raisonnable, que Jean-Jacques Rouget choisissait les affaires; car les notaires, qui se faisaient allouer de belles commissions par les gens auxquels ils procuraient de l'argent à si bon compte, prévenaient le vieux garçon.

Durant ces neuf années, Flore prit à la longue, insensiblement et sans le vouloir, un empire absolu sur son maître. Elle traita d'abord Jean-Jacques très familièrement ; puis, sans lui manquer de respect, elle le prima par tant de supériorité, d'intelligence et de force, qu'il devint le serviteur de sa servante. Ce grand enfant alla de lui-même au-devant de cette domination, en se laissant rendre tant de soins, que Flore fut avec lui comme une mère est avec son fils. Aussi Jean-Jacques finit-il par avoir pour Flore le sentiment qui rend nécessaire à un enfant la protection maternelle. Mais il y eut entre eux des nœuds bien autrement serrés ! D'abord, Flore faisait les affaires et conduisait la maison. Jean-Jacques se reposait si bien sur elle de toute espèce de gestion, que sans elle la vie lui eût paru, non pas difficile, mais impossible. Puis cette femme était devenue un besoin de son existence, elle caressait toutes ses fantaisies, elle les connaissait si bien ! Il aimait à voir cette figure heureuse qui lui souriait toujours, la seule qui lui eût souri, la seule où devait se trouver un sourire pour lui ! Ce bonheur, purement matériel, exprimé par des mots vulgaires qui sont le fond de la langue dans les ménages berrichons, et peint sur cette magnifique physionomie, était en quelque sorte le reflet de son bonheur à lui. L'état dans lequel fut Jean-Jacques lorsqu'il vit Flore assombrie par quelques contrariétés révéla l'étendue de son pouvoir à cette fille, qui, pour s'en assurer, voulut en user. User chez les femmes de cette sorte, veut toujours dire abuser. La Rabouilleuse fit sans doute jouer à son maître quelques-unes de ces scènes ensevelies dans les mystères de la vie privée, et dont Otway a donné le modèle au milieu de sa tragédie de *Venise Sauvée*, entre le Sénateur et Aquilina, scène qui réalise le magnifique de l'horrible ! Flore se vit alors si certaine de son empire, qu'elle ne songea pas, malheureusement pour elle et pour ce célibataire, à se faire épouser.

Vers la fin de 1815, à vingt-sept ans, Flore était arrivée à l'entier développement de sa beauté. Grasse et fraîche, blanche comme une fermière du Bessin, elle offrait bien l'idéal de ce que nos ancêtres appelaient *une belle commère*. Sa beauté, qui tenait de celle d'une superbe fille d'auberge, mais agrandie et nourrie, la faisait ressembler, noblesse impériale à part, à mademoiselle Georges dans son beau temps. Flore avait ces beaux bras ronds éclatants, cette plénitude de formes, cette pulpe satinée, ces contours attrayants, mais moins sévères que ceux de l'actrice. L'expression de Flore était la tendresse et la douceur. Son regard ne commandait pas le respect comme celui de la plus belle Agrippine qui, depuis celle de

Racine, ait foulé les planches du Théâtre-Français, il invitait à la grosse joie.

En 1816, la Rabouilleuse vit Maxence Gilet, et s'éprit de lui à la première vue. Elle reçut à travers le cœur cette flèche mythologique, admirable expression d'un effet naturel, que les Grecs devaient ainsi représenter, eux qui ne concevaient point l'amour chevaleresque, idéal et mélancolique, enfanté par le Christianisme. Flore était alors trop belle pour que Max dédaignât cette conquête. La Rabouilleuse connut donc, à vingt-huit ans, le véritable amour, l'amour idolâtre, infini, cet amour qui comporte toutes les manières d'aimer, celle de Gulnare et celle de Médora. Dès que l'officier sans fortune apprit la situation respective de Flore et de Jean-Jacques Rouget, il vit mieux qu'une amourette dans une liaison avec la Rabouilleuse. Aussi, pour bien assurer son avenir, ne demanda-t-il pas mieux que de loger chez Rouget, en reconnaissant la débile nature de ce garçon. La passion de Flore influa nécessairement sur la vie et sur l'intérieur de Jean-Jacques. Pendant un mois, le célibataire, devenu craintif outre mesure, vit terrible, morne et maussade le visage si riant et si amical de Flore. Il subit les éclats d'une mauvaise humeur calculée, absolument comme un homme marié dont l'épouse médite une infidélité. Quand, au milieu des plus cruelles rebuffades, le pauvre garçon s'enhardit à demander à Flore la cause de ce changement, elle eut dans le regard des flammes chargées de haine, et dans la voix des tons agressifs et méprisants, que le pauvre Jean-Jacques n'avait jamais entendus ni reçus.

— Parbleu, dit-elle, vous n'avez ni cœur ni âme. Voilà seize ans que je donne ici ma jeunesse, et je ne m'étais pas aperçue que vous avez une pierre, là!.. fit-elle en se frappant le cœur. Depuis deux mois, vous voyez venir ici ce brave commandant, une victime des Bourbons, qui était fait pour être général, et qu'est dans la débine, acculé dans un trou de pays où la fortune n'a pas de quoi se promener. Il est obligé de rester sur une chaise toute une journée à la Municipalité, pour gagner... quoi?.. six cents misérables francs, la belle poussée! Et vous, qu'avez six cent cinquante-neuf mille livres de placées, soixante mille francs de rente, et qui, grâce à moi, ne dépensez pas plus de mille écus par an, tout compris, même mes jupes, enfin tout, vous ne pensez pas à lui offrir un logis ici, où tout le deuxième est vide! Vous aimez mieux que les souris et les rats y dansent plutôt que d'y mettre un humain, enfin un garçon que votre père a toujours pris pour son fils !.. Voulez-vous savoir ce que vous êtes? Je vais vous le dire : vous êtes un fratricide! Après cela, je sais bien pourquoi! Vous avez vu que je lui portais intérêt, et ça vous chicane! Quoique vous paraissiez bête, vous avez plus de malice que les plus malicieux dans ce que vous êtes... Eh! bien, oui, je lui porte intérêt, et un vif encore...

— Mais, Flore...

— Oh! il n'y a pas de *mais Flore* qui tienne. Ah! vous pouvez bien en chercher une autre Flore (si vous trouvez une !), car je veux que ce verre de vin me serve de poison si je ne laisse pas là votre baraque de maison. Je ne vous aurai, Dieu merci, rien coûté pendant les douze ans que j'y suis restée, et vous aurez eu de l'agrément à bon marché. Partout ailleurs, j'aurais bien gagné ma vie à tout faire comme ici : savonner, repasser, veiller aux lessives, aller au marché, faire la cuisine, prendre vos intérêts en toutes choses, m'exterminer du matin au soir.... Eh! bien, voilà ma récompense...

— Mais Flore...

— Oui, Flore, vous en aurez des Flore, à cinquante et un ans que vous avez, et que vous vous portez très-mal, et que vous baissez que c'en est effrayant, je le sais bien! Puis, avec ça, que vous n'êtes pas amusant...

— Mais, Flore...

— Laissez-moi tranquille !

Elle sortit en fermant la porte avec une violence qui fit retentir la maison et parut l'ébranler sur ses fondements. Jean-Jacques Rouget ouvrit tout doucement la porte et alla plus doucement encore dans la cuisine, où Flore grommelait toujours.

— Mais, Flore, dit ce mouton, voilà la première nouvelle que j'ai de ton désir, comment sais-tu si je le veux ou si je ne le veux pas.....

— D'abord, reprit-elle, il y a besoin d'un homme dans la maison. On sait que vous avez des dix, des quinze, des vingt mille francs; et si l'on venait vous voler, on nous assassinerait. Moi, je ne me soucie pas du tout de me réveiller un beau matin coupée en quatre morceaux, comme on a fait de cette pauvre servante qu'a eu la bêtise de défendre son maître! Eh! bien, si l'on nous voit chez nous un homme brave comme César, et qui ne se mouche pas du pied... Max avalerait trois voleurs, le temps de le dire... eh ! bien, je dormirais plus tranquille. On vous dira peut-être des bêtises... que je l'aime par ci, que je l'adore par là !... Savez-vous ce que vous direz ?... eh ! bien, vous répondrez que vous le savez, mais que votre père vous avait recommandé son pauvre Max à son lit de mort. Tout le monde se taira, car les pavés d'Issoudun vous diront qu'il lui payait sa pension au collége, *na !* Voilà neuf ans que je mange votre pain...

— Flore, Flore...

— Il y en a eu par la ville plus d'un qui m'a fait la cour, *da !* On m'offrait des chaînes d'or par ci, des montres par là... Ma petite Flore, si tu veux quitter cet imbécile de père Rouget, car voilà ce qu'on me disait de vous. Moi, le quitter ? ah ! bien, plus souvent, un innocent comme ça ! que qui deviendrait, ai-je toujours ré-répondu. Non, non, où la chèvre est attachée, il faut qu'elle broute......

— Oui, Flore, je n'ai que toi au monde, et je suis trop heureux... Si ça te fait plaisir, mon enfant, eh ! bien, nous aurons ici Maxence Gilet, il mangera avec nous...

— Parbleu ! je l'espère bien...

— Là, là, ne te fâche pas...

— Quand il y a pour un, il y a bien pour deux, répondit-elle en riant. Mais si vous êtes gentil, savez-vous ce que vous ferez, mon bichon ?... Vous irez vous promener aux environs de la Mairie, à quatre heures, et vous vous arrangerez pour rencontrer monsieur le commandant Gilet, que vous inviterez à dîner. S'il fait des façons, vous lui direz que ça me fera plaisir, il est trop galant pour refuser. Pour lors, entre la poire et le fromage, s'il vous parle de ses malheurs, des pontons, que vous aurez bien l'esprit de le mettre là-dessus, vous lui offrirez de demeurer ici..... S'il trouve quelque chose à redire, soyez tranquille, je saurai bien le déterminer.....

En se promenant avec lenteur sur le boulevard Baron, le célibataire réfléchit, autant qu'il le pouvait, à cet événement. S'il se séparait de Flore... (à cette idée, il n'y voyait plus clair) quelle autre femme retrouverait-il ?..... Se marier ?..... A son âge, il serait épousé pour sa fortune, et encore plus cruellement exploité par sa femme légitime que par Flore. D'ailleurs, la pensée d'être privé de cette tendresse, fût-elle illusoire, lui causait une horrible angoisse.

Il fut donc pour le commandant Gilet aussi charmant qu'il pouvait l'être. Ainsi que Flore le désirait, l'invitation fut faite devant témoins, afin de ménager l'honneur de Maxence.

La réconciliation se fit entre Flore et son maître; mais depuis cette journée Jean-Jacques aperçut des nuances qui prouvaient un changement complet dans l'affection de la Rabouilleuse. Flore Brazier se plaignit pendant une quinzaine de jours, chez les fournisseurs, au marché, près des commères avec lesquelles elle bavardait, de la tyrannie de monsieur Rouget, qui s'avisait de prendre son soi-disant frère naturel chez lui. Mais personne ne fut la dupe de cette comédie, et Flore fut regardée comme une créature excessivement fine et retorse.

Le père Rouget se trouva très-heureux de l'impatronisation de Max au logis, car il eut une personne qui fut aux petits soins pour lui, mais sans servilité cependant. Gilet causait, politiquait et se promenait quelquefois avec le père Rouget. Dès que l'officier fut installé, Flore ne voulut plus être cuisinière. La cuisine, dit-elle, lui gâtait les mains. Sur le désir du Grand-Maître de l'Ordre, la Cognette indiqua l'une de ses parentes, une vieille fille dont le maître, un curé, venait de mourir sans lui rien laisser, une excellente cuisinière, qui serait dévouée à la vie à la mort à Flore et à Max. D'ailleurs, la Cognette promit à sa parente, au nom de ces deux puissances, une rente de trois cents livres après dix ans de bons, loyaux, discrets et probes services. Agée de soixante ans, la Védie était remarquable par une figure ravagée par la petite vérole et d'une laideur convenable. Après l'entrée en fonctions de la Védie, la Rabouilleuse devint madame Brazier. Elle porta des corsets, elle eut des robes en soie, en belles étoffes de laine et de coton suivant les saisons! Elle eut des collerettes, des fichus fort chers, des bonnets brodés, des gorgerettes de dentelles, se chaussa de brodequins et se maintint dans une élégance et une richesse de mise qui la rajeunit. Elle fut comme un diamant brut, taillé, monté par le bijoutier pour valoir tout son prix. Elle voulait faire honneur à Max. A la fin de la première année, en 1817, elle fit venir de Bourges un cheval, dit anglais, pour le pauvre commandant, ennuyé de se promener à pied. Max avait raccolé, dans les environs, un ancien lancier de la Garde Impériale, un Polonais, nommé Kouski, tombé dans la misère, qui ne demanda pas mieux que d'entrer chez monsieur Rouget en qualité de domestique du commandant.

Max fut l'idole de Kouski, surtout après le duel des trois royalistes. A compter de 1817, la maison du père Rouget fut donc composée de cinq personnes, dont trois maîtres, et la dépense s'éleva environ à huit mille francs par an.

Au moment où madame Bridau revenait à Issoudun pour, selon l'expression de maître Desroches, sauver une succession si sérieusement compromise, le père Rouget était arrivé par degrés à un état quasi-végétatif. D'abord, dès l'impatronisation de Max, mademoiselle Brazier mit la table sur un pied épiscopal. Rouget, jeté dans la voie de la bonne chère, mangea toujours davantage, emporté par les excellents plats que faisait la Védie. Malgré cette exquise et abondante nourriture, il engraissa peu. De jour en jour, il s'affaissa comme un homme fatigué, par ses digestions peut-être, et ses yeux se cernèrent fortement. Mais si, pendant ses promenades, des bourgeois l'interrogeaient sur sa santé : — Jamais, disait-il, il ne s'était mieux porté. Comme il avait toujours passé pour être d'une intelligence excessivement bornée, on ne remarqua point la dépression constante de ses facultés. Son amour pour Flore était le seul sentiment qui le faisait vivre, il n'existait que par elle; sa faiblesse avec elle n'avait point alors de bornes, il obéissait à un regard, il guettait les mouvements de cette créature comme un chien guette les moindres gestes de son maître. Enfin, selon l'expression de madame Hochon, à cinquante-sept ans, le père Rouget semblait être plus vieux que monsieur Hochon, alors octogénaire.

Chacun imagine, avec raison, que l'appartement de Max était digne de ce charmant garçon. En effet, en six ans le commandant avait, d'année en année, perfectionné le comfort, embelli les moindres détails de son logement, autant pour lui-même que pour Flore. Mais ce n'était que le comfort d'Issoudun : des carreaux mis en couleur, des papiers de tenture assez élégants, des meubles en acajou, des glaces à bordure dorée, des rideaux en mousseline ornés de bandes rouges, un lit à couronne et à rideaux disposés comme les arrangent les tapissiers de province pour une riche mariée, et qui paraît alors le comble de la magnificence, mais qui se voit dans les vulgaires gravures de modes, et si commun que les détaillants de Paris n'en veulent plus pour leurs noces. Il y avait, chose monstrueuse et qui fit causer dans Issoudun, des nattes de jonc dans l'escalier, sans doute pour assourdir le bruit des pas; aussi, en rentrant au petit jour, Max n'avait-il éveillé personne. Rouget ne soupçonna jamais la complicité de son hôte dans les œuvres nocturnes des Chevaliers de la Désœuvrance.

Vers les huit heures, Flore, vêtue d'une robe de chambre en jolie étoffe de coton à mille raies roses, coiffée d'un bonnet de dentelles, les pieds dans des pantoufles fourrées, ouvrit doucement la porte de la chambre de Max; mais, en le voyant endormi, elle resta debout devant le lit.

— Il est rentré si tard, dit-elle, à trois heures et demie. Il faut avoir un fier tempérament pour résister à ces amusements-là. Est-il fort, cet amour d'homme!... Qu'auront-ils fait cette nuit?

— Tiens, te voilà, ma petite Flore, dit Max en s'éveillant à la manière des militaires accoutumés par les événements de la guerre à trouver leurs idées au complet et leur sang-froid au réveil, quelque subit qu'il soit.

— Tu dors, je m'en vais...

— Non, reste, il y a des choses graves...

— Vous avez fait quelque sottise cette nuit?...

— Ah! ouin!... Il s'agit de nous et de cette vieille bête. Ah! çà, tu ne m'avais jamais parlé de sa famille... Eh! bien, elle arrive ici, la famille, sans doute pour nous tailler des croupières...

— Ah! je m'en vais le secouer, dit Flore.

— Mademoiselle Brazier, dit gravement Max, il s'agit de choses trop sérieuses pour y aller à l'étourdie. Envoie-moi mon café, je le prendrai dans mon lit, où je vais songer à la conduite que nous devons tenir... Reviens à neuf heures, nous causerons. En attendant, fais comme si tu ne savais rien.

Saisie par cette nouvelle, Flore laissa Max et alla lui préparer son café; mais, un quart d'heure après, Baruch entra précipitamment, et dit au Grand-Maître : — Fario cherche sa brouette!...

En cinq minutes, Max fut habillé, descendit, et, tout en ayant l'air de flâner, il gagna le bas de la Tour, où il vit un rassemblement assez considérable.

— Qu'est-ce? fit Max en perçant la foule et pénétrant jusqu'à l'Espagnol.

Fario, petit homme sec, était d'une laideur comparable à celle d'un grand d'Espagne. Des yeux de feu comme percés avec une vrille et très-rapprochés du nez l'eussent fait passer à Naples pour un jeteur de sorts. Ce petit homme paraissait doux parce qu'il était grave, lent dans ses mouvements. Aussi le nommait-on le bonhomme Fario. Mais son teint couleur de pain d'épice et sa douceur déguisaient aux ignorants et annonçaient à l'observateur le caractère à demi mauritain d'un paysan de Grenade que rien n'avait encore fait sortir de son flegme et de sa paresse.

— Êtes-vous sûr, lui dit Max après avoir écouté les doléances du marchand de grains, d'avoir amené votre voiture? car il n'y a, Dieu merci, pas de voleurs à Issoudun...

— Elle était là...

— Si le cheval est resté attelé, ne peut-il pas avoir emmené la voiture?

— Le voilà, mon cheval, dit Fario en montrant sa bête harnachée à trente pas de là.

Max alla gravement à l'endroit où se trouvait le cheval, afin de pouvoir, en levant les yeux, voir le pied de la Tour, car le rassemblement était au bas. Tout le monde suivit Max, et c'est ce que le drôle voulait.

— Quelqu'un a-t-il mis par distraction une voiture dans ses poches? cria François.

— Allons, fouillez-vous! dit Baruch.

Des éclats de rire partirent de tous côtés. Fario jura. Chez un Espagnol, des jurons annoncent le dernier degré de la colère.

— Est-elle légère, ta voiture? dit Max.

— Légère?... répondit Fario. Si ceux qui rient de moi l'avaient sur les pieds, leurs cors ne leur feraient plus mal.

— Il faut cependant qu'elle le soit diablement, répondit Max en montrant la Tour, car elle a volé sur la butte.

A ces mots, tous les yeux se levèrent, et il y eut en un instant comme une émeute au marché. Chacun se montrait cette voiture-fée. Toutes les langues étaient en mouvement.

— Le diable protège les aubergistes qui se damnent tous, dit le fils Goddet au marchand stupéfait, il a voulu t'apprendre à ne pas laisser traîner de charrettes dans les rues, au lieu de les remiser à l'auberge.

A cette apostrophe, des huées partirent de la foule, car Fario passait pour avare.

— Allons, mon brave homme, dit Max, il ne faut pas perdre courage. Nous allons monter à la Tour pour savoir comment ta brouette est venue là. Nom d'un canon, nous te donnerons un coup de main. Viens-tu, Baruch? — Toi, dit-il à François en lui parlant dans l'oreille, fais ranger le monde et qu'il n'y ait personne au bas de la butte quand tu nous y verras.

Fario, Max, Baruch et trois autres Chevaliers montèrent à la Tour. Pendant cette ascension assez périlleuse, Max constatait avec Fario qu'il n'existait ni dégâts ni traces qui indiquassent le passage de la charrette. Aussi Fario croyait-il à quelque sortilége, il avait la tête perdue. Arrivés tous au sommet, en y examinant les choses, le fait parut sérieusement impossible.

— Comment que j'allons la descendre?... dit l'Espagnol dont les petits yeux noirs exprimaient pour la première fois l'épouvante, et dont la figure jaune et creuse, qui paraissait ne devoir jamais changer de couleur, pâlit.

— Comment! dit Max, mais cela ne me paraît pas difficile...

Et, profitant de la stupéfaction du marchand de grains, il mania de ses bras robustes la charrette par les deux brancards, de manière à la lancer; puis, au moment où elle devait lui échapper, il cria d'une voix tonnante : — Gare là-dessous!...

Mais il ne pouvait y avoir aucun inconvénient : le rassemblement, averti par Baruch et pris de curiosité, s'était retiré sur la place à la distance nécessaire pour voir ce qui se passerait sur la butte. La charrette se brisa de la manière la plus pittoresque en un nombre infini de morceaux.

— La voilà descendue, dit Baruch.

— Ah! brigands! ah! canailles! s'écria Fario, c'est peut-être vous autres qui l'avez montée ici...

Max, Baruch et leurs trois compagnons se mirent à rire des injures de l'Espagnol.

— On a voulu te rendre service, dit froidement Max, j'ai failli, en manœuvrant ta damnée charrette, être emporté avec elle, et voilà comment tu nous remercies?... De quel pays es-tu donc?...

— Je suis d'un pays où l'on ne pardonne pas, répliqua Fario qui tremblait de rage. Ma charrette vous servira de cabriolet pour aller au diable!... à moins, dit-il en devenant doux comme un mouton, que vous ne vouliez me la remplacer par une neuve?

— Parlons de cela, dit Max en descendant.

Quand ils furent au bas de la Tour et en rejoignant les premiers groupes de rieurs, Max prit Fario par un bouton de sa veste et lui dit : — Oui, mon brave père Fario, je te ferai cadeau d'une magnifique charrette, si tu veux me donner deux cent cinquante

13.

francs; mais je ne garantis pas qu'elle sera, comme celle-ci, faite aux tours.

Cette dernière plaisanterie trouva Fario froid comme s'il s'agissait de conclure un marché.

— Dame! répliqua-t-il, vous me donneriez de quoi me remplacer ma pauvre charrette, que vous n'auriez jamais mieux employé l'argent du père Rouget.

Max pâlit, il leva son redoutable poing sur Fario; mais Baruch, qui savait qu'un pareil coup ne frapperait pas seulement sur l'Espagnol, enleva Fario comme une plume et dit tout bas à Max : — Ne va pas faire des bêtises!

Le commandant, rappelé à l'ordre, se mit à rire et répondit à Fario : — Si je t'ai, par mégarde, fracassé ta charrette, tu essaies de me calomnier, nous sommes quittes.

— *Pas core!* dit en murmurant Fario. Mais je suis bien aise de savoir ce que valait ma charrette!

— Ah! Max, tu trouves à qui parler? dit un témoin de cette scène qui n'appartenait pas à l'Ordre de la Désœuvrance.

— Adieu, monsieur Gilet, je ne vous remercie pas encore de votre coup de main, fit le marchand de grains en enfourchant son cheval et disparaissant au milieu d'un hourra.

— On vous gardera le fer des cercles!... lui cria un charron venu pour contempler l'effet de cette chute.

Un des limons s'était planté droit comme un arbre. Max restait pâle et pensif, atteint au cœur par la phrase de l'Espagnol. On parla pendant cinq jours à Issoudun de la charrette à Fario. Elle était destinée à voyager, comme dit le fils Goddet, car elle fit le tour du Berry où l'on se raconta les plaisanteries de Max et de Baruch. Ainsi, ce qui fut le plus sensible à l'Espagnol, il était encore huit jours après l'événement, la fable de trois Départements, et le sujet de toutes les *disettes*. Max et la Rabouilleuse, à propos des terribles réponses du vindicatif Espagnol, furent aussi le sujet de mille commentaires qu'on se disait à l'oreille dans Issoudun, mais tout haut à Bourges, à Vatan, à Vierzon et à Châteauroux. Maxence Gilet connaissait assez le pays pour deviner combien ces propos devaient être envenimés.

— On ne pourra pas les empêcher de causer, pensait-il. Ah! j'ai fait là un mauvais coup.

— Hé! bien, Max, lui dit François en lui prenant le bras, ils arrivent ce soir...

— Qui?...

— Les Bridau! Ma grand'mère vient de recevoir une lettre de sa filleule.

— Ecoute, mon petit, lui dit Max à l'oreille, j'ai réfléchi profondément à cette affaire. Flore ni moi, nous ne devons pas paraître en vouloir aux Bridau. Si les héritiers quittent Issoudun, c'est vous autres, les Hochon, qui devez les renvoyer. Examine bien ces Parisiens; et, quand je les aurai toisés, demain, chez la Cognette, nous verrons ce que nous pourrons leur faire et comment les mettre mal avec ton grand-père?...

— L'Espagnol a trouvé le défaut de la cuirasse à Max, dit Baruch à son cousin François en rentrant chez monsieur Hochon et regardant leur ami qui rentrait chez lui.

Pendant que Max faisait son coup, Flore, malgré les recommandations de son commensal, n'avait pu contenir sa colère; et, sans savoir si elle en servait ou si elle en dérangeait les plans, elle éclatait contre le pauvre célibataire. Quand Jean-Jacques encourait la colère de sa bonne, on lui supprimait tout d'un coup les soins et les chatteries vulgaires qui faisaient sa joie. Enfin, Flore mettait son maître en pénitence. Ainsi, plus de ces petits mots d'affection dont elle ornait la conversation avec des tonalités différentes et des regards plus ou moins tendres : — mon petit chat, — mon gros bichon, — mon bibi, — mon chou, — mon rat, etc... Un *vous*, sec et froid, ironiquement respectueux, entrait alors dans le cœur du malheureux garçon comme une lame de couteau. Ce *vous* servait de déclaration de guerre. Puis, au lieu d'assister au lever du bonhomme, de lui donner ses affaires, de prévoir ses désirs, de le regarder avec cette espèce d'admiration que toutes les femmes savent exprimer, et qui, plus elle est grossière, plus elle charme, en lui disant : — Vous êtes frais comme une rose! — Allons, vous vous portez à merveille. — Que tu es beau, vieux Jean! — enfin au lieu de le régaler pendant son lever, des drôleries et des gaudrioles qui l'amusaient, Flore le laissait s'habiller tout seul. S'il appelait la Rabouilleuse, elle répondait du bas de l'escalier : — Eh! je ne puis pas tout faire à la fois, veiller à votre déjeuner, et vous servir dans votre chambre. N'êtes-vous pas assez grand garçon pour vous habiller tout seul?

— Mon Dieu ! que lui ai-je fait ? se demanda le vieillard en recevant une de ces rebuffades au moment où il demanda de l'eau pour se faire la barbe.

— Védie, montez de l'eau chaude à monsieur, cria Flore.

— Védie ?... fit le bonhomme hébété par l'appréhension de la colère qui pesait sur lui, Védie, qu'a donc madame ce matin ?

Flore Brazier se faisait appeler madame par son maître, par Védie, par Kouski et par Max.

— Elle aurait, à ce qu'il paraît, appris quelque chose de vous qui ne serait pas beau, répondit Védie en prenant un air profondément affecté. Vous avez tort, monsieur. Tenez, je ne suis qu'une pauvre servante, et vous pouvez me dire que je n'ai que faire de fourrer le nez dans vos affaires ; mais vous chercheriez parmi toutes les femmes de la terre, comme ce roi de l'Écriture Sainte, vous ne trouveriez pas la pareille à madame. Vous devriez baiser la marque de ses pas par où elle passe.... Dame ! si vous lui donnez du chagrin, c'est vous percer le cœur à vous-même ! Enfin elle en avait les larmes aux yeux.

Védie laissa le pauvre homme atterré, il tomba sur un fauteuil, regarda dans l'espace comme un fou mélancolique, et oublia de faire sa barbe. Ces alternatives de tendresse et de froideur opéraient sur cet être faible, qui ne vivait que par la fibre amoureuse, les effets morbides produits sur le corps par le passage subit d'une chaleur tropicale à un froid polaire. C'était autant de pleurésies morales qui l'usaient comme autant de maladies. Flore, seule au monde, pouvait agir ainsi sur lui ; car, uniquement pour elle, il était aussi bon qu'il était niais.

— Hé ! bien, vous n'avez pas fait votre barbe ? dit-elle en se montrant sur la porte.

Elle causa le plus violent sursaut au père Rouget qui, de pâle et défait, devint rouge pour un moment sans oser se plaindre de cet assaut.

— Votre déjeuner vous attend ! Mais vous pouvez bien descendre en robe de chambre et en pantoufles, allez, vous déjeunerez seul.

Et, sans attendre de réponse, elle disparut. Laisser le bonhomme déjeuner seul était celle de ses pénitences qui lui causait le plus de chagrin : il aimait à causer en mangeant. En arrivant au bas de l'escalier, Rouget fut pris par une quinte, car l'émotion avait réveillé son catarrhe.

— Tousse ! tousse ! dit Flore dans la cuisine, sans s'inquiéter d'être ou non entendue par son maître. Pardè, le vieux scélérat est assez fort pour résister sans qu'on s'inquiète de lui. S'il tousse jamais son âme, celui-là, ce ne sera qu'après nous....

Telles étaient les aménités que la Rabouilleuse adressait à Rouget en ses moments de colère. Le pauvre homme s'assit dans une profonde tristesse, au milieu de la salle, au coin de la table, et regarda ses vieux meubles, ses vieux tableaux d'un air désolé.

— Vous auriez bien pu mettre une cravate, dit Flore en entrant. Croyez-vous que c'est agréable à voir un cou comme le vôtre qu'est plus rouge, plus ridé que celui d'un dindon.

— Mais que vous ai-je fait ? demanda-t-il en levant ses gros yeux vert-clair pleins de larmes vers Flore en affrontant sa mine froide.

— Ce que vous avez fait ?.... dit-elle. Vous ne le savez pas ! En voilà un hypocrite ?.... Votre sœur Agathe, qui est votre sœur comme je suis celle de la Tour d'Issoudun, à entendre votre père, et qui ne vous est de rien du tout, arrive de Paris avec son fils, ce méchant peintre de deux sous, et viennent vous voir....

— Ma sœur et mes neveux viennent à Issoudun ?.... dit-il tout stupéfait.

— Oui, jouez l'étonné, pour me faire croire que vous ne leur avez pas écrit de venir ? Cte malice cousue de fil blanc ! Soyez tranquille, nous ne troublerons point vos Parisiens, car, n'avant qu'ils n'aient mis les pieds ici, les nôtres n'y feront plus de poussière. Max et moi nous serons partis pour ne jamais revenir. Quant à votre testament, je le déchirerai en quatre morceaux à votre nez et à votre barbe, entendez-vous.... Vous laisserez votre bien à votre famille, puisque nous ne sommes pas votre famille. Après, vous verrez si vous serez aimé pour vous-même par des gens qui ne vous ont pas vu depuis trente ans, qui ne vous ont même jamais vu ! C'est pas votre sœur qui me remplacera ! Une dévote à trente-six carats !

— N'est-ce que cela, ma petite Flore ? dit le vieillard, je ne recevrai ni ma sœur, ni mes neveux... Je te jure que voilà la première nouvelle que j'ai de leur arrivée, et c'est un coup monté par madame Hochon, la vieille dévote...

Max, qui put entendre la réponse du père Rouget, se montra tout à coup en disant d'un ton de maître : — Qu'y a-t-il ?....

— Mon bon Max, reprit le vieillard heureux d'acheter la protection du soldat qui par une convention faite avec Flore prenait toujours le parti de Rouget, je jure par ce qu'il y a de plus sacré que je viens d'apprendre la nouvelle. Je n'ai jamais écrit à ma sœur : mon père m'a fait promettre de ne lui rien laisser de mon bien, de le donner plutôt à l'église.... Enfin, je ne recevrai ni ma sœur Agathe, ni ses fils.

— Votre père avait tort, mon cher Jean-Jacques, et madame a bien plus tort encore, répondit Max. Votre père avait ses raisons, il est mort, sa haine doit mourir avec lui.... Votre sœur est votre sœur, vos neveux sont vos neveux. Vous vous devez à vous-même de les bien accueillir, et à nous aussi. Que dirait-on dans Issoudun?... S..... tonnerre! j'en ai assez sur le dos, il ne manquerait plus que de m'entendre dire que nous vous séquestrons, que vous n'êtes pas libre, que nous vous avons animé contre vos héritiers, que nous captons votre succession...... Que le diable m'emporte si je ne déserte pas le camp à la seconde calomnie. Et c'est assez d'une! Déjeunons.

Flore, redevenue douce comme une hermine, aida la Védie à mettre le couvert. Le père Rouget, plein d'admiration pour Max, le prit par les mains, l'emmena dans l'embrasure d'une des croisées et là lui dit à voix basse : — Ah! Max, j'aurais un fils, je ne l'aimerais pas autant que je t'aime. Et Flore avait raison : à vous deux, vous êtes ma famille.... Tu as de l'honneur, Max, et tout ce que tu viens de dire est très-bien.

— Vous devez fêter votre sœur et votre neveu, mais ne rien changer à vos dispositions, lui dit alors Max en l'interrompant. Vous satisferez ainsi votre père et le monde...

— Eh! bien, mes chers petits amours, s'écria Flore d'un ton gai, le salmis va se refroidir. Tiens, mon vieux rat, voilà une aile, dit-elle en souriant à Jean-Jacques Rouget.

A ce mot, la figure chevaline du bonhomme perdit ses teintes cadavéreuses; il eut, sur ses lèvres pendantes, un sourire de thériaki; mais la toux le reprit, car le bonheur de rentrer en grâce lui donnait une émotion aussi violente que celle d'être en pénitence. Flore se leva, s'arracha de dessus les épaules un petit châle de cachemire et le mit en cravate au cou du vieillard en lui disant : — C'est bête de se faire du mal comme ça pour des riens. Tenez, vieil imbécile! ça vous fera du bien, c'était sur mon cœur...

— Quelle bonne créature! dit Rouget à Max pendant que Flore

alla chercher un bonnet de velours noir pour en couvrir la tête presque chauve du célibataire.

— Aussi bonne que belle, répondit Max, mais elle est vive, comme tous ceux qui ont le cœur sur la main.

Peut-être blâmera-t-on la crudité de cette peinture, et trouvera-t-on les éclats du caractère de la Rabouilleuse empreints de ce vrai que le peintre doit laisser dans l'ombre? Hé! bien, cette scène, cent fois recommencée avec d'épouvantables variantes, est, dans sa forme grossière et dans son horrible véracité, le type de celles que jouent toutes les femmes, à quelque bâton de l'échelle sociale qu'elles soient perchées, quand un intérêt quelconque les a diverties de leur ligne d'obéissance et qu'elles ont saisi le pouvoir. Comme chez les grands politiques, à leurs yeux tous les moyens sont légitimés par la fin. Entre Flore Brazier et la duchesse, entre la duchesse et la plus riche bourgeoise, entre la bourgeoise et la femme la plus splendidement entretenue, il n'y a de différences que celles dues à l'éducation qu'elles ont reçue et aux milieux où elles vivent. Les bouderies de la grande dame remplacent les violences de la Rabouilleuse. A tout étage, les amères plaisanteries, des moqueries spirituelles, un froid dédain, des plaintes hypocrites, de fausses querelles obtiennent le même succès que les propos populaciers de cette madame Éverard d'Issoudun.

Max se mit à raconter si drôlement l'histoire de Fario, qu'il fit rire le bonhomme. Védie et Kouski, venus pour entendre ce récit, éclatèrent dans le couloir. Quant à Flore, elle fut prise du fou-rire. Après le déjeuner, pendant que Jean-Jacques lisait les journaux, car on s'était abonné au *Constitutionnel* et à la *Pandore*, Max emmena Flore chez lui.

— Es-tu sûre que, depuis qu'il t'a instituée son héritière, il n'a pas fait quelque autre testament?

— Il n'a pas de quoi écrire, répondit-elle.

— Il a pu en dicter un à quelque notaire, fit Max. S'il ne l'a pas fait, il faut prévoir ce cas-là. Donc, accueillons à merveille les Bridau, mais tâchons de réaliser, et promptement, tous les placements hypothécaires. Nos notaires ne demanderont pas mieux que de faire des transports: ils y trouvent à boire et à manger. Les rentes montent tous les jours; on va conquérir l'Espagne, et délivrer Ferdinand VII de ses Cortès: ainsi, l'année prochaine, les rentes dépasseront peut-être le pair. C'est donc une bonne affaire que de mettre les sept cent cinquante mille francs du bonhomme sur le grand livre à 89 !... Seulement essaie de les faire mettre en ton nom. Ce sera toujours cela de sauvé !

— Une fameuse idée, dit Flore.

— Et, comme on aura cinquante mille francs de rentes pour huit cent quatre-vingt-dix mille francs, il faudrait lui faire emprunter cent quarante mille francs pour deux ans, à rendre par moitié. En deux ans, nous toucherons cent mille francs de Paris, et quatre-vingt-dix ici, nous ne risquons donc rien.

— Sans toi, mon beau Max, que serions-nous devenus? dit-elle.

— Oh ! demain soir, chez la Cognette, après avoir vu les Parisiens, je trouverai les moyens de les faire congédier par les Hochon eux-mêmes.

— As-tu de l'esprit, mon ange ! Tiens, tu es un amour d'homme.

La place Saint-Jean est située au milieu d'une rue appelée Grande-Narette dans sa partie supérieure, et Petite-Narette dans l'inférieure. En Berry, le mot Narette exprime la même situation de terrain que le mot génois *salita*, c'est-à-dire une rue en pente roide. La Narette est très-rapide de la place Saint-Jean à la porte Vilatte. La maison du vieux monsieur Hochon est en face de celle où demeurait Jean-Jacques Rouget. Souvent on voyait, par celle des fenêtres de la salle où se tenait madame Hochon, ce qui se passait chez le père Rouget, *et vice versâ*, quand les rideaux étaient tirés ou que les portes restaient ouvertes. La maison de monsieur Hochon ressemble tant à celle de Rouget, que ces deux édifices furent sans doute bâtis par le même architecte. Hochon, jadis Receveur des Tailles à Selles en Berry, né d'ailleurs à Issoudun, était revenu s'y marier avec la sœur du Subdélégué, le galant Lousteau, en échangeant sa place de Selles contre la recette d'Issoudun. Déjà retiré des affaires en 1786, il évita les orages de la Révolution, aux principes de laquelle il adhéra d'ailleurs pleinement, comme tous les *honnêtes gens* qui hurlent avec les vainqueurs. Monsieur Hochon ne volait pas sa réputation de grand avare. Mais ne serait-ce pas s'exposer à des redites que de le peindre ? Un des traits d'avarice qui le rendirent célèbre suffira sans doute pour vous expliquer monsieur Hochon tout entier.

Lors du mariage de sa fille, alors morte, et qui épousait un Borniche, il fallut donner à dîner à la famille Borniche. Le prétendu, qui devait hériter d'une grande fortune, mourut de chagrin d'avoir fait de mauvaises affaires, et surtout du refus de ses père et mère qui ne voulurent pas l'aider. Ces vieux Borniche vivaient encore en ce moment, heureux d'avoir vu monsieur Hochon se chargeant de la tutelle, à cause de la dot de sa fille qu'il se fit fort de sauver. Le jour de la signature du contrat, les grands parents des deux familles étaient réunis dans la salle, les Hochon d'un côté, les Borniche de l'autre, tous endimanchés. Au milieu de la lecture du contrat que faisait gravement le jeune notaire Héron, la cuisinière entre et demande à monsieur Hochon de la ficelle pour ficeler un dinde, partie essentielle du repas. L'ancien Receveur des Tailles tire du fond de la poche de sa redingote un bout de ficelle qui sans doute avait déjà servi à quelque paquet, il le donna; mais avant que la servante eût atteint la porte, il lui cria : — Gritte, tu me le rendras !...

Gritte est en Berry l'abréviation usitée de Marguerite.

Vous comprenez dès-lors et monsieur Hochon et la plaisanterie faite par la ville sur cette famille composée du père, de la mère et de trois enfants : les cinq Hochon !

D'année en année, le vieil Hochon était devenu plus vétilleux, plus soigneux, et il avait en ce moment quatre-vingt-cinq ans ! Il appartenait à ce genre d'hommes qui se baissent au milieu d'une rue, par une conversation animée, qui ramassent une épingle en disant : — Voilà la journée d'une femme ! et qui piquent l'épingle au parement de leur manche. Il se plaignait très-bien de la mauvaise fabrication des draps modernes en faisant observer que sa redingote ne lui avait duré que dix ans. Grand, sec, maigre, à teint jaune, parlant peu, lisant peu, ne se fatiguant point, observateur des formes comme un Oriental, il maintenait au logis un régime d'une grande sobriété, mesurant le boire et le manger à sa famille, d'ailleurs assez nombreuse, et composée de sa femme, née Lousteau, de son petit-fils Baruch et de sa sœur Adolphine, héritiers des vieux Borniche, enfin de son autre petit-fils François Hochon.

Hochon, son fils aîné, pris en 1813 par cette réquisition d'enfants de famille échappés à la conscription et appelés *les gardes d'honneur*, avait péri au combat d'Hanau. Cet héritier présomptif avait épousé de très-bonne heure une femme riche, afin de ne pas être repris par une conscription quelconque ; mais alors il mangea toute sa fortune en prévoyant sa fin. Sa femme, qui suivit de loin l'armée française, mourut à Strasbourg en 1814, y laissant des dettes que le vieil Hochon ne paya point, en opposant aux créanciers cet axiome de l'ancienne jurisprudence : *Les femmes sont des mineurs.*

On pouvait donc toujours dire les cinq Hochon, puisque cette maison se composait encore de trois petits enfants et des deux grands parents. Aussi la plaisanterie durait-elle toujours, car aucune plaisanterie ne vieillit en province. Gritte, alors âgée de soixante ans, suffisait à tout.

La maison, quoique vaste, avait peu de mobilier. Néanmoins on pouvait très-bien loger Joseph et madame Bridau dans deux chambres au deuxième étage. Le vieil Hochon se repentit alors d'y avoir conservé deux lits accompagnés chacun d'eux d'un vieux fauteuil en bois naturel et garnis en tapisserie, d'une table en noyer sur laquelle figurait un pot à eau du genre dit Gueulard dans sa cuvette bordée de bleu. Le vieillard mettait sa récolte de pommes et de poires d'hiver, de nèfles et de coings sur de la paille dans ces deux chambres où dansaient les rats et les souris; aussi exhalaient-elles une odeur de fruit et de souris. Madame Hochon y fit tout nettoyer : le papier décollé par places fut recollé au moyen de pains à cacheter, elle orna les fenêtres de petits rideaux qu'elle tailla dans de vieux *fourreaux* de mousseline à elle. Puis, sur le refus de son mari d'acheter de petits tapis en lisière, elle donna *sa descente de lit* à sa petite Agathe, en disant de cette mère de quarante-sept ans sonnés : pauvre petite ! Madame Hochon emprunta deux tables de nuit aux Borniche, et loua très-audacieusement chez un fripier, le voisin de la Cognette, deux vieilles commodes à poignées de cuivre. Elle conservait deux paires de flambeaux en bois précieux, tournés par son propre père qui avait la manie du *tour*. De 1770 à 1780, ce fut un ton chez les gens riches d'apprendre un métier, et monsieur Lousteau le père, ancien premier Commis des Aides, fut tourneur, comme Louis XVI fut serrurier. Ces flambeaux avaient pour garnitures des cercles en racines de rosier, de pêcher, d'abricotier. Madame Hochon risqua ces précieuses reliques !..... Ces préparatifs et ce sacrifice redoublèrent la gravité de monsieur Hochon qui ne croyait pas encore à l'arrivée des Bridau.

Le matin même de cette journée illustrée par le tour fait à Fario, madame Hochon dit après le déjeuner à son mari : — J'espère, Hochon, que vous recevrez comme il faut madame Bridau, ma filleule. Puis, après s'être assurée que ses petits-enfants étaient partis, elle ajouta : — Je suis maîtresse de mon bien, ne me contraignez pas à dédommager Agathe dans mon testament de quelque mauvais accueil.

— Croyez-vous, madame, répondit Hochon d'une voix douce, qu'à mon âge je ne connaisse pas la civilité puérile et honnête...

— Vous savez bien ce que je veux dire, vieux sournois. Soyez aimable pour nos hôtes, et souvenez-vous combien j'aime Agathe...

— Vous aimiez aussi Maxence Gilet, qui va dévorer une succession due à votre chère Agathe !... Ah ! vous avez réchauffé là un serpent dans votre sein ; mais, après tout, l'argent des Rouget devait appartenir à un Lousteau quelconque.

Après cette allusion à la naissance présumée d'Agathe et de Max, Hochon voulut sortir ; mais la vieille madame Hochon, femme encore droite et sèche, coiffée d'un bonnet rond à coques et poudrée, ayant une jupe de taffetas gorge de pigeon, à manches justes, et les pieds dans des mules, posa sa tabatière sur sa petite table, et dit :

— En vérité, comment un homme d'esprit comme vous, monsieur Hochon, peut-il répéter des niaiseries qui, malheureusement, ont coûté le repos à ma pauvre amie et la fortune de son père à ma pauvre filleule ? Max Gilet n'est pas le fils de mon frère, à qui j'ai bien conseillé dans le temps d'épargner ses écus. Enfin vous savez aussi bien que moi que madame Rouget était la vertu même...

— Et la fille est digne de la mère, car elle me paraît bien bête. Après avoir perdu toute sa fortune, elle a si bien élevé ses enfants, qu'en voilà un en prison sous le coup d'un procès criminel à la Cour des Pairs, pour le fait d'une conspiration à la Berton. Quant à l'autre, il est dans une situation pire, il est peintre !... Si vos protégés restent ici jusqu'à ce qu'ils aient dépêtré cet imbécile de Rouget des griffes de la Rabouilleuse et de Gilet, nous mangerons plus d'un minot de sel avec eux.

— Assez, monsieur Hochon, souhaitez qu'ils en tirent pied ou aile...

Monsieur Hochon prit son chapeau, sa canne à pomme d'ivoire, et sortit pétrifié par cette terrible phrase, car il ne croyait pas à tant de résolution chez sa femme. Madame Hochon, elle, prit son livre de prières pour lire l'Ordinaire de la Messe, car son grand âge l'empêchait d'aller tous les jours à l'église : elle avait de la peine à s'y rendre les dimanches et les jours fériés. Depuis qu'elle avait reçu la réponse d'Agathe, elle ajoutait à ses prières habituelles une prière pour supplier Dieu de dessiller les yeux à Jean-Jacques Rouget, de bénir Agathe et de faire réussir l'entreprise à laquelle elle l'avait poussée. En se cachant de ses deux petits enfants, à qui elle reprochait d'être des *parpaillots,* elle avait prié le curé de dire, pour ce succès, des messes pendant une neuvaine accomplie par sa petite-fille Adolphine Borniche, qui s'acquittait des prières à l'église par procuration.

Adolphine, alors âgée de dix-huit ans, et qui, depuis sept ans, travaillait aux côtés de sa grand'mère dans cette froide maison à mœurs méthodiques et monotones, fit d'autant plus volontiers la neuvaine qu'elle souhaitait inspirer quelque sentiment à Joseph Bridau, cet artiste incompris par monsieur Hochon, et auquel elle prenait le plus vif intérêt à cause des monstruosités que son grand-père prêtait à ce jeune Parisien.

Les vieillards, les gens sages, la tête de la ville, les pères de famille approuvaient d'ailleurs la conduite de madame Hochon ; et leurs vœux en faveur de sa filleule et de ses enfants étaient d'accord avec le mépris secret que leur inspirait depuis long-temps la conduite de Maxence Gilet. Ainsi la nouvelle de l'arrivée de la sœur et du neveu du père Rouget produisit deux partis dans Issoudun : celui de la haute et vieille bourgeoisie, qui devait se contenter de faire des vœux et de regarder les événements sans y aider ; celui des Chevaliers de la Désœuvrance et des partisans de Max, qui malheureusement étaient capables de commettre bien des malices à l'encontre des Parisiens.

Ce jour-là donc, Agathe et Joseph débarquèrent sur la place Misère, au bureau des Messageries, à trois heures. Quoique fatiguée, madame Bridau se sentit rajeunie à l'aspect de son pays natal, où elle reprenait à chaque pas ses souvenirs et ses impressions de jeunesse. Dans les conditions où se trouvait alors la ville d'Issoudun, l'arrivée des Parisiens fut sue dans toute la ville à la fois en dix minutes. Madame Hochon alla sur le pas de sa porte pour recevoir sa filleule et l'embrassa comme si c'eût été sa fille. Après avoir parcouru pendant soixante-douze ans une carrière à la fois vide et monotone où, en se retournant, elle comptait les cercueils de ses trois enfants, morts tous malheureux, elle s'était fait une sorte de maternité factice pour une jeune personne qu'elle avait eue, selon son expression, dans ses poches pendant seize ans. Dans les ténèbres de la province, elle avait caressé cette vieille amitié, cette enfance et ses souvenirs, comme si Agathe eût été présente ; aussi s'était-elle passionnée pour les intérêts des Bridau. Agathe fut menée en triomphe dans la salle où le digne monsieur Hochon resta froid comme un four miné.

— Voilà monsieur Hochon, comment le trouves-tu ? dit la marraine à sa filleule.

— Mais absolument comme quand je l'ai quitté, dit la Parisienne.

— Ah ! l'on voit que vous venez de Paris, vous êtes complimenteuse, fit le vieillard.

Les présentations eurent lieu ; celle du petit Baruch Borniche, grand jeune homme de vingt-deux ans ; celle du petit François Hochon, âgé de vingt-quatre ans, et celle de la petite Adolphine, qui rougissait, ne savait que faire de ses bras et surtout de ses yeux ; car elle ne voulait pas avoir l'air de regarder Joseph Bridau ; curieusement observé par les deux jeunes gens et par le vieux Hochon, mais à des points de vue différents. L'avare se disait : — Il sort de l'hôpital, il doit avoir faim comme un convalescent. Les deux jeunes gens se disaient : — Quel brigand ! quelle tête ! il nous donnera bien du fil à retordre.

— Voilà mon fils le peintre, mon bon Joseph ! dit enfin Agathe en montrant l'artiste.

Il y eut dans l'accent du mot *bon* un effort où se révélait tout le cœur d'Agathe qui pensait à la prison du Luxembourg.

— Il a l'air malade, s'écria madame Hochon, il ne te ressemble pas...

— Non, madame, reprit Joseph avec la brutale naïveté de l'artiste, je ressemble à mon père, et en laid encore !

Madame Hochon serra la main d'Agathe qu'elle tenait, et lui jeta un regard. Ce geste, ce regard voulaient dire : — Ah ! je conçois bien, mon enfant, que tu lui préfères ce mauvais sujet de Philippe.

— Je n'ai jamais vu votre père, mon cher enfant, répondit à haute voix madame Hochon ; mais il vous suffit d'être le fils de votre mère pour que je vous aime. D'ailleurs vous avez du talent, à ce que m'écrivait feu madame Descoings, la seule de la maison qui me donnât de vos nouvelles dans les derniers temps.

— Du talent ! fit l'artiste, pas encore ; mais, avec le temps et la patience, peut-être pourrai-je gagner à la fois gloire et fortune.

— En peignant ?... dit monsieur Hochon avec une profonde ironie.

— Allons, Adolphine, dit madame Hochon, va voir au dîner.

— Ma mère, dit Joseph, je vais faire placer nos malles qui arrivent.

— Hochon, montre les chambres à monsieur Bridau, dit la grand'mère à François.

Comme le dîner se servait à quatre heures et qu'il était trois heures et demie, Baruch alla dans la ville y donner des nouvelles de la famille Bridau, peindre la toilette d'Agathe, et surtout Joseph dont la figure ravagée, maladive, et si caractérisée ressemblait au portrait idéal que l'on se fait d'un brigand. Dans tous les ménages, ce jour-là, Joseph défraya la conversation.

— Il paraît que la sœur du père Rouget a eu pendant sa grossesse un regard de quelque singe, disait-on ; son fils ressemble à un macaque. — Il a une figure de brigand, et des yeux de basilic. — On dit qu'il est curieux à voir, effrayant. — Tous les artistes à Paris sont comme cela. — Ils sont méchants comme des ânes rouges, et malicieux comme des singes. — C'est même dans leur état. — Je viens de voir monsieur Beaussier, qui dit qu'il ne voudrait pas le rencontrer la nuit au coin d'un bois ; il l'a vu à la diligence. — Il a dans la figure des salières comme un cheval, et il fait des gestes de fou. — Ce garçon-là paraît être capable de tout ; c'est lui qui peut-être est cause que son frère, qui était un grand bel homme, a mal tourné. — La pauvre madame Bridau n'a pas l'air d'être heureuse avec lui. Si nous profitions de ce qu'il est ici pour *faire tirer* nos portraits ?

Il résulta de ces opinions, semées comme par le vent dans la ville, une excessive curiosité. Tous ceux qui avaient le droit d'aller voir les Hochon se promirent de leur faire visite le soir même pour examiner les Parisiens. L'arrivée de ces deux personnages équivalait dans une ville stagnante comme Issoudun à la solive tombée au milieu des grenouilles.

Après avoir mis les effets de sa mère et les siens dans les deux chambres en mansarde et les avoir examinées, Joseph observa cette maison silencieuse où les murs, l'escalier, les boiseries étaient sans ornement et distillaient le froid, où il n'y avait en tout que le strict nécessaire. Il fut alors saisi de cette brusque transition du poétique Paris à la muette et sèche province. Mais quand, en descendant, il aperçut monsieur Hochon coupant lui-même pour chacun des tranches de pain, il comprit, pour la première fois de sa vie, Harpagon de Molière.

— Nous aurions mieux fait d'aller à l'auberge, se dit-il en lui-même.

L'aspect du dîner confirma ses appréhensions. Après une soupe dont le bouillon clair annonçait qu'on tenait plus à la quantité qu'à la qualité, on servit un bouilli triomphalement entouré de persil. Les légumes, mis à part dans un plat, comptaient dans l'ordonnance du repas. Ce bouilli trônait au milieu de la table, accompagné de trois autres plats : des œufs durs sur de l'oseille placés en face des légumes ; puis une salade tout accommodée à l'huile de noix en face de petits pots de crème où la vanille était remplacée par de l'avoine brûlée, et qui ressemble à la vanille comme le café de chicorée ressemble au moka. Du beurre et des radis dans deux plateaux aux deux extrémités, des radis noirs et des cornichons complétaient ce service, qui eut l'approbation de madame Hochon. La bonne vieille fit un signe de tête en femme heureuse de voir que son mari, pour le premier jour du moins, avait bien fait les choses. Le vieillard répondit par une œillade et un mouvement d'épaules facile à traduire :
— Voilà les folies que vous me faites faire !...

Immédiatement après avoir été comme disséqué par monsieur Hochon en tranches semblables à des semelles d'escarpins, le bouilli fut remplacé par trois pigeons. Le vin du cru fut du vin de 1811. Par un conseil de sa grand'mère, Adolphine avait orné de deux bouquets les bouts de la table.

— A la guerre comme à la guerre, pensa l'artiste en contemplant la table.

Et il se mit à manger en homme qui avait déjeuné à Vierzon, à six heures du matin, d'une exécrable tasse de café. Quand Joseph eut avalé son pain et qu'il en redemanda, monsieur Hochon se leva, chercha lentement une clef dans le fond de la poche de sa redingote, ouvrit une armoire derrière lui, brandit le chanteau d'un pain de douze livres, en coupa cérémonieusement une autre rouelle, la fendit en deux, la posa sur une assiette et passa l'assiette à travers la table au jeune peintre avec le silence et le sang-froid d'un vieux soldat qui se dit au commencement d'une bataille : — Allons, aujourd'hui, je puis être tué. Joseph prit la moitié de cette rouelle et comprit qu'il ne devait plus redemander de pain. Aucun membre de la famille ne s'étonna de cette scène si monstrueuse pour Joseph. La conversation allait son train. Agathe apprit que la maison où elle était née, la maison de son père avant qu'il eût hérité de celle des Descoings, avait été achetée par les Borniche, elle manifesta le désir de la revoir.

— Sans doute, lui dit sa marraine, les Borniche viendront ce soir, car nous aurons toute la ville qui voudra vous examiner, dit-elle à Joseph, et ils vous inviteront à venir chez eux.

La servante apporta pour dessert le fameux fromage mou de la Touraine et du Berry, fait avec du lait de chèvre et qui reproduit si bien en nielles les dessins des feuilles de vigne sur lesquelles on le sert, qu'il aurait dû faire inventer la gravure en Touraine. De chaque côté de ces petits fromages, Gritte mit avec une sorte de cérémonie des noix et des biscuits inamovibles.

— Allons donc, Gritte, du fruit? dit madame Hochon.

— Mais, madame, n'y en a plus de pourri, répondit Gritte.

Joseph partit d'un éclat de rire comme s'il était dans son atelier avec des camarades, car il comprit tout à coup que la précaution de commencer par les fruits attaqués était dégénérée en habitude.

— Bah! nous les mangerons tout de même, répondit-il avec l'entrain de gaieté d'un homme qui prend son parti.

— Mais va donc, monsieur Hochon, s'écria la vieille dame.

Monsieur Hochon, très-scandalisé du mot de l'artiste, rapporta des pêches de vigne, des poires et des prunes de Sainte-Catherine.

— Adolphine, va nous cueillir du raisin, dit madame Hochon à sa petite-fille.

Joseph regarda les deux jeunes gens d'un air qui disait : — Est-ce à ce régime-là que vous devez vos figures prospères?...

Baruch comprit ce coup d'œil incisif et se prit à sourire, car son cousin Hochon et lui s'étaient montrés discrets. La vie au logis était assez indifférente à des gens qui soupaient trois fois par semaine chez la Cognette. D'ailleurs avant le dîner, Baruch avait reçu l'avis que le Grand-Maître convoquait l'Ordre au complet à minuit pour le traiter avec magnificence en demandant un coup de main. Ce repas de bienvenue offert à ses hôtes par le vieil Hochon, explique combien les festoiements nocturnes chez la Cognette étaient nécessaires à l'alimentation de ces deux grands garçons bien endentés qui n'en manquaient pas un.

— Nous prendrons la liqueur au salon, dit madame Hochon en se levant et demandant par un geste le bras de Joseph. En sortant la première, elle put dire au peintre : — Eh! bien, mon pauvre garçon, ce dîner ne te donnera pas d'indigestion; mais j'ai eu bien de la peine à te l'obtenir. Tu feras carême ici, tu ne mangeras que ce qu'il faut pour vivre, et voilà tout. Ainsi prends la table en patience...

La bonhomie de cette excellente vieille qui se faisait ainsi son procès à elle-même plut à l'artiste.

— J'aurai vécu cinquante ans avec cet homme-là, sans avoir entendu vingt écus *ballant* dans ma bourse ! Oh ! s'il ne s'agissait pas de vous sauver une fortune, je ne vous aurais jamais attirés, ta mère et toi, dans ma prison.

— Mais comment vivez-vous encore ? dit naïvement le peintre avec cette gaieté qui n'abandonne jamais les artistes français.

— Ah ! voilà, reprit-elle. Je prie.

Joseph eut un léger frisson en entendant ce mot, qui lui grandissait tellement cette vieille femme qu'il se recula de trois pas pour contempler sa figure ; il la trouva radieuse, empreinte d'une sérénité si tendre qu'il lui dit : — Je ferai votre portrait !...

— Non, non, dit-elle, je me suis trop ennuyée sur la terre pour vouloir y rester en peinture !

En disant gaiement cette triste parole, elle tirait d'une armoire une fiole contenant du cassis, une liqueur de ménage faite par elle, car elle en avait eu la recette de ces si célèbres religieuses auxquelles on doit le gâteau d'Issoudun, l'une des plus grandes créations de la confiturerie française, et qu'aucun chef d'office, cuisinier, pâtissier et confiturier n'a pu contrefaire. M. de Rivière, ambassadeur à Constantinople, en demandait tous les ans d'énormes quantités pour le sérail de Mahmoud. Adolphine tenait une assiette de laque pleine de ces vieux petits verres à pans gravés et dont le bord est doré ; puis, à mesure que sa grand'mère en remplissait un, elle allait l'offrir.

— A la ronde, mon père en aura ! s'écria gaiement Agathe à qui cette immuable cérémonie rappela sa jeunesse.

— Hochon va tout à l'heure à sa Société lire les journaux, nous aurons un petit moment à nous, lui dit tout bas la vieille dame.

En effet, dix minutes après, les trois femmes et Joseph se trouvèrent seuls dans ce salon dont le parquet n'était jamais frotté ; mais seulement balayé ; dont les tapisseries encadrées dans des cadres de chêne à gorges et à moulures, dont tout le mobilier simple et presque sombre apparut à madame Bridau dans l'état où elle l'avait laissé. La Monarchie, la Révolution, l'Empire, la Restauration,

14.

qui respectèrent peu de chose, avaient respecté cette salle où leurs splendeurs et leurs désastres ne laissaient pas la moindre trace.

— Ah! ma marraine, ma vie a été cruellement agitée en comparaison de la vôtre, s'écria madame Bridau surprise de retrouver jusqu'à un serin, qu'elle avait connu vivant, empaillé sur la cheminée entre la vieille pendule, les vieux bras de cuivre et des flambeaux d'argent.

— Ah! mon enfant, répondit la vieille femme, les orages sont dans le cœur. Plus nécessaire et grande fut la résignation, plus nous avons eu de luttes avec nous-mêmes. Ne parlons pas de moi, parlons de vos affaires. Vous êtes précisément en face de l'ennemi, reprit-elle en montrant la salle de la maison Rouget.

— Ils se mettent à table, dit Adolphine.

Cette jeune fille, quasi recluse, regardait toujours par les fenêtres espérant saisir quelque lumière sur les énormités imputées à Maxence Gilet, à la Rabouilleuse, à Jean-Jacques, et dont quelques mots arrivaient à ses oreilles quand on la renvoyait pour parler d'eux. La vieille dame dit à sa petite-fille de la laisser seule avec monsieur et madame Bridau jusqu'à ce qu'une visite arrivât.

— Car, dit-elle en regardant les deux Parisiens, je sais mon Issoudun par cœur, nous aurons ce soir dix à douze fournées de curieux.

A peine madame Hochon avait-elle pu raconter aux deux Parisiens les événements et les détails relatifs à l'étonnant empire conquis sur Jean-Jacques Rouget par la Rabouilleuse et par Maxence Gilet, sans prendre la méthode synthétique avec laquelle ils viennent d'être présentés; mais en y joignant les mille commentaires, les descriptions et les hypothèses dont ils étaient ornés par les bonnes et par les méchantes langues de la ville, qu'Adolphine vint annoncer les Borniche, les Beaussier, les Lousteau-Prangin, les Fichet, les Goddet-Héreau, en tout quatorze personnes qui se dessinaient dans le lointain.

— Vous voyez, ma petite, dit en terminant la vieille dame, que ce n'est pas une petite affaire que de retirer cette fortune de la gueule du loup...

— Cela me semble si difficile avec un gredin comme vous venez de nous le dépeindre et une commère comme cette luronne-là, que ce doit être impossible, répondit Joseph. Il nous faudrait rester à Issoudun au moins une année pour combattre leur influence et renverser leur empire sur mon oncle... La fortune ne vaut pas ces tracas-là, sans compter qu'il faut s'y déshonorer en faisant mille bassesses. Ma mère n'a que quinze jours de congé, sa place est sûre, elle ne doit pas la compromettre. Moi, j'ai dans le mois d'octobre des travaux importants que Schinner m'a procurés chez un pair de France... Et, voyez-vous, madame, ma fortune à moi est dans mes pinceaux !...

Ce discours fut accueilli par une profonde stupéfaction. Madame Hochon, quoique supérieure relativement à la ville où elle vivait, ne croyait pas à la peinture. Elle regarda sa filleule, et lui serra de nouveau la main.

— Ce Maxence est le second tome de Philippe, dit Joseph à l'oreille de sa mère ; mais avec plus de politique, avec plus de tenue que n'en a Philippe. — Allons ! madame, s'écria-t-il tout haut, nous ne contrarierons pas pendant long-temps monsieur Hochon par notre séjour ici !

— Ah ! vous êtes jeune, vous ne savez rien du monde ! dit la vieille dame. En quinze jours avec un peu de politique on peut obtenir quelques résultats ; écoutez mes conseils, et conduisez-vous d'après mes avis.

— Oh ! bien volontiers, répondit Joseph, je me sens d'une incapacité mirobolante en fait de politique domestique ; et je ne sais pas, par exemple, ce que Desroches lui-même nous dirait de faire si, demain, mon oncle refuse de nous voir ?

Mesdames Borniche, Goddet-Héreau, Beaussier, Lousteau-Prangin et Fichet ornées de leurs époux, entrèrent. Après les compliments d'usage, quand ces quatorze personnes furent assises, madame Hochon ne put se dispenser de leur présenter sa filleule Agathe et Joseph. Joseph resta sur un fauteuil occupé sournoisement à étudier les soixante figures qui, de cinq heures et demie à neuf heures, vinrent poser devant lui *gratis*, comme il le dit à sa mère. L'attitude de Joseph pendant cette soirée en face des patriciens d'Issoudun ne fit pas changer l'opinion de la petite ville sur son compte : chacun s'en alla saisi de ses regards moqueurs, inquiet de ses sourires, ou effrayé de cette figure, sinistre pour des gens qui ne savaient pas reconnaître l'étrangeté du génie.

A dix heures, quand tout le monde se coucha, la marraine garda sa filleule dans sa chambre jusqu'à minuit. Sûres d'êtres seules, ces deux femmes, en se confiant les chagrins de leur vie, échangèrent alors leurs douleurs. En reconnaissant l'immensité du désert où s'était perdue la force d'une belle âme inconnue, en écoutant les derniers retentissements de cet esprit dont la destinée fut manquée, en apprenant les souffrances de ce cœur essentiellement généreux et charitable, dont la générosité, dont la charité ne s'étaient jamais exercées, Agathe ne se regarda plus comme la plus malheureuse en voyant combien de distractions et de petits bonheurs l'existence parisienne avait apportés aux amertumes envoyées par Dieu.

— Vous qui êtes pieuse, ma marraine, expliquez-moi mes fautes, et dites-moi ce que Dieu punit en moi?...

— Il nous prépare, mon enfant, répondit la vieille dame au moment où minuit sonna.

A minuit, les Chevaliers de la Désœuvrance se rendaient un à un comme des ombres sous les arbres du boulevard Baron, et s'y promenaient en causant à voix basse.

— Que va-t-on faire? fut la première parole de chacun en s'abordant.

— Je crois, dit François, que l'intention de Max est tout bonnement de nous régaler.

— Non, les circonstances sont graves pour la Rabouilleuse et pour lui. Sans doute, il aura conçu quelque farce contre les Parisiens.....

— Ce serait assez gentil de les renvoyer.

— Mon grand-père, dit Baruch, déjà très-effrayé d'avoir deux bouches de plus dans la place, saisirait avec joie un prétexte...

— Eh! bien, chevaliers! s'écria doucement Max en arrivant, pourquoi regarder les étoiles? elles ne nous distilleront pas du kirsch. Allons! à la Cognette! à la Cognette!

— A la Cognette!

Ce cri poussé en commun produisit une clameur horrible qui passa sur la ville comme un hourra de troupes à l'assaut; puis, le plus profond silence régna. Le lendemain, plus d'une personne dut dire à sa voisine : — Avez-vous entendu cette nuit, vers une heure, des cris affreux? j'ai cru que le feu était quelque part.

Un souper digne de la Cognette égaya les regards des vingt-deux convives, car l'Ordre fut au grand complet. A deux heures, au moment où l'on commençait à *siroter*, mot du dictionnaire de la Désœuvrance et qui peint assez bien l'action de boire à petites gorgées en dégustant le vin, Max prit la parole.

— Mes chers enfants, ce matin, à propos du tour mémorable que nous avons fait avec la charrette de Fario, votre Grand-Maître a été si fortement atteint dans son honneur par ce vil marchand de grains, et de plus Espagnol!... (oh! les pontons!...), que j'ai résolu de faire sentir le poids de ma vengeance à ce drôle, tout en restant dans les conditions de nos amusements. Après y avoir réfléchi pendant toute la journée, j'ai trouvé le moyen de mettre à exécution une excellente farce, une farce capable de le rendre fou. Tout en vengeant l'Ordre atteint en ma personne, nous nourrirons des animaux vénérés par les Égyptiens, de petites bêtes qui sont après tout les créatures de Dieu, et que les hommes persécutent injustement. Le bien est fils du mal, et le mal est fils du bien; telle est la loi suprême! Je vous ordonne donc à tous, sous peine de déplaire à votre très-humble Grand-Maître, de vous procurer le plus clandestinement possible chacun vingt rats ou vingt rates pleines, si Dieu le permet. Ayez réuni votre contingent dans l'espace de trois jours. Si vous pouvez en prendre davantage, le surplus sera bien reçu. Gardez ces intéressants rongeurs sans leur rien donner, car il est essentiel que ces chères petites bêtes aient une faim dévorante. Remarquez que j'accepte pour rats, les souris et les mulots. Si nous multiplions vingt-deux par vingt nous aurons quatre cent et tant de complices qui, lâchés dans la vieille église des Capucins où Fario a mis tous les grains qu'il vient d'acheter, en consommeront une certaine quantité. Mais soyons agiles! Fario doit livrer une forte partie de grains dans huit jours; or, je veux que mon Espagnol, qui voyage aux environs pour ses affaires, trouve un effroyable déchet. Messieurs, je n'ai pas le mérite de cette invention, dit-il en apercevant les marques d'une admiration générale. Rendons à César ce qui appartient à César, et à Dieu ce qui est à Dieu. Ceci est une contrefaçon des renards de Samson dans la Bible. Mais Samson fut incendiaire, et conséquemment peu philanthrope; tandis que, semblables aux Brahmes, nous sommes les protecteurs des races persécutées. Mademoiselle Flore Brazier a déjà tendu toutes ses souricières, et Kouski, mon bras droit, est à la chasse des mulots. J'ai dit.

— Je sais, dit le fils Goddet, où trouver un animal qui vaudra quarante rats à lui seul.

— Quoi?

— Un écureuil.

— Et moi, j'offre un petit singe, lequel se grisera de blé, fit un novice.

— Mauvais! fit Max. On saurait d'où viennent ces animaux.

— On peut y amener pendant la nuit, dit le fils Beaussier, un pigeon pris à chacun des pigeonniers des fermes voisines, en le faisant passer par une trouée ménagée dans la couverture, et il y aura bientôt plusieurs milliers de pigeons.

— Donc, pendant une semaine, le magasin à Fario est à l'Ordre de Nuit, s'écria Gilet en souriant au grand Beaussier fils. Vous savez qu'on se lève de bonne heure à Saint-Paterne. Que personne n'y aille sans avoir mis au rebours les semelles de ses chaussons de lisière. Le chevalier Beaussier, inventeur des pigeons, en a la direction. Quant à moi, je prendrai le soin de signer mon nom dans les tas de blé. Soyez, vous, les maréchaux-des-logis de messieurs les rats. Si le garçon de magasin couche aux Capucins, il faudra le faire griser par des camarades, et adroitement, afin de l'emmener loin du théâtre de cette orgie offerte aux animaux rongeurs.

— Tu ne nous dis rien des Parisiens? demanda le fils Goddet.

— Oh! fit Max, il faut les étudier. Néanmoins, j'offre mon beau fusil de chasse qui vient de l'Empereur, un chef-d'œuvre de la manufacture de Versailles, il vaut deux mille francs, à quiconque trouvera les moyens de jouer un tour à ces Parisiens qui les mette si mal avec monsieur et madame Hochon, qu'ils soient renvoyés par ces deux vieillards, ou qu'ils s'en aillent d'eux-mêmes, sans, bien entendu, nuire par trop aux ancêtres de mes deux amis Baruch et François.

— Ça va! j'y songerai, dit le fils Goddet, qui aimait la chasse à la passion.

— Si l'auteur de la farce ne veut pas de mon fusil, il aura mon cheval! fit observer Maxence.

Depuis ce souper, vingt cerveaux se mirent à la torture pour ourdir une trame contre Agathe et son fils, en se conformant à ce programme. Mais le diable seul ou le hasard pouvait réussir, tant les conditions imposées rendaient la chose difficile.

Le lendemain matin, Agathe et Joseph descendirent un moment avant le second déjeuner, qui se faisait à dix heures. On donnait le nom de premier déjeuner à une tasse de lait accompagnée d'une tartine de pain beurrée qui se prenait au lit ou au sortir du lit. En attendant madame Hochon qui malgré son âge accomplissait minutieusement toutes les cérémonies que les duchesses du temps de Louis XV faisaient à leur toilette, Joseph vit sur la porte de la maison en face Jean-Jacques Rouget planté sur ses deux pieds ; il le montra naturellement à sa mère qui ne put reconnaître son frère, tant il ressemblait si peu à ce qu'il était quand elle l'avait quitté.

— Voilà votre frère, dit Adolphine qui donnait le bras à sa grand'mère.

— Quel crétin ! s'écria Joseph.

Agathe joignit les mains et leva les yeux au ciel : — Dans quel état l'a-t-on mis ? Mon Dieu, est-ce là un homme de cinquante-sept ans ?

Elle voulut regarder attentivement son frère, et vit derrière le vieillard Flore Brazier coiffée en cheveux, laissant voir sous la gaze d'un fichu garni de dentelles un dos de neige et une poitrine éblouissante, soignée comme une courtisane riche, portant une robe à corset en grenadine, une étoffe de soie alors de mode, à manches dites à gigot, et terminées au poignet par des bracelets superbes. Une chaîne d'or ruisselait sur le corsage de la Rabouilleuse, qui apportait à Jean-Jacques son bonnet de soie noire afin qu'il ne s'enrhumât pas : une scène évidemment calculée.

— Voilà, s'écria Joseph, une belle femme ! et c'est rare !... Elle est faite, comme on dit, à peindre ! Quelle carnation ! Oh ! les beaux tons ! quels méplats, quelles rondeurs, et des épaules !... C'est une magnifique Cariatide ! Ce serait un fameux modèle pour une Vénus-Titien.

Adolphine et madame Hochon crurent entendre parler grec ; mais Agathe, en arrière de son fils, leur fit un signe comme pour leur dire qu'elle était habituée à cet idiome.

— Vous trouvez belle une fille qui vous enlève une fortune ? dit madame Hochon.

— Ça ne l'empêche pas d'être un beau modèle ! précisément assez grasse, sans que les hanches et les formes soient gâtées...

— Mon ami, tu n'es pas dans ton atelier, dit Agathe, et Adolphine est là...

— C'est vrai, j'ai tort ; mais aussi, depuis Paris jusqu'ici, sur toute la route, je n'ai vu que des guenons...

— Mais, ma chère marraine, dit Agathe, comment pourrais-je voir mon frère ?... car s'il est avec cette créature...

— Bah ! dit Joseph, j'irai le voir, moi !... Je ne le trouve plus si crétin du moment où il a l'esprit de se réjouir les yeux par une Vénus du Titien.

— S'il n'était pas imbécile, dit monsieur Hochon qui survint, il se serait marié tranquillement, il aurait eu des enfants, et vous n'auriez pas la chance d'avoir sa succession. A quelque chose malheur est bon.

— Votre fils a eu là une bonne idée, il ira le premier rendre visite à son oncle, dit madame Hochon ; il lui fera entendre que, si vous vous présentez, il doit être seul.

— Et vous froisserez mademoiselle Brazier? dit monsieur Hochon. Non, non, madame, avalez cette douleur... Si vous n'avez pas la succession, tâchez d'avoir au moins un petit legs...

Les Hochon n'étaient pas de force à lutter avec Maxence Gilet. Au milieu du déjeuner, le Polonais apporta, de la part de son maître, monsieur Rouget, une lettre adressée à sa sœur madame Bridau. Voici cette lettre, que madame Hochon fit lire à son mari :

« Ma chère sœur,

» J'apprends par des étrangers votre arrivée à Issoudun. Je de-
» vine le motif qui vous a fait préférer la maison de monsieur et
» madame Hochon à la mienne ; mais, si vous venez me voir, vous
» serez reçue chez moi comme vous devez l'être. Je serais allé le
» premier vous faire visite si ma santé ne me contraignait en ce
» moment à rester au logis. Je vous présente mes affectueux regrets.
» Je serai charmé de voir mon neveu, que j'invite à dîner avec moi
» aujourd'hui ; car les jeunes gens sont moins susceptibles que les
» femmes sur la compagnie. Aussi me fera-t-il plaisir en venant
» accompagné de messieurs Baruch, Borniche et François Ho-
« chon.

» Votre affectionné frère,

» J.-J. ROUGET. »

— Dites que nous sommes à déjeuner, que madame Bridau répondra tout à l'heure et que les invitations sont acceptées, fit monsieur Hochon à sa servante.

Et le vieillard se mit un doigt sur les lèvres pour imposer silence à tout le monde. Quand la porte de la rue fut fermée, monsieur Hochon, incapable de soupçonner l'amitié qui liait ses deux petits-fils à Maxence, jeta sur sa femme et sur Agathe un de ses plus fins regards : — Il a écrit cela comme je suis en état de donner vingt-cinq louis... c'est le soldat avec qui nous correspondrons.

— Qu'est-ce que cela veut dire? demanda madame Hochon. N'importe, nous répondrons. Quant à vous, monsieur, ajouta-t-elle en regardant le peintre, allez-y dîner; mais si.....

La vieille dame s'arrêta sous un regard de son mari. En reconnaissant combien était vive l'amitié de sa femme pour Agathe, le vieil Hochon craignit de lui voir faire quelques legs à sa filleule, dans le cas où celle-ci perdrait toute la succession de Rouget. Quoique plus âgé de quinze ans que sa femme, cet avare espérait hériter d'elle, et se voir un jour à la tête de tous les biens. Cette espérance était son idée fixe. Aussi madame Hochon avait-elle bien deviné le moyen d'obtenir de son mari quelques concessions, en le menaçant de faire un testament. Monsieur Hochon prit donc parti pour ses hôtes. Il s'agissait d'ailleurs d'une succession énorme; et, par un esprit de justice sociale, il voulait la voir aller aux héritiers naturels au lieu d'être pillée par des étrangers indignes d'estime. Enfin, plus tôt cette question serait vidée, plus tôt ses hôtes partiraient. Depuis que le combat entre les capteurs de la succession et les héritiers, jusqu'alors en projet dans l'esprit de sa femme, se réalisait, l'activité d'esprit de monsieur Hochon, endormie par la vie de province, se réveilla. Madame Hochon fut assez agréablement surprise quand, le matin même, elle s'aperçut, à quelques mots d'affection dits par le vieil Hochon sur sa filleule, que cet auxiliaire si compétent et si subtil était acquis aux Bridau.

Vers midi, les intelligences réunies de monsieur et madame Hochon, d'Agathe et de Joseph assez étonnés de voir les deux vieillards si scrupuleux dans le choix de leurs mots, avaient accouché de la réponse suivante, faite uniquement pour Flore et Maxence.

« Mon cher frère,

» Si je suis restée trente ans sans revenir ici, sans y entretenir
» de relations avec qui que ce soit, pas même avec vous, la faute
» en est, non-seulement aux étranges et fausses idées que mon père
» avait conçues contre moi, mais encore aux malheurs, et aussi au
» bonheur de ma vie à Paris; car si Dieu fit la femme heureuse, il
» a bien frappé la mère. Vous n'ignorez point que mon fils, votre
» neveu Philippe, est sous le coup d'une accusation capitale, à
» cause de son dévouement à l'Empereur. Ainsi, vous ne serez pas

» étonné d'apprendre qu'une veuve obligée, pour vivre, d'accepter
» un modique emploi dans un bureau de loterie, soit venue cher-
» cher des consolations et des secours auprès de ceux qui l'ont vue
» naître. L'état embrassé par celui de mes fils qui m'accompa-
» gne est un de ceux qui veulent le plus de talent, le plus de sacri-
» fices, le plus d'études avant d'offrir des résultats. La gloire y
» précède la fortune. N'est-ce pas vous dire que quand Joseph illus-
» trera notre famille, il sera pauvre encore. Votre sœur, mon cher
» Jean-Jacques, aurait supporté silencieusement les effets de l'in-
» justice paternelle; mais pardonnez à sa mère de vous rappeler
» que vous avez deux neveux, l'un qui portait les ordres de l'Em-
» pereur à la bataille de Montereau, qui servait dans la Garde im-
» périale à Waterloo, et qui maintenant est en prison; l'autre qui,
» depuis l'âge de treize ans, est entraîné par la vocation dans une
» carrière difficile, mais glorieuse. Aussi vous remercié-je de votre
» lettre, mon frère, avec une vive effusion de cœur, et pour mon
» compte, et pour celui de Joseph, qui se rendra certainement à
» votre invitation. La maladie excuse tout, mon cher Jean-Jacques,
» j'irai donc vous voir chez vous. Une sœur est toujours bien chez
» son frère, quelle que soit la vie qu'il ait adoptée. Je vous em-
» brasse avec tendresse.

» AGATHE ROUGET. »

— Voilà l'affaire engagée. Quand vous irez, dit monsieur Hochon à la Parisienne, vous pourrez lui parler nettement de ses neveux...

La lettre fut portée par Gritte qui revint dix minutes après, rendre compte à ses maîtres de tout ce qu'elle avait appris ou pu voir, selon l'usage de la province.

— Madame, dit-elle, on a, depuis hier au soir, approprié toute la maison que madame laissait...

— Qui, madame? demanda le vieil Hochon.

— Mais on appelle ainsi dans la maison la Rabouilleuse, répondit Gritte. Elle laissait la salle et tout ce qui regardait monsieur Rouget dans un état à faire pitié; mais, depuis hier, la maison est redevenue ce qu'elle était avant l'arrivée de monsieur Maxence. On s'y mirerait. La Védie m'a raconté que Kouski est monté à cheval ce matin à cinq heures; il est revenu sur les neuf heures, apportant des provisions. Enfin, il y aura le meilleur dîner, un dîner comme pour l'archevêque de Bourges. On met les petits pots dans les grands, et tout est par places dans la cuisine : « — Je veux fêter mon neveu, » qu'il dit le bonhomme en se faisant rendre compte de tout ! Il paraît que *les Rouget* ont été très-flattés de la lettre. Madame est venue me le dire... Oh ! elle a fait une toilette !... une toilette ! Je n'ai rien vu de plus beau, quoi ! Madame a deux diamants aux oreilles, deux diamants de chacun mille écus, m'a dit la Védie, et des dentelles ! et des anneaux dans les doigts, et des bracelets que vous diriez une vraie châsse, et une robe de soie belle comme un devant d'autel !... Pour lors, qu'elle m'a dit : « — Monsieur est charmé de savoir sa sœur si bonne enfant, et j'espère qu'elle nous permettra de la fêter comme elle le mérite. Nous comptons sur la bonne opinion qu'elle aura de nous d'après l'accueil que nous ferons à son fils... Monsieur est très-impatient de voir son neveu. Madame avait des petits souliers de satin noir et des bas... Non, c'est des merveilles ! Il y a comme des fleurs dans la soie et des trous que vous diriez une dentelle, on voit sa chair rose à travers. Enfin elle est sur ses cinquante et un ! avec un petit tablier si gentil devant elle, que la Védie m'a dit que ce tablier-là valait deux années de nos gages...

— Allons, il faut se ficeler, dit en souriant l'artiste.

— Eh ! bien, à quoi penses-tu, monsieur Hochon ?... dit la vieille dame quand Gritte fut partie.

Madame Hochon montrait à sa filleule son mari la tête dans ses mains, le coude sur le bras de son fauteuil et plongé dans ses réflexions.

— Vous avez affaire à un maître Gonin ! dit le vieillard. Avec vos idées, jeune homme, ajouta-t-il en regardant Joseph, vous n'êtes pas de force à lutter contre un gaillard trempé comme l'est Maxence. Quoi que je vous dise, vous ferez des sottises ; mais au moins racontez-moi bien ce soir tout ce que vous aurez vu, entendu, et fait. Allez !... A la grâce de Dieu ! Tâchez de vous trouver seul avec votre oncle. Si, malgré tout votre esprit, vous n'y parvenez point, ce sera déjà quelque lumière sur leur plan ; mais si vous êtes un instant avec lui, seul, sans être écouté, dam !... il faut lui tirer les vers du nez sur sa situation qui n'est pas heureuse, et plaider la cause de votre mère...

A quatre heures, Joseph passa le détroit qui séparait la maison Hochon de la maison Rouget, cette espèce d'allée de tilleuls souffrants, longue de deux cents pieds et large comme la grande Narette. Quand le neveu se présenta, Kouski, en bottes cirées, en pantalon de drap noir, en gilet blanc et en habit noir, le précéda pour l'annoncer. La table était déjà mise dans la salle, et Joseph, qui distingua facilement son oncle, alla droit à lui, l'embrassa, salua Flore et Maxence.

— Nous ne nous sommes point vus depuis que j'existe, mon cher oncle, dit gaiement le peintre; mais vaut mieux tard que jamais.

— Vous êtes le bienvenu, mon ami, dit le vieillard en regardant son neveu d'un air hébété.

— Madame, dit Joseph à Flore avec l'entrain d'un artiste, j'enviais, ce matin, à mon oncle le plaisir qu'il a de pouvoir vous admirer tous les jours !

— N'est-ce pas qu'elle est belle? dit le vieillard dont les yeux ternis devinrent presque brillants.

— Belle à pouvoir servir de modèle à un peintre.

— Mon neveu, dit le père Rouget que Flore poussa par le coude, voici monsieur Maxence Gilet, un homme qui a servi l'Empereur, comme ton frère, dans la Garde Impériale.

Joseph se leva, s'inclina.

— Monsieur votre frère était dans les dragons, je crois, et moi j'étais dans les pousse-cailloux, dit Maxence.

— A cheval ou à pied, dit Flore, on n'en risquait pas moins sa peau !

Joseph observait Max autant que Max observait Joseph. Max était mis comme les jeunes gens élégants se mettaient alors; car il se faisait habiller à Paris. Un pantalon de drap bleu de ciel, à gros plis très-amples, faisait valoir ses pieds en ne laissant voir que le bout de sa botte ornée d'éperons. Sa taille était pincée par son gilet blanc à boutons d'or façonnés, et lacé par derrière pour lui servir de ceinture. Ce gilet boutonné jusqu'au col dessinait bien sa large poitrine, et son col en satin noir l'obligeait à tenir la tête haute, à la façon des militaires. Il portait un petit habit noir très-bien coupé. Une jolie chaîne d'or pendait de la poche de son gilet, où paraissait à peine une montre plate. Il jouait avec cette clef dite à *criquet*, que Breguet venait d'inventer.

— Ce garçon est très-bien, se dit Joseph en admirant comme peintre la figure vive, l'air de force et les yeux gris spirituels que Max tenait de son père le gentilhomme. Mon oncle doit être bien embêtant, cette belle fille a cherché des compensations, et ils font ménage à trois. Ça se voit !

En ce moment Baruch et François arrivèrent.

— Vous n'êtes pas encore allé voir la Tour d'Issoudun ? demanda Flore à Joseph. Si vous vouliez faire une petite promenade en attendant le dîner, qui ne sera servi que dans une heure, nous vous montrerions la grande curiosité de la ville ?...

— Volontiers ? dit l'artiste incapable d'apercevoir en ceci le moindre inconvénient.

Pendant que Flore alla mettre son chapeau, ses gants et son châle de cachemire, Joseph se leva soudain à la vue des tableaux, comme si quelque enchanteur l'eût touché de sa baguette.

— Ah ! vous avez des tableaux, mon oncle ? dit-il en examinant celui qui l'avait frappé.

— Oui, répondit le bonhomme, ça nous vient des Descoings qui, pendant la Révolution, ont acheté la défroque des maisons religieuses et des églises du Berry.

Joseph n'écoutait plus, il admirait chaque tableau : — Magnifique ! s'écriait-il. Oh ! mais voilà une toile... Celui-là ne les gâtait pas ! Allons, de plus fort en plus fort, comme chez Nicolet...

— Il y en a sept ou huit très-grands qui sont dans le grenier et qu'on a gardés à cause des cadres, dit Gilet.

— Allons les voir ! fit l'artiste que Maxence conduisit dans le grenier.

Joseph redescendit enthousiasmé. Max dit un mot à l'oreille de la Rabouilleuse, qui prit le bonhomme Rouget dans l'embrasure de la croisée; et Joseph entendit cette phrase dite à voix basse, mais de manière qu'elle ne fût pas perdue pour lui :

— Votre neveu est peintre, vous ne ferez rien de ces tableaux, soyez donc gentil pour lui, donnez-les-lui.

— Il paraît, dit le bonhomme qui s'appuya sur le bras de Flore pour venir à l'endroit où son neveu se trouvait en extase devant un Albane, il paraît que tu es peintre...

— Je ne suis encore qu'un rapin, dit Joseph...

— Qué que c'est que ça ? dit Flore.

— Un commençant, répondit Joseph.

— Eh ! bien, dit Jean-Jacques, si ces tableaux peuvent te servir à quelque chose dans ton état, je te les donne... Mais sans les cadres. Oh ! les cadres sont dorés, et puis ils sont drôles; j'y mettrai..

— Parbleu! mon oncle, s'écria Joseph enchanté, vous y mettrez les copies que je vous enverrai et qui seront de la même dimension...

— Mais cela vous prendra du temps et il vous faudra des toiles, des couleurs, dit Flore. Vous dépenserez de l'argent... Voyons, père Rouget, offrez à votre neveu cent francs par tableau, vous en avez là vingt-sept... il y en a, je crois, onze dans le grenier qui sont énormes et qui doivent être payés double... mettez pour le tout quatre mille francs... Oui, votre oncle peut bien vous payer les copies quatre mille francs, puisqu'il garde les cadres! Enfin, il vous faudra des cadres, et on dit que les cadres valent plus que les tableaux; il y a de l'or!... — Dites donc, monsieur, reprit Flore en remuant le bras du bonhomme. Hein?... ce n'est pas cher, votre neveu vous fera payer quatre mille francs des tableaux tout neufs à la place de vos vieux... C'est, lui dit-elle à l'oreille, une manière honnête de lui donner quatre mille francs, il ne me paraît pas *très-calé*...

— Eh bien! mon neveu, je te payerai quatre mille francs pour les copies...

— Non, non, dit l'honnête Joseph, quatre mille francs et les tableaux, c'est trop; car, voyez-vous, les tableaux ont de la valeur.

— Mais acceptez donc, *godiche !* lui dit Flore, puisque c'est votre oncle...

— Eh! bien, j'accepte, dit Joseph étourdi de l'affaire qu'il venait de faire, car il reconnaissait un tableau du Pérugin.

Aussi l'artiste eut-il un air joyeux en sortant et en donnant le bras à la Rabouilleuse, ce qui servit admirablement les desseins de Maxence. Ni Flore, ni Rouget, ni Max, ni personne à Issoudun ne pouvait connaître la valeur des tableaux, et le rusé Max crut avoir acheté pour une bagatelle le triomphe de Flore qui se promena très orgueilleusement au bras du neveu de son maître, en bonne intelligence avec lui, devant toute la ville ébahie. On se mit aux portes pour voir le triomphe de la Rabouilleuse sur la famille. Ce fait exorbitant fit une sensation profonde sur laquelle Max comptait. Aussi, quand l'oncle et le neveu rentrèrent vers les cinq heures, on ne parlait dans tous les ménages que de l'accord parfait de Max et de Flore avec le neveu du père Rouget. Enfin, l'anecdote du cadeau des tableaux et des quatre mille francs circulait déjà. Le dîner, auquel assista Lousteau, l'un des juges du tribunal, et le maire d'Issoudain, fut splendide. Ce fut un de ces dîners de province qui durent cinq heures. Les vins les plus exquis animèrent la conversation. Au dessert, à neuf heures, le peintre, assis entre Flore et Max vis-à-vis de son oncle, était devenu quasi-camarade avec l'officier, qu'il trouvait le meilleur enfant de la terre. Joseph revint à onze heures à peu près gris. Quant au bonhomme Rouget, Kouski le porta dans son lit ivre-mort, il avait mangé comme un acteur forain et bu comme les sables du désert.

— Hé! bien, dit Max qui resta seul à minuit avec Flore, ceci ne vaut-il pas mieux que de leur faire la moue. Les Bridau seront bien reçus, ils auront de petits cadeaux, et comblés de faveurs, ils ne pourront que chanter nos louanges ; ils s'en iront bien tranquilles en nous laissant tranquilles aussi. Demain matin, à nous deux Kouski, nous déferons toutes ces toiles, nous les enverrons au peintre pour qu'il les ait à son réveil, nous mettrons les cadres au grenier, et nous renouvellerons la tenture de la salle en y tendant de ces papiers vernis où il y a des scènes de Télémaque, comme j'en ai vu chez monsieur Mouilleron.

— Tiens, ce sera bien plus joli, s'écria Flore.

Le lendemain, Joseph ne s'éveilla pas avant midi. De son lit, il aperçut les toiles mises les unes sur les autres, et apportées sans qu'il eût rien entendu. Pendant qu'il examinait de nouveau les tableaux et qu'il y reconnaissait des chefs-d'œuvre en étudiant la manière des peintres et recherchant leurs signatures, sa mère était allée remercier son frère et le voir, poussée par le vieil Hochon qui, sachant toutes les sottises commises la veille par le peintre, désespérait de la cause des Bridau.

— Vous avez pour adversaires de fines mouches. Dans toute ma vie je n'ai pas vu pareille tenue à celle de ce soldat : il paraît que la guerre forme les jeunes gens. Joseph s'est laissé pincer! Il s'est promené donnant le bras à la Rabouilleuse! On lui a sans doute fermé la bouche avec du vin, de méchantes toiles, et quatre mille francs. Votre artiste n'a pas coûté cher à Maxence!

Le perspicace vieillard avait tracé la conduite à tenir à la filleule de sa femme, en lui disant d'entrer dans les idées de Maxence et de cajoler Flore, afin d'arriver à une espèce d'intimité avec elle, pour obtenir de petits moments d'entretien avec Jean-Jacques. Madame Bridau fut reçue à merveille par son frère à qui Flore avait fait sa leçon. Le vieillard était au lit, malade des excès de la veille.

Comme dans les premiers moments, Agathe ne pouvait pas aborder de questions sérieuses, Max avait jugé convenable et magnanime de laisser seuls le frère et la sœur. Ce fut un calcul juste. La pauvre Agathe trouva son frère si mal qu'elle ne voulut pas le priver des soins de madame Brazier.

— Je veux d'ailleurs, dit-elle au vieux garçon, connaître une personne à qui je suis redevable du bonheur de mon frère.

Ces paroles firent un plaisir évident au bonhomme qui sonna pour demander madame Brazier. Flore n'était pas loin, comme on peut le penser. Les deux antagonistes femelles se saluèrent. La Rabouilleuse déploya les soins de la plus servile, de la plus attentive tendresse, elle trouva que monsieur avait la tête trop bas, elle replaça les oreillers, elle fut comme une épouse d'hier. Aussi le vieux garçon eut-il une expansion de sensibilité.

— Nous vous devons, mademoiselle, dit Agathe, beaucoup de reconnaissance pour les marques d'attachement que vous avez données à mon frère depuis si long-temps, et pour la manière dont vous veillez à son bonheur.

— C'est vrai, ma chère Agathe, dit le bonhomme, elle m'a fait connaître le bonheur, et c'est d'ailleurs une femme pleine d'excellentes qualités.

— Aussi, mon frère, ne sauriez-vous trop en récompenser mademoiselle, vous auriez dû en faire votre femme. Oui! je suis trop pieuse pour ne pas souhaiter de vous voir obéir aux préceptes de la religion. Vous seriez l'un et l'autre plus tranquilles en ne vous mettant pas en guerre avec les lois et la morale. Je suis venue, mon frère, vous demander secours au milieu d'une grande affliction, mais ne croyez point que nous pensions à vous faire la moindre observation sur la manière dont vous disposerez de votre fortune...

— Madame, dit Flore, nous savons que monsieur votre père fut injuste envers vous. Monsieur votre frère peut vous le dire, fit-elle en regardant fixement sa victime, les seules querelles que nous avons eues, c'est à votre sujet. Je soutiens à monsieur qu'il vous doit la part de fortune dont vous a fait tort mon pauvre bienfaiteur, car il a été mon bienfaiteur, votre père (elle prit un ton larmoyant), je m'en souviendrai toujours... Mais votre frère, madame, a entendu raison...

— Oui, dit le bonhomme Rouget, quand je ferai mon testament, vous ne serez pas oubliés...

— Ne parlons point de tout ceci, mon frère, vous ne connaissez pas encore quel est mon caractère.

D'après ce début, on imaginera facilement comment se passa cette première visite. Rouget invita sa sœur à dîner pour le surlendemain.

Pendant ces trois jours, les Chevaliers de la Désœuvrance prirent une immense quantité de rats, de souris et de mulots qui, par une belle nuit, furent mis en plein grain et affamés, au nombre de quatre cent trente-six, dont plusieurs mères pleines. Non contents d'avoir procuré ces pensionnaires à Fario, les Chevaliers trouèrent la couverture de l'église des Capucins, et y mirent une dizaine de pigeons pris en dix fermes différentes. Ces animaux firent d'autant plus tranquillement nopces et festins que le garçon de magasin de Fario fût débauché par un mauvais drôle, avec lequel il se grisa du matin jusqu'au soir, sans prendre aucun soin des grains de son maître.

Madame Bridau, contrairement à l'opinion du vieil Hochon, crut que son frère n'avait pas encore fait son testament ; elle comptait lui demander quelles étaient ses intentions à l'égard de mademoiselle Brazier, au premier moment où elle pourrait se promener seule avec lui, car Flore et Maxence la leurraient de cet espoir qui devait être toujours déçu.

Quoique les Chevaliers cherchassent tous un moyen de mettre les deux Parisiens en fuite, ils ne trouvaient que des folies impossibles.

Après une semaine, la moitié du temps que les Parisiens devaient rester à Issoudun, ils ne se trouvaient donc pas plus avancés que le premier jour.

— Votre avoué ne connaît pas la province, dit le vieil Hochon à madame Bridau. Ce que vous venez y faire ne se fait ni en quinze jours ni en quinze mois ; il faudrait ne pas quitter votre frère, et pouvoir lui inspirer des idées religieuses. Vous ne contreminerez les fortifications de Flore et de Maxence que par la sape du prêtre. Voilà mon avis, et il est temps de s'y prendre.

— Vous avez, dit madame Hochon à son mari, de singulières idées sur le clergé.

— Oh ! s'écria le vieillard, vous voilà, vous autres dévotes !

— Dieu ne bénirait pas une entreprise qui reposerait sur un sacrilége, dit madame Bridau. Faire servir la religion à de pareils... Oh ! mais nous serions plus criminelles que Flore.

Cette conversation avait eu lieu pendant le déjeuner, et François, aussi bien que Baruch, écoutaient de toutes leurs oreilles.

— Sacrilége! s'écria le vieil Hochon. Mais si quelque bon abbé, spirituel comme j'en ai connu quelques-uns, savait en quel embarras vous êtes, il ne verrait point de sacrilége à faire revenir à Dieu l'âme égarée de votre frère, à lui inspirer un vrai repentir de ses fautes, à lui faire renvoyer la femme qui cause le scandale, tout en lui assurant un sort; à lui démontrer qu'il aurait la conscience en repos en donnant quelques mille livres de rente pour le petit séminaire de l'archevêque, et laissant sa fortune à ses héritiers naturels....

L'obéissance passive que le vieil avare avait obtenue dans sa maison de la part de ses enfants et transmise à ses petits-enfants soumis d'ailleurs à sa tutelle et auxquels il amassait une belle fortune, en faisant, disait-il, pour eux comme il faisait pour lui, ne permit pas à Baruch et à François la moindre marque d'étonnement ni de désapprobation; mais ils échangèrent un regard significatif en se disant ainsi combien ils trouvaient cette idée nuisible et fatale aux intérêts de Max.

— Le fait est, madame, dit Baruch, que si vous voulez avoir la succession de votre frère, voilà le seul et vrai moyen; il faut rester à Issoudun tout le temps nécessaire pour l'employer....

— Ma mère, dit Joseph, vous feriez bien d'écrire à Desroches sur tout ceci. Quant à moi, je ne prétends rien de plus de mon oncle que ce qu'il a bien voulu me donner...

Après avoir reconnu la grande valeur des trente-neuf tableaux, Joseph les avait soigneusement décloués, il avait appliqué du papier dessus en l'y collant avec de la colle ordinaire; il les avait superposés les uns aux autres, avait assujetti leur masse dans une immense boîte, et l'avait adressée par le roulage à Desroches, à qui il se proposait d'écrire une lettre d'avis. Cette précieuse cargaison était partie la veille.

— Vous êtes content à bon marché, dit monsieur Hochon.

— Mais je ne serais pas embarrassé de trouver cent cinquante mille francs des tableaux.

— Idée de peintre! fit monsieur Hochon en regardant Joseph d'une certaine manière.

— Écoute, dit Joseph en s'adressant à sa mère, je vais écrire à Desroches en lui expliquant l'état des choses ici. Si Desroches te conseille de rester, tu resteras. Quant à ta place, nous en trouverons toujours l'équivalent....

— Mon cher, dit madame Hochon à Joseph en sortant de table, je ne sais pas ce que sont les tableaux de votre oncle, mais ils doivent être bons, à en juger par les endroits d'où ils viennent. S'ils valent seulement quarante mille francs, mille francs par tableau, n'en dites rien à personne. Quoique mes petits-enfants soient discrets et bien élevés, ils pourraient, sans y entendre malice, parler de cette prétendue trouvaille, tout Issoudun le saurait et il ne faut pas que nos adversaires s'en doutent. Vous vous conduisez comme un enfant !...

En effet, à midi, bien des personnes dans Issoudun, et surtout Maxence Gilet, furent instruits de cette opinion qui eut pour effet de faire rechercher tous les vieux tableaux auxquels on ne songeait pas, et de faire mettre en évidence des croûtes exécrables. Max se repentit d'avoir poussé le vieillard à donner les tableaux, et sa rage contre les héritiers, en apprenant le plan du vieil Hochon, s'accrut de ce qu'il appela *sa bêtise*. L'influence religieuse sur un être faible était la seule chose à craindre. Aussi l'avis donné par ses deux amis confirma-t-il Maxence Gilet dans sa résolution de capitaliser tous les contrats de Rouget, et d'emprunter sur ses propriétés afin d'opérer le plus promptement possible un placement dans la rente; mais il regarda comme plus urgent encore de renvoyer les Parisiens. Or le génie des Mascarille et des Scapin n'eût pas facilement résolu ce problème.

Flore, conseillée par Max, prétendit que monsieur se fatiguait beaucoup trop dans ses promenades à pied, il devait à son âge aller en voiture. Ce prétexte fut nécessité par l'obligation de se rendre, à l'insu du pays, à Bourges, à Vierzon, à Châteauroux, à Vatan, dans tous les endroits où le projet de réaliser les placements du bonhomme forcerait Rouget, Flore et Max à se transporter. A la fin de cette semaine donc, tout Issoudun fut surpris en apprenant que le bonhomme Rouget était allé chercher une voiture à Bourges, mesure qui fut justifiée par les Chevaliers de la Désœuvrance dans un sens favorable à la Rabouilleuse. Flore et Rouget achetèrent un effroyable berlingot à vitrages fallacieux, à rideaux de cuir crevassés, âgé de vingt-deux ans et de neuf campagnes, provenant d'une vente après le décès d'un colonel ami du Grand-Maréchal Bertrand, et qui, pendant l'absence de ce fidèle compagnon de l'Empereur, s'était chargé d'en surveiller les propriétés en Berry. Ce berlingot, peint en gros vert, ressemblait assez à une calèche, mais le brancard avait été modifié de manière à pouvoir y atteler un seul cheval. Il appartenait donc à ce genre de voitures que la diminution des fortunes a si fort mis à la mode, et qui s'appelait alors honnêtement une *demi-fortune,* car à leur origine on nomma ces voitures des *seringues.* Le drap de cette demi-fortune, vendue pour calèche, était rongé par les vers ; ses passementeries ressemblaient à des chevrons d'invalide, elle sonnait la ferraille ; mais elle ne coûta que quatre cent cinquante francs ; et Max acheta du régiment alors en garnison à Bourges une bonne grosse jument réformée pour la traîner. Il fit repeindre la voiture en brun-foncé, eut un assez bon harnais d'occasion, et toute la ville d'Issoudun fut remuée de fond en comble en attendant l'équipage au père Rouget ! La première fois que le bonhomme se servit de sa calèche, le bruit fit sortir tous les ménages sur leurs portes, et il n'y eut pas de croisée qui ne fût garnie de curieux. La seconde fois, le célibataire alla jusqu'à Bourges, où, pour s'éviter les soins de l'opération conseillée ou, si vous voulez, ordonnée par Flore Brazier, il signa chez un notaire une procuration à Maxence Gilet, à l'effet de transporter tous les contrats qui furent désignés dans la procuration. Flore se réserva de liquider avec monsieur les placements faits à Issoudun et dans les cantons environnants. Le principal notaire de Bourges reçut la visite de Rouget, qui le pria de lui trouver cent quarante mille francs à emprunter sur ses propriétés. On ne sut rien à Issoudun de ces démarches si discrètement et si habilement faites. Maxence, en bon cavalier, pouvait aller à Bourges et en revenir de cinq heures du matin à cinq heures du soir, avec son cheval, et Flore ne quitta plus le vieux garçon. Le père Rouget avait consenti sans difficulté à l'opération que Flore lui soumit ; mais il voulut que l'inscription de cinquante mille francs de rente fût au nom de mademoiselle Brazier comme usufruit, et en son nom, à lui Rouget, comme nue propriété. La ténacité que le vieillard déploya dans la lutte intérieure que cette affaire souleva causa des inquiétudes à Max, qui crut y entrevoir déjà des réflexions inspirées par la vue des héritiers naturels.

Au milieu de ces grands mouvements, que Maxence voulait dérober aux yeux de la ville, il oublia le marchand de grains. Fario se mit en devoir d'opérer ses livraisons, après des manœuvres et des voyages qui avaient eu pour but de faire hausser le prix des céréales. Or, le lendemain de son arrivée, il aperçut le toit de l'église des Capucins noir de pigeons, car il demeurait en face. Il se maudit lui-même pour avoir négligé de faire visiter la couverture, et alla promptement à son magasin, où il trouva la moitié de son grain dévoré. Des milliers de crottes de souris, de rats et de mulots éparpillées lui révélèrent une seconde cause de ruine. L'église était une arche de Noé. Mais la fureur rendit l'Espagnol blanc comme de la batiste quand, en essayant de reconnaître l'étendue de ses pertes et du dégât, il remarqua tout le grain de dessous quasi germé par une certaine quantité de pots d'eau que Max avait eu l'idée d'introduire, au moyen d'un tube en fer-blanc, au cœur des tas de blé. Les pigeons, les rats s'expliquaient par l'instinct animal; mais la main de l'homme se révélait dans ce dernier trait de perversité. Fario s'assit sur la marche d'un autel dans une chapelle, et resta la tête dans ses mains. Après une demi-heure de réflexions espagnoles, il vit l'écureuil que le fils Goddet avait tenu à lui donner pour pensionnaire jouant avec sa queue le long de la poutre transversale sur le milieu de laquelle reposait l'arbre du toit. L'Espagnol se leva froidement en montrant à son garçon de magasin une figure calme comme celle d'un Arabe. Fario ne se plaignit pas, il rentra dans sa maison, il alla louer quelques ouvriers pour ensacher le bon grain, étendre au soleil les blés mouillés afin d'en sauver le plus possible; puis il s'occupa de ses livraisons, après avoir estimé sa perte aux trois cinquièmes. Mais, ses manœuvres ayant opéré une hausse, il perdit encore en rachetant les trois cinquièmes manquants; ainsi sa perte fut de plus de moitié. L'Espagnol, qui n'avait pas d'ennemis, attribua, sans se tromper, cette vengeance à Gilet. Il lui fut prouvé que Max et quelques autres, les seuls auteurs des farces nocturnes, avaient bien certainement monté sa charrette sur la Tour, et s'étaient amusés à le ruiner : il s'agissait en effet de mille écus, presque tout le capital péniblement gagné par Fario depuis la paix. Inspiré par la vengeance, cet homme déploya la persistance et la finesse d'un espion à qui l'on a promis une forte récompense. Embusqué la nuit, dans Issoudun, il finit par acquérir la preuve des déportements des Chevaliers de la Désœuvrance : il les vit, il les compta, il épia leurs rendez-vous et leurs banquets chez la Cognette; puis il se cacha pour être le témoin d'un de leurs tours, et se mit au fait de leurs mœurs nocturnes.

Malgré ses courses et ses préoccupations, Maxence ne voulait pas négliger les affaires de nuit, d'abord pour ne pas laisser pénétrer le secret de la grande opération qui se pratiquait sur la fortune du père Rouget, puis pour toujours tenir ses amis en haleine. Or, les Chevaliers étaient convenus de faire un de ces tours dont on parlait pendant des années entières. Ils devaient donner, dans une seule nuit, des boulettes à tous les chiens de garde de la ville et des faubourgs; Fario les entendit, au sortir du bouchon à la Cognette, s'applaudissant par avance du succès qu'obtiendrait cette farce, et du deuil général que causerait ce nouveau massacre des innocents. Puis quelles appréhensions ne causerait pas cette exécution en annonçant des desseins sinistres sur les maisons privées de leurs gardiens?

— Cela fera peut-être oublier la charrette à Fario! dit le fils Goddet.

Fario n'avait déjà plus besoin de ce mot qui confirmait ses soupçons; et, d'ailleurs, son parti était pris.

Agathe, après trois semaines de séjour, reconnaissait, ainsi que madame Hochon, la vérité des réflexions du vieil avare : il fallait plusieurs années pour détruire l'influence acquise sur son frère par la Rabouilleuse et par Max. Agathe n'avait fait aucun progrès dans la confiance de Jean-Jacques, avec qui jamais elle n'avait pu se trouver seule. Au contraire, mademoiselle Brazier triomphait des héritiers en menant promener Agathe dans la calèche, assise au fond près d'elle, ayant monsieur Rouget et son neveu sur le devant. La mère et le fils attendaient avec impatience une réponse à la lettre confidentielle écrite à Desroches. Or, la veille du jour où les chiens devaient être empoisonnés, Joseph, qui s'ennuyait à périr à Issoudun, reçut deux lettres, la première du grand peintre Schinner dont l'âge lui permettait une liaison plus étroite, plus intime qu'avec Gros, leur maître, et la seconde de Desroches.

Voici la première, timbrée de Beaumont-sur-Oise :

« Mon cher Joseph, j'ai achevé, pour le comte de Sérizy, les prin-
» cipales peintures du château de Presles. J'ai laissé les encadre-
» ments, les peintures d'ornement; et je t'ai si bien recommandé,
» soit au comte, soit à Grindot l'architecte, que tu n'as qu'à prendre
» tes brosses et à venir. Les prix sont faits de manière à te contenter.
» Je pars pour l'Italie avec ma femme, tu peux donc prendre Mis-
» tigris qui t'aidera. Ce jeune drôle a du talent, je l'ai mis à ta dis-
» position. Il frétille déjà comme un pierrot en pensant à s'amuser
» au château de Presles. Adieu, mon cher Joseph; si je suis absent,

» si je ne mets rien à l'Exposition prochaine, tu me remplaceras!
» Oui, cher Jojo, ton tableau, j'en ai la certitude, est un chef-
» d'œuvre; mais un chef-d'œuvre qui fera crier au romantisme, et
» tu t'apprêtes une existence de diable dans un bénitier. Après tout,
» comme dit ce farceur de Mistigris, qui retourne ou calembour-
» dise tous les proverbes, la vie est *un qu'on bat*. Que fais-tu
» donc à Issoudun? Adieu.

» Ton ami,
» SCHINNER. »

Voici celle de Desroches :

« Mon cher Joseph, ce monsieur Hochon me semble un vieillard
» plein de sens, et tu m'as donné la plus haute idée de ses moyens :
» il a complétement raison. Aussi, mon avis, puisque tu me le de-
» mandes, est-il que ta mère reste à Issoudun chez madame Hochon,
» en y payant une modique pension, comme quatre cents francs par
» an, pour indemniser ses hôtes de sa nourriture. Madame Bridau
» doit, selon moi, s'abandonner aux conseils de monsieur Hochon.
» Mais ton excellente mère aura bien des scrupules en présence de
» gens qui n'en ont pas du tout, et dont la conduite est un chef-d'œu-
» vre de politique. Ce Maxence est dangereux, et tu as bien raison :
» je vois en lui un homme autrement fort que Philippe. Ce drôle fait
» servir ses vices à sa fortune, et ne s'amuse pas *gratis*, comme ton
» frère dont les folies n'avaient rien d'utile. Tout ce que tu me dis
» m'épouvante, car je ne ferais pas grand'chose en allant à Issoudun.
» Monsieur Hochon, caché derrière ta mère, vous sera plus utile que
» moi. Quant à toi, tu peux revenir, tu n'es bon à rien dans une af-
» faire qui réclame une attention continuelle, une observation minu-
» tieuse, des attentions serviles, une discrétion dans la parole et une
» dissimulation dans les gestes tout à fait antipathiques aux artistes.
» Si l'on vous a dit qu'il n'y avait pas de testament de fait, ils en ont
» un depuis long-temps, croyez-le bien. Mais les testaments sont ré-
» vocables, et tant que ton imbécile d'oncle vivra, certes il est sus-
» ceptible d'être travaillé par les remords et par la religion. Votre
» fortune sera le résultat d'un combat entre l'Église et la Rabouil-
» leuse. Il viendra certainement un moment où cette femme sera sans
» force sur le bonhomme, et où la religion sera tout-puissante. Tant
» que ton oncle n'aura pas fait de donation entre-vifs, ni changé la
» nature de ses biens, tout sera possible à l'heure où la religion aura

» le dessus. Aussi dois-tu prier monsieur Hochon de surveiller, au-
» tant qu'il le pourra, la fortune de ton oncle. Il s'agit de savoir si
» les propriétés sont hypothéquées, comment et au nom de qui sont
» faits les placements. Il est si facile d'inspirer à un vieillard des crain-
» tes sur sa vie, au cas où il se dépouille de ses biens en faveur d'étran-
» gers, qu'un héritier tant soit peu rusé pourrait arrêter une spolia-
» tion dès son commencement. Mais est-ce ta mère avec son ignorance
» du monde, son désintéressement, ses idées religieuses, qui saura
» mener une semblable machine?... Enfin, je ne puis que vous éclai-
» rer. Tout ce que vous avez fait jusqu'à présent a dû donner l'a-
» larme, et peut-être vos antagonistes se mettent-ils en règle!... »

— Voilà ce que j'appelle une consultation en bonne forme, s'é-
cria monsieur Hochon fier d'être apprécié par un avoué de Paris.

— Oh! Desroches est un fameux gars, répondit Joseph.

— Il ne serait pas inutile de faire lire cette lettre à ces deux femmes, reprit le vieil avare.

— La voici, dit l'artiste en remettant la lettre au vieillard. Quant
à moi, je veux partir dès demain, et vais aller faire mes adieux à
mon oncle.

— Ah! dit monsieur Hochon, monsieur Desroches vous prie,
par *post-scriptum*, de brûler la lettre.

— Vous la brûlerez après l'avoir montrée à ma mère, dit le
peintre.

Joseph Bridau s'habilla, traversa la petite place et se présenta
chez son oncle, qui précisément achevait son déjeuner. Max et Flore
étaient à table.

— Ne vous dérangez pas, mon cher oncle, je viens vous faire
mes adieux.

— Vous partez? fit Max en échangeant un regard avec Flore.

— Oui, j'ai des travaux au château de monsieur de Sérizy, je
suis d'autant plus pressé d'y aller qu'il a les bras assez longs pour
rendre service à mon pauvre frère, à la Chambre des Pairs.

— Eh! bien, travaille, dit d'un air niais le bonhomme Rouget
qui parut à Joseph extraordinairement changé. Faut travailler... je
suis fâché que vous vous en alliez...

— Oh! ma mère reste encore quelque temps, reprit Joseph.

Max fit un mouvement de lèvres que remarqua la gouvernante
et qui signifiait : — Ils vont suivre le plan dont m'a parlé Baruch.

— Je suis bien heureux d'être venu, dit Joseph, car j'ai eu le plaisir de faire connaissance avec vous, et vous avez enrichi mon atelier...

— Oui, dit la Rabouilleuse, au lieu d'éclairer votre oncle sur la valeur de ses tableaux qu'on estime à plus de cent mille francs, vous les avez bien lestement envoyés à Paris... Pauvre cher homme, c'est comme un enfant!... On vient de nous dire à Bourges qu'il y a un petit poulet, comment donc? un Poussin qui était avant la Révolution dans le Chœur de la cathédrale, et qui vaut à lui seul trente mille francs...

— Ça n'est pas bien, mon neveu, dit le vieillard à un signe de Max que Joseph ne put apercevoir.

— Là, franchement, reprit le soldat en riant, sur votre honneur, que croyez-vous que valent vos tableaux? Parbleu! vous avez tiré une carotte à votre oncle, vous étiez dans votre droit, un oncle est fait pour être pillé! La nature m'a refusé des oncles; mais, sacrebleu, si j'en avais eu, je ne les aurais pas épargnés.

— Saviez-vous, monsieur, dit Flore à Rouget, ce que *vos* tableau valaient... Combien avez-vous dit, monsieur Joseph?

— Mais, répondit le peintre qui devint rouge comme une betterave, les tableaux valent quelque chose.

— On dit que vous les avez estimés à cent cinquante mille francs à monsieur Hochon, dit Flore. Est-ce vrai?

— Oui, dit le peintre qui avait une loyauté d'enfant.

— Et, aviez-vous l'intention, dit Flore au bonhomme, de donner cent cinquante mille francs à votre neveu?...

— Jamais, jamais! répondit le vieillard que Flore avait regardé fixement.

— Il y a une manière d'arranger tout cela, dit le peintre, c'est de vous les rendre, mon oncle!...

— Non, non, garde-les, dit le vieillard.

— Je vous les renverrai, mon oncle, répondit Joseph blessé du silence offensant de Maxence Gilet et de Flore Brazier. J'ai dans mon pinceau de quoi faire ma fortune, sans avoir rien à personne, pas même à mon oncle... Je vous salue, mademoiselle, bien le bonjour, monsieur...

Et Joseph traversa la place dans un état d'irritation que les artistes peuvent se peindre. Toute la famille Hochon était alors dans le salon. En voyant Joseph qui gesticulait et se parlait à lui-même, on lui demanda ce qu'il avait. Devant Baruch et François, le peintre, franc comme l'osier, raconta la scène qu'il venait d'avoir, et qui, dans deux heures, devint la conversation de toute la ville, où chacun la broda de circonstances plus ou moins drôles. Quelques-uns soutenaient que le peintre avait été malmené par Max, d'autres qu'il s'était mal conduit avec mademoiselle Brazier, et que Max l'avait mis à la porte.

— Quel enfant que votre enfant!... disait Hochon à madame Bridau. Le nigaud a été la dupe d'une scène qu'on lui réservait pour le jour de ses adieux. Il y a quinze jours que Max et la Rabouilleuse savaient la valeur des tableaux quand il a eu la sottise de le dire ici devant mes petits-enfants, qui n'ont eu rien de plus chaud que d'en parler à tout le monde. Votre artiste aurait dû partir à l'improviste.

— Mon fils fait bien de rendre les tableaux s'ils ont tant de valeur, dit Agathe.

— S'ils valent, selon lui, deux cent mille francs, dit le vieil Hochon, c'est une bêtise que de s'être mis dans le cas de les rendre; car vous auriez du moins eu cela de cette succession, tandis qu'à la manière dont vont les choses vous n'en aurez rien!... Et voilà presque une raison pour votre frère de ne plus vous voir...

Entre minuit et une heure, les Chevaliers de la Désœuvrance commencèrent leur distribution gratuite de comestibles aux chiens de la ville. Cette mémorable expédition ne fut terminée qu'à trois heures du matin, heure à laquelle ces mauvais drôles allèrent souper chez la Cognette. A quatre heures et demie, au crépuscule, ils rentrèrent chez eux. Au moment où Max tourna la rue de l'Avenier pour entrer dans la Grand'rue, Fario, qui se tenait en embuscade dans un renfoncement, lui porta un coup de couteau, droit au cœur, retira la lame, et se sauva par les fossés de Villate où il essuya son couteau dans son mouchoir. L'Espagnol alla laver son mouchoir à la Rivière-Forcée, et revint tranquillement à Saint-Paterne où il se recoucha, en escaladant une fenêtre qu'il avait laissée entr'ouverte, et il fut réveillé par son nouveau garçon qui le trouva dormant du plus profond sommeil.

En tombant, Max jeta un cri terrible, auquel personne ne pouvait se méprendre. Lousteau-Prangin, le fils d'un juge, parent éloigné de la famille de l'ancien Subdélégué, et le fils Goddet qui demeurait dans le bas de la Grand'rue, remontèrent au pas de course en se disant : — On tue Max!... au secours! Mais aucun chien n'aboya, et personne, au fait des ruses des coureurs de nuit, ne se leva. Quand les deux Chevaliers arrivèrent, Max était évanoui. Il fallut aller éveiller monsieur Goddet le père. Max avait bien reconnu Fario; mais quand, à cinq heures du matin, il eut bien repris ses sens, qu'il se vit entouré de plusieurs personnes, qu'il sentit que sa blessure n'était pas mortelle, il pensa tout à coup à tirer parti de cet assassinat, et, d'une voix lamentable, il s'écria : — J'ai cru voir les yeux et la figure de ce maudit peintre !...

Là-dessus, Lousteau-Prangin courut chez son père le juge d'instruction. Max fut transporté chez lui par le père Cognet, par le fils Goddet et par deux personnes qu'on fit lever. La Cognette et Goddet père étaient aux côtés de Max couché sur un matelas qui reposait sur deux bâtons. Monsieur Goddet ne voulait rien faire que Max ne fût au lit. Ceux qui portaient le blessé regardèrent naturellement la porte de monsieur Hochon pendant que Kouski se levait, et virent la servante de monsieur Hochon qui balayait. Chez le bonhomme comme dans la plupart des maisons de province, on ouvrait la porte de très-bonne heure. Le seul mot prononcé par Max avait éveillé les soupçons, et monsieur Goddet père cria : — Gritte, monsieur Joseph Bridau est-il couché?

— Ah! bien, dit-elle, il est sorti dès quatre heures et demie, il s'est promené toute la nuit dans sa chambre, je ne sais pas ce qui le tenait.

Cette naïve réponse excita des murmures d'horreur et des exclamations qui firent venir cette fille, assez curieuse de savoir ce qu'on amenait chez le père Rouget.

— Eh! bien, il est propre, votre peintre! lui dit-on.

Et le cortége entra, laissant la servante ébahie : elle avait vu Max étendu sur le matelas, sa chemise ensanglantée, et mourant.

Ce qui tenait Joseph et l'avait agité pendant toute la nuit, les artistes le devinent : il se voyait la fable des bourgeois d'Issoudun, on le prenait pour un tire-laine, pour tout autre chose que ce qu'il voulait être, un loyal garçon, un brave artiste! Ah! il aurait donné son tableau pour pouvoir voler comme une hirondelle à Paris, et jeter au nez de Max les tableaux de son oncle. Être le spolié, passer pour le spoliateur?.... quelle dérision! Aussi dès le matin s'était-il lancé dans l'allée de peupliers qui mène à Tivoli pour donner carrière à son agitation. Pendant que cet innocent jeune homme se promettait, comme consolation, de ne jamais revenir dans ce pays,

Max lui préparait une avanie horrible pour les âmes délicates. Quand monsieur Goddet père eut sondé la plaie et reconnu que le couteau, détourné par un petit portefeuille, avait heureusement dévié, tout en faisant une affreuse blessure, il fit ce que font tous les médecins et particulièrement les chirurgiens de province ; il se donna de l'importance *en ne répondant pas encore* de Max ; puis, il sortit après avoir pansé le malicieux soudard. L'arrêt de la science avait été communiqué par Goddet père à la Rabouilleuse, à Jean-Jacques Rouget, à Kouski et à la Védie. La Rabouilleuse revint chez son cher Max, tout en larmes, pendant que Kouski et la Védie apprenaient aux gens rassemblés sous la porte que le commandant était à peu près condamné. Cette nouvelle eut pour résultat de faire venir environ deux cents personnes groupées sur la place Saint-Jean et dans les deux Narettes.

— Je n'en ai pas pour un mois à rester au lit, et je sais qui a fait le coup, dit Max à la Rabouilleuse. Mais nous allons profiter de cela pour nous débarrasser des Parisiens. J'ai déjà dit que je croyais avoir reconnu le peintre ; ainsi supposez que je vais mourir, et tâchez que Joseph Bridau soit arrêté, nous lui ferons manger de la prison pendant deux jours. Je crois connaître assez la mère, pour être sûr qu'elle s'en ira d'arre d'arre à Paris avec son peintre. Ainsi, nous n'aurons plus à craindre les prêtres qu'on avait l'intention de lancer sur notre imbécile.

Quand Flore Brazier descendit, elle trouva la foule très-disposée à suivre les impressions qu'elle voulait lui donner ; elle se montra les larmes aux yeux, et fit observer en sanglotant que le peintre, *qui avait une figure à ça d'ailleurs*, s'était la veille disputé chaudement avec Max à propos des tableaux qu'il avait *chippés* au père Rouget.

— Ce brigand, car il n'y a qu'à le regarder pour en être sûr, croit que si Max n'existait plus son oncle lui laisserait sa fortune ; comme si, dit-elle, un frère ne nous était pas plus proche parent qu'un neveu ! Max est le fils du docteur Rouget. *Le vieux me l'a dit navant de mourir !...*

— Ah ! il aura voulu faire ce coup-là en s'en allant, il a bien combiné son affaire, il part aujourd'hui, dit un des Chevaliers de la Désœuvrance.

— Max n'a pas un seul ennemi à Issoudun, dit un autre.

— D'ailleurs, Max a reconnu le peintre, dit la Rabouilleuse.

— Où est-il, ce sacré Parisien?... Trouvons-le!... cria-t-on.

— Le trouver?... répondit-on, il est sorti de chez monsieur Hochon au petit jour.

Un Chevalier de la Désœuvrance courut aussitôt chez monsieur Mouilleron. La foule augmentait toujours, et le bruit des voix devenait menaçant. Des groupes animés occupaient toute la Grande-Narette. D'autres stationnaient devant l'église Saint-Jean. Un rassemblement occupait la porte Villate, endroit où finit la Petite-Narette. On ne pouvait plus passer au-dessus et au-dessous de la place Saint-Jean. Vous eussiez dit la queue d'une procession. Aussi messieurs Lousteau-Prangin et Mouilleron, le commissaire de police, le lieutenant de gendarmerie et son brigadier accompagné de deux gendarmes eurent-ils quelque peine à se rendre à la place Saint-Jean où ils arrivèrent entre deux haies de gens dont les exclamations et les cris pouvaient et devaient les prévenir contre le Parisien si injustement accusé, mais contre qui les circonstances plaidaient.

Après une conférence entre Max et les magistrats, monsieur Mouilleron détacha le commissaire de police et le brigadier avec un gendarme pour examiner ce que dans la langue du Ministère public on nomme *le théâtre du crime*. Puis messieurs Mouilleron et Lousteau-Prangin, accompagnés du lieutenant de gendarmerie, passèrent de chez le père Rouget à la maison Hochon, qui fut gardée au bout du jardin par deux gendarmes et par deux autres à la porte. La foule croissait toujours. Toute la ville était en émoi dans la Grand'rue.

Gritte s'était déjà précipitée chez son maître tout effarée et lui avait dit : — Monsieur, on va vous piller !... Toute la ville est en révolution, monsieur Maxence Gilet est assassiné, il va trépasser !... et l'on dit que c'est monsieur Joseph qui a fait le coup !

Monsieur Hochon s'habilla promptement et descendit ; mais, devant une populace furieuse, il était rentré subitement en verrouillant sa porte. Après avoir questionné Gritte, il sut que son hôte était sorti dès le petit jour, s'était promené toute la nuit dans une grande agitation, et ne rentrait pas. Effrayé, il alla chez madame Hochon que le bruit venait d'éveiller, et à laquelle il apprit l'effroyable nouvelle qui, vraie ou fausse, ameutait tout Issoudun sur la place Saint-Jean.

— Il est certainement innocent ! dit madame Hochon.

— Mais, en attendant que son innocence soit reconnue, on peut entrer ici, nous piller, dit monsieur Hochon devenu blême (il avait de l'or dans sa cave).

— Et Agathe?

— Elle dort comme une marmotte!

— Ah! tant mieux, dit madame Hochon, je voudrais qu'elle dormît pendant le temps que cette affaire s'éclaircira. Un pareil assaut tuerait cette pauvre petite!

Mais Agathe s'éveilla, descendit à peine habillée, car les réticences de Gritte qu'elle questionna lui avaient bouleversé la tête et le cœur. Elle trouva madame Hochon pâle et les yeux pleins de larmes à l'une des fenêtres de la salle, avec son mari.

— Du courage, ma petite, Dieu nous envoie nos afflictions, dit la vieille femme. On accuse Joseph!...

— De quoi?

— D'une mauvaise action qu'il ne peut pas avoir commise, répondit madame Hochon.

En entendant ce mot et voyant entrer le lieutenant de gendarmerie, messieurs Mouilleron et Lousteau-Prangin, Agathe s'évanouit.

— Tenez, dit monsieur Hochon à sa femme et à Gritte, emmenez madame Bridau, les femmes ne peuvent être que gênantes dans de pareilles circonstances. Retirez-vous toutes les deux avec elle dans votre chambre. Asseyez-vous, messieurs, fit le vieillard. La méprise qui nous vaut votre visite ne tardera pas, je l'espère, à s'éclaircir.

— Quand il y aurait méprise, dit monsieur Mouilleron, l'exaspération est si forte dans cette foule, et les têtes sont tellement montées, que je crains pour l'inculpé... Je voudrais le tenir au Palais et donner satisfaction aux esprits.

— Qui se serait douté de l'affection que monsieur Maxence Gilet a inspirée?... dit Lousteau-Prangin.

— Il débouche en ce moment douze cents personnes du faubourg de Rome, vient de me dire un de mes hommes, fit observer le lieutenant de gendarmerie, et ils poussent des cris de mort.

— Où donc est votre hôte? dit monsieur Mouilleron à monsieur Hochon.

— Il est allé se promener dans la campagne, je crois...

— Rappelez Gritte, dit gravement le juge d'instruction, j'espérais que monsieur Bridau n'avait pas quitté la maison. Vous n'ignorez pas sans doute que le crime a été commis à quelques pas d'ici, au petit jour?

Pendant que monsieur Hochon alla chercher Gritte, les trois fonctionnaires échangèrent des regards significatifs.

— La figure de ce peintre ne m'est jamais revenue, dit le lieutenant à monsieur Mouilleron.

— Ma fille, demanda le juge à Gritte en la voyant entrer, vous avez vu, dit-on, sortir, ce matin, monsieur Joseph Bridau?

— Oui, monsieur, répondit-elle en tremblant comme une feuille.

— A quelle heure?

— Dès que je me suis levée; car il s'est promené pendant la nuit dans sa chambre, et il était habillé quand je suis descendue.

— Faisait-il jour?

— Petit jour.

— Il avait l'air agité?...

— Oui, dam? il m'a paru tout chose.

— Envoyez chercher mon greffier par un de vos hommes, dit Lousteau-Prangin au lieutenant, et qu'il vienne avec des mandats de...

— Mon Dieu! ne vous pressez pas, dit monsieur Hochon. L'agitation de ce jeune homme est explicable autrement que par la préméditation d'un crime : il part aujourd'hui pour Paris, à cause d'une affaire où Gilet et mademoiselle Flore Brazier avaient suspecté sa probité.

— Oui, l'affaire des tableaux, dit monsieur Mouilleron. Ce fut hier le sujet d'une querelle fort vive, et les artistes ont, comme on dit, la tête bien près du bonnet.

— Qui, dans tout Issoudun, avait intérêt à tuer Maxence? demanda Lousteau. Personne; ni mari jaloux, ni qui que ce soit, car ce garçon n'a jamais fait de tort à quelqu'un.

— Mais que faisait donc monsieur Gilet à quatre heures et demie dans les rues d'Issoudun? dit monsieur Hochon.

— Tenez, monsieur Hochon, laissez-nous faire notre métier, répondit Mouilleron, vous ne savez pas tout : Max a reconnu votre peintre...

En ce moment, une clameur partit d'un bout de la ville et grandit en suivant le cours de la Grande-Narette, comme le bruit d'un coup de tonnerre.

oilà!... le voilà!... il est arrêté!...

Ces m e détachaient nettement sur la basse-taille d'une effroya-

ble rumeur populaire. En effet, le pauvre Joseph Bridau, qui revenait tranquillement par le moulin de Landrôle pour se trouver à l'heure du déjeuner, fut aperçu, quand il atteignit la place Misère, par tous les groupes à la fois. Heureusement pour lui, deux gendarmes arrivèrent au pas de course pour l'arracher aux gens du faubourg de Rome qui l'avaient déjà pris sans ménagement par les bras, en poussant des cris de mort.

— Place! place! dirent les gendarmes qui appelèrent deux autres de leurs compagnons pour en mettre un en avant et un en arrière de Bridau.

— Voyez-vous, monsieur, dit au peintre un de ceux qui le tenaient, il s'agit en ce moment de notre peau, comme de la vôtre. Innocent ou coupable, il faut que nous vous protégions contre l'émeute que cause l'assassinat du commandant Gilet; et ce peuple ne s'en tient pas à vous en accuser, il vous croit le meurtrier, dur comme fer. Monsieur Gilet est adoré de ces gens-là, qui, regardez-les? ont bien la mine de vouloir se faire justice eux-mêmes. Ah! nous les avons vus travaillant en 1830 le casaquin aux Employés des Contributions, qui n'étaient pas à la noce, allez!

Joseph Bridau devint pâle comme un mourant, et rassembla ses forces pour pouvoir marcher.

— Après tout, dit-il, je suis innocent, marchons!...

Et il eut son portement de croix, l'artiste! Il recueillit des huées, des injures, des menaces de mort, en faisant l'horrible trajet de la place Misère à la place Saint-Jean. Les gendarmes furent obligés de tirer le sabre contre la foule furieuse qui leur jeta des pierres. On faillit blesser les gendarmes, et quelques projectiles atteignirent les jambes, les épaules et le chapeau de Joseph.

— Nous voilà! dit l'un des gendarmes en entrant dans la salle de monsieur Hochon, et ce n'est pas sans peine, mon lieutenant.

— Maintenant, il s'agit de dissiper ce rassemblement, et je ne vois qu'une manière, messieurs, dit l'officier aux magistrats. Ce serait de conduire au Palais monsieur Bridau en le mettant au milieu de vous; moi et tous mes gendarmes nous vous entourerons. On ne peut répondre de rien quand on se trouve en présence de six mille furieux...

— Vous avez raison, dit monsieur Hochon qui tremblait toujours pour son or.

— Si c'est la meilleure manière de protéger l'innocence à Issoudun, répondit Joseph, je vous en fais mon compliment. J'ai déjà failli être lapidé...

— Voulez-vous voir prendre d'assaut et piller la maison de votre hôte? dit le lieutenant. Est-ce avec nos sabres que nous résisterons à un flot de monde poussé par une queue de gens irrités et qui ne connaissent pas les formes de la justice?...

— Oh! allons, messieurs, nous nous expliquerons après, dit Joseph qui recouvra tout son sang-froid.

— Place! mes amis, dit le lieutenant, *il* est arrêté, nous le conduisons au Palais!

— Respect à la justice! mes amis, dit monsieur Mouilleron.

— N'aimerez-vous pas mieux le voir guillotiner? disait un des gendarmes à un groupe menaçant.

— Oui! oui, fit un furieux, on le guillotinera.

— On va le guillotiner, répétèrent des femmes.

Au bout de la Grande-Narette, on se disait : — On l'emmène pour le guillotiner, on lui a trouvé le couteau! — Oh! le gredin! — Voilà les Parisiens. — Celui-là portait bien le crime sur sa figure!

Quoique Joseph eût tout le sang à la tête, il fit le trajet de la place Saint-Jean au Palais en gardant un calme et un aplomb remarquables. Néanmoins, il fut assez heureux de se trouver dans le cabinet de monsieur Lousteau-Prangin.

— Je n'ai pas besoin, je crois, messieurs, de vous dire que je suis innocent, dit-il en s'adressant à monsieur Mouilleron, à monsieur Lousteau-Prangin et au greffier, je ne puis que vous prier de m'aider à prouver mon innocence. Je ne sais rien de l'affaire...

Quand le juge eut déduit à Joseph toutes les présomptions qui pesaient sur lui, en terminant par la déclaration de Max, Joseph fut atterré.

— Mais, dit-il, je suis sorti de la maison après cinq heures; j'ai pris par la Grand'rue, et à cinq heures et demie je regardais la façade de votre paroisse de Saint-Cyr. J'y ai causé avec le sonneur qui venait sonner l'*angelus*, en lui demandant des renseignements sur l'édifice qui me semble bizarre et inachevé. Puis j'ai traversé le marché aux Légumes où il y avait déjà des femmes. De là, par la place Misère, j'ai gagné, par le pont aux Anes, le moulin de Landrôle, où j'ai regardé tranquillement des canards pendant cinq à six minutes, et les garçons meuniers ont dû me remarquer. J'ai vu des femmes allant au lavoir, elles doivent y être encore;

16.

elles se sont mises à rire de moi, en disant que je n'étais pas beau ; je leur ai répondu que dans les grimaces, il y avait des bijoux. De là, je me suis promené par la grande allée jusqu'à Tivoli, où j'ai causé avec le jardinier... Faites vérifier ces faits, et ne me mettez même pas en état d'arrestation, car je vous donne ma parole de rester dans votre cabinet jusqu'à ce que vous soyez convaincus de mon innocence.

Ce discours sensé, dit sans aucune hésitation et avec l'aisance d'un homme sûr de son affaire, fit quelque impression sur les magistrats.

— Allons, il faut citer tous ces gens-là, les trouver, dit monsieur Mouilleron, mais ce n'est pas l'affaire d'un jour. Résolvez-vous donc, dans votre intérêt, à rester au secret au Palais.

— Pourvu que je puisse écrire à ma mère afin de la rassurer, la pauvre femme... Oh ! vous lirez la lettre.

Cette demande était trop juste pour ne pas être accordée, et Joseph écrivit ce petit mot :

« N'aie aucune inquiétude, ma chère mère, l'erreur, dont je
» suis victime, sera facilement reconnue, et j'en ai donné les moyens.
» Demain, ou peut-être ce soir, je serai libre. Je t'embrasse, et dis
» à monsieur et madame Hochon combien je suis peiné de ce trou-
» ble dans lequel je ne suis pour rien, car il est l'ouvrage d'un ha-
» sard que je ne comprends pas encore. »

Quand la lettre arriva, madame Bridau se mourait dans une attaque nerveuse ; et les potions que monsieur Goddet essayait de lui faire prendre par gorgées, étaient impuissantes. Aussi la lecture de cette lettre fut-elle comme un baume. Après quelques secousses, Agathe tomba dans l'abattement qui suit de pareilles crises. Quand monsieur Goddet revint voir sa malade, il la trouva regrettant d'avoir quitté Paris.

— Dieu m'a punie, disait-elle les larmes aux yeux. Ne devais-je pas me confier à lui, ma chère marraine, et attendre de sa bonté la succession de mon frère !...

— Madame, si votre fils est innocent, Maxence est un profond scélérat, lui dit à l'oreille monsieur Hochon, et nous ne serons pas les plus forts dans cette affaire ; ainsi, retournez à Paris.

— Eh ! bien, dit madame Hochon à monsieur Goddet, comment va monsieur Gilet ?

— Mais, quoique grave, la blessure n'est pas mortelle. Après un mois de soins, ce sera fini. Je l'ai laissé écrivant à monsieur Mouilleron pour demander la mise en liberté de votre fils, madame, dit-il à sa malade. Oh! Max est un brave garçon. Je lui ai dit dans quel état vous étiez, il s'est alors rappelé une circonstance du vêtement de son assassin qui lui a prouvé que ce ne pouvait pas être votre fils : le meurtrier portait des chaussons de lisière, et il est bien certain que monsieur votre fils est sorti en botte...

— Ah! que Dieu lui pardonne le mal qu'il m'a fait...

A la nuit, un homme avait apporté pour Gilet une lettre écrite en caractères moulés et ainsi conçue :

« Le capitaine Gilet ne devrait pas laisser un innocent entre les
» mains de la justice. Celui qui a fait le coup promet de ne plus re-
» commencer, si monsieur Gilet délivre monsieur Joseph Bridau
» sans désigner le coupable. »

Après avoir lu cette lettre et l'avoir brûlée, Max écrivit à monsieur Mouilleron une lettre qui contenait l'observation rapportée par monsieur Goddet, en le priant de mettre Joseph en liberté, et de venir le voir afin qu'il lui expliquât l'affaire. Au moment où cette lettre parvint à monsieur Mouilleron, Lousteau-Prangin avait déjà pu reconnaître, par les dépositions du sonneur, d'une vendeuse de légumes, des blanchisseuses, des garçons meuniers du moulin de Landrôle et du jardinier de Frapesle, la véracité des explications données par Joseph. La lettre de Max achevait de prouver l'innocence de l'inculpé que monsieur Mouilleron reconduisit alors lui-même chez monsieur Hochon. Joseph fut accueilli par sa mère avec une effusion de si vive tendresse, que ce pauvre enfant méconnu rendit grâce au hasard, comme le mari de la fable de La Fontaine au voleur, d'une contrariété qui lui valait ces preuves d'affection.

— Oh! dit monsieur Mouilleron d'un air capable, j'ai bien vu tout de suite à la manière dont vous regardiez la populace irritée, que vous étiez innocent; mais malgré ma persuasion, voyez-vous, quand on connaît Issoudun, le meilleur moyen de vous protéger était de vous emmener comme nous l'avons fait. Ah! vous aviez une fière contenance.

— Je pensais à autre chose, répondit simplement l'artiste. Je connais un officier qui m'a raconté qu'en Dalmatie, il fut arrêté dans des circonstances presque semblables, en arrivant de la promenade un matin, par une populace en émoi... Ce rapprochement m'occupait, et je regardais toutes ces têtes avec l'idée de peindre une émeute de 1793... Enfin je me disais : — Gredin ! tu n'as que ce que tu mérites en venant chercher une succession au lieu d'être à peindre dans ton atelier...

— Si vous voulez me permettre de vous donner un conseil, dit le procureur du roi, vous prendrez ce soir à onze heures une voiture que vous prêtera le maître de poste et vous retournerez à Paris par la diligence de Bourges.

— C'est aussi mon avis, dit monsieur Hochon qui brûlait du désir de voir partir son hôte.

— Et mon plus vif désir est de quitter Issoudun, où cependant je laisse ma seule amie, répondit Agathe en prenant et baisant la main de madame Hochon. Et quand vous reverrai-je ?..

— Ah ! ma petite, nous ne nous reverrons plus que là-haut !... Nous avons, lui dit-elle à l'oreille, assez souffert ici-bas pour que Dieu nous prenne en pitié.

Un instant après, quand monsieur Mouilleron eut causé avec Max, Gritte étonna beaucoup madame et monsieur Hochon, Agathe, Joseph et Adolphine, en annonçant la visite de monsieur Rouget. Jean-Jacques venait dire adieu à sa sœur et lui offrir sa calèche pour aller à Bourges.

— Ah ! vos tableaux nous ont fait bien du mal ! lui dit Agathe.

— Gardez-les, ma sœur, répondit le bonhomme qui ne croyait pas encore à la valeur des tableaux.

— Mon voisin, dit monsieur Hochon, nos meilleurs amis, nos plus sûrs défenseurs sont nos parents, surtout quand ils ressemblent à votre sœur Agathe et à votre neveu Joseph !

— C'est possible, répondit le vieillard hébété.

— Il faut penser à finir chrétiennement sa vie, dit madame Hochon.

— Ah ! Jean-Jacques, fit Agathe, quelle journée !

— Acceptez-vous ma voiture ? demanda Rouget.

— Non, mon frère, répondit madame Bridau, je vous remercie et vous souhaite une bonne santé !

Rouget se laissa embrasser par sa sœur et par son neveu, puis il sortit après leur avoir dit un adieu sans tendresse. Sur un mot de son grand père, Baruch était allé promptement à la poste. A onze heures du soir, les deux Parisiens, nichés dans un cabriolet d'osier attelé d'un cheval et mené par un postillon, quittèrent Issoudun. Adolphine et madame Hochon avaient des larmes aux yeux. Elles seules regrettaient Agathe et Joseph.

— Ils sont partis, dit François Hochon en entrant avec la Rabouilleuse dans la chambre de Max.

— Hé! bien, le tour est fait, répondit Max abattu par la fièvre.

— Mais qu'as-tu dit au père Mouilleron? lui demanda François.

— Je lui ai dit que j'avais presque donné le droit à mon assassin de m'attendre au coin d'une rue, que cet homme était de caractère, si l'on poursuivait l'affaire, à me tuer comme un chien avant d'être arrêté. En conséquence j'ai prié Mouilleron et Prangin de se livrer ostensiblement aux plus actives recherches, mais de laisser mon assassin tranquille, à moins qu'ils ne voulussent me voir tuer.

— J'espère, Max, dit Flore, que pendant quelque temps vous allez vous tenir tranquilles la nuit.

— Enfin, nous sommes délivrés des Parisiens, s'écria Max. Celui qui m'a frappé ne savait guère nous rendre un si grand service.

Le lendemain, à l'exception des personnes excessivement tranquilles et réservées qui partageaient les opinions de monsieur et madame Hochon, le départ des Parisiens, quoique dû à une déplorable méprise, fut célébré par toute la ville comme une victoire de la Province contre Paris. Quelques amis de Max s'exprimèrent assez durement sur le compte des Bridau.

— Eh! bien, ces Parisiens s'imaginaient que nous sommes des imbéciles, et qu'il n'y a qu'à tendre son chapeau pour qu'il y pleuve des successions!..

— Ils étaient venus chercher de la laine, mais ils s'en retournent tondus; car le neveu n'est pas au goût de l'oncle.

— Et, s'il vous plaît, ils avaient pour conseil un avoué de Paris...

— Ah! ils avaient formé un plan?

— Mais, oui, le plan de se rendre maîtres du père Rouget; mais les Parisiens ne se sont pas trouvés de force, et l'avoué ne se moquera pas des Berrichons...

— Savez-vous que c'est abominable?...

— Voilà les gens de Paris!..

— La Rabouilleuse s'est vue attaquée, elle s'est défendue.

— Et elle a joliment bien fait...

Pour toute la ville, les Bridau étaient des Parisiens, des étrangers : on leur préférait Max et Flore.

On peut imaginer la satisfaction avec laquelle Agathe et Joseph rentrèrent dans leur petit logement de la rue Mazarine, après cette campagne. L'artiste avait repris en voyage sa gaieté troublée par la scène de son arrestation et par vingt heures de mise au secret ; mais il ne put distraire sa mère. Agathe se remit d'autant moins facilement de ses émotions, que la Cour des Pairs allait commencer le procès de la conspiration militaire. La conduite de Philippe, malgré l'habileté de son défenseur conseillé par Desroches, excitait des soupçons peu favorables à son caractère. Aussi, dès qu'il eut mis Desroches au fait de tout ce qui se passait à Issoudun, Joseph emmena-t-il promptement Mistigris au château du comte de Sérizy pour ne point entendre parler de ce procès qui dura vingt jours.

Il est inutile de revenir ici sur des faits acquis à l'histoire contemporaine. Soit qu'il eût joué quelque rôle convenu, soit qu'il fût un des révélateurs, Philippe resta sous le poids d'une condamnation à cinq années de surveillance sous la Haute Police, et obligé de partir le jour même de sa mise en liberté pour Autun, ville que le Directeur-Général de la Police du Royaume lui désigna pour lieu de séjour pendant les cinq années. Cette peine équivalait à une détention semblable à celle des prisonniers sur parole à qui l'on donne une ville pour prison. En apprenant que le comte de Sérizy, l'un des pairs désignés par la Chambre pour faire l'instruction du procès, employait Joseph à l'ornement de son château de Presles, Desroches sollicita de ce Ministre d'État une audience, et trouva le comte de Sérizy dans les meilleures dispositions pour Joseph avec qui par hasard il avait fait connaissance. Desroches expliqua la position financière des deux frères en rappelant les services rendus par leur père, et l'oubli qu'en avait fait la Restauration.

— De telles injustices, monseigneur, dit l'avoué, sont des causes permanentes d'irritation et de mécontentement ! Vous avez connu le père, mettez au moins les enfants dans le cas de faire fortune !

Et il peignit succinctement la situation des affaires de la famille à Issoudun, en demandant au tout-puissant Vice-Président du Conseil d'État de faire une démarche auprès du Directeur-Général de la Police, afin de changer d'Autun à Issoudun la résidence de Philippe. Enfin il parla de la détresse horrible de Philippe en sollicitant un secours de soixante francs par mois que le Ministère de la Guerre devait donner, par pudeur, à un ancien lieutenant-colonel.

— J'obtiendrai tout ce que vous me demandez, car tout me semble juste, dit le Ministre d'État.

Trois jours après, Desroches, muni des autorisations nécessaires, alla prendre Philippe à la prison de la Cour des Pairs, et l'emmena chez lui, rue de Béthizy. Là, le jeune avoué fit à l'affreux soudard un de ces sermons sans réplique dans lesquels les avoués jugent les choses à leur véritable valeur, en se servant de termes crus pour estimer la conduite, pour analyser et réduire à leur plus simple expression les sentiments des clients auxquels ils s'intéressent assez pour les sermonner. Après avoir aplati l'officier d'ordonnance de l'Empereur en lui reprochant ses dissipations insensées, les malheurs de sa mère et la mort de la vieille Descoings, il lui raconta l'état des choses à Issoudun, en les lui éclairant à sa manière et pénétrant à fond dans le plan et dans le caractère de Maxence Gilet et de la Rabouilleuse.

Doué d'une compréhension très-alerte en ce genre, le condamné politique écouta beaucoup mieux cette partie de la mercuriale de Desroches que la première.

— Cela étant, dit l'avoué, vous pouvez réparer ce qui est réparable dans les torts que vous avez faits à votre excellente famille, car vous ne pouvez rendre la vie à la pauvre femme à qui vous avez donné le coup de la mort; mais vous seul pouvez...

— Et comment faire? demanda Philippe.

— J'ai obtenu de vous faire donner Issoudun pour résidence au lieu d'Autun.

Le visage de Philippe si amaigri, devenu presque sinistre, labouré par les maladies, par les souffrances et par les privations, fut rapidement illuminé par un éclair de joie.

— Vous seul pouvez, dis-je, rattraper la succession de votre oncle Rouget, déjà peut-être à moitié dans la gueule de ce loup nommé Gilet, reprit Desroches. Vous connaissez tous les détails, à vous maintenant d'agir en conséquence. Je ne vous trace point de plan, je n'ai pas d'idée à ce sujet; d'ailleurs, tout se modifie sur le terrain. Vous avez affaire à forte partie, le gaillard est plein d'astuce, et la manière dont il voulait rattraper les tableaux donnés par votre oncle à Joseph, l'audace avec laquelle il a mis un crime sur le dos de votre pauvre frère annoncent un adversaire capable de tout. Ainsi, soyez prudent, et tâchez d'être sage par calcul, si vous ne pouvez pas l'être par tempérament. Sans en rien dire à Joseph dont la fierté d'artiste se serait révoltée, j'ai renvoyé les tableaux à monsieur Hochon en lui écrivant de ne les remettre qu'à vous. Ce Maxence Gilet est brave...

— Tant mieux, dit Philippe, je compte bien sur le courage de ce drôle pour réussir, car un lâche s'en irait d'Issoudun.

— Hé! bien, pensez à votre mère qui, pour vous, est d'une adorable tendresse, à votre frère de qui vous avez fait votre vache à lait...

— Ah! il vous a parlé de ces bêtises?... s'écria Philippe.

— Allons, ne suis-je pas l'ami de la famille, et n'en sais-je pas plus qu'eux sur vous?...

— Que savez-vous? dit Philippe.

— Vous avez trahi vos camarades...

— Moi! s'écria Philippe. Moi! l'officier d'ordonnance de l'Empereur! La chatte!... Nous avons mis dedans la Chambre des Pairs, la Justice, le Gouvernement et toute la sacrée boutique. Les gens du Roi n'y ont vu que du feu!...

— C'est très-bien, si c'est ainsi, répondit l'avoué; mais, voyez-vous, les Bourbons ne peuvent pas être renversés, ils ont l'Europe pour eux, et vous devriez songer à faire votre paix avec le ministre de la Guerre... oh! vous la ferez quand vous vous trouverez riche. Pour vous enrichir, vous et votre frère, emparez-vous de votre oncle. Si vous voulez mener à bien une affaire qui exige tant d'habileté, de discrétion, de patience, vous avez de quoi travailler pendant vos cinq ans...

— Non, non, dit Philippe, il faut aller vite en besogne, ce Gilet pourrait dénaturer la fortune de mon oncle, la mettre au nom de cette fille, et tout serait perdu.

— Enfin, monsieur Hochon est un homme de bon conseil et qui voit juste, consultez-le. Vous avez votre feuille de route, votre place est retenue à la diligence d'Orléans pour sept heures et demie, votre malle est faite, venez dîner?

— Je ne possède que ce que je porte, dit Philippe en ouvrant son affreuse redingote bleue; mais il me manque trois choses que vous prierez Giroudeau, l'oncle de Finot, mon ami, de m'envoyer : c'est mon sabre, mon épée et mes pistolets!...

— Il vous manque bien autre chose, dit l'avoué qui frémit en contemplant son client. Vous recevrez une indemnité de trois mois pour vous vêtir décemment.

— Tiens, te voilà, Godeschal! s'écria Philippe en reconnaissant dans le premier clerc de Desroches le frère de Mariette.

— Oui, je suis avec monsieur Desroches depuis deux mois.

— Il y restera, j'espère, s'écria Desroches, jusqu'à ce qu'il traite d'une Charge.

— Et Mariette! dit Philippe ému par ses souvenirs.

— Elle attend l'ouverture de la nouvelle salle.

— Ça lui coûterait bien peu, dit Philippe, de faire lever ma consigne... Enfin, comme elle voudra!

Après le maigre dîner offert à Philippe par Desroches qui nourrissait son premier clerc, les deux praticiens mirent le condamné politique en voiture et lui souhaitèrent bonne chance.

Le 2 novembre, le jour des morts, Philippe Bridau se présenta chez le commissaire de police d'Issoudun pour faire viser sur sa feuille le jour de son arrivée; puis il alla se loger, d'après les avis de ce fonctionnaire, rue de l'Avenier. Aussitôt la nouvelle de la déportation d'un des officiers compromis dans la dernière conspiration se répandit à Issoudun, et y fit d'autant plus de sensation qu'on apprit que cet officier était le frère du peintre si injustement accusé. Maxence Gilet, alors entièrement guéri de sa blessure, avait terminé l'opération si difficile de la réalisation des fonds hypothécaires du père Rouget et leur placement en une inscription sur le Grand-Livre. L'emprunt de cent quarante mille francs fait par ce vieillard sur ses propriétés produisait une grande sensation, car tout se sait en province. Dans l'intérêt des Bridau, monsieur Hochon, ému de ce désastre, questionna le vieux monsieur Héron, le notaire de Rouget, sur l'objet de ce mouvement de fonds.

— Les héritiers du père Rouget, si le père Rouget change d'avis, me devront une belle chandelle! s'écria monsieur Héron. Sans moi, le bonhomme aurait laissé mettre les cinquante mille francs de rentes au nom de Maxence Gilet... J'ai dit à mademoiselle Brazier qu'elle devait s'en tenir au testament, sous peine d'avoir un procès en spoliation, vu les preuves nombreuses que les différents transports faits de tous côtés donneraient de leurs manœuvres. J'ai conseillé, pour gagner du temps, à Maxence et à sa maîtresse de faire oublier ce changement si subit dans les habitudes du bonhomme.

— Soyez l'avocat et le protecteur des Bridau, car ils n'ont rien, dit à monsieur Héron monsieur Hochon qui ne pardonnait pas à Gilet les angoisses qu'il avait eues en craignant le pillage de sa maison.

Maxence Gilet et Flore Brazier, hors de toute atteinte, plaisantèrent donc en apprenant l'arrivée du second neveu du père Rouget. A la première inquiétude que leur donnerait Philippe, ils savaient pouvoir, en faisant signer une procuration au père Rouget, transférer l'inscription, soit à Maxence, soit à Flore. Si le testament se révoquait, cinquante mille livres de rente étaient une assez belle fiche de consolation, surtout après avoir grevé les biens-fonds d'une hypothèque de cent quarante mille francs.

Le lendemain de son arrivée, Philippe se présenta sur les dix heures pour faire une visite à son oncle, il tenait à se présenter dans son horrible costume. Aussi, quand l'échappé de l'hôpital du Midi, quand le prisonnier du Luxembourg entra dans la salle, Flore Brazier éprouva-t-elle comme un frisson au cœur à ce repoussant aspect. Gilet sentit également en lui-même cet ébranlement dans l'intelligence et dans la sensibilité par lequel la nature nous avertit d'une inimitié latente ou d'un danger à venir.

Si Philippe devait je ne sais quoi de sinistre dans la physionomie à ses derniers malheurs, son costume ajoutait encore à cette expression. Sa lamentable redingote bleue restait boutonnée militairement jusqu'au col par de tristes raisons, mais elle montrait ainsi beaucoup trop ce qu'elle avait la prétention de cacher. Le bas du pantalon, usé comme un habit d'invalide, exprimait une misère profonde. Les bottes laissaient des traces humides en jetant de l'eau boueuse par les semelles entrebâillées. Le chapeau gris que le colonel tenait à la main offrait aux regards une coiffe horriblement grasse. La canne en jonc, dont le vernis avait disparu, devait avoir stationné dans tous les coins des cafés de Paris et reposé son bout tordu dans bien des fanges. Sur un col de velours qui laissait voir son carton, se dressait une tête presque semblable à celle que se fait Frédérick Lemaître au dernier acte de *la Vie d'un Joueur*, et où l'épuisement d'un homme encore vigoureux se trahit par un teint cuivré, verdi de place en place. On voit ces teintes dans la figure des débauchés qui ont passé beaucoup de nuits au jeu : les yeux sont cernés par un cercle charbonné, les paupières sont plutôt rougies que rouges ; enfin, le front est menaçant par toutes les ruines qu'il accuse. Chez Philippe, à peine remis de son traitement, les joues étaient presque rentrées et rugueuses. Il montrait un crâne sans cheveux, où quelques mèches restées derrière la tête se mouraient aux oreilles. Le bleu si pur de ses yeux si brillants avait pris les teintes froides de l'acier.

— Bonjour, mon oncle, dit-il d'une voix enrouée, je suis votre neveu Philippe Bridau. Voilà comment les Bourbons traitent un lieutenant-colonel, un vieux de la vieille, celui qui portait les ordres de l'Empereur à la bataille de Montereau. Je serais honteux si ma redingote s'entr'ouvrait, à cause de mademoiselle. Après tout, c'est la loi du jeu. Nous avons voulu recommencer la partie, et nous avons perdu! J'habite votre ville par ordre de la police, avec une haute-paye de soixante francs par mois. Ainsi les bourgeois n'ont pas à craindre que je fasse augmenter le prix des consommations. Je vois que vous êtes en bonne et belle compagnie.

— Ah! tu es mon neveu, dit Jean-Jacques...

— Mais invitez donc monsieur le colonel à déjeuner, dit Flore.

— Non, madame, merci, répondit Philippe, j'ai déjeuné. D'ailleurs je me couperais plutôt la main que de demander un morceau de pain ou un centime à mon oncle, après ce qui s'est passé dans cette ville à propos de mon frère et de ma mère... Seulement il ne me paraît pas convenable que je reste à Issoudun, sans lui tirer ma révérence de temps en temps. Vous pouvez bien d'ailleurs, dit-il en offrant à son oncle sa main dans laquelle Rouget mit la sienne qu'il secoua, vous pouvez faire tout ce qui vous plaira : je n'y trouverai jamais rien à redire, pourvu que l'honneur des Bridau soit sauf...

Gilet pouvait regarder le lieutenant-colonel à son aise, car Philippe évitait de jeter les yeux sur lui avec une affectation visible. Quoique le sang lui bouillonnât dans les veines, Max avait un trop grand intérêt à se conduire avec cette prudence des grands politiques, qui ressemble parfois à la lâcheté, pour prendre feu comme un jeune homme ; il resta donc calme et froid.

— Ce ne sera pas bien, monsieur, dit Flore, de vivre avec soixante francs par mois à la barbe de votre oncle qui a quarante mille livres de rente, et qui s'est déjà si bien conduit avec monsieur le commandant Gilet, son parent par nature, que voilà...

— Oui, Philippe, reprit le bonhomme, nous verrons cela...

Sur la présentation faite par Flore, Philippe échangea un salut presque craintif avec Gilet.

— Mon oncle, j'ai des tableaux à vous rendre, ils sont chez monsieur Hochon ; vous me ferez le plaisir de venir les reconnaître un jour ou l'autre.

Après avoir dit ces derniers mots d'un ton sec, le lieutenant-colonel Philippe Bridau sortit. Cette visite laissa dans l'âme de Flore et aussi chez Gilet une émotion plus grave encore que leur saisissement à la première vue de cet effroyable soudard. Dès que Philippe eut tiré la porte avec une violence d'héritier dépouillé, Flore et Gilet se cachèrent dans les rideaux pour le regarder allant de chez son oncle chez les Hochon.

— Quel *chenapan!* dit Flore en interrogeant Gilet par un coup d'œil.

— Oui, par malheur, il s'en est trouvé quelques-uns comme ça dans les armées de l'Empereur ; j'en ai descendu sept sur les pontons, répondit Gilet.

— J'espère bien, Max, que vous ne chercherez pas dispute à celui-ci, dit mademoiselle Brazier.

— Oh ! celui-là, répondit Max, est un chien galeux qui veut un os, reprit-il en s'adressant au père Rouget. Si son oncle a confiance en moi, il s'en débarrassera par quelque donation ; car il ne vous laissera pas tranquille, papa Rouget.

— Il sentait bien le tabac, fit le vieillard.

— Il sentait vos écus aussi, fit Flore d'un ton péremptoire. Mon avis est qu'il faut vous dispenser de le recevoir.

— Je ne demande pas mieux, répondit Rouget.

— Monsieur, dit Gritte en entrant dans la chambre où toute la famille Hochon se trouvait après déjeuner, voici le monsieur Bridau dont vous parliez.

Philippe fit son entrée avec politesse, au milieu d'un profond silence causé par la curiosité générale. Madame Hochon frémit de la tête aux pieds en apercevant l'auteur de tous les chagrins d'Agathe et l'assassin de la bonne femme Descoings. Adolphine eut aussi quelque effroi. Baruch et François échangèrent un regard de surprise. Le vieil Hochon conserva son sang-froid et offrit un siége au fils de madame Bridau.

— Je viens, monsieur, dit Philippe, me recommander à vous ; car j'ai besoin de prendre mes mesures de façon à vivre dans ce pays-ci, pendant cinq ans, avec soixante francs par mois que me donne la France.

— Cela se peut, répondit l'octogénaire.

Philippe parla de choses indifférentes en se tenant parfaitement bien. Il présenta comme un aigle le journaliste Lousteau, neveu de la vieille dame dont les bonnes grâces lui furent acquises quand elle l'entendit annoncer que le nom des Lousteau deviendrait célèbre. Puis il n'hésita point à reconnaître les fautes de sa vie. A un reproche amical que lui adressa madame Hochon à voix basse, il dit avoir fait bien des réflexions dans la prison, et lui promit d'être à l'avenir un tout autre homme.

Sur un mot que lui dit Philippe, monsieur Hochon sortit avec lui. Quand l'avare et le soldat furent sur le boulevard Baron, à une place où personne ne pouvait les entendre, le colonel dit au vieillard : — Monsieur, si vous voulez me croire, nous ne parlerons jamais d'affaires ni des personnes autrement qu'en nous promenant dans la campagne, ou dans des endroits où nous pourrons causer sans être entendus. Maître Desroches m'a très-bien expliqué l'influence des commérages dans une petite ville. Je ne veux donc pas que vous soyez soupçonné de m'aider de vos conseils, quoique Desroches m'ait dit de vous les demander, et que je vous prie de ne pas me les épargner. Nous avons un ennemi puissant en tête, il ne faut négliger aucune précaution pour parvenir à s'en défaire. Et, d'abord, excusez-moi, si je ne vais plus vous voir. Un peu de froideur entre nous vous laissera net de toute influence dans ma conduite. Quand j'aurai besoin de vous consulter, je passerai sur la place à neuf heures et demie, au moment où vous sortez de déjeuner. Si vous me voyez tenant ma canne au port d'armes, cela voudra dire qu'il faut nous rencontrer, par hasard, en un lieu de promenade que vous m'indiquerez.

— Tout cela me semble d'un homme prudent et qui veut réussir, dit le vieillard.

— Et je réussirai, monsieur. Avant tout, indiquez-moi les militaires de l'ancienne armée revenus ici, qui ne sont point du parti de ce Maxence Gilet, et avec lesquels je puisse me lier.

— Il y a d'abord un capitaine d'artillerie de la Garde, monsieur Mignonnet, un homme sorti de l'École Polytechnique, âgé de quarante ans, et qui vit modestement ; il est plein d'honneur et s'est prononcé contre Max dont la conduite lui semble indigne d'un vrai militaire.

— Bon ! fit le lieutenant-colonel.

— Il n'y a pas beaucoup de militaires de cette trempe, reprit monsieur Hochon, car je ne vois plus ici qu'un ancien capitaine de cavalerie.

— C'est mon arme, dit Philippe. Était-il dans la Garde ?

— Oui, reprit monsieur Hochon. Carpentier était en 1810 maréchal-des-logis-chef dans les Dragons ; il en est sorti pour entrer sous-lieutenant dans la Ligne, et il y est devenu capitaine.

— Giroudeau le connaîtra peut-être, se dit Philippe.

— Ce monsieur Carpentier a pris la place dont n'a pas voulu Maxence, à la Mairie, et il est l'ami du commandant Mignonnet.

— Que puis-je faire ici pour gagner ma vie?...

— On va, je crois, établir une sous-direction pour l'Assurance Mutuelle du Département du Cher, et vous pourriez y trouver une place ; mais ce sera tout au plus cinquante francs par mois...

— Cela me suffira.

Au bout d'une semaine, Philippe eut une redingote, un pantalon et un gilet neufs en bon drap bleu d'Elbeuf, achetés à crédit et payables à tant par mois, ainsi que des bottes, des gants de daim et un chapeau. Il reçut de Paris, par Giroudeau, du linge, ses armes et une lettre pour Carpentier, qui avait servi sous les ordres de l'ancien capitaine des Dragons. Cette lettre valut à Philippe le dévouement de Carpentier, qui présenta Philippe au commandant Mignonnet comme un homme du plus haut mérite et du plus beau caractère. Philippe capta l'admiration de ces deux dignes officiers par quelques confidences sur la conspiration jugée, qui fut, comme on sait, la dernière tentative de l'ancienne armée contre les Bourbons, car le procès des sergents de La Rochelle appartint à un autre ordre d'idées.

A partir de 1822, éclairés par le sort de la conspiration du 19 août 1820, par les affaires Berton et Caron, les militaires se contentèrent d'attendre les événements. Cette dernière conspiration, la cadette de celle du 19 août, fut la même, reprise avec de meilleurs éléments. Comme l'autre, elle resta complétement inconnue au Gouvernement royal. Encore une fois découverts, les conspirateurs eurent l'esprit de réduire leur vaste entreprise aux proportions mesquines d'un complot de caserne. Cette conspiration, à laquelle adhéraient plusieurs régiments de cavalerie, d'infanterie et d'artillerie, avait le nord de la France pour foyer. On devait prendre d'un seul coup les places fortes de la frontière. En cas de succès, les traités de 1815 eussent été brisés par une fédération subite de la Belgique, enlevée à la Sainte-Alliance, grâce à un pacte militaire fait entre soldats. Deux trônes s'abîmaient en un moment dans ce rapide ouragan. Au lieu de ce formidable plan conçu par de fortes têtes, et dans lequel trempaient bien des personnages, on ne livra qu'un détail à la Cour des Pairs. Philippe Bridau consentit à couvrir ces chefs, qui disparaissaient au moment où les complots se découvraient soit par quelque trahison, soit par un effet du hasard, et qui, siégeant dans les Chambres, ne promettaient leur coopération que pour compléter la réussite au cœur du gouvernement. Dire le plan que, depuis 1830, les aveux des Libéraux ont déployé dans toute sa profondeur, et dans ses ramifications immenses dérobées aux initiés inférieurs, ce serait empiéter sur le domaine de l'histoire et se jeter dans une trop longue digression ; cet aperçu suffit à faire comprendre le double rôle accepté par Philippe. L'ancien officier d'ordonnance de l'Empereur devait diriger un mouvement projeté dans Paris, uniquement pour masquer la véritable conspiration et occuper le gouvernement au cœur quand elle éclaterait dans le nord. Philippe fut alors chargé de rompre la trame entre les deux complots en ne livrant que les secrets d'un ordre secondaire ; l'effroyable dénûment dont témoignaient son costume et son état de santé, servit puissamment à déconsidérer, à rétrécir l'entreprise aux yeux du pouvoir. Ce rôle convenait à la situation précaire de ce joueur sans principes. En se sentant à cheval sur deux partis, le rusé Philippe fit le bon apôtre avec le gouvernement royal et conserva l'estime des gens haut placés de son parti ; mais en se promettant bien de se jeter plus tard dans celle des deux voies où il trouverait le plus d'avantages.

Ces révélations sur la portée immense du véritable complot, sur la participation de quelques-uns des juges, firent de Philippe, aux yeux de Carpentier et de Mignonnet, un homme de la plus haute distinction, car son dévouement révélait un politique digne des beaux jours de la Convention. Aussi le rusé bonapartiste devint-il en quelques jours l'ami des deux officiers dont la considération dut rejaillir sur lui. Il eut aussitôt, par la recommandation de messieurs Mignonnet et Carpentier, la place indiquée par le vieil Hochon à l'Assurance Mutuelle du Département du Cher. Chargé de tenir des registres comme chez un percepteur, de remplir de noms et de chiffres des lettres tout imprimées et de les expédier, de faire des polices d'Assurance, il ne fut pas occupé plus de trois heures par jour. Mignonnet et Carpentier firent admettre l'hôte d'Issoudun à leur Cercle où son attitude et ses manières, en harmonie d'ailleurs avec la haute opinion que Mignonnet et Carpentier donnaient de ce chef de complot, lui méritèrent le respect qu'on accorde à des dehors souvent trompeurs.

Philippe, dont la conduite fut profondément méditée, avait réfléchi pendant sa prison sur les inconvénients d'une vie débraillée. Il n'avait donc pas eu besoin de la semonce de Desroches pour comprendre la nécessité de se concilier l'estime de la bourgeoisie par une vie honnête, décente et rangée. Charmé de faire la satire de Max en se conduisant à la Mignonnet, il voulait endormir Maxence en le trompant sur son caractère. Il tenait à se faire prendre pour un niais en se montrant généreux et désintéressé, tout en enveloppant son adversaire et convoitant la succession de son oncle ; tandis que sa mère et son frère, si réellement désintéressés, généreux et grands, avaient été taxés de calcul en agissant avec une naïve simplicité. La cupidité de Philippe s'était allumée en raison de la fortune de son oncle, que monsieur Hochon lui avait détaillée. Dans la première conversation qu'il eut secrètement avec l'octogénaire, ils étaient tous deux tombés d'accord sur l'obligation où se trouvait Philippe de ne pas éveiller la défiance de Max ; car tout serait perdu si Flore et Max emmenaient leur victime, seulement à Bourges. Une fois par semaine, le colonel dîna chez le capitaine Mignonnet ; une autre fois chez Carpentier, et le jeudi chez monsieur Hochon. Bientôt invité dans deux ou trois maisons, après trois semaines de séjour, il n'avait guère que son déjeuner à payer. Nulle part il ne parla ni de son oncle, ni de la Rabouilleuse, ni de Gilet, à moins qu'il ne fût question d'apprendre quelque chose relativement au séjour de son frère et de sa mère. Enfin les trois officiers, les seuls qui fussent décorés, et parmi lesquels Philippe avait l'avantage de la rosette, ce qui lui donnait aux yeux de tous une supériorité très-remarquée en province, se promenaient ensemble à la même heure, avant le dîner, en faisant, selon une expression vulgaire, *bande à part*. Cette attitude, cette réserve, cette tranquillité produisirent un excellent effet dans Issoudun. Tous les adhérents de Max virent en Philippe *un sabreur*, expression par laquelle les militaires accordent le plus vulgaire des courages aux officiers supérieurs, et leur refusent les capacités exigées pour le commandement.

— C'est un homme bien honorable, disait Goddet père à Max.

— Bah ! répondit le commandant Gilet, sa conduite à la Cour des Pairs annonce une dupe ou un mouchard ; et il est, comme vous le dites, assez niais pour avoir été la dupe des gros joueurs.

Après avoir obtenu sa place, Philippe, au fait des *disettes* du pays, voulut dérober le plus possible la connaissance de certaines choses à la ville; il se logea donc dans une maison située à l'extrémité du faubourg Saint-Paterne, et à laquelle attenait un très-grand jardin. Il put y faire, dans le plus grand secret, des armes avec Carpentier, qui avait été maître d'armes dans la Ligne avant de passer dans la Garde. Après avoir ainsi secrètement repris son ancienne supériorité, Philippe apprit de Carpentier des secrets qui lui permirent de ne pas craindre un adversaire de la première force. Il se mit alors à tirer le pistolet avec Mignonnet et Carpentier, soi-disant par distraction, mais pour faire croire à Maxence qu'il comptait, en cas de duel, sur cette arme.

Quand Philippe rencontrait Gilet, il en attendait un salut, et répondait en soulevant le bord de son chapeau d'une façon cavalière, comme fait un colonel qui répond au salut d'un soldat. Maxence Gilet ne donnait aucune marque d'impatience ni de mécontentement; il ne lui était jamais échappé la moindre parole à ce sujet chez la Cognette où il se faisait encore des soupers; car, depuis le coup de couteau de Fario, les mauvais tours avaient été provisoirement suspendus. Au bout d'un certain temps, le mépris du lieutenant-colonel Bridau pour le chef de bataillon Gilet fut un fait avéré dont s'entretinrent entre eux quelques-uns des Chevaliers de la Désœuvrance qui n'étaient pas aussi étroitement liés avec Maxence que Baruch, que François et trois ou quatre autres. On s'étonna généralement de voir le violent, le fougueux Max se conduisant avec une pareille réserve. Aucune personne à Issoudun, pas même Potel ou Renard, n'osa traiter ce point délicat avec Gilet. Potel, assez affecté de cette mésintelligence publique entre deux braves de la Garde Impériale, présentait Max comme très-capable d'ourdir une trame où se prendrait le colonel. Selon Potel, on pouvait s'attendre à quelque chose de neuf, après ce que Max avait fait pour chasser le frère et la mère, car l'affaire de Fario n'était plus un mystère. Monsieur Hochon n'avait pas manqué d'expliquer aux vieilles têtes de la ville la ruse atroce de Gilet. D'ailleurs monsieur Mouilleron, le héros d'une *disette bourgeoise*, avait dit en confidence le nom de l'assassin de Gilet, ne fût-ce que pour rechercher les causes de l'inimitié de Fario contre Max, afin de tenir la Justice éveillée sur des événements futurs.

En causant sur la situation du lieutenant-colonel vis-à-vis de Max,

17.

et en cherchant à deviner ce qui jaillirait de cet antagonisme, la ville les posa donc, par avance, en adversaires. Philippe, qui recherchait avec sollicitude les détails de l'arrestation de son frère, les antécédents de Gilet et ceux de la Rabouilleuse, finit par entrer en relations assez intimes avec Fario, son voisin. Après avoir bien étudié l'Espagnol, Philippe crut pouvoir se fier à un homme de cette trempe. Tous deux ils trouvèrent leur haine si bien à l'unisson, que Fario se mit à la disposition de Philippe en lui racontant tout ce qu'il savait sur les Chevaliers de la Désœuvrance. Philippe, dans le cas où il réussirait à prendre sur son oncle l'empire qu'exerçait Gilet, promit à Fario de l'indemniser de ses pertes, et s'en fit ainsi un séide.

Maxence avait donc en face un ennemi redoutable; il trouvait, selon le mot du pays, *à qui parler*. Animée par ses *disettes*, la ville d'Issoudun pressentait un combat entre ces personnages qui, remarquez-le, se méprisaient mutuellement.

Vers la fin de novembre, un matin, dans la grande allée de Frapesle, vers midi, Philippe, en rencontrant monsieur Hochon, lui dit : — J'ai découvert que vos deux petits-fils Baruch et François sont les amis intimes de Maxence Gilet. Les drôles participent la nuit à toutes les farces qui se font en ville. Aussi Maxence a-t-il su par eux tout ce qui se disait chez vous quand mon frère et ma mère y séjournaient.

— Et comment avez-vous eu la preuve de ces horreurs?...

— Je les ai entendus causant pendant la nuit au sortir d'un cabaret. Vos deux petits-fils doivent chacun mille écus à Maxence. Le misérable a dit à ces pauvres enfants de tâcher de découvrir quelles sont nos intentions; en leur rappelant que vous aviez trouvé le moyen de cerner mon oncle par la prêtraille, il leur a dit que vous seul étiez capable de me diriger, car il me prend heureusement pour un sabreur.

— Comment, mes petits-enfants...

— Guettez-les, reprit Philippe, vous les verrez revenant sur la place Saint-Jean, à deux ou trois heures du matin, gris comme des bouchons de vin de Champagne, et en compagnie de Maxence...

— Voilà donc pourquoi mes drôles sont si sobres, dit monsieur Hochon.

— Fario m'a donné des renseignements sur leur existence nocturne, reprit Philippe; car, sans lui, je ne l'aurais jamais devinée.

Mon oncle est sous le poids d'une oppression horrible, à en juger par le peu de paroles que mon Espagnol a entendu dire par Max à vos enfants. Je soupçonne Max et la Rabouilleuse d'avoir formé le plan de *chipper* les cinquante mille francs de rente sur le Grand-Livre, et de s'en aller se marier je ne sais où, après avoir tiré cette aile à leur pigeon. Il est grand temps de savoir ce qui se passe dans le ménage de mon oncle; mais je ne sais comment faire.

— J'y penserai, dit le vieillard.

Philippe et monsieur Hochon se séparèrent en voyant venir quelques personnes.

Jamais, en aucun moment de sa vie, Jean-Jacques Rouget ne souffrit autant que depuis la première visite de son neveu Philippe. Flore épouvantée avait le pressentiment d'un danger qui menaçait Maxence. Lasse de son maître, et craignant qu'il ne vécût très-vieux, en le voyant résister si long-temps à ses criminelles pratiques, elle inventa le plan très-simple de quitter le pays et d'aller épouser Maxence à Paris, après s'être fait donner l'inscription de cinquante mille livres de rente sur le Grand-Livre. Le vieux garçon, guidé, non point par intérêt pour ses héritiers ni par avarice personnelle, mais par sa passion, se refusait à donner l'inscription à Flore, en lui objectant qu'elle était son unique héritière. Le malheureux savait à quel point Flore aimait Maxence, et il se voyait abandonné dès qu'elle serait assez riche pour se marier. Quand Flore, après avoir employé les cajoleries les plus tendres, se vit refusée, elle déploya ses rigueurs : elle ne parlait plus à son maître, elle le faisait servir par la Védie qui vit ce vieillard un matin les yeux tout rouges d'avoir pleuré pendant la nuit. Depuis une semaine, le père Rouget déjeunait seul, et Dieu sait comme !

Or, le lendemain de sa conversation avec monsieur Hochon, Philippe, qui voulut faire une seconde visite à son oncle, le trouva très-changé. Flore resta près du vieillard, lui jeta des regards affectueux, lui parla tendrement, et joua si bien la comédie, que Philippe devina le péril de la situation par tant de sollicitude déployée en sa présence. Gilet, dont la politique consistait à fuir toute espèce de collision avec Philippe, ne se montra point. Après avoir observé le père Rouget et Flore d'un œil perspicace, le colonel jugea nécessaire de frapper un grand coup.

— Adieu, mon cher oncle, dit-il en se levant par un geste qui trahissait l'intention de sortir.

— Oh! ne t'en va pas encore, s'écria le vieillard à qui la fausse tendresse de Flore faisait du bien. Dîne avec nous, Philippe?

— Oui, si vous voulez venir vous promener une heure avec moi.

— Monsieur est bien malingre, dit mademoiselle Brazier. Il n'a pas voulu tout à l'heure sortir en voiture, ajouta-t-elle en se tournant vers le bonhomme qu'elle regarda de cet œil fixe par lequel on dompte les fous.

Philippe prit Flore par le bras, la contraignit à le regarder, et la regarda tout aussi fixement qu'elle venait de regarder sa victime.

— Dites donc, mademoiselle, lui demanda-t-il, est-ce que, par hasard, mon oncle ne serait pas libre de se promener seul avec moi?

— Mais si, monsieur, répondit Flore qui ne pouvait guère répondre autre chose.

— Hé! bien, venez, mon oncle? Allons, mademoiselle, donnez-lui sa canne et son chapeau...

— Mais, habituellement, il ne sort pas sans moi, n'est-ce pas, monsieur?

— Oui, Philippe, oui, j'ai toujours bien besoin d'elle...

— Il vaudrait mieux aller en voiture, dit Flore.

— Oui, allons en voiture, s'écria le vieillard dans son désir de mettre ses deux tyrans d'accord.

— Mon oncle, vous viendrez à pied et avec moi, ou je ne reviens plus; car alors la ville d'Issoudun aurait raison : vous seriez sous la domination de mademoiselle Flore Brazier. Que mon oncle vous aime, très-bien! reprit-il en arrêtant sur Flore un regard de plomb. Que vous n'aimiez pas mon oncle, c'est encore dans l'ordre. Mais que vous rendiez le bonhomme malheureux?..., halte là! Quand on veut une succession, il faut la gagner. Venez-vous, mon oncle?...

Philippe vit alors une hésitation cruelle se peignant sur la figure de ce pauvre imbécile dont les yeux allaient de Flore à son neveu.

— Ah! c'est comme cela, reprit le lieutenant-colonel. Eh! bien adieu, mon oncle. Quant à vous, mademoiselle, je vous baise les mains.

Il se retourna vivement quand il fut à la porte, et surprit encore une fois un geste de menace de Flore à son oncle.

— Mon oncle, dit-il, si vous voulez venir vous promener avec moi, je vous trouverai à votre porte : je vais faire à monsieur Hochon une visite de dix minutes... Si nous ne nous promenons pas, je me charge d'envoyer promener bien du monde...

Et Philippe traversa la place Saint-Jean pour aller chez les Hochon.

Chacun doit pressentir la scène que la révélation faite par Philippe à monsieur Hochon avait préparée dans cette famille. A neuf heures, le vieux monsieur Héron se présenta, muni de papiers, et trouva dans la salle du feu que le vieillard avait fait allumer contre son habitude. Habillée à cette heure indue, madame Hochon occupait son fauteuil au coin de la cheminée. Les deux petits-fils, prévenus par Adolphine d'un orage amassé depuis la veille sur leurs têtes, avaient été consignés au logis. Mandés par Gritte, ils furent saisis de l'espèce d'appareil déployé par leurs grands-parents, dont la froideur et la colère grondaient sur eux depuis vingt-quatre heures.

— Ne vous levez pas pour eux, dit l'octogénaire à monsieur Héron, car vous voyez deux misérables indignes de pardon.

— Oh! grand-papa! dit François.

— Taisez-vous, reprit le solennel vieillard, je connais votre vie nocturne et vos liaisons avec monsieur Maxence Gilet; mais vous n'irez plus le retrouver chez la Cognette à une heure du matin, car vous ne sortirez d'ici, tous deux, que pour vous rendre à vos destinations respectives. Ah! vous avez ruiné Fario? Ah! vous avez plusieurs fois failli aller en Cour d'Assises... Taisez-vous, dit-il en voyant Baruch ouvrant la bouche. Vous devez tous deux de l'argent à monsieur Maxence, qui, depuis six ans, vous en donne pour vos débauches. Écoutez chacun les comptes de ma tutelle, et nous causerons après. Vous verrez d'après ces actes si vous pouvez vous jouer de moi, vous jouer de la famille et de ses lois en trahissant les secrets de ma maison, en rapportant à un monsieur Maxence Gilet ce qui se dit et se fait ici... Pour mille écus, vous devenez espions; à dix mille écus, vous assassineriez sans doute?... Mais n'avez-vous pas déjà presque tué madame Bridau? car monsieur Gilet savait très-bien que Fario lui avait donné le coup de couteau, quand il a rejeté cet assassinat sur mon hôte, Joseph Bridau. Si ce gibier de potence a commis ce crime, c'est pour avoir appris par vous l'intention où était madame Agathe de rester ici. Vous! mes petits-fils, les espions d'un tel homme? Vous, des maraudeurs?... Ne saviez-vous pas que votre digne chef, au début de son métier, a déjà tué, en 1806, une pauvre jeune créature? Je ne veux pas avoir des assassins ou des voleurs dans ma famille, vous ferez vos paquets, et vous irez vous faire pendre ailleurs!

Les deux jeunes gens devinrent blancs et immobiles comme des statues de plâtre.

— Allez, monsieur Héron, dit l'avare au notaire.

Le vieillard lut un compte de tutelle d'où il résultait que la fortune claire et liquide des deux enfants Borniche était de soixante-dix mille francs, somme qui représentait la dot de leur mère; mais monsieur Hochon avait fait prêter à sa fille des sommes assez fortes, et se trouvait, sous le nom des prêteurs, maître d'une portion de la fortune de ses petits-enfants Borniche. La moitié revenant à Baruch se soldait par vingt mille francs.

— Te voilà riche, dit le vieillard, prends ta fortune et marche tout seul! Moi, je reste maître de donner mon bien et celui de madame Hochon, qui partage en ce moment toutes mes idées, à qui je veux, à notre chère Adolphine : oui, nous lui ferons épouser le fils d'un pair de France, si nous le voulons, car elle aura tous nos capitaux!...

— Une très-belle fortune! dit monsieur Héron.

— Monsieur Maxence Gilet vous indemnisera, dit madame Hochon.

— Amassez donc des pièces de vingt sous pour de pareils garnements?... s'écria monsieur Hochon.

— Pardon! dit Baruch en balbutiant.

— *Pardon, et ferai plus,* répéta railleusement le vieillard en imitant la voix des enfants. Si je vous pardonne, vous irez prévenir monsieur Maxence de ce qui vous arrive, pour qu'il se tienne sur ses gardes.... Non, non, mes petits messieurs. J'ai les moyens de savoir comment vous vous conduirez. Comme vous ferez, je ferai. Ce ne sera point par une bonne conduite d'un jour ni celle d'un mois que je vous jugerai, mais par celle de plusieurs années!... J'ai bon pied, bon œil, bonne santé. J'espère vivre encore assez pour savoir dans quel chemin vous mettrez les pieds. Et d'abord, vous irez, vous, monsieur le capitaliste, à Paris étudier la banque chez monsieur Mongenod. Malheur à vous, si vous n'allez pas droit : on y aura l'œil sur vous. Vos fonds sont chez messieurs Mongenod et fils; voici sur eux un bon de pareille somme. Ainsi, libérez-moi, en signant votre compte de tutelle qui se termine par une quittance, dit-il en prenant le compte des mains de Héron et le tendant à Baruch.

— Quant à vous, François Hochon, vous me redevez de l'argent au lieu d'en avoir à toucher, dit le vieillard en regardant son autre petit-fils. Monsieur Héron, lisez-lui son compte, il est clair... très-clair.

La lecture se fit par un profond silence.

— Vous irez avec six cents francs par an à Poitiers faire votre Droit, dit le grand-père quand le notaire eut fini. Je vous préparais une belle existence ; maintenant, il faut vous faire avocat pour gagner votre vie. Ah! mes drôles, vous m'avez attrapé pendant six ans? apprenez qu'il ne me fallait qu'une heure, à moi, pour vous rattraper : j'ai des bottes de sept lieues.

Au moment où le vieux monsieur Héron sortait en emportant les actes signés, Gritte annonça monsieur le colonel Philippe Bridau. Madame Hochon sortit en emmenant ses deux petits-fils dans sa chambre afin de les confesser, selon l'expression du vieil Hochon, et savoir quel effet cette scène avait produit sur eux.

Philippe et le vieillard se mirent dans l'embrasure d'une fenêtre et parlèrent à voix basse.

— J'ai bien réfléchi à la situation de vos affaires, dit monsieur Hochon en montrant la maison Rouget. Je viens d'en causer avec monsieur Héron. L'inscription de cinquante mille francs de rente ne peut être vendue que par le titulaire lui-même ou par un mandataire ; or, depuis votre séjour ici, votre oncle n'a signé de procuration dans aucune Étude ; et, comme il n'est pas sorti d'Issoudun, il n'en a pas pu signer ailleurs. S'il donne une procuration ici, nous le saurons à l'instant ; s'il en donne une dehors, nous le saurons également, car il faut l'enregistrer, et le digne monsieur Héron a les moyens d'en être averti. Si donc le bonhomme quitte Issoudun, faites-le suivre, sachez où il est allé, nous trouverons les moyens d'apprendre ce qu'il aura fait.

— La procuration n'est pas donnée, dit Philippe, on la veut, mais j'espère pouvoir empêcher qu'elle ne se donne ; et—elle—ne—se—don—ne—ra—pas, s'écria le soudard en voyant son oncle sur le pas de la porte et le montrant à monsieur Hochon à qui il expliqua succinctement les événements, si petits et à la fois si grands, de sa visite. — Maxence a peur de moi, mais il ne peut m'éviter. Mignonnet m'a dit que tous les officiers de la vieille armée fêtaient chaque année à Issoudun l'anniversaire du couronnement de l'Empereur ; eh ! bien, dans deux jours, Maxence et moi, nous nous verrons.

— S'il a la procuration le premier décembre au matin, il prendra la poste pour aller à Paris, et laissera là très-bien l'anniversaire...

— Bon, il s'agit de chambrer, mon oncle ; mais j'ai le regard qui plombe les imbéciles, dit Philippe en faisant trembler monsieur Hochon par un coup d'œil atroce.

— S'ils l'ont laissé se promener avec vous, Maxence aura sans doute découvert un moyen de gagner la partie, fit observer le vieil avare.

— Oh ! Fario veille, répliqua Philippe, et il n'est pas seul à veiller. Cet Espagnol m'a découvert aux environs de Vatan un de mes anciens soldats à qui j'ai rendu service. Sans qu'on s'en doute, Benjamin Bourdet est aux ordres de mon Espagnol, qui lui-même a mis un de ses chevaux à la disposition de Benjamin.

— Si vous tuez ce monstre qui m'a perverti mes petits-enfants, vous ferez certes une bonne action.

— Aujourd'hui, grâce à moi, l'on sait dans tout Issoudun ce que monsieur Maxence a fait la nuit depuis six ans, répondit Philippe. Et les *disettes*, selon votre expression, vont leur train sur lui. Moralement, il est perdu !...

Dès que Philippe sortit de chez son oncle, Flore entra dans la chambre de Maxence pour lui raconter les moindres détails de la visite que venait de faire l'audacieux neveu.

— Que faire ? dit-elle.

— Avant d'arriver au dernier moyen, qui sera de me battre avec ce grand cadavre-là, répondit Maxence, il faut jouer quitte ou double en essayant un grand coup. Laisse aller notre imbécile avec son neveu !

— Mais ce grand mâtin-là ne va pas par quatre chemins, s'écria Flore, il lui nommera les choses par leur nom.

— Écoute-moi donc, dit Maxence d'un son de voix strident. Crois-tu que je n'aie pas écouté aux portes et réfléchi à notre position ? Demande un cheval et un char-à-bancs au père Cognet, il les faut à l'instant ! tout doit être *paré* en cinq minutes. Mets làdedans toutes tes affaires, emmène la Védie et cours à Vatan, installe-toi là comme une femme qui veut y demeurer, emporte les vingt mille francs qu'il a dans son secrétaire. Si je te mène le bonhomme à Vatan, tu ne consentiras à revenir ici qu'après la signature de la procuration. Moi, je filerai sur Paris pendant que vous retournerez à Issoudun. Quand, au retour de sa promenade, Jean-Jacques ne te trouvera plus, il perdra la tête, il voudra courir après toi..., Eh! bien, moi, je me charge alors de lui parler...

Pendant ce complot, Philippe emmenait son oncle bras dessus bras dessous et allait se promener avec lui sur le boulevart Baron.

— Voilà deux grands politiques aux prises, se dit le vieil Hochon en suivant des yeux le colonel qui tenait son oncle. Je suis curieux de voir la fin de cette partie dont l'enjeu est de quatre-vingt-dix mille livres de rente.

— Mon cher oncle, dit au père Rouget Philippe dont la phraséologie se ressentait de ses liaisons à Paris, vous aimez cette fille, et vous avez diablement raison, elle est sucrement belle! Au lieu de vous *chouchouter*, elle vous a fait aller comme un valet, c'est encore tout simple; elle voudrait vous voir à six pieds sous terre, afin d'épouser Maxence, qu'elle adore...

— Oui, je sais cela, Philippe, mais je l'aime tout de même.

— Eh! bien, par les entrailles de ma mère, qui est bien votre sœur, reprit Philippe, j'ai juré de vous rendre votre Rabouilleuse souple comme mon gant, et telle qu'elle devait être avant que ce polisson, indigne d'avoir servi dans la Garde Impériale, ne vînt se caser dans votre ménage...

— Oh! si tu faisais cela? dit le vieillard.

— C'est bien simple, répondit Philippe en coupant la parole à son oncle, je vous tuerai Maxence comme un chien... Mais... à une condition, fit le soudard.

— Laquelle? demanda le vieux Rouget en regardant son neveu d'un air hébété.

— Ne signez pas la procuration qu'on vous demande avant le 3 décembre, traînez jusque-là. Ces deux carcans veulent la permission de vendre vos cinquante mille francs de rente, uniquement pour s'en aller se marier à Paris, et y faire la noce avec votre million....

— J'en ai bien peur, répondit Rouget.

— Hé! bien, quoi qu'on vous fasse, remettez la procuration à la semaine prochaine.

— Oui, mais quand Flore me parle, elle me remue l'âme à me

faire perdre la raison. Tiens, quand elle me regarde d'une certaine façon, ses yeux bleus me semblent le paradis, et je ne suis plus mon maître, surtout quand il y a quelques jours qu'elle me tient rigueur.

— Hé! bien, si elle fait la sucrée, contentez-vous de lui promettre la procuration, et prévenez-moi la veille de la signature. Cela me suffira : Maxence ne sera pas votre mandataire, ou bien il m'aura tué. Si je le tue, vous me prendrez chez vous à sa place, je vous ferai marcher alors cette jolie fille au doigt et à l'œil. Oui, Flore vous aimera, tonnerre de Dieu! ou si vous n'êtes pas content d'elle, je la cravacherai.

— Oh! je ne souffrirai jamais cela. Un coup frappé sur Flore m'atteindrait au cœur.

— Mais c'est pourtant la seule manière de gouverner les femmes et les chevaux. Un homme se fait ainsi craindre, aimer et respecter. Voilà ce que je voulais vous dire dans le tuyau de l'oreille. — Bonjour, messieurs; dit-il à Mignonnet et à Carpentier, je promène mon oncle, comme vous voyez, et je tâche de le former; car nous sommes dans un siècle où les enfants sont obligés de faire l'éducation de leurs grands-parents.

On se salua respectivement.

— Vous voyez dans mon cher oncle les effets d'une passion malheureuse, reprit le colonel. On veut le dépouiller de sa fortune, et le laisser là comme Baba; vous savez de qui je veux parler. Le bonhomme n'ignore pas le complot, et il n'a pas la force de se passer de *nanan* pendant quelques jours pour le déjouer.

Philippe expliqua net la situation dans laquelle se trouvait son oncle.

— Messieurs, dit-il en terminant, vous voyez qu'il n'y a pas deux manières de délivrer mon oncle : il faut que le colonel Bridau tue le commandant Gilet ou que le commandant Gilet tue le colonel Bridau. Nous fêtons le couronnement de l'Empereur après demain, je compte sur vous pour arranger les places au banquet de manière à ce que je sois en face du commandant Gilet. Vous me ferez, je l'espère, l'honneur d'être mes témoins.

— Nous vous nommerons président, et nous serons à vos côtés. Max, comme vice-président, sera votre vis-à-vis, dit Mignonnet.

— Oh! ce drôle aura pour lui le commandant Potel et le capitaine Renard, dit Carpentier. Malgré ce qui se dit en ville sur ses incursions nocturnes, ces deux braves gens ont été déjà ses seconds, ils lui seront fidèles...

— Vous voyez, mon oncle, dit Philippe, comme cela se mitonne ; ainsi ne signez rien avant le 3 décembre, car le lendemain vous serez libre, heureux, aimé de Flore, et sans votre Cour des Aides.

— Tu ne le connais pas, mon neveu, dit le vieillard épouvanté. Maxence a tué neuf hommes en duel.

— Oui, mais il ne s'agissait pas de cent mille francs de rente à voler, répondit Philippe.

— Une mauvaise conscience gâte la main, dit sentencieusement Mignonnet.

— Dans quelques jours d'ici, reprit Philippe, vous et la Rabouilleuse, vous vivrez ensemble comme des cœurs à la fleur d'oranger, une fois son deuil passé ; car elle se tortillera comme un ver, elle jappera, elle fondra en larmes ; mais... laissez couler l'eau!

Les deux militaires appuyèrent l'argumentation de Philippe et s'efforcèrent de donner du cœur au père Rouget avec lequel ils se promenèrent pendant environ deux heures. Enfin Philippe ramena son oncle, auquel il dit pour dernière parole : — Ne prenez aucune détermination sans moi. Je connais les femmes, j'en ai payé une qui m'a coûté plus cher que Flore ne vous coûtera jamais!... Aussi m'a-t-elle appris à me conduire comme il faut pour le reste de mes jours avec le beau sexe. Les femmes sont des enfants méchants, c'est des bêtes inférieures à l'homme, et il faut s'en faire craindre, car la pire condition pour nous est d'être gouvernés par ces brutes-là!

Il était environ deux heures après midi quand le bonhomme rentra chez lui. Kouski vint ouvrir la porte en pleurant, ou du moins d'après les ordres de Maxence, il avait l'air de pleurer.

— Qu'y a-t-il? demanda Jean-Jacques.

— Ah! monsieur, madame est partie avec la Védie!

— Pa...artie?... dit le vieillard d'un son de voix étranglé.

Le coup fut si violent que Rouget s'assit sur une des marches de son escalier. Un moment après, il se releva, regarda dans la salle, dans la cuisine, monta dans son appartement, alla dans toutes les chambres, revint dans la salle, se jeta dans un fauteuil et se mit à fondre en larmes.

— Où est-elle? criait-il en sanglotant. Où est-elle? Où est Max?

— Je ne sais pas, répondit Kouski, le commandant est sorti sans me rien dire.

Gilet, en très-habile politique, avait jugé nécessaire d'aller flâner par la ville. En laissant le vieillard seul à son désespoir, il lui faisait sentir son abandon et le rendait par là docile à ses conseils. Mais pour empêcher que Philippe n'assistât son oncle dans cette crise, Max avait recommandé à Kouski de n'ouvrir la porte à personne. Flore absente, le vieillard était sans frein ni mors, et la situation devenait alors excessivement critique. Pendant sa tournée en ville, Maxence Gilet fut évité par beaucoup de gens qui, la veille, eussent été très-empressés à venir lui serrer la main. Une réaction générale se faisait contre lui. Les œuvres des Chevaliers de la Désœuvrance occupaient toutes les langues. L'histoire de l'arrestation de Joseph Bridau, maintenant éclaircie, déshonorait Max dont la vie et les œuvres recevaient en un jour tout leur prix. Gilet rencontra le commandant Potel qui le cherchait et qu'il vit hors de lui.

— Qu'as-tu, Potel?

— Mon cher, la Garde Impériale est polissonnée dans toute la ville!... Les *péquins* t'embêtent, et par contre-coup, ça me touche à fond de cœur.

— De quoi se plaignent-ils? répondit Max.

— De ce que tu leur faisais les nuits.

— Comme si l'on ne pouvait pas s'amuser un petit peu?...

— Ceci n'est rien, dit Potel.

Potel appartenait à ce genre d'officiers qui répondaient à un bourguemestre : — Eh! on vous la payera, votre ville, si on la brûle! Aussi s'émouvait-il fort peu des farces de la Désœuvrance.

— Quoi, encore? dit Gilet.

— La Garde est contre la Garde! voilà ce qui me crève le cœur. C'est Bridau qui a déchaîné tous ces Bourgeois sur toi. La Garde contre la Garde?... non, ça n'est pas bien! Tu ne peux pas reculer, Max, et il faut s'aligner avec Bridau. Tiens, j'avais envie de chercher querelle à cette grande canaille-là, et de le descendre; car alors les bourgeois n'auraient pas vu la Garde contre la Garde. A la guerre, je ne dis pas : deux braves de la Garde ont une querelle, on se bat, il n'y a pas là de péquins pour se moquer d'eux. Non, ce grand drôle n'a jamais servi dans la Garde. Un homme de la Garde ne doit pas se conduire ainsi, devant des bourgeois, contre un autre homme de la Garde! Ah! la Garde est embêtée, et à Issoudun, encore! où elle était honorée!...

— Allons, Potel, ne t'inquiète de rien, répondit Maxence. Quand même tu ne me verrais pas au banquet de l'anniversaire...

— Tu ne serais pas chez Lacroix après-demain ?... s'écria Potel en interrompant son ami. Mais tu veux donc passer pour un lâche, avoir l'air de fuir Bridau ? Non, non. Les Grenadiers à pied de la Garde ne doivent pas reculer devant les Dragons de la Garde. Arrange tes affaires autrement, et sois là!...

— Encore un à mettre à l'ombre, dit Max. Allons, je pense que je puis m'y trouver et faire aussi mes affaires ! Car, se dit-il en lui-même, il ne faut pas que la procuration soit à mon nom. Comme l'a dit le vieux Héron, ça prendrait trop la tournure d'un vol.

Ce lion, empêtré dans les filets ourdis par Philippe Bridau, frémit entre ses dents ; il évita les regards de tous ceux qu'il rencontrait et revint par le boulevard Vilate en se parlant à lui-même : — Avant de me battre, j'aurai les rentes, se disait-il. Si je meurs, au moins cette inscription ne sera pas à ce Philippe, je l'aurai fait mettre au nom de Flore. D'après mes instructions, l'enfant ira droit à Paris, et pourra, si elle le veut, épouser le fils de quelque Maréchal de l'Empire qui sera dégommé. Je ferai donner la procuration au nom de Baruch, qui ne transférera l'inscription que sur mon ordre.

Max, il faut lui rendre cette justice, n'était jamais plus calme en apparence que quand son sang et ses idées bouillonnaient. Aussi jamais ne vit-on à un si haut degré, réunies chez un militaire, les qualités qui font le grand général. S'il n'eût pas été arrêté dans sa carrière par la captivité, certes, l'Empereur aurait eu dans ce garçon un de ces hommes si nécessaires à de vastes entreprises. En entrant dans la salle où pleurait toujours la victime de toutes ces scènes à la fois comiques et tragiques, Max demanda la cause de cette désolation : il fit l'étonné, il ne savait rien, il apprit avec une surprise bien jouée le départ de Flore, il questionna Kouski pour obtenir quelques lumières sur le but de ce voyage inexplicable.

— Madame m'a dit comme ça, fit Kouski, de dire à monsieur qu'elle avait pris dans le secrétaire les vingt mille francs en or qui s'y trouvaient en pensant que monsieur ne lui refuserait pas cette somme pour ses gages, depuis vingt-deux ans.

— Ses gages ?... dit Rouget.

— Oui, reprit Kouski. — « Ah ! je ne reviendrai plus, » qu'elle s'en allait disant à la Védie (car la pauvre Védie, qui est bien attachée à monsieur, faisait des représentations à madame). « Non! non! qu'elle disait, il n'a pas pour moi la moindre affection, il a laissé son neveu me traiter comme la dernière des dernières ! » Et elle pleurait !... à chaudes larmes.

— Eh! je me moque bien de Philippe! s'écria le vieillard que Maxence observait. Où est Flore? Comment peut-on savoir où elle est?

— Philippe, de qui vous suivez les conseils, vous aidera, répondit froidement Maxence.

— Philippe, dit le vieillard, que peut-il sur cette pauvre enfant?... Il n'y a que toi, mon bon Max, qui sauras trouver Flore, elle te suivra, tu me la ramèneras...

— Je ne veux pas être en opposition avec monsieur Bridau, fit Max.

— Parbleu! s'écria Rouget, si c'est ça qui te gêne, il m'a promis de te tuer.

— Ah! s'écria Gilet en riant, nous verrons...

— Mon ami, dit le vieillard, retrouve Flore et dis-lui que je ferai tout ce qu'elle voudra !...

— On l'aura bien vue passer quelque part en ville, dit Maxence à Kouski, sers-nous à dîner, mets tout sur la table, et va t'informer, de place en place, afin de pouvoir nous dire au dessert quelle route a prise mademoiselle Brazier.

Cet ordre calma pour un moment le pauvre homme qui gémissait comme un enfant qui a perdu sa bonne. En ce moment, Maxence, que Rouget haïssait comme la cause de tous ses malheurs, lui semblait un ange. Une passion, comme celle de Rouget pour Flore, ressemble étonnamment à l'enfance. A six heures, le Polonais, qui s'était tout bonnement promené, revint et annonça que la Rabouilleuse avait suivi la route de Vatan.

— Madame retourne dans son pays, c'est clair, dit Kouski.

— Voulez-vous venir ce soir à Vatan? dit Max au vieillard, la route est mauvaise, mais Kouski sait conduire, et vous ferez mieux votre raccommodement ce soir à huit heures que demain matin.

— Partons, s'écria Rouget.

— Mets tout doucement les chevaux, et tâche que la ville ne sache rien de ces bêtises-là, pour l'honneur de monsieur Rouget. Selle mon cheval, j'irai devant, dit-il à l'oreille de Kouski.

Monsieur Hochon avait déjà fait savoir le départ de mademoiselle Brazier à Philippe Bridau, qui se leva de table chez monsieur Mignonnet pour courir à la place Saint-Jean; car il devina parfaitement le but de cette habile stratégie. Quand Philippe se présenta pour entrer chez son oncle, Kouski lui répondit par une croisée du premier étage que monsieur Rouget ne pouvait recevoir personne.

— Fario, dit Philippe à l'Espagnol qui se promenait dans la Grande-Narrette, va dire à Benjamin de monter à cheval; il est urgent que je sache ce que deviendront mon oncle et Maxence.

— On attelle le cheval au berlingot, dit Fario qui surveillait la maison de Rouget.

— S'ils vont à Vatan, répondit Philippe, trouve-moi un second cheval, et reviens avec Benjamin chez monsieur Mignonnet.

— Que comptez-vous faire? dit monsieur Hochon qui sortit de sa maison en voyant Philippe et Fario sur la Place.

— Le talent d'un général, mon cher monsieur Hochon, consiste, non-seulement à bien observer les mouvements de l'ennemi, mais encore à deviner ses intentions par ses mouvements, et à toujours modifier son plan à mesure que l'ennemi le dérange par une marche imprévue. Tenez, si mon oncle et Maxence sortent ensemble dans le berlingot, ils vont à Vatan; Maxence lui a promis de le réconcilier avec Flore qui *fugit ad salices!* car cette manœuvre est du général Virgile. Si cela se joue ainsi, je ne sais pas ce que je ferai; mais j'aurai la nuit à moi, car mon oncle ne signera pas de procuration à dix heures du soir, les notaires sont couchés. Si, comme les piaffements du second cheval me l'annoncent, Max va donner à Flore des instructions en précédant mon oncle, ce qui paraît nécessaire et vraisemblable, le drôle est perdu! Vous allez voir comment nous prenons une revanche au jeu de la succession, nous autres vieux soldats... Et, comme pour ce dernier coup de la partie il me faut un second, je retourne chez Mignonnet afin de m'y entendre avec mon ami Carpentier.

Après avoir serré la main à monsieur Hochon, Philippe descendit la Petite-Narrette pour aller chez le commandant Mignonnet. Dix minutes après, monsieur Hochon vit partir Maxence au grand trot, et sa curiosité de vieillard fut alors si puissamment excitée, qu'il resta debout à la fenêtre de sa salle, attendant le bruit de la vieille demi-fortune qui ne se fit pas attendre. L'impatience de Jean-Jacques lui fit suivre Maxence à vingt minutes de distance. Kouski, sans doute sur l'ordre de son vrai maître, allait au pas, au moins dans la ville.

— S'ils s'en vont à Paris, tout est perdu, se dit monsieur Hochon.

En ce moment, un petit gars du faubourg de Rome arriva chez monsieur Hochon, il apportait une lettre pour Baruch. Les deux petits-fils du vieillard, penauds depuis le matin, s'étaient consignés d'eux-mêmes chez leur grand-père. En réfléchissant à leur avenir, ils avaient reconnu combien ils devaient ménager leurs grands parents. Baruch ne pouvait guère ignorer l'influence qu'exerçait son grand-père Hochon sur son grand-père et sa grand'mère Borniche; monsieur Hochon ne manquerait pas de faire avantager Adolphine de tous les capitaux des Borniche, si sa conduite les autorisait à reporter leurs espérances dans le grand mariage dont on l'avait menacé le matin même. Plus riche que François, Baruch avait beaucoup à perdre; il fut donc pour une soumission absolue, en n'y mettant pas d'autres conditions que le payement des dettes contractées avec Max. Quant à François, son avenir était entre les mains de son grand-père; il n'espérait de fortune que de lui, puisque, d'après le compte de tutelle, il devenait son débiteur. De solennelles promesses furent alors faites par les deux jeunes gens dont le repentir fut stimulé par leurs intérêts compromis, et madame Hochon les rassura sur leurs dettes envers Maxence.

— Vous avez fait des sottises, leur dit-elle, réparez-les par une conduite sage, et monsieur Hochon s'apaisera.

Aussi, quand François eut lu la lettre par-dessus l'épaule de Baruch, lui dit-il à l'oreille : — Demande conseil à grand-papa?

— Tenez, fit Baruch en apportant la lettre au vieillard.

— Lisez-la moi, je n'ai pas mes lunettes.

« Mon cher ami,

» J'espère que tu n'hésiteras pas, dans les circonstances graves
» où je me trouve, à me rendre service en acceptant d'être le fondé
» de pouvoir de monsieur Rouget. Ainsi, sois à Vatan demain à
» neuf heures. Je t'enverrai sans doute à Paris; mais sois tran-
» quille, je te donnerai l'argent du voyage et te rejoindrai promp-
» tement, car je suis à peu près sûr d'être forcé de quitter Issou-
» dun le 3 décembre. Adieu, je compte sur ton amitié, compte
» sur celle de ton ami   » MAXENCE. »

— Dieu soit loué! fit monsieur Hochon, la succession de cet imbécile est sauvée des griffes de ces diables-là!

— Cela sera si vous le dites, fit madame Hochon, et j'en remercie Dieu, qui sans doute aura exaucé mes prières. Le triomphe des méchants est toujours passager.

— Vous irez à Vatan, vous accepterez la procuration de monsieur Rouget, dit le vieillard à Baruch. Il s'agit de mettre cinquante mille francs de rente au nom de mademoiselle Brazier. Vous partirez bien pour Paris; mais vous resterez à Orléans, où vous attendrez un mot de moi. Ne faites savoir à qui que ce soit où vous logerez, et logez-vous dans la dernière auberge du faubourg Bannier, fût-ce une auberge à roulier...

— Ah! bien, fit François que le bruit d'une voiture dans la Grande-Narrette avait fait se précipiter à la fenêtre, voici du nouveau : le père Rouget et monsieur Philippe Bridau reviennent ensemble dans la calèche, Benjamin et monsieur Carpentier les suivent à cheval!...

— J'y vais, s'écria monsieur Hochon dont la curiosité l'emporta sur tout autre sentiment.

Monsieur Hochon trouva le vieux Rouget écrivant dans sa chambre cette lettre que son neveu lui dictait :

« Mademoiselle,

» Si vous ne partez pas, aussitôt cette lettre reçue, pour revenir
» chez moi, votre conduite marquera tant d'ingratitude pour mes
» bontés, que je révoquerai le testament fait en votre faveur en
» donnant ma fortune à mon neveu Philippe. Vous comprenez aussi
» que monsieur Gilet ne doit plus être mon commensal, dès qu'il
» se trouve avec vous à Vatan. Je charge monsieur le capitaine
» Carpentier de vous remettre la présente, et j'espère que vous
» écouterez ses conseils, car il vous parlera comme ferait

» Votre affectionné,

» J.-J. ROUGET. »

— Le capitaine Carpentier et moi nous avons *rencontré* mon oncle, qui faisait la sottise d'aller à Vatan retrouver mademoiselle Brazier et le commandant Gilet, dit avec une profonde ironie Philippe à monsieur Hochon. J'ai fait comprendre à mon oncle qu'il courait donner tête baissée dans un piége : ne sera-t-il pas abandonné par cette fille dès qu'il lui aura signé la procuration qu'elle lui demande pour se vendre à elle-même une inscription de cinquante mille livres de rente! En écrivant cette lettre, ne verra-t-il pas revenir cette nuit, sous son toit, la belle fuyarde?... Je promets de rendre mademoiselle Brazier souple comme un jonc pour le reste de ses jours, si mon oncle veut me laisser prendre la place de monsieur Gilet, que je trouve plus que déplacé ici. Ai-je raison?... Et mon oncle se lamente.

— Mon voisin, dit monsieur Hochon, vous avez pris le meilleur moyen pour avoir la paix chez vous. Si vous m'en croyez, vous supprimerez votre testament, et vous verrez Flore redevenir pour vous ce qu'elle était dans les premiers jours.

— Non, car elle ne me pardonnera pas la peine que je vais lui faire, dit le vieillard en pleurant, elle ne m'aimera plus.

— Elle vous aimera, et dru, je m'en charge, dit Philippe.

— Mais ouvrez donc les yeux? fit monsieur Hochon à Rouget. On veut vous dépouiller et vous abandonner...

— Ah! si j'en étais sûr!... s'écria l'imbécile.

— Tenez, voici une lettre que Maxence a écrite à mon petit-fils Borniche, dit le vieil Hochon. Lisez!

— Quelle horreur! s'écria Carpentier en entendant la lecture de la lettre que Rouget fit en pleurant.

— Est-ce assez clair, mon oncle? demanda Philippe. Allez, tenez-moi cette fille par l'intérêt, et vous serez adoré... comme vous pouvez l'être : moitié fil, moitié coton.

— Elle aime trop Maxence, elle me quittera, fit le vieillard en paraissant épouvanté.

— Mais, mon oncle, Maxence ou moi, nous ne laisserons pas après demain la marque de nos pieds sur les chemins d'Issoudun...

— Eh! bien, allez, monsieur Carpentier, reprit le bonhomme, si vous me promettez qu'elle reviendra, allez! Vous êtes un honnête homme, dites-lui tout ce que vous croirez devoir dire en mon nom...

— Le capitaine Carpentier lui soufflera dans l'oreille que je fais venir de Paris une femme dont la jeunesse et la beauté sont un peu mignonnes, dit Philippe Bridau, et la drôlesse reviendra ventre à terre!

Le capitaine partit en conduisant lui-même la vieille calèche, il fut accompagné de Benjamin à cheval, car on ne trouva plus Kouski.

Quoique menacé par les deux officiers d'un procès et de la perte de sa place, le Polonais venait de s'enfuir à Vatan sur un cheval de louage, afin d'annoncer à Maxence et à Flore le coup de main de leur adversaire. Après avoir accompli sa mission, Carpentier, qui ne voulait pas revenir avec la Rabouilleuse, devait prendre le cheval de Benjamin.

En apprenant la fuite de Kouski, Philippe dit à Benjamin : — Tu remplaceras ici, dès ce soir, le Polonais. Ainsi tâche de grimper derrière la calèche à l'insu de Flore, pour te trouver ici en même temps qu'elle. — Ça se dessine, papa Hochon ! fit le lieutenant-colonel. Après-demain le banquet sera jovial.

— Vous allez vous établir ici, dit le vieil avare.

— Je viens de dire à Fario de m'y envoyer toutes mes affaires. Je coucherai dans la chambre dont la porte est sur le palier de l'appartement de Gilet, mon oncle y consent.

— Qu'arrivera-t-il de tout ceci? dit le bonhomme épouvanté.

— Il vous arrivera mademoiselle Flore Brazier dans quatre heures d'ici, douce comme une peau de pêche, répondit monsieur Hochon.

— Dieu le veuille ! fit le bonhomme en essuyant ses larmes.

— Il est sept heures, dit Philippe, la reine de votre cœur sera vers onze heures et demie ici. Vous n'y verrez plus Gilet, ne serez-vous pas heureux comme un pape ? Si vous voulez que je triomphe, ajouta Philippe à l'oreille de monsieur Hochon, restez avec nous jusqu'à l'arrivée de cette singesse, vous m'aiderez à maintenir le bonhomme dans sa résolution; puis, à nous deux, nous ferons comprendre à mademoiselle la Rabouilleuse ses vrais intérêts.

Monsieur Hochon tint compagnie à Philippe en reconnaissant la justesse de sa demande; mais ils eurent tous deux fort à faire, car le père Rouget se livrait à des lamentations d'enfant qui ne cédèrent que devant ce raisonnement répété dix fois par Philippe :

— Mon oncle, si Flore revient, et qu'elle soit tendre pour vous, vous reconnaîtrez que j'ai eu raison. Vous serez choyé, vous garderez vos rentes, vous vous conduirez désormais par mes conseils, et tout ira comme le Paradis.

Quand, à onze heures et demie, on entendit le bruit du berlingot dans la Grande-Narrette, la question fut de savoir si la voiture revenait pleine ou vide. Le visage de Rouget offrit alors l'expression d'une horrible angoisse, qui fut remplacée par l'abattement d'une joie excessive lorsqu'il aperçut les deux femmes au moment où la voiture tourna pour entrer.

— Kouski, dit Philippe en donnant la main à Flore pour descendre, vous n'êtes plus au service de monsieur Rouget, vous ne coucherez pas ici ce soir, ainsi faites vos paquets; Benjamin, que voici, vous remplace.

— Vous êtes donc le maître? dit Flore avec ironie.

— Avec votre permission, répondit Philippe en serrant la main de Flore dans la sienne comme dans un étau. Venez? nous devons nous *rabouiller* le cœur, à nous deux.

Philippe emmena cette femme stupéfaite à quelques pas de là, sur la place Saint-Jean.

— Ma toute belle, après-demain Gilet sera mis à l'ombre par ce bras, dit le soudard en tendant la main droite, ou le sien m'aura fait descendre la garde. Si je meurs, vous serez la maîtresse chez mon pauvre imbécile d'oncle : *benè sit!* Si je reste sur mes quilles, marchez droit, et servez-lui du bonheur premier numéro. Autrement, je connais à Paris des Rabouilleuses qui sont, sans vous faire tort, plus jolies que vous, car elles n'ont que dix-sept ans; elles rendront mon oncle excessivement heureux, et seront dans mes intérêts. Commencez votre service dès ce soir, car si demain le bonhomme n'est pas gai comme un pinson, je ne vous dis qu'une parole, écoutez-la bien? Il n'y a qu'une seule manière de tuer un homme sans que la justice ait le plus petit mot à dire, c'est de se battre en duel avec lui; mais j'en connais trois pour me débarrasser d'une femme. Voilà, ma biche!

Pendant cette allocution, Flore trembla comme une personne prise par la fièvre.

— Tuer Max?... dit-elle en regardant Philippe à la lueur de la lune.

— Allez, tenez, voilà mon oncle...

En effet, le père Rouget, quoi que pût lui dire monsieur Hochon, vint dans la rue prendre Flore par la main, comme un avare eût fait pour son trésor; il rentra chez lui, l'emmena dans sa chambre et s'y enferma.

— C'est aujourd'hui la saint Lambert, qui quitte sa place la perd, dit Benjamin au Polonais.

— Mon maître vous fermera le bec à tous, répondit Kouski en allant rejoindre Max qui s'établit à l'hôtel de la Poste.

Le lendemain, de neuf heures à onze heures, les femmes causaient entre elles à la porte des maisons. Dans toute la ville, il n'était bruit que de l'étrange révolution accomplie la veille dans le ménage du père Rouget. Le résumé de ces conversations fut le même partout.

— Que va-t-il se passer demain, au banquet du Couronnement, entre Max et le colonel Bridau ?

Philippe dit à la Védie deux mots : — Six cents francs de rente viagère, ou chassée ! qui la rendirent neutre pour le moment entre deux puissances aussi formidables que Philippe et Flore.

En sachant la vie de Max en danger, Flore devint plus aimable avec le vieux Rouget qu'aux premiers jours de leur ménage. Hélas ! en amour, une tromperie intéressée est supérieure à la vérité, voilà pourquoi tant d'hommes payent si cher d'habiles trompeuses. La Rabouilleuse ne se montra qu'au moment du déjeuner en descendant avec Rouget à qui elle donnait le bras. Elle eut des larmes dans les yeux en voyant à la place de Max le terrible soudard à l'œil d'un bleu sombre, à la figure froidement sinistre.

— Qu'avez-vous, mademoiselle ? dit-il après avoir souhaité le bonjour à son oncle.

— Elle a, mon neveu, qu'elle ne supporte pas l'idée de savoir que tu peux te battre avec le commandant Gilet...

— Je n'ai pas la moindre envie de tuer ce Gilet, répondit Philippe, il n'a qu'à s'en aller d'Issoudun, s'embarquer pour l'Amérique avec une pacotille, je serai le premier à vous conseiller de lui donner de quoi s'acheter les meilleures marchandises possibles et à lui souhaiter bon voyage ! Il fera fortune, et ce sera beaucoup plus honorable que de faire les cent coups à Issoudun la nuit, et le diable dans votre maison.

— Hé ! bien, c'est gentil, cela ! dit Rouget en regardant Flore.

— En A...mé...é...ri...ique ! répondit-elle en sanglotant.

— Il vaut mieux jouer des jambes à New-York que de pourrir dans une redingote de sapin en France.... Après cela, vous me direz qu'il est adroit : il peut me tuer ! fit observer le colonel.

— Voulez-vous me laisser lui parler ? dit Flore d'un ton humble et soumis en implorant Philippe.

— Certainement, il peut bien venir chercher ses affaires ; je resterai cependant avec mon oncle pendant ce temps-là, car je ne quitte plus le bonhomme, répondit Philippe.

— Védie, cria Flore, cours à la Poste, ma fille, et dis au commandant que je le prie de...

— De venir prendre toutes ses affaires, dit Philippe en coupant la parole à Flore.

— Oui, oui, Védie. Ce sera le prétexte le plus honnête pour me voir, je veux lui parler...

La terreur comprimait tellement la haine chez cette fille, le saisissement qu'elle éprouvait en rencontrant une nature forte et impitoyable, elle qui jusqu'alors était adulée, fut si grand, qu'elle s'accoutumait à plier devant Philippe comme le pauvre Rouget s'était accoutumé à plier devant elle ; elle attendit avec anxiété le retour de la Védie ; mais la Védie revint avec un refus formel de Max, qui priait mademoiselle Brazier de lui envoyer ses effets à l'hôtel de la Poste.

— Me permettez-vous d'aller les lui porter? dit-elle à Jean-Jacques Rouget.

— Oui, mais tu reviendras, fit le vieillard.

— Si mademoiselle n'est pas revenue à midi, vous me donnerez à une heure votre procuration pour vendre vos rentes, dit Philippe en regardant Flore. Allez avec la Védie pour sauver les apparences, mademoiselle. Il faut désormais avoir soin de l'honneur de mon oncle.

Flore ne put rien obtenir de Maxence. Le commandant, au désespoir de s'être laissé débusquer d'une position ignoble aux yeux de toute sa ville, avait trop de fierté pour fuir devant Philippe. La Rabouilleuse combattit cette raison en proposant à son ami de s'enfuir ensemble en Amérique; mais Gilet, qui ne voulait pas Flore sans la fortune du père Rouget, et qui ne voulait pas montrer le fond de son cœur à cette fille, persista dans son intention de tuer Philippe.

— Nous avons commis une lourde sottise, dit-il. Il fallait aller tous les trois à Paris, y passer l'hiver ; mais, comment imaginer, dès que nous avons vu ce grand cadavre, que les choses tourneraient ainsi ? Il y a dans le cours des événements une rapidité qui grise. J'ai pris le colonel pour un de ces sabreurs qui n'ont pas deux idées : voilà ma faute. Puisque je n'ai pas su tout d'abord faire un crochet de lièvre, maintenant je serais un lâche si je rompais d'une semelle devant le colonel, il m'a perdu dans l'opinion de la ville, je ne puis me réhabiliter que par sa mort...

— Pars pour l'Amérique avec quarante mille francs, je saurai me débarrasser de ce sauvage-là, je te rejoindrai, ce sera bien plus sage...

— Que penserait-on de moi? s'écria-t-il poussé par le préjugé des *Disettes*. Non. D'ailleurs, j'en ai déjà enterré neuf. Ce garçon-là ne me paraît pas devoir être très-fort : il est sorti de l'École pour aller à l'armée, il s'est toujours battu jusqu'en 1815, il a voyagé depuis en Amérique; ainsi, mon mâtin n'a jamais mis le pied dans une salle d'armes, tandis que je suis sans égal au sabre! Le sabre est son arme, j'aurai l'air généreux en la lui faisant offrir, car je tâcherai d'être l'insulté, et je l'enfoncerai. Décidément cela vaut mieux. Rassure-toi : nous serons les maîtres après demain.

Ainsi le point d'honneur fut chez Max plus fort que la saine politique. Revenue à une heure chez elle, Flore s'enferma dans sa chambre pour y pleurer à son aise. Pendant toute cette journée, les *Disettes* allèrent leur train dans Issoudun, où l'on regardait comme inévitable un duel entre Philippe et Maxence.

— Ah! monsieur Hochon, dit Mignonnet accompagné de Carpentier qui rencontrèrent le vieillard sur le boulevard Baron, nous sommes très-inquiets, car Gilet est bien fort à toute arme.

— N'importe, répondit le vieux diplomate de province, Philippe a bien mené cette affaire... Et je n'aurais pas cru que ce gros sans-gêne aurait si promptement réussi. Ces deux gaillards ont roulé l'un vers l'autre comme deux orages...

— Oh! fit Carpentier, Philippe est un homme profond, sa conduite à la Cour des Pairs est un chef-d'œuvre de diplomatie.

— Hé! bien, capitaine Renard, disait un bourgeois, on disait qu'entre eux les loups ne se mangeaient point, mais il paraît que Max va en découdre avec le colonel Bridau. Ça sera sérieux entre gens de la vieille Garde.

— Vous riez de cela, vous autres. Parce que ce pauvre garçon s'amusait la nuit, vous lui en voulez, dit le commandant Potel. Mais Gilet est un homme qui ne pouvait guère rester dans un trou comme Issoudun sans s'occuper à quelque chose!

— Enfin, messieurs, disait un quatrième, Max et le colonel ont joué leur jeu. Le colonel ne devait-il pas venger son frère Joseph? Souvenez-vous de la traîtrise de Max à l'égard de ce pauvre garçon.

— Bah! un artiste, dit Renard.

— Mais il s'agit de la succession du père Rouget. On dit que monsieur Gilet allait s'emparer de cinquante mille livres de rente, au moment où le colonel s'est établi chez son oncle.

— Gilet, voler des rentes à quelqu'un?... Tenez, ne dites pas cela, monsieur Ganivet, ailleurs qu'ici, s'écria Potel, ou nous vous ferions avaler votre langue, et sans sauce !

Dans toutes les maisons bourgeoises on fit des vœux pour le digne colonel Bridau.

Le lendemain, vers quatre heures, les officiers de l'ancienne armée qui se trouvaient à Issoudun ou dans les environs se promenaient sur la place du Marché, devant un restaurateur nommé Lacroix en attendant Philippe Bridau. Le banquet qui devait avoir lieu pour fêter le couronnement était indiqué pour cinq heures, heure militaire. On causait de l'affaire de Maxence et de son renvoi de chez le père Rouget dans tous les groupes, car les simples soldats avaient imaginé d'avoir une réunion chez un marchand de vin sur la Place. Parmi les officiers, Potel et Renard furent les seuls qui essayèrent de défendre leur ami.

— Est-ce que nous devons nous mêler de ce qui se passe entre eux héritiers, disait Renard.

— Max est faible avec les femmes, faisait observer le cynique Potel.

— Il y aura des sabres dégaînés sous peu, dit un ancien sous-lieutenant qui cultivait un marais dans le Haut-Baltan. Si monsieur Maxence Gilet a commis la sottise de venir demeurer chez le bonhomme Rouget, il serait un lâche de s'en laisser chasser comme un valet sans demander raison.

— Certes, répondit sèchement Mignonnet. Une sottise qui ne réussit pas devient un crime.

Max, qui vint rejoindre les vieux soldats de Napoléon, fut alors accueilli par un silence assez significatif. Potel, Renard prirent leur ami chacun par un bras, et allèrent à quelques pas causer avec lui. En ce moment, on vit venir de loin Philippe en grande tenue, il traînait sa canne d'un air imperturbable qui contrastait avec la profonde attention que Max était forcé d'accorder aux discours de ses deux derniers amis. Philippe reçut les poignées de main de Mignonnet, de Carpentier et de quelques autres. Cet accueil, si différent de celui qu'on venait de faire à Maxence, acheva de dissiper dans l'esprit de ce garçon quelques idées de couardise, de sagesse si vous voulez, que les instances et surtout les tendresses de Flore avaient fait naître, une fois qu'il s'était trouvé seul avec lui-même.

— Nous nous battrons, dit-il au capitaine Renard, et à mort! Ainsi, ne me parlez plus de rien, laissez-moi bien jouer mon rôle.

Après ce dernier mot prononcé d'un ton fébrile, les trois bonapartistes revinrent se mêler au groupe des officiers. Max, le premier, salua Philippe Bridau qui lui rendit son salut en échangeant avec lui le plus froid regard.

— Allons, messieurs, à table, fit le commandant Potel.

— Buvons à la gloire impérissable du petit Tondu, qui maintenant est dans le paradis des Braves, s'écria Renard.

En sentant que la contenance serait moins embarrassante à table, chacun comprit l'intention du petit capitaine de voltigeurs. On se précipita dans la longue salle basse du restaurant Lacroix, dont les fenêtres donnaient sur le marché. Chaque convive se plaça promptement à table, où, comme l'avait demandé Philippe, les deux adversaires se trouvèrent en face l'un de l'autre. Plusieurs jeunes gens de la ville, et surtout des ex-Chevaliers de la Désœuvrance, assez inquiets de ce qui devait se passer à ce banquet, se promenèrent en s'entretenant de la situation critique où Philippe avait su mettre Maxence Gilet. On déplorait cette collision, tout en regardant le duel comme nécessaire.

Tout alla bien jusqu'au dessert, quoique les deux athlètes conservassent, malgré l'entrain apparent du dîner, une espèce d'attention assez semblable à de l'inquiétude. En attendant la querelle que, l'un et l'autre, ils devaient méditer, Philippe parut d'un admirable sang-froid, et Max d'une étourdissante gaieté; mais, pour les connaisseurs, chacun d'eux jouait un rôle.

Quand le dessert fut servi, Philippe dit : — Remplissez vos verres, mes amis? Je réclame la permission de porter la première santé.

— Il a dit *mes amis*, ne remplis pas ton verre, dit Renard à l'oreille de Max.

Max se versa du vin.

— A la Grande-Armée! s'écria Philippe avec un enthousiasme véritable.

— A la Grande-Armée! fut répété comme une seule acclamation par toutes les voix.

En ce moment, on vit apparaître sur le seuil de la salle onze simples soldats, parmi lesquels se trouvaient Benjamin et Kouski, qui répétèrent : A la Grande-Armée !

— Entrez, mes enfants! on va boire à *sa* santé! dit le commandant Potel.

Les vieux soldats entrèrent et se placèrent tous debout derrière les officiers.

— Tu vois bien qu'*il* n'est pas mort! dit Kouski à un ancien sergent qui sans doute avait déploré l'agonie de l'Empereur enfin terminée.

— Je réclame le second toast, fit le commandant Mignonnet.

On fourragea quelques plats de dessert par contenance. Mignonnet se leva.

— A ceux qui ont tenté de rétablir *son* fils, dit-il.

Tous, moins Maxence Gilet, saluèrent Philippe Bridau, en lui tendant leurs verres.

— A moi, dit Max qui se leva.

— C'est Max! c'est Max! disait-on au dehors.

Un profond silence régna dans la salle et sur la place, car le caractère de Gilet fit croire à une provocation.

— Puissions-nous *tous* nous retrouver à pareil jour, l'an prochain!

Et il salua Philippe avec ironie.

— Ça se masse, dit Kouski à son voisin.

— La police à Paris ne vous laissait pas faire des banquets comme celui-ci, dit le commandant Potel à Philippe.

— Pourquoi, diable! vas-tu parler de police au colonel Bridau? dit insolemment Maxence Gilet.

— Le commandant Potel n'y entendait pas malice, *lui!*... dit Philippe en souriant avec amertume.

Le silence devint si profond, qu'on aurait entendu voler des mouches s'il y en avait eu.

— La police me redoute assez, reprit Philippe, pour m'avoir envoyé à Issoudun, pays où j'ai eu le plaisir de retrouver de vieux lapins; mais, avouons-le? il n'y a pas ici de grands divertissements. Pour un homme qui ne haïssait pas la bagatelle, je suis assez privé. Enfin, je ferai des économies pour ces demoiselles, car je ne suis pas de ceux à qui les lits de plume donnent des rentes, et Mariette du grand Opéra m'a coûté des sommes folles.

— Est-ce pour moi que vous dites cela, mon cher colonel? demanda Max en dirigeant sur Philippe un regard qui fut comme un courant électrique.

— Prenez-le comme vous le voudrez, commandant Gilet, répondit Philippe.

— Colonel, mes deux amis que voici, Renard et Potel, iront s'entendre demain, avec...

— Avec Mignonnet et Carpentier, répondit Philippe en coupant la parole à Gilet et montrant ses deux voisins.

— Maintenant, dit Max, continuons les santés?

Chacun des deux adversaires n'était pas sorti du ton ordinaire de la conversation, il n'y eut de solennel que le silence dans lequel on les écouta.

— Ah! çà, vous autres, dit Philippe en jetant un regard sur les simples soldats, songez que nos affaires ne regardent pas les bourgeois!... Pas un mot sur ce qui vient de se passer. Ça doit rester entre la Vieille-Garde.

— Ils observeront la consigne, colonel, dit Renard, j'en réponds.

— Vive son petit! Puisse-t-il régner sur la France! s'écria Potel.

— Mort à l'Anglais! s'écria Carpentier.

Ce toast eut un succès prodigieux.

— Honte à Hudson-Lowe! dit le capitaine Renard.

Le dessert se passa très-bien, les libations furent très-amples. Les deux antagonistes et leurs quatre témoins mirent leur honneur à ce que ce duel, où il s'agissait d'une immense fortune et qui regardait deux hommes si distingués par leur courage, n'eût rien de commun avec les disputes ordinaires. Deux *gentlemen* ne se seraient pas mieux conduits que Max et Philippe. Aussi l'attente des jeunes gens et des bourgeois groupés sur la Place fut-elle trompée. Tous les convives, en vrais militaires, gardèrent le plus profond secret sur l'épisode du dessert.

A dix heures, chacun des deux adversaires apprit que l'arme convenue était le sabre. Le lieu choisi pour le rendez-vous fut le chevet de l'église des Capucins, à huit heures du matin. Goddet, qui faisait partie du banquet en sa qualité d'ancien chirurgien-major, avait été prié d'assister à l'affaire. Quoi qu'il arrivât, les témoins décidèrent que le combat ne durerait pas plus de dix minutes.

A onze heures du soir, à la grande surprise du colonel, monsieur Hochon amena sa femme chez Philippe au moment où il allait se coucher.

— Nous savons ce qui se passe, dit la vieille dame les yeux pleins de larmes, et je viens vous supplier de ne pas sortir demain sans faire vos prières... Élevez votre âme à Dieu.

— Oui, madame, répondit Philippe à qui le vieil Hochon fit un signe en se tenant derrière sa femme.

— Ce n'est pas tout! dit la marraine d'Agathe, je me mets à la place de votre pauvre mère, et je me suis dessaisi de ce que j'avais de plus précieux, tenez!... Elle tendit à Philippe une dent fixée sur un velours noir bordé d'or, auquel elle avait cousu deux rubans verts, et la remit dans un sachet après la lui avoir montrée. — C'est une relique de sainte Solange, la patronne du Berry; je l'ai sauvée à la Révolution; gardez cela sur votre poitrine demain matin.

— Est-ce que ça peut préserver des coups de sabre? demanda Philippe.

— Oui, répondit la vieille dame.

— Je ne peux pas plus avoir ce fourniment-là sur moi qu'une cuirasse, s'écria le fils d'Agathe.

— Que dit-il? demanda madame Hochon à son mari.

— Il dit que ce n'est pas de jeu, répondit le vieil Hochon.

— Eh! bien, n'en parlons plus, fit la vieille dame. Je prierai pour vous.

— Mais, madame, une prière et un bon coup de pointe, ça ne peut pas nuire, dit le colonel en faisant le geste de percer le cœur à monsieur Hochon.

La vieille dame voulut embrasser Philippe sur le front. Puis en descendant, elle donna dix écus, tout ce qu'elle possédait d'argent, à Benjamin pour obtenir de lui qu'il cousît la relique dans le gousset du pantalon de son maître. Ce que fit Benjamin, non qu'il crût à la vertu de cette dent, car il dit que son maître en avait une bien meilleure contre Gilet; mais parce qu'il devait s'acquitter d'une commission si chèrement payée. Madame Hochon se retira pleine de confiance en sainte Solange.

A huit heures, le lendemain, 3 décembre, par un temps gris, Max, accompagné de ses deux témoins et du Polonais, arriva sur le petit pré qui entourait alors le chevet de l'ancienne église des Capucins. Ils y trouvèrent Philippe et les siens, avec Benjamin. Potel et Mignonnet mesurèrent vingt-quatre pieds. A chaque bout de cette distance, les deux soldats tracèrent deux lignes à l'aide d'une bêche. Sous peine de lâcheté, les adversaires ne pouvaient reculer au delà de leurs lignes respectives ; chacun d'eux devait se tenir sur sa ligne, et s'avancer à volonté quand les témoins auraient dit : — Allez!

— Mettons-nous habit bas? dit froidement Philippe à Gilet.

— Volontiers, colonel, répondit Maxence avec une sécurité de bretteur.

Les deux adversaires ne gardèrent que leurs pantalons, leur chair s'entrevit alors en rose sous la percale des chemises. Chacun armé d'un sabre d'ordonnance choisi de même poids, environ trois livres, et de même longueur, trois pieds, se campa, tenant la pointe en terre et attendant le signal. Ce fut si calme de part et d'autre, que, malgré le froid, les muscles ne tressaillirent pas plus que s'ils eussent été de bronze. Goddet, les quatre témoins et les deux soldats eurent une sensation involontaire.

— C'est de fiers mâtins !

Cette exclamation s'échappa de la bouche du commandant Potel.

Au moment où le signal : — Allez! fut donné, Maxence aperçut la tête sinistre de Fario qui les regardait par le trou que les Chevaliers avaient fait au toit de l'église pour introduire les pigeons dans son magasin. Ces deux yeux, d'où jaillirent comme deux douches de feu, de haine et de vengeance, éblouirent Max. Le colonel alla droit à son adversaire, en se mettant en garde de manière à saisir l'avantage. Les experts dans l'art de tuer savent que, de deux adversaires, le plus habile peut prendre le haut du pavé, pour employer une expression qui rende par une image l'effet de la garde haute. Cette pose, qui permet en quelque sorte de voir venir, annonce si bien un duelliste du premier ordre, que le sentiment de son infériorité pénétra dans l'âme de Max et y produisit ce désarroi de forces qui démoralise un joueur alors que, devant un maître ou devant un homme heureux, il se trouble et joue plus mal qu'à l'ordinaire.

— Ah! le lascar, se dit Max, il est de première force, je suis perdu !

Max essaya d'un moulinet en manœuvrant son sabre avec une dextérité de bâtoniste; il voulait étourdir Philippe et rencontrer son sabre, afin de le désarmer; mais il s'aperçut au premier choc que le colonel avait un poignet de fer, et flexible comme un ressort d'acier. Maxence dut songer à autre chose, et il voulait réfléchir, le malheureux! tandis que Philippe, dont les yeux lui jetaient des éclairs plus vifs que ceux de leurs sabres, parait toutes les attaques avec le sang-froid d'un maître garni de son plastron dans une salle.

Entre des hommes aussi forts que les deux combattants, il se passe un phénomène à peu près semblable à celui qui a lieu entre les gens du peuple au terrible combat dit *de la savate*. La victoire dépend d'un faux mouvement, d'une erreur de ce calcul, rapide comme l'éclair, auquel on doit se livrer instinctivement. Pendant un temps aussi court pour les spectateurs qu'il semble long aux adversaires, la lutte consiste en une observation où s'absorbent les forces de l'âme et du corps, cachée sous des feintes dont la lenteur et l'apparente prudence semblent faire croire qu'aucun des deux antagonistes ne veut se battre. Ce moment, suivi d'une lutte rapide et décisive, est terrible pour les connaisseurs. A une mauvaise parade de Max, le colonel lui fit sauter le sabre des mains.

— Ramassez-le! dit-il en suspendant le combat, je ne suis pas homme à tuer un ennemi désarmé.

Ce fut le sublime de l'atroce. Cette grandeur annonçait tant de supériorité, qu'elle fut prise pour le plus adroit de tous les calculs par les spectateurs. En effet, quand Max se remit en garde, il avait perdu son sang-froid, et se trouva nécessairement encore sous le coup de cette garde haute qui vous menace tout en couvrant l'adversaire. Il voulut réparer sa honteuse défaite par une hardiesse. Il ne songea plus à se garder, il prit son sabre à deux mains et fondit rageusement sur le colonel pour le blesser à mort en lui laissant prendre sa vie. Si le colonel reçut un coup de sabre, qui lui coupa le front et une partie de la figure, il fendit obliquement la tête de Max par un terrible retour du moulinet qu'il opposa pour amortir le coup d'assommoir que Max lui destinait. Ces deux coups enragés terminèrent le combat à la neuvième minute. Fario descendit et vint se repaître de la vue de son ennemi dans les convulsions de la mort, car, chez un homme de la force de Max, les muscles du corps remuèrent effroyablement. On transporta Philippe chez son oncle.

Ainsi périt un de ces hommes destinés à faire de grandes choses, s'il était resté dans le milieu qui lui était propice ; un homme traité par la nature en enfant gâté, car elle lui donna le courage, le sang-froid, et le sens politique à la César Borgia. Mais l'éducation ne lui avait pas communiqué cette noblesse d'idées et de conduite, sans laquelle rien n'est possible dans aucune carrière. Il ne fut pas regretté, par suite de la perfidie avec laquelle son adversaire, qui valait moins que lui, avait su le déconsidérer. Sa fin mit un terme aux exploits de l'Ordre de la Désœuvrance, au grand contentement de la ville d'Issoudun. Aussi Philippe ne fut-il pas inquiété à raison de ce duel, qui parut d'ailleurs un effet de la vengeance divine, et dont les circonstances se racontèrent dans toute la contrée avec d'unanimes éloges accordés aux deux adversaires.

— Ils auraient dû se tuer tous les deux, dit monsieur Mouilleron, c'eût été un bon *débarras* pour le gouvernement.

La situation de Flore Brazier eût été très-embarrassante, sans la crise aiguë dans laquelle la mort de Max la fit tomber, elle fut prise d'un transport au cerveau, combiné d'une inflammation dangereuse occasionnée par les péripéties de ces trois journées; si elle eût joui de sa santé, peut-être aurait-elle fui de la maison où gisait au-dessus d'elle, dans l'appartement de Max et dans les draps de Max, le meurtrier de Max. Elle fut entre la vie et la mort pendant trois mois, soignée par monsieur Goddet qui soignait également Philippe.

Dès que Philippe put tenir une plume, il écrivit les lettres suivantes :

« A Monsieur Desroches, avoué.

» J'ai déjà tué la plus venimeuse des deux bêtes, ça n'a pas été
» sans me faire ébrécher la tête par un coup de sabre; mais le drôle
» y allait heureusement de main-morte. Il reste une autre vipère
» avec laquelle je vais tâcher de m'entendre, car mon oncle y tient
» autant qu'à son gésier. J'avais peur que cette Rabouilleuse, qui est
» diablement belle, ne détalât, car mon oncle l'aurait suivie ; mais
» le saisissement qui l'a prise en un moment grave l'a clouée dans son
» lit. Si Dieu voulait me protéger, il rappellerait cette âme à lui pen-
» dant qu'elle se repent de ses erreurs. En attendant, j'ai pour moi,
» grâce à monsieur Hochon (ce vieux va bien!), le médecin, un
» nommé Goddet, bon apôtre qui conçoit que les héritages des on-
» cles sont mieux placés dans la main des neveux que dans celles
» de ces drôlesses. Monsieur Hochon a d'ailleurs de l'influence sur
» un certain papa Fichet dont la fille est riche, et que Goddet vou-
» drait pour femme à son fils ; en sorte que le billet de mille francs
» qu'on lui a fait entrevoir pour la guérison de ma caboche, entre
» pour peu de chose dans son dévouement. Ce Goddet, ancien chirur-
» ajor. au 3ᵉ régiment de ligne, a de plus été chambré par

» mes amis, deux braves officiers, Mignonnet et Carpentier; en sorte
» qu'il *cafarde* avec sa malade.

» — Il y a un Dieu, après tout, mon enfant, voyez-vous? lui
» dit-il en lui tâtant le pouls. Vous avez été la cause d'un grand
» malheur, il faut le réparer. Le doigt de Dieu est dans ceci (c'est
» inconcevable tout ce qu'on fait faire au doigt de Dieu!) La reli-
» gion est la religion; soumettez-vous, résignez-vous, ça vous cal-
» mera d'abord, ça vous guérira presqu'autant que mes drogues.
» Surtout restez ici, soignez votre maître. Enfin, oubliez, pardon-
» nez, c'est la loi chrétienne.

» Ce Goddet m'a promis de tenir la Rabouilleuse pendant trois mois
» au lit. Insensiblement, cette fille s'habituera peut-être à ce que nous
» vivions sous le même toit. J'ai mis la cuisinière dans mes intérêts.
» Cette abominable vieille a dit à sa maîtresse que Max lui aurait
» rendu la vie bien dure. Elle a, dit-elle, entendu dire au défunt
» qu'à la mort du bonhomme, s'il était obligé d'épouser Flore, il
» ne comptait pas entraver son ambition par une fille. Et cette cui-
» sinière est arrivée à insinuer à sa maîtresse que Max se serait dé-
» fait d'elle. Ainsi tout va bien. Mon oncle, conseillé par le père
» Hochon, a déchiré son testament. »

« A Monsieur Giroudeau (aux soins de mademoiselle Florentine),
» rue de Vendôme, au Marais.

» Mon vieux camarade,

» Informe-toi si ce petit rat de Césarine est occupée, et tâche
» qu'elle soit prête à venir à Issoudun dès que je la demanderai. La
» luronne arriverait alors courrier par courrier. Il s'agira d'avoir
» une tenue honnête, de supprimer tout ce qui sentirait les cou-
» lisses; car il faut se présenter dans le pays comme la fille d'un
» brave militaire, mort au champ d'honneur. Ainsi, beaucoup de
» mœurs, des vêtements de pensionnaire, et de la vertu première
» qualité: tel sera l'ordre. Si j'ai besoin de Césarine, et si elle réus-
» sit, à la mort de mon oncle, il y aura cinquante mille francs pour
» elle; si elle est occupée, explique mon affaire à Florentine;
» et, à vous deux, trouvez-moi quelque figurante capable de
» jouer le rôle. J'ai eu le crâne écorné dans mon duel avec mon
» mangeur de succession qui a tortillé de l'œil. Je te raconterai
» ce coup-là. Ah! vieux, nous reverrons de beaux jours, et nous
» nous amuserons encore, ou l'Autre ne serait pas l'Autre. Si tu

» peux m'envoyer cinq cents cartouches, on les déchirera. Adieu,
» mon lapin, et allume ton cigare avec ma lettre. Il est bien entendu
» que la fille de l'officier viendra de Châteauroux, et aura l'air de
» demander des secours. J'espère cependant ne pas avoir besoin de
» recourir à ce moyen dangereux. Remets-moi sous les yeux de
» Mariette et de tous nos amis. »

Agathe, instruite par une lettre de madame Hochon, accourut à Issoudun, et fut reçue par son frère qui lui donna l'ancienne chambre de Philippe. Cette pauvre mère, qui retrouva pour son fils maudit toute sa maternité, compta quelques jours heureux en entendant la bourgeoisie de la ville lui faire l'éloge du colonel.

— Après tout, ma petite, lui dit madame Hochon le jour de son arrivée, il faut que jeunesse se passe. Les légèretés des militaires du temps de l'Empereur ne peuvent pas être celles des fils de famille surveillés par leurs pères. Ah! si vous saviez tout ce que ce misérable Max se permettait ici, la nuit!... Issoudun, grâce à votre fils, respire et dort en paix. La raison est arrivée à Philippe un peu tard, mais elle est venue; comme il nous le disait, trois mois de prison au Luxembourg mettent du plomb dans la tête; enfin, sa conduite ici enchante monsieur Hochon, et il y jouit de la considération générale. Si votre fils peut rester quelque temps loin des tentations de Paris, il finira par vous donner bien du contentement.

En entendant ces consolantes paroles, Agathe laissa voir à sa marraine des yeux pleins de larmes heureuses.

Philippe fit le bon apôtre avec sa mère, il avait besoin d'elle. Ce fin politique ne voulait recourir à Césarine que dans le cas où il serait un objet d'horreur pour mademoiselle Brazier. En reconnaissant dans Flore un admirable instrument façonné par Maxence, une habitude prise par son oncle, il voulait s'en servir préférablement à une Parisienne, capable de se faire épouser par le bonhomme. De même que Fouché dit à Louis XVIII de se coucher dans les draps de Napoléon au lieu de donner une *Charte*, Philippe désirait rester couché dans les draps de Gilet; mais il lui répugnait aussi de porter atteinte à la réputation qu'il venait de se faire en Berry; or, continuer Max auprès de la Rabouilleuse serait tout aussi odieux de la part de cette fille que de la sienne. Il pouvait, sans se déshonorer, vivre chez son oncle et aux dépens de son oncle, en vertu des lois du népotisme; mais il ne pouvait avoir Flore que réhabilitée. Au milieu de tant de difficultés, stimulé par l'espoir de s'emparer de la succession, il conçut l'admirable plan de faire sa tante de la Rabouilleuse. Aussi, dans ce dessein caché, dit-il à sa mère d'aller voir cette fille et de lui témoigner quelque affection en la traitant comme une belle-sœur.

— J'avoue, ma chère mère, fit-il en prenant un air cafard et regardant monsieur et madame Hochon qui venaient tenir compagnie à la chère Agathe, que la façon de vivre de mon oncle est peu convenable, et il lui suffirait de la régulariser pour obtenir à mademoiselle Brazier la considération de la ville. Ne vaut-il pas mieux pour elle être madame Rouget que la servante-maîtresse d'un vieux garçon? N'est-il pas plus simple d'acquérir par un contrat de mariage des droits définis que de menacer une famille d'exhérédation? Si vous, si monsieur Hochon, si quelque bon prêtre voulaient parler de cette affaire, on ferait cesser un scandale qui afflige les honnêtes gens. Puis mademoiselle Brazier serait heureuse en se voyant accueillie par vous comme une sœur, et par moi comme une tante.

Le lit de mademoiselle Flore fut entouré le lendemain par Agathe et par madame Hochon, qui révélèrent à la malade et à Rouget les admirables sentiments de Philippe. On parla du colonel dans tout Issoudun comme d'un homme excellent et d'un beau caractère, à cause surtout de sa conduite avec Flore. Pendant un mois, la Rabouilleuse entendit Goddet père, son médecin, cet homme si puissant sur l'esprit d'un malade, la respectable madame Hochon, mue par l'esprit religieux, Agathe si douce et si pieuse, lui présentant tous les avantages de son mariage avec Rouget. Quand, séduite à l'idée d'être madame Rouget, une digne et honnête bourgeoise, elle désira vivement se rétablir pour célébrer ce mariage, il ne fut pas difficile de lui faire comprendre qu'elle ne pouvait pas entrer dans la vieille famille des Rouget en mettant Philippe à la porte.

— D'ailleurs, lui dit un jour Goddet père, n'est-ce pas à lui que vous devez cette haute fortune? Max ne vous aurait jamais laissée vous marier avec le père Rouget. Puis, lui dit-il à l'oreille, si vous avez des enfants, ne vengerez-vous pas Max? car les Bridau seront déshérités.

Deux mois après le fatal événement, en février 1823, la malade, conseillée par tous ceux qui l'entouraient, priée par Rouget, reçut donc Philippe, dont la cicatrice la fit pleurer, mais dont les manières adoucies pour elle et presque affectueuses la calmèrent. D'après le désir de Philippe, on le laissa seul avec sa future tante.

— Ma chère enfant, lui dit le soldat, c'est moi qui, dès le principe, ai conseillé votre mariage avec mon oncle ; et, si vous y consentez, il aura lieu dès que vous serez rétablie...

— On me l'a dit, répondit-elle.

— Il est naturel que, si les circonstances m'ont contraint à vous faire du mal, je veuille vous faire le plus de bien possible. La fortune, la considération et une famille valent mieux que ce que vous avez perdu. Mon oncle mort, vous n'eussiez pas été long-temps la femme de ce garçon, car j'ai su de ses amis qu'il ne vous réservait pas un beau sort. Tenez, ma chère petite, entendons-nous? nous vivrons tous heureux. Vous serez ma tante, et *rien que ma tante*. Vous aurez soin que mon oncle ne m'oublie pas dans son testament; de mon côté, vous verrez comme je vous ferai traiter dans votre contrat de mariage... Calmez-vous, pensez à cela, nous en reparlerons. Vous le voyez, les gens les plus sensés, toute la ville vous conseille de faire cesser une position illégale, et personne ne vous en veut de me recevoir. On comprend que, dans la vie, les intérêts passent avant les sentiments. Vous serez, le jour de votre mariage, plus belle que vous n'avez jamais été. Votre indisposition en vous pâlissant vous a rendu de la distinction. Si mon oncle ne vous aimait pas follement, parole d'honneur, dit-il en se levant et lui baisant la main, vous seriez la femme du colonel Bridau.

Philippe quitta la chambre en laissant dans l'âme de Flore ce dernier mot pour y réveiller une vague idée de vengeance qui sourit à cette fille, presque heureuse d'avoir vu ce personnage effrayant à ses pieds. Philippe venait de jouer en petit la scène que joue Richard III avec la reine qu'il vient de rendre veuve. Le sens de cette scène montre que le calcul caché sous un sentiment entre bien avant dans le cœur et y dissipe le deuil le plus réel. Voilà comment dans la vie privée la Nature se permet ce qui, dans les œuvres du génie, est le comble de l'Art; son moyen, à elle, est *l'intérêt*, qui est le génie de l'argent.

Au commencement du mois d'avril 1823, la salle de Jean-Jacques Rouget offrit donc, sans que personne s'en étonnât, le spectacle d'un superbe dîner donné pour la signature du contrat de mariage de mademoiselle Flore Brazier avec le vieux célibataire. Les convives étaient monsieur Héron; les quatre témoins, messieurs Mignonnet, Carpentier, Hochon et Goddet père; le maire et le curé; puis Agathe Bridau, madame Hochon et son amie madame Borniche, c'est-à-dire les deux vieilles femmes qui faisaient autorité dans Issoudun. Aussi la future épouse fut-elle très-sensible à cette concession obtenue par Philippe de ces dames, qui y virent une marque de protection nécessaire à donner à une fille repentie. Flore fut d'une éblouissante beauté. Le curé, qui depuis quinze jours instruisait l'ignorante Rabouilleuse, devait lui faire faire le lendemain sa première communion. Ce mariage fut l'objet de cet article religieux publié dans le Journal du Cher à Bourges et dans le Journal de l'Indre à Châteauroux.

« Issoudun.

» Le mouvement religieux fait du progrès en Berry. Tous les
» amis de l'Église et les honnêtes gens de cette ville ont été té-
» moins hier d'une cérémonie par laquelle un des principaux pro-
» priétaires du pays a mis fin à une situation scandaleuse et qui re-
» montait à l'époque où la religion était sans force dans nos
» contrées. Ce résultat, dû au zèle éclairé des ecclésiastiques de
» notre ville, aura, nous l'espérons, des imitateurs, et fera cesser
» les abus des mariages non célébrés, contractés aux époques les
» plus désastreuses du régime révolutionnaire.

» Il y a eu cela de remarquable dans le fait dont nous parlons,
» qu'il a été provoqué par les instances d'un colonel appartenant à
» l'ancienne armée, envoyé dans notre ville par l'arrêt de la Cour
» des Pairs, et à qui ce mariage peut faire perdre la succession de
» son oncle. Ce désintéressement est assez rare de nos jours pour
» qu'on lui donne de la publicité. »

Par le contrat, Rouget reconnaissait à Flore cent mille francs de dot, et il lui assurait un douaire viager de trente mille francs. Après la noce, qui fut somptueuse, Agathe retourna la plus heureuse des mères à Paris, où elle apprit à Joseph et à Desroches ce qu'elle appela de bonnes nouvelles.

— Votre fils est un homme trop profond pour ne pas mettre la main sur cette succession, lui répondit l'avoué quand il eut écouté madame Bridau. Aussi vous et ce pauvre Joseph n'aurez-vous jamais un liard de la fortune de votre frère.

— Vous serez donc toujours, vous comme Joseph, injuste envers ce pauvre garçon, dit la mère, sa conduite à la Cour des Pairs est celle d'un grand politique, il a réussi à sauver bien des têtes!... Les erreurs de Philippe viennent de l'inoccupation où restaient ses grandes facultés ; mais il a reconnu combien le défaut de conduite nuisait à un homme qui veut parvenir ; et il a de l'ambition, j'en suis sûre ; aussi ne suis-je pas là seule à prévoir son avenir. Monsieur Hochon croit fermement que Philippe a de belles destinées.

— Oh ! s'il veut appliquer son intelligence profondément perverse à faire fortune, il arrivera, car il est capable de tout, et ces gens-là vont vite, dit Desroches.

— Pourquoi n'arriverait-il pas par des moyens honnêtes ? demanda madame Bridau.

— Vous verrez ! fit Desroches. Heureux ou malheureux, Philippe sera toujours l'homme de la rue Mazarine, l'assassin de madame Descoings, le voleur domestique ; mais, soyez tranquille : il paraîtra très-honnête à tout le monde !

Le lendemain du mariage, après le déjeuner, Philippe prit madame Rouget par le bras quand son oncle se fut levé pour aller s'habiller, car ces nouveaux époux étaient descendus, Flore en peignoir, le vieillard en robe de chambre.

— Ma belle-tante, dit-il en l'emmenant dans l'embrasure de la croisée, vous êtes maintenant de la famille. Grâce à moi, tous les notaires y ont passé. Ah ! çà, pas de farces. J'espère que nous jouerons franc jeu. Je connais les tours que vous pourriez me faire, et vous serez gardée par moi mieux que par une duègne. Ainsi, vous ne sortirez jamais sans me donner le bras, et vous ne me quitterez point. Quant à ce qui peut se passer à la maison, je m'y tiendrai, sacrebleu, comme une araignée au centre de sa toile. Voici qui vous prouvera que je pouvais, pendant que vous étiez dans votre lit, hors d'état de remuer ni pied ni patte, vous faire mettre à la porte sans un sou. Lisez ?

Et il tendit la lettre suivante à Flore stupéfaite :

« Mon cher enfant, Florentine, qui vient enfin de débuter à l'O-
» péra, dans la nouvelle salle, par un pas de trois avec Mariette et
» Tullia, n'a pas cessé de penser à toi, ainsi que Florine, qui défini-
» tivement a lâché Lousteau pour prendre Nathan. Ces deux matoises
» t'ont trouvé la plus délicieuse créature du monde, une petite fille
» de dix-sept ans, belle comme une Anglaise, l'air sage comme une
» lady qui fait ses farces, rusée comme Desroches, fidèle comme
» Godeschal ; et Mariette l'a stylée en te souhaitant bonne chance.
» Il n'y a pas de femme qui puisse tenir contre ce petit ange sous

» lequel se cache un démon : elle saura jouer tous les rôles, em-
» paumer ton oncle et le rendre fou d'amour. Elle a l'air céleste de
» la pauvre Coralie, elle sait pleurer, elle a une voix qui vous tire
» un billet de mille francs du cœur le plus granitique, et la luronne
» sable mieux que nous le vin de Champagne. C'est un sujet pré-
» cieux ; elle a des obligations à Mariette, et désire s'acquitter avec
» elle. Après avoir lampé la fortune de deux Anglais, d'un Russe,
» et d'un prince romain, mademoiselle Esther se trouve dans la
» plus affreuse gêne ; tu lui donneras dix mille francs, elle sera
» contente. Elle vient de dire en riant : — Tiens, je n'ai jamais
» fricassé de bourgeois, ça me fera la main ! Elle est bien connue
» de Finot, de Bixiou, de des Lupeaulx, de tout notre monde en-
» fin. Ah ! s'il y avait des fortunes en France, ce serait la plus
» grande courtisane des temps modernes. Ma rédaction sent Na-
» than, Bixiou, Finot qui sont à faire leurs bêtises avec cette sus-
» dite Esther, dans le plus magnifique appartement qu'on puisse
» voir, et qui vient d'être arrangé à Florine par le vieux lord Dud-
» ley, le vrai père de de Marsay, que la spirituelle actrice a *fai*,
» grâce au costume de son nouveau rôle. Tullia est toujours avec le
» duc de Rhétoré, Mariette est toujours avec le duc de Maufri-
» gneuse ; ainsi, à elles deux, elles t'obtiendront une remise de ta
» surveillance à la fête du Roi. Tâche d'avoir enterré l'oncle sous les
» roses pour la prochaine Saint-Louis, reviens avec l'héritage, et
» tu en mangeras quelque chose avec Esther et tes vieux amis qui
» signent en masse pour se rappeler à ton souvenir :

» Nathan, Florine, Bixiou, Finot, Mariette,
» Florentine, Giroudeau, Tullia. »

La lettre, en tremblotant dans les mains de madame Rouget, accusait l'effroi de son âme et de son corps. La tante n'osa regarder son neveu, qui fixait sur elle deux yeux d'une expression terrible.

— J'ai confiance en vous, dit-il, vous le voyez ; mais je veux du retour. Je vous ai faite ma tante pour pouvoir vous épouser un jour. Vous valez bien Esther auprès de mon oncle. Dans un an d'ici, nous devons être à Paris, le seul pays où la beauté puisse vivre. Vous vous y amuserez un peu mieux qu'ici, car c'est un carnaval perpétuel. Moi, je rentrerai dans l'armée, je deviendrai général, et vous serez alors une grande dame. Voilà votre avenir, travaillez-y... Mais je veux un gage de notre alliance. Vous me ferez donner, d'ici à un mois, la procuration générale de mon oncle, sous prétexte de vous débarrasser ainsi que lui des soins de la fortune. Je veux, un mois après, une procuration spéciale pour transférer son inscription. Une fois l'inscription en mon nom, nous aurons un intérêt égal à nous épouser un jour. Tout cela, ma belle tante, est net et clair. Entre nous, il ne faut pas d'ambiguïté. Je puis épouser ma tante après un an de veuvage, tandis que je ne pouvais pas épouser une fille déshonorée.

Il quitta la place sans attendre de réponse. Quand, un quart d'heure après, la Védie entra pour desservir, elle trouva sa maîtresse pâle et en moiteur, malgré la saison. Flore éprouvait la sensation d'une femme tombée au fond d'un précipice, elle ne voyait que ténèbres dans son avenir ; et, sur ces ténèbres se dessinaient, comme dans un lointain profond, des choses monstrueuses, indistinctement aperçues et qui l'épouvantaient. Elle sentait le froid humide des souterrains. Elle avait instinctivement peur de cet homme, et néanmoins une voix lui criait qu'elle méritait de l'avoir pour maître. Elle ne pouvait rien contre sa destinée : Flore Brazier avait par décence un appartement chez le père Rouget ; mais madame Rouget devait appartenir à son mari, elle se voyait ainsi privée du précieux libre arbitre que conserve une servante-maîtresse. Dans l'horrible situation où elle se trouvait, elle conçut l'espoir d'avoir un enfant ; mais, durant ces cinq dernières années, elle avait rendu Jean-Jacques le plus caduque des vieillards. Ce mariage devait avoir pour le pauvre homme l'effet du second mariage de Louis XII. D'ailleurs la surveillance d'un homme tel que Philippe, qui n'avait rien à faire, car il quitta sa place, rendit toute vengeance impossible. Benjamin était un espion innocent et dévoué. La Védie tremblait devant Philippe. Flore se voyait seule et sans secours ! Enfin, elle craignait de mourir ; sans savoir comment Philippe arriverait à la tuer, elle devinait qu'une grossesse suspecte serait son arrêt de mort : le son de cette voix, l'éclat voilé de ce regard de joueur, les moindres mouvements de ce soldat, qui la traitait avec la brutalité la plus polie, la faisaient frissonner. Quant à la procuration demandée par ce féroce colonel, qui pour tout Issoudun était un héros, il l'eut dès qu'il la lui fallut ; car Flore tomba sous la domination de cet homme comme la France était tombée sous celle de Napoléon. Semblable au papillon qui s'est pris les pates dans la cire incandescente d'une bougie, Rouget dissipa rapidement ses dernières forces.

En présence de cette agonie, le neveu restait impassible et froid comme les diplomates, en 1814, pendant les convulsions de la France Impériale.

Philippe, qui ne croyait guère en Napoléon II, écrivit alors au Ministre de la Guerre la lettre suivante que Mariette fit remettre par le duc de Maufrigneuse.

« Monseigneur,

» Napoléon n'est plus, j'ai voulu lui rester fidèle après lui avoir
» engagé mes serments ; maintenant, je suis libre d'offrir mes servi-
» ces à Sa Majesté. Si Votre Excellence daigne expliquer ma con-
» duite à Sa Majesté, le Roi pensera qu'elle est conforme aux lois
» de l'honneur, sinon à celles du Royaume. Le Roi, qui a trouvé
» naturel que son aide-de-camp, le général Rapp, pleurât son an-
» cien maître, aura sans doute de l'indulgence pour moi : Napo-
» léon fut mon bienfaiteur.

» Je supplie donc Votre Excellence de prendre en considération
» la demande que je lui adresse d'un emploi dans mon grade, en
» l'assurant ici de mon entière soumission. C'est assez vous dire,
» Monseigneur, que le Roi trouvera en moi le plus fidèle sujet.

» Daignez agréer l'hommage du respect avec lequel j'ai l'honneur
» d'être,

» De Votre Excellence,

» Le très-soumis et très-humble serviteur,

» PHILIPPE BRIDAU,

Ancien chef d'escadron aux Dragons de la Garde, officier de la Légion-d'Honneur, en surveillance sous la Haute Police à Issoudun.

A cette lettre était jointe une demande en permission de séjour à Paris pour affaires de famille, à laquelle monsieur Mouilleron annexa des lettres du Maire, du Sous-Préfet et du commissaire de police d'Issoudun, qui tous donnaient les plus grands éloges à Philippe, en s'appuyant sur l'article fait à propos du mariage de son oncle.

Quinze jours après, au moment de l'Exposition, Philippe reçut la permission demandée et une lettre où le Ministre de la Guerre lui annonçait que, d'après les ordres du Roi, il était, pour première grâce, rétabli comme lieutenant-colonel dans les cadres de l'armée.

Philippe vint à Paris avec sa tante et le vieux Rouget, qu'il mena, trois jours après son arrivée, au Trésor, y signer le transfert de l'inscription, qui devint alors sa propriété. Ce moribond fut, ainsi que la Rabouilleuse, plongé par leur neveu dans les joies excessives de la société si dangereuse des infatigables actrices, des journalistes, des artistes et des femmes équivoques où Philippe avait déjà dépensé sa jeunesse, et où le vieux Rouget trouva des Rabouilleuses à en mourir. Giroudeau se chargea de procurer au père Rouget l'agréable mort illustrée plus tard, dit-on, par un maréchal de France. Lolotte, une des plus belles *marcheuses* de l'Opéra, fut l'aimable assassin de ce vieillard. Rouget mourut après un souper splendide donné par Florentine, il fut donc assez difficile de savoir qui du souper, qui de mademoiselle Lolotte avait achevé ce vieux Berrichon. Lolotte rejeta cette mort sur une tranche de pâté de foie gras ; et, comme l'œuvre de Strasbourg ne pouvait répondre, il passe pour constant que le bonhomme est mort d'indigestion. Madame Rouget se trouva dans ce monde excessivement décolleté comme dans son élément ; mais Philippe lui donna pour chaperon Mariette qui ne laissa pas faire de sottises à cette veuve, dont le deuil fut orné de quelques galanteries.

En octobre 1823, Philippe revint à Issoudun muni de la procuration de sa tante, pour liquider la succession de son oncle, opération qui se fit rapidement, car il était à Paris en janvier 1824 avec seize cent mille francs, produit net et liquide des biens de défunt son oncle, sans compter les précieux tableaux qui n'avaient jamais quitté la maison du vieil Hochon. Philippe mit ses fonds dans la maison Mongenod et fils, où se trouvait le jeune Baruch Borniche, et sur la solvabilité, sur la probité de laquelle le vieil Hochon lui avait donné des renseignements satisfaisants. Cette maison prit les seize cent mille francs à six pour cent d'intérêt par an, avec la condition d'être prévenue trois mois d'avance en cas de retrait des fonds.

Un beau jour, Philippe vint prier sa mère d'assister à son mariage, qui eut pour témoins Giroudeau, Finot, Nathan et Bixiou. Par le contrat, madame veuve Rouget, dont l'apport consistait en un million de francs, faisait donation à son futur époux de ses biens dans le cas où elle décéderait sans enfants. Il n'y eut ni billets de faire part, ni fête, ni éclat, car Philippe avait ses desseins : il logea sa femme rue Saint-Georges, dans un appartement que Lolotte lui vendit tout meublé, que madame Bridau la jeune trouva délicieux, et où l'époux mit rarement les pieds. A l'insu de tout le monde, Philippe acheta pour deux cent cinquante mille francs, rue de Clichy, dans un moment où personne ne soupçonnait la valeur que ce quartier devait un jour acquérir, un magnifique hôtel sur le prix duquel il donna cinquante mille écus de ses revenus, en prenant deux ans pour payer le surplus. Il y dépensa des sommes énormes en arrangements intérieurs et en mobilier, car il y consacra ses revenus pendant deux ans. Les superbes tableaux restaurés, estimés à trois cent mille francs, y brillèrent de tout leur éclat.

L'avénement de Charles X avait mis encore plus en faveur qu'auparavant la famille du duc de Chaulieu, dont le fils aîné, le duc de Rhétoré, voyait souvent Philippe chez Tullia. Sous Charles X, la branche aînée de la maison de Bourbon se crut définitivement assise sur le trône, et suivit le conseil que le maréchal Gouvion-Saint-Cyr avait précédemment donné de s'attacher les militaires de l'Empire. Philippe, qui sans doute fit de précieuses révélations sur les complots de 1820 et 1822, fut nommé lieutenant-colonel dans le régiment du duc de Maufrigneuse. Ce charmant grand seigneur se regardait comme obligé de protéger un homme à qui il avait enlevé Mariette. Le Corps de Ballet ne fut pas étranger à cette nomination. On avait d'ailleurs décidé dans la sagesse du conseil secret de Charles X de faire prendre à Monseigneur le Dauphin une légère couleur de libéralisme. Mons Philippe, devenu quasiment le menin du duc de Maufrigneuse, fut donc présenté non-seulement au Dauphin, mais encore à la Dauphine à qui ne déplaisaient pas les caractères rudes et les militaires connus par leur fidélité. Philippe jugea très-bien le rôle du Dauphin, et il profita de la première mise en scène de ce libéralisme postiche, pour se faire nommer aide-de-camp d'un Maréchal très-bien en cour.

En janvier 1827, Philippe, qui passa dans la Garde Royale lieutenant-colonel au régiment que le duc de Maufrigneuse y commandait alors, sollicita la faveur d'être anobli. Sous la Restauration, l'anoblissement devint un quasi-droit pour les roturiers qui servaient dans la Garde. Le colonel Bridau, qui venait d'acheter la terre de Brambourg, demanda la faveur de l'ériger en majorat au titre de comte. Il obtint cette grâce en mettant à profit ses liaisons dans la société la plus élevée, où il se produisait avec un faste de voitures et de livrées, enfin dans une tenue de grand seigneur. Dès que Philippe, lieutenant-colonel du plus beau régiment de cavalerie de la Garde, se vit désigné dans l'Almanach sous le nom de comte de Brambourg, il hanta beaucoup la maison du lieutenant-général d'artillerie comte de Soulanges, en faisant la cour à la plus jeune fille, mademoiselle Amélie de Soulanges. Insatiable et appuyé par les maîtresses de tous les gens influents, Philippe sollicitait l'honneur d'être un des aides-de-camp de Monseigneur le Dauphin. Il eut l'audace de dire à la Dauphine « qu'un vieil officier blessé sur plusieurs champs de bataille et qui connaissait la grande guerre, ne serait pas, dans l'occasion, inutile à Monseigneur. » Philippe, qui sut prendre le ton de toutes les courtisaneries, fut dans ce monde supérieur ce qu'il devait être, comme il avait su se faire Mignonnet à Issoudun. Il eut d'ailleurs un train magnifique, il donna des fêtes et des dîners splendides, en n'admettant dans son hôtel aucun de ses anciens amis dont la position eût pu compromettre son avenir. Aussi fut-il impitoyable pour les compagnons de ses débauches. Il refusa net à Bixiou de parler en faveur de Giroudeau qui voulut reprendre du service, quand Florentine le lâcha.

— C'est un homme sans mœurs ! dit Philippe.

— Ah! voilà ce qu'il a répondu de moi, s'écria Giroudeau, moi qui l'ai débarrassé de son oncle !

— Nous le repincerons, dit Bixiou.

Philippe voulait épouser mademoiselle Amélie de Soulanges, devenir général, et commander un des régiments de la Garde Royale. Il demanda tant de choses, que, pour le faire taire, on le nomma commandeur de la Légion-d'Honneur et commandeur de Saint-Louis. Un soir, Agathe et Joseph, revenant à pied par un temps de pluie, virent Philippe passant en uniforme, chamarré de ses cordons, campé dans le coin de son beau coupé garni de soie jaune, dont les armoiries étaient surmontées d'une couronne de comte, allant à une fête de l'Élysée-Bourbon ; il éclaboussa sa mère et son frère en les saluant d'un geste protecteur.

— Va-t-il, va-t-il, ce drôle-là? dit Joseph à sa mère. Néanmoins il devrait bien nous envoyer autre chose que de la boue au visage.

— Il est dans une si belle position, si haute, qu'il ne faut pas lui en vouloir de nous oublier, dit madame Bridau. En montant une côte si rapide, il a tant d'obligations à remplir, il a tant de sacrifices à faire, qu'il peut bien ne pas venir nous voir, tout en pensant à nous.

— Mon cher, dit un soir le duc de Maufrigneuse au nouveau comte de Brambourg, je suis sûr que votre demande sera prise en bonne part; mais pour épouser Amélie de Soulanges, il faudrait que vous fussiez libre. Qu'avez-vous fait de votre femme?...

— Ma femme?... dit Philippe avec un geste, un regard et un accent qui furent devinés plus tard par Frédérick-Lemaître dans un de ses plus terribles rôles. Hélas! j'ai la triste certitude de ne pas la conserver. Elle n'a pas huit jours à vivre. Ah! mon cher Duc, vous ignorez ce qu'est une mésalliance! une femme qui était cuisinière, qui a les goûts d'une cuisinière et qui me déshonore, car je suis bien à plaindre. Mais j'ai eu l'honneur d'expliquer ma position à madame la Dauphine. Il s'est agi, dans le temps, de sauver un million que mon oncle avait laissé par testament à cette créature. Heureusement, ma femme a donné dans les liqueurs; à sa mort, je deviens maître d'un million confié à la maison Mongenod, j'ai de plus trente mille francs dans le cinq, et mon majorat qui vaut quarante mille livres de rente. Si, comme tout le fait supposer, monsieur de Soulanges a le bâton de maréchal, je suis en mesure, avec le titre de comte de Brambourg, de devenir général et pair de France. Ce sera la retraite d'un aide-de-camp du Dauphin.

Après le Salon de 1823, le premier peintre du Roi, l'un des plus excellents hommes de ce temps, avait obtenu pour la mère de Joseph un bureau de loterie aux environs de la Halle. Plus tard, Agathe put fort heureusement permuter, sans avoir de soulte à payer, avec le titulaire d'un bureau situé rue de Seine, dans une maison où Joseph prit son atelier. A son tour, la veuve eut un gérant et ne coûta plus rien à son fils. Or, en 1828, quoique directrice d'un excellent bureau de loterie qu'elle devait à la gloire de Joseph, madame Bridau ne croyait pas encore à cette gloire excessivement contestée comme le sont toutes les vraies gloires. Le grand peintre, toujours aux prises avec ses passions, avait d'énormes besoins; il ne gagnait pas assez pour soutenir le luxe auquel l'obligeaient ses relations dans le monde aussi bien que sa position distinguée dans la jeune École. Quoique puissamment soutenu par ses amis du Cénacle, par mademoiselle Des Touches, il ne plaisait pas au Bourgeois. Cet être, de qui vient l'argent aujourd'hui, ne délie jamais les cordons de sa bourse pour les talents mis en question, et Joseph voyait contre lui les classiques, l'Institut, et les critiques qui relevaient de ces deux puissances. Enfin le comte de Brambourg faisait l'étonné quand on lui parlait de Joseph. Ce courageux artiste, quoique appuyé par Gros et par Gérard, qui lui firent donner la croix au Salon de 1827, avait peu de commandes. Si le Ministère de l'Intérieur et la Maison du Roi prenaient difficilement ses grandes toiles, les marchands et les riches étrangers s'en embarrassaient encore moins. D'ailleurs, Joseph s'abandonne, comme on sait, un peu trop à la fantaisie, et il en résulte des inégalités dont profitent ses ennemis pour nier son talent.

— La grande peinture est bien malade, lui disait son ami Pierre Grassou qui faisait des croûtes au goût de la Bourgeoisie dont les appartements se refusent aux grandes toiles.

— Il te faudrait toute une cathédrale à peindre, lui répétait Schinner, tu réduiras la critique au silence par une grande œuvre.

Ces propos effrayants pour la bonne Agathe corroboraient le jugement qu'elle avait porté tout d'abord sur Joseph et sur Philippe. Les faits donnaient raison à cette femme restée provinciale : Philippe, son enfant préféré, n'était-il pas enfin le grand homme de la famille ? elle voyait dans les premières fautes de ce garçon les écarts du génie ; Joseph, de qui les productions la trouvaient insensible, car elle les voyait trop dans leurs langes pour les admirer achevées, ne lui paraissait pas plus avancé en 1828 qu'en 1816. Le pauvre Joseph devait de l'argent, il pliait sous le poids de ses dettes, *il avait pris un état ingrat, qui ne rapportait rien.* Enfin, Agathe ne concevait pas pourquoi l'on avait donné la décoration à Joseph. Philippe devenu comte, Philippe assez fort pour ne plus aller au jeu, l'invité des fêtes de Madame, ce brillant colonel qui, dans les revues ou dans les cortéges, défilait revêtu d'un magnifique costume et chamarré de deux cordons rouges, réalisait les rêves maternels d'Agathe. Un jour de cérémonie publique, Philippe avait effacé l'odieux spectacle de sa misère sur le quai de l'École, en passant devant sa mère au même endroit, en avant du Dauphin, avec des aigrettes à son schapska, avec un dolman brillant d'or et de fourrures ! Devenue pour l'artiste une espèce de sœur grise dévouée, Agathe ne se sentait mère que pour l'audacieux aide-de-camp de Son Altesse Royale Monseigneur le Dauphin ! Fière de Philippe, elle lui devrait bientôt l'aisance, elle oubliait que le bureau de loterie dont elle vivait lui venait de Joseph.

Un jour, Agathe vit son pauvre artiste si tourmenté par le total du mémoire de son marchand de couleurs que, tout en maudissant les Arts, elle voulut le libérer de ses dettes. La pauvre femme, qui tenait la maison avec les gains de son bureau de loterie, se gardait bien de jamais demander un liard à Joseph. Aussi n'avait-elle pas d'argent; mais elle comptait sur le bon cœur et sur la bourse de Philippe. Elle attendait, depuis trois ans, de jour en jour, la visite de son fils; elle le voyait lui apportant une somme énorme, et jouissait par avance du plaisir qu'elle aurait à la donner à Joseph, dont l'opinion sur Philippe était toujours aussi invariable que celle de Desroches.

A l'insu de Joseph, elle écrivit donc à Philippe la lettre suivante :

« A Monsieur le comte de Brambourg.

» Mon cher Philippe, tu n'as pas accordé le plus petit souvenir à
» ta mère en cinq ans! Ce n'est pas bien. Tu devrais te rappeler un
» peu le passé, ne fût-ce qu'à cause de ton excellent frère. Au-
» jourd'hui Joseph est dans le besoin, tandis que tu nages dans
» l'opulence; il travaille pendant que tu voles de fêtes en fêtes. Tu
» possèdes à toi seul la fortune de mon frère. Enfin, tu aurais, à en-
» tendre le petit Borniche, deux cent mille livres de rente. Eh!
» bien, viens voir Joseph? Pendant ta visite, mets dans la tête de
» mort une vingtaine de billets de mille francs : tu nous les dois,
» Philippe; néanmoins, ton frère se croira ton obligé, sans comp-
» ter le plaisir que tu feras à ta mère

» Agathe BRIDAU (née Rouget). »

Deux jours après, la servante apporta dans l'atelier, où la pauvre Agathe venait de déjeuner avec Joseph, la terrible lettre suivante :

« Ma chère mère, on n'épouse pas mademoiselle Amélie de Sou-
» langes en lui apportant des coquilles de noix, quand, sous le nom
» de comte de Brambourg, il y a celui de

» Votre fils,

» PHILIPPE BRIDAU. »

En se laissant aller presque évanouie sur le divan de l'atelier, Agathe lâcha la lettre. Le léger bruit que fit le papier en tombant, et la sourde mais horrible exclamation d'Agathe, causèrent un sursaut à Joseph qui, dans ce moment, avait oublié sa mère, car il brossait avec rage une esquisse, il pencha la tête en dehors de sa toile pour voir ce qui arrivait. A l'aspect de sa mère étendue, le peintre lâcha palette et brosses, et alla relever une espèce de cadavre! Il prit Agathe dans ses bras, la porta sur son lit dans son appartement, et envoya chercher son ami Bianchon par la servante. Aussitôt que Joseph put questionner sa mère, elle avoua sa lettre à Philippe et la réponse qu'elle avait reçue de lui. L'artiste alla ramasser cette réponse dont la concise brutalité venait de briser le cœur délicat de cette pauvre mère, en y renversant le pompeux édifice élevé par sa préférence maternelle. Joseph, revenu près du lit de sa mère, eut l'esprit de se taire. Il ne parla point de son frère pendant les trois semaines que dura, non pas la maladie, mais l'agonie de cette pauvre femme. En effet, Bianchon, qui vint tous les jours et soigna la malade avec le dévouement d'un ami véritable, avait éclairé Joseph dès le premier jour.

— A cet âge, lui dit-il, et dans les circonstances où ta mère va se trouver, il ne faut songer qu'à lui rendre la mort le moins amère possible.

Agathe se sentit d'ailleurs si bien appelée par Dieu qu'elle réclama, le lendemain même, les soins religieux du vieil abbé Loraux, son confesseur depuis vingt-deux ans. Aussitôt qu'elle fut seule avec lui, quand elle eut versé dans ce cœur tous ses chagrins, elle redit ce qu'elle avait dit à sa marraine et ce qu'elle disait toujours.

— En quoi donc ai-je pu déplaire à Dieu? Ne l'aimé-je pas de toute mon âme? N'ai-je pas marché dans le chemin du salut? Quelle est ma faute? Et si je suis coupable d'une faute que j'ignore, ai-je encore le temps de la réparer?

— Non, dit le vieillard d'une voix douce. Hélas! votre vie paraît être pure et votre âme semble être sans tache; mais l'œil de Dieu, pauvre créature affligée, est plus pénétrant que celui de ses ministres! J'y vois clair un peu trop tard, car vous m'avez abusé moi-même.

En entendant ces mots prononcés par une bouche qui n'avait eu jusqu'alors que des paroles de paix et de miel pour elle, Agathe se dressa sur son lit en ouvrant des yeux pleins de terreur et d'inquiétude.

— Dites! dites, s'écria-t-elle.

— Consolez-vous! reprit le vieux prêtre. A la manière dont vous êtes punie, on peut prévoir le pardon. Dieu n'est sévère ici-bas que pour ses élus. Malheur à ceux dont les méfaits trouvent des hasards favorables, ils seront repétris dans l'Humanité jusqu'à ce qu'ils soient durement punis à leur tour pour de simples erreurs, quand ils arriveront à la maturité des fruits célestes. Votre vie, ma fille, n'a été qu'une longue faute. Vous tombez dans la fosse que vous vous êtes creusée, car nous ne manquons que par le côté que nous avons affaibli en nous. Vous avez donné votre cœur à un monstre en qui vous avez vu votre gloire, et vous avez méconnu celui de vos enfants en qui est votre gloire véritable! Vous avez été si profondément injuste que vous n'avez pas remarqué ce contraste si frappant : vous tenez votre existence de Joseph, tandis que votre autre fils vous a constamment pillée. Le fils pauvre, qui vous aime sans être récompensé par une tendresse égale, vous apporte votre pain quotidien ; tandis que le riche, qui n'a jamais songé à vous et qui vous méprise, souhaite votre mort.

— Oh ! pour cela !... dit-elle.

— Oui, reprit le prêtre, vous gênez par votre humble condition les espérances de son orgueil... Mère, voilà vos crimes ! Femme, vos souffrances et vos tourments vous annoncent que vous jouirez de la paix du Seigneur. Votre fils Joseph est si grand que sa tendresse n'a jamais été diminuée par les injustices de votre préférence maternelle, aimez-le donc bien ! donnez-lui tout votre cœur pendant ces derniers jours ; enfin, priez pour lui, moi je vais aller prier pour vous.

Dessillés par de si puissantes mains, les yeux de cette mère embrassèrent par un regard rétrospectif le cours de sa vie. Éclairée par ce trait de lumière, elle aperçut ses torts involontaires et fondit en larmes. Le vieux prêtre se sentit tellement ému par le spectacle de ce repentir d'une créature en faute, uniquement par ignorance, qu'il sortit pour ne pas laisser voir sa pitié. Joseph rentra dans la chambre de sa mère environ deux heures après le départ du confesseur. Il était allé chez un de ses amis emprunter l'argent nécessaire au payement de ses dettes les plus pressées, et il rentra sur la pointe du pied, en croyant Agathe endormie. Il put donc se mettre dans son fauteuil sans être vu de la malade.

Un sanglot entrecoupé par ces mots : — Me pardonnera-t-il? fit lever Joseph qui eut la sueur dans le dos, car il crut sa mère en proie au délire qui précède la mort.

— Qu'as-tu, ma mère? lui dit-il effrayé de voir les yeux rougis de pleurs et la figure accablée de la malade.

— Ah! Joseph! me pardonneras-tu, mon enfant? s'écria-t-elle.
— Eh! quoi? dit l'artiste.
— Je ne t'ai pas aimé comme tu méritais de l'être...
— En voilà une charge? s'écria-t-il. Vous ne m'avez pas aimé?... Depuis sept ans ne vivons-nous pas ensemble? Depuis sept ans n'es-tu pas ma femme de ménage? Est-ce que je ne te vois pas tous les jours? Est-ce que je n'entends pas ta voix? Est-ce que tu n'es pas la douce et l'indulgente compagne de ma vie misérable? Tu ne comprends pas la peinture?... Eh! mais ça ne se donne pas! Et moi qui disais hier à Grassou : — Ce qui me console au milieu de mes luttes, c'est d'avoir une bonne mère; elle est ce que doit être la femme d'un artiste, elle a soin de tout, elle veille à mes besoins matériels sans faire le moindre embarras...

— Non, Joseph, non, tu m'aimais, toi! et je ne te rendais pas tendresse pour tendresse. Ah! comme je voudrais vivre!... donne-moi ta main?...

Agathe prit la main de son fils, la baisa, la garda sur son cœur, et le contempla pendant long-temps en lui montrant l'azur de ses yeux resplendissant de la tendresse qu'elle avait réservée jusqu'alors à Philippe. Le peintre, qui se connaissait en expression, fut si frappé de ce changement, il vit si bien que le cœur de sa mère s'ouvrait pour lui, qu'il la prit dans ses bras, la tint pendant quelques instants serrée, en disant comme un insensé : — O ma mère! ma mère!

— Ah! je me sens pardonnée! dit-elle. Dieu doit confirmer le pardon d'un enfant à sa mère!

— Il te faut du calme, ne te tourmente pas, voilà qui est dit : je me sens aimé pendant ce moment pour tout le passé, s'écria Joseph en replaçant sa mère sur l'oreiller.

Pendant les deux semaines que dura le combat entre la vie et la mort chez cette sainte créature, elle eut pour Joseph des regards, des mouvements d'âme et des gestes où éclatait tant d'amour qu'il semblait que, dans chacune de ses effusions, il y eût toute une vie.... La mère ne pensait plus qu'à son fils, elle se comptait pour rien; et, soutenue par son amour, elle ne sentait plus ses souffrances. Elle eut de ces mots naïfs comme en ont les enfants. D'Arthez, Michel Chrestien, Fulgence Ridal, Pierre Grassou, Bianchon venaient tenir compagnie à Joseph, et discutaient souvent à voix basse dans la chambre de la malade.

— Oh! comme je voudrais savoir ce que c'est que la couleur! s'écria-t-elle un soir en entendant une discussion sur un tableau.

De son côté, Joseph fut sublime pour sa mère; il ne quitta pas la chambre, il dorlotait Agathe dans son cœur, il répondait à cette tendresse par une tendresse égale. Ce fut pour les amis de ce grand peintre un de ces beaux spectacles qui ne s'oublient jamais. Ces hommes qui tous offraient l'accord d'un vrai talent et d'un grand caractère furent pour Joseph et pour sa mère ce qu'ils devaient être : des anges qui priaient, qui pleuraient avec lui, non pas en disant des prières et répandant des pleurs; mais en s'unissant à lui par la pensée et par l'action. En artiste aussi grand par le sentiment que par le talent, Joseph devina, par quelques regards de sa mère, un désir enfoui dans ce cœur, et dit un jour à d'Arthez : — Elle a trop aimé ce brigand de Philippe pour ne pas vouloir le revoir avant de mourir...

Joseph pria Bixiou, qui se trouvait lancé dans le monde bohémien que fréquentait parfois Philippe, d'obtenir de cet infâme parvenu qu'il jouât, par pitié, la comédie d'une tendresse quelconque afin d'envelopper le cœur de cette pauvre mère dans un linceul brodé d'illusions. En sa qualité d'observateur et de railleur misanthrope, Bixiou ne demanda pas mieux que de s'acquitter d'une semblable mission. Quand il eut exposé la situation d'Agathe au comte de Brambourg qui le reçut dans une chambre à coucher tendue en damas de soie jaune, le colonel se mit à rire.

— Eh! que diable veux-tu que j'aille faire là? s'écria-t-il. Le seul service que puisse me rendre la bonne femme est de crever le plus tôt possible, car elle ferait une triste figure à mon mariage avec mademoiselle de Soulanges. Moins j'aurai de famille, meilleure sera ma position. Tu comprends très-bien que je voudrais enterrer le nom de Bridau sous tous les monuments funéraires du Père-Lachaise!.... Mon frère m'assassine en produisant mon vrai nom au grand jour! Tu as trop d'esprit pour ne pas être à la hauteur de ma situation, toi! Voyons?... si tu devenais député, tu as une fière *platine,* tu serais craint comme Chauvelin, et tu pourrais être fait comte Bixiou, Directeur des Beaux-Arts. Arrivé là, serais-tu content, si ta grand'mère Descoings vivait encore, d'avoir à tes côtés cette brave femme qui ressemblait à une madame Saint-Léon? lui donnerais-tu le bras aux Tuileries? la présenterais-tu à la famille noble où tu tâchererais alors d'entrer? Tu souhaiterais, sacrebleu! la voir à six pieds sous terre, calfeutrée dans une chemise de plomb. Tiens, déjeune avec moi, et parlons d'autre chose. Je suis un parvenu, mon cher, je le sais. Je ne veux pas laisser voir mes langes!... Mon fils, lui, sera plus heureux que moi, il sera grand seigneur. Le drôle souhaitera ma mort, je m'y attends bien, ou il ne sera pas mon fils.

Il sonna, vint le valet de chambre auquel il dit : — Mon ami déjeune avec moi, sers-nous un petit déjeuner fin.

— Le beau monde ne te verrait pourtant pas dans la chambre de ta mère, reprit Bixiou. Qu'est-ce que cela te coûterait d'avoir l'air d'aimer la pauvre femme pendant quelques heures?...

— Ouitch! dit Philippe en clignant de l'œil, tu viens de leur part. Je suis un vieux chameau qui se connaît en génuflexions. Ma mère veut, à propos de son dernier soupir, me tirer une carotte pour Joseph!... Merci.

Quand Bixiou raconta cette scène à Joseph, le pauvre peintre eut froid jusque dans l'âme.

— Philippe sait-il que je suis malade? dit Agathe d'une voix dolente le soir même du jour où Bixiou rendit compte de sa mission.

Joseph sortit étouffé par ses larmes. L'abbé Loraux, qui se trouvait au chevet de sa pénitente, lui prit la main, la lui serra, puis il répondit : — Hélas! mon enfant, vous n'avez jamais eu qu'un fils!...

En entendant ce mot qu'elle comprit, Agathe eut une crise par laquelle commença son agonie. Elle mourut vingt heures après.

Dans le délire qui précéda sa mort, ce mot : — De qui donc Philippe tient-il?... lui échappa.

Joseph mena seul le convoi de sa mère. Philippe était allé, pour affaire de service, à Orléans, chassé de Paris par la lettre suivante que Joseph lui écrivit au moment où leur mère rendait le dernier soupir :

« Monstre, ma pauvre mère est morte du saisissement que ta
» lettre lui a causé, prends le deuil; mais fais-toi malade : je ne
» veux pas que son assassin soit à mes côtés devant son cercueil.

» JOSEPH B. »

Le peintre, qui ne se sentit plus le courage de peindre, quoique peut-être sa profonde douleur exigeât l'espèce de distraction mécanique apportée par le travail, fut entouré de ses amis qui s'entendirent pour ne jamais le laisser seul. Donc, Bixiou, qui aimait Joseph autant qu'un railleur peut aimer quelqu'un, faisait, quinze jours après le convoi, partie des amis groupés dans l'atelier. En ce moment, la servante entra brusquement et remit à Joseph cette lettre apportée, dit-elle, par une vieille femme qui attendait une réponse chez le portier.

« Monsieur,

» Vous à qui je n'ose donner le nom de frère, je dois m'adresser
» à vous, ne fût-ce qu'à cause du nom que je porte...

Joseph tourna la page et regarda la signature au bas du dernier recto. Ces mots : *comtesse Flore de Brambourg*, le firent frissonner, car il pressentit quelque horreur inventée par son frère.

— Ce brigand-là, dit-il, *ferait* le diable *au même !* Et ça passe pour un homme d'honneur ! Et ça se met un tas de coquillages autour du cou ! Et ça fait la roue à la cour au lieu d'être étendu sur la roue ! Et ce roué se nomme monsieur le comte !

— Et il y en a beaucoup comme ça ! dit Bixiou.

— Après ça ! cette Rabouilleuse mérite bien d'être rabouillée à son tour, reprit Joseph, elle ne vaut pas la gale, elle m'aurait fait couper le cou comme à un poulet, sans dire : Il est innocent !..

Au moment où Joseph jetait la lettre, Bixiou la rattrapa lestement et la lut à haute voix...

» Est-il convenable que madame la comtesse Bridau de Bram-
» bourg, quels que puissent être ses torts, aille mourir à l'hôpital ?
» Si tel est mon destin, si telle est la volonté de monsieur le comte
» et la vôtre, qu'elle s'accomplisse ; mais alors, vous qui êtes l'ami
» du docteur Bianchon, obtenez-moi sa protection pour entrer dans
» un hôpital. La personne qui vous apportera cette lettre, mon-
» sieur, est allée onze jours de suite à l'hôtel de Brambourg, rue de
» Clichy, sans pouvoir obtenir un secours de mon mari. L'état dans
» lequel je suis ne me permet pas de faire appeler un avoué afin
» d'entreprendre d'obtenir judiciairement ce qui m'est dû pour
» mourir en paix. D'ailleurs, rien ne peut me sauver, je le sais.
» Aussi, dans le cas où vous ne voudriez pas vous occuper de votre
» malheureuse belle-sœur, donnez-moi l'argent nécessaire pour
» avoir de quoi mettre fin à mes jours ; car, je le vois, monsieur vo-
» tre frère veut ma mort, il l'a toujours voulue. Quoiqu'il m'ait dit
» qu'il avait trois moyens sûrs pour tuer une femme, je n'ai pas eu
» l'intelligence de prévoir celui dont il s'est servi.

BIXIOU.

Votre nom? dit Joseph, pendant que Bixiou croquait la femme appuyée sur un parapluie, etc., etc.

UN MÉNAGE DE GARÇON.

» Dans le cas où vous voudriez m'honorer d'un secours, et juger
» par vous-même de la misère où je suis, je demeure rue du Hous-
» say, au coin de la rue Chantereine, au cinquième. Si demain je
» ne paye pas mes loyers arriérés, il faut sortir ! Et où aller, mon-
» sieur ?.. Puis-je me dire

» Votre belle-sœur,
» Comtesse FLORE DE BRAMBOURG. »

— Quelle fosse pleine d'infamies! dit Joseph, qu'est-ce qu'il y a là-dessous ?

— Faisons d'abord venir la femme, ça doit être une fameuse préface de l'histoire, dit Bixiou.

Un instant après, apparut une femme que Bixiou désigna par ces mots : des guenilles qui marchent! C'était, en effet, un tas de linge et de vieilles robes les unes sur les autres, bordées de boue à cause de la saison, tout cela monté sur de grosses jambes à pieds épais, mal enveloppés de bas rapiécés et de souliers qui dégorgeaient l'eau par leurs lézardes. Au-dessus de ce monceau de guenilles s'élevait une de ces têtes que Charlet a données à ses balayeuses, et caparaçonnée d'un affreux foulard usé jusque dans ses plis.

— Votre nom? dit Joseph pendant que Bixiou croquait la femme appuyée sur un parapluie de l'an II de la République.

— Madame Gruget, pour vous servir. J'ai *évu* des rentes, mon petit monsieur, dit-elle à Bixiou dont le rire sournois l'offensa. Si ma pôv'fille n'avait pas eu l'accident d'aimer trop quelqu'un, je serais autrement que me voilà. Elle s'est jetée à l'eau, sous votre respect, ma pôv'Ida ! J'ai donc *évu* la bêtise de nourrir un quaterne; c'est pourquoi, mon cher monsieur, à soixante-dix-sept ans, je garde les malades à raison de dix sous par jour, et nourrie...

— Pas habillée! dit Bixiou. Ma grand'mère s'habillait, elle! en nourrissant son petit bonhomme de terne.

— Mais, sur mes dix sous, il faut payer un garni...

— Qu'est-ce qu'elle a, la dame que vous gardez?

— Elle n'a rien, monsieur, en fait de monnaie, s'entend ! car elle a une maladie à faire trembler les médecins... Elle me doit soixante jours, voilà pourquoi je continue à la garder. Le mari, qui est un comte, car elle est comtesse, me payera sans doute mon mémoire quand elle sera morte; *pour lorsse*, je lui ai donc avancé tout ce que j'avais... mais je n'ai plus rien : j'ai mis tous mes effets au *mau pi-é-té!*.. Elle me doit quarante-sept francs douze sous, outre mes trente francs de garde ; et, comme elle veut se faire périr avec du charbon : Ça n'est pas bien, que je lui dis... *même* que j'ai dit à la portière de la veiller pendant que je m'absente, parce qu'elle est *capabe* de se jeter par la croisée.

— Mais qu'a-t-elle? dit Joseph.

— Ah ! monsieur, le médecin des sœurs est venu, mais rapport à la maladie, fit madame Gruget en prenant un air pudibond, il a dit qu'il fallait la porter à l'hospice... le cas est mortel.

— Nous y allons, fit Bixiou.

— Tenez, dit Joseph, voilà dix francs.

Après avoir plongé la main dans la fameuse tête de mort pour prendre toute sa monnaie, le peintre alla rue Mazarine, monta dans un fiacre, et se rendit chez Bianchon qu'il trouva très-heureusement chez lui ; pendant que, de son côté, Bixiou courait, rue de Bussy, chercher leur ami Desroches. Les quatre amis se retrouvèrent une heure après rue du Houssay.

— Ce Méphistophélès à cheval nommé Philippe Bridau, dit Bixiou à ses trois amis en montant l'escalier, a drôlement mené sa barque pour se débarrasser de sa femme. Vous savez que notre ami Lousteau, très-heureux de recevoir un billet de mille francs par mois de Philippe, a maintenu madame Bridau dans la société de Florine, de Mariette, de Tullia, de la Val-Noble. Quand Philippe a vu sa Rabouilleuse habituée à la toilette et aux plaisirs coûteux, il ne lui a plus donné d'argent, et l'a laissée s'en procurer... vous comprenez comment? Philippe, au bout de dix-huit mois, a fait ainsi descendre sa femme, de trimestre en trimestre, toujours un peu plus bas ; enfin, au moyen d'un jeune sous-officier superbe, il lui a donné le goût des liqueurs. A mesure qu'il s'élevait, sa femme descendait, et la comtesse est maintenant dans la boue. Cette fille, née aux champs, a la vie dure, je ne sais pas comment Philippe s'y est pris pour se débarrasser d'elle. Je suis curieux d'étudier ce petit drame-là, car j'ai à me venger du camarade. Hélas ! mes amis ! dit Bixiou d'un ton qui laissait ses trois compagnons dans le doute s'il plaisantait ou s'il parlait sérieusement, il suffit de livrer un homme à un vice pour se défaire de lui. *Elle aimait trop le bal et c'est ce qui l'a tuée !....* a dit Hugo. Voilà ! Ma grand'mère aimait la loterie et Philippe l'a tuée par la loterie ! Le père Rouget aimait la gaudriole et Lolotte l'a tué ! Madame Bridau, pauvre femme, aimait Philippe, elle a péri par lui !... Le Vice ! le

MADAME GRUGET.

... Des guenilles qui marchent! C'était, en effet, un tas de linge
et de vieilles robes les unes sur les autres; etc.

Vice! mes amis!.... Savez-vous ce qu'est le Vice? c'est le Bonneau de la Mort!

— Tu mourras donc d'une plaisanterie! dit en souriant Desroches à Bixiou.

A partir du quatrième étage, les jeunes gens montèrent un de ces escaliers droits qui ressemblent à des échelles, et par lesquels on grimpe à certaines mansardes dans les maisons de Paris. Quoique Joseph, qui avait vu Flore si belle, s'attendît à quelque affreux contraste, il ne pouvait pas imaginer le hideux spectacle qui s'offrit à ses yeux d'artiste. Sous l'angle aigu d'une mansarde, sans papier de tenture, et sur un lit de sangle dont le maigre matelas était rempli de bourre peut-être, les trois jeunes gens aperçurent une femme, verte comme une noyée de deux jours, et maigre comme l'est une étique deux heures avant sa mort. Ce cadavre infect avait une méchante rouennerie à carreaux sur sa tête dépouillée de cheveux. Le tour des yeux caves était rouge et les paupières étaient comme des pellicules d'œuf. Quant à ce corps, jadis si ravissant, il n'en restait qu'une ignoble ostéologie. A l'aspect des visiteurs, Flore serra sur sa poitrine un lambeau de mousseline qui avait dû être un petit rideau de croisée, car il était bordé de rouille par le fer de la tringle. Les jeunes gens virent pour tout mobilier deux chaises, une méchante commode sur laquelle une chandelle était fichée dans une pomme de terre, des plats épars sur le carreau, et un fourneau de terre dans le coin d'une cheminée sans feu. Bixiou remarqua le reste du cahier de papier acheté chez l'épicier pour écrire la lettre que les deux femmes avaient sans doute ruminée en commun. Le mot dégoûtant ne serait que le positif dont le superlatif n'existe pas et avec lequel il faudrait exprimer l'impression causée par cette misère. Quand la moribonde aperçut Joseph, deux grosses larmes roulèrent sur ses joues.

— Elle peut encore pleurer! dit Bixiou. Voilà un spectacle un peu drôle : des larmes sortant d'un jeu de dominos! Ça nous explique le miracle de Moïse.

— Est-elle assez desséchée?... dit Joseph.

— Au feu du repentir, dit Flore. Eh! je ne peux pas avoir de prêtre, je n'ai rien, pas même un crucifix pour voir l'image de Dieu!... Ah! monsieur, s'écria-t-elle en levant ses bras qui ressemblaient à deux morceaux de bois sculpté, je suis bien coupable, mais Dieu n'a jamais puni personne comme je le suis!... Philippe a tué Max qui m'avait conseillé des choses horribles, et *il* me tue aussi. Dieu se sert de *lui* comme d'un fléau !... Conduisez-vous bien, car nous avons tous notre Philippe.

— Laissez-moi seul avec elle, dit Bianchon, que je sache si la maladie est guérissable.

— Si on la guérissait, Philippe Bridau crèverait de rage, dit Desroches ; aussi vais-je faire constater l'état dans lequel se trouve sa femme ; il ne l'a pas fait condamner comme adultère, elle jouit de tous ses droits d'épouse ; il aura le scandale d'un procès. Nous allons d'abord faire transporter madame la comtesse dans la maison de santé du docteur Dubois, rue du Faubourg-Saint-Denis ; elle y sera soignée avec luxe. Puis, je vais assigner le comte en réintégration du domicile conjugal.

— Bravo, Desroches ! s'écria Bixiou. Quel plaisir d'inventer du bien qui fera tant de mal !

Dix minutes après, Bianchon descendit et dit à ses deux amis :
— Je cours chez Desplein, il peut sauver cette femme par une opération. Ah ! il va bien la faire soigner, car l'abus des liqueurs a développé chez elle une magnifique maladie qu'on croyait perdue.

— Farceur de médecin, va ! Est-ce qu'il n'y a qu'une maladie ? demanda Bixiou.

Mais Bianchon était déjà dans la cour, tant il avait hâte d'annoncer à Desplein cette grande nouvelle. Deux heures après, la malheureuse belle-sœur de Joseph fut conduite dans l'hospice décent créé par le docteur Dubois et qui fut, plus tard, acheté par la Ville de Paris. Trois semaines après, la *Gazette des Hôpitaux* contenait le récit d'une des plus audacieuses tentatives de la chirurgie moderne sur une malade désignée par les initiales F. B. Le sujet succomba, bien plus à cause de l'état de faiblesse où l'avait mis la misère que par les suites de l'opération. Aussitôt, le colonel comte de Brambourg alla voir le comte de Soulanges, en grand deuil, et l'instruisit de la *perte douloureuse* qu'il venait de faire. On se dit à l'oreille dans le grand monde que le comte de Soulanges mariait sa fille à un parvenu de grand mérite qui devait être nommé maréchal-de-camp et colonel d'un régiment de la Garde Royale. De Marsay donna cette nouvelle à Rastignac qui en causa dans un souper au Rocher de Cancale où se trouvait Bixiou.

— Cela ne se fera pas ! se dit en lui-même le spirituel artiste.

Si, parmi les amis que Philippe méconnut, quelques-uns, comme

Giroudeau, ne pouvaient se venger, il avait eu la maladresse de blesser Bixiou qui, grâce à son esprit, était reçu partout, et qui ne pardonnait guère. En plein Rocher de Cancale, devant des gens sérieux qui soupaient, Philippe avait dit à Bixiou qui lui demandait à venir à l'hôtel de Brambourg : — Tu viendras chez moi quand tu seras ministre !...

— Faut-il me faire protestant pour aller chez toi ? répondit Bixiou en badinant ; mais il se dit en lui-même : — Si tu es un Goliath, j'ai ma fronde et je ne manque pas de cailloux.

Le lendemain, le mystificateur s'habilla chez un acteur de ses amis et fut métamorphosé, par la toute-puissance du costume, en un prêtre à lunettes vertes qui se serait sécularisé ; puis, il prit un remise et se fit conduire à l'hôtel de Soulanges. Bixiou, traité de farceur par Philippe, voulait lui jouer une farce. Admis par monsieur de Soulanges, sur son insistance à vouloir parler d'une affaire grave, Bixiou joua le personnage d'un homme vénérable chargé de secrets importants. Il raconta, d'un son de voix factice, l'histoire de la maladie de la comtesse morte dont l'horrible secret lui avait été confié par Bianchon, l'histoire de la mort d'Agathe, l'histoire de la mort du bonhomme Rouget dont s'était vanté le comte de Brambourg, l'histoire de la mort de la Descoings, l'histoire de l'emprunt fait à la caisse du journal et l'histoire des mœurs de Philippe dans ses mauvais jours,

— Monsieur le comte, ne lui donnez votre fille qu'après avoir pris tous vos renseignements ; interrogez ses anciens camarades, Bixiou, le capitaine Giroudeau, etc.

Trois mois après, le colonel comte de Brambourg donnait à souper chez lui à du Tillet, à Nucingen, à Rastignac, à Maxime de Trailles et à de Marsay. L'amphitryon acceptait très-insouciamment les propos à demi consolateurs que ses hôtes lui adressaient sur sa rupture avec la maison de Soulanges.

— Tu peux trouver mieux, lui disait Maxime.

— Quelle fortune faudrait-il pour épouser une demoiselle de Grandlieu ? demanda Philippe à de Marsay.

— A vous ?... on ne donnerait pas là plus laide des six à moins de dix millions, répondit insolemment de Marsay.

— Bah ! dit Rastignac, avec deux cent mille livres de rente, vous auriez mademoiselle de Langeais, la fille du marquis ; elle est laide, elle a trente ans, et pas un sou de dot : ça doit vous aller.

— J'aurai dix millions dans deux ans d'ici, répondit Philippe Bridau.

— Nous sommes au 16 janvier 1829 ! s'écria du Tillet en souriant. Je travaille depuis dix ans, et je ne les ai pas, moi !...

— Nous nous conseillerons l'un l'autre, et vous verrez comment j'entends les finances, répondit Bridau.

— Que possédez-vous, en tout? demanda Nucingen.

— En vendant mes rentes, en exceptant ma terre et mon hôtel que je ne puis et ne veux pas risquer, car ils sont compris dans mon majorat, je ferai bien une masse de trois millions...

Nucingen et du Tillet se regardèrent ; puis, après ce fin regard, du Tillet dit à Philippe : — Mon cher comte, nous travaillerons ensemble si vous voulez.

De Marsay surprit le regard que du Tillet avait lancé à Nucingen et qui signifiait : — A nous les millions.

En effet, ces deux personnages de la haute banque étaient placés au cœur des affaires politiques de manière à pouvoir jouer à la Bourse, dans un temps donné, comme à coup sûr, contre Philippe quand toutes les probabilités lui sembleraient être en sa faveur, tandis qu'elles seraient pour eux. Et le cas arriva. En juillet 1830, du Tillet et Nucingen avaient déjà fait gagner quinze cent mille francs au comte de Brambourg, qui ne se défia plus d'eux en les trouvant loyaux et de bon conseil. Philippe, parvenu par la faveur de la Restauration, trompé surtout par son profond mépris pour les *Péquins*, crut à la réussite des Ordonnances et voulut jouer à la Hausse ; tandis que Nucingen et du Tillet, qui crurent à une révolution, jouèrent à la Baisse contre lui. Ces deux fins compères abondèrent dans le sens du colonel comte de Brambourg et eurent l'air de partager ses convictions, ils lui donnèrent l'espoir de doubler ses millions et se mirent en mesure de les lui gagner. Philippe se battit comme un homme pour qui la victoire valait quatre millions. Son dévouement fut si remarqué, qu'il reçut l'ordre de revenir à Saint-Cloud avec le duc de Maufrigneuse pour y tenir conseil. Cette marque de faveur sauva Philippe ; car il voulait, le 28 juillet, faire une charge pour balayer les boulevards, et il eût sans doute reçu quelque balle envoyée par son ami Giroudeau, qui commandait une division d'assaillants.

Un mois après, le colonel Bridau ne possédait plus de son immense fortune que son hôtel, sa terre, ses tableaux et son mobilier. Il commit de plus, dit-il, la sottise de croire au rétablissement de la branche aînée, à laquelle il fut fidèle jusqu'en 1834. En voyant Giroudeau colonel, une jalousie assez compréhensible fit reprendre du service à Philippe qui, malheureusement, obtint en 1835 un régiment dans l'Algérie où il resta trois ans au poste le plus périlleux, espérant obtenir les épaulettes de général ; mais une influence malicieuse, celle du général Giroudeau, le laissait là. Devenu dur, Philippe outra la sévérité du service, et fut détesté, malgré sa bravoure à la Murat. Au commencement de la fatale année 1839, en faisant un retour offensif sur les Arabes pendant une retraite devant des forces supérieures, il s'élança contre l'ennemi, suivi seulement d'une compagnie qui tomba dans un gros d'Arabes. Le combat fut sanglant, affreux, d'homme à homme, et les cavaliers français ne se débarrassèrent qu'en petit nombre. En s'apercevant que leur colonel était cerné, ceux qui se trouvèrent à distance ne jugèrent pas à propos de périr inutilement en essayant de le dégager. Ils entendirent ces mots : — *Votre colonel ! à moi ! un colonel de l'Empire !* suivis de hurlements affreux, mais ils rejoignirent le régiment. Philippe eut une mort horrible, car on lui coupa la tête quand il tomba presque haché par les yatagans.

Joseph, marié vers ce temps par la protection du comte de Sérizy à la fille d'un ancien fermier millionnaire, hérita de l'hôtel et de la terre de Brambourg, dont n'avait pu disposer son frère, qui tenait cependant à le priver de sa succession. Ce qui fit le plus de plaisir au peintre, fut la belle collection de tableaux. Joseph, à qui son beau-père, espèce de Hochon rustique, amasse tous les jours des écus, possède déjà soixante mille francs de rente. Quoiqu'il peigne de magnifiques toiles et rende de grands services aux artistes, il n'est pas encore membre de l'Institut. Par suite d'une clause de l'érection du majorat, il se trouve comte de Brambourg, ce qui le fait souvent pouffer de rire au milieu de ses amis, dans son atelier.

— *Les bons comtes ont les bons habits,* lui dit alors son ami Léon de Lora qui, malgré sa célébrité comme peintre de paysage, n'a pas renoncé à sa vieille habitude de retourner les proverbes, et qui répondit à Joseph à propos de la modestie avec laquelle il avait reçu les faveurs de la destinée : Bah ! *la pépie vient en mangeant !*

Paris, novembre 1842.

LES PARISIENS EN PROVINCE.

(PREMIÈRE HISTOIRE.)

L'ILLUSTRE GAUDISSART.

A MADAME LA DUCHESSE DE CASTRIES.

Le Commis-Voyageur, personnage inconnu dans l'antiquité, n'est-il pas une des plus curieuses figures créées par les mœurs de l'époque actuelle? N'est-il pas destiné, dans un certain ordre de choses, à marquer la grande transition qui, pour les observateurs, soude le temps des exploitations matérielles au temps des exploitations intellectuelles. Notre siècle reliera le règne de la force isolée, abondante en créations originales, au règne de la force uniforme, mais niveleuse, égalisant les produits, les jetant par masses, et obéissant à une pensée unitaire, dernière expression des sociétés. Après les saturnales de l'esprit généralisé, après les derniers efforts de civilisations qui accumulent les trésors de la terre sur un point, les ténèbres de la barbarie ne viennent-ils pas toujours? Le Commis-Voyageur n'est-il pas aux idées ce que nos diligences sont aux choses et aux hommes? il les voiture, les met en mouvement, les fait se choquer les unes aux autres; il prend, dans le centre lumineux, sa charge de rayons et les sème à travers les populations endormies. Ce pyrophore humain est un savant ignorant, un mystificateur mystifié, un prêtre incrédule qui n'en parle que mieux de ses mystères et de ses dogmes.

GAUDISSART

...... Chacun de dire en le voyant : — *Ah! voilà l'illustre Gaudissart!*

Curieuse figure ! Cet homme a tout vu, il sait tout, il connaît tout le monde. Saturé des vices de Paris, il peut affecter la bonhomie de la province. N'est-il pas l'anneau qui joint le village à la capitale, quoique essentiellement il ne soit ni Parisien, ni provincial? car il est voyageur. Il ne voit rien à fond ; des hommes et des lieux, il en apprend les noms; des choses, il en apprécie les surfaces ; il a son mètre particulier pour tout auner à sa mesure ; enfin son regard glisse sur les objets et ne les traverse pas. Il s'intéresse à tout, et rien ne l'intéresse. Moqueur et chansonnier, aimant en apparence tous les partis, il est généralement patriote au fond de l'âme. Excellent mime, il sait prendre tour à tour le sourire de l'affection, du contentement, de l'obligeance, et le quitter pour revenir à son vrai caractère, à un état normal dans lequel il se repose. Il est tenu d'être observateur sous peine de renoncer à son métier. N'est-il pas incessamment contraint de sonder les hommes par un seul regard, d'en deviner les actions, les mœurs, la solvabilité surtout ; et, pour ne pas perdre son temps, d'estimer soudain les chances de succès? aussi l'habitude de se décider promptement en toute affaire le rend-elle essentiellement *jugeur* : il tranche, il parle en maître des théâtres de Paris, de leurs acteurs et de ceux de la province. Puis il connaît les bons et les mauvais endroits de la France, *de actu et visu*. Il vous piloterait au besoin au Vice ou à la Vertu avec la même assurance. Doué de l'éloquence d'un robinet d'eau chaude que l'on tourne à volonté, ne peut-il pas également arrêter et reprendre sans erreur sa collection de phrases préparées qui coulent sans arrêt et produisent sur sa victime l'effet d'une douche morale? Conteur, égrillard, il fume, il boit. Il a des breloques, il impose aux gens de menu, passe pour un milord dans les villages, ne se laisse jamais *embêter*, mot de son argot, et sait frapper à temps sur sa poche pour faire retentir son argent, afin de n'être pas pris pour un voleur par les servantes, éminemment défiantes, des maisons bourgeoises où il pénètre. Quant à son activité, n'est-ce pas la moindre qualité de cette machine humaine ? Ni le milan fondant sur sa proie, ni le cerf inventant de nouveaux détours pour passer sous les chiens et dépister les chasseurs ; ni les chiens subodorant le gibier, ne peuvent être comparés à la rapidité de son vol quand il soupçonne *une commission*, à l'habileté du croc en jambe qu'il donne à son rival pour le devancer, à l'art avec lequel il sent, il flaire et découvre un placement de marchandises. Combien ne faut-il pas à un tel homme de qualités supérieures ! Trouverez-vous, dans un pays, beaucoup de ces diplomates de bas étage, de ces profonds négociateurs parlant au nom des calicots, du bijou, de la draperie, des vins, et souvent plus habiles que les ambassadeurs, qui, la plupart, n'ont que des formes ? Personne en France ne se doute de l'incroyable puissance incessamment déployée par les Voyageurs, ces intrépides affronteurs de négations qui, dans la dernière bourgade, représentent le génie de la civilisation et les inventions parisiennes aux prises avec le bon sens, l'ignorance ou la routine des provinces. Comment oublier ici ces admirables manœuvres qui pétrissent l'intelligence des populations, en traitant par la parole les masses les plus réfractaires, et qui ressemblent à ces infatigables polisseurs dont la lime lèche les porphyres les plus durs ! Voulez-vous connaître le pouvoir de la langue et la haute pression qu'exerce la phrase sur les écus les plus rebelles, ceux du propriétaire enfoncé dans sa bauge campagnarde ;... écoutez le discours d'un des grands dignitaires de l'industrie parisienne au profit desquels trottent, frappent et fonctionnent ces intelligents pistons de la machine à vapeur nommée Spéculation.

— Monsieur, disait à un savant économiste le directeur-caissier-gérant-secrétaire-général et administrateur de l'une des plus célèbres Compagnies d'Assurance contre l'Incendie, monsieur, en province, sur cinq cent mille francs de primes à renouveler, il ne s'en signe pas de plein gré pour plus de cinquante mille francs ; les quatre cent cinquante mille restants nous reviennent ramenés par les instances de nos agents qui vont chez les Assurés retardataires les *embêter*, jusqu'à ce qu'ils aient signé de nouveau leurs chartes d'assurance, en les effrayant et les échauffant par d'épouvantables narrés d'incendies, etc. Ainsi l'éloquence, le flux labial entre pour les neuf dixièmes dans les voies et moyens de notre exploitation.

Parler ! se faire écouter, n'est-ce pas séduire ? Une nation qui a ses deux Chambres, une femme qui prête ses deux oreilles, sont également perdues. Ève et son serpent forment le mythe éternel d'un fait quotidien qui a commencé, qui finira peut-être avec le monde.

— Après une conversation de deux heures, un homme doit être à vous, disait un avoué retiré des affaires.

Tournez autour du Commis-Voyageur ? Examinez cette figure ?

N'en oubliez ni la redingote olive, ni le manteau, ni le col en maroquin, ni la pipe, ni la chemise de calicot à raies bleues. Dans cette figure, si originale qu'elle résiste au frottement, combien de natures diverses ne découvrirez-vous pas? Voyez! quel athlète, quel cirque, quelles armes: lui, le monde et sa langue. Intrépide marin, il s'embarque, muni de quelques phrases, pour aller pêcher cinq à six cent mille francs en des mers glacées, au pays des Iroquois, en France! Ne s'agit-il pas d'extraire, par des opérations purement intellectuelles, l'or enfoui dans les cachettes de province, de l'en extraire sans douleur! Le poisson départemental ne souffre ni le harpon ni les flambeaux, et ne se prend qu'à la nasse, à la seine, aux engins les plus doux. Penserez-vous maintenant sans frémir au déluge des phrases qui recommence ses cascades au point du jour, en France? Vous connaissez le Genre, voici l'Individu.

Il existe à Paris un incomparable Voyageur, le parangon de son espèce, un homme qui possède au plus haut degré toutes les conditions inhérentes à la nature de ses succès. Dans sa parole se rencontre à la fois du vitriol et de la glu: de la glu, pour appréhender, entortiller sa victime et se la rendre adhérente; du vitriol, pour en dissoudre les calculs les plus durs. *Sa partie* était *le chapeau;* mais son talent et l'art avec lequel il savait engluer les gens lui avaient acquis une si grande célébrité commerciale, que les négociants de l'*Article-Paris* lui faisaient tous la cour afin d'obtenir qu'il daignât se charger de leurs commissions. Aussi, quand, au retour de ses marches triomphales, il séjournait à Paris, était-il perpétuellement en noces et festins; en province, les correspondants le choyaient; à Paris, les grosses maisons le caressaient. Bienvenu, fêté, nourri partout; pour lui, déjeuner ou dîner seul était une débauche, un plaisir. Il menait une vie de souverain, ou mieux de journaliste. Mais n'était-il pas le vivant feuilleton du commerce parisien? Il se nommait Gaudissart, et sa renommée, son crédit, les éloges dont il était accablé, lui avaient valu le surnom d'*illustre.* Partout où ce garçon entrait, dans un comptoir comme dans une auberge, dans un salon comme dans une diligence, dans une mansarde comme chez un banquier, chacun de dire en le voyant: — Ah! voilà l'illustre Gaudissart. Jamais nom ne fut plus en harmonie avec la tournure, les manières, la physionomie, la voix, le langage d'aucun homme. Tout souriait au Voyageur et le Voyageur souriait à tout. *Similia similibus,* il était pour l'homœopathie. Calembours, gros rire, figure monacale, teint de cordelier, enveloppe rabelaisienne ; vêtement, corps, esprit, figure s'accordaient pour mettre de la gaudisserie, de la gaudriole en toute sa personne. Rond en affaires, bon homme, rigoleur, vous eussiez reconnu en lui l'homme aimable de la grisette, qui grimpe avec élégance sur l'impériale d'une voiture, donne la main à la dame embarrassée pour descendre du coupé, plaisante en voyant le foulard du postillon, et lui vend un chapeau ; sourit à la servante, la prend ou par la taille ou par les sentiments ; imite à table le gouglou d'une bouteille en se donnant des chiquenaudes sur une joue tendue ; sait faire partir de la bière en insufflant l'air entre ses lèvres ; tape de grands coups de couteau sur les verres à vin de Champagne sans les casser, et dit aux autres : — Faites-en autant ! qui *gouaille* les voyageurs timides, dément les gens instruits, règne à table et y gobe les meilleurs morceaux. Homme fort d'ailleurs, il pouvait quitter à temps toutes ses plaisanteries, et semblait profond au moment où, jetant le bout de son cigare, il disait en regardant une ville : — Je vais voir ce que ces gens-là ont dans le ventre ! Gaudissart devenait alors le plus fin, le plus habile des ambassadeurs. Il savait entrer en administrateur chez le sous-préfet, en capitaliste chez le banquier, en homme religieux et monarchique chez le royaliste, en bourgeois chez le bourgeois ; enfin il était partout ce qu'il devait être, laissait Gaudissart à la porte et le reprenait en sortant.

Jusqu'en 1830, l'illustre Gaudissart était resté fidèle à l'*Article-Paris*. En s'adressant à la majeure partie des fantaisies humaines, les diverses branches de ce commerce lui avaient permis d'observer les replis du cœur, lui avaient enseigné les secrets de son éloquence attractive, la manière de faire dénouer les cordons des sacs les mieux ficelés, de réveiller les caprices des femmes, des maris, des enfants, des servantes, et de les engager à les satisfaire. Nul mieux que lui ne connaissait l'art d'amorcer les négociants par les charmes d'une affaire, et de s'en aller au moment où le désir arrivait à son paroxysme. Plein de reconnaissance envers la chapellerie, il disait que c'était en travaillant l'extérieur de la tête qu'il en avait compris l'intérieur, il avait l'habitude de coiffer les gens, de se jeter à leur tête, etc. Ses plaisanteries sur les chapeaux étaient intarissables. Néanmoins, après août et octobre 1830, il quitta la chapellerie et l'article Paris, laissa les commissions du commerce des choses mécaniques et visibles pour s'élancer dans les sphères les plus élevées de la spéculation parisienne. Il abandonna, disait-il, la matière pour la pensée, les produits manufacturés pour les élaborations infiniment plus pures de l'intelligence. Ceci veut une explication.

Le déménagement de 1830 enfanta, comme chacun le sait, beaucoup de vieilles idées, que d'habiles spéculateurs essayèrent de rajeunir. Depuis 1830, plus spécialement, les idées devinrent des valeurs; et, comme l'a dit un écrivain assez spirituel pour ne rien publier, on vole aujourd'hui plus d'idées que de mouchoirs. Peut-être, un jour, verrons-nous une Bourse pour les idées; mais déjà, bonnes ou mauvaises, les idées se cotent, se récoltent, s'importent, se portent, se vendent, se réalisent et rapportent. S'il ne se trouve pas d'idées à vendre, la Spéculation tâche de mettre des mots en faveur, leur donne la consistance d'une idée, et vit de ses mots comme l'oiseau de ses grains de mil. Ne riez pas! Un mot vaut une idée dans un pays où l'on est plus séduit par l'étiquette du sac que par le contenu. N'avons-nous pas vu la Librairie exploitant le mot *pittoresque*, quand la littérature eut tué le mot *fantastique*. Aussi le Fisc a-t-il deviné l'impôt intellectuel, il a su parfaitement mesurer le champ des Annonces, cadastrer les Prospectus, et peser la pensée, rue de la Paix, hôtel du Timbre. En devenant une exploitation, l'intelligence et ses produits devaient naturellement obéir au mode employé par les exploitations manufacturières. Donc, les idées conçues, après boire, dans le cerveau de quelques-uns de ces Parisiens en apparence oisifs, mais qui livrent des batailles morales en vidant bouteille ou levant la cuisse d'un faisan, furent livrées, le lendemain de leur naissance cérébrale, à des Commis-Voyageurs chargés de présenter avec adresse, *urbi et orbi*, à Paris et en province, le lard grillé des Annonces et des Prospectus, au moyen desquels se prend, dans la souricière de l'entreprise, ce rat départemental, vulgairement appelé tantôt l'abonné, tantôt l'actionnaire, tantôt membre correspondant, quelquefois souscripteur ou protecteur, mais partout un niais.

— Je suis un niais! a dit plus d'un pauvre propriétaire attiré par la perspective d'être *fondateur* de quelque chose, et qui, en définitive, se trouve avoir fondu mille ou douze cents francs.

— Les abonnés sont des niais qui ne veulent pas comprendre que, pour aller en avant dans le royaume intellectuel, il faut plus d'argent que pour voyager en Europe, etc., dit le spéculateur.

Il existe donc un perpétuel combat entre le public retardataire qui se refuse à payer les contributions parisiennes, et les percepteurs qui, vivant de leurs recettes, lardent le public d'idées nouvelles, le bardent d'entreprises, le rôtissent de prospectus, l'embrochent de flatteries, et finissent par le manger à quelque nouvelle sauce dans laquelle il s'empêtre, et dont il se grise, comme une mouche de sa plombagine. Aussi, depuis 1830, que n'a-t-on pas prodigué pour stimuler en France le zèle, l'amour-propre *des masses intelligentes et progressives!* Les titres, les médailles, les diplômes, espèce de Légion-d'Honneur inventée pour le commun des martyrs, se sont rapidement succédé. Enfin toutes les fabriques de produits intellectuels ont découvert un piment, un gingembre spécial, leurs réjouissances. De là les primes, de là les dividendes anticipés; de là cette conscription de noms célèbres levée à l'insu des infortunés artistes qui les portent, et se trouvent ainsi coopérer activement à plus d'entreprises que l'année n'a de jours, car la loi n'a pas prévu le vol des noms. De là ce rapt des idées, que, semblables aux marchands d'esclaves en Asie, les entrepreneurs d'esprit public arrachent au cerveau paternel à peine écloses, et déshabillent et traînent aux yeux de leur sultan hébété, leur *Shahabaham*, ce terrible public qui, s'il ne s'amuse pas, leur tranche la tête en leur retranchant leur picotin d'or.

Cette folie de notre époque vint donc réagir sur l'illustre Gaudissart, et voici comment. Une Compagnie d'Assurances sur la Vie et les Capitaux entendit parler de son irrésistible éloquence, et lui proposa des avantages inouïs, qu'il accepta. Marché conclu, traité signé, le Voyageur fut mis en sevrage chez le secrétaire-général de l'administration qui débarrassa l'esprit de Gaudissart de ses langes, lui commenta les ténèbres de l'affaire, lui en apprit le patois, lui en démonta le mécanisme pièce à pièce, lui anatomisa le public spécial qu'il allait avoir à exploiter, le bourra de phrases, le nourrit de réponses à improviser, l'approvisionna d'arguments péremptoires; et, pour tout dire, aiguisa le fil de la langue qui devait opérer sur la Vie en France. Or, le poupon répondit admirablement aux soins qu'en prit monsieur le secrétaire-général. Les chefs des Assurances sur la Vie et les Capitaux vantèrent si chaudement l'illustre Gaudissart, eurent pour lui tant d'attentions, mirent si bien en lumière, dans la sphère de la haute banque et de la haute diplomatie intellectuelle, les talents de ce prospectus vivant, que les directeurs financiers de deux journaux, célèbres à cette époque et morts depuis, eurent l'idée de l'employer à la récolte des abonnements. Le Globe, organe de la doctrine saint-simonienne, et le Mouvement, journal républicain, attirèrent l'illustre Gaudissart dans leurs comptoirs, et lui proposèrent chacun dix francs par tête d'abonné s'il en rapportait un millier ; mais cinq francs seulement s'il n'en attrapait que cinq cents. La PARTIE *Journal politique* ne nuisant pas à la PARTIE *Assurances de capitaux*, le marché fut conclu. Néanmoins Gaudissart réclama une indemnité de cinq cents francs pour les huit jours pendant lesquels il devait se mettre au fait de la doctrine de Saint-Simon, en objectant les prodigieux efforts de mémoire et d'intelligence nécessaires pour étudier à fond cet *article*, et pouvoir en raisonner convenablement, « de manière, dit-il, à ne pas se mettre dedans. » Il ne demanda rien aux Républicains. D'abord, il inclinait vers les idées républicaines, les seules qui, selon la philosophie Gaudissarde, pussent établir une égalité rationnelle ; puis Gaudissart avait jadis trempé dans les conspirations des Carbonari français, il fut arrêté ; mais relâché faute de preuves ; enfin, il fit observer aux banquiers du journal que depuis Juillet il avait laissé croître ses moustaches, et qu'il ne lui fallait plus qu'une certaine casquette et de longs éperons pour représenter la République. Pendant une semaine, il alla donc se faire saint-simoniser le matin au Globe, et courut apprendre, le soir, dans les bureaux de l'Assurance, les finesses de la langue financière. Son aptitude, sa mémoire étaient si prodigieuses, qu'il put entreprendre son voyage vers le 15 avril, époque à laquelle il faisait chaque année sa première campagne. Deux grosses maisons de commerce, effrayées de la baisse des affaires, séduisirent, dit-on, l'ambitieux Gaudissart, et le déterminèrent à prendre encore leurs commissions. Le roi des Voyageurs se montra clément en considération de ses vieux amis et aussi de la prime énorme qui lui fut allouée.

— Écoute, ma petite Jenny, disait-il en fiacre à une jolie fleuriste.

Tous les vrais grands hommes aiment à se laisser tyranniser par un être faible, et Gaudissart avait dans Jenny son tyran, il la ramenait à onze heures du Gymnase où il l'avait conduite, en grande parure, dans une loge louée à l'avant-scène des premières.

— A mon retour, Jenny, je te meublerai ta chambre, et d'une

manière soignée. La grande Mathilde, qui te scie le dos avec ses comparaisons, ses châles véritables de l'Inde apportés par des courriers d'ambassade russe, son vermeil et son Prince Russe qui m'a l'air d'être un fier *blagueur*, n'y trouvera rien à redire. Je consacre à l'ornement de ta chambre tous les Enfants que je ferai en province.

— Hé! bien, voilà qui est gentil, cria la fleuriste. Comment, monstre d'homme, tu me parles tranquillement de faire des enfants, et tu crois que je te souffrirai ce genre-là?

— Ah! ça, deviens-tu bête, ma Jenny?... C'est une manière de parler dans notre commerce.

— Il est joli, votre commerce!

— Mais écoute donc; si tu parles toujours, tu auras raison.

— Je veux avoir toujours raison! Tiens, tu n'es pas gêné à c't'heure!

— Tu ne veux donc pas me laisser achever? J'ai pris sous ma protection une excellente idée, un journal que l'on va faire pour les Enfants. Dans notre partie, les Voyageurs, quand ils ont fait dans une ville, une supposition, dix abonnements au Journal des Enfants, disent : J'ai fait *dix enfants;* comme si j'y fais dix abonnements au journal le Mouvement, je dirai : J'ai fait ce soir *dix mouvements...* Comprends tu maintenant?

— C'est du propre! Tu te mets donc dans la politique? Je te vois à Sainte-Pélagie, où il faudra que je trotte tous les jours. Ah! quand on aime un homme, si l'on savait à quoi l'on s'engage, ma parole d'honneur, on vous laisserait vous arranger tout seuls, vous autres hommes! Allons, tu pars demain, ne nous fourrons pas dans les papillons noirs; c'est des bêtises.

Le fiacre s'arrêta devant une jolie maison nouvellement bâtie, rue d'Artois, où Gaudissart et Jenny montèrent au quatrième étage. Là demeurait mademoiselle Jenny Courand qui passait généralement pour être secrètement mariée à Gaudissart, bruit que le Voyageur ne démentait pas. Pour maintenir son despotisme, Jenny Courand obligeait l'Illustre Gaudissart à mille petits soins, en le menaçant toujours de le planter là s'il manquait au plus minutieux. Gaudissart devait lui écrire dans chaque ville où il s'arrêtait et lui rendre compte de ses moindres actions.

— Et combien faudra-t-il d'enfants pour meubler ma chambre? dit-elle en jetant son châle et s'asseyant auprès d'un bon feu.

— J'ai cinq sous par abonnement.

— Joli ! Et c'est avec cinq sous que tu prétends me faire riche ! à moins que tu ne *soyes* comme le juif errant et que tu n'aies tes poches bien cousues.

— Mais, Jenny, je ferai des milliers d'enfants. Songe donc que les enfants n'ont jamais eu de journal. D'ailleurs je suis bien bête de vouloir t'expliquer la politique des affaires; tu ne comprends rien à ces choses-là.

— Eh! bien, dis donc, dis donc, Gaudissart, si je suis si bête, pourquoi m'aimes-tu?

— Parce que tu es une bête... sublime! Écoute, Jenny. Vois-tu, si je fais prendre le Globe, le Mouvement, les Assurances et mes articles Paris, au lieu de gagner huit à dix misérables mille francs par an en roulant ma bosse, comme un vrai Mayeux, je suis capable de rapporter vingt à trente mille francs maintenant par voyage.

— Délace-moi, Gaudissart, et va droit, ne me tire pas.

— Alors, dit le Voyageur en regardant le dos poli de la fleuriste, je deviens actionnaire dans les journaux, comme Finot, un de mes amis, le fils d'un chapelier, qui a maintenant trente mille livres de rente, et qui va se faire nommer pair de France ! Quand on pense que le petit Popinot... Ah ! mon Dieu, mais j'oublie de dire que monsieur Popinot est nommé d'hier ministre du Commerce.... Pourquoi n'aurais-je pas de l'ambition, moi ? Hé ! hé ! j'attraperais parfaitement le *bagout* de la tribune et pourrais devenir ministre, et un crâne ! Tiens, écoute-moi :

« Messieurs, dit-il en se posant derrière un fauteuil, la Presse
» n'est ni un instrument ni un commerce. Vue sous le rapport po-
» litique, la Presse est une institution. Or nous sommes furieuse-
» ment tenus ici de voir politiquement les choses, donc.... (Il re-
» prit haleine.) — Donc nous avons à examiner si elle est utile ou
» nuisible, à encourager ou à réprimer, si elle doit être imposée ou
» libre : questions graves ! Je ne crois pas abuser des moments
» toujours si précieux de la Chambre, en examinant cet article et
» en vous en faisant apercevoir les conditions. Nous marchons à un
» abîme. Certes, les lois ne sont pas feutrées comme il le faut... »

— Hein? dit-il en regardant Jenny. Tous les orateurs font marcher la France vers un abîme ; ils disent cela ou parlent du char de l'État, de tempêtes et d'horizons politiques. Est-ce que je ne connais pas toutes les couleurs ! J'ai le *truc* de chaque commerce. Sais-tu pourquoi ? Je suis né coiffé. Ma mère a gardé ma coiffe, je te la donnerai ! Donc je serai bientôt au pouvoir, moi !

— Toi...

— Pourquoi ne serais-je pas le baron Gaudissart, pair de France ? N'a-t-on pas nommé déjà deux fois monsieur Popinot député dans le quatrième arrondissement, il dîne avec Louis-Philippe ! Finot va, dit-on, devenir conseiller d'État ! Ah ! si on m'envoyait à Londres, ambassadeur, c'est moi qui te dis que je mettrais les Anglais à *quia*. Jamais personne n'a fait le poil à Gaudissart, à l'Illustre Gaudissart. Oui, jamais personne ne m'a enfoncé, et l'on ne m'enfoncera jamais, dans quelque partie que ce soit, politique ou impolitique, ici comme autre part. Mais, pour le moment, il faut que je sois tout aux Capitaux, au Globe, au Mouvement, aux Enfants et à l'article Paris.

— Tu te feras attraper avec tes journaux. Je parie que tu ne seras pas seulement allé jusqu'à Poitiers que tu te seras laissé pincer ?

— Gageons, mignonne.

— Un châle !

— Va ! si je perds le châle, je reviens à mon article Paris et à la chapellerie. Mais, enfoncer Gaudissart, jamais, jamais !

Et l'illustre Voyageur se posa devant Jenny, la regarda fièrement, la main passée dans son gilet, la tête de trois quarts, dans une attitude napoléonienne.

— Oh ! es-tu drôle ? Qu'as-tu donc mangé ce soir ?

Gaudissart était un homme de trente-huit ans, de taille moyenne, gros et gras, comme un homme habitué à rouler en diligence ; à figure ronde comme une citrouille, colorée, régulière et semblable à ces classiques visages adoptés par les sculpteurs de tous les pays pour les statues de l'Abondance, de la Loi, de la Force, du Commerce, etc. Son ventre protubérant affectait la forme de la poire ; il avait de petites jambes, mais il était agile et nerveux. Il prit Jenny à moitié déshabillée et la porta dans son lit.

— Taisez-vous, *femme libre !* dit-il. Tu ne sais pas ce que c'est que la femme libre, le Saint-Simonisme, l'Antagonisme, le Fouriérisme, le Criticisme, et l'exploitation passionnée ; hé ! bien, c'est... enfin, c'est dix francs par abonnement, madame Gaudissart.

— Ma parole d'honneur, tu deviens fou, Gaudissart.

— Toujours plus fou de toi, dit-il en jetant son chapeau sur le divan de la fleuriste.

Le lendemain matin, Gaudissart, après avoir notablement déjeuné avec Jenny Courand, partit à cheval, afin d'aller dans les chefs-lieux de canton dont l'exploration lui était particulièrement recommandée par les diverses entreprises à la réussite desquelles il vouait ses talents. Après avoir employé quarante-cinq jours à battre les pays situés entre Paris et Blois, il resta deux semaines dans cette dernière ville, occupé à faire sa correspondance et à visiter les bourgs du département. La veille de son départ pour Tours, il écrivit à mademoiselle Jenny Courand la lettre suivante, dont la précision et le charme ne pourraient être égalés par aucun récit, et qui prouve d'ailleurs la légitimité particulière des liens par lesquels ces deux personnes étaient unies.

LETTRE DE GAUDISSART A JENNY COURAND.

« Ma chère Jenny, je crois que tu perdras la gageure. A l'instar de Napoléon, Gaudissart a son étoile et n'aura point de Waterloo. J'ai triomphé partout dans les conditions données. L'Assurance sur les Capitaux va très-bien. J'ai, de Paris à Blois, placé près de deux millions; mais à mesure que j'avance vers le centre de la France, les têtes deviennent singulièrement plus dures, et conséquemment les millions infiniment plus rares. L'article-Paris va son petit bonhomme de chemin. C'est une bague au doigt. Avec mon ancien *fil,* je les embroche parfaitement, ces bons boutiquiers. J'ai placé cent soixante-deux châles de cachemire Ternaux à Orléans. Je ne sais pas, ma parole d'honneur, ce qu'ils en feront, à moins qu'ils ne les remettent sur le dos de leurs moutons. Quant à l'Article-Journaux, diable! c'est une autre paire de manches. Grand saint bon Dieu! comme il faut seriner long-temps ces particuliers-là avant de leur apprendre un air nouveau! Je n'ai encore fait que soixante-deux *Mouvements!* C'est, dans toute ma route, cent de moins que les châles Ternaux dans une seule ville. Ces farceurs de républicains, ça ne s'abonne pas du tout : vous causez avec eux, ils causent, ils partagent vos opinions, et l'on est bientôt d'accord pour renverser tout ce qui existe. Tu crois que l'homme s'abonne? ah! bien, oui, je t'en fiche! Pour peu qu'il ait trois pouces de terre, de quoi faire venir une douzaine de choux, ou des bois de quoi se faire un curedent, mon homme parle alors de la consolidation des propriétés, des impôts, des rentrées, des réparations, d'un tas de bêtises, et je dépense mon temps et ma salive en patriofisme. Mauvaise affaire ! Généralement le Mouvement est mou. Je l'écris à ces messieurs. Ça me fait de la peine, rapport à mes opinions. Pour le Globe, autre engeance. Quand on parle de doctrines nouvelles aux gens qu'on croit susceptibles de donner dans ces *godans*-là, il semble qu'on leur parle de brûler leurs maisons. J'ai beau leur dire que c'est l'avenir, l'intérêt bien entendu, l'exploitation où rien ne se perd; qu'il y a bien assez long-temps que l'homme exploite l'homme, et que la femme est esclave, qu'il faut arriver à faire triompher la grande pensée providentielle et obtenir une coordonnation plus rationnelle de l'ordre social, enfin tout le tremblement de mes phrases... Ah! bien, oui, quand j'ouvre ces idées-là, les gens de province ferment leurs armoires, comme si je voulais leur emporter quelque chose, et ils me prient de m'en aller. Sont-ils bêtes, ces canards-là ! Le Globe est enfoncé. Je leur ai dit : — Vous êtes trop avancés; vous allez en avant, c'est bien ; mais il faut des résultats, la province aime les résultats. Cependant j'ai encore fait cent Globes, et vu l'épaisseur de ces boules campagnardes, c'est un miracle. Mais je leur promets tant de belles choses, que je ne sais pas, ma parole d'honneur, comment les globules, globistes, globards ou globiens, feront pour les réaliser; mais comme ils m'ont dit qu'ils ordonneraient le monde infiniment mieux qu'il ne l'est, je vais de l'avant et prophétise à raison de dix francs par abonnement. Il y a un fermier qui a cru que ça concernait les terres, à cause du nom, et je l'ai enfoncé dans le Globe. Bah! il y mordra, c'est sûr, il a un front bombé, tous les fronts bombés sont idéologues. Ah! parlez-moi des Enfants! J'ai fait deux mille Enfants de Paris à Blois. Bonne petite affaire ! Il n'y a pas tant de paroles à dire. Vous montrez la petite vignette à la mère en cachette de l'enfant pour que l'enfant veuille la voir ; naturellement l'enfant la voit, il tire maman par sa robe jusqu'à ce qu'il ait son journal, parce que papa *na* son journal. La maman a une robe de vingt francs, et ne veut pas que son marmot la lui déchire ; le journal ne coûte que six francs, il y a économie, l'abonnement déboule. Excellente chose, c'est un besoin réel, c'est placé entre la confiture et l'image, deux éternels besoins de l'enfance. Ils lisent déjà, les enragés d'enfants ! Ici, j'ai eu, à la table d'hôte, une querelle à propos des journaux et de mes opinions. J'étais à manger tranquillement à côté d'un monsieur, en chapeau gris, qui lisait les *Débats*. Je me dis en moi-même : — Faut que j'essaie mon éloquence de tribune. En voilà un qui est pour la dynastie, je vais essayer de le cuire. Ce triomphe serait une fameuse assurance de mes talents ministériels. Et je me mets à l'ouvrage, en commençant par lui vanter son journal. Hein! c'était tiré de longueur. De fil en ruban, je me mets à dominer mon homme, en lâchant les phrases à quatre chevaux, les raisonnements en fa-dièze et toute la sacrée machine. Chacun m'écoutait, et je vis un homme qui avait du juillet dans les moustaches, près de mordre au *Mouvement*. Mais je ne sais pas comment j'ai laissé mal à propos échapper le mot ganache. Bah! voilà mon chapeau dynastique, mon chapeau gris, mauvais chapeau du reste, un Lyon moitié soie, moitié coton, qui prend le mors aux dents et se fâche. Moi je ressaisis mon grand air, tu sais, et je lui dis : — Ah! çà, monsieur, vous êtes un singulier pistolet. Si vous n'êtes pas content, je vous rendrai raison. Je me suis battu en Juillet. — Quoique père de famille, me dit-il, je suis prêt à... — Vous êtes père de famille, mon cher monsieur, lui répondis-je. Auriez-vous des enfants? — Oui, monsieur. — De onze ans? — A peu près. — Hé! bien, monsieur, le journal des Enfants va paraître : six francs par an, un numéro par mois, deux colonnes, rédigé par les sommités littéraires, un journal bien conditionné, papier solide, gravures dues aux crayons spirituels de nos meilleurs artistes, de véritables dessins des Indes et dont les couleurs ne passeront pas. Puis je lâche ma bordée. Voilà un père confondu! La querelle a fini par un abonnement. — Il n'y a que Gaudissart pour faire de ces tours-là! disait le petit criquet de Lamard à ce grand imbécile de Bulot en lui racontant la scène au café.

Je pars demain pour Amboise. Je ferai Amboise en deux jours, et t'écrirai maintenant de Tours, où je vais tenter de me mesurer avec les campagnes les plus incolores, sous le rapport intelligent et spéculatif. Mais, foi de Gaudissart! on les roulera! ils seront roulés! roulés! Adieu, ma petite, aime-moi toujours, et sois fidèle. La fidélité *quand même* est une des qualités de la femme libre. Qui est-ce qui t'embrasse sur les œils?

» Ton FÉLIX, pour toujours. »

Cinq jours après, Gaudissart partit un matin de l'hôtel du Faisan où il logeait à Tours, et se rendit à Vouvray, canton riche et populeux dont l'esprit public lui parut susceptible d'être exploité. Monté sur son cheval, il trottait le long de la Levée, ne pensant pas plus à ses phrases qu'un acteur ne pense au rôle qu'il a joué cent fois. L'illustre Gaudissart allait, admirant le paysage, et marchait insoucieusement, sans se douter que dans les joyeuses vallées de Vouvray périrait son infaillibilité commerciale.

Ici, quelques renseignements sur l'esprit public de la Touraine deviennent nécessaires. L'esprit conteur, rusé, goguenard, épigrammatique dont, à chaque page, est empreinte l'œuvre de Rabelais, exprime fidèlement l'esprit tourangeau, esprit fin, poli comme il doit l'être dans un pays où les Rois de France ont, pendant long-temps, tenu leur cour; esprit ardent, artiste, poétique, voluptueux, mais dont les dispositions premières s'abolissent promptement. La mollesse de l'air, la beauté du climat, une certaine facilité d'existence et la bonhomie des mœurs y étouffent bientôt le sentiment des arts, y rétrécissent le plus vaste cœur, y corrodent la plus tenace des volontés. Transplantez le Tourangeau, ses qualités se développent et produisent de grandes choses, ainsi que l'ont prouvé, dans les sphères d'activité les plus diverses, Rabelais et Semblançay; Plantin l'imprimeur, et Descartes; Boucicault, le Napoléon de son temps, et Pinaigrier qui peignit la majeure partie des vitraux dans les cathédrales, puis Verville et Courier. Ainsi le Tourangeau, si remarquable au dehors, chez lui demeure comme l'Indien sur sa natte, comme le Turc sur son divan. Il emploie son esprit à se moquer du voisin, à se réjouir, et arrive au bout de la vie, heureux. La Touraine est la véritable abbaye de Thélême, si vantée dans le livre de Gargantua; il s'y trouve, comme dans l'œuvre du poète, de complaisantes religieuses, et la bonne chère tant célébrée par Rabelais y trône. Quant à la fainéantise, elle est sublime et admirablement exprimée par ce dicton populaire : — Tourangeau, veux-tu de la soupe? — Oui. — Apporte ton écuelle? — Je n'ai plus faim. Est-ce à la joie du vignoble, est-ce à la douceur harmonieuse des plus beaux paysages de la France, est-ce à la tranquillité d'un pays où jamais ne pénètrent les armes de l'étranger, qu'est dû le mol abandon de ces faciles et douces mœurs. A ces questions, nulle réponse. Allez dans cette Turquie de la France, vous y resterez paresseux, oisif, heureux. Fussiez-vous ambitieux comme l'était

Napoléon, ou poète comme l'était Byron, une force inouïe, invincible vous obligerait à garder vos poésies pour vous, et à convertir en rêves vos projets ambitieux.

L'Illustre Gaudissart devait rencontrer là, dans Vouvray, l'un de ces railleurs indigènes dont les moqueries ne sont offensives que par la perfection même de la moquerie, et avec lequel il eut à soutenir une cruelle lutte. A tort ou à raison, les Tourangeaux aiment beaucoup à hériter de leurs parents. Or, la doctrine de Saint-Simon y était alors particulièrement prise en haine et vilipendée; mais comme on prend en haine, comme on vilipende en Touraine, avec un dédain et une supériorité de plaisanterie digne du pays des bons contes et des tours joués aux voisins, esprit qui s'en va de jour en jour devant ce que lord Byron a nommé le *cant* anglais.

Pour son malheur, après avoir débarqué au Soleil-d'Or, auberge tenue par Mitouflet, un ancien grenadier de la Garde impériale, qui avait épousé une riche vigneronne, et auquel il confia solennellement son cheval, Gaudissart alla chez le malin de Vouvray, le boute-en-train du bourg, le loustic obligé par son rôle et par sa nature à maintenir son endroit en liesse. Ce Figaro campagnard, ancien teinturier, jouissait de sept à huit mille livres de rente, d'une jolie maison assise sur le coteau, d'une petite femme grassouillette, d'une santé robuste. Depuis dix ans, il n'avait plus que son jardin et sa femme à soigner, sa fille à marier, sa partie à faire le soir, à connaître de toutes les médisances qui relevaient de sa juridiction, à entraver les élections, guerroyer avec les gros propriétaires et organiser de bons dîners; à trotter sur la levée, aller voir ce qui se passait à Tours et tracasser le curé; enfin, pour tout drame, attendre la vente d'un morceau de terre enclavé dans ses vignes. Bref, il menait la vie tourangelle, la vie de petite ville à la campagne. Il était d'ailleurs la notabilité la plus imposante de la bourgeoisie, le chef de la petite propriété jalouse, envieuse, ruminant et colportant contre l'aristocratie les médisances, les calomnies avec bonheur, rabaissant tout à son niveau, ennemie de toutes les supériorités, les méprisant même avec le calme admirable de l'ignorance. Monsieur Vernier, ainsi se nommait ce petit grand personnage du bourg, achevait de déjeuner, entre sa femme et sa fille, lorsque Gaudissart se présenta dans la salle par les fenêtres de laquelle se voyaient la Loire et le Cher, une des plus gaies salles à manger du pays.

— Est-ce à monsieur Vernier lui-même... dit le Voyageur en pliant avec tant de grâce sa colonne vertébrale qu'elle semblait élastique.

— Oui, monsieur, répondit le malin teinturier en l'interrompant et lui jetant un regard scrutateur par lequel il reconnut aussitôt le genre d'homme auquel il avait affaire.

— Je viens, monsieur, reprit Gaudissart, réclamer le concours de vos lumières pour me diriger dans ce canton où Mitouflet m'a dit que vous exerciez la plus grande influence. Monsieur, je suis envoyé dans les départements pour une entreprise de la plus haute importance, formée par des banquiers qui veulent...

— Qui veulent nous tirer des carottes, dit en riant Vernier habitué jadis à traiter avec le Commis-Voyageur et à le voir venir.

— Positivement, répondit avec insolence l'Illustre Gaudissart. Mais vous devez savoir, monsieur, puisque vous avez un tact si fin, qu'on ne peut tirer de carottes aux gens qu'autant qu'ils trouvent quelque intérêt à se les laisser tirer. Je vous prie donc de ne pas me confondre avec les vulgaires Voyageurs qui fondent leur succès sur la ruse ou sur l'importunité. Je ne suis plus Voyageur, je le fus, monsieur, je m'en fais gloire. Mais aujourd'hui j'ai une mission de la plus haute importance et qui doit me faire considérer par les esprits supérieurs, comme un homme qui se dévoue à éclairer son pays. Daignez m'écouter, monsieur, et vous verrez que vous aurez gagné beaucoup dans la demi-heure de conversation que j'ai l'honneur de vous prier de m'accorder. Les plus célèbres banquiers de Paris ne se sont pas mis fictivement dans cette affaire comme dans quelques-unes de ces honteuses spéculations que je nomme, moi, des *ratières;* non, non, ce n'est plus cela ; je ne me chargerais pas, moi, de colporter de semblables *attrape-nigauds*. Non, monsieur, les meilleures et les plus respectables maisons de Paris sont dans l'entreprise, et comme intéressées et comme garantie...

Là Gaudissart déploya la rubannerie de ses phrases, et monsieur Vernier le laissa continuer en l'écoutant avec un apparent intérêt qui trompa Gaudissart. Mais, au seul mot de *garantie*, Vernier avait cessé de faire attention à la rhétorique du Voyageur, il pensait à lui jouer quelque bon tour, afin de délivrer de ces espèces de chenilles parisiennes, un pays à juste titre nommé barbare par les spéculateurs qui ne peuvent y mordre.

En haut d'une délicieuse vallée, nommée la *Vallée Coquette*, à cause de ses sinuosités, de ses courbes qui renaissent à chaque pas, et paraissent plus belles à mesure que l'on s'y avance, soit qu'on en monte ou qu'on en descende le joyeux cours, demeurait dans une petite maison entourée d'un clos de vignes, un homme à peu près fou, nommé Margaritis. D'origine italienne, Margaritis était marié, n'avait point d'enfant, et sa femme le soignait avec un courage généralement apprécié. Madame Margaritis courait certainement des dangers près d'un homme qui, entre autres manies, voulait porter sur lui deux couteaux à longue lame, avec lesquels il la menaçait parfois. Mais qui ne connaît l'admirable dévouement avec lequel les gens de province se consacrent aux êtres souffrants, peut-être à cause du déshonneur qui attend une bourgeoise si elle abandonne son enfant ou son mari aux soins publics de l'hôpital? Puis, qui ne connaît aussi la répugnance qu'ont les gens de province à payer la pension de cent louis ou de mille écus exigée à Charenton, ou par les Maisons de Santé? Si quelqu'un parlait à madame Margaritis des docteurs Dubuisson, Esquirol, Blanche ou autres, elle préférait avec une noble indignation garder ses trois mille francs en gardant le *bonhomme*. Les incompréhensibles volontés que dictait la folie à ce bonhomme se trouvant liées au dénoûment de cette aventure, il est nécessaire d'indiquer les plus saillantes. Margaritis sortait aussitôt qu'il pleuvait à verse, et se promenait, la tête nue, dans ses vignes. Au logis, il demandait à tout moment le journal; pour le contenter, sa femme ou sa servante lui donnaient un vieux journal d'Indre-et-Loire; et, depuis sept ans, il ne s'était point encore aperçu qu'il lisait toujours le même numéro. Peut-être un médecin n'eût-il pas observé, sans intérêt, le rapport qui existait entre la recrudescence des demandes de journal et les variations atmosphériques. La plus constante occupation de ce fou consistait à vérifier l'état du ciel, relativement à ses effets sur la vigne. Ordinairement, quand sa femme avait du monde, ce qui arrivait presque tous les soirs, les voisins ayant pitié de sa situation, venaient jouer chez elle au boston; Margaritis restait silencieux, se mettait dans un coin, et n'en bougeait point; mais quand dix heures sonnaient à son horloge enfermée dans une grande armoire oblongue, il se levait au dernier coup avec la précision mécanique des figures mises en mouvement par un ressort dans les châsses des joujoux allemands, il s'avançait lentement jusqu'aux joueurs, leur jetait un regard assez semblable au regard automatique des Grecs et des Turcs exposés sur le boulevard du Temple à Paris, et leur disait : — Allez-vous-en ! A certaines époques, cet homme recouvrait son ancien esprit, et donnait alors à sa femme d'excellents conseils pour la vente de ses vins ; mais alors il devenait extrêmement tourmentant, il volait dans les armoires des friandises et les dévorait en cachette. Quelquefois, quand les habitués de la maison entraient, il répondait à leurs demandes avec civilité, mais le plus souvent il leur disait les choses les plus incohérentes. Ainsi, à une dame qui lui demandait : — Comment vous sentez-vous aujourd'hui, monsieur Margaritis ? — Je me suis fait la barbe, et vous?... lui répondait-il. — Êtes-vous mieux, monsieur ? lui demandait une autre. — Jérusalem ! Jérusalem ! répondait-il. Mais la plupart du temps il regardait ses hôtes d'un air stupide, sans mot dire, et sa femme leur disait alors : — Le bonhomme n'entend rien aujourd'hui. Deux ou trois fois en cinq ans, il lui arriva toujours, vers l'équinoxe, de se mettre en fureur à cette observation, de tirer son couteau et de crier : — Cette garce me déshonore. D'ailleurs, il buvait, mangeait, se promenait comme eût fait un homme en parfaite santé. Aussi chacun avait-il fini par ne pas lui accorder plus de respect ni d'attention que l'on n'en a pour un gros meuble. Parmi toutes ses bizarreries, il y en avait une dont personne n'avait pu découvrir le sens ; car, à la longue, les esprits forts du pays avaient fini par commenter et expliquer les actes les plus déraisonnables de ce fou. Il voulait toujours avoir un sac de farine au logis, et garder deux pièces de vin de sa récolte, sans permettre qu'on touchât à la farine ni au vin. Mais quand venait le mois de juin, il s'inquiétait de la vente du sac et des deux pièces de vin avec toute la sollicitude d'un fou. Presque toujours madame Margaritis lui disait alors avoir vendu les deux poinçons à un prix exorbitant, et lui en remettait l'argent qu'il cachait, sans que ni sa femme, ni sa servante eussent pu, même en le guettant, découvrir où était la cachette.

La veille du jour où Gaudissart vint à Vouvray, madame Margaritis éprouva plus de peine que jamais à tromper son mari dont la raison semblait revenue.

— Je ne sais en vérité comment se passera pour moi la journée de demain, avait-elle dit à madame Vernier. Figurez-vous que le bonhomme a voulu voir ses deux pièces de vin. Il m'a si bien fait *endéver* (mot du pays) pendant toute la journée, qu'il a fallu lui montrer deux poinçons pleins. Notre voisin Pierre Champlain avait heureusement deux pièces qu'il n'a pas pu vendre; et à ma prière, il a les roulées dans notre cellier. Ah! çà, ne voilà-t-il pas que le bonhomme, depuis qu'il a vu les poinçons, prétend les brocanter lui-même?

Madame Vernier venait de confier à son mari l'embarras où se trouvait madame Margaritis un moment avant l'arrivée de Gaudissart. Au premier mot du Commis-Voyageur, Vernier se proposa de le mettre aux prises avec le bonhomme Margaritis.

— Monsieur, répondit l'ancien teinturier quand l'Illustre Gaudissart eut lâché sa première bordée, je ne vous dissimulerai pas les difficultés que doit rencontrer ici votre entreprise. Notre pays est un pays qui marche à la grosse *suo modo*, un pays où jamais une idée nouvelle ne prendra. Nous vivons comme vivaient nos pères, en nous amusant à faire quatre repas par jour, en nous occupant à cultiver nos vignes et à bien placer nos vins. Pour tout négoce nous tâchons *bonifacement* de vendre les choses plus cher qu'elles ne coûtent. Nous resterons dans cette ornière-là sans que ni Dieu diable puisse nous en sortir. Mais je vais vous donner un bon conseil, et un bon conseil vaut un œil dans la main. Nous avons dans le bourg un ancien banquier dans les lumières duquel j'ai, moi particulièrement, la plus grande confiance; et, si vous obtenez son suffrage, j'y joindrai le mien. Si vos propositions constituent des avantages réels, si nous en sommes convaincus, à la voix de monsieur Margaritis qui entraîne la mienne, il se trouve à Vouvray vingt maisons riches dont toutes les bourses s'ouvriront et prendront votre vulnéraire.

En entendant le nom du fou, madame Vernier leva la tête et regarda son mari.

— Tenez, précisément, ma femme a, je crois, l'intention de faire une visite à madame Margaritis, chez laquelle elle doit aller avec une de nos voisines. Attendez un moment, ces dames vous y conduiront. — Tu iras prendre madame Fontanieu, dit le vieux teinturier en guignant sa femme.

Indiquer la commère la plus rieuse, la plus éloquente, la plus grande goguenarde du pays, n'était-ce pas dire à madame Vernier rendre des témoins pour bien observer la scène qui allait avoir lieu entre le Commis-Voyageur et le fou, afin d'en amuser le bourg pendant un mois ? Monsieur et madame Vernier jouèrent si bien leur rôle que Gaudissart ne conçut aucune défiance, et donna pleinement dans le piége ; il offrit galamment le bras à madame Vernier, et crut avoir fait, pendant le chemin, la conquête des deux dames, avec lesquelles il fut étourdissant d'esprit, de pointes et de calembours incompris.

La maison du prétendu banquier était située à l'endroit où commence la Vallée Coquette. Ce logis, appelé La Fuye, n'avait rien de bien remarquable. Au rez-de-chaussée se trouvait un grand salon boisé, de chaque côté duquel était une chambre à coucher, celle du bonhomme et celle de sa femme. On entrait dans le salon par un vestibule qui servait de salle à manger, et auquel communiquait la cuisine. Ce rez-de-chaussée, dénué de l'élégance extérieure qui distingue les plus humbles maisons en Touraine, était couronné par des mansardes auxquelles on montait par un escalier bâti en dehors de la maison, appuyé sur un des pignons et couvert d'un appentis. Un petit jardin, plein de soucis, de seringas, de sureaux, séparait l'habitation des clos. Autour de la cour, s'élevaient les bâtiments nécessaires à l'exploitation des vignes.

Assis dans son salon, près d'une fenêtre, sur un fauteuil en velours d'Utrecht jaune, Margaritis ne se leva point en voyant entrer les deux dames et Gaudissart. Il pensait à vendre ses deux pièces de vin. C'était un homme sec, dont le crâne chauve par-devant, garni de cheveux rares par derrière, avait une conformation piriforme. Ses yeux enfoncés, surmontés de gros sourcils noirs et fortement cernés ; son nez en lame de couteau ; ses os maxillaires saillants, et ses joues creuses ; ses lignes généralement oblongues, tout, jusqu'à son menton démesurément long et plat, contribuait à donner à sa physionomie un air étrange, celui d'un vieux professeur de rhétorique ou d'un chiffonnier.

— Monsieur Margaritis, lui dit madame Vernier, allons, remuez-vous donc ! Voilà un monsieur que mon mari vous envoie, il faut l'écouter avec attention. Quittez vos calculs de mathématiques, et causez avec lui.

En entendant ces paroles, le fou se leva, regarda Gaudissart, lui fit signe de s'asseoir, et lui dit : — Causons, monsieur.

Les trois femmes allèrent dans la chambre de madame Margaritis, en laissant la porte ouverte, afin de tout entendre et de pouvoir intervenir au besoin. A peine furent-elles installées que monsieur Vernier arriva doucement par le clos, se fit ouvrir la fenêtre, et entra sans bruit.

— Monsieur, dit Gaudissart, a été dans les affaires....

— Publiques, répondit Margaritis en l'interrompant. J'ai pacifié la Calabre sous le règne du roi Murat.

— Tiens, il est allé en Calabre maintenant! dit à voix basse monsieur Vernier.

— Oh! alors, reprit Gaudissart, nous nous entendrons parfaitement.

— Je vous écoute, répondit Margaritis en prenant le maintien d'un homme qui pose pour son portrait chez un peintre.

— Monsieur, dit Gaudissart en faisant tourner la clef de sa montre à laquelle il ne cessa d'imprimer par distraction un mouvement rotatoire et périodique dont s'occupa beaucoup le fou et qui contribua peut-être à le faire tenir tranquille, monsieur, si vous n'étiez pas un homme supérieur... (ici le fou s'inclina.) Je me contenterais de vous chiffrer matériellement les avantages de l'affaire, dont les motifs psychologiques valent la peine de vous être exposés. Écoutez! De toutes les richesses sociales, le temps n'est-il pas la plus précieuse; et, l'économiser, n'est-ce pas s'enrichir? Or, y a-t-il rien qui consomme plus de temps dans la vie que les inquiétudes sur ce que j'appelle *le pot au feu*, locution vulgaire, mais qui pose nettement la question? Y a-t-il aussi rien qui mange plus de temps que le défaut de garantie à offrir à ceux auxquels vous demandez de l'argent, quand, momentanément pauvre, vous êtes riche d'espérance?

— De l'argent, nous y sommes, dit Margaritis.

— Eh! bien, monsieur, je suis envoyé dans les Départements par une compagnie de banquiers et de capitalistes, qui ont aperçu la perte énorme que font ainsi, en temps et conséquemment en intelligence ou en activité productive, les hommes d'avenir. Or, nous avons eu l'idée de capitaliser à ces hommes ce même avenir, de leur escompter leurs talents, en leur escomptant quoi?... le temps *dito*, et d'en assurer la valeur à leurs héritiers. Il ne s'agit plus là d'économiser le temps, mais de lui donner un prix, de le chiffrer, d'en représenter pécuniairement les produits que vous présumez en obtenir dans cet espace intellectuel, en représentant les qualités morales dont vous êtes doué et qui sont, monsieur, des forces vives, comme une chute d'eau, comme une machine à vapeur de trois, dix, vingt, cinquante chevaux. Ah! ceci est un progrès, un mouvement vers un meilleur ordre de choses, mouvement dû à l'activité de notre époque, essentiellement progressive, ainsi que je vous le prouverai, quand nous en viendrons aux idées d'une plus logique coordonnation des intérêts sociaux. Je vais m'expliquer par des exemples sensibles. Je quitte le raisonnement purement abstrait, ce que nous nommons, nous autres, la mathématique des idées. Au lieu d'être un propriétaire vivant de vos rentes, vous êtes un peintre, un musicien, un artiste, un poète...

— Je suis peintre, dit le fou en manière de parenthèse.

— Eh! bien, soit, puisque vous comprenez bien ma métaphore, vous êtes peintre, vous avez un bel avenir, un riche avenir. Mais je vais plus loin...

En entendant ces mots, le fou examina Gaudissart d'un air inquiet pour voir s'il voulait sortir, et ne se rassura qu'en l'apercevant toujours assis.

— Vous n'êtes même rien du tout, dit Gaudissart en continuant, mais vous vous sentez....

— Je me sens, dit le fou.

— Vous vous dites : Moi, je serai ministre. Eh! bien, vous peintre, vous artiste, homme de lettres, vous ministre futur, vo chiffrez vos espérances, vous les taxez, vous vous tarifez je suppose à cent mille écus....

— Vous m'apportez donc cent mille écus? dit le fou.

— Oui, monsieur, vous allez voir. Ou vos héritiers les palperont nécessairement si vous venez à mourir, puisque l'entreprise s'engage à les leur compter, ou vous les touchez par vos travaux d'art, par vos heureuses spéculations si vous vivez. Si vous vous êtes trompé, vous pouvez même recommencer. Mais, une fois que vous avez, comme j'ai eu l'honneur de vous le dire, fixé le chiffre de votre capital intellectuel, car c'est un capital intellectuel, saisissez bien ceci, intellectuel...

— Je comprends, dit le fou.

— Vous signez un contrat d'Assurance avec l'administration qui vous reconnaît une valeur de cent mille écus, à vous peintre...

— Je suis peintre, dit le fou.

— Non, reprit Gaudissart, à vous musicien, à vous ministre, et s'engage à les payer à votre famille, à vos héritiers; si, par votre mort, les espérances, le pot au feu fondé sur le capital intellectuel venait à être renversé. Le payement de la prime suffit à consolider ainsi votre...

— Votre caisse, dit le fou en l'interrompant.

— Mais, naturellement, monsieur. Je vois que monsieur a été dans les affaires.

— Oui, dit le fou, j'ai fondé la Banque Territoriale de la rue des Fossés-Montmartre, à Paris, en 1798.

— Car, reprit Gaudissart, pour payer les capitaux intellectuels, que chacun se reconnaît et s'attribue, ne faut-il pas que la généralité des Assurés donne une certaine prime, trois pour cent, une annuité de trois pour cent? Ainsi, par le payement d'une faible somme, d'une misère, vous garantissez votre famille des suites fâcheuses de votre mort.

— Mais je vis, dit le fou.

— Ah! si vous vivez long-temps! Voilà l'objection la plus communément faite, objection vulgaire, et vous comprenez que si nous ne l'avions pas prévue, foudroyée, nous ne serions pas dignes d'être... quoi?... que sommes-nous, après tout? les teneurs de livres du grand bureau des intelligences. Monsieur, je ne dis pas cela pour vous, mais je rencontre partout des gens qui ont la prétention d'apprendre quelque chose de nouveau, de révéler un raisonnement quelconque à des gens qui ont pâli sur une affaire!... ma parole d'honneur, cela fait pitié. Mais le monde est comme ça, je n'ai pas la prétention de le réformer. Votre objection, monsieur, est un non-sens...

— *Quésaco?* dit Margaritis.

— Voici pourquoi. Si vous vivez et que vous ayez les moyens évalués dans votre charte d'assurance contre les chances de la mort, suivez bien...

— Je suis.

— Eh! bien, vous avez réussi dans vos entreprises! vous avez dû réussir précisément à cause de ladite charte d'assurance; car vous avez doublé vos chances de succès en vous débarrassant de toutes les inquiétudes que l'on a quand on traîne avec soi une femme, des enfants que notre mort peut réduire à la plus affreuse misère. Si vous êtes arrivé, vous avez alors touché le capital intellectuel, pour lequel l'Assurance a été une bagatelle, une vraie bagatelle, une pure bagatelle.

— Excellente idée!

— N'est-ce pas, monsieur? reprit Gaudissart. Je nomme cette Caisse de bienfaisance, moi, l'Assurance mutuelle contre la misère!... ou, si vous voulez, l'escompte du talent. Car le talent, monsieur, le talent est une lettre de change que la Nature donne à l'homme de génie, et qui se trouve souvent à bien longue échéance... hé! hé!

— Oh! la belle usure! s'écria Margaritis.

— Eh! diable! il est fin, le bonhomme. Je me suis trompé, pensa Gaudissart. Il faut que je domine mon homme par de plus hautes considérations, par ma blague numéro 1. — Du tout, monsieur, s'écria Gaudissart à haute voix, pour vous qui...

— Accepteriez-vous un verre de vin? demanda Margaritis.

— Volontiers, répondit Gaudissart.

— Ma femme, donne-nous donc une bouteille du vin dont il nous reste deux pièces. — Vous êtes ici dans la tête de Vouvray, dit le bonhomme en montrant ses vignes à Gaudissart. Le clos Margaritis!

La servante apporta des verres et une bouteille de vin de l'année 1819. Le bonhomme Margaritis en versa précieusement dans un verre, et le présenta solennellement à Gaudissart qui le but.

— Mais vous m'attrapez, monsieur, dit le Commis-Voyageur, ceci est du vin de Madère, vrai vin de Madère.

— Je le crois bien, dit le fou. L'inconvénient du vin de Vouvray, monsieur, est de ne pouvoir se servir ni comme vin ordinaire, ni comme vin d'entremets; il est trop généreux, trop fort; aussi vous le vend-on à Paris pour du vin de Madère en le teignant d'eau-de-vie. Notre vin est si liquoreux que beaucoup de marchands de Paris, quand notre récolte n'est pas assez bonne pour la Hollande et la Belgique, nous achètent nos vins; ils les coupent avec les vins des environs de Paris, et en font alors des vins de Bordeaux. Mais ce que vous buvez en ce moment, mon cher et très-aimable monsieur, est un vin de roi, la tête de Vouvray. J'en ai deux pièces, rien que deux pièces. Les gens qui aiment les grands vins, les hauts vins, et qui veulent servir sur leurs tables des qualités en dehors du commerce, comme plusieurs maisons de Paris qui ont de l'amour-propre pour leurs vins, se font fournir directement par nous. Connaissez-vous quelques personnes qui...

— Revenons à notre affaire, dit Gaudissart.

— Nous y sommes, monsieur, reprit le fou. Mon vin est capiteux, capiteux s'accorde avec capital en étymologie ; or, vous parlez capitaux... hein? *caput*, tête! tête de Vouvray, tout cela se tient...

— Ainsi donc, dit Gaudissart, ou vous avez réalisé vos capitaux intellectuels...

— J'ai réalisé, monsieur. Voudriez-vous donc de mes deux pièces? je vous en arrangerais bien pour les termes.

— Non, je parle, dit l'illustre Gaudissart, de l'Assurance des capitaux intellectuels et des opérations sur la vie. Je reprends mon raisonnement.

Le fou se calma, reprit sa pose, et regarda Gaudissart.

— Je dis, monsieur, que, si vous mourez, le capital se paye à votre famille sans difficulté.

— Sans difficulté.

— Oui, pourvu qu'il n'y ait pas suicide...

— Matière à chicane.

— Non, monsieur. Vous le savez, le suicide est un de ces actes toujours faciles à constater.

— En France, dit le fou. Mais...

— Mais à l'étranger, dit Gaudissart. Eh! bien, monsieur, pour terminer sur ce point, je vous dirai que la simple mort à l'étranger et la mort sur le champ de bataille sont en dehors de...

— Qu'assurez-vous donc alors?... rien du tout! s'écria Margaritis. Moi, ma Banque Territoriale reposait sur...

— Rien du tout, monsieur?... s'écria Gaudissart en interrompant le bonhomme. Rien du tout?... et la maladie, et les chagrins, et la misère et les passions? Mais ne nous jetons pas dans les cas exceptionnels.

— Non, n'allons pas dans ces cas-là, dit le fou.

— Que résulte-t-il de cette affaire? s'écria Gaudissart. A vous banquier, je vais chiffrer nettement le produit. Un homme existe, a un avenir, il est bien mis, il vit de son art, il a besoin d'argent, il en demande.... néant. Toute la civilisation refuse de la monnaie à cet homme qui domine en pensée la civilisation, et doit la dominer un jour par le pinceau, par le ciseau, par la parole, par une idée, par un système. Atroce civilisation! elle n'a pas de pain pour ses grands hommes qui lui donnent son luxe; elle ne les nourrit que d'injures et de moqueries, cette gueuse dorée!... L'expression est forte, mais je ne la rétracte point. Ce grand homme incompris vient alors chez nous, nous le réputons grand homme, nous le saluons avec respect, nous l'écoutons et il nous dit : « Messieurs de l'Assurance sur les capitaux, ma vie vaut tant; sur mes produits je vous donnerai tant pour cent !... » Eh! bien, que faisons-nous?... Immédiatement, sans jalousie, nous l'admettons au superbe festin de la civilisation comme un puissant convive...

— Il faut du vin alors.... dit le fou.

— Comme un puissant convive. Il signe sa Police d'Assurance, il prend nos chiffons de papier, nos misérables chiffons, qui, vils chiffons, ont néanmoins plus de force que n'en avait son génie. En effet, s'il a besoin d'argent, tout le monde, sur le vu de sa charte, lui prête de l'argent. A la Bourse, chez les banquiers, partout, et même chez les usuriers, il trouve de l'argent parce qu'il offre des garanties. Eh! bien, monsieur, n'était-ce pas une lacune à combler dans le système social? Mais, monsieur, ceci n'est qu'une partie des opérations entreprises par la Société sur la vie. Nous assurons les débiteurs, moyennant un autre système de primes. Nous offrons des intérêts viagers à un taux gradué d'après l'âge, sur une échelle infiniment plus avantageuse que ne l'ont été jusqu'à présent les tontines, basées sur des tables de mortalité reconnues fausses. Notre Société opérant sur des masses, les rentiers viagers n'ont pas à redouter les pensées qui attristent leurs vieux jours, déjà si tristes par eux-mêmes; pensées qui les attendent nécessairement quand un particulier leur a pris de l'argent à rente viagère. Vous le voyez, monsieur, chez nous la vie a été chiffrée dans tous les sens...

— Sucée par tous les bouts, dit le bonhomme; mais, buvez un verre de vin, vous le méritez bien. Il faut vous mettre du velours sur l'estomac, si vous voulez entretenir convenablement votre margoulette. Monsieur, le vin de Vouvray, bien conservé, c'est un vrai velours.

— Que pensez-vous de cela? dit Gaudissart en vidant son verre.

— Cela est très-beau, très-neuf, très-utile; mais j'aime mieux les escomptes de valeurs territoriales qui se faisaient à ma banque de la rue des Fossés-Montmartre.

— Vous avez parfaitement raison, monsieur, répondit Gaudissart; mais cela est pris, c'est repris, c'est fait et refait. Nous avons maintenant la Caisse Hypothécaire qui prête sur les propriétés et fait en grand *le réméré*. Mais n'est-ce pas une petite idée en comparaison de celle de solidifier les espérances! solidifier les espérances, coaguler, financièrement parlant, les désirs de fortune de chacun, lui en assurer la réalisation! Il a fallu notre époque, monsieur, époque de transition, de transition et de progrès tout à la fois!

— Oui, de progrès, dit le fou. J'aime le progrès, surtout celui que fait faire à la vigne un bon temps...

— Le temps, reprit Gaudissart sans entendre la phrase de Margaritis, *le Temps,* monsieur, mauvais journal. Si vous le lisez, je vous plains...

— Le journal! dit Margaritis, je crois bien, je suis passionné pour les journaux. — Ma femme! ma femme! où est le journal? cria-t-il en se tournant vers la chambre.

— Hé! bien, monsieur, si vous vous intéressez aux journaux, nous sommes faits pour nous entendre.

— Oui; mais avant d'entendre le journal, avouez-moi que vous trouvez ce vin..

— Délicieux, dit Gaudissart.

— Allons, achevons à nous deux la bouteille. Le fou se versa deux doigts de vin dans son verre et remplit celui de Gaudissart. — Hé! bien, monsieur, j'ai deux pièces de ce vin-là. Si vous le trouvez bon et que vous vouliez vous en arranger...

— Précisément, dit Gaudissart, les Pères de la Foi Saint-Simonienne m'ont prié de leur expédier les denrées que je... Mais parlons de leur grand et beau journal? Vous qui comprenez bien l'affaire des capitaux, et qui me donnerez votre aide pour la faire réussir dans ce canton...

— Volontiers, dit Margaritis, si...

— J'entends, si je prends votre vin. Mais il est très-bon, votre vin, monsieur, il est incisif.

— On en fait du vin de Champagne, il y a un monsieur, un Parisien qui vient en faire ici, à Tours.

— Je le crois, monsieur. Le Globe dont vous avez entendu parler...

— Je l'ai souvent parcouru, dit Margaritis.

— J'en étais sûr, dit Gaudissart. Monsieur, vous avez une tête puissante, une caboche que ces messieurs nomment la tête chevaline : il y a du cheval dans la tête de tous les grands hommes. Or, on peut être un beau génie et vivre ignoré. C'est une farce qui arrive assez généralement à ceux qui, malgré leurs moyens, restent obscurs, et qui a failli être le cas du grand Saint-Simon, et celui de M. Vico, homme fort qui commence à se pousser. Il va bien, Vico! J'en suis content. Ici nous entrons dans la théorie et la formule nouvelle de l'Humanité. Attention, monsieur...

— Attention, dit le fou.

— L'exploitation de l'homme par l'homme aurait dû cesser, monsieur, du jour où Christ, je ne dis pas Jésus-Christ, je dis Christ, est venu proclamer l'égalité des hommes devant Dieu. Mais cette égalité n'a-t-elle pas été jusqu'à présent la plus déplorable chimère. Or, Saint-Simon est le complément de Christ. Christ a fait son temps.

— Il est donc libéré? dit Margaritis.

— Il a fait son temps comme le libéralisme. Maintenant, il y a quelque chose de plus fort en avant de nous, c'est la nouvelle foi, c'est la production libre, individuelle, une coordination sociale qui fasse que chacun reçoive équitablement son salaire social suivant son œuvre, et ne soit plus exploité par des individus qui, sans capacité, font travailler *tous* au profit d'*un* seul; de là la doctrine...

— Que faites-vous des domestiques? demanda Margaritis.

— Ils restent domestiques, monsieur, s'ils n'ont que la capacité d'être domestiques.

— Hé! bien, à quoi bon la doctrine?

— Oh! pour en juger, monsieur, il faut vous mettre au point de vue très-élevé d'où vous pouvez embrasser clairement un aspect général de l'Humanité. Ici, nous entrons en plein Ballanche! Connaissez-vous monsieur Ballanche?

— Nous ne faisons que de ça! dit le fou qui entendit *de la planche*.

— Bon, reprit Gaudissart. Eh! bien, si le spectacle palingénésique des transformations successives du Globe spiritualisé vous touche, vous transporte, vous émeut; eh! bien, mon cher monsieur, le journal *le Globe*, bon nom qui en exprime nettement la mission, le Globe est le *cicérone* qui vous expliquera tous les matins les conditions nouvelles dans lesquelles s'accomplira, dans peu de temps, le changement politique et moral du monde.

— *Quésaco!* dit le bonhomme.

— Je vais vous faire comprendre le raisonnement par une image, reprit Gaudissart. Si, enfants, nos bonnes nous ont menés chez Séraphin, ne faut-il pas, à nous vieillards, les tableaux de l'avenir? Ces messieurs...

— Boivent-ils du vin ?

— Oui, monsieur. Leur maison est montée, je puis le dire, sur un excellent pied, un pied prophétique : beaux salons, toutes les sommités, grandes réceptions.

— Eh! bien, dit le fou, les ouvriers qui démolissent ont bien autant besoin de vin que ceux qui bâtissent.

— A plus forte raison, monsieur, quand on démolit d'une main et qu'on reconstruit de l'autre, comme le font les apôtres du Globe.

— Alors il leur faut du vin, du vin de Vouvray, les deux pièces qui me restent, trois cent bouteilles, pour cent francs, bagatelle.

— A combien cela met-il la bouteille? dit Gaudissart en calculant. Voyons? il y a le port, l'entrée, nous n'arrivons pas à sept sous; mais ce serait une bonne affaire. Ils payent tous les autres vins plus cher. (Bon, je tiens mon homme, se dit Gaudissart; tu veux me vendre du vin dont j'ai besoin, je vais te dominer.) — Eh! bien, monsieur, reprit-il, des hommes qui disputent sont bien près de s'entendre. Parlons franchement, vous avez une grande influence sur ce canton?

— Je le crois, dit le fou. Nous sommes *la tête* de Vouvray.

— Hé! bien, vous avez parfaitement compris l'entreprise des capitaux intellectuels?

— Parfaitement.

— Vous avez mesuré toute la portée du Globe?

— Deux fois... à pied.

Gaudissart n'entendit pas, parce qu'il restait dans le milieu de ses pensées et s'écoutait lui-même en homme sûr de triompher.

— Or, eu égard à la situation où vous êtes, je comprends que vous n'ayez rien à assurer à l'âge où vous êtes arrivé. Mais, monsieur, vous pouvez faire assurer les personnes qui, dans le canton, soit par leur valeur personnelle, soit par la position précaire de leurs familles, voudraient se faire un sort. Donc, en prenant un abonnement au Globe, et en m'appuyant de votre autorité dans le Canton pour le placement des capitaux en rente viagère, car on affectionne le viager en province; eh! bien, nous pourrons nous entendre relativement aux deux pièces de vin. Prenez-vous le Globe?

— Je vais sur le Globe.

— M'appuyez-vous près des personnes influentes du canton?

— J'appuie...

— Et...

— Et...

— Et je... Mais vous prenez un abonnement au Globe.

— Le Globe, bon journal, dit le fou, journal viager.

— Viager, monsieur?... Eh! oui, vous avez raison, il est plein de vie, de force, de science, bourré de science, bien conditionné, bien imprimé, bon teint, feutré. Ah! ce n'est pas de la *camelote*, du *colifichet*, du *papillotage*, de la soie qui se déchire quand on la regarde; c'est foncé, c'est des raisonnements que l'on peut méditer à son aise et qui font passer le temps très-agréablement au fond d'une campagne.

— Cela me va, répondit le fou.

— Le Globe coûte une bagatelle, quatre-vingts francs.

— Cela ne me va plus, dit le bonhomme.

— Monsieur, dit Gaudissart, vous avez nécessairement des petits-enfants?

— Beaucoup, répondit Margaritis qui entendit, vous *aimez* au lieu de vous *avez*.

— Hé! bien, le journal des Enfants, sept francs par an.

— Prenez mes deux pièces de vin, je vous prends un abonnement d'Enfants, ça me va, belle idée. Exploitation intellectuelle, l'enfant?... n'est-ce pas l'homme par l'homme, hein?

— Vous y êtes, monsieur, dit Gaudissart.

— J'y suis.

— Vous consentez donc à me piloter dans le canton?

— Dans le canton.

— J'ai votre approbation?

— Vous l'avez.

— Hé! bien, monsieur, je prends vos deux pièces de vin, à cent francs...

— Non, non, cent dix.

— Monsieur, cent dix francs, soit, mais cent dix pour les capacités de la Doctrine, et cent francs pour moi. Je vous fais opérer une vente, vous me devez une commission.

— Portez-leur cent vingt. (*Sans vin.*)

— Joli calembour. Il est non-seulement très-fort, mais encore très-spirituel.

— Non, spiritueux, monsieur.

— De plus fort en plus fort, comme chez Nicolet.

— Je suis comme cela, dit le fou. Venez voir mon clos?

— Volontiers, dit Gaudissart, ce vin porte singulièrement à la tête.

Et l'illustre Gaudissart sortit avec monsieur Margaritis qui le promena de provin en provin, de cep en cep, dans ses vignes. Les trois dames et monsieur Vernier purent alors rire à leur aise, en voyant de loin, le Voyageur et le fou discutant, gesticulant, s'arrêtant, reprenant leur marche, parlant avec feu.

— Pourquoi le bonhomme nous l'a-t-il donc emmené? dit Vernier.

Enfin Margaritis revint avec le Commis-Voyageur, en marchant tous deux d'un pas accéléré comme des gens empressés de terminer une affaire.

— Le bonhomme a, fistre, bien enfoncé le Parisien!... dit monsieur Vernier.

Et, de fait, l'Illustre Gaudissart écrivit sur le bout d'une table à jouer, à la grande joie du bonhomme, une demande de livraison des deux pièces de vin. Puis, après avoir lu l'engagement du Voyageur, monsieur Margaritis lui donna sept francs pour un abonnement au journal des Enfants.

— A demain donc, monsieur, dit l'illustre Gaudissart en faisant tourner sa clef de montre, j'aurai l'honneur de venir vous prendre demain. Vous pourrez expédier directement le vin à Paris, à l'adresse indiquée, et vous ferez suivre en remboursement.

Gaudissart était Normand, et il n'y avait jamais pour lui d'engagement qui ne dût être bilatéral : il voulut un engagement de monsieur Margaritis, qui, content comme l'est un fou de satisfaire son idée favorite, signa, non sans lire, un bon à livrer deux pièces de vin du clos Margaritis. Et l'Illustre Gaudissart s'en alla sautillant, chanteronnant *le Roi des mers, prends plus bas!* à l'auberge du Soleil-d'Or, où il causa naturellement avec l'hôte en attendant le dîner. Mitouflet était un vieux soldat naïvement rusé comme le sont les paysans, mais ne riant jamais d'une plaisanterie, en homme accoutumé à entendre le canon et à plaisanter sous les armes.

— Vous avez des gens très-forts ici, lui dit Gaudissart en s'appuyant sur le chambranle de la porte et allumant son cigare à la pipe de Mitouflet.

— Comment l'entendez-vous? demanda Mitouflet.

— Mais des gens ferrés à glace sur les idées politiques et financières.

— De chez qui venez-vous donc, sans indiscrétion? demanda naïvement l'aubergiste en faisant savamment jaillir d'entre ses lèvres la sputation périodiquement expectorée par les fumeurs.

— De chez un lapin nommé Margaritis.

Mitouflet jeta successivement à sa pratique deux regards pleins d'une froide ironie.

— C'est juste, le bonhomme en sait long! Il en sait trop pour les autres, ils ne peuvent pas toujours le comprendre...

— Je le crois, il entend foncièrement bien les hautes questions de finance.

— Oui, dit l'aubergiste. Aussi, pour mon compte, ai-je toujours regretté qu'il soit fou.

— Comment, fou?

— Fou, comme on est fou, quand on est fou, répéta Mitouflet, mais il n'est pas dangereux, et sa femme le garde. Vous vous êtes donc entendus? dit du plus grand sang-froid l'impitoyable Mitouflet. C'est drôle.

— Drôle! s'écria Gaudissart! drôle, mais votre monsieur Vernier s'est donc moqué de moi?

— Il vous y a envoyé? demanda Mitouflet.

— Oui.

— Ma femme, cria l'aubergiste, écoute donc. Monsieur Vernier n'a-t-il pas eu l'idée d'envoyer monsieur chez le bonhomme Margaritis?...

— Et quoi donc, avez-vous pu vous dire tous deux, mon cher mignon monsieur, demanda la femme, puisqu'il est fou?

— Il m'a vendu deux pièces de vin.

— Et vous les avez achetées?

— Oui.

— Mais c'est sa folie de vouloir vendre du vin, il n'en a pas.

— Bon, dit le Voyageur. Je vais d'abord aller remercier monsieur Vernier.

Et Gaudissart se rendit bouillant de colère chez l'ancien teinturier, qu'il trouva dans sa salle, riant avec des voisins auxquels il racontait déjà l'histoire.

— Monsieur, dit le prince des Voyageurs en lui jetant des regards enflammés, vous êtes un drôle et un polisson, qui, sous peine d'être le dernier des argousins, gens que je place au-dessous des forçats, devez me rendre raison de l'insulte que vous venez de me faire en me mettant en rapport avec un homme que vous saviez fou. M'entendez-vous, monsieur Vernier le teinturier ?

Telle était la harangue que Gaudissart avait préparée comme un tragédien prépare son entrée en scène.

— Comment! répondit Vernier que la présence de ses voisins anima, croyez-vous que nous n'avons pas le droit de nous moquer d'un monsieur qui débarque en quatre bateaux dans Vouvray pour nous demander nos capitaux, sous prétexte que nous sommes des grands hommes, des peintres, des poétriaux; et qui, par ainsi, nous assimile gratuitement à des gens sans le sou, sans aveu, sans feu ni lieu! Qu'avons-nous fait pour cela, nous pères de famille ? Un drôle qui vient nous proposer des abonnements au Globe, journal qui prêche une religion dont le premier commandement de Dieu ordonne, s'il vous plaît, de ne pas succéder à ses père et mère! Ma parole d'honneur la plus sacrée, le père Margaritis dit des choses plus sensées. D'ailleurs, de quoi vous plaignez-vous ? Vous vous êtes parfaitement entendus tous les deux, monsieur. Ces messieurs peuvent vous attester que, quand vous auriez parlé à tous les gens du canton, vous n'auriez pas été si bien compris.

— Tout cela peut vous sembler excellent à dire, mais je me tiens pour insulté, monsieur, et vous me rendrez raison.

— Hé! bien, monsieur, je vous tiens pour insulté, si cela peut vous être agréable, et je ne vous rendrai pas raison, car il n'y a pas assez de raison dans cette affaire-là pour que je vous en rende. Est-il farceur, donc!

A ce mot, Gaudissart fondit sur le teinturier pour lui appliquer un soufflet; mais les Vouvrillons attentifs se jetèrent entre eux, et l'Illustre Gaudissart ne souffleta que la perruque du teinturier, laquelle alla tomber sur la tête de mademoiselle Claire Vernier.

— Si vous n'êtes pas content, dit-il, monsieur, je reste jusqu'à demain matin à l'hôtel du Soleil-d'Or, vous m'y trouverez, prêt à vous expliquer ce que veut dire rendre raison d'une offense! Je me suis battu en Juillet, monsieur.

— Hé! bien, vous vous battrez à Vouvray, répondit le teinturier, et vous y resterez plus long-temps que vous ne croyez.

Gaudissart s'en alla, commentant cette réponse, qu'il trouvait pleine de mauvais présages. Pour la première fois de sa vie, le Voyageur ne dîna pas joyeusement. Le bourg de Vouvray fut mis en émoi par l'aventure de Gaudissart et de monsieur Vernier. Il n'avait jamais été question de duel dans ce bénin pays.

— Monsieur Mitouflet, je dois me battre demain avec monsieur Vernier, je ne connais personne ici, voulez-vous me servir de témoin? dit Gaudissart à son hôte.

— Volontiers, répondit l'aubergiste.

A peine Gaudissart eut-il achevé de dîner que madame Fontanieu et l'adjoint de Vouvray vinrent au Soleil-d'Or, prirent à part Mitouflet, et lui représentèrent combien il serait affligeant pour le canton qu'il y eût une mort violente; ils lui peignirent l'affreuse situation de la bonne madame Vernier, en le conjurant d'arranger cette affaire, de manière à sauver l'honneur du pays.

— Je m'en charge, dit le malin aubergiste.

Le soir Mitouflet monta chez le voyageur des plumes, de l'encre et du papier.

— Que m'apportez-vous là? demanda Gaudissart.

— Mais vous vous battez demain, dit Mitouflet; j'ai pensé que vous seriez bien aise de faire quelques petites dispositions; enfin que vous pourriez avoir à écrire, car on a des êtres qui nous sont chers. Oh! cela ne tue pas. Êtes-vous fort aux armes? voulez-vous vous rafraîchir la main? j'ai des fleurets.

— Mais volontiers.

Mitouflet revint avec des fleurets et deux masques.

— Voyons!

L'hôte et le Voyageur se mirent tous deux en garde; Mitouflet, en sa qualité d'ancien prévôt des grenadiers, poussa soixante-huit bottes à Gaudissart, en le bousculant et l'adossant à la muraille.

— Diable! vous êtes fort, dit Gaudissart essoufflé.

— Monsieur Vernier est plus fort que je ne le suis.

— Diable! diable! je me battrai donc au pistolet.

— Je vous le conseille, parce que, voyez-vous, en prenant de gros pistolets d'arçon et les chargeant jusqu'à la gueule, on ne risque jamais rien, les pistolets *écartent*, et chacun se retire en homme d'honneur. Laissez-moi arranger cela? Hein! sapristi, deux braves gens seraient bien bêtes de se tuer pour un geste.

— Êtes-vous sûr que les pistolets *écarteront* suffisamment? Je serais fâché de tuer cet homme, après tout, dit Gaudissart.

— Dormez en paix.

Le lendemain matin, les deux adversaires se rencontrèrent un peu blêmes au bas du pont de la Cise. Le brave Vernier faillit tuer une vache qui paissait à dix pas de lui, sur le bord d'un chemin.

— Ah! vous avez tiré en l'air, s'écria Gaudissart.

A ces mots, les deux ennemis s'embrassèrent.

— Monsieur, dit le Voyageur, votre plaisanterie était un peu forte, mais elle était drôle. Je suis fâché de vous avoir apostrophé, j'étais hors de moi, je vous tiens pour homme d'honneur.

— Monsieur, nous vous ferons vingt abonnements au Journal des Enfants, répliqua le teinturier encore pâle.

— Cela étant, dit Gaudissart, pourquoi ne déjeunerions-nous pas ensemble? les hommes qui se battent ne sont-ils pas bien près de s'entendre?

— Monsieur Mitouflet, dit Gaudissart en revenant à l'auberge, vous devez avoir un huissier ici...

— Pourquoi?

— Eh! je vais envoyer une assignation à mon cher petit monsieur Margaritis, pour qu'il ait à me fournir deux pièces de son clos.

— Mais il ne les a pas, dit Vernier.

— Hé! bien, monsieur, l'affaire pourra s'arranger, moyennant vingt francs d'indemnité. Je ne veux pas qu'il soit dit que votre bourg ait *fait le poil* à l'Illustre Gaudissart.

Madame Margaritis, effrayée par un procès dans lequel le demandeur devait avoir raison, apporta les vingt francs au clément Voyageur, auquel on évita d'ailleurs la peine de s'engager dans un des plus joyeux cantons de la France, mais un des plus récalcitrants aux idées nouvelles.

Au retour de son voyage dans les contrées méridionales, l'Illustre Gaudissart occupait la première place du coupé dans la diligence de Laffitte-Caillard, où il avait pour voisin un jeune homme auquel il daignait, depuis Angoulême, expliquer les mystères de la vie, en le prenant sans doute pour un enfant.

En arrivant à Vouvray, le jeune homme s'écria : — Voilà un beau site!

— Oui, monsieur, dit Gaudissart, mais le pays n'est pas tenable, à cause des habitants. Vous y auriez un duel tous les jours. Tenez, il y a trois mois, je me suis battu là, dit-il en montrant le pont de la Cise, au pistolet, avec un maudit teinturier ; mais... je l'ai *roulé!*...

Paris, novembre 1832.

LES PARISIENS EN PROVINCE.

(DEUXIÈME HISTOIRE.)

LA MUSE DU DÉPARTEMENT.

A MONSIEUR LE COMTE FERDINAND DE GRAMONT.

Mon cher Ferdinand, si les hasards (habent sua fata libelli) *du monde littéraire font de ces lignes un long souvenir, ce sera certainement peu de chose en comparaison des peines que vous vous êtes données, vous le d'Hozier, le Chérin, le Roi d'armes des* ÉTUDES DE MOEURS; *vous à qui les Navarreins, les Cadignan, les Langeais, les Blamont-Chauvry, les Chaulieu, les d'Arthez, les d'Esgrignon, les Mortsauf, les Valois, les cent maisons nobles qui constituent l'aristocratie de la* COMÉDIE HUMAINE *doivent leurs belles devises et leurs armoiries si spirituelles. Aussi* L'ARMORIAL DES ÉTUDES DE MOEURS INVENTÉ PAR FERDINAND DE GRAMONT, GENTILHOMME, *est-il une histoire complète du blason français, où vous n'avez rien oublié, pas même les armes de l'Empire, et que je conserverai comme un monument de patience bénédictine et d'amitié. Quelle connaissance du vieux langage féodal dans le :* Pulchrè sedens, meliùs agens! *des Beauséant? dans le :* Des partem leonis! *des d'Espard? dans le :* Ne se vend! *des Vandenesse? Enfin, quelle coquetterie dans les mille détails de cette savante iconographie qui montrera jusqu'où la fidélité sera poussée dans mon entreprise, à laquelle vous, poète, vous aurez aidé*

Votre vieil ami,

DE BALZAC.

Sur la lisière du Berry se trouve au bord de la Loire une ville qui par sa situation attire infailliblement l'œil du voyageur. Sancerre occupe le point culminant d'une chaîne de petites montagnes, dernière ondulation des mouvements de terrain du Nivernais. La

Loire inonde les terres au bas de ces collines, en y laissant un limon jaune qui les fertilise, quand il ne les ensable pas à jamais par une de ces terribles crues également familières à la Vistule, cette Loire du Nord. La montagne au sommet de laquelle sont groupées les maisons de Sancerre, s'élève à une assez grande distance du fleuve pour que le petit port de Saint-Thibault puisse vivre de la vie de Sancerre. Là s'embarquent les vins, là se débarque le merrain, enfin toutes les provenances de la Haute et de la Basse-Loire.

- A l'époque où cette histoire eut lieu, le pont de Cosne et celui de Saint-Thibault, deux ponts suspendus, étaient construits. Les voyageurs venant de Paris à Sancerre par la route d'Italie ne traversaient plus la Loire de Cosne à Saint-Thibault dans un bac, n'est-ce pas assez vous dire que le Chassez-croisez de 1830 avait eu lieu; car la maison d'Orléans a partout choyé les intérêts matériels, mais à peu près comme ces maris qui font des cadeaux à leurs femmes avec l'argent de la dot.

Excepté la partie de Sancerre qui occupe le plateau, les rues sont plus ou moins en pente, et la ville est enveloppée de rampes, dites les Grands Remparts, nom qui vous indique assez les grands chemins de la ville. Au delà de ces remparts, s'étend une ceinture de vignobles. Le vin forme la principale industrie et le plus considérable commerce du pays qui possède plusieurs crus de vins généreux, pleins de bouquet, et assez semblables aux produits de la Bourgogne pour qu'à Paris les palais vulgaires s'y trompent. Sancerre trouve donc dans les cabarets parisiens une rapide consommation, assez nécessaire d'ailleurs à des vins qui ne peuvent pas se garder plus de sept à huit ans. Au-dessous de la ville, sont assis quelques villages, Fontenay, Saint-Satur qui ressemblent à des faubourgs, et dont la situation rappelle les gais vignobles de Neufchâtel en Suisse. La ville a conservé quelques traits de son ancienne physionomie, ses rues sont étroites et pavées en cailloux pris au lit de la Loire. On y voit encore de vieilles maisons. La tour, ce reste de la force militaire et de l'époque féodale, rappelle l'un des siéges les plus terribles de nos guerres de religion et pendant lequel les Calvinistes ont bien surpassé les farouches Caméroniens de Walter Scott.

La ville de Sancerre, riche d'un illustre passé, veuve de sa puissance militaire, est en quelque sorte vouée à un avenir infertile, car le mouvement commercial appartient à la rive droite de la Loire.

La rapide description que vous venez de lire prouve que l'isolement de Sancerre ira croissant, malgré les deux ponts qui la rattachent à Cosne. Sancerre, l'orgueil de la rive gauche, a tout au plus trois mille cinq cents âmes, tandis qu'on en compte aujourd'hui plus de six mille à Cosne. Depuis un demi-siècle, le rôle de ces deux villes assises en face l'une de l'autre a complétement changé. Cependant l'avantage de la situation appartient à la ville historique, où de toutes parts l'on jouit d'un spectacle enchanteur, où l'air est d'une admirable pureté, la végétation magnifique, et où les habitants en harmonie avec cette riante nature sont affables, bons compagnons et sans puritanisme, quoique les deux tiers de la population soient restés calvinistes.

Dans un pareil état de choses, si l'on subit les inconvénients de la vie des petites villes, si l'on se trouve sous le coup de cette surveillance officieuse qui fait de la vie privée une vie quasi publique ; en revanche, le patriotisme de localité, qui ne remplacera jamais l'esprit de famille, se déploie à un haut degré. Aussi la ville de Sancerre est-elle très-fière d'avoir vu naître une des gloires de la Médecine moderne, Horace Bianchon, et un auteur du second ordre, Étienne Lousteau, l'un des feuilletonistes les plus distingués. L'Arrondissement de Sancerre, choqué de se voir soumis à sept ou huit grands propriétaires, les hauts barons de l'Élection, essaya de secouer le joug électoral de la Doctrine, qui en a fait son bourg-pourri. Cette conjuration de quelques amours-propres froissés échoua par la jalousie que causait aux coalisés l'élévation future d'un des conspirateurs. Quand le résultat eut montré le vice radical de l'entreprise, on voulut y remédier en prenant l'un des deux hommes qui représentent glorieusement Sancerre à Paris, pour champion du pays aux prochaines élections.

Cette idée était extrêmement avancée pour notre pays, où, depuis 1830, la nomination des notabilités de clocher a fait de tels progrès que les hommes d'État deviennent de plus en plus rares à la Chambre élective. Aussi ce projet, d'une réalisation assez hypothétique, fut-il conçu par la femme supérieure de l'Arrondissement, *dux femina facti*, mais dans une pensée d'intérêt personnel. Cette pensée avait tant de racines dans le passé de cette femme et embrassait si bien son avenir, que sans un vif et succinct récit de sa vie antérieure, on la comprendrait difficilement. Sancerre s'enorgueillissait alors d'une femme supérieure, long-temps incomprise, mais qui, vers 1836, jouissait d'une assez jolie renommée départementale. Cette époque fut aussi le moment où les noms des deux Sancerrois atteignirent, à Paris, chacun dans leur sphère, au plus haut degré l'un de la gloire, l'autre de la mode. Étienne Lousteau, l'un des collaborateurs des Revues, signait le feuilleton d'un journal à huit mille abonnés; et Bianchon, déjà premier médecin d'un hôpital, officier de la Légion-d'Honneur et membre de l'Académie des sciences, venait d'obtenir sa chaire.

Si ce mot ne devait pas, pour beaucoup de gens, comporter une espèce de blâme, on pourrait dire que George Sand a créé le *Sandisme*, tant il est vrai que, moralement parlant, le bien est presque toujours doublé d'un mal. Cette lèpre sentimentale a gâté beaucoup de femmes qui, sans leurs prétentions au génie, eussent été charmantes. Le Sandisme a cependant cela de bon que la femme qui en est attaquée faisant porter ses prétendues supériorités sur des sentiments méconnus, elle est en quelque sorte le *Bas-Bleu* du cœur : il en résulte alors moins d'ennui, l'amour neutralisant un peu la littérature. Or l'illustration de George Sand a eu pour principal effet de faire reconnaître que la France possède un nombre exorbitant de femmes supérieures, assez généreuses pour laisser jusqu'à présent le champ libre à la petite-fille du maréchal de Saxe.

La femme supérieure de Sancerre demeurait à La Baudraye, maison de ville et de campagne à la fois, située à dix minutes de la ville, dans le village ou, si vous voulez, le faubourg de Saint-Satur. Les La Baudraye d'aujourd'hui, comme il est arrivé pour beaucoup de maisons nobles, se sont substitués aux La Baudraye dont le nom brille aux croisades et se mêle aux grands événements de l'histoire berruyère. Ceci veut une explication.

Sous Louis XIV, un certain échevin nommé Milaud, dont les ancêtres furent d'enragés Calvinistes, se convertit lors de la révocation de l'Édit de Nantes. Pour encourager ce mouvement dans l'un des sanctuaires du calvinisme, le Roi nomma celui Milaud à un poste élevé dans les Eaux et Forêts, lui donna des armes et le titre de Sire de la Baudraye en lui faisant présent du fief des vrais La Baudraye. Les héritiers du fameux capitaine La Baudraye tombèrent, hélas! dans l'un des pièges tendus aux hérétiques par les Ordonnances, et furent pendus, traitement indigne du Grand Roi. Sous Louis XV, Milaud de La Baudraye de simple Écuyer, devint Chevalier, et eut assez de crédit pour placer son fils cornette dans les mousquetaires. Le cornette mourut à Fontenoy, laissant un enfant à qui le Roi Louis XVI accorda plus tard un brevet de fermier-général, en mémoire du cornette mort sur le champ de bataille.

Ce financier, bel esprit occupé de charades, de bouts rimés, de bouquets à Chloris, vécut dans le beau monde, hanta la société du duc de Nivernois, et se crut obligé de suivre la noblesse en exil ; mais il eut soin d'emporter ses capitaux. Aussi le riche émigré soutint-il alors plus d'une grande maison noble. Fatigué d'espérer et peut-être aussi de prêter, il revint à Sancerre en 1800, et racheta La Baudraye par un sentiment d'amour-propre et de vanité nobiliaire explicable chez un petit-fils d'Échevin ; mais qui sous le Consulat avait d'autant moins d'avenir que l'ex-fermier général comptait peu sur son héritier pour continuer les nouveaux La Baudraye. Jean-Athanase-Melchior Milaud de La Baudraye, unique enfant du financier, né plus que chétif, était bien le fruit d'un sang épuisé de bonne heure par les plaisirs exagérés auxquels se livrent tous les gens riches qui se marient à l'aurore d'une vieillesse prématurée, et finissent ainsi par abâtardir les sommités sociales.

Pendant l'émigration, madame de La Baudraye, jeune fille sans aucune fortune et qui fut épousée à cause de sa noblesse, avait eu la patience d'élever cet enfant jaune et malingre auquel elle portait l'amour excessif que les mères ont dans le cœur pour les avortons. La mort de cette femme, une demoiselle de Castéran-La-Tour, contribua beaucoup à la rentrée en France de monsieur de La Baudraye. Ce Lucullus des Milaud mourut en léguant à son fils le fief sans lods et ventes, mais orné de girouettes à ses armes, mille louis d'or, somme assez considérable en 1802, et ses créances sur les plus illustres émigrés, contenues dans le portefeuille de ses poésies avec cette inscription : *Vanitas vanitatum et omnia vanitas !*

Si le jeune La Baudraye vécut, il le dut à des habitudes d'une régularité monastique, à cette économie de mouvement que Fontenelle prêchait comme la religion des valétudinaires, et surtout à l'air de Sancerre, à l'influence de ce site admirable d'où se découvre un panorama de quarante lieues dans le val de la Loire. De 1802 à 1815, le petit La Baudraye augmenta son ex-fief de plusieurs clos, et s'adonna beaucoup à la culture des vignes. Au début, la Restauration lui parut si chancelante qu'il n'osa pas trop aller à Paris y faire ses réclamations ; mais après la mort de Napoléon il essaya de monnayer la poésie de son père, car il ne comprit pas la profonde philosophie accusée par ce mélange des créances et des charades. Le vigneron perdit tant de temps à se faire reconnaître de messieurs les ducs de Navarreins et autres (telle était son expression), qu'il revint à Sancerre, appelé par ses chères vendanges, sans avoir rien obtenu que des offres de services. La Restauration rendit assez de lustre à la noblesse pour que La Baudraye désirât donner un sens à son ambition en se donnant un héritier. Ce bénéfice conjugal lui paraissait assez problématique ; autrement, il n'eût pas tant tardé ; mais, vers la fin de 1823, en se voyant encore sur ses jambes à quarante-trois ans, âge qu'aucun médecin, astrologue ou sage-femme n'eût osé lui prédire, il espéra trouver la récompense de sa vertu forcée. Néanmoins, son choix indiqua, relativement à sa chétive constitution, un si grand défaut de prudence qu'il fut impossible de n'y pas voir un profond calcul.

A cette époque, Son Éminence Monseigneur l'archevêque de Bourges venait de convertir au catholicisme une jeune personne appartenant à l'une de ces familles bourgeoises qui furent les premiers appuis du Calvinisme, et qui, grâce à leur position obscure, ou à des accommodements avec le ciel, échappèrent aux persécutions de Louis XIV. Artisans au XVIe siècle, les Piédefer, dont le nom révèle un de ces surnoms bizarres que se donnèrent les soldats de la Réforme, étaient devenus d'honnêtes drapiers. Sous le règne de Louis XVI, Abraham Piédefer fit de si mauvaises affaires, qu'il laissa, vers 1786, époque de sa mort, ses deux enfants dans un état voisin de la misère. L'un des deux, Tobie Piédefer partit pour les Indes en abandonnant le modique héritage à son aîné. Pendant la révolution, Moïse Piédefer acheta des biens nationaux, abattit des abbayes et des églises à l'instar de ses ancêtres, et se maria, chose étrange, avec une catholique, fille unique d'un Conventionnel mort sur l'échafaud. Cet ambitieux Piédefer mourut en 1819, laissant à sa femme une fortune compromise par des spéculations agricoles, et une petite fille de douze ans d'une beauté surprenante. Élevée dans la religion calviniste, cet enfant avait été nommée Dinah, suivant l'usage en vertu duquel les religionnaires prenaient leurs noms dans la Bible pour n'avoir rien de commun avec les saints de l'Église romaine.

Mademoiselle Dinah Piédefer, mise par sa mère dans un des meilleurs pensionnats de Bourges, celui des demoiselles Chamarolles, y devint aussi célèbre par les qualités de son esprit que par sa beauté; mais elle s'y trouva primée par des jeunes filles nobles, riches et qui devaient plus tard jouer dans le monde un rôle beaucoup plus beau que celui d'une roturière dont la mère attendait les résultats de la liquidation Piédefer. Après avoir su s'élever momentanément au-dessus de ses compagnes, Dinah voulut aussi se trouver de plain-pied avec elles dans la vie. Elle inventa donc d'abjurer le calvinisme, en espérant que le Cardinal protégerait sa conquête spirituelle et s'occuperait de son avenir. Vous pouvez juger déjà de la supériorité de mademoiselle Dinah qui, dès l'âge de dix-sept ans, se convertissait uniquement par ambition. L'archevêque imbu de l'idée que Dinah Piédefer devait faire l'ornement du monde, essaya de la marier. Toutes les familles auxquelles s'adressa le Prélat s'effrayèrent d'une fille douée d'une prestance de princesse, qui passait pour la plus spirituelle des jeunes personnes élevées chez les demoiselles de Chamarolles, et qui dans les solennités un peu théâtrales des distributions de prix, jouait toujours les premiers rôles. Assurément mille écus de rentes, que pouvait rapporter le domaine de La Hautoy indivis entre la fille et la mère, étaient peu de chose en comparaison des dépenses auxquelles les avantages personnels d'une créature si spirituelle entraînerait un mari.

Dès que le petit Melchior de La Baudraye apprit ces détails dont parlaient toutes les sociétés du département du Cher, il se rendit à Bourges, au moment où madame Piédefer, dévote à grandes Heures, était à peu près déterminée ainsi que sa fille à prendre, selon l'expression du Berry, le premier chien coiffé venu. Si le Cardinal fut très-heureux de rencontrer monsieur de La Baudraye, monsieur de La Baudraye fut encore plus heureux d'accepter une femme de la main du Cardinal. Le petit homme exigea de son Éminence la promesse formelle de sa protection auprès du Président du Conseil, à cette fin de palper les créances sur les ducs de Navarreins et autres en saisissant leurs indemnités. Ce moyen parut un peu trop vif à l'habile ministre du pavillon Marsan, il fit savoir au vigneron qu'on s'occuperait de lui en temps et lieu. Chacun peut se figurer le tapage produit dans le Sancerrois par le mariage insensé de monsieur La Baudraye.

— Cela s'explique, dit le Président Boirouge, le petit homme aurait, m'a-t-on dit, été très-choqué d'avoir entendu, sur le Mail, le beau monsieur Milaud, le Substitut de Nevers, disant à monsieur de Clagny en lui montrant les tourelles de La Baudraye : — Cela me reviendra ! — Mais, a répondu notre Procureur du Roi, il peut se marier et avoir des enfants. — Ça lui est défendu ! Vous pouvez imaginer la haine qu'un avorton comme le petit La Baudraye a dû vouer à ce colosse de Milaud.

Il existait à Nevers une branche roturière des Milaud qui s'était assez enrichie dans le commerce de la coutellerie pour que le représentant de cette branche eût abordé la carrière du Ministère Public, dans laquelle il fut protégé par feu Marchangy.

Peut-être convient-il d'écheniller cette histoire où le moral joue un grand rôle, des vils intérêts matériels dont se préoccupait exclusivement monsieur de La Baudraye, en racontant avec brièveté les résultats de ses négociations à Paris. Ceci d'ailleurs expliquera plusieurs parties mystérieuses de l'histoire contemporaine, et les difficultés sous-jacentes que rencontraient les Ministres pendant la Restauration, sur le terrain politique. Les promesses ministérielles eurent si peu de réalité que monsieur de La Baudraye se rendit à Paris au moment où le Cardinal y fut appelé par la session des Chambres.

Voici comment le duc de Navarreins, le premier créancier menacé par monsieur de La Baudraye, se tira d'affaire. Le Sancerrois vit arriver un matin à l'hôtel de Mayence où il s'était logé rue Saint-Honoré, près de la place Vendôme, un confident des Ministres qui se connaissait en liquidations. Cet élégant personnage sorti d'un élégant cabriolet et vêtu de la façon la plus élégante fut obligé de monter au numéro 37, c'est-à-dire au troisième étage, dans une petite chambre où il surprit le provincial se cuisinant au feu de sa cheminée une tasse de café.

— Est-ce à monsieur Milaud de La Baudraye que j'ai l'honneur...

— Oui, répondit le petit homme en se drapant dans sa robe de chambre.

Après avoir lorgné ce produit incestueux d'un ancien par-dessus chiné de madame Piédefer et d'une robe de feu madame de La Baudraye, le négociateur trouva l'homme, la robe de chambre et le petit fourneau de terre où bouillait le lait dans une casserole de fer-blanc si caractéristiques, qu'il jugea les finasseries inutiles.

— Je parie, monsieur, dit-il audacieusement, que vous dînez à quarante sous chez Hurbain, au Palais-Royal.

— Et pourquoi?...

— Oh! je vous reconnais pour vous y avoir vu, répliqua le Parisien en gardant son sérieux. Tous les créanciers des princes y dînent. Vous savez qu'on trouve à peine dix pour cent des créances sur les plus grands seigneurs... Je ne vous donnerais pas cinq pour cent d'une créance sur le feu duc d'Orléans... et même sur..... (il baissa la voix) sur MONSIEUR...

— Vous venez m'acheter mes titres... dit le vigneron qui se crut spirituel.

— Acheter!... fit le négociateur, pour qui me prenez-vous?.... Je suis monsieur des Lupeaulx, maître des requêtes, secrétaire-général du Ministère, et je viens vous proposer une transaction.

— Laquelle?

— Vous n'ignorez pas, monsieur, la position de votre débiteur...

— De mes débiteurs...

— Hé! bien, monsieur, vous connaissez la situation de vos débiteurs; ils sont dans les bonnes grâces du Roi, mais ils sont sans argent, et obligés à une grande représentation... Vous n'ignorez pas les difficultés de la politique : l'aristocratie est à reconstruire, en présence d'un Tiers-État formidable. La pensée du Roi, que la France juge très-mal, est de créer dans la pairie une institution nationale, analogue à celle de l'Angleterre. Pour réaliser cette grande pensée, il nous faut des années et des millions.... Noblesse oblige, le duc de Navarreins, qui, vous le savez, est Premier Gentilhomme de la Chambre, ne nie pas sa dette, mais il ne peut pas.... (soyez raisonnable? Jugez la politique? Nous sortons de l'abîme des révolutions. Vous êtes noble aussi!) donc il ne peut pas vous payer...

— Monsieur...

— Vous êtes vif, dit des Lupeaulx, écoutez?... il ne peut pas vous payer en argent; hé! bien, en homme d'esprit que vous êtes, payez-vous en faveurs... royales ou ministérielles.

— Quoi, mon père aura donné en 1793, cent mille...

— Mon cher monsieur ne récriminez pas! Écoutez une proposition d'arithmétique politique : La recette de Sancerre est vacante, un ancien payeur général des armées y a droit, mais il n'a pas de chances; vous avez des chances et vous n'y avez aucun droit; vous obtiendrez la recette. Vous exercerez pendant un trimestre, vous donnerez votre démission et monsieur Gravier vous donnera vingt mille francs. De plus, vous serez décoré de l'Ordre Royal de la Légion-d'Honneur.

— C'est quelque chose, dit le vigneron beaucoup plus appâté par la somme que par le ruban.

— Mais, reprit des Lupeaulx, vous reconnaîtrez les bontés de Son Excellence en rendant à Sa Seigneurie le duc de Navarreins tous vos titres....

Le vigneron revint à Sancerre en qualité de Receveur des Contributions. Six mois après il fut remplacé par monsieur Gravier, qui passait pour l'un des hommes les plus aimables de la Finance sous l'Empire et qui naturellement fut présenté par monsieur de La Baudraye à sa femme.

Dès qu'il ne fut plus Receveur, monsieur de La Baudraye revint à Paris s'expliquer avec d'autres débiteurs. Cette fois, il fut nommé Référendaire au Sceau, baron, et officier de la Légion-d'Honneur. Après avoir vendu la charge de Référendaire au Sceau, le baron de La Baudraye fit quelques visites à ses derniers débiteurs, et reparut à Sancerre avec le titre de Maître des Requêtes, avec une place de Commissaire du Roi près d'une Compagnie Anonyme établie en Nivernais, aux appointements de six mille francs, une vraie sinécure. Le bonhomme La Baudraye, qui passa pour avoir fait une folie, financièrement parlant, fit donc une excellente affaire en épousant sa femme.

Grâce à sa sordide économie, à l'indemnité qu'il reçut pour les biens de son père nationalement vendus en 1793, le petit homme réalisa, vers 1827, le rêve de toute sa vie!... En donnant quatre cent mille francs comptant et prenant des engagements qui le condamnaient à vivre pendant six ans, selon son expression, de l'air du temps, il put acheter, sur les bords de la Loire, à deux lieues au-dessus de Sancerre, la terre d'Anzy dont le magnifique château bâti par Philibert de Lorme est l'objet de la juste admiration des connaisseurs. Il fut enfin compté parmi les grands propriétaires du pays! Il n'est pas sûr que la joie causée par l'érection d'un majorat composé de la terre d'Anzy, du fief de La Baudraye et du domaine de La Hautoy, en vertu de Lettres Patentes en date de décembre 1829, ait compensé les chagrins de Dinah qui se vit alors réduite à une secrète indigence jusqu'en 1835. Le prudent La Baudraye ne permit pas à sa femme d'habiter Anzy et d'y faire le moindre changement, avant le dernier payement du prix.

Ce coup d'œil sur la politique du premier baron de La Baudraye explique l'homme en entier. Ceux à qui les manies des gens de province sont familières reconnaîtront en lui *la passion de la terre*, passion dévorante, passion exclusive, espèce d'avarice étalée au soleil, et qui souvent mène à la ruine par un défaut d'équilibre entre les intérêts hypothécaires et les produits territoriaux. Les gens qui, de 1802 à 1827, se moquaient du petit La Baudraye en le voyant trotter à Saint-Thibault et s'y occuper de ses affaires avec l'âpreté d'un bourgeois vivant de sa vigne, ceux qui ne comprenaient pas son dédain de la faveur à laquelle il avait dû ses places aussitôt quittées qu'obtenues, eurent enfin le mot de l'énigme quand ce formicaléo sauta sur sa proie, après avoir attendu le moment où les prodigalités de la duchesse de Maufrigneuse amenèrent la vente de cette terre magnifique, depuis trois cents ans dans la maison d'Uxelles.

Madame Piédefer vint vivre avec sa fille. Les fortunes réunies de monsieur de La Baudraye et de sa belle-mère, qui s'était contentée d'une rente viagère de douze cents francs en abandonnant à son gendre le domaine de La Hautoy, composèrent un revenu visible d'environ quinze mille francs.

Pendant les premiers jours de son mariage, Dinah obtint des changements qui rendirent La Baudraye une maison très-agréable. Elle fit un jardin anglais d'une cour immense en y abattant des celliers, des pressoirs et des communs ignobles. Elle ménagea derrière le manoir, petite construction à tourelles et à pignons qui ne manquait pas de caractère, un second jardin à massifs, à fleurs, à gazons, et le sépara des vignes par un mur qu'elle cacha sous des plantes grimpantes. Enfin elle introduisit dans la vie intérieure autant de comfort que l'exiguïté des revenus le permit. Pour ne pas se laisser dévorer par une jeune personne aussi supérieure que Dinah paraissait l'être, monsieur de La Baudraye eut l'adresse de se taire sur les recouvrements qu'il faisait à Paris. Ce profond secret gardé sur ses intérêts donna je ne sais quoi de mystérieux à son caractère, et le grandit aux yeux de sa femme pendant les premières années de son mariage, tant le silence a de majesté !...

Les changements opérés à La Baudraye inspirèrent un désir d'autant plus vif de voir la jeune mariée, que Dinah ne voulut pas se montrer, ni recevoir, avant d'avoir conquis toutes ses aises, étudié le pays, et surtout le silencieux La Baudraye. Quand, par une matinée de printemps, en 1825, on vit, sur le Mail, la belle madame de La Baudraye en robe de velours bleu, sa mère en robe de velours noir, une grande clameur s'éleva dans Sancerre. Cette toilette confirma la supériorité de cette jeune femme, élevée dans la capitale du Berry. On craignit, en recevant ce phénix berruyer, de ne pas dire des choses assez spirituelles, et naturellement on se gourma devant madame de La Baudraye qui produisit une espèce de terreur parmi la gent femelle. Lorsqu'on admira dans le salon de La Baudraye un tapis façonné comme un cachemire, un meuble pompadour à bois dorés, des rideaux de brocatelle aux fenêtres, et sur une table ronde un cornet japonais plein de fleurs au milieu de quelques livres nouveaux; lorsqu'on entendit la belle Dinah jouant à livre ouvert sans exécuter la moindre cérémonie pour se mettre au piano, l'idée qu'on se faisait de sa supériorité prit de grandes proportions. Pour de ne jamais se laisser gagner par l'incurie et par le mauvais goût, Dinah avait résolu de se tenir au courant des modes et des moindres révolutions du luxe en entretenant une active correspondance avec Anna Grossetête, son amie de cœur au pensionnat Chamarolles. Fille unique du Receveur Général de Bourges, Anna, grâce à sa fortune, avait épousé le troisième fils du comte de Fontaine. Les femmes, en venant à La Baudraye, y furent alors constamment blessées par la priorité que Dinah sut s'attribuer en fait de modes; et, quoi qu'elles fissent, elles se virent toujours en arrière, ou, comme disent les amateurs de courses, *distancées*. Si toutes ces petites choses causèrent une maligne envie chez les femmes de Sancerre, la conversation et l'esprit de Dinah engendrèrent une véritable aversion. Dans le désir d'entretenir son intelligence au niveau du mouvement parisien, madame de La Baudraye ne souffrit chez personne ni propos vides, ni galanterie arriérée, ni phrases sans valeur; elle se refusa net au clabaudage des petites nouvelles, à cette médisance de bas étage qui fait le fond de la langue en province. Aimant à parler des découvertes dans la science ou dans les arts, des œuvres fraîchement écloses au théâtre, en poésie, elle parut remuer des pensées en remuant les mots à la mode.

L'abbé Duret, curé de Sancerre, vieillard de l'ancien clergé de France, homme de bonne compagnie à qui le jeu ne déplaisait pas, n'osait se livrer à son penchant dans un pays aussi libéral que Sancerre, il fut donc très-heureux de l'arrivée de madame de La Baudraye, avec laquelle il s'entendit admirablement. Le Sous-Préfet, un vicomte de Chargebœuf, fut enchanté de trouver dans le salon de madame de La Baudraye une espèce d'oasis où l'on faisait trêve à la vie de province. Quant à monsieur de Clagny, le Procureur du Roi, son admiration pour la belle Dinah le cloua dans Sancerre. Ce passionné magistrat refusa tout avancement, et se mit à aimer pieusement cet ange de grâce et de beauté. C'était un grand homme sec, à figure patibulaire ornée de deux yeux terribles, à orbites charbonnées, surmontées de deux sourcils énormes, et dont l'éloquence, bien différente de son amour, ne manquait pas de mordant.

Monsieur Gravier était un petit homme gros et gras qui, sous l'Empire, chantait admirablement la romance, et qui dut à ce talent le poste éminent de payeur-général d'armée. Mêlé à de grands intérêts en Espagne avec certains généraux en chef appartenant alors à l'Opposition, il sut mettre à profit ces liaisons parlementaires auprès du Ministre, qui, par égard à sa position perdue, lui promit la recette de Sancerre, et finit par la lui laisser acheter. L'esprit léger, le ton du temps de l'Empire s'était alourdi chez monsieur Gravier, il ne comprit pas ou ne voulut pas comprendre la différence énorme qui sépara les mœurs de la Restauration de celles de l'Empire ; mais il se croyait bien supérieur à monsieur de Clagny, sa tenue était de meilleur goût, il suivait les modes, il se montrait en gilet jaune, en pantalon gris, en petites redingotes serrées, il avait au cou des cravates de soieries à la mode ornées de bagues à diamants ; tandis que le Procureur du Roi ne sortait pas de l'habit, du pantalon et du gilet noirs, souvent râpés.

Ces quatre personnages s'extasièrent, les premiers, sur l'instruction, le bon goût, la finesse de Dinah, et la proclamèrent une femme de la plus haute intelligence. Les femmes se dirent alors entre elles :
— Madame de La Baudraye doit joliment se moquer de nous... Cette opinion, plus ou moins juste, eut pour résultat d'empêcher les femmes d'aller à La Baudraye. Atteinte et convaincue de pédantisme parce qu'elle parlait correctement, Dinah fut surnommée la Sapho de Saint-Satur. Chacun finit par se moquer effrontément des prétendues grandes qualités de celle qui devint ainsi l'ennemie des Sancerroises. Enfin on alla jusqu'à nier une supériorité, purement relative d'ailleurs, qui relevait les ignorances et ne leur pardonnait point. Quand tout le monde est bossu, la belle taille devient la monstruosité ; Dinah fut donc regardée comme monstrueuse et dangereuse, et le désert se fit autour d'elle. Étonnée de ne voir les femmes, malgré ses avances, qu'à de longs intervalles et pendant

des visites de quelques minutes, Dinah demanda la raison de ce phénomène à monsieur de Clagny.

— Vous êtes une femme trop supérieure pour que les autres femmes vous aiment, répondit le Procureur du Roi.

Monsieur Gravier, que la pauvre délaissée interrogea, se fit énormément prier pour lui dire : — Mais, belle dame, vous ne vous contentez pas d'être charmante, vous avez de l'esprit, vous êtes instruite, vous êtes au fait de tout ce qui s'écrit, vous aimez la poésie, vous êtes musicienne, et vous avez une conversation ravissante : les femmes ne pardonnent pas tant de supériorités!...

Les hommes dirent à monsieur de La Baudraye : — Vous qui avez une femme supérieure, vous êtes bien heureux... Et il finit par dire : — Moi qui ai une femme supérieure, je suis bien, etc...

Madame Piédefer, flattée dans sa fille, se permit aussi de dire des choses dans ce genre : — Ma fille, qui est une femme très-supérieure, écrivait hier à madame de Fontaine telles, telles choses..

Pour qui connaît le monde, la France, Paris, n'est-il pas vrai que beaucoup de célébrités se sont établies ainsi?

Au bout de deux ans, vers la fin de l'année 1825, Dinah de La Baudraye fut accusée de ne vouloir recevoir que des hommes; puis on lui fit un crime de son éloignement pour les femmes. Pas une de ses démarches, même la plus indifférente, ne passait sans être critiquée, ou dénaturée. Après avoir fait tous les sacrifices qu'une femme bien élevée pouvait faire, et avoir mis les procédés de son côté, madame de La Baudraye eut le tort de répondre à une fausse amie qui vint déplorer son isolement : — J'aime mieux mon écuelle vide que rien dedans!

Cette phrase produisit des effets terribles dans Sancerre, et fut, plus tard, cruellement retournée contre la Sapho de Saint-Satur, quand, en la voyant sans enfants après cinq ans de mariage, on se moqua du petit La Baudraye.

Pour faire comprendre cette plaisanterie de province, il est nécessaire de rappeler au souvenir de ceux qui l'ont connu, le Bailli de Ferrette, de qui l'on disait qu'il était l'homme le plus courageux de l'Europe parce qu'il osait marcher sur ses deux jambes, et qu'on accusait aussi de mettre du plomb dans ses souliers, pour ne pas être emporté par le vent. Monsieur de La Baudraye, petit homme jaune et quasi diaphane, eût été pris par le Bailli de Ferrette pour premier gentilhomme de sa chambre, si ce diplomate eût été quelque peu Grand-Duc de Bade au lieu d'en être l'envoyé. Monsieur de La Baudraye dont les jambes étaient si grêles qu'il mettait par décence de faux mollets, dont les cuisses ressemblaient au bras d'un homme bien constitué, dont le torse figurait assez bien le corps d'un hanneton, eût été pour le bailli de Ferrette une flatterie perpétuelle. En marchant, le petit vigneron retournait souvent ses mollets sur le tibia, tant il en faisait peu mystère, et remerciait ceux qui l'avertissaient de ce léger contre-sens. Il conserva les culottes courtes, les bas de soie noirs et le gilet blanc jusqu'en 1824. Après son mariage, il porta des pantalons bleus et des bottes à talons, ce qui fit dire à tout Sancerre qu'il s'était donné deux pouces pour atteindre au menton de sa femme. On lui vit pendant dix ans la même petite redingote vert-bouteille à grands boutons de métal blancs, et une cravate noire qui faisait ressortir sa figure froide et chafouine, éclairée par des yeux d'un gris bleu, fins et calmes comme des yeux de chat. Doux comme tous les gens qui suivent un plan de conduite, il paraissait rendre sa femme très-heureuse en ayant l'air de ne jamais la contrarier, il lui laissait la parole, et se contentait d'agir avec la lenteur mais avec la ténacité d'un insecte.

Adorée pour sa beauté sans rivale, admirée pour son esprit par les hommes *les plus comme il faut* de Sancerre, Dinah entretint cette admiration par des conversations auxquelles, dit-on plus tard, elle se préparait. En se voyant écoutée avec extase, elle s'habitua par degrés à s'écouter aussi, prit plaisir à pérorer, et finit par regarder ses amis comme autant de confidents de tragédie destinés à lui donner la réplique. Elle se procura d'ailleurs une fort belle collection de phrases et d'idées, soit par ses lectures, soit en s'assimilant les pensées de ses habitués, et devint ainsi une espèce de serinette dont les airs partaient dès qu'un accident de la conversation en accrochait la détente. Altérée de savoir, rendons-lui cette justice, Dinah lut tout jusqu'à des livres de médecine, de statistique, de science, de jurisprudence; car elle ne savait à quoi employer ses matinées, après avoir passé ses fleurs en revue et donné ses ordres au jardinier. Douée d'une belle mémoire, et de ce talent avec lequel certaines femmes se servent du mot propre, elle pouvait parler sur toute chose avec la lucidité d'un style étudié. Aussi, de Cosne, de La Charité, de Nevers sur la rive droite, et de Léré, de Vailly, d'Argent, de Blancafort, d'Aubigny sur la rive gauche, venait-on se faire présenter à madame de La Baudraye, comme en Suisse on se faisait présenter à madame de Staël. Ceux qui n'entendaient qu'une seule fois les airs de cette tabatière suisse, s'en allaient étourdis et disaient de Dinah des choses merveilleuses qui rendirent les femmes jalouses à dix lieues à la ronde.

Il existe dans l'admiration qu'on inspire, ou dans l'action d'un rôle joué je ne sais quelle griserie morale qui ne permet pas à la critique d'arriver à l'idole. Une atmosphère produite peut-être par une constante dilatation nerveuse fait comme un nimbe à travers lequel on voit le monde au-dessous de soi. Comment expliquer autrement la perpétuelle bonne foi qui préside à tant de nouvelles représentations des mêmes effets, et la continuelle méconnaissance du conseil que donnent ou les enfants, si terribles pour leurs parents, ou les maris si familiarisés avec les innocentes roueries de leurs femmes? Monsieur de La Baudraye avait la candeur d'un homme qui déploie un parapluie aux premières gouttes tombées : quand sa femme entamait la question de la traite des nègres, ou l'amélioration du sort des forçats, il prenait sa petite casquette bleue et s'évadait sans bruit avec la certitude de pouvoir aller à Saint-Thibault surveiller une livraison de poinçons, et revenir une heure après en retrouvant la discussion à peu près mûrie. S'il n'avait rien à faire, il allait se promener sur le Mail d'où se découvre l'admirable panorama de la vallée de la Loire, et prenait un bain d'air pendant que sa femme exécutait une sonate de paroles et des duos de dialectique.

Une fois posée en femme supérieure, Dinah voulut donner des gages visibles de son amour pour les créations les plus remarquables de l'Art; car elle s'associa vivement aux idées de l'école romantique en comprenant dans l'Art, la poésie et la peinture, la page et la statue, le meuble et l'opéra. Aussi devint-elle moyen-âgiste. Elle s'enquit des curiosités qui pouvaient dater de la Renaissance, et fit de ses fidèles autant de commissionnaires dévoués. Elle acquit ainsi, dans les premiers jours de son mariage, le mobilier des Rouget à Issoudun, lors de la vente qui eut lieu vers le commencement de 1824. Elle acheta de fort belles choses en Nivernais et dans la Haute-Loire. Aux étrennes, ou le jour de sa fête, ses amis ne manquaient jamais à lui offrir quelques raretés. Ces fantaisies trouvèrent grâce aux yeux de monsieur de La Baudraye, il eut l'air de sacrifier quelques écus au goût de sa femme; mais, en réalité, l'homme aux terres songeait à son château d'Anzy. Ces *antiquités* coûtaient alors beaucoup moins que des meubles modernes. Au bout de cinq ou six ans, l'antichambre, la salle à manger, les deux salons et le boudoir que Dinah s'était arrangés au rez-de-chaussée de La Baudraye, tout, jusqu'à la cage de l'escalier, regorgea de chefs-d'œuvre triés dans les quatre départements environnants. Cet entourage, qualifié d'étrange dans le pays, fut en harmonie avec Dinah. Ces merveilles sur le point de revenir à la mode frappaient l'imagination des gens présentés, ils s'attendaient à des conceptions bizarres et ils trouvaient leur attente surpassée en voyant à travers un monde de fleurs ces catacombes de vieilleries disposées comme chez feu du Sommerard, cet *Old Mortality* des meubles! Ces trouvailles étaient d'ailleurs autant de ressorts qui, sur une question, faisaient jaillir des tirades sur Jean Goujon, sur Michel Columb, sur Germain Pilon, sur Boulle, sur Van Huysium, sur Boucher, ce grand peintre berrichon; sur Clodion le sculpteur en bois, sur les placages vénitiens, sur Brustolone, ténor italien, le Michel-Ange des cadres; sur les treizième, quatorzième, quinzième, seizième et dix-septième siècles, sur les émaux de Bernard de Palissy, sur ceux de Petitot, sur les gravures d'Albrecht Durer (elle prononçait *Dur*), sur les vélins enluminés, sur le gothique fleuri, flamboyant, orné, pur à renverser les vieillards et à enthousiasmer les jeunes gens.

Animée du désir de vivifier Sancerre, madame de La Baudraye tenta d'y former une Société dite Littéraire. Le président du tribunal, monsieur Boirouge, qui se trouvait alors sur les bras une maison à jardin provenant de la succession Popinot-Chandier, favorisa la création de cette Société. Ce rusé magistrat vint s'entendre sur les statuts avec madame de La Baudraye, il voulut être un des fondateurs, et loua sa maison pour quinze ans à la Société Littéraire. Dès la seconde année, on y jouait aux dominos, au billard, à la bouillotte, en buvant du vin chaud sucré, du punch et des liqueurs. On y fit quelques petits soupers fins, et l'on y donna des bals masqués au carnaval. En fait de littérature, on y lut les journaux, l'on y parla politique, et l'on y causa d'affaires. Monsieur de La Baudraye y allait assidûment, à cause de sa femme, disait-il plaisamment.

Ces résultats navrèrent cette femme supérieure, qui désespéra de Sancerre, et concentra dès lors dans son salon tout l'esprit du pays. Néanmoins, malgré la bonne volonté de messieurs de Chargebœuf, Gravier, de Clagny, de l'abbé Duret, des premier et second substituts, d'un jeune médecin, d'un jeune juge-suppléant, aveugles admirateurs de Dinah, il y eut des moments où, de guerre lasse, on se permit des excursions dans le domaine des agréables futilités qui composent le fonds commun des conversations du monde. Monsieur Gravier appelait cela : *passer du grave au doux.* Le wisth de l'abbé Duret faisait une utile diversion aux quasi-monologues de la Divinité. Les trois rivaux, fatigués de tenir leur esprit tendu sur des *discussions de l'ordre le plus élevé,* car ils caractérisaient ainsi leurs conversations, mais n'osant témoigner la moindre satiété, se tournaient parfois d'un air câlin vers le vieux prêtre.

— Monsieur le curé meurt d'envie de faire sa petite partie, disaient-ils.

Le spirituel curé se prêtait assez bien à l'hypocrisie de ses complices, il résistait, il s'écriait : — Nous perdrions trop à ne pas écouter notre belle inspirée ! Et il stimulait la générosité de Dinah qui finissait par avoir pitié de son cher curé.

Cette manœuvre hardie inventée par le Sous-Préfet fut pratiquée avec tant d'astuce que Dinah ne soupçonna jamais l'évasion de ses forçats dans le préau de la table à jouer. On lui laissait alors le jeune substitut ou le médecin à gehenner. Un jeune propriétaire, le dandy de Sancerre, perdit les bonnes grâces de Dinah pour quelques imprudentes démonstrations. Après avoir sollicité l'honneur d'être admis dans ce Cénacle, en se flattant d'en enlever la fleur aux autorités constituées qui la cultivaient, il eut le malheur de bâiller pendant une explication que Dinah daignait lui donner, pour la quatrième fois il est vrai, de la philosophie de Kant. Monsieur de La Thaumassière, le petit-fils de l'historien de Berry, fut regardé comme un homme complétement dépourvu d'intelligence et d'âme.

Les trois amoureux en titre se soumettaient à ces exorbitantes dépenses d'esprit et d'attention dans l'espoir du plus doux des triomphes, au moment où Dinah s'humaniserait, car aucun d'eux n'eût l'audace de penser qu'elle perdrait son innocence conjugale avant d'avoir perdu ses illusions. En 1826, époque à laquelle Dinah se vit entourée d'hommages, elle atteignait à sa vingtième année, et l'abbé Duret la maintenait dans une espèce de ferveur catholique ; les adorateurs de Dinah se contentaient donc de l'accabler de petits soins, ils la comblaient de services, d'attentions, heureux d'être pris pour les chevaliers d'honneur de cette reine par les gens présentés qui passaient une ou deux soirées à La Baudraye.

— Madame de La Baudraye est un fruit qu'il faut laisser mûrir, telle était l'opinion de monsieur Gravier qui attendait.

Quant au magistrat, il écrivait des lettres de quatre pages auxquelles Dinah répondait par des paroles calmantes en tournant après le dîner autour de son boulingrin, en s'appuyant sur le bras de son adorateur. Gardée par ces trois passions, madame de La Baudraye, d'ailleurs accompagnée de sa dévote mère, évita tous les malheurs de la médisance. Il fut si patent dans Sancerre qu'aucun de ces trois hommes n'en laissait un seul près de madame de La Baudraye que leur jalousie y donnait la comédie. Pour aller de la Porte-César à Saint-Thibault, il existe un chemin beaucoup plus court que celui des Grands-Remparts, et que dans les pays de montagnes on appelle *une coursière*, mais qui se nomme à Sancerre *le Casse-cou*. Ce nom indique assez un sentier tracé sur la pente la plus roide de la montagne, encombré de pierres et encaissé par les talus des clos de vignes. En prenant le Casse-cou, l'on abrége la route de Sancerre à La Baudraye. Les femmes, jalouses de la Sapho de Saint-Satur, se promenaient sur le Mail pour regarder ce Longchamps des autorités, que souvent elles arrêtaient en engageant dans quelque conversation tantôt le Sous-Préfet, tantôt le Procureur du Roi qui donnaient alors les marques d'une visible impatience ou d'une impertinente distraction. Comme du Mail on découvre les tourelles de La Baudraye, plus d'un jeune homme y venait contempler la demeure de Dinah en enviant le priviége des dix ou douze habitués qui passaient la soirée auprès de la reine du Sancerrois. Monsieur de La Baudraye eut bientôt remarqué l'ascendant que sa qualité de mari lui donnait sur les galants de sa femme, et il se servit d'eux avec la plus entière candeur, il obtint des dégrèvements de contribution, et gagna deux procillons. Dans tous ses litiges, il fit pressentir l'autorité du Procureur du Roi de manière à ne plus se rien voir contester, et il était difficultueux et processif en affaires comme tous les nains, mais toujours avec douceur.

Néanmoins, plus l'innocence de madame de La Baudraye éclatait, moins sa situation devenait possible aux yeux curieux des femmes. Souvent, chez la présidente Boirouge, les dames d'un certain âge discutaient pendant des soirées entières, entre elles bien entendu, sur le ménage La Baudraye. Toutes pressentaient un de ces mystères dont le secret intéresse vivement les femmes à qui la vie est connue. Il se jouait en effet à La Baudraye une de ces longues et monotones tragédies conjugales qui demeureraient éternellement inconnues, si l'avide scalpel du Dix-Neuvième Siècle n'allait pas, conduit par la nécessité de trouver du nouveau, fouiller les coins les plus obscurs du cœur, ou, si vous voulez, ceux que la pudeur des siècles précédents avait respectés. Et ce drame domestique explique assez bien la vertu de Dinah pendant les premières années de son mariage.

Une jeune fille dont les succès au pensionnat Chamarolles avaient eu l'orgueil pour ressort, dont le premier calcul avait été récompensé par une première victoire, ne devait pas s'arrêter en si beau chemin. Quelque chétif que parût être monsieur de La Baudraye, il fut, pour mademoiselle Dinah Piédefer, un parti vraiment inespéré. Quelle pouvait être l'arrière-pensée de ce vigneron, en se mariant à quarante-quatre ans avec une jeune fille de dix-sept ans, et quel parti sa femme pouvait-elle tirer de lui? Tel fut le premier texte des méditations de Dinah. Le petit homme trompa perpétuellement l'observation de sa femme. Ainsi, tout d'abord, il laissa prendre les deux précieux hectares perdus en agrément autour de La Baudraye, et il donna presque généreusement les sept à huit mille francs nécessaires aux arrangements intérieurs dirigés par Dinah qui put acheter à Issoudun le mobilier Rouget, et entreprendre chez elle le système de ses décorations Moyen-Age, Louis XIV et Pompadour. La jeune mariée eut alors peine à croire que monsieur de La Baudraye fût avare, comme on le lui disait, ou elle put penser avoir conquis un peu d'ascendant sur lui. Cette erreur dura dix-huit mois. Après le second voyage de monsieur de La Baudraye à Paris, Dinah reconnut chez lui la froideur polaire des avares de province en tout ce qui concernait l'argent. A la première demande de capitaux, elle joua la plus gracieuse de ces comédies dont le secret vient d'Eve; mais le petit homme expliqua nettement à sa femme qu'il lui donnait deux cents francs par mois pour sa dépense personnelle, qu'il servait douze cents francs de rente viagère à madame Piédefer pour le domaine de La Hautoy, qu'ainsi les mille écus de la dot étaient dépassés d'une somme de deux cents francs par an.

— Je ne vous parle pas des dépenses de notre maison, dit-il en terminant, je vous laisse offrir des brioches et du thé le soir à vos amis, car il faut que vous vous amusiez ; mais, moi qui ne dépensais pas quinze cents francs par an avant mon mariage, je dépense aujourd'hui six mille francs, y compris les impositions, les réparations, et c'est un peu trop, eu égard à la nature de nos biens. Un vigneron n'est jamais sûr que de sa dépense : les façons, les impôts, les tonneaux ; tandis que la recette dépend d'un coup de soleil ou d'une gelée. Les petits propriétaires, comme nous, dont les revenus sont loin d'être fixes, doivent *tabler* sur leur minimum, car ils n'ont aucun moyen de réparer un excédant de dépense ou une perte. Que deviendrions-nous, si un marchand de vin faisait faillite? Aussi, pour moi, des billets à toucher sont-ils des feuilles de chou. Pour vivre comme nous vivons, nous devons donc avoir sans cesse une année de revenus devant nous, et ne compter que sur les deux tiers de nos rentes.

Il suffit d'une résistance quelconque pour qu'une femme désire la vaincre, et Dinah se heurta contre une âme de bronze cotonnée des manières les plus douces. Elle essaya d'inspirer des craintes et de la jalousie à ce petit homme, mais elle le trouva cantonné dans la tranquillité la plus insolente. Il quittait Dinah pour aller à Paris, avec la certitude qu'aurait eu Médor de la fidélité d'Angélique. Quand elle se fit froide et dédaigneuse, pour piquer au vif cet avorton par le mépris que les courtisanes emploient envers leurs protecteurs et qui agit sur eux avec la précision d'une vis de pressoir, monsieur de La Baudraye attacha sur sa femme ses yeux fixes comme ceux d'un chat qui, devant un trouble domestique, attend la menace d'un coup avant de quitter la place. L'espèce d'inquiétude inexplicable qui perçait à travers cette muette indifférence épouvanta presque cette jeune femme de vingt ans, elle ne comprit pas tout d'abord l'égoïste tranquillité de cet homme comparable à un pot fêlé, qui, pour vivre, avait réglé les mouvements de son existence avec la précision fatale que les horlogers donnent à leurs pendules. Aussi le petit homme échappait-il sans cesse à sa femme, elle le combattait toujours à dix pieds au-dessus de la tête.

Il est plus facile de comprendre que de dépeindre les rages auxquelles se livra Dinah, quand elle se vit condamnée à ne pas sortir de La Baudraye, ni de Sancerre, elle qui rêvait le maniement de la fortune et la direction de ce nain à qui, dès d'abord, géante, elle avait obéi pour commander. Dans l'espoir de débuter un jour sur le grand théâtre de Paris, elle acceptait le vulgaire encens de ses chevaliers d'honneur, elle voulait faire sortir le nom de monsieur de La Baudraye de l'urne électorale, car elle lui crut de l'ambition en le voyant revenir par trois fois de Paris après avoir gravi chaque fois un nouveau bâton de l'échelle sociale. Mais, quand elle interrogea le cœur de cet homme, elle frappa comme sur du marbre!... L'ex-receveur, l'ex-référendaire, le maître des requêtes, l'officier de la Légion-d'Honneur, le commissaire royal était une taupe occupée à tracer ses souterrains autour d'une pièce de vigne! Quelques élégies furent alors versées dans le cœur du Procureur du Roi, du Sous-Préfet, et même de monsieur Gravier, qui, tous, en devinrent plus attachés à cette sublime victime; car elle se garda bien, comme toutes les femmes d'ailleurs, de parler de ses calculs, et, comme toutes les femmes aussi en se voyant hors d'état de spéculer, elle honnit la spéculation.

Dinah, battue par ces tempêtes intérieures, atteignit, indécise, à l'année 1827, où, vers la fin de l'automne, éclata la nouvelle de l'acquisition de la terre d'Anzy par le baron de La Baudraye. Ce petit vieux eut alors un mouvement de joie orgueilleuse qui changea, pour quelques mois, les idées de sa femme; elle crut à je ne sais quoi de grand chez lui en lui voyant solliciter l'érection d'un majorat. Dans son triomphe, le petit baron s'écria : — Dinah, vous serez comtesse un jour! Il se fit alors, entre les deux époux, de ces replâtrages qui ne tiennent pas, et qui devaient fatiguer autant qu'humilier une femme dont les supériorités apparentes étaient fausses, et dont les supériorités cachées étaient réelles. Ce contre-sens bizarre est plus fréquent qu'on ne le pense. Dinah, qui se rendait ridicule par les travers de son esprit, était grande par les qualités de son âme; mais les circonstances ne mettaient pas ces forces rares en lumière, tandis que la vie de province adultérait de jour en jour la petite monnaie de son esprit. Par un phénomène contraire, monsieur de La Baudraye, sans force, sans âme et sans esprit, devait paraître un jour avoir un grand caractère en suivant tranquillement un plan de conduite d'où sa débilité ne lui permettait pas de sortir.

Ceci fut, dans cette existence, une première phase qui dura six ans, et pendant laquelle Dinah devint, hélas! une femme de province. A Paris, il existe plusieurs espèces de femmes; il y a la duchesse et la femme du financier, l'ambassadrice et la femme du consul, la femme du ministre qui est ministre et la femme de celui qui ne l'est plus; il y a la femme comme il faut de la rive droite et celle de la rive gauche de la Seine ; mais en province il n'y a qu'une femme, et cette pauvre femme est la femme de province. Cette observation indique une des grandes plaies de notre société moderne. Sachons-le bien ! la France au dix-neuvième siècle est partagée en deux grandes zones : Paris et la province ; la province jalouse de Paris, Paris ne pensant à la province que pour lui demander de l'argent. Autrefois, Paris était la première ville de province, la Cour primait la Ville ; maintenant Paris est toute la Cour, la Province est toute la Ville. Quelque grande, quelque belle, quelque forte que soit à son début une jeune fille née dans un département quelconque ; si, comme Dinah Piédefer, elle se marie en province et si elle y reste, elle devient bientôt femme de province. Malgré ses projets arrêtés, les lieux communs, la médiocrité des idées, l'insouciance de la toilette, l'horticulture des vulgarités envahissent l'être sublime caché dans cette âme neuve, et tout est dit, la belle plante dépérit. Comment en serait-il autrement ? Dès leur bas âge, les jeunes filles de province ne voient que des gens de province autour d'elles, elles n'inventent pas mieux, elles n'ont à choisir qu'entre des médiocrités, les pères de province ne marient leurs filles qu'à des garçons de province ; personne n'a l'idée de croiser les races, l'esprit s'abâtardit nécessairement ; aussi, dans beaucoup de villes, l'intelligence est-elle devenue aussi rare que le sang y est laid. L'homme s'y rabougrit sous les deux espèces, car la sinistre idée des convenances de fortune y domine toutes les conventions matrimoniales. Les gens de talent, les artistes, les hommes supérieurs, tout coq à plumes éclatantes s'envole à Paris. Inférieure comme femme, une femme de province est encore inférieure par son mari. Vivez donc heureuse avec ces deux pensées écrasantes ? Mais l'infériorité conjugale et l'infériorité radicale de la femme de province sont aggravées d'une troisième et terrible infériorité qui contribue à rendre cette figure sèche et sombre, à la rétrécir, à l'amoindrir, à la grimer fatalement. L'une des plus agréables flatteries que les femmes s'adressent à elles-mêmes n'est-elle pas la certitude d'être pour quelque chose dans la vie d'un homme supérieur choisi par elles en connaissance de cause, comme pour prendre leur revanche du mariage où leurs goûts ont été peu consultés ? Or, en province, s'il n'y a point de supériorité chez les maris, il en existe encore moins chez les célibataires. Aussi, quand la femme de province commet sa petite faute, s'est-elle toujours éprise d'un prétendu bel homme ou d'un dandy indigène, d'un garçon qui porte des gants, qui passe pour savoir monter à cheval ; mais, au fond de son cœur, elle sait que ses vœux poursuivent un lieu commun plus ou moins bien vêtu. Dinah fut préservée de ce danger par l'idée qu'on lui avait donnée de sa supériorité. Elle n'eût pas été pendant les premiers jours de son mariage aussi bien gardée qu'elle le fut par sa mère, dont la présence ne lui fut importune qu'au moment où elle eut intérêt à l'écarter, elle aurait été gardée par son orgueil, et par la hauteur à laquelle elle plaçait ses destinées. Assez flattée de se voir entourée d'admirateurs, elle ne vit pas d'amant parmi eux. Aucun homme ne réalisa le poétique idéal qu'elle avait jadis crayonné de concert avec Anna Grossetête. Quand, vaincue par les tentations involontaires que les hommages éveillaient en elle, elle se dit : — Qui choisirais-je, s'il fallait absolument se donner ? elle se sentit une préférence pour monsieur de Chargebœuf, gentilhomme de bonne maison dont la personne et les manières lui plaisaient, mais dont l'esprit froid, dont l'égoïsme, dont l'ambition bornée à une préfecture et à un bon mariage la révoltaient. Au premier mot de sa famille, qui craignit de lui voir perdre sa vie pour une intrigue, le vicomte avait déjà laissé sans remords dans sa première sous-préfecture une femme adorée. Au contraire la personne de monsieur de Clagny, le seul dont l'esprit parlât à celui de Dinah, dont l'ambition avait l'amour pour principe et qui savait aimer, lui déplaisait souverainement. Quand elle fut condamnée à rester encore six ans à La Baudraye, elle allait accepter les soins de monsieur le vicomte de Chargebœuf ; mais il fut nommé préfet et quitta le pays. Au grand contentement du Procureur du Roi, le nouveau Sous-Préfet fut un homme marié dont la femme devint intime avec Dinah. Monsieur de Clagny n'eût plus à combattre d'autre rivalité que celle de monsieur Gravier. Or monsieur Gravier était le type du quadragénaire dont se servent et dont se moquent les femmes, dont les espérances sont savamment et sans remords entretenues par elles comme on a soin d'une bête de somme. En six ans, parmi tous les gens qui lui furent présentés, de vingt lieues à la ronde, il ne s'en trouva pas un seul à l'aspect de qui Dinah ressentit cette commotion que cause la beauté, la croyance au bonheur, le choc d'une âme supérieure, ou le pressentiment d'un amour quelconque, même malheureux.

Aucune des précieuses facultés de Dinah ne put donc se développer, elle dévora les blessures faites à son orgueil constamment opprimé par son mari qui se promenait si paisiblement et en comparse sur la scène de sa vie. Obligée d'enterrer les trésors de son amour, elle ne livra que des dehors à sa société. Par moments, elle se secouait, elle voulait prendre une résolution virile ; mais elle était tenue en lisières par la question d'argent. Ainsi, lentement et malgré les protestations ambitieuses, malgré les récriminations élégiaques de son esprit, elle subissait les transformations provinciales qui viennent d'être décrites. Chaque jour emportait un lambeau de ses premières résolutions. Elle s'était écrit un programme de soins de toilette que par degrés elle abandonna. Si, d'abord, elle suivit les modes, si elle se tint au courant des petites inventions du luxe, elle fut forcée de restreindre ses achats au chiffre de sa pension. Au lieu de quatre chapeaux, de six bonnets, de six robes, elle se contenta d'une robe par saison. On la trouva si jolie dans un certain chapeau qu'elle fit servir le chapeau l'année suivante. Il en fut de tout ainsi. Souvent elle immola les exigences de sa toilette au désir d'avoir un meuble gothique. Elle en arriva, dès la septième année, à trouver commode de faire faire sous ses yeux ses robes du matin par la plus habile couturière du pays. Sa mère, son mari, ses amis la trouvèrent charmante ainsi. Comme elle n'avait sous les yeux aucun terme de comparaison, elle tomba dans les piéges tendus aux femmes de province. Si une Parisienne n'a pas les hanches assez bien dessinées, son esprit inventif et l'envie de plaire lui font trouver quelque remède héroïque ; si elle a quelque vice, quelque grain de laideur, une tare quelconque, elle est capable d'en faire un agrément, cela se voit souvent : mais la femme de province, jamais ! Si sa taille est trop courte, si son embonpoint se place mal, eh ! bien, elle en prend son parti, et ses adorateurs, sous peine de ne pas l'aimer, doivent l'accepter comme elle est, tandis que la Parisienne veut toujours être prise pour ce qu'elle n'est pas. De là ces tournures grotesques, ces maigreurs effrontées, ces ampleurs ridicules, ces lignes disgracieuses offertes avec ingénuité, auxquelles toute une ville s'est habituée, et qui étonnent quand une femme de province se produit à Paris ou devant des Parisiens. Dinah, dont la taille était svelte, la fit valoir à outrance et ne s'aperçut point du moment où elle devint ridicule, où, l'ennui l'ayant maigrie, elle parut être un squelette habillé. Ses amis, en la voyant tous les jours, ne remarquaient point les changements insensibles de sa personne. Ce phénomène est un des résultats naturels de la vie de province. Malgré le mariage, une jeune fille reste encore pendant quelque temps belle, la ville en est fière; mais chacun la voit tous les jours, et quand on se voit tous les jours, l'observation se blase. Si, comme madame de La Baudraye, elle perd un peu de son éclat, on s'en aperçoit à peine. Il y a mieux, une petite rougeur, on la comprend, on s'y intéresse. Une petite négligence est adorée. D'ailleurs la physionomie est si bien étudiée, si bien comprise, que les légères altérations sont à peine remarquées, et peut-être finit-on par les regarder comme des grains de beauté. Quand Dinah ne renouvela plus sa toilette par saison, elle parut avoir fait une concession à la philosophie du pays.

Il en est du parler, des façons du langage, et des idées, comme du sentiment : l'esprit se rouille aussi bien que le corps, s'il ne se renouvelle pas dans le milieu parisien ; mais ce en quoi la vie de province se signe le plus, est le geste, la démarche, les mouvements, qui perdent cette agilité que Paris communique incessamment. La femme de province est habituée à marcher, à se mouvoir dans une sphère sans accidents, sans transitions ; elle n'a rien à éviter, elle va comme les recrues, dans Paris, en ne se doutant pas qu'il y ait des obstacles : car il ne s'en trouve pas pour elle dans sa province où elle est connue, où elle est toujours à sa place et où tout le monde lui fait place. La femme perd alors le charme de l'imprévu. Enfin, avez-vous remarqué le singulier phénomène de la réaction que produit sur l'homme la vie en commun? Les êtres tendent, par le sens indélébile de l'imitation simiesque, à se modeler les uns sur les autres. On prend, sans s'en apercevoir, les gestes, les façons de parler, les attitudes, les airs, le visage les uns des autres. En six ans, Dinah se mit au diapason de sa société. En prenant les idées de monsieur de Clagny, elle en prit le son de voix ; elle imita sans s'en apercevoir les manières masculines en ne voyant que des hommes : elle crut se garantir de tous leurs ridicules en s'en moquant ; mais comme il arrive à certains railleurs, il resta quelques teintes de cette moquerie dans sa nature. Une Parisienne a trop d'exemples de bon goût pour que le phénomène contraire n'arrive pas. Ainsi, les femmes de Paris attendent l'heure et le moment de se faire valoir ; tandis que madame de La Baudraye, habituée à se mettre en scène, contracta je ne sais quoi de théâtral et de dominateur, un air de *prima donna* entrant en scène que des sourires moqueurs eussent bientôt réformés à Paris.

Quand elle eut acquis son fonds de ridicules, et que, trompée par ses adorateurs enchantés, elle crut avoir acquis des grâces nouvelles, elle eut un moment de réveil terrible qui fut comme l'avalanche tombée de la montagne. Dinah fut ravagée en un jour par une affreuse comparaison.

En 1828, après le départ de monsieur de Chargebœuf, elle fut agitée par l'attente d'un petit bonheur : elle allait revoir la baronne de Fontaine. A la mort de son père, le mari d'Anna, devenu Directeur-Général au Ministère des Finances, mit à profit un congé pour mener sa femme en Italie pendant son deuil. Anna voulut s'arrêter un jour à Sancerre chez son amie d'enfance. Cette entrevue eut je ne sais quoi de funeste. Anna, beaucoup moins belle au pensionnat Chamarolles que Dinah, parut en baronne de Fontaine mille fois plus belle que la baronne de La Baudraye, malgré sa fatigue et son costume de route. Anna descendit d'un charmant coupé de voyage chargé des cartons de la Parisienne : elle avait avec elle une femme de chambre dont l'élégance effraya Dinah. Toutes les différences qui distinguent la Parisienne de la femme de province éclatèrent aux yeux intelligents de Dinah, elle se vit alors telle qu'elle paraissait à son amie qui la trouva méconnaissable. Anna dépensait six mille francs par an pour elle, le total de ce que coûtait la maison de monsieur de La Baudraye. En vingt-quatre heures, les deux amies échangèrent bien des confidences; et la Parisienne, se trouvant supérieure au phénix du pensionnat Chamarolles, eut pour son amie de province de ces bontés, de ces attentions, en lui expliquant certaines choses, qui firent de bien autres blessures à Dinah : car la provinciale reconnut que les supériorités de la Parisienne étaient en surface; tandis que les siennes étaient à jamais enfouies.

Après le départ d'Anna, madame de La Baudraye, alors âgée de vingt-deux ans, tomba dans un désespoir sans bornes.

— Qu'avez-vous? lui dit monsieur de Clagny en la voyant si abattue.

— Anna apprenait à vivre, dit-elle, pendant que j'apprenais à souffrir...

Il se jouait, en effet, dans le ménage de madame de La Baudraye une tragi-comédie en harmonie avec ses luttes relativement à la fortune, avec ses transformations successives, et dont, après l'abbé

Duret, monsieur de Clagny seul eut connaissance, lorsque Dinah, par désœuvrement, par vanité peut-être, lui livra le secret de sa gloire anonyme.

Quoique l'alliance des vers et de la prose soit vraiment monstrueuse dans la littérature française, il est néanmoins des exceptions à cette règle. Cette histoire offrira donc une des deux violations qui, dans ces Études, seront commises envers la charte du Conte; car, pour faire entrevoir les luttes intimes qui peuvent excuser Dinah sans l'absoudre, il est nécessaire d'analyser un poème, le fruit de son profond désespoir.

Mise à bout de sa patience et de sa résignation par le départ du vicomte de Chargebœuf, Dinah suivit le conseil du bon abbé Duret qui lui dit de convertir ses mauvaises pensées en poésie; ce qui peut-être explique certains poètes.

— Il vous arrivera comme à ceux qui riment des épitaphes ou des élégies sur les êtres qu'ils ont perdus : la douleur se calme au cœur à mesure que les alexandrins bouillonnent dans la tête.

Ce poème étrange mit en révolution les départements de l'Allier, de la Nièvre et du Cher, heureux de posséder un poète capable de lutter avec les illustrations parisiennes. PAQUITA LA SÉVILLANE par JAN DIAZ fut publié dans l'Écho du Morvan, espèce de Revue qui lutta pendant dix-huit mois contre l'indifférence provinciale. Quelques gens d'esprits prétendirent à Nevers que Jan Diaz avait voulu se moquer de la jeune école qui produisait alors ces poésies excentriques, pleines de verve et d'images, où l'on obtint de grands effets en violant la muse sous prétexte de fantaisies allemandes, anglaises et romanes.

Le poème commençait par ce chant.

> Si vous connaissiez l'Espagne,
> Son odorante campagne,
> Ses jours chauds aux soirs si frais;
> D'amour, de ciel, de patrie,
> Tristes filles de Neustrie,
> Vous ne parleriez jamais.
>
> C'est que là sont d'autres hommes
> Qu'au froid pays où nous sommes!
> Ah! là, du soir au matin,
> On entend sur la pelouse
> Danser la vive Andalouse
> En pantoufles de satin.

Vous rougiriez les premières
De vos danses si grossières,
De votre laid Carnaval
Dont le froid bleuit les joues,
Et qui saute dans les boues,
Chaussé de peau de cheval.

C'est dans un bouge obscur, c'est à de pâles filles
Que Paquita redit ces chants ;
Dans ce Rouen si noir, dont les frêles aiguilles
Mâchent l'orage avec leurs dents;
Dans ce Rouen si laid, si bruyant, si colère...
. . . .

Une magnifique description de Rouen, où jamais Dinah n'était allée, faite avec cette brutalité postiche qui dicta plus tard tant de poésies juvénalesques, opposait la vie des cités industrielles à la vie nonchalante de l'Espagne, l'amour du ciel et des beautés humaines au culte des machines, enfin la poésie à la spéculation. Et Jan Diaz expliquait l'horreur de Paquita pour la Normandie en disant :

Paquita, voyez-vous, naquit dans la Séville
Au bleu ciel, aux soirs embaumés;
Elle était, à treize ans, la reine de sa ville,
Et tous voulaient en être aimés.
Oui, trois toréadors se firent tuer pour elle;
Car le prix du vainqueur était
Un seul baiser à prendre aux lèvres de la belle
Que tout Séville convoitait.
. . . .

Le pensif du portrait de la jeune Espagnole a servi depuis à tant de courtisanes dans tant de prétendus poèmes qu'il serait fastidieux de reproduire ici les cent vers dont il se compose. Mais, pour juger des hardiesses auxquelles Dinah s'était abandonnée, il suffit d'en donner la conclusion. Selon l'ardente madame de La Baudraye, Paquita fut si bien créée pour l'amour qu'elle pouvait difficilement rencontrer des cavaliers dignes d'elle; car,

. . . . dans sa volupté vive,
On les eût vus tous succomber,
Quand au festin d'amour, dans son humeur lascive,
Elle n'eût fait que s'attabler.
. . . .

> Elle a pourtant quitté Séville la joyeuse,
> Ses bois et ses champs d'orangers,
> Pour un soldat normand qui la fit amoureuse
> Et l'entraîna dans ses foyers.
>
> Elle ne pleurait rien de son Andalousie,
> Ce soldat était son bonheur!
> . . . .
> Mais il fallut un jour partir pour la Russie
> Sur les pas du grand Empereur.

Rien de plus délicat que la peinture des adieux de l'Espagnole et du capitaine d'artillerie normand qui, dans le délire d'une passion rendue avec un sentiment digne de Byron, exigeait de Paquita une promesse de fidélité absolue, dans la cathédrale de Rouen, à l'autel de la Vierge, qui

> Quoique vierge est femme, et jamais ne pardonne
> Aux traîtres en serments d'amour.

Une grande portion du poème était consacrée à la peinture des souffrances de Paquita seule dans Rouen, attendant la fin de la campagne; elle se tordait aux barreaux de ses fenêtres en voyant passer de joyeux couples, elle contenait l'amour dans son cœur avec une énergie qui la dévorait, elle vivait de narcotiques, elle se dépensait en rêves!

> Elle faillit mourir, mais elle fut fidèle.
> Quand son soldat fut de retour,
> A la fin de l'année il retrouva la belle
> Digne encor de tout son amour.
> Mais lui, pâle et glacé par la froide Russie
> Jusque dans la moelle des os,
> Accueillit tristement sa languissante amie...
> . . . .

Le poème avait été conçu pour cette situation exploitée avec une verve, une audace qui donnait un peu trop raison à l'abbé Duret. Paquita, en reconnaissant les limites où finissait l'amour, ne se jetait pas, comme Héloïse et Julie, dans l'infini, dans l'idéal; non, elle allait, ce qui peut-être est atrocement naturel, dans la voie du Vice, mais sans aucune grandeur, faute d'éléments, car il est difficile de trouver à Rouen des gens assez passionnés pour mettre une Paquita dans son milieu de luxe et d'élégance. Cette affreuse réalité, relevée par une sombre poésie, avait dicté quelques-unes de ces pages dont abuse la Poésie moderne, et un peu trop semblables à ce que les peintres appellent des *écorchés*. Par un retour empreint de philosophie, le poète, après avoir dépeint l'infâme maison où l'Andalouse achevait ses jours, revenait au chant du début :

> Paquita maintenant est vieille et ridée,
> Et c'était elle qui chantait :
>
> > Si vous connaissiez l'Espagne,
> > Son odorante, etc...

La sombre énergie empreinte en ce poème d'environ six cents vers, et qui, s'il est permis d'emprunter ce mot à la peinture, faisait un vigoureux repoussoir à deux séguidilles, semblables à celle qui commence et termine l'œuvre, cette mâle expression d'une douleur indicible épouvanta la femme que trois départements admiraient sous le frac noir de l'anonyme. Tout en savourant les enivrantes délices du succès, Dinah craignit les méchancetés de la province où plus d'une femme, en cas d'indiscrétion, voudrait voir des rapports entre l'auteur et Paquita. Puis la réflexion vint : Dinah frémit de honte à l'idée d'avoir exploité quelques-unes de ses douleurs.

— Ne faites plus rien, lui dit l'abbé Duret, vous ne seriez plus une femme, vous seriez un poète.

On chercha Jan Diaz à Moulins, à Nevers, à Bourges ; mais Dinah fut impénétrable. Pour ne pas laisser d'elle une mauvaise idée, dans le cas où quelque hasard fatal révèlerait son nom, elle fit un charmant poème en deux chants sur le *Chêne de la Messe*, une tradition du Nivernais que voici.

Un jour les gens de Nevers et ceux de Saint-Saulge, en guerre les uns contre les autres, vinrent à l'aurore pour se livrer une bataille mortelle aux uns ou aux autres, et se rencontrèrent dans la forêt de Faye. Entre les deux partis se dressa de dessous un chêne un prêtre dont l'attitude, au soleil levant, eut quelque chose de si frappant que les deux partis, écoutant ses ordres, entendirent la messe, qui fut dite sous un chêne, et à la voix de l'Évangile ils se réconcilièrent. On montre encore un chêne quelconque dans le bois de Faye.

Ce poème, infiniment supérieur à *Paquita la Sévillane*, eut beaucoup moins de succès. Depuis ce double essai, madame de La

Baudraye, en se sachant poète, eut des éclairs soudains sur le front, dans les yeux qui la rendirent plus belle qu'autrefois. Elle jetait les yeux sur Paris, elle aspirait à la gloire et retombait dans son trou de La Baudraye, dans ses chicanes journalières avec son mari, dans son cercle où les caractères, les intentions, le discours étaient trop connus pour ne pas être devenus à la longue ennuyeux. Si elle trouva dans ses travaux littéraires une distraction à ses malheurs; si, dans le vide de sa vie, la poésie eut de grands retentissements, si elle occupa ses forces, la littérature lui fit prendre en haine la grise et lourde atmosphère de province.

Quand, après la révolution de 1830, la gloire de Georges Sand rayonna sur le Berry, beaucoup de villes envièrent à La Châtre le privilége d'avoir vu naître une rivale à madame de Staël, à Camille Maupin, et furent assez disposées à honorer les moindres talents féminins. Aussi vit-on alors beaucoup de Dixièmes Muses en France, jeunes filles ou jeunes femmes détournées d'une vie paisible par un semblant de gloire ! D'étranges doctrines se publiaient alors sur le rôle que les femmes devaient jouer dans la Société. Sans que le bon sens qui fait le fond de l'esprit en France en fût perverti, l'on passait aux femmes d'exprimer des idées, de professer des sentiments qu'elles n'eussent pas avoués quelques années auparavant. Monsieur de Clagny profita de cet instant de licence pour réunir, en un petit volume in-18 qui fut imprimé par Desroziers, à Moulins, les œuvres de Jan Diaz. Il composa sur ce jeune écrivain, ravi si prématurément aux Lettres, une notice spirituelle pour ceux qui savaient le mot de l'énigme; mais qui n'avait pas alors en littérature le mérite de la nouveauté. Ces plaisanteries, excellentes quand l'incognito se garde, deviennent un peu froides quand, plus tard, l'auteur se montre. Mais sous ce rapport, la notice sur Jan Diaz, fils d'un prisonnier espagnol et né vers 1807, à Bourges, a des chances pour tromper un jour les faiseurs de *Biographies Universelles*. Rien n'y manque, ni les noms des professeurs du collége de Bourges, ni ceux des condisciples du poète mort, tels que Lousteau, Bianchon, et autres célèbres berruyers qui sont censés l'avoir connu rêveur, mélancolique, annonçant de précoces dispositions pour la poésie. Une élégie intitulée : *Tristesse* faite au collége, les deux poèmes de *Paquita la Sévillane* et du *Chêne de la messe*, trois sonnets, une description de la cathédrale de Bourges et de l'hôtel de Jacques-Cœur, enfin une nouvelle intitulée *Carola*, donnée comme l'œuvre pendant laquelle il avait été surpris par la mort, formaient le bagage littéraire du défunt dont les derniers instants, pleins de misère et de désespoir, devaient serrer le cœur des êtres sensibles de la Nièvre, du Bourbonnais, du Cher et du Morvan où il avait expiré, près de Château-Chinon, inconnu de tous, même de celle qu'il aimait !...

Ce petit volume jaune fut tiré à deux cents exemplaires, dont cent cinquante se vendirent, environ cinquante par département. Cette moyenne des âmes sensibles et poétiques dans trois départements de la France, est de nature à rafraîchir l'enthousiasme des auteurs sur la *furia francese* qui, de nos jours, se porte beaucoup plus sur les intérêts que sur les livres. Les libéralités de monsieur de Clagny faites, car il avait signé la notice, Dinah garda sept ou huit exemplaires enveloppés dans les journaux forains qui rendirent compte de cette publication. Vingt exemplaires envoyés aux journaux de Paris se perdirent dans le gouffre des bureaux de rédaction. Nathan, pris pour dupe, ainsi que plusieurs Berrichons, fit sur le grand homme un article où il lui trouva toutes les qualités qu'on accorde aux gens enterrés. Lousteau, rendu prudent par ses camarades de collége qui ne se rappelaient point Jan Diaz, attendit des nouvelles de Sancerre, et apprit que Jan Diaz était le pseudonyme d'une femme. On se passionna, dans l'arrondissement de Sancerre, pour madame de La Baudraye, en qui l'on voulut voir la future rivale de George Sand. Depuis Sancerre jusqu'à Bourges, on exaltait, on vantait le poème qui, dans un autre temps, eût été bien certainement honni. Le public de province, comme tous les publics français peut-être, adopte peu la passion du roi des Français, le juste-milieu : il vous met aux nues ou vous plonge dans la fange.

A cette époque, le bon vieil abbé Duret, le conseil de madame de La Baudraye, était mort ; autrement il l'eût empêchée de se livrer à la publicité. Mais trois ans de travail et d'incognito pesaient au cœur de Dinah, qui substitua le tapage de la gloire à toutes ses ambitions trompées. La poésie et les rêves de la célébrité, qui depuis son entrevue avec Anna Grossetête avaient endormi ses douleurs, ne suffisaient plus, après 1830, à l'activité de ce cœur malade. L'abbé Duret, qui parlait du monde quand la voix de la religion était impuissante, l'abbé Duret qui comprenait Dinah, qui lui peignait un bel avenir en lui disant que Dieu récompensait toutes les souffrances noblement supportées, cet aimable vieillard ne pouvait plus s'interposer entre une faute à commettre et sa belle pénitente qu'il nommait sa fille. Ce vieux et savant prêtre avait plus d'une fois tenté d'éclairer Dinah sur le caractère de monsieur de La Baudraye, en lui disant que cet homme savait haïr ; mais les femmes ne sont pas disposées à reconnaître une force à des êtres faibles, et la haine est une trop constante action pour ne pas être une force vive. En trouvant son mari profondément indifférent en amour, Dinah lui refusait la faculté de haïr.

— Ne confondez pas la haine et la vengeance, lui disait l'abbé, c'est deux sentiments bien différents, l'un est celui des petits esprits, l'autre est l'effet d'une loi à laquelle obéissent les grandes âmes. Dieu se venge et ne hait pas. La haine est le vice des âmes étroites, elles l'alimentent de toutes leurs petitesses, elles en font le prétexte de leurs basses tyrannies. Aussi gardez-vous de blesser monsieur de La Baudraye ; il vous pardonnerait une faute, car il y trouverait un profit, mais il serait doucement implacable si vous le touchiez à l'endroit où l'a si cruellement atteint monsieur Milaud de Nevers, et la vie ne serait plus possible pour vous.

Or, au moment où le Nivernais, le Sancerrois, le Morvan, le Berry s'enorgueillissaient de madame de La Baudraye et la célébraient sous le nom de Jan Diaz, le petit La Baudraye recevait un coup mortel de cette gloire. Lui seul savait les secrets du poème de *Paquita la Sévillane*. Quand on parlait de cette œuvre terrible, tout le monde disait de Dinah : — Pauvre femme ! pauvre femme ! Les femmes étaient heureuses de pouvoir plaindre celle qui les avait tant opprimées, et jamais Dinah ne parut plus grande qu'alors aux yeux du pays. Le petit vieillard, devenu plus jaune, plus ridé, plus débile que jamais, ne témoigna rien ; mais Dinah surprit parfois, de lui sur elle, des regards d'une froideur venimeuse qui démentaient ses redoublements de politesse et de douceur avec elle. Elle finit par deviner ce qu'elle crut être une simple brouille de ménage ; mais en s'expliquant avec son insecte, comme le nommait monsieur Gravier, elle sentit le froid, la dureté, l'impassibilité de l'acier : elle s'emporta, elle lui reprocha sa vie depuis onze ans ; elle fit, avec intention de la faire, ce que les femmes appellent une scène ; mais le petit La Baudraye se tint sur un fauteuil les yeux fermés, en écoutant sans perdre son calme. Et le nain eut, comme toujours, raison de sa femme. Dinah comprit qu'elle avait eu tort d'écrire : elle se promit de ne jamais faire un vers, et se tint parole. Aussi fût-ce une désolation dans tout le Sancerrois.

— Pourquoi madame de La Baudraye ne compose-t-elle plus de vers (*verse*)? fut le mot de tout le monde.

A cette époque, madame de La Baudraye n'avait plus d'ennemies, on affluait chez elle, il ne se passait pas de semaine qu'il n'y eut de nouvelles présentations. La femme du Président du Tribunal, une auguste bourgeoise née Popinot-Chandier, avait dit à son fils, jeune homme de vingt-deux ans, d'aller à La Baudraye y faire sa cour, et se flattait de voir son Gatien dans les bonnes grâces de cette femme supérieure. Le mot *femme supérieure* avait remplacé le grotesque surnom de Sapho de Saint-Satur. La Présidente, qui pendant neuf ans avait dirigé l'opposition contre Dinah, fut si heureuse d'avoir vu son fils agréé, qu'elle dit un bien infini de la Muse de Sancerre.

— Après tout, s'écria-t-elle en répondant à une tirade de madame de Clagny qui haïssait à la mort la prétendue maîtresse de son mari, c'est la plus belle femme et la plus spirituelle de tout le Berry !

Après avoir roulé dans tant de halliers, s'être élancée en mille voies diverses, avoir rêvé l'amour dans sa splendeur, avoir aspiré les souffrances des drames les plus noirs en en trouvant les sombres plaisirs achetés à bon marché, tant la monotonie de sa vie était fatigante, un jour Dinah tomba dans la fosse qu'elle avait juré d'éviter. En voyant monsieur de Clagny se sacrifiant toujours et qui refusa d'être Avocat-Général à Paris où l'appelait sa famille, elle se dit : — Il m'aime! Elle vainquit sa répugnance et parut vouloir couronner tant de constance. Ce fut à ce mouvement de générosité chez elle que Sancerre dut la coalition qui se fit aux élections en faveur de monsieur de Clagny. Madame de La Baudraye avait rêvé de suivre à Paris le député de Sancerre. Mais, malgré de solennelles promesses, les cent cinquante voix données à l'adorateur de la belle Dinah, qui voulait faire revêtir la simarre du Garde des Sceaux à ce défenseur de la veuve et de l'orphelin, se changèrent en une *imposante minorité* de cinquante voix. La jalousie du Président Boirouge, la haine de monsieur Gravier, qui crut à la prépondérance du candidat dans le cœur de Dinah, furent exploitées par un jeune Sous-Préfet que, pour ce fait, les Doctrinaires firent nommer Préfet.

— Je ne me consolerai jamais, dit-il à un de ses amis en quittant Sancerre, de ne pas avoir su plaire à madame de La Baudraye, mon triomphe eût été complet...

Cette vie intérieurement si tourmentée offrait un ménage calme, deux êtres mal assortis mais résignés, je ne sais quoi de rangé, de décent, ce mensonge que veut la Société, mais qui faisait à Dinah comme un harnais insupportable. Pourquoi voulait-elle quitter son masque après l'avoir porté pendant douze ans? D'où venait cette lassitude quand, chaque jour augmentait son espoir d'être veuve? Si l'on a suivi toutes les phases de cette existence, on comprendra très-bien les différentes déceptions auxquelles Dinah, comme beaucoup de femmes, d'ailleurs, s'était laissé prendre. Du désir de dominer monsieur de La Baudraye, elle était passée à l'espoir d'être mère. Entre les discussions de ménage et la triste connaissance de son sort, il s'était écoulé toute une période. Puis, quand elle avait voulu se consoler, le consolateur, monsieur de Chargebœuf, était parti. L'entraînement qui cause les fautes de la plupart des femmes lui avait donc jusqu'alors manqué. S'il est enfin des femmes qui vont droit à une faute, n'en est-il pas beaucoup qui s'accrochent à bien des espérances et qui n'y arrivent qu'après avoir erré dans un dédale de malheurs secrets! Telle fut Dinah. Elle était si peu disposée à manquer à ses devoirs, qu'elle n'aima pas assez monsieur de Clagny pour lui pardonner son insuccès. Son installation dans le château d'Anzy, l'arrangement de ses collections, de ses curiosités qui reçurent une valeur nouvelle du cadre magnifique et grandiose que Philibert de Lorme semblait avoir bâti pour ce musée, l'occupèrent pendant quelques mois et lui permirent de méditer une de ces résolutions qui surprennent le public à qui les motifs sont cachés, mais qui souvent les trouve à force de causeries et de suppositions.

La réputation de Lousteau, qui passait pour un homme à bonnes fortunes à cause de ses liaisons avec des actrices, frappa madame de La Baudraye; elle voulut le connaître, elle lut ses ouvrages et se passionna pour lui, moins peut-être à cause de son talent qu'à cause de ses succès auprès des femmes; elle inventa, pour l'amener dans le pays, l'obligation pour Sancerre d'élire aux prochaines Élections une des deux célébrités du pays. Elle fit écrire à l'illustre médecin par Gatien Boirouge, qui se disait cousin de Bianchon par les Popinot; puis elle obtint d'un vieil ami de feu madame Lousteau de réveiller l'ambition du feuilletoniste en lui faisant part des intentions où quelques personnes de Sancerre se trouvaient de choisir leur député parmi les gens célèbres de Paris. Fatiguée de son médiocre entourage, madame de La Baudraye allait enfin voir des hommes vraiment supérieurs, elle pourrait ennoblir sa faute de tout l'éclat de la gloire. Ni Lousteau ni Bianchon ne répondirent; peut-être attendaient-ils les vacances. Bianchon, qui, l'année précédente, avait obtenu sa chaire après un brillant concours, ne pouvait quitter son enseignement.

Au mois de septembre, en pleines vendanges, les deux Parisiens arrivèrent dans leur pays natal, et le trouvèrent plongé dans les tyranniques occupations de la récolte de 1836; il n'y eut donc aucune manifestation de l'opinion publique en leur faveur.

— *Nous faisons four*, dit Lousteau en parlant à son compatriote la langue des coulisses.

En 1836, Lousteau, fatigué par seize années de luttes à Paris, usé tout autant par le plaisir que par la misère, par les travaux et les mécomptes, paraissait avoir quarante-huit ans, quoiqu'il n'en eût que trente-sept. Déjà chauve, il avait pris un air byronien en harmonie avec ses ruines anticipées, avec les ravins tracés sur sa figure par l'abus du vin de Champagne. Il mettait les stigmates de la débauche sur le compte de la vie littéraire en accusant la Presse d'être meurtrière, il faisait entendre qu'elle dévorait de grands talents afin de donner du prix à sa lassitude. Il crut nécessaire d'outrer dans sa patrie et son faux dédain de la vie et sa misanthropie postiche. Néanmoins, parfois ses yeux jetaient encore des flammes comme ces volcans qu'on croit éteints; et il essaya de remplacer par l'élégance de la mise tout ce qui pouvait lui manquer de jeunesse aux yeux d'une femme.

Horace Bianchon, décoré de la Légion-d'Honneur, gros et gras comme un médecin en faveur, avait un air patriarcal, de grands cheveux longs, un front bombé, la carrure du travailleur, et le calme du penseur. Cette physionomie assez peu poétique faisait ressortir admirablement son léger compatriote.

Ces deux illustrations restèrent inconnues pendant toute une matinée à l'auberge où elles étaient descendues, et monsieur de Clagny n'apprit leur arrivée que par hasard. Madame de La Baudraye, au désespoir, envoya Gatien Boirouge, qui n'avait point de vignes, inviter les deux Parisiens à venir pour quelques jours au château d'Anzy. Depuis un an, Dinah faisait la châtelaine, et ne passait plus que les hivers à La Baudraye. Monsieur Gravier, le Procureur du Roi, le Président et Gatien Boirouge offrirent aux deux hommes célèbres un banquet auquel assistèrent les personnes les plus littéraires de la ville. En apprenant que la belle madame de La Baudraye était Jan Diaz, les deux Parisiens se laissèrent conduire pour trois jours au château d'Anzy dans un char-à-bancs que Gatien mena lui-même. Ce jeune homme, plein d'illusions, donna madame de La Baudraye aux deux Parisiens non seulement comme la plus belle femme du Sancerrois, comme une femme supérieure et capable d'inspirer de l'inquiétude à George Sand, mais encore comme une femme qui produirait à Paris la plus profonde sensation. Aussi l'étonnement du docteur Bianchon et du goguenard feuilletoniste fut-il étrange, quoique réprimé, quand ils aperçurent au perron d'Anzy la châtelaine vêtue d'une robe en léger casimir noir, à guimpe, semblable à une amazone sans queue ; car ils reconnurent des prétentions énormes dans cette excessive simplicité. Dinah portait un béret de velours noir à la Raphaël d'où ses cheveux s'échappaient en grosses boucles. Ce vêtement mettait en relief une assez jolie taille, de beaux yeux, de belles paupières presque flétries par les ennuis de la vie qui vient d'être esquissée. Dans le Berry, l'étrangeté de cette mise *artiste* déguisait les romanesques affectations de la femme supérieure. En voyant les minauderies de leur trop aimable hôtesse, qui étaient en quelque sorte des minauderies d'âme et de pensée, les deux amis échangèrent un regard, et prirent une attitude profondément sérieuse pour écouter madame de La Baudraye qui leur fit une allocution étudiée en les remerciant d'être venus rompre la monotonie de sa vie. Dinah promena ses hôtes autour du boulingrin orné de corbeilles de fleurs qui s'étalait devant la façade d'Anzy.

— Comment, demanda Lousteau le mystificateur, une femme aussi belle que vous l'êtes et qui paraît si supérieure, a-t-elle pu rester en province ? Comment faites-vous pour résister à cette vie ?

— Ah! voilà, dit la châtelaine. On n'y résiste pas. Un profond désespoir ou une stupide résignation, ou l'un ou l'autre, il n'y a pas de choix, tel est le tuf sur lequel repose notre existence et où s'arrêtent mille pensées stagnantes qui, sans féconder le terrain, y nourrissent les fleurs étiolées de nos âmes désertes. Ne croyez pas à l'insouciance! L'insouciance tient au désespoir ou à la résignation. Chaque femme s'adonne alors à ce qui, selon son caractère, lui paraît un plaisir. Quelques-unes se jettent dans les confitures et dans les lessives, dans l'économie domestique, dans les plaisirs ruraux de la vendange ou de la moisson, dans la conservation des fruits, dans la broderie des fichus, dans les soins de la maternité, dans les intrigues de petite ville. D'autres tracassent un piano inamovible qui sonne comme un chaudron au bout de la septième année, et qui finit ses jours, asthmatique, au château d'Anzy. Quelques dévotes s'entretiennent des différents crus de la parole de Dieu : l'on compare l'abbé Fritaud à l'abbé Guinard. On joue aux cartes le soir, on danse pendant douze années avec les mêmes personnes, dans les mêmes salons, aux mêmes époques. Cette belle vie est entremêlée de promenades solennelles sur le Mail, de visites d'étiquette entre femmes qui vous demandent où vous achetez vos étoffes. La conversation est bornée au sud de l'intelligence par les observations sur les intrigues cachées au fond de l'eau dormante de la vie de province, au nord par les mariages sur le tapis, à l'ouest par les jalousies, à l'est par les petits mots piquants. Aussi le voyez-vous? dit-elle en se posant, une femme a des rides à vingt-neuf ans, dix ans avant le temps fixé par les ordonnances du docteur Bianchon, elle se couperose aussi très-promptement, et jaunit comme un coing quand elle doit jaunir, nous en connaissons qui verdissent. Quand nous en arrivons là, nous voulons justifier notre état normal. Nous attaquons alors de nos dents acérées comme des dents de mulot, les terribles passions de Paris. Nous avons ici des puritaines à contre-cœur qui déchirent les dentelles de la coquetterie et rongent la poésie de vos beautés parisiennes, qui entament le bonheur d'autrui en vantant leurs noix et leur lard rances, en exaltant leur trou de souris économe, les couleurs grises et les parfums monastiques de notre belle vie sancerroise.

— J'aime ce courage, madame, dit Bianchon. Quand on éprouve de tels malheurs, il faut avoir l'esprit d'en faire des vertus.

Stupéfait de la brillante manœuvre par laquelle Dinah livrait la province à ses hôtes dont les sarcasmes étaient ainsi prévenus, Gatien Boirouge poussa le coude à Lousteau en lui lançant un regard et un sourire qui disaient : Hein? vous ai-je trompés?

— Mais, madame, dit Lousteau, vous nous prouvez que nous sommes encore à Paris, je vous volerai cette tartine, elle me vaudra dix francs dans mon feuilleton...

— Oh! monsieur, répliqua-t-elle, défiez-vous des femmes de province.

— Et pourquoi? dit Lousteau.

Madame de La Baudraye eut la rouerie, assez innocente d'ailleurs, de signaler à ces deux Parisiens entre lesquels elle voulait choisir un vainqueur, le piége où il se prendrait, en pensant qu'au moment où il ne le verrait plus, elle serait la plus forte.

— On se moque d'elles en arrivant, puis quand on a perdu le souvenir de l'éclat parisien, en voyant la femme de province dans sa sphère, on lui fait la cour, ne fût-ce que par passe-temps. Vous que vos passions ont rendu célèbre, vous serez l'objet d'une attention qui vous flattera.... Prenez garde! s'écria Dinah en faisant un geste coquet et s'élevant par ces réflexions sarcastiques au-dessus des ridicules de la province et de Lousteau. Quand une pauvre petite provinciale conçoit une passion excentrique pour une supériorité, pour un Parisien égaré en province, elle en fait quelque chose de plus qu'un sentiment, elle y trouve une occupation et l'étend sur toute sa vie. Il n'y a rien de plus dangereux que l'attachement d'une femme de province : elle compare, elle étudie, elle réfléchit, elle rêve, elle n'abandonne point son rêve, elle pense à celui qu'elle aime quand celui qu'elle aime ne pense plus à elle. Or une des fatalités qui pèsent sur la femme de province est ce dénoûment brusqué de ses passions, qui se remarque souvent en Angleterre. En province, la vie à l'état d'observation indienne force une femme à marcher droit dans son rail ou à en sortir vivement comme une machine à vapeur qui rencontre un obstacle. Les combats stratégiques de la passion, les coquetteries, qui sont la moitié de la Parisienne, rien de tout cela n'existe ici.

— C'est vrai, dit Lousteau. Il y a dans le cœur d'une femme de province des *surprises* comme dans certains joujoux.

— Oh! mon Dieu, reprit Dinah, une femme vous a parlé trois fois pendant un hiver, elle vous a serré dans son cœur à son insu; vient une partie de campagne, une promenade, tout est dit, ou, si vous voulez, tout est fait. Cette conduite, bizarre pour ceux qui n'observent pas, a quelque chose de très-naturel. Au lieu de calomnier la femme de province en la croyant dépravée, un poète, comme vous, ou un philosophe, un observateur comme le docteur Bianchon sauraient deviner les merveilleuses poésies inédites, enfin toutes les pages de ce beau roman dont le dénoûment profite à quelque heureux sous-lieutenant, à quelque grand homme de province.

— Les femmes de province que j'ai vues à Paris, dit Lousteau, étaient en effet assez enleveuses...

— Dam! elles sont curieuses, fit la châtelaine en commentant son mot par un petit geste d'épaules.

— Elles ressemblent à ces amateurs qui vont aux secondes représentations, sûrs que la pièce ne tombera pas, répliqua le journaliste.

— Quelle est donc la cause de vos maux? demanda Bianchon.

— Paris est le monstre qui fait nos chagrins, répondit la femme supérieure. Le mal a sept lieues de tour et afflige le pays tout entier. La province n'existe pas par elle-même. Là seulement où la nation est divisée en cinquante petits États, là chacun peut avoir une physionomie, et une femme reflète alors l'éclat de la sphère où elle règne. Ce phénomène social se voit encore, m'a-t-on dit, en Italie, en Suisse et en Allemagne; mais en France, comme dans tous les pays à capitale unique, l'aplatissement des mœurs sera la conséquence forcée de la centralisation.

— Les mœurs, selon vous, ne prendraient alors du ressort et de l'originalité que par une fédération d'États français formant un même empire, dit Lousteau.

— Ce n'est peut-être pas à désirer, car la France aurait encore à conquérir trop de pays, dit Bianchon.

— L'Angleterre ne connaît pas ce malheur, s'écria Dinah. Londres n'y exerce pas la tyrannie que Paris fait peser sur la France, et à laquelle le génie français finira par remédier; mais elle a quelque chose de plus horrible dans son atroce hypocrisie, qui est un bien autre mal!

— L'aristocratie anglaise, reprit le journaliste qui prévit une tartine byronienne et qui se hâta de prendre la parole, a sur la nôtre l'avantage de s'assimiler toutes les supériorités, elle vit dans ses magnifiques parcs, elle ne vient à Londres *que pendant deux mois*, ni plus ni moins; elle vit en province, elle y fleurit et la fleurit.

— Oui, dit madame de La Baudraye, Londres est la capitale des boutiques et des spéculations, on y fait le gouvernement. L'aristocratie s'y recorde seulement pendant soixante jours, elle y prend ses mots d'ordre, elle donne son coup d'œil à sa cuisine gouvernementale, elle passe la revue de ses filles à marier et des équipages à vendre, elle se dit bonjour, et s'en va promptement : elle est si peu amusante qu'elle ne se supporte pas elle-même plus que les quelques jours nommés *la saison*.

— Aussi, dans la perfide Albion du *Constitutionnel*, s'écria Lousteau pour réprimer par une épigramme cette prestesse de langue, y a-t-il chance de rencontrer de charmantes femmes sur tous les points du royaume.

— Mais de charmantes femmes anglaises! répliqua madame de La Baudraye en souriant. Voici, ma mère, à laquelle je vais vous présenter, dit-elle en voyant venir madame Piédefer.

Une fois la présentation des deux lions faite à ce squelette ambitieux du nom de femme qui s'appelait madame Piédefer, grand corps sec, à visage couperosé, à dents suspectes, aux cheveux teints, Dinah laissa les Parisiens libres pendant quelques instants.

— Eh! bien, dit Gatien à Lousteau, qu'en pensez-vous?

— Je pense que la femme la plus spirituelle de Sancerre en est tout bonnement la plus bavarde, répliqua le feuilletoniste.

— Une femme qui veut vous faire nommer député!... s'écria Gatien, un ange!

— Pardon, j'oubliais que vous l'aimez, reprit Lousteau. Vous excuserez le cynisme d'un vieux drôle comme moi. Demandez à Bianchon, je n'ai plus d'illusions, je dis les choses comme elles sont. Cette femme a bien certainement fait sécher sa mère comme une perdrix exposée à un trop grand feu...

Gatien Boirouge trouva moyen de dire à madame de La Baudraye le mot du feuilletoniste, pendant le dîner qui fut plantureux, sinon splendide, et pendant lequel la châtelaine eut soin de peu parler. Cette langueur dans la conversation révéla l'indiscrétion de Gatien. Étienne essaya de rentrer en grâce, mais toutes les prévenances de Dinah furent pour Bianchon. Néanmoins, au milieu de la soirée, la baronne redevint gracieuse pour Lousteau. N'avez-vous pas remarqué combien de grandes lâchetés sont commises pour de petites choses? Ainsi cette noble Dinah, qui ne voulait pas se donner à des sots, qui menait au fond de sa province une épouvantable vie de luttes, de révoltes réprimées, de poésies inédites, et qui venait de gravir, pour s'éloigner de Lousteau, la roche la plus haute et la plus escarpée de ses dédains, qui n'en serait pas descendue en voyant ce faux Byron à ses pieds lui demandant merci, dégringola soudain de cette hauteur en pensant à son album. Madame de La Baudraye avait donné dans la manie des autographes : elle possédait un volume oblong qui méritait d'autant mieux son nom, que les deux tiers des feuillets étaient blancs. La baronne de Fontaine, à qui elle l'avait envoyé pendant trois mois, obtint avec beaucoup de peine une ligne de Rossini, six mesures de Meyerbeer, les quatre vers que Victor Hugo met sur tous les albums, une strophe de Lamartine, un mot de Béranger, *Calypso ne pouvait se consoler du départ d'Ulysse* écrit par George Sand, les fameux vers sur le parapluie par Scribe, une phrase de Charles Nodier, une ligne d'horizon de Jules Dupré, la signature de David d'Angers, trois notes d'Hector Berlioz. Monsieur de Clagny récolta, pendant un séjour à Paris, une chanson de Lacenaire, autographe très recherché, deux lignes de Fieschi, et une lettre excessivement courte de Napoléon, qui toutes trois étaient collées sur le vélin de l'album. Monsieur Gravier, pendant un voyage, avait fait écrire sur cet album mesdemoiselles Mars, Georges, Taglioni et Grisi, les premiers artistes, comme Frédérick-Lemaître, Monrose, Bouffé, Rubini, Lablache, Nourrit et Arnal; car il connaissait une société de vieux garçons *nourris*, selon leur expression, *dans le Sérail*, qui lui procurèrent ces faveurs. Ce commencement de collection fut d'autant plus précieux à Dinah qu'elle était seule à dix lieues à la ronde à posséder un album.

Depuis deux ans, beaucoup de jeunes personnes avaient des albums sur lesquels elles faisaient écrire des phrases plus ou moins grotesques par leurs amis et connaissances.

O vous qui passez votre vie à recueillir des autographes, gens heureux et primitifs, hollandais à tulipes, vous excuserez alors Dinah, quand, craignant de ne pas garder ses hôtes plus de deux jours, elle pria Bianchon d'enrichir son trésor par quelques lignes en le lui présentant.

Le médecin fit sourire Lousteau en lui montrant cette pensée sur la première page :

« *Ce qui rend le peuple si dangereux, c'est qu'il a pour*
» *tous ses crimes une absolution dans ses poches.*
» J.-B. DE CLAGNY. »

— Appuyons cet homme assez courageux pour plaider la cause de la monarchie, dit à l'oreille de Lousteau le savant élève de Desplein. Et Bianchon écrivit au-dessous :

« *Ce qui distingue Napoléon d'un porteur d'eau n'est*
» *sensible que pour la Société, cela ne fait rien à la Na-*
» *ture. Aussi la démocratie, qui se refuse à l'inégalité des*
» *conditions, en appelle-t-elle sans cesse à la Nature.*
» H. BIANCHON. »

— Voilà les riches, s'écria Dinah stupéfaite, ils tirent de leur bourse une pièce d'or comme les pauvres en tirent un liard... Je ne sais, dit-elle en se tournant vers Lousteau, si ce ne sera pas abuser de l'hospitalité que de vous demander quelques stances...

— Ah! madame, vous me flattez, Bianchon est un grand homme; mais moi, je suis trop obscur!... Dans vingt ans d'ici, mon nom serait plus difficile à expliquer que celui de monsieur le Procureur du Roi dont la pensée inscrite sur votre album indiquera certainement un Montesquieu méconnu. D'ailleurs il me faudrait au moins vingt-quatre heures pour improviser quelque méditation bien amère; car, je ne sais peindre que ce que je ressens...

— Je voudrais vous voir me demander quinze jours, dit gracieusement madame de La Baudraye en tendant son album, je vous garderais plus long-temps.

Le lendemain, à cinq heures du matin, les hôtes du château d'Anzy furent sur pied. Le petit La Baudraye avait organisé pour les Parisiens une chasse; moins pour leur plaisir que par vanité de propriétaire, il était bien aise de leur faire arpenter ses bois et de leur faire traverser les douze cents hectares de landes qu'il rêvait de mettre en culture : entreprise qui voulait quelque cent mille francs, mais qui pouvait porter de trente à soixante mille francs les revenus de la terre d'Anzy.

— Savez-vous pourquoi le Procureur du Roi n'a pas voulu venir chasser avec nous? dit Gatien Boirouge à monsieur Gravier.

— Mais il nous l'a dit, il doit tenir l'audience aujourd'hui, car le Tribunal juge correctionnellement, répondit le Receveur des Contributions.

— Et vous croyez cela? s'écria Gatien. Eh! bien, mon papa m'a dit : — Vous n'aurez pas monsieur Lebas de bonne heure, car monsieur de Clagny a prié son substitut de tenir l'audience.

— Ah! ah! fit Gravier, dont la physionomie changea, et monsieur de La Baudraye qui part pour la Charité!

— Mais pourquoi vous mêlez-vous de ces affaires? dit Horace Bianchon à Gatien.

— Horace a raison, dit Lousteau. Je ne comprends pas comment vous vous occupez autant les uns des autres, vous perdez votre temps à des riens.

Horace Bianchon regarda Étienne Lousteau comme pour lui dire que les malices de feuilleton, les bons mots de petit journal étaient incompris à Sancerre. En atteignant un fourré, monsieur Gravier laissa les deux hommes célèbres et Gatien s'y engager, sous la conduite du garde, dans un pli de terrain.

— Eh! bien, attendons le financier, dit Bianchon quand les chasseurs arrivèrent à une clairière.

— Ah! bien, si vous êtes un grand homme en Médecine, répliqua Gatien, vous êtes un ignorant en fait de vie de province. Vous attendez monsieur Gravier?... mais il court comme un lièvre, malgré son petit ventre rondelet; il est maintenant à vingt minutes d'Anzy... (Gatien tira sa montre) Bien! il arrivera juste à temps.

— Où?...

— Au château, pour le déjeuner, répondit Gatien. Croyez-vous que je serais à mon aise si madame de La Baudraye restait seule avec monsieur de Clagny? Les voilà deux, ils se surveilleront, Dinah sera bien gardée.

— Ah! çà, madame de La Baudraye en est donc encore à faire un choix? dit Lousteau.

— Maman le croit, mais, moi, j'ai peur que monsieur de Clagny n'ait fini par fasciner madame de La Baudraye: s'il a pu lui montrer dans la députation quelques chances de revêtir la simarre des Sceaux, il a bien pu changer en agréments d'Adonis sa peau de taupe, ses yeux terribles, sa crinière ébouriffée, sa voix d'huissier enroué, sa maigreur de poète crotté. Si Dinah voit monsieur de Clagny Procureur-Général, elle peut le voir joli garçon. L'éloquence a de grands priviléges. D'ailleurs madame de La Baudraye est pleine d'ambition, Sancerre lui déplaît, elle rêve des grandeurs parisiennes.

— Mais quel intérêt avez-vous à cela, dit Lousteau, car si elle aime le Procureur du Roi.... Ah! vous croyez qu'elle ne l'aimera pas long-temps, et vous espérez lui succéder.

— Vous autres, dit Gatien, vous rencontrez à Paris autant de femmes différentes qu'il y a de jours dans l'année. Mais à Sancerre où il ne s'en trouve pas six, et où, de ces six femmes, cinq ont des prétentions désordonnées à la vertu; quand la plus belle vous tient à une distance énorme par des regards dédaigneux comme si elle était princesse de sang royal, il est bien permis à un jeune homme de vingt-deux ans de chercher à deviner les secrets de cette femme: car alors elle sera forcée d'avoir des égards pour lui.

— Cela s'appelle ici des égards, dit le journaliste en souriant.

— J'accorde à madame de La Baudraye trop de bon goût pour croire qu'elle s'occupe de ce vilain singe, dit Horace Bianchon.

— Horace, dit le journaliste, voyons, savant interprète de la nature humaine, tendons un piége à loup au Procureur du Roi, nous rendrons service à notre ami Gatien, et nous rirons. Je n'aime pas les Procureurs du Roi.

— Tu as un juste pressentiment de ta destinée, dit Horace. Mais que faire?

— Eh! bien, racontons, après le dîner, quelques histoires de femmes surprises par leurs maris, et qui soient tuées, assassinées avec des circonstances terrifiantes. Nous verrons la mine que feront madame de La Baudraye et monsieur de Clagny.

— Pas mal, dit Bianchon, il est difficile que l'un ou l'autre ne se trahissent pas par un geste ou par une réflexion.

— Je connais, reprit le journaliste en s'adressant à Gatien, un directeur de journal qui, dans le but d'éviter une triste destinée, n'admet que des histoires où les amants sont brûlés, hachés, pilés, disséqués; où les femmes sont bouillies, frites, cuites; il apporte alors ces effroyables récits à sa femme en espérant qu'elle lui sera fidèle par peur; il se contente de ce pis-aller, le modeste mari: « Vois-tu, ma mignonne, où conduit la plus petite faute! » lui dit-il en traduisant le discours d'Arnolphe à Agnès.

— Madame de La Baudraye est parfaitement innocente, ce jeune homme a la berlue, dit Bianchon. Madame Piédefer me paraît être beaucoup trop dévote pour inviter au château d'Anzy l'amant de sa fille. Madame de La Baudraye aurait à tromper sa mère, son mari, sa femme de chambre et celle de sa mère; c'est trop d'ouvrage, je l'acquitte.

— D'autant plus que son mari ne la quitte pas, dit Gatien en riant de son calembour.

— Nous nous souviendrons bien d'une ou deux histoires à faire trembler Dinah, dit Lousteau. Jeune homme, et toi Bianchon, je vous demande une tenue sévère, montrez-vous diplomates, ayez un laissez-aller sans affectation, épiez, sans en avoir l'air, la figure des deux criminels, vous savez?... en dessous, ou dans la glace, à la dérobée. Ce matin nous chasserons le lièvre, ce soir nous chasserons le Procureur du Roi.

La soirée commença triomphalement pour Lousteau qui remit à la châtelaine son album où elle trouva cette élégie.

SPLEEN.

Des vers de moi chétif et perdu dans la foule
De ce monde égoïste où tristement je roule,
    Sans m'attacher à rien ;
Qui ne vis s'accomplir jamais une espérance,
Et dont l'œil, affaibli par la morne souffrance,
    Voit le mal sans le bien !

Cet album, feuilleté par les doigts d'une femme,
Ne doit pas s'assombrir au reflet de mon âme.
    Chaque chose en son lieu :
Pour une femme, il faut parler d'amour, de joie,
De bals resplendissants, de vêtements de soie,
    Et même un peu de Dieu.

Ce serait exercer sanglante raillerie
Que de me dire, à moi, fatigué de la vie :
    Dépeins-nous le bonheur ?
Au pauvre aveugle-né vante-t-on la lumière,
A l'orphelin pleurant parle-t-on d'une mère,
    Sans leur briser le cœur ?

Quand le froid désespoir vous prend jeune en ce monde,
Quand on n'y peut trouver un cœur qui vous réponde,
    Il n'est plus d'avenir.
Si personne avec vous quand vous pleurez ne pleure,
Quand il n'est pas aimé, s'il faut qu'un homme meure,
    Bientôt je dois mourir.

Plaignez-moi ! plaignez-moi ! car souvent je blasphème
Jusqu'au nom saint de Dieu, me disant en moi-même :
    Il n'a pour moi rien fait.
Pourquoi le bénirais-je, et que lui dois-je en somme ?
Il eût pu me créer beau, riche, gentilhomme,
    Et je suis pauvre et laid !

                      ÉTIENNE LOUSTEAU.

Septembre 1836, château d'Anzy.

— Et vous avez composé ces vers depuis hier ?... s'écria le Procureur du Roi d'un ton défiant.

— Oh ! mon Dieu, oui, tout en chassant, mais cela ne se voit que trop ! J'aurais voulu faire mieux pour madame.

— Ces vers sont ravissants, fit Dinah en levant les yeux au ciel.

— C'est l'expression d'un sentiment malheureusement trop vrai, répondit Lousteau d'un air profondément triste.

Chacun devine que le journaliste gardait ces vers dans sa mémoire depuis au moins dix ans, car ils lui furent inspirés sous la Restauration par la difficulté de parvenir. Madame de La Baudraye regarda le journaliste avec la pitié que les malheurs du génie inspirent, et monsieur de Clagny, qui surprit ce regard, éprouva de la haine pour ce faux Jeune Malade. Il se mit au trictrac avec le curé de Sancerre. Le fils du Président eut l'excessive complaisance d'apporter la lampe aux deux joueurs, de manière que la lumière tombât d'aplomb sur madame de La Baudraye qui prit son ouvrage, elle garnissait de laine l'osier d'une corbeille à papier. Les trois conspirateurs se groupèrent auprès de ces personnages.

— Pour qui faites-vous donc cette jolie corbeille, madame ? dit le journaliste. Pour quelque loterie de bienfaisance ?

— Non, dit-elle, je trouve beaucoup trop *d'affectation* dans la bienfaisance faite à son de trompe.

— Vous êtes bien indiscret, dit monsieur Gravier.

— Y a-t-il de l'indiscrétion, dit Lousteau, à demander quel est l'heureux mortel chez qui se trouvera la corbeille de madame.

— Il n'y a pas d'heureux mortel, reprit Dinah, elle est pour monsieur de La Baudraye.

Le Procureur du Roi regarda sournoisement madame de La Baudraye et la corbeille comme s'il se fût dit intérieurement : — Voilà ma corbeille à papier perdue !

— Comment, madame, vous ne voulez pas que nous le disions heureux d'avoir une jolie femme, heureux de ce qu'elle lui fait de si charmantes choses sur ses corbeilles à papier ? Le dessin est rouge et noir, à la Robin des bois. Si je me marie, je souhaite qu'après douze ans de ménage les corbeilles que brodera ma femme soient pour moi.

— Pourquoi ne seraient-elles pas pour vous ? dit madame de La Baudraye en levant sur Étienne son bel œil gris plein de coquetterie.

— Les Parisiens ne croient à rien, dit le Procureur du Roi d'un ton amer. La vertu des femmes est surtout mise en question avec une effrayante audace. Oui, depuis quelque temps, les livres que vous faites, messieurs les écrivains, vos Revues, vos pièces de théâtre, toute votre infâme littérature repose sur l'adultère...

— Eh ! monsieur le Procureur du Roi, reprit Étienne en riant, je vous laissais jouer tranquillement, je ne vous attaquais point, et voilà que vous faites un réquisitoire contre moi. Foi de journaliste, j'ai broché plus de cent articles contre les auteurs de qui vous parlez; mais j'avoue que, si je les ai attaqués, c'était pour dire quelque chose qui ressemblât à de la critique. Soyons justes, si vous les condamnez, il faut condamner Homère et son Iliade qui roule sur la belle Hélène; il faut condamner le Paradis Perdu de Milton, Ève et le serpent me paraissent un gentil petit adultère symbolique. Il faut supprimer les Psaumes de David, inspirés par les amours excessivement adultères de ce Louis XIV hébreu. Il faut jeter au feu Mithridate, le Tartuffe, l'École des femmes, Phèdre, Andromaque, le Mariage de Figaro, l'Enfer de Dante, les Sonnets de Pétrarque, tout Jean-Jacques Rousseau, les romans du moyen-âge, l'Histoire de France, l'Histoire romaine, etc., etc. Je ne crois pas, hormis l'Histoire des Variations de Bossuet et les Provinciales de Pascal, qu'il y ait beaucoup de livres à lire, si vous voulez en retrancher ceux où il est question de femmes aimées à l'encontre des lois.

— Le beau malheur! dit monsieur de Clagny.

Étienne, piqué de l'air magistral que prenait monsieur de Clagny, voulut le faire enrager par une de ces froides mystifications qui consistent à défendre des opinions auxquelles on ne tient pas, dans le but de rendre furieux un pauvre homme de bonne foi, véritable plaisanterie de journaliste.

— En nous plaçant au point de vue politique où vous êtes forcé de vous mettre, dit-il en continuant sans relever l'exclamation du magistrat, en revêtant la robe du Procureur-Général à toutes les époques, car tous les gouvernements ont leur Ministère public, eh! bien, la religion catholique se trouve infectée dans sa source d'une violente illégalité conjugale. Aux yeux du roi Hérode, à ceux de Pilate qui défendait le gouvernement romain, la femme de Joseph pouvait paraître adultère, puisque, de son propre aveu, Joseph n'était pas le père du Christ. Le juge païen n'admettait pas plus l'immaculée conception que vous n'admettriez un miracle semblable, si quelque religion se produisait aujourd'hui en s'appuyant sur un mystère de ce genre. Croyez-vous qu'un tribunal de police correctionnelle reconnaîtrait une nouvelle opération du Saint-Esprit? Or, qui peut oser dire que Dieu ne viendra pas racheter encore l'humanité? est-elle meilleure aujourd'hui que sous Tibère?

— Votre raisonnement est un sacrilége, répondit le Procureur du Roi.

— D'accord, dit le journaliste, mais je ne le fais pas dans une mauvaise intention. Vous ne pouvez supprimer les faits historiques. Selon moi, Pilate condamnant Jésus-Christ, Anytus, organe du parti aristocratique d'Athènes et demandant la mort de Socrate, représentaient des sociétés établies, se croyant légitimes, revêtues de pouvoirs consentis, obligées de se défendre. Pilate et Anytus étaient alors aussi logiques que les procureurs-généraux qui demandaient la tête des sergents de la Rochelle et qui font tomber aujourd'hui la tête des républicains armés contre le trône de juillet, et celles des novateurs dont le but est de renverser à leur profit les sociétés sous prétexte de les mieux organiser. En présence des grandes familles d'Athènes et de l'empire romain, Socrate et Jésus étaient criminels; pour ces vieilles aristocraties, leurs opinions ressemblaient à celles de la Montagne : supposez leurs sectateurs triomphants, ils eussent fait un léger 93 dans l'empire romain ou dans l'Attique.

— Où voulez-vous en venir, monsieur? dit le Procureur du Roi.

— A l'adultère! Ainsi, monsieur, un bouddhiste en fumant sa pipe peut parfaitement dire que la religion des chrétiens est fondée sur l'adultère; comme nous croyons que Mahomet est un imposteur, que son Coran est une réimpression de la Bible et de l'Évangile, et que Dieu n'a jamais eu la moindre intention de faire, de ce conducteur de chameaux, son prophète.

— S'il y avait en France beaucoup d'hommes comme vous, et il y en a malheureusement trop, tout gouvernement y serait impossible.

— Et il n'y aurait pas de religion, dit madame Piédefer dont le visage avait fait d'étranges grimaces pendant cette discussion.

— Tu leur causes une peine infinie, dit Bianchon à l'oreille d'Étienne, ne parle pas religion, tu leur dis des choses à les renverser.

— Si j'étais écrivain ou romancier, dit monsieur Gravier, je prendrais le parti des maris malheureux. Moi qui ai vu beaucoup de choses et d'étranges choses, je sais que dans le nombre des maris trompés il s'en trouve dont l'attitude ne manque point d'énergie, et qui, dans la crise, sont très-dramatiques, pour employer un de vos mots, monsieur, dit-il en regardant Étienne.

— Vous avez raison, mon cher monsieur Gravier, dit Lousteau, je n'ai jamais trouvé ridicules les maris trompés ; au contraire, je les aime...

— Ne trouvez-vous pas un mari sublime de confiance? dit alors Bianchon, il croit en sa femme, il ne la soupçonne point, il a la foi du charbonnier. S'il a la faiblesse de se confier à sa femme, vous vous en moquez; s'il est défiant et jaloux, vous le haïssez : dites-moi quel est le moyen terme pour un homme d'esprit?

— Si monsieur le Procureur du Roi ne venait pas de se prononcer si ouvertement contre l'immoralité des récits où la charte conjugale est violée, je vous raconterais une vengeance de mari, dit Lousteau.

Monsieur de Clagny jeta ses dés d'une façon convulsive, et ne regarda point le journaliste.

— Comment donc, mais une narration de vous, s'écria madame de La Baudraye, à peine aurais-je osé vous la demander...

— Elle n'est pas de moi, madame, je n'ai pas tant de talent; elle me fut, et avec quel charme! racontée par un de nos écrivains les plus célèbres, le plus grand musicien littéraire que nous ayons, Charles Nodier.

— Eh! bien, dites, reprit Dinah, je n'ai jamais entendu monsieur Nodier, vous n'avez pas de comparaison à craindre.

— Peu de temps après le 18 brumaire, dit Lousteau, vous savez qu'il y eut une levée de boucliers en Bretagne et dans la Vendée. Le premier consul, empressé de pacifier la France, entama des négociations avec les principaux chefs et déploya les plus vigoureuses mesures militaires ; mais, tout en combinant des plans de campagne avec les séductions de sa diplomatie italienne, il mit en jeu les ressorts machiavéliques de la police, alors confiée à Fouché. Rien de tout cela ne fut inutile pour étouffer la guerre allumée dans l'Ouest. A cette époque, un jeune homme appartenant à la famille de Maillé fut envoyé par les Chouans, de Bretagne à Saumur, afin d'établir des intelligences entre certaines personnes de la ville ou des environs et les chefs de l'insurrection royaliste. Instruite de ce voyage, la police de Paris avait dépêché des agents chargés de s'emparer du jeune émissaire à son arrivée à Saumur. Effectivement, l'ambassadeur fut arrêté le jour même de son débarquement; car il vint en bateau, sous un déguisement de maître marinier. Mais, en homme d'exécution, il avait calculé toutes les chances de son entreprise; son passe-port, ses papiers étaient si bien en règle que les gens envoyés pour se saisir de lui craignirent de se tromper. Le chevalier de Beauvoir, je me rappelle maintenant le nom, avait bien médité son rôle : il se réclama de sa famille d'emprunt, allégua son faux domicile, et soutint si hardiment son interrogatoire qu'il aurait été mis en liberté sans l'espèce de croyance aveugle que les espions eurent en leurs instructions, malheureusement trop précises. Dans le doute, ces alguasils aimèrent mieux commettre un acte arbitraire que de laisser échapper un homme à la capture duquel le Ministre paraissait attacher une grande importance. Dans ces temps de liberté, les agents du pouvoir national se souciaient fort peu de ce que nous nommons aujourd'hui la *légalité*. Le chevalier fut donc provisoirement emprisonné, jusqu'à ce que les autorités supérieures eussent pris une décision à son égard. Cette sentence bureaucratique ne se fit pas attendre. La police ordonna de garder très-étroitement le prisonnier, malgré ses dénégations. Le chevalier de Beauvoir fut alors transféré, suivant de nouveaux ordres, au château de l'Escarpe, dont le nom indique assez la situation. Cette forteresse, assise sur des rochers d'une grande élévation, a pour fossés des précipices ; on y arrive de tous côtés par des pentes rapides et dangereuses ; comme dans tous les anciens châteaux, la porte principale est à pont-levis et défendue par une large douve. Le commandant de cette prison, charmé d'avoir à garder un homme de distinction dont les manières étaient fort agréables, qui s'exprimait à merveille et paraissait instruit, qualités rares à cette époque, accepta le chevalier comme un bienfait de la Providence ; il lui proposa d'être à l'Escarpe sur parole, et de faire cause commune avec lui contre l'ennui. Le prisonnier ne demanda pas mieux. Beauvoir était un loyal gentilhomme, mais c'était aussi par malheur un fort joli garçon. Il avait une figure attrayante, l'air résolu, la parole engageante, une force prodigieuse. Leste, bien découplé, entreprenant, aimant le danger, il eût fait un excellent chef de partisans ; il les faut ainsi. Le commandant assigna le plus commode des appartements à son prisonnier, l'admit à sa table, et n'eut d'abord qu'à se louer du Vendéen. Ce commandant était Corse et marié ; sa femme, jolie et agréable, lui semblait peut-être difficile à garder ; bref, il était jaloux en sa qualité de Corse et de militaire assez mal tourné. Beauvoir plut à la dame, il la trouva fort à son goût ; peut-être s'aimèrent-ils ? en prison l'amour va si vite ! Commirent-ils quelque imprudence ? Le sentiment qu'ils eurent l'un pour l'autre dépassa-t-il les bornes de cette galanterie superficielle qui est presque un de nos devoirs envers les femmes? Beauvoir ne s'est jamais franchement expliqué sur ce point assez obscur de son histoire; mais toujours est-il constant que le commandant se crut en droit d'exercer des rigueurs extraordinaires sur son prisonnier. Beauvoir, mis au donjon, fut nourri de pain noir, abreuvé d'eau claire, et enchaîné suivant le perpétuel programme des divertissements prodigués aux captifs. La cellule située sous la plate-forme était voûtée en pierre dure, les murailles avaient une épaisseur désespérante, la tour donnait sur le précipice. Lorsque le pauvre Beauvoir eut reconnu l'impossibilité d'une évasion, il tomba dans ces rêveries qui sont tout ensemble le désespoir et la consolation des prisonniers. Il s'occupa de ces riens qui deviennent de grandes affaires : il compta les heures et les jours, il fit l'apprentissage du triste *état de prisonnier*, se replia sur lui-même, et apprécia la valeur de l'air et du soleil; puis, après une quinzaine de jours, il eut cette maladie terrible, cette fièvre de liberté qui pousse les prisonniers à ces sublimes entreprises dont les prodigieux résultats nous semblent inexplicables quoique réels, et que mon ami le docteur (il se tourna vers Bianchon) attribuerait sans doute à des forces inconnues, le désespoir de son analyse physiologique, mystères de la volonté humaine dont la profondeur épouvante la science (Bianchon fit un signe négatif). Beauvoir se rongeait le cœur, car la mort seule pouvait le rendre libre. Un matin le porte-clefs chargé d'apporter la nourriture du prisonnier, au lieu de s'en aller après lui avoir donné sa maigre pitance, resta devant lui les bras croisés, et le regarda singulièrement. Entre eux, la conversation se réduisait ordinairement à peu de chose, et jamais le gardien ne la commençait. Aussi le chevalier fut-il très-étonné lorsque cet homme lui dit : — Monsieur, vous avez sans doute votre idée en vous faisant toujours appeler monsieur Lebrun ou citoyen Lebrun. Cela ne me regarde pas, mon affaire n'est point de vérifier votre nom. Que vous vous nommiez Pierre ou Paul, cela m'est bien indifférent. À chacun son métier, les vaches seront bien gardées. Cependant je sais, dit-il en clignant de l'œil, que vous êtes monsieur Charles-Félix-Théodore, chevalier de Beauvoir et cousin de madame la duchesse de Maillé... — Hein? ajouta-t-il d'un air de triomphe après un moment de silence en regardant son prisonnier. Beauvoir, se voyant incarcéré fort et ferme, ne crut pas que sa position pût empirer par l'aveu de son véritable nom. — Eh ! bien, quand je serais le chevalier de Beauvoir, qu'y gagnerais-tu ? lui dit-il. — Oh ! tout est gagné, répliqua le porte-clefs à voix basse. Écoutez-moi. J'ai reçu de l'argent pour faciliter votre évasion ; mais un instant ! Si j'étais soupçonné de la moindre chose, je serais fusillé tout bellement. J'ai donc dit que je tremperais dans cette affaire juste pour gagner mon argent. Tenez, monsieur, voici une clef, dit-il en sortant de sa poche une petite lime. Avec cela, vous scierez un de vos barreaux. Dam ! ce ne sera pas commode, reprit-il en montrant l'ouverture étroite par laquelle le jour entrait dans le cachot. C'était une espèce de baie pratiquée au-dessus du cordon qui couronnait extérieurement le donjon, entre ces grosses pierres saillantes destinées à figurer les supports des créneaux. — Monsieur, dit le geôlier, il faudra scier le fer assez près pour que vous puissiez passer. — Oh ! sois tranquille ! j'y passerai, dit le prisonnier. — Et assez haut pour qu'il vous reste de quoi attacher votre corde, reprit le porte-clefs. — Où est-elle ? demanda Beauvoir. — La voici, répondit le guichetier en lui jetant une corde à nœuds. Elle a été fabriquée avec du linge afin de faire supposer que vous l'avez confectionnée vous-même, et elle est de longueur suffisante. Quand vous serez au dernier nœud, laissez-vous couler tout doucement, le reste est votre affaire. Vous trouverez probablement dans les environs une voiture tout attelée et des amis qui vous attendent. Mais je ne sais rien, moi ! Je n'ai pas besoin de vous dire qu'il y a une sentinelle au *dret* de la tour. Vous saurez ben choisir une nuit noire, et guetter le moment où le soldat de faction dormira. Vous risquerez peut-être d'attraper un coup de fusil ; mais... — C'est bon ! c'est bon, je ne pourrirai pas ici, s'écria le chevalier. — Ah ! ça se pourrait bien tout de même, répliqua le geôlier d'un air bête. Beauvoir prit cela pour une de ces réflexions niaises que font ces gens-là. L'espoir d'être bientôt libre le rendait si joyeux qu'il ne pouvait guère s'arrêter aux discours de cet homme, espèce de paysan renforcé. Il se mit à l'ouvrage aussitôt, et la journée lui suffit pour scier les barreaux. Craignant une visite du commandant, il cacha son travail, en bouchant les fentes avec de la mie de pain roulée dans de la rouille, afin de lui donner la couleur du fer. Il serra sa corde, et se mit à épier quelque nuit favorable, avec cette impatience concentrée et cette profonde agitation d'âme qui dramatisent la vie des prisonniers. Enfin, par une nuit grise, une nuit d'automne, il acheva de scier les barreaux, attacha solidement sa corde, s'accroupit à l'extérieur sur le support de pierre, en se cramponnant d'une main au bout de fer qui restait dans la baie. Puis il attendit ainsi le moment le plus obscur de la nuit et l'heure à laquelle les sentinelles doivent dormir. C'est vers le matin, à peu près. Il connaissait la durée des factions, l'instant des rondes, toutes choses dont s'occupent les prisonniers, même involontairement. Il guetta le moment où l'une des sentinelles serait aux deux tiers de sa faction et retirée dans sa guérite, à cause du brouillard. Certain d'avoir réuni toutes les chances favorables à son évasion, il se mit alors à descendre, nœud à nœud, suspendu entre le ciel et la terre, en tenant sa corde avec une force de géant. Tout alla bien. A l'avant-dernier nœud, au moment de se laisser couler à terre, il s'avisa, par une pensée prudente, de chercher le sol avec ses pieds, et ne trouva pas de sol. Le cas était assez embarrassant pour un homme en sueur, fatigué, perplexe, et dans une situation où il s'agissait de jouer sa vie à pair ou non. Il allait s'élancer. Une raison frivole l'en empêcha : son chapeau venait de tomber, heureusement il écouta le bruit que sa chute devait produire, et il n'entendit rien ! Le prisonnier conçut de vagues soupçons sur sa position ; il se demanda si le commandant ne lui avait pas tendu quelque piége : mais dans quel intérêt ? En proie à ces incertitudes, il songea presque à remettre la partie à une autre nuit. Provisoirement, il résolut d'attendre les clartés indécises du crépuscule ; heure qui ne serait peut-être pas tout à fait défavorable à sa fuite. Sa force prodigieuse lui permit de grimper vers le donjon ; mais il était presque épuisé au moment où il se remit sur le support extérieur, guettant tout comme un chat sur le bord d'une gouttière. Bientôt, à la faible clarté de l'aurore, il aperçut, en faisant flotter sa corde, une petite distance de cent pieds entre le dernier nœud et les rochers pointus du précipice. — Merci, commandant ! dit-il avec le sang-froid qui le caractérisait. Puis, après avoir quelque peu réfléchi à cette habile vengeance, il jugea nécessaire de rentrer dans son cachot. Il mit sa défroque en évidence sur son lit, laissa la corde en dehors pour faire croire à sa chute ; il se tapit tranquillement derrière la porte, et attendit l'arrivée du perfide guichetier en tenant à la main une des barres de fer qu'il avait sciées. Le guichetier, qui ne manqua pas de venir plus tôt qu'à l'ordinaire pour recueillir la succession du mort, ouvrit la porte en sifflant ; mais, quand il fut à une distance convenable,

Beauvoir lui asséna sur le crâne un si furieux coup de barre que le traître tomba comme une masse, sans jeter un cri : la barre lui avait brisé la tête. Le chevalier déshabilla promptement le mort, prit ses habits, imita son allure, et, grâce à l'heure matinale et au peu de défiance des sentinelles de la porte principale, il s'évada.

Ni le Procureur du Roi, ni madame de la Baudraye ne parurent croire qu'il y eût dans ce récit la moindre prophétie qui les concernât. Les intéressés se jetèrent des regards interrogatifs, en gens surpris de la parfaite indifférence des deux prétendus amants.

— Bah! j'ai mieux à vous raconter, dit Bianchon.

— Voyons, dirent les auditeurs à un signe que fit Lousteau pour dire que Bianchon avait sa petite réputation de conteur.

Dans les histoires dont se composait son fonds de narration, car tous les gens d'esprit ont une certaine quantité d'anecdotes comme madame de La Baudraye avait sa collection de phrases, l'illustre docteur choisit celle connue sous le nom de La Grande Bretèche et devenue si célèbre qu'on en a fait au Gymnase-Dramatique un vaudeville intitulé *Valentine*. Aussi est-il parfaitement inutile de répéter ici cette aventure, quoiqu'elle fût du fruit nouveau pour les habitants du château d'Anzy. Ce fut d'ailleurs la même perfection dans les gestes, dans les intonations qui valut tant d'éloges au docteur chez mademoiselle des Touches quand il la raconta pour la première fois. Le dernier tableau du Grand d'Espagne mourant de faim et debout dans l'armoire où l'a muré le mari de madame de Merret, et le dernier mot de ce mari répondant à une dernière prière de sa femme : — Vous avez juré sur ce crucifix qu'il n'y avait là personne! produisit tout son effet. Il y eut un moment de silence assez flatteur pour Bianchon.

— Savez-vous, messieurs, dit alors madame de La Baudraye, que l'amour doit être une chose immense pour engager une femme à se mettre en de pareilles situations?

— Moi qui certes ai vu d'étranges choses dans ma vie, dit monsieur Gravier, j'ai été quasi témoin en Espagne d'une aventure de ce genre-là.

— Vous venez après de grands acteurs, lui dit madame de La Baudraye en fêtant les deux Parisiens par un regard coquet, n'importe, allez.

— Quelque temps après son entrée à Madrid, dit le Receveur des contributions, le grand-duc de Berg invita les principaux personnages de cette ville à une fête offerte par l'armée française à la capitale nouvellement conquise. Malgré la splendeur du gala, les Espagnols n'y furent pas très-rieurs, leurs femmes dansèrent peu, la plupart des conviés se mirent à jouer. Les jardins du palais étaient illuminés assez splendidement pour que les dames pussent s'y promener avec autant de sécurité qu'elles l'eussent fait en plein jour. La fête était impérialement belle. Rien ne fut épargné dans le but de donner aux Espagnols une haute idée de l'Empereur, s'ils voulaient le juger d'après ses lieutenants. Dans un bosquet assez voisin du palais, entre une heure et deux du matin, plusieurs militaires français s'entretenaient des chances de la guerre, et de l'avenir peu rassurant que pronostiquait l'attitude des Espagnols présents à cette pompeuse fête. — Ma foi, dit le Chirurgien en chef du Corps d'armée où j'étais Payeur Général, hier j'ai formellement demandé mon rappel au prince Murat. Sans avoir précisément peur de laisser mes os dans la Péninsule, je préfère aller panser les blessures faites par nos bons voisins les Allemands; leurs armes ne vont pas si avant dans le torse que les poignards castillans. Puis, la crainte de l'Espagne est, chez moi, comme une superstition. Dès mon enfance, j'ai lu des livres espagnols, un tas d'aventures sombres et mille histoires de ce pays, qui m'ont vivement prévenu contre ses mœurs. Eh! bien, depuis notre entrée à Madrid, il m'est arrivé d'être déjà, sinon le héros, du moins le complice de quelque périlleuse intrigue, aussi noire, aussi obscure que peut l'être un roman de lady Radcliffe. J'écoute volontiers mes pressentiments, et dès demain je détale. Murat ne me refusera certes pas mon congé, car, grâce aux services que nous rendons, nous avons des protections toujours efficaces. — Puisque tu tires ta crampe, dis-nous ton événement, répondit un colonel, vieux républicain qui, du beau langage et des courtisaneries impériales, ne se souciait guère. Le Chirurgien en chef regarda soigneusement autour de lui comme pour reconnaître les figures de ceux qui l'environnaient, et, sûr qu'aucun Espagnol n'était dans le voisinage, il dit : — Nous ne sommes ici que des Français, volontiers, colonel Hulot. Il y a six jours, je revenais tranquillement à mon logis, vers onze heures du soir, après avoir quitté le général Montcornet dont l'hôtel se trouve à quelques pas du mien. Nous sortions tous les deux de chez l'Ordonnateur en chef, où nous avions fait une bouillotte assez animée. Tout à coup, au coin d'une petite rue, deux inconnus, ou plutôt deux diables, se jettent sur moi, m'entortillent la tête et les bras dans un grand manteau. Je criai, vous devez me croire, comme un chien fouetté ; mais le drap étouffait ma voix, et je fus transporté dans une voiture avec la plus rapide dextérité. Lorsque mes deux compagnons me débarrassèrent du manteau, j'entendis ces désolantes paroles prononcées par une voix de femme, en mauvais français : — Si vous criez, ou si vous faites mine de vous échapper, si vous vous permettez le moindre geste équivoque, le monsieur qui est devant vous est capable de vous poignarder sans scrupule. Tenez-vous donc tranquille. Maintenant je vais vous apprendre la cause de votre enlèvement. Si vous voulez vous donner la peine d'étendre votre main vers moi, vous trouverez entre nous deux vos instruments de chirurgie que nous avons envoyé chercher chez vous de votre part ; ils vous seront nécessaires, nous vous emmenons dans une maison pour sauver l'honneur d'une dame sur le point d'accoucher d'un enfant qu'elle veut donner à ce gentilhomme sans que son mari le sache. Quoique monsieur quitte peu madame, de laquelle il est toujours passionnément épris, et qu'il surveille avec toute l'attention de la jalousie espagnole, elle a pu lui cacher sa grossesse, il la croit malade. Vous allez donc faire l'accouchement. Les dangers de l'entreprise ne vous concernent pas : seulement, obéissez-nous ; autrement, l'amant, qui est en face de vous dans la voiture, et qui ne sait pas un mot de français, vous poignarderait à la moindre imprudence. — Et qui êtes-vous ? lui dis-je en cherchant la main de mon interlocutrice dont le bras était enveloppé dans la manche d'un habit d'uniforme. — Je suis la camériste de madame, sa confidente, et tout prête à vous récompenser par moi-même, si vous vous prêtez galamment aux exigences de notre situation. — Volontiers, dis-je en me voyant embarqué de force dans une aventure dangereuse. A la faveur de l'ombre, je vérifiai si la figure et les formes de cette fille étaient en harmonie avec les idées que la qualité de sa voix m'avait inspirées. Cette bonne créature s'était sans doute soumise par avance à tous les hasards de ce singulier enlèvement, car elle garda le plus complaisant silence, et la voiture n'eut pas roulé pendant plus de dix minutes dans Madrid qu'elle reçut et me rendit un baiser satisfaisant. L'amant que j'avais en vis-à-vis ne s'offensa point de quelques coups de pied dont je le gratifiai fort involontairement ; mais comme il n'entendait pas le français, je présume qu'il n'y fit pas attention. — Je ne puis être votre maîtresse qu'à une seule condition, me dit la camériste en réponse aux bêtises que je lui débitais emporté par la chaleur d'une passion improvisée à laquelle tout faisait obstacle. — Et laquelle? — Vous ne chercherez jamais à savoir à qui j'appartiens. Si je viens chez vous, ce sera de nuit, et vous me recevrez sans lumière. — Bon, lui dis-je. Notre conversation en était là quand la voiture arriva près d'un mur de jardin. — Laissez-moi vous bander les yeux, me dit la femme de chambre, vous vous appuierez sur mon bras, et je vous conduirai moi-même. Elle me serra sur les yeux un mouchoir qu'elle noua fortement derrière ma tête. J'entendis le bruit d'une clef mise avec précaution dans la serrure d'une petite porte par le silencieux amant que j'avais eu pour vis-à-vis. Bientôt la femme de chambre, au corps cambré, et qui avait du *meneho* dans son allure...

— C'est, dit le Receveur en prenant un petit ton de supériorité, un mot de la langue espagnole, un idiotisme qui peint les torsions que les femmes savent imprimer à une certaine partie de leur robe que vous devinez...

— La femme de chambre (je reprends le récit du Chirurgien en Chef) me conduisit, à travers les allées sablées d'un grand jardin, jusqu'à un certain endroit où elle s'arrêta. Par le bruit que nos pas firent dans l'air, je présumai que nous étions devant la maison. — Silence, maintenant, me dit-elle à l'oreille, et veillez bien sur vous-même! Ne perdez pas de vue un seul de mes signes, je ne pourrai plus vous parler sans danger pour nous deux, et il s'agit en ce moment de vous sauver la vie. Puis, elle ajouta, mais à haute voix : — Madame est dans une chambre au rez-de-chaussée; pour y arriver, il nous faudra passer dans la chambre et devant le lit de son mari; ne toussez pas, marchez doucement, et suivez-moi bien de peur de heurter quelques meubles, ou de mettre les pieds hors du tapis que j'ai arrangé. Ici l'amant grogna sourdement, comme un homme impatienté de tant de retards. La camériste se tut, j'entendis ouvrir une porte, je sentis l'air chaud d'un appartement, et nous allâmes à pas de loup, comme des voleurs en expédition. Enfin la douce main de la fille m'ôta mon bandeau. Je me trouvai dans une grande chambre, haute d'étage, et mal éclairée par une lampe fumeuse. La fenêtre était ouverte, mais elle avait été garnie de gros barreaux de fer par le jaloux mari. J'étais jeté là comme au fond d'un sac. A terre, sur une natte, une femme dont la tête était couverte d'un voile de mousseline, mais à travers lequel ses yeux pleins de larmes brillaient de tout l'éclat des étoiles, serrait avec force sur sa bouche un mouchoir et le mordait si vigoureusement que ses dents y entraient ; jamais je n'ai vu si beau corps, mais ce corps se tordait sous la douleur comme une corde de harpe jetée au feu. La malheureuse avait fait deux arcs-boutants de ses jambes, en les appuyant sur une espèce de commode ; puis, de ses deux mains, elle se tenait aux bâtons d'une chaise en tendant ses bras dont toutes les veines étaient horriblement gonflées. Elle ressemblait ainsi à un criminel dans les angoisses de la question. Pas un cri d'ailleurs, pas d'autre bruit que le sourd craquement de ses os. Nous étions là, tous trois, muets et immobiles. Les ronflements du mari retentissaient avec une consolante régularité. Je voulus examiner la camériste ; mais elle avait remis le masque dont elle s'était sans doute débarrassée pendant la route, et je ne pus voir que deux yeux noirs et des formes agréablement prononcées. L'amant jeta sur-le-champ des serviettes sur les jambes de sa maîtresse, et replia en double sur la figure un voile de mousseline. Lorsque j'eus soigneusement observé cette femme, je reconnus, à certains symptômes jadis remarqués dans une bien triste circonstance de ma vie, que l'enfant était mort. Je me penchai vers la fille pour l'instruire de cet événement. En ce moment, le défiant inconnu tira son poignard ; mais j'eus le temps de tout dire à la femme de chambre, qui lui cria deux mots à voix basse. En entendant mon arrêt, l'amant eut un léger frisson qui passa sur lui des pieds à la tête comme un éclair, il me sembla voir pâlir sa figure sous son masque de velours noir. La camériste saisit un moment où cet homme au désespoir regardait la mourante qui devenait violette, et me montra sur une table des verres de limonade tout préparés, en me faisant un signe négatif. Je compris qu'il fallait m'abstenir de boire, malgré l'horrible chaleur qui me desséchait le gosier. L'amant eut soif ; il prit un verre vide, l'emplit de limonade et but. En ce moment, la dame eut une convulsion violente qui m'annonça l'heure favorable à l'opération. Je m'armai de courage, et je pus, après une heure de travail, extraire l'enfant par morceaux. L'Espagnol ne pensa plus à m'empoisonner en comprenant que je venais de sauver sa maîtresse. De grosses larmes roulaient par instants sur son manteau. La femme ne jeta pas un cri, mais elle tressaillait comme une bête fauve surprise et suait à grosses gouttes. Dans un instant horriblement critique, elle fit un geste pour montrer la chambre de son mari ; le mari venait de se retourner ; de nous quatre elle seule avait entendu le froissement des draps, le bruissement du lit ou des rideaux. Nous nous arrêtâmes, et, à travers les trous de leurs masques, la cameriste et l'amant se jetèrent des regards de feu comme pour se dire : — Le tuerons-nous s'il s'éveille ? J'étendis alors la main pour prendre le verre de limonade que l'inconnu avait entamé. L'Espagnol crut que j'allais boire un des verres pleins ; il bondit comme un chat, posa son long poignard sur les deux verres empoisonnés, et me laissa le sien en me faisant signe de boire le reste. Il y avait tant d'idées, tant de sentiment dans ce signe et dans son vif mouvement, que je lui pardonnai les atroces combinaisons méditées pour me tuer et ensevelir ainsi toute mémoire de cet événement. Après deux heures de soins et de craintes, la cameriste et moi nous recouchâmes sa maîtresse. Cet homme, jeté dans une entreprise si aventureuse, avait pris, en prévision d'une fuite, des diamants sur papier ; il les mit à mon insu dans ma poche. Par parenthèse, comme j'ignorais le somptueux cadeau de l'Espagnol, mon domestique m'a volé ce trésor le surlendemain, et s'est enfui nanti d'une vraie fortune. Je dis à l'oreille de la femme de chambre les précautions qui restaient à prendre, et je voulus décamper. La cameriste resta près de sa maîtresse, circonstance qui ne me rassura pas excessivement ; mais je résolus de me tenir sur mes gardes. L'amant fit un paquet de l'enfant mort et des linges où la femme de chambre avait reçu le sang de sa maîtresse ; il le serra fortement, le cacha sous son manteau, me passa la main sur les yeux comme pour me dire de les fermer, et sortit le premier en m'invitant par un geste à tenir le pan de son habit. J'obéis, non sans donner un dernier regard à ma maîtresse de hasard. La cameriste arracha son masque en voyant l'Espagnol dehors, et me montra la plus délicieuse figure du monde. Quand je me trouvai dans le jardin, en plein air, j'avoue que je respirai comme si l'on m'eût ôté un poids énorme de dessus la poitrine. Je marchais à une distance respectueuse de mon guide, en veillant sur ses moindres mouvements avec la plus grande attention. Arrivés à la petite porte, il me prit par la main, m'appuya sur les lèvres un cachet monté en bague que je lui avais vu à un doigt de la main gauche, et je lui fis entendre que je comprenais ce signe éloquent. Nous nous trouvâmes dans la rue où deux chevaux nous attendaient ; nous montâmes chacun le nôtre, mon Espagnol s'empara de ma bride, la tint dans sa main gauche, prit entre ses dents les guides de sa monture, car il avait son paquet sanglant dans sa main droite, et nous partîmes avec la rapidité de l'éclair. Il me fut impossible de remarquer le moindre objet qui pût me servir à me faire reconnaître la route que nous parcourions. Au petit jour je me trouvai près de ma porte et l'Espagnol s'enfuit en se dirigeant vers la porte d'Atocha. — Et vous n'avez rien aperçu qui puisse vous faire soupçonner à quelle femme vous aviez affaire ? dit le colonel au chirurgien. — Une seule chose, reprit-il. Quand je disposai l'inconnue, je remarquai sur son bras, à peu près au milieu, une petite envie, grosse comme une lentille et environnée de poils bruns. En ce moment l'indiscret chirurgien pâlit ; tous les yeux fixés sur les siens en suivirent la direction : nous vîmes alors un Espagnol dont le regard brillait dans une touffe d'orangers. En se voyant l'objet de notre attention, cet homme disparut avec une légèreté de sylphe. Un capitaine s'élança vivement à sa poursuite. — Sarpejeu, mes amis ! s'écria le chirurgien, cet œil de basilic m'a glacé. J'entends sonner des cloches dans mes oreilles ! Recevez mes adieux, vous m'enterrerez ici ! — Es-tu bête ? dit le colonel Hulot. Falcon s'est mis à la piste de l'Espagnol qui nous écoutait, il saura bien nous en rendre raison. — Hé ! bien, s'écrièrent les officiers en voyant revenir le capitaine tout essoufflé. — Au diable ! répondit Falcon, il a passé, je crois, à travers les murailles. Comme je ne pense pas qu'il soit sorcier, il est sans doute de la maison ! il en connaît les passages, les détours, et m'a facilement échappé. — Je suis perdu ! dit le chirurgien d'une voix sombre. — Allons, tiens-toi calme ; Béga (il s'appelait Béga), lui répondis-je, nous nous casernerons à tour de rôle chez toi jusqu'à ton départ. Ce soir nous t'accompagnerons. En effet, trois jeunes officiers qui avaient perdu leur argent au jeu reconduisirent le chirurgien à son logement, et l'un de nous s'offrit à rester chez lui. Le surlendemain Béga avait obtenu son renvoi en France, il faisait tous ses préparatifs pour partir avec une dame à laquelle Murat donnait une forte escorte ; il achevait de dîner en compagnie de ses amis, lorsque son domestique vint le prévenir qu'une jeune dame voulait lui parler. Le chirurgien et les trois officiers descendirent aussitôt en craignant quelque piége. L'inconnue ne put que dire à son amant : — Prenez garde! et tomba morte. Cette femme était la camériste, qui, se sentant empoisonnée, espérait arriver à temps pour sauver le chirurgien. — Diable! diable! s'écria le capitaine Falcon, voilà ce qui s'appelle aimer! une Espagnole est la seule femme au monde qui puisse trotter avec un monstre de poison dans le bocal. Béga resta singulièrement pensif. Pour noyer les sinistres pressentiments qui le tourmentaient, il se remit à table, et but immodérément, ainsi que ses compagnons. Tous, à moitié ivres, se couchèrent de bonne heure. Au milieu de la nuit, le pauvre Béga fut réveillé par le bruit aigu que firent les anneaux de ses rideaux violemment tirés sur les tringles. Il se mit sur son séant, en proie à la trépidation mécanique qui nous saisit au moment d'un semblable réveil. Il vit alors, debout devant lui, un Espagnol enveloppé dans son manteau, et qui lui jetait le même regard brûlant parti du buisson pendant la fête. Béga cria : — Au secours! A moi, mes amis! A ce cri de détresse, l'Espagnol répondit par un rire amer. — L'opium croît pour tout le monde, répondit-il. Cette espèce de sentence dite, l'inconnu montra les trois amis profondément endormis, tira de dessous son manteau un bras de femme récemment coupé, le présenta vivement à Béga en lui faisant voir un signe semblable à celui qu'il avait si imprudemment décrit : — Est-ce bien le même? demanda-t-il. A la lueur d'une lanterne posée sur le lit, Béga reconnut le bras et répondit par sa stupeur. Sans plus amples informations, le mari de l'inconnue lui plongea son poignard dans le cœur.

— Il faut raconter cela, dit le journaliste, à des charbonniers, car il faut une foi robuste. Pourriez-vous m'expliquer qui, du mort ou de l'Espagnol, a causé?

— Monsieur, répondit le Receveur des contributions, j'ai soigné ce pauvre Béga, qui mourut cinq jours après dans d'horribles souffrances. Ce n'est pas tout. Lors de l'expédition entreprise pour rétablir Ferdinand VII, je fus nommé à un poste en Espagne, et fort heureusement je n'allai pas plus loin qu'à Tours, car on me fit alors espérer la recette de Sancerre. La veille de mon départ, j'étais à un bal chez madame de Listomère où devaient se trouver plusieurs Espagnols de distinction. En quittant la table d'écarté, j'aperçus un Grand d'Espagne, un *Afrancesado* en exil, arrivé depuis quinze jours en Touraine. Il était venu fort tard à ce bal, où il apparaissait pour la première fois dans le monde, et visitait les salons accompagné de sa femme, dont le bras droit était absolument immobile. Nous nous séparâmes en silence pour laisser passer ce couple, que nous ne vîmes pas sans émotion. Imaginez un vivant tableau de Murillo? Sous des orbites creusés et noircis, l'homme montrait des yeux de feu qui restaient fixes; sa face était desséchée, son crâne sans cheveux offrait des tons ardents, et son corps effrayait le regard, tant il était maigre. La femme! imaginez-la? non, vous ne la feriez pas vraie. Elle avait cette admirable taille qui a fait créer ce mot de *meneho* dans la langue espagnole; quoique pâle, elle était belle encore; son teint, par un privilége inouï pour une Espagnole, éclatait de blancheur; mais son regard, plein du soleil de l'Espagne, tombait sur vous comme un jet de plomb fondu. — Madame, demandai-je à la marquise vers la fin de la soirée, par quel événement avez-vous donc perdu le bras? — Dans la guerre de l'indépendance, me répondit-elle.

— L'Espagne est un singulier pays, dit madame de La Baudraye, il y reste quelque chose des mœurs arabes.

— Oh! dit le journaliste en riant, cette manie de couper les bras y est fort ancienne, elle reparaît à certaines époques comme quelques-uns de nos *canards* dans les journaux, car ce sujet avait déjà fourni des pièces au Théâtre Espagnol, dès 1570...

— Me croyez-vous donc capable d'inventer une histoire? dit monsieur Gravier piqué de l'air impertinent de Lousteau.

— Vous en êtes incapable, répondit le journaliste.

— Bah! dit Bianchon, les inventions des romanciers et des dramaturges sautent aussi souvent de leurs livres et de leurs pièces dans la vie réelle que les événements de la vie réelle montent sur le théâtre et se prélassent dans les livres. J'ai vu se réaliser sous mes yeux la comédie de Tartuffe, à l'exception du dénoûment : on n'a jamais pu dessiller les yeux à Orgon.

— Croyez-vous qu'il puisse encore arriver en France des aventures comme celle que vient de nous raconter monsieur Gravier? dit madame de La Baudraye.

— Eh! mon Dieu, s'écria le Procureur du Roi, *sur les dix ou douze crimes saillants qui se commettent* par année en France, il s'en trouve la moitié dont les circonstances sont au moins aussi extraordinaires que celles de vos aventures, et qui très-souvent les surpassent en romanesque. Cette vérité n'est-elle pas d'ailleurs prouvée par la publication de la *Gazette des Tribunaux*, à mon sens l'un des plus grands abus de la Presse. Ce journal, qui ne date que de 1826 ou 1827, n'existait donc pas lors de mon début dans la carrière du Ministère public, et les détails du crime dont je vais vous parler n'ont pas été connus au delà du Département où il fut *perpétré*. Dans le faubourg Saint-Pierre-des-Corps à Tours, une femme, dont le mari avait disparu lors du licenciement de l'armée de la Loire en 1816 et qui naturellement fut pleuré beaucoup, se fit remarquer par une excessive dévotion. Quand les missionnaires parcoururent les villes de province pour y replanter les croix abattues et y effacer les traces des impiétés révolutionnaires, cette veuve fut une des plus ardentes prosélytes, elle porta la croix, elle y cloua son cœur en argent traversé d'une flèche, et, long-temps après la mission, elle allait tous les soirs faire sa prière aux pieds de la croix qui fut plantée derrière le chevet de la cathédrale. Enfin vaincue par ses remords, elle se confessa d'un crime épouvantable. Elle avait égorgé son mari comme on avait égorgé Fualdès, en le saignant, elle l'avait salé, mis dans deux vieux poinçons, en morceaux, absolument comme s'il se fut agi d'un porc. Et pendant fort long-temps, tous les matins, elle en coupait un morceau et l'allait jeter dans la Loire. Le confesseur consulta ses supérieurs, et avertit sa pénitente qu'il devait prévenir le Procureur du Roi. La femme attendit la descente de la justice. Le Procureur du Roi, le Juge d'Instruction en visitant la cave y trouvèrent encore la tête du mari dans le sel et dans un des poinçons. — Mais, malheureuse, dit le Juge d'Instruction à l'*inculpée*, puisque vous avez eu la barbarie de jeter ainsi dans la rivière le corps de votre mari, pourquoi n'avez-vous pas fait disparaître aussi la tête, il n'y aurait plus eu de preuves... — Je l'ai bien souvent essayé, monsieur, dit-elle; mais je l'ai toujours trouvée trop lourde.

— Eh! bien, qu'a-t-on fait de la femme?... s'écrièrent les deux Parisiens.

— Elle a été condamnée et exécutée à Tours, répondit le magistrat; mais son repentir et sa religion avaient fini par attirer l'intérêt sur elle, malgré l'énormité du crime.

— Eh! sait-on, dit Bianchon, toutes les tragédies qui se jouent derrière le rideau du ménage que le public ne soulève jamais... Je trouve la justice humaine malvenue à juger des crimes entre époux; elle y a tout droit comme police, mais elle n'y entend rien dans ses prétentions à l'équité.

— Bien souvent la victime a été pendant si long-temps le bourreau, répondit naïvement madame de La Baudraye, que le crime paraîtrait quelquefois excusable si les accusés osaient tout dire.

Cette réponse provoquée par Bianchon, et l'histoire racontée par le Procureur du Roi, rendirent les deux Parisiens très-perplexes sur la situation de Dinah! Aussi lorsque l'heure du coucher fut arrivée, y eut-il un de ces conciliabules qui se tiennent dans les corridors de ces vieux châteaux où les garçons restent tous, leur bougeoir à la main, à causer mystérieusement. Monsieur Gravier apprit alors le but de cette amusante soirée où l'innocence de madame de La Baudraye avait été mise en lumière.

— Après tout, dit Lousteau, l'impassibilité de notre châtelaine indiquerait aussi bien une profonde dépravation que la candeur la plus enfantine... Le Procureur du Roi m'a eu l'air de proposer de mettre le petit La Baudraye en salade...

— Il ne revient que demain, qui sait ce qui se passera cette nuit? dit Gatien.

— Nous le saurons, s'écria monsieur Gravier.

La vie de château comporte une infinité de mauvaises plaisanteries, parmi lesquelles il en est qui sont d'une horrible perfidie. Monsieur Gravier, qui avait vu tant de choses, proposa de mettre les scellés à la porte de madame de La Baudraye et sur celle du Procureur du Roi. Les canards accusateurs du poète Ibicus ne sont rien en comparaison du cheveu que les espions de la vie de château fixent sur l'ouverture d'une porte par deux petites boules de cire applaties, et placées si bas ou si haut qu'il est impossible de se douter de ce piége. Le galant sort-il et ouvre-t-il l'autre porte soupçonnée, la coïncidence des cheveux arrachés dit tout. Quand chacun fut censé endormi, le médecin, le journaliste, le Receveur des contributions et Gatien vinrent pieds nus, en vrais voleurs, condamner mystérieusement les deux portes, et se promirent de venir à cinq heures du matin vérifier l'état des scellés. Jugez de leur étonnement et du plaisir de Gatien, lorsque tous quatre, un bougeoir à la main, à peine vêtus, vinrent examiner les cheveux et trouvèrent celui du Procureur du Roi et celui de madame de La Baudraye dans un satisfaisant état de conservation.

— Est-ce la même cire? dit monsieur Gravier.

— Est-ce les mêmes cheveux? demanda Lousteau.

— Oui, dit Gatien.

— Ceci change tout, s'écria Lousteau, vous aurez battu les buissons pour Robin-des-Bois.

Le Receveur des contributions et le fils du Président s'interrogèrent par un coup d'œil qui voulait dire : N'y a-t-il pas dans cette phrase quelque chose de piquant pour nous? devons-nous rire ou nous fâcher?

— Si, dit le journaliste à l'oreille de Bianchon, Dinah est vertueuse, elle vaut bien la peine que je cueille le fruit de son premier amour.

L'idée d'emporter en quelques instants une place qui résistait depuis neuf ans aux Sancerrois sourit alors à Lousteau. Dans cette pensée, il descendit le premier dans le jardin espérant y rencontrer la châtelaine. Ce hasard arriva d'autant mieux que madame de La Baudraye avait aussi le désir de s'entretenir avec son critique. La moitié des hasards sont cherchés.

— Hier, vous avez chassé, monsieur, dit madame de La Baudraye. Ce matin je suis assez embarrassée de vous offrir quelque nouvel amusement; à moins que vous ne vouliez venir à La Baudraye, où vous pourrez observer la province un peu mieux qu'ici : car vous n'avez fait qu'une bouchée de mes ridicules; mais le proverbe sur la plus belle fille du monde regarde aussi la pauvre femme de province.

— Ce petit sot de Gatien, répondit Lousteau, vous a répété sans doute une phrase dite par moi pour lui faire avouer qu'il vous adorait. Votre silence avant-hier pendant le dîner et pendant toute la soirée m'a suffisamment révélé l'une de ces indiscrétions qui ne se commettent jamais à Paris. Que voulez-vous! je ne me flatte pas d'être intelligible. Ainsi, j'ai comploté de faire raconter toutes ces histoires hier uniquement pour savoir si nous vous causerions à vous et à monsieur de Clagny quelque remords... Oh! rassurez-vous, nous avons la certitude de votre innocence. Si vous aviez eu la moindre faiblesse pour ce vertueux magistrat, vous eussiez perdu tout votre prix à mes yeux... J'aime ce qui est complet. Vous n'aimez pas, vous ne pouvez pas aimer ce froid, ce petit, ce sec, ce muet usurier en poinçons et en terres qui vous plante là pour vingt-cinq centimes à gagner sur des regains! Oh! j'ai bien reconnu l'identité de monsieur de La Baudraye avec nos escompteurs de Paris : c'est la même nature. Vingt-huit ans, belle, sage, sans enfants... tenez, madame, je n'ai jamais rencontré le problème de la vertu mieux posé... L'auteur de *Paquita la Sévillane* doit avoir rêvé bien des rêves !... Je puis vous parler de toutes ces choses sans l'hypocrisie de paroles que les jeunes gens y mettent, je suis vieux avant le temps. Je n'ai plus d'illusions, en conserve-t-on au métier que j'ai fait ?...

En débutant ainsi, Lousteau supprimait toute la carte du Pays de Tendre, dans laquelle les passions vraies font de si longues patrouilles, il allait droit au but et se mettait en position de se faire offrir ce que les femmes se font demander pendant des années, témoin le pauvre Procureur du Roi pour qui la dernière faveur consistait à serrer un peu plus coitement qu'à l'ordinaire le bras de Dinah sur son cœur en marchant, l'heureux homme ! Aussi, pour ne pas mentir à son renom de femme supérieure, madame de La Baudraye essaya-t-elle de consoler le Manfred du Feuilleton en lui prophétisant tout un avenir d'amour auquel il n'avait pas songé.

— Vous avez cherché le plaisir, mais vous n'avez pas encore aimé, dit-elle. Croyez-moi, l'amour véritable arrive souvent à contre-sens de la vie. Voyez monsieur de Gentz tombant, dans sa vieillesse, amoureux de Fanny Ellsler, et abandonnant les révolutions de juillet pour les répétitions de cette danseuse ?

— Cela me semble difficile, répondit Lousteau. Je crois à l'amour, mais je ne crois plus à la femme... Il y a sans doute en moi des défauts qui m'empêchent d'être aimé, car j'ai souvent été quitté. Peut-être ai-je trop le sentiment de l'idéal... comme tous ceux qui ont creusé la réalité...

Madame de La Baudraye entendit enfin parler un homme qui, jeté dans le milieu parisien le plus spirituel, en rapportait les axiomes hardis, les dépravations presque naïves, les convictions avancées, et qui, s'il n'était pas supérieur, jouait au moins très-bien la supériorité. Étienne eut auprès de Dinah tout le succès d'une première représentation. Paquita la Sancerroise aspira les tempêtes de Paris, l'air de Paris. Elle passa l'une des journées les plus agréables de sa vie entre Étienne et Bianchon qui lui racontèrent les anecdotes curieuses sur les grands hommes du jour, les traits d'esprit qui seront quelque jour l'*ana* de notre siècle; mots et faits vulgaires à Paris, mais tout nouveaux pour elle. Naturellement Lousteau dit beaucoup de mal de la grande célébrité féminine du Berry, mais dans l'évidente intention de flatter madame de La Baudraye et de l'amener sur le terrain des confidences littéraires en lui faisant considérer cet écrivain comme sa rivale. Cette louange enivra madame de La Baudraye qui parut à monsieur de Clagny, au Receveur des contributions et à Gatien plus affectueuse que la veille avec Étienne. Ces amants de Dinah regrettèrent bien d'être allés tous à Sancerre, où ils avaient tambouriné la soirée d'Anzy. Jamais, à les entendre, rien de si spirituel ne s'était dit. Les Heures s'étaient envolées sans qu'on pût en voir les pieds légers. Les deux Parisiens furent célébrés par eux comme deux prodiges.

Ces exagérations trompetées sur le Mail eurent pour effet de faire arriver seize personnes le soir au château d'Anzy, les unes en cabriolet de famille, les autres en char-à-bancs, et quelques célibataires sur des chevaux de louage. Vers sept heures, ces provinciaux firent plus ou moins bien leurs entrées dans l'immense salon d'Anzy que Dinah, prévenue de cette invasion, avait éclairé largement, auquel elle avait donné tout son lustre en dépouillant ses beaux meubles de leurs housses grises, car elle regarda cette soirée comme un de ses grands jours. Lousteau, Bianchon et Dinah échangèrent des regards pleins de finesse en examinant les poses, en écoutant les phrases de ces visiteurs alléchés par la curiosité. Combien de rubans invalides, de dentelles héréditaires, de vieilles fleurs plus artificieuses qu'artificielles se présentèrent audacieusement sur des bonnets bis-annuels! La Présidente Boirouge, cousine de Bianchon, échangea quelques phrases avec le docteur, de qui elle obtint une consultation gratuite en lui expliquant de prétendues douleurs nerveuses à l'estomac dans lesquelles il reconnut des indigestions périodiques.

— Prenez tout bonnement du thé tous les jours une heure après votre dîner, comme les Anglais; et vous serez guérie, car ce que vous éprouvez est une maladie anglaise, répondit gravement Bianchon.

— C'est décidément un bien grand médecin, dit la Présidente en revenant auprès de madame de Clagny, de madame Popinot-Chandier et de madame Gorju la femme du maire.

— On dit, répliqua sous son éventail madame de Clagny, que Dinah l'a fait venir bien moins pour les Élections que pour savoir d'où provient sa stérilité...

Dans le premier moment de leur succès, Lousteau présenta le savant médecin comme le seul candidat possible aux prochaines Élections. Mais Bianchon, au grand contentement du nouveau Sous-Préfet, fit observer qu'il lui paraissait presque impossible d'abandonner la science pour la politique.

— Il n'y a, dit-il, que des médecins sans clientèle qui puissent se faire nommer députés. Nommez donc des hommes d'État, des penseurs, des gens dont les connaissances soient universelles, et qui sachent se mettre à la hauteur où doit être un législateur : voilà ce qui manque dans nos Chambres et ce qu'il faut à notre pays !

Deux ou trois jeunes personnes, quelques jeunes gens et les femmes examinaient Lousteau comme si c'eût été un faiseur de tours.

— Monsieur Gatien Boirouge prétend que monsieur Lousteau gagne vingt mille francs par an à écrire, dit la femme du maire à madame de Clagny, le croyez-vous?

— Est-ce possible? puisqu'on ne paye que mille écus un Procureur du Roi...

— Monsieur Gatien, dit madame Chandier, faites-donc parler tout haut monsieur Lousteau, je ne l'ai pas encore entendu...

— Quelles jolies bottes il a, dit mademoiselle Chandier à son frère, et comme elles reluisent !

— Bah ! c'est du vernis !

— Pourquoi n'en as-tu pas?

Lousteau finit par trouver qu'il *posait* un peu trop, et reconnut dans l'attitude des Sancerrois les indices du désir qui les avait amenés. — Quelle charge pourrait-on leur faire ? pensa-t-il.

En ce moment, le prétendu valet de chambre de monsieur de La Baudraye, un valet de ferme vêtu d'une livrée, apporta les lettres, les journaux, et remit un paquet d'épreuves que le journaliste laissa prendre à Bianchon, car madame de La Baudraye lui dit en voyant le paquet dont la forme et les ficelles étaient assez typographiques :
— Comment ! la littérature vous poursuit jusqu'ici?

— Non pas la littérature, répondit-il, mais la Revue où j'achève une Nouvelle et qui paraît dans dix jours. Je suis venu sous le coup de : *La fin à la prochaine livraison*, et j'ai dû donner mon adresse à l'imprimeur. Ah! nous mangeons un pain bien chèrement vendu par les spéculateurs en papier noirci ! Je vous peindrai l'espèce curieuse des Directeurs de Revue.

— Quand la conversation commencera-t-elle? dit alors à Dinah madame de Clagny comme on demande : A quelle heure le feu d'artifice?

— Je croyais, dit madame Popinot-Chandier à sa cousine la Présidente Boirouge, que nous aurions des histoires.

En ce moment où, comme un parterre impatient, les Sancerrois faisaient entendre des murmures, Lousteau vit Bianchon perdu dans une rêverie inspirée par l'enveloppe des épreuves.

— Qu'as-tu? lui dit Étienne.

— Mais voici le plus joli roman du monde contenu dans une maculature qui enveloppait tes épreuves. Tiens, lis : *Olympia ou les Vengeances romaines.*

— Voyons, dit Lousteau en prenant le fragment de maculature que lui tendit le docteur, et il lut à haute voix ceci :

> 204   OLYMPIA,
>
> caverne. Rinaldo, s'indignant de la lâcheté de ses compagnons, qui n'avaient de courage qu'en plein air et n'osaient s'aventurer dans Rome, jeta sur eux un regard de mépris.
>
> — Je suis donc seul!... leur dit-il.
>
> Il parut penser, puis il reprit : — Vous êtes des misérables, j'irai seul, et j'aurai seul cette riche proie... Vous m'entendez!... Adieu.
>
> — Mon capitaine!... dit Lamberti, et si vous étiez pris sans avoir réussi?...
>
> — Dieu me protége!... reprit Rinaldo en montrant le ciel.
>
> A ces mots, il sortit, et rencontra sur la route l'intendant de Bracciano

— La page est finie, dit Lousteau que tout le monde avait religieusement écouté.

— Il nous lit son ouvrage, dit Gatien au fils de madame Popinot-Chandier.

— D'après les premiers mots, il est évident, mesdames, reprit le journaliste en saisissant cette occasion de mystifier les Sancerrois, que les brigands sont dans une caverne. Quelle négligence mettaient alors les romanciers dans les détails, aujourd'hui si curieusement, si longuement observés, sous prétexte de couleur locale! Si les voleurs sont dans une caverne, au lieu de : *en montrant le ciel*, il aurait fallu : *en montrant la voûte*. Malgré cette incorrection, *Rinaldo* me semble un homme d'exécution, et son apostrophe à Dieu sent l'Italie. Il y avait dans ce roman un soupçon de couleur locale. Peste ! des brigands, une caverne, un Lamberti qui sait calculer.... Je vois tout un vaudeville dans cette page. Ajoutez à ces premiers éléments un bout d'intrigue, une jeune paysanne à chevelure relevée, à jupes courtes, et une centaine de couplets détestables... oh ! mon Dieu, le public viendra. Et puis, Rinaldo... comme ce nom-là convient à Lafont ! En lui supposant des favoris noirs, un pantalon collant, un manteau, des moustaches, un pistolet et un chapeau pointu ; si le directeur du Vaudeville a le courage de payer quelques articles de journaux, voilà cinquante représentations acquises au Vaudeville et six mille francs de droits d'auteur si je veux dire du bien de la pièce dans mon feuilleton. Continuons.

> OU LES VENGEANCES ROMAINES. 197
>
> La duchesse de Bracciano retrouva son gant. Certes, Adolphe, qui l'avait ramenée au bosquet d'orangers, put croire qu'il y avait de la coquetterie dans cet oubli ; car alors le bosquet était désert. Le bruit de la fête retentissait vaguement au loin. Les *fantoccini* annoncés avaient attiré tout le monde dans la galerie. Jamais Olympia ne parut plus belle à son amant. Leurs regards, animés du même feu, se comprirent. Il y eut un moment de silence délicieux pour leurs âmes et impossible à rendre. Ils s'assirent sur le même banc où ils s'étaient trouvés en présence du chevalier de Paluzzi et des rieurs

— Malepeste ! je ne vois plus notre Rinaldo, s'écria Lousteau. Mais quels progrès dans la compréhension de l'intrigue un homme littéraire ne fera-t-il pas à cheval sur cette page ? La duchesse Olympia est une femme *qui pouvait oublier à dessein ses gants dans un bosquet désert !*

— A moins d'être placé entre l'huître et le sous-chef de bureau, les deux créations les plus voisines du marbre dans le règne zoologique, il est impossible de ne pas reconnaître dans Olympia *une femme de trente ans !* dit madame de La Baudraye. Adolphe en a dès lors vingt-deux, car une Italienne de trente ans est comme une Parisienne de quarante ans.

— Avec ces deux suppositions, le roman peut se reconstruire, reprit Lousteau. Et ce chevalier de Paluzzi! hein!... quel homme! Dans ces deux pages le style est faible, l'auteur était peut-être un employé des Droits-Réunis, il aura fait le roman pour payer son tailleur...

— A cette époque, dit Bianchon, il y avait une censure, et il faut être aussi indulgent pour l'homme qui passait sous les ciseaux de 1805 que pour ceux qui allaient à l'échafaud en 1793.

— Comprenez-vous quelque chose? demanda timidement madame Gorju, la femme du Maire, à madame de Clagny.

La femme du Procureur du Roi, qui, selon l'expression de monsieur Gravier, aurait pu mettre en fuite un jeune Cosaque en 1814, se raffermit sur ses hanches comme un cavalier sur ses étriers, et fit une moue à sa voisine qui voulait dire : — On nous regarde! sourions comme si nous comprenions.

— C'est charmant! dit la mairesse à Gatien. De grâce, monsieur Lousteau, continuez?

Lousteau regarda les deux femmes, deux vraies pagodes indiennes, et put tenir son sérieux. Il jugea nécessaire de s'écrier : Attention! en reprenant ainsi :

> robe frôla dans le silence. Tout à coup le cardinal Borborigano parut aux yeux de la duchesse. Il avait un visage sombre; son front semblait chargé de nuages, et un sourire amer se dessinait dans ses rides.
>
> — Madame, dit-il, vous êtes soupçonnée. Si vous êtes coupable, fuyez; si vous ne l'êtes pas, fuyez encore : parce que, vertueuse ou criminelle, vous serez de loin bien mieux en état de vous défendre...
>
> — Je remercie Votre Éminence de sa sollicitude, dit-elle, le duc de Bracciano reparaîtra quand je jugerai nécessaire de faire voir qu'il existe

— Le cardinal Borborigano ! s'écria Bianchon. Par les clefs du pape ! si vous ne m'accordez pas qu'il se trouve une magnifique création seulement dans le nom, si vous ne voyez pas à ces mots : *robe frôla dans le silence !* toute la poésie du rôle de *Schedoni* inventé par madame Radcliffe dans *le Confessionnal des Pénitents noirs,* vous êtes indigne de lire des romans...

— Pour moi, reprit Dinah qui eut pitié des dix-huit figures qui regardaient Lousteau, la fable marche. Je connais tout : je suis à Rome, je vois le cadavre d'un mari assassiné dont la femme, audacieuse et perverse, a établi son lit sur un cratère. A chaque nuit, à chaque plaisir, elle se dit : Tout va se découvrir !...

— La voyez-vous, s'écria Lousteau, étreignant ce monsieur Adolphe, elle le serre, elle veut mettre toute sa vie dans un baiser !... Adolphe me fait l'effet d'être un jeune homme parfaitement bien fait, mais sans esprit, un de ces jeunes gens comme il en faut aux Italiennes. Rinaldo plane sur l'intrigue que nous ne connaissons pas, mais qui doit être corsée comme celle d'un mélodrame de Pixérécourt. Nous pouvons nous figurer d'ailleurs que Rinaldo passe dans le fond du théâtre, comme un personnage des drames de Victor Hugo.

— Et c'est le mari peut-être, s'écria madame de La Baudraye.

— Comprenez-vous quelque chose à tout cela ? demanda madame Piédefer à la Présidente.

— C'est ravissant, dit madame de La Baudraye à sa mère.

Tous les gens de Sancerre ouvraient des yeux grands comme des pièces de cent sous.

— Continuez, de grâce, fit madame de La Baudraye.

Lousteau continua.

<blockquote>

216   OLYMPIA,

— Votre clef !...

— L'auriez-vous perdue ?...

— Elle est dans le bosquet...

— Courons...

— Le cardinal l'aurait-il prise ?...

— Non... La voici...

— De quel danger nous sortons !

Olympia regarda la clef, elle crut reconnaître la sienne ; mais Rinaldo l'avait changée : ses ruses avaient
</blockquote>

LES PARISIENS EN PROVINCE: LA MUSE DU DÉPARTEMENT.

réussi, il possédait la véritable clef. Moderne Cartouche, il avait autant d'habileté que de courage, et, soupçonnant que des trésors considérables pouvaient seuls obliger une duchesse à toujours porter à sa ceinture

— Cherche!... s'écria Lousteau. La page qui faisait le recto suivant n'y est pas, il n'y a plus pour nous tirer d'inquiétude que la page 212.

212   OLYMPIA,

— Si la clef avait été perdue!
— Il serait mort...
— Mort! ne devriez-vous pas accéder à la dernière prière qu'il vous a faite, et lui donner la liberté aux conditions qu'il...
— Vous ne le connaissez pas...
— Mais...
— Tais-toi. Je t'ai pris pour amant, et non pour confesseur.
Adolphe garda le silence.

— Puis voilà un Amour sur une chèvre au galop, une vignette dessinée par *Normand*, gravée par *Duplat*.... Oh! les noms y sont, dit Lousteau.

— Eh! bien, la suite? dirent ceux des auditeurs qui comprenaient.

— Mais le chapitre est fini, répondit Lousteau. La circonstance de la vignette change totalement mes opinions sur l'auteur. Pour avoir obtenu, sous l'Empire, des vignettes gravées sur bois, l'auteur devait être un Conseiller d'État ou madame Barthélemy-Hadot, feu Desforges ou Sewrin.

— *Adolphe garda le silence!...* Ah! dit Bianchon, la duchesse a moins de trente ans.

— S'il n'y a plus rien, inventez une fin! dit madame de La Baudraye.

— Mais, dit Lousteau, la maculature n'a été tirée que d'un seul côté. En style typographique, le côté de *seconde*, ou, pour vous mieux faire comprendre, tenez, le revers qui aurait dû être imprimé, se trouve avoir reçu un nombre incommensurable d'empreintes diverses, elle appartient à la classe des feuilles dites de *mise en train*.

Comme il serait horriblement long de vous apprendre en quoi consistent les déréglements d'une feuille de *mise en train*, sachez qu'elle ne peut pas plus garder trace des douze premières pages que les pressiers y ont imprimées, que vous ne pourriez garder un souvenir quelconque du premier coup de bâton qu'on vous eût donné, si quelque pacha vous eût condamnée à en recevoir cent cinquante sur la plante des pieds.

— Je suis comme une folle, dit madame Popinot-Chandier à monsieur Gravier ; je tâche de m'expliquer le Conseiller d'État, le Cardinal, la clef et cette maculat...

— Vous n'avez pas la clef de cette plaisanterie, dit monsieur Gravier ; eh ! bien, ni moi non plus, belle dame, rassurez-vous.

— Mais il y a une autre feuille, dit Bianchon qui regarda sur la table où se trouvaient les épreuves.

— Bon, dit Lousteau, elle est saine et entière ! Elle est signée IV ; J, 2e *édition*. Mesdames, le IV indique le quatrième volume. Le J, dixième lettre de l'alphabet, la dixième feuille. Il me paraît dès lors prouvé que, sauf les ruses du libraire, *les Vengeances romaines* ont eu du succès, puisqu'elles auraient eu deux éditions. Lisons et déchiffrons cette énigme ?

> OU LES VENGEANCES ROMAINES. 217
> corridor; mais, se sentant poursuivi
> par les gens de la duchesse, Rinaldo

— Va te promener !

— Oh ! dit madame de La Baudraye, il y a eu des événements importants entre votre fragment de maculature et cette page.

— Dites, madame, cette précieuse *bonne feuille !* Mais la maculature où la duchesse a oublié ses gants dans le bosquet appartient-elle au quatrième volume ? Au diable ! continuons :

> ne trouve pas d'asile plus sûr que d'aller sur-le-champ dans le souterrain où devaient être les trésors de la maison de Bracciano. Léger comme la Camille du poète latin, il courut vers l'entrée mystérieuse des Bains de Vespasien. Déjà les torches éclairaient les murailles, lorsque l'adroit Rinaldo, découvrant avec la perspicacité dont l'avait doué la nature, la porte ca-

chée dans le mur, disparut promptement. Une horrible réflexion sillonna l'âme de Rinaldo comme la foudre quand elle déchire les nuages. Il s'était emprisonné! ... Il tâta le

— Oh! cette bonne feuille et le fragment de *maculature* se suivent! La dernière page du fragment est la 212 et nous avons ici 217! Et, en effet, si, *dans la maculature*, Rinaldo, qui a volé la clef des trésors de la duchesse Olympia en lui en substituant une à peu près semblable, se trouve, *dans cette bonne feuille*, au palais des ducs de Bracciano, le roman me paraît marcher à une conclusion quelconque. Je souhaite que ce soit aussi clair pour vous que cela le devient pour moi... Pour moi, la fête est finie, les deux amants sont revenus au palais Bracciano, il est nuit, il est une heure du matin. Rinaldo va faire un bon coup!

— Et Adolphe?... dit le Président Boirouge qui passait pour être un peu leste en paroles.

— Et quel style! dit Bianchon : *Rinaldo qui trouve l'asile d'aller!*...

— Évidemment ni Maradan, ni les Treuttel et Wurtz, ni Doguereau n'ont imprimé ce roman-là, dit Lousteau; car ils avaient des correcteurs à leurs gages, qui revoyaient leurs épreuves: un luxe que nos éditeurs actuels devraient bien se donner, les auteurs d'aujourd'hui s'en trouveraient bien... Ce sera quelque pacotilleur du quai...

— Quel quai? dit une dame à sa voisine. On parlait de bains...

— Continuez, dit madame de La Baudraye.

— En tout cas, ce n'est pas d'un Conseiller d'État, dit Bianchon.

— C'est peut-être de madame Hadot, dit Lousteau.

— Pourquoi fourrent-ils là-dedans madame Hadot de La Charité? demanda la Présidente à son fils.

— Cette madame Hadot, ma chère Présidente, répondit la châtelaine, était une femme-auteur qui vivait sous le Consulat...

— Les femmes écrivaient donc sous l'Empereur? demanda madame Popinot-Chandier.

— Et madame de Genlis, et madame de Staël? fit le Procureur du Roi piqué pour Dinah de cette observation.

— Ah!

— Continuez, de grâce, dit madame La Baudraye à Lousteau.

Lousteau reprit la lecture en disant : — Page 218 !

>218 OLYMPIA,
>
>mur avec une inquiète précipitation, et jeta un cri de désespoir quand il eut vainement cherché les traces de la serrure à secret. Il lui fut impossible de se refuser à reconnaître l'affreuse vérité. La porte, habilement construite pour servir les vengeances de la duchesse, ne pouvait pas s'ouvrir en dedans. Rinaldo colla sa joue à divers endroits, et ne sentit nulle part l'air chaud de la galerie. Il espérait rencontrer une fente qui lui indiquerait l'endroit où finissait le mur, mais, rien, rien !... la paroi semblait être d'un seul bloc de marbre...
>
>Alors il lui échappe un sourd rugissement d'hyène. . . . .

— Hé ! bien, nous croyions avoir récemment inventé les cris de hyène ? dit Lousteau, la littérature de l'Empire les connaissait déjà, les mettait même en scène avec un certain talent d'histoire naturelle ; ce que prouve le mot *sourd*.

— Ne faites plus de réflexions, monsieur, dit madame de La Baudraye.

— Vous y voilà, s'écria Bianchon, l'*intérêt*, ce monstre romantique, vous a mis la main au collet comme à moi tout à l'heure.

— Lisez ! cria le Procureur du Roi, je comprends !

— Le fat ! dit le Président à l'oreille de son voisin le Sous-Préfet.

— Il veut flatter madame de La Baudraye, répondit le nouveau Sous-Préfet.

— Eh ! bien, je lis de suite, dit solennellement Lousteau.

On écouta le journaliste dans le plus profond silence.

>OU LES VENGEANCES ROMAINES. 219
>
>Un gémissement profond répondit au cri de Rinaldo ; mais, dans son trouble, il le prit pour un écho, tant ce gémissement était faible et creux !

il ne pouvait pas sortir d'une poitrine humaine...

— Santa Maria! dit l'inconnu.

— Si je quitte cette place, je ne saurai plus la retrouver! pensa Rinaldo quand il reprit son sang-froid accoutumé. Frapper, je serai reconnu : que faire?

— Qui donc est là? demanda la voix.

— Hein! dit le brigand, les crapauds parleraient-ils, ici?

— Je suis le duc de Bracciano! Qui que vous soyez, si vous n'appartenez pas à la duchesse, venez, au nom de tous les saints, venez à moi...

— Il faudrait savoir où tu es, monseigneur le duc, répondit Rinaldo avec l'impertinence d'un homme qui se voit nécessaire.

— Je te vois, mon ami, car mes yeux se sont accoutumés à l'obscurité. Écoute, marche droit... bien... tourne à gauche... viens... ici... Nous voilà réunis.

Rinaldo, mettant ses mains en avant par prudence, rencontra des barres de fer.

— On me trompe! cria le bandit.

— Non, tu as touché ma cage...

Assieds-toi sur un fût de porphyre qui est là.

— Comment le duc de Bracciano peut-il être dans une cage? demanda le bandit.

— Mon ami, j'y suis, depuis trente mois, debout, sans avoir pu m'asseoir... Mais qui es-tu, toi?

— Je suis Rinaldo, le prince de la campagne, le chef de quatre-vingts braves que les lois nomment à tort des scélérats, que toutes les dames admirent et que les juges pendent par une vieille habitude.

— Dieu soit loué!... Je suis sauvé... Un honnête homme aurait eu peur; tandis que je suis sûr de pouvoir très-bien m'entendre avec toi, s'écria le duc. O mon cher libérateur, tu dois être armé jusqu'aux dents.

— *E verissimo!*

— Aurais-tu des...

— Oui, des limes, des pinces... *Corpo di Bacco!* je venais emprunter indéfiniment les trésors des Bracciani.

— Tu en auras légitimement une bonne part, mon cher Rinaldo, et peut-être irai-je faire la chasse aux hommes en ta compagnie...

— Vous m'étonnez, Excellence!..

— Écoute-moi, Rinaldo! Je ne te parlerai pas du désir de vengeance qui me ronge le cœur : je suis là depuis trente mois — tu es Italien — tu me comprendras! Ah! mon ami, ma fatigue et mon épouvantable captivité ne sont rien en comparaison du mal qui me ronge le cœur. La duchesse de Bracciano est encore une des plus belles femmes de Rome, je l'aimais assez pour en être jaloux...

— Vous, son mari!...

— Oui, j'avais tort peut-être!

— Certes, cela ne se fait pas, dit Rinaldo.

— Ma jalousie fut excitée par la conduite de la duchesse, reprit le duc. L'événement a prouvé que j'avais raison. Un jeune Français aimait Olympia, il était aimé d'elle, j'eus des preuves de leur mutuelle affection...

— Mille pardons! mesdames, dit Lousteau; mais, voyez-vous, il m'est impossible de ne pas vous faire observer combien la littérature de l'Empire allait droit au fait sans aucun détail, ce qui me semble le caractère des temps primitifs. La littérature de cette époque tenait le milieu entre le sommaire des chapitres du *Télémaque* et les réquisitoires du Ministère public. Elle avait des idées, mais elle ne les exprimait pas, la dédaigneuse! elle observait, mais elle ne faisait part de ses observations à personne, l'avare! il n'y avait que Fouché qui fît part de ses observations à quelqu'un. *La littérature se contentait alors*, suivant l'expression d'un des plus niais critiques de la Revue des Deux-Mondes, *d'une assez pure esquisse et du contour bien net de toutes les figures à l'antique; elle ne dansait pas sur les périodes!* Je le crois bien, elle n'avait pas de périodes, elle n'avait pas de mots à faire chatoyer; elle vous disait Lubin aimait Toinette, Toinette n'aimait pas Lubin; Lubin tua Toinette, et les gendarmes prirent Lubin qui fut mis en prison, mené à la Cour d'Assises et guillotiné. Forte esquisse, contour net! Quel beau drame! Eh! bien, aujourd'hui, les barbares font chatoyer les mots.

— Et quelquefois les morts, dit monsieur de Clagny.

— Ah! répliqua Lousteau, vous vous donnez de ces R!

— Que veut-il dire? demanda madame de Clagny que ce calembour inquiéta.

— Il me semble que je marche dans un four, répondit la Mairesse.

— Sa plaisanterie perdrait à être expliquée, fit observer Gatien.

— Aujourd'hui, reprit Lousteau, les romanciers dessinent des caractères; et au lieu du contour net, ils vous dévoilent le cœur humain, ils vous intéressent soit à Toinette, soit à Lubin.

— Moi, je suis effrayé de l'éducation du public en fait de littérature, dit Bianchon. Comme les Russes battus par Charles XII qui ont fini par savoir la guerre, le lecteur a fini par apprendre l'art. Jadis on ne demandait que de l'intérêt au roman; quant au style, personne n'y tenait, pas même l'auteur; quant à des idées, zéro; quant à la couleur locale, néant. Insensiblement le lecteur a voulu du style, de l'intérêt, du pathétique, des connaissances positives; il a exigé les *cinq sens* littéraires : l'invention, le style, la pensée, le savoir, le sentiment; puis la Critique est venue, brochant sur le tout. Le critique, incapable d'inventer autre chose que des calomnies, a prétendu que toute œuvre qui n'émanait pas d'un cerveau complet était boiteuse. Quelques charlatans, comme Walter Scott, qui pouvaient réunir les cinq sens littéraires, s'étant alors montrés, ceux qui n'avaient que de l'esprit, que du savoir, que du style ou que du sentiment, ces éclopés, ces acéphales, ces manchots, ces borgnes littéraires se sont mis à crier que tout était perdu, ils ont prêché des croisades contre les gens qui gâtaient le métier, ou ils en ont nié les œuvres.

— C'est l'histoire de vos dernières querelles littéraires, fit observer Dinah.

— De grâce! s'écria monsieur de Clagny, revenons au duc de Bracciano.

Au grand désespoir de l'assemblée, Lousteau reprit la lecture de la *bonne feuille*.

224   OLYMPIA,

Alors je voulus m'assurer de mon malheur, afin de pouvoir me venger sous l'aile de la Providence et de la Loi. La duchesse avait deviné mes projets. Nous nous combattions par la pensée avant de nous combattre le poison à la main. Nous voulions nous imposer mutuellement une confiance que nous n'avions pas; moi pour lui faire prendre un breuvage, elle pour s'emparer de moi. Elle était femme, elle l'emporta; car les femmes ont un piége de plus que nous autres à tendre, et j'y tombai : je fus heureux; mais le lendemain matin je me réveillai dans cette cage de fer. Je rugis pendant toute la journée dans l'obscurité

OU LES VENGEANCES ROMAINES.   225

de cette cave, située sous la chambre à coucher de la duchesse. Le soir, enlevé par un contre-poids habilement ménagé, je traversai les planchers et vis dans les bras de son amant la duchesse qui me jeta un morceau de pain, ma pitance de tous les soirs.

Voilà ma vie depuis trente mois! Dans cette prison de marbre, mes cris ne peuvent parvenir à aucune oreille. Pas de hasard pour moi. Je n'espérais plus! En effet, la chambre de la duchesse est au fond du palais, et ma voix, quand j'y monte, ne peut être entendue de personne. Chaque fois que je vois ma femme, elle me montre le poison que j'avais préparé pour elle et pour son amant ; je le demande pour moi, mais elle me refuse la mort, elle me donne du pain et je mange! J'ai bien fait de manger, de vivre, j'avais compté sans les bandits!...

— Oui, Excellence, quand ces imbéciles d'honnêtes gens sont endormis, nous veillions, nous...

— Ah! Rinaldo, tous mes trésors sont à toi, nous les partagerons en frères, et je voudrais te donner tout... jusqu'à mon duché...

— Excellence, obtenez-moi du pape une absolution *in articulo mortis*, cela me vaudra mieux pour faire mon état.

— Tout ce que tu voudras ; mais lime les barreaux de ma cage et prête-moi ton poignard..... Nous n'avons guère de temps, va vite... Ah! si mes dents étaient des limes... J'ai essayé de mâcher ce fer...

— Excellence, dit Rinaldo en écoutant les dernières paroles du duc, j'ai déjà scié un barreau.

— Tu es un dieu !

— Votre femme était à la fête de la princesse Villaviciosa; elle est revenue avec son petit Français, elle est ivre d'amour, nous avons donc le temps.

— As-tu fini?
— Oui...

228 OLYMPIA,

— Ton poignard? demanda vivement le duc au bandit.
— Le voici.
— Bien.
— J'entends le bruit du ressort.
— Ne m'oubliez pas! dit le bandit qui se connaissait en reconnaissance.
— Pas plus que mon père, dit le duc.
— Adieu! lui dit Rinaldo. Tiens, comme il s'envole! ajouta le bandit en voyant disparaître le duc. *Pas plus que son père*, se dit-il, si c'est ainsi qu'il compte se souvenir de moi.... Ah! j'avais pourtant fait le serment de ne jamais nuire aux femmes.....

Mais laissons, pour un moment, le

OU LES VENGEANCES ROMAINES. 229

bandit livré à ses réflexions, et montons comme le duc dans les appartements du palais.

— Encore une vignette, un Amour sur un colimaçon! Puis la 230 est une page blanche, dit le journaliste. Voici deux autres pages blanches prises par ce titre, si délicieux à écrire quand on a l'heureux malheur de faire des romans : *Conclusion!*

CONCLUSION.

Jamais la duchesse n'avait été si jolie; elle sortit de son bain vêtue comme une déesse, et voyant Adolphe

234 OLYMPIA,

couché voluptueusement sur des piles de coussins : — Tu es bien beau, lui dit-elle.
— Et toi, Olympia?...

— Tu m'aimes toujours?
— Toujours mieux, dit-il...
— Ah! il n'y a que les Français qui sachent aimer! s'écria la duchesse... M'aimeras-tu bien ce soir?
— Oui...
— Viens donc?
Et, par un mouvement de haine et d'amour, soit que le cardinal Borborigano lui eût remis plus vivement au cœur son mari, soit qu'elle se sentît plus d'amour à lui montrer, elle fit partir le ressort, et tendit les bras à

— Voilà tout! s'écria Lousteau, car le prote a déchiré le reste en enveloppant mon épreuve; mais c'est bien assez pour nous prouver que l'auteur donnait des espérances.

— Je n'y comprends rien, dit Gatien Boirouge qui rompit le premier le silence que gardaient les Sancerrois.

— Ni moi non plus, répondit monsieur Gravier.

— C'est cependant un roman fait sous l'Empire, lui dit Lousteau.

— Ah! dit monsieur Gravier, à la manière dont l'auteur fait parler le bandit, on voit qu'il ne connaissait pas l'Italie. Les bandits ne se permettent pas de pareils *concetti*.

Madame Gorju vint à Bianchon, qu'elle vit rêveur, et lui dit en lui montrant Euphémie Gorju, sa fille, douée d'une assez belle dot : — Quel galimatias! Les ordonnances que vous écrivez valent mieux que ces choses-là.

La mairesse avait profondément médité cette phrase, qui, selon elle, annonçait un esprit fort.

— Ah! madame, il faut être indulgent, car nous n'avons que vingt pages sur mille, répondit Bianchon en regardant mademoiselle Gorju dont la taille menaçait de tourner à la première grossesse.

— Eh! bien, monsieur de Clagny, dit Lousteau, nous parlions hier des vengeances inventées par les maris, que dites-vous de celles qu'inventent les femmes?

— Je pense, répondit le Procureur du Roi, que le roman n'est pas d'un Conseiller d'État, mais d'une femme. En conceptions bizarres, l'imagination des femmes va plus loin que celle des hommes, témoin le Frankenstein de mistriss Shelley, le Leone Leoni de George Sand, les œuvres d'Anne Radcliffe et le Nouveau Prométhée de Camille Maupin.

Dinah regarda fixement monsieur de Clagny en lui faisant comprendre, par une expression qui le glaça, que, malgré tant d'illustres exemples, elle prenait cette réflexion pour *Paquita la Sévillane.*

— Bah! dit le petit La Baudraye, le duc de Bracciano que sa femme a mis en cage, et à qui elle se fait voir tous les soirs dans les bras de son amant, va la tuer... Vous appelez cela une vengeance?... Nos tribunaux et la société sont bien plus cruels...

— En quoi? fit Lousteau.

— Eh! bien, voilà le petit La Baudraye qui parle, dit le Président Boirouge à sa femme.

— Mais on laisse vivre la femme avec une maigre pension, le monde lui tourne alors le dos; elle n'a plus ni toilette ni considération, deux choses qui selon moi sont toute la femme, dit le petit vieillard.

— Mais elle a le bonheur, répondit fastueusement madame de La Baudraye.

— Non, répliqua l'avorton en allumant son bougeoir pour aller se coucher, car elle a un amant...

— Pour un homme qui ne pense qu'à ses provins et à ses baliveaux, il a du trait, dit Lousteau.

— Il faut bien qu'il ait quelque chose, répondit Bianchon.

Madame de La Baudraye, la seule qui pût entendre le mot de Bianchon, se mit à rire si finement et si amèrement à la fois, que le médecin devina le secret de la vie intime de la châtelaine dont les rides prématurées le préoccupaient depuis le matin. Mais Dinah ne devina point, elle, les sinistres prophéties que son mari venait de lui jeter dans un mot, et que feu le bon abbé Duret n'eût pas manqué de lui expliquer. Le petit La Baudraye avait surpris dans les yeux de Dinah, quand elle regardait le journaliste en lui rendant la balle de la plaisanterie, cette rapide et lumineuse tendresse qui dore le regard d'une femme à l'heure où la prudence cesse, où commence l'entraînement. Dinah ne prit pas plus garde à l'invitation que lui faisait ainsi son mari d'observer les convenances, que Lousteau ne prit pour lui les malicieux avis de Dinah le jour de son arrivée.

Tout autre que Bianchon se serait étonné du prompt succès de

Lousteau ; mais il ne fut même point blessé de la préférence que Dinah donnait au Feuilleton sur la Faculté, tant il était médecin! En effet, Dinah, grande elle-même, devait être plus accessible à l'esprit qu'à la grandeur. L'amour préfère ordinairement les contrastes aux similitudes. La franchise et la bonhomie du docteur, sa profession, tout le desservait. Voici pourquoi : les femmes qui veulent aimer, et Dinah voulait autant aimer qu'être aimée, ont une horreur instinctive pour les hommes voués à des occupations tyranniques ; elles sont, malgré leurs supériorités, toujours femmes en fait d'envahissement. Poëte et feuilletoniste, le libertin Lousteau paré de sa misanthropie offrait ce clinquant d'âme et cette vie à demi oisive qui plaît aux femmes. Le bon sens carré, les regards perspicaces de l'homme vraiment supérieur gênaient Dinah, qui ne s'avouait pas à elle-même sa petitesse, elle se disait : — Le docteur vaut peut-être mieux que le journaliste, mais il me plaît moins. Puis, elle pensait aux devoirs de la profession et se demandait, si, une femme pouvait jamais être autre chose qu'un *sujet* aux yeux d'un médecin qui voit tant de *sujets* dans sa journée! La première proposition de la pensée inscrite par Bianchon sur l'album, était le résultat d'une observation médicale qui tombait trop à plomb sur la femme, pour que Dinah n'en fût pas frappée. Enfin Bianchon, à qui sa clientèle défendait un plus long séjour, partait le lendemain. Quelle femme, à moins de recevoir au cœur le trait mythologique de Cupidon, peut se décider en si peu de temps? Ces petites choses qui produisent les grandes catastrophes, une fois vues en masse par Bianchon, il dit en quatre mots à Lousteau le singulier arrêt qu'il porta sur madame de La Baudraye et qui causa la plus vive surprise au journaliste.

Pendant que les deux Parisiens chuchotaient, il s'élevait un orage contre la châtelaine parmi les Sancerrois, qui ne comprenaient rien à la paraphrase ni aux commentaires de Lousteau. Loin d'y voir le roman que le Procureur du Roi, le Sous-Préfet, le Président, le premier Substitut Lebas, monsieur de La Baudraye et Dinah en avaient tiré, toutes les femmes groupées autour de la table à thé n'y voyaient qu'une mystification, et accusaient la muse de Sancerre d'y avoir trempé. Toutes s'attendaient à passer une soirée charmante, toutes avaient inutilement tendu les facultés de leur esprit. Rien ne révolte plus les gens de province que l'idée de servir de jouet aux gens de Paris.

Madame Piédefer quitta la table à thé pour venir dire à sa fille :
— Va donc parler à ces dames, elles sont très-choquées de ta conduite.

Lousteau ne put s'empêcher de remarquer alors l'évidente supériorité de Dinah sur l'élite des femmes de Sancerre : elle était la mieux mise, ses mouvements étaient pleins de grâce, son teint prenait une délicieuse blancheur aux lumières, elle se détachait enfin sur cette tapisserie de vieilles faces, de jeunes filles mal habillées, à tournures timides, comme une reine au milieu de sa cour. Les images parisiennes s'effaçaient, Lousteau se faisait à la vie de province; et, s'il avait trop d'imagination pour ne pas être impressionné par les magnificences royales de ce château, par ses sculptures exquises, par les antiques beautés de l'intérieur, il avait aussi trop de savoir pour ignorer la valeur du mobilier qui enrichissait ce joyau de la Renaissance. Aussi lorsque les Sancerrois se furent retirés un à un reconduits par Dinah, car ils avaient tous pour une heure de chemin; quand il n'y eut plus au salon que le Procureur du Roi, monsieur Lebas, Gatien et monsieur Gravier qui couchaient à Anzy, le journaliste avait-il déjà changé d'opinion sur Dinah. Sa pensée accomplissait cette évolution que madame de La Baudraye avait eu l'audace de lui signaler à leur première rencontre.

— Ah! comme ils vont en dire contre nous pendant le chemin, s'écria la châtelaine en rentrant au salon après avoir mis en voiture le Président, la Présidente, madame et mademoiselle Popinot-Chandier.

Le reste de la soirée eut son côté réjouissant; car, en petit comité, chacun versa dans la conversation son contingent d'épigrammes sur les diverses figures que les Sancerrois avaient faites pendant les commentaires de Lousteau sur l'enveloppe de ses épreuves.

— Mon cher, dit en se couchant Bianchon à Lousteau (on les avait mis ensemble dans une immense chambre à deux lits), tu seras l'heureux mortel choisi par cette femme, née Piédefer !

— Tu crois?

— Eh! cela s'explique : tu passes ici pour avoir eu beaucoup d'aventures à Paris, et, pour les femmes, il y a dans un homme à bonnes fortunes je ne sais quoi d'irritant qui les attire et le leur rend agréable; est-ce la vanité de faire triompher leurs souvenirs entre tous les autres? s'adressent-elles à son expérience, comme un malade surpaye un célèbre médecin? ou bien sont-elles flattées d'éveiller un cœur blasé?

— Les sens et la vanité sont pour tant de chose dans l'amour, que toutes ces suppositions peuvent être vraies, répondit Lousteau. Mais si je reste c'est à cause du certificat d'innocence instruite que tu donnes à Dinah ! Elle est belle, n'est-ce pas ?

— Elle deviendra charmante en aimant, dit le médecin. Puis, après tout, ce sera un jour ou l'autre une riche veuve ! Et un enfant lui vaudrait la jouissance de la fortune du sire de La Baudraye...

— Mais c'est une bonne action que de l'aimer, cette femme, s'écria Lousteau.

— Une fois mère, elle reprendra de l'embonpoint, les rides s'effaceront, elle paraîtra n'avoir que vingt ans...

— Eh ! bien, fit Lousteau en se roulant dans ses draps, si tu veux m'aider, demain, oui, demain, je... Enfin, bonsoir.

Le lendemain, madame de La Baudraye, à qui depuis six mois son mari avait donné des chevaux dont il se servait pour ses labours et une vieille calèche qui sonnait la ferraille, eut l'idée de reconduire Bianchon jusqu'à Cosne où il devait aller prendre la diligence de Lyon à son passage. Elle emmena sa mère et Lousteau ; mais elle se proposa de laisser sa mère à La Baudraye, de se rendre à Cosne avec les deux Parisiens et d'en revenir seule avec Étienne. Elle fit une charmante toilette que lorgna le journaliste : brodequins bronzés, bas de soie gris, une robe d'organdi, une mantille de dentelle noire et une charmante capote de gaze noire, ornée de fleurs. Quant à Lousteau, le drôle s'était mis sur le pied de guerre : bottes vernies, pantalon d'étoffe anglaise plissé par-devant, un gilet très-ouvert qui laissait voir une chemise extrafine, et les cascades de satin noir broché de sa plus belle cravate, une redingote noire, très-courte et très-légère.

Le Procureur du Roi et monsieur Gravier se regardèrent assez singulièrement quand ils virent les deux Parisiens dans la calèche, et eux comme deux niais au bas du perron. Monsieur de La Baudraye, qui du haut de la dernière marche faisait au docteur un petit salut de sa petite main, ne put s'empêcher de sourire en entendant monsieur de Clagny disant à monsieur Gravier : — Vous auriez dû les accompagner à cheval.

En ce moment Gatien, monté sur la tranquille jument de monsieur de La Baudraye, déboucha par l'allée qui conduisait aux écuries et rejoignit la calèche.

— Ah! bon, dit le Receveur des contributions, l'enfant s'est mis de planton.

— Quel ennui, s'écria Dinah en voyant Gatien. En treize ans, car voici bientôt treize ans que je suis mariée, je ne n'ai pas eu trois heures de liberté...

— Mariée, madame? dit le journaliste en souriant. Vous me rappelez un mot de feu Michaud qui en a tant dit de si fins. Il partait pour la Palestine, et ses amis lui faisaient des représentations sur son âge, sur les dangers d'une pareille excursion. Enfin, lui dit l'un d'eux, vous êtes marié? — Oh! répondit-il, je le suis si peu!

La sévère madame Piédefer ne put s'empêcher de sourire.

— Je ne serais pas étonnée de voir monsieur de Clagny monté sur mon poney venir compléter l'escorte, s'écria Dinah.

— Oh! si le Procureur du Roi ne nous rejoint pas, dit Lousteau, vous pourrez vous débarrasser de ce petit jeune homme en arrivant à Sancerre. Bianchon aura nécessairement oublié quelque chose sur sa table, comme le manuscrit de sa première leçon pour son Cours, et vous prierez Gatien d'aller le chercher à Anzy.

Cette ruse, quoique simple, mit madame de La Baudraye en belle humeur. La route d'Anzy à Sancerre, d'où se découvre par échappées de magnifiques paysages, d'où souvent la superbe nappe de la Loire produit l'effet d'un lac, se fit gaiement, car Dinah était heureuse d'être si bien comprise. On parla d'amour en théorie, ce qui permet aux amants *in petto* de prendre en quelque sorte mesure de leurs cœurs. Le journaliste se mit sur un ton d'élégante corruption pour prouver que l'amour n'obéissait à aucune loi, que le caractère des amants en variait les accidents à l'infini, que les événements de la vie sociale augmentaient encore la variété des phénomènes, que tout était possible et vrai dans ce sentiment, que telle femme après avoir résisté pendant long-temps à toutes les séductions et à des passions vraies, pouvait succomber en quelques heures à une pensée, à un ouragan intérieur dans le secret desquels il n'y avait que Dieu!

— Eh! n'est-ce pas là le mot de toutes les aventures que nous nous sommes racontées depuis trois jours, dit-il.

Depuis trois jours l'imagination si vive de Dinah était occupée des romans les plus insidieux, et la conversation des deux Parisiens avait agi sur cette femme à la manière des livres les plus dangereux. Lousteau suivait de l'œil les effets de cette habile manœuvre pour saisir le moment où cette proie, dont la bonne volonté se cachait sous la rêverie que donne l'irrésolution, serait entièrement étourdie. Dinah voulut montrer La Baudraye aux deux Parisiens, et l'on y joua la comédie convenue du manuscrit oublié par Bianchon dans sa chambre d'Anzy. Gatien partit au grand galop à l'ordre de sa souveraine, madame Piédefer alla faire des emplettes à Sancerre, et Dinah seule avec les deux amis prit le chemin de Cosne.

Lousteau se mit près de la châtelaine et Bianchon se plaça sur le devant de la voiture. La conversation des deux amis fut affectueuse et pleine de pitié pour le sort de cette âme d'élite si peu comprise, et surtout si mal entourée. Bianchon servit admirablement le journaliste en se moquant du Procureur du Roi, du Receveur des contributions et de Gatien ; il y eut je ne sais quoi de si méprisant dans ses observations que madame de La Baudraye n'osa pas défendre ses adorateurs.

— Je m'explique parfaitement, dit le médecin en traversant la Loire, l'état où vous êtes restée. Vous ne pouviez être accessible qu'à l'amour de tête qui souvent mène à l'amour de cœur, et certes aucun de ces hommes-là n'est capable de déguiser ce que les sens ont d'odieux dans les premiers jours de la vie aux yeux d'une femme délicate. Aujourd'hui, pour vous, aimer devient une nécessité.

— Une nécessité ! s'écria Dinah qui regarda le médecin avec curiosité. Dois-je donc aimer par ordonnance ?

— Si vous continuez à vivre comme vous vivez, dans trois ans vous serez affreuse, répondit Bianchon d'un ton magistral.

— Monsieur ?... dit madame de La Baudraye presque effrayée.

— Excusez mon ami, dit Lousteau d'un air plaisant à la baronne, il est toujours médecin, et l'amour n'est pour lui qu'une question d'hygiène. Mais il n'est pas égoïste, il ne s'occupe évidemment que de vous, puisqu'il s'en va dans une heure...

A Cosne, il s'attroupa beaucoup de monde autour de la vieille calèche repeinte sur les panneaux de laquelle se voyaient les armes données par Louis XIV aux néo-La Baudraye : *de gueules à une balance d'or, au chef cousu d'azur chargé de trois croisettes recroisettées d'argent; pour support, deux lévriers d'argent colletés d'azur et enchaînés d'or.* Cette ironique devise : *Deo sic patet fides et hominibus*, avait été infligée au calviniste converti par le satirique d'Hozier.

— Sortons, on viendra nous avertir, dit la baronne qui mit son cocher en vedette.

Dinah prit le bras de Bianchon, et le médecin alla se promener sur le bord de la Loire d'un pas si rapide que le journaliste dut rester en arrière. Un seul clignement d'yeux avait suffi au docteur pour faire comprendre à Lousteau qu'il voulait le servir.

— Étienne vous a plu, dit Bianchon à Dinah, il a parlé vivement à votre imagination, nous nous sommes entretenus de vous hier au soir, et il vous aime... Mais c'est un homme léger, difficile à fixer, sa pauvreté le condamne à vivre à Paris, tandis que tout vous ordonne de vivre à Sancerre... Voyez la vie d'un peu haut?... faites de Lousteau votre ami, ne soyez pas exigeante, il viendra trois fois par an passer quelques beaux jours près de vous, et vous lui devrez la beauté, le bonheur et la fortune. Monsieur de La Baudraye peut vivre cent ans, mais il peut aussi périr en neuf jours, faute d'avoir mis le suaire de flanelle dont il s'enveloppe; ne compromettez donc rien. Soyez sages tous deux. Ne me dites pas un mot... J'ai lu dans votre cœur.

Madame de La Baudraye était sans défense devant des affirmations si précises et devant un homme qui se posait à la fois en médecin, en confesseur et en confident.

— Eh! comment, dit-elle, pouvez-vous imaginer qu'une femme puisse se mettre en concurrence avec les maîtresses d'un journaliste... Monsieur Lousteau me paraît agréable, spirituel, mais il est blasé, etc., etc...

Dinah revint sur ses pas et fut obligée d'arrêter le flux de paroles sous lequel elle voulait cacher ses intentions; car Étienne, qui paraissait occupé des progrès de Cosne, venait au-devant d'eux.

— Croyez-moi, lui dit Bianchon, il a besoin d'être aimé sérieusement; et s'il change d'existence, son talent y gagnera.

Le cocher de Dinah accourut essoufflé pour annoncer l'arrivée de la diligence, et l'on hâta le pas. Madame de La Baudraye allait entre les deux Parisiens.

— Adieu, mes enfants, dit Bianchon avant d'entrer dans Cosne, je vous bénis...

Il quitta le bras de madame de La Baudraye en le laissant prendre à Lousteau qui le serra sur son cœur avec une expression de tendresse. Quelle différence pour Dinah! le bras d'Étienne lui causa la plus vive émotion quand celui de Bianchon ne lui avait rien fait éprouver. Il y eut alors entre elle et le journaliste un de ces regards rouges qui sont plus que des aveux.

— Il n'y a plus que les femmes de province qui portent des robes d'organdi, la seule étoffe dont le chiffonnage ne peut pas s'effacer, se dit alors en lui-même Lousteau. Cette femme, qui m'a choisi pour amant, va faire des façons à cause de sa robe. Si elle avait mis une robe de foulard, je serais heureux... A quoi tiennent les résistances...

Pendant que Lousteau recherchait si madame de La Baudraye avait eu l'intention de s'imposer à elle-même une barrière infranchissable en choisissant une robe d'organdi, Bianchon, aidé par le cocher, faisait charger son bagage sur la diligence. Enfin il vint saluer Dinah qui parut excessivement affectueuse pour lui.

— Retournez, madame la baronne, laissez-moi... Gatien va venir, lui dit-il à l'oreille. Il est tard, reprit-il à haute voix... Adieu !

— Adieu, grand homme ! s'écria Lousteau en donnant une poignée de main à Bianchon.

Quand le journaliste et madame de La Baudraye, assis l'un près de l'autre au fond de cette vieille calèche, repassèrent la Loire, ils hésitèrent tous deux à parler. Dans cette situation, la parole par laquelle on rompt le silence possède une effrayante portée.

— Savez-vous combien je vous aime? dit alors le journaliste à brûle-pourpoint.

La victoire pouvait flatter Lousteau, mais la défaite ne lui causait aucun chagrin. Cette indifférence fut le secret de son audace. Il prit la main de madame de La Baudraye en lui disant ces paroles si nettes, et la serra dans ses deux mains; mais Dinah dégagea doucement sa main.

— Oui, je vaux bien une grisette ou une actrice, dit-elle d'une voix émue tout en plaisantant ; mais croyez-vous qu'une femme qui, malgré ses ridicules, a quelque intelligence, ait réservé les plus beaux trésors du cœur pour un homme qui ne peut voir en elle qu'un plaisir passager... Je ne suis pas surprise d'entendre de votre bouche un mot que tant de gens m'ont déjà dit... mais...

Le cocher se retourna. — Voici monsieur Gatien.... dit-il.

— Je vous aime, je vous veux, et vous serez à moi, car je n'ai jamais senti pour aucune femme ce que vous m'inspirez! cria Lousteau dans l'oreille de Dinah.

— Malgré moi, peut-être? répliqua-t-elle en souriant.

— Au moins faut-il pour mon honneur que vous ayez l'air d'avoir été vivement attaquée, dit le Parisien à qui la funeste propriété de l'organdi suggéra une idée bouffonne.

Avant que Gatien eût atteint le bout du pont, l'audacieux journaliste chiffonna si lestement la robe d'organdi, que madame de La Baudraye se vit dans un état à ne pas se montrer.

— Ah! monsieur!... s'écria majestueusement Dinah.

— Vous m'avez défié, répondit-il.

Mais Gatien arrivait avec la célérité d'un amant dupé. Pour regagner un peu de l'estime de madame de La Baudraye, Lousteau s'efforça de dérober la vue de la robe froissée à Gatien en se jetant pour lui parler hors de la voiture du côté de Dinah.

— Courez à notre auberge, lui dit-il, il en est temps encore, la diligence ne part que dans une demi-heure, le manuscrit est sur la table de la chambre occupée par Bianchon, il y tient, car il ne saurait comment faire son Cours.

— Allez donc, Gatien, dit madame de La Baudraye en regardant son jeune adorateur avec une expression pleine de despotisme.

L'enfant, commandé par cette insistance, rebroussa, courant à bride abattue.

— Vite à La Baudraye, cria Lousteau au cocher, madame la baronne est souffrante.... Votre mère sera seule dans le secret de ma ruse, dit-il en se rasseyant auprès de Dinah.

— Vous appelez cette infamie une ruse? dit madame de La Baudraye en réprimant quelques larmes qui furent séchées au feu de l'orgueil irrité.

Elle s'appuya dans le coin de la calèche, se croisa les bras sur la poitrine et regarda la Loire, la campagne, tout, excepté Lousteau. Le journaliste prit alors un ton caressant et parla jusqu'à La Baudraye, où Dinah se sauva de la calèche chez elle en tâchant de n'être vue de personne. Dans son trouble, elle se précipita sur un sofa pour y pleurer.

— Si je suis pour vous un objet d'horreur, de haine ou de mépris, eh! bien, je pars, dit alors Lousteau qui l'avait suivie.

Et le roué se mit aux pieds de Dinah. Ce fut dans cette crise que madame Piédefer se montra disant à sa fille : — Eh! bien, qu'as-tu? que se passe-t-il?

— Donnez promptement une autre robe à votre fille, dit l'audacieux Parisien à l'oreille de la dévote.

En entendant le galop furieux du cheval de Gatien, madame de La Baudraye se jeta dans sa chambre où la suivit sa mère.

— Il n'y a rien à l'auberge, dit Gatien à Lousteau qui vint à sa rencontre.

— Et vous n'avez rien trouvé non plus au château d'Anzy, répondit Lousteau.

— Vous vous êtes moqués de moi, répliqua Gatien d'un petit ton sec.

— En plein, répondit Lousteau. Madame de La Baudraye a trouvé très-inconvenant que vous la suiviez sans en être prié. Croyez-moi, c'est un mauvais moyen pour séduire les femmes que de les ennuyer. Dinah vous a mystifié, vous l'avez fait rire, c'est un succès qu'aucun de vous n'a eu depuis treize ans auprès d'elle, et que vous devez à Bianchon. Oui, votre cousin est l'*auteur du manuscrit!*... Le cheval en reviendra-t-il? demanda Lousteau plaisamment pendant que Gatien se demandait s'il devait ou non se fâcher.

— Le cheval!... répéta Gatien.

En ce moment madame de La Baudraye arriva, vêtue d'une robe de velours, et accompagnée de sa mère qui lançait à Lousteau des regards irrités. Devant Gatien, il était imprudent à Dinah de paraître froide ou sévère avec Lousteau qui, profitant de cette circonstance, offrit son bras à cette fausse Lucrèce; mais elle le refusa.

— Voulez-vous renvoyer un homme qui vous a voué sa vie? lui dit-il en marchant près d'elle, je vais rester à Sancerre et partir demain.

— Viens-tu, ma mère? dit madame de La Baudraye à madame Piédefer en évitant ainsi de répondre à l'argument direct par lequel Lousteau la forçait à prendre un parti.

Le Parisien aida la mère à monter en voiture, il aida madame de La Baudraye en la prenant doucement par le bras, et il se plaça sur le devant avec Gatien, qui laissa le cheval à La Baudraye.

— Vous avez changé de robe, dit maladroitement Gatien à Dinah.

— Madame la baronne a été saisie par l'air frais de la Loire, répondit Lousteau, Bianchon lui a conseillé de se vêtir chaudement.

Dinah devint rouge comme un coquelicot, et madame Piédefer prit un visage sévère.

— Pauvre Bianchon, il est sur la route de Paris, quel noble cœur! dit Lousteau.

— Oh! oui, répondit madame de La Baudraye, il est grand et délicat, celui-là...

— Nous étions si gais en partant, dit Lousteau, vous voilà souffrante, et vous me parlez avec amertume, et pourquoi?... N'êtes-vous donc pas accoutumée à vous entendre dire que vous êtes belle et spirituelle? moi, je le déclare devant Gatien, je renonce à Paris, je vais rester à Sancerre et grossir le nombre de vos cavaliers-servants. Je me suis senti si jeune dans mon pays natal, j'ai déjà oublié Paris et ses corruptions, et ses ennuis, et ses fatigants plaisirs... Oui, ma vie me semble comme purifiée...

Dinah laissa parler Lousteau sans le regarder; mais il y eut un moment où l'improvisation de ce serpent devint si spirituelle sous l'effort qu'il fit pour singer la passion par des phrases et par des idées dont le sens, caché pour Gatien, éclatait dans le cœur de Dinah, qu'elle leva les yeux sur lui. Ce regard parut combler de joie Lousteau qui redoubla de verve et fit enfin rire madame de La Baudraye. Lorsque, dans une situation où son orgueil est blessé si cruellement, une femme a ri, tout est compromis. Quand on entra dans l'immense cour sablée et ornée de son boulingrin à corbeilles de fleurs qui fait si bien valoir la façade d'Anzy, le journaliste disait: — Lorsque les femmes nous aiment, elles nous pardonnent tout, même nos crimes; lorsqu'elles ne nous aiment pas, elles ne nous pardonnent rien, pas même nos vertus! Me pardonnez-vous? ajouta-t-il à l'oreille de madame de La Baudraye en lui serrant le bras sur son cœur par un geste plein de tendresse. Dinah ne put s'empêcher de sourire.

Pendant le dîner et pendant le reste de la soirée, Lousteau fut d'une gaieté, d'un entrain charmant; mais, tout en peignant ainsi son ivresse, il se livrait par moments à la rêverie en homme qui paraissait absorbé par son bonheur. Après le café, madame de La Baudraye et sa mère laissèrent les hommes se promener dans les jardins. Monsieur Gravier dit alors au Procureur du Roi: — Avez-vous remarqué que madame de La Baudraye, qui est partie en robe d'organdi, nous est revenue en robe de velours?

— En montant en voiture à Cosne, la robe s'est accrochée à un bouton de cuivre de la calèche et s'est déchirée du haut en bas, répondit Lousteau.

— Oh! fit Gatien percé au cœur par la cruelle différence des deux explications du journaliste.

Lousteau, qui comptait sur cette surprise de Gatien, le prit par le bras et le lui serra pour lui demander le silence. Quelques moments après, Lousteau laissa les trois adorateurs de Dinah seuls, en s'emparant du petit La Baudraye. Gatien fut alors interrogé sur les événements du voyage. Monsieur Gravier et monsieur de Clagny furent stupéfaits d'apprendre que Dinah s'était trouvée seule au retour de Cosne avec Lousteau; mais plus stupéfaits encore des deux versions du Parisien sur le changement de robe. Aussi l'attitude de ces trois hommes déconfits fut-elle très-embarrassée pendant la soirée. Le lendemain matin, chacun d'eux eut des affaires qui l'obligeaient à quitter Anzy, où Dinah resta seule avec sa mère, son mari et Lousteau.

Le dépit des trois Sancerrois organisa dans la ville une grande clameur. La chute de la Muse du Berry, du Nivernais et du Morvan fut accompagnée d'un vrai charivari de médisances, de calomnies et de conjectures diverses parmi lesquelles figurait en première ligne l'histoire de la robe d'organdi. Jamais toilette de Dinah n'eut autant de succès, et n'éveilla plus l'attention des jeunes personnes qui ne s'expliquaient point les rapports entre l'amour et l'organdi dont riaient tant les femmes mariées. La Présidente Boirouge, furieuse de la mésaventure de son Gatien, oublia les éloges qu'elle avait prodigués au poème de Paquita la Sévillane; elle fulmina des censures horribles contre une femme capable de publier une pareille infamie.

— La malheureuse fait ce qu'elle a écrit! disait-elle. Peut-être finira-t-elle comme son héroïne!...

Il en fut de Dinah dans le Sancerrois comme du maréchal Soult dans les journaux de l'Opposition : tant qu'il est ministre, il a perdu la bataille de Toulouse; dès qu'il rentre dans le repos, il l'a gagnée! Vertueuse, Dinah passait pour la rivale des Camille Maupin, des femmes les plus illustres; mais heureuse, elle était *une malheureuse*.

Monsieur de Clagny défendit courageusement Dinah, il vint à plusieurs reprises au château d'Anzy pour avoir le droit de démentir le bruit qui courait sur celle qu'il adorait toujours, même tombée, et il soutint qu'il s'agissait entre elle et Lousteau d'une collaboration à un grand ouvrage. On se moqua du Procureur du Roi.

Le mois d'octobre fut ravissant, l'automne est la plus belle saison des vallées de la Loire; mais en 1836 il fut particulièrement magnifique. La nature semblait être la complice du bonheur de Dinah, qui, selon les prédictions de Bianchon, arriva par degrés à un violent amour de cœur. En un mois, la châtelaine changea complétement. Elle fut étonnée de retrouver tant de facultés inertes, endormies, inutiles jusqu'alors. Lousteau fut un ange pour elle, car l'amour de cœur, ce besoin réel des âmes grandes, faisait d'elle une femme entièrement nouvelle. Dinah vivait! elle trouvait l'emploi de ses forces, elle découvrait des perspectives inattendues dans son avenir, elle était heureuse enfin, heureuse sans soucis, sans entraves. Cet immense château, les jardins, le parc, la forêt étaient si favorables à l'amour! Lousteau rencontra chez madame de La Baudraye une naïveté d'impression, une innocence, si vous voulez, qui la rendit originale: il y eut en elle du piquant, de l'imprévu beaucoup plus que chez une jeune fille. Lousteau fut sensible à une flatterie qui chez presque toutes les femmes est une comédie; mais qui chez Dinah fut vraie: elle apprenait de lui l'amour, il était bien le premier dans ce cœur. Enfin, il se donna la peine d'être excessivement aimable. Les hommes ont, comme les femmes d'ailleurs, un répertoire de récitatifs, de cantilènes, de nocturnes, de motifs, de rentrées (faut-il dire de recettes, quoiqu'il s'agisse d'amour?), qu'ils croient leur exclusive propriété. Les gens arrivés à l'âge de Lousteau tâchent de distribuer habilement les pièces de ce trésor dans l'opéra d'une passion; mais, en ne voyant qu'une bonne fortune dans son aventure avec Dinah, le Parisien voulut graver son souvenir en traits ineffaçables sur ce cœur, et il prodigua durant ce beau mois d'octobre ses plus coquettes mélodies et ses plus savantes barcaroles. Enfin, il épuisa les ressources de la mise en scène de l'amour, pour se servir d'une de ces expressions détournées de l'argot du théâtre et qui rend admirablement bien ce manége.

— Si cette femme-là m'oublie!... se disait-il parfois en revenant avec elle au château d'une longue promenade dans les bois, je ne lui en voudrai pas, elle aura trouvé mieux!...

Quand, de part et d'autre, deux êtres ont échangé les duos de cette délicieuse partition et qu'ils se plaisent encore, on peut dire qu'ils s'aiment véritablement. Mais Lousteau ne pouvait pas avoir le temps de se répéter, car il comptait quitter Anzy vers les premiers jours de novembre, son feuilleton le rappelait à Paris. Avant déjeuner, la veille du départ projeté, le journaliste et Dinah virent arriver le petit La Baudraye avec un artiste de Nevers, un restaurateur de sculptures.

— De quoi s'agit-il? dit Lousteau, que voulez-vous faire à votre château?

— Voici ce que je veux, répondit le petit vieillard en emmenant le journaliste, sa femme et l'artiste de province sur la terrasse.

Il montra sur la façade, au-dessus de la porte d'entrée, un précieux cartouche soutenu par deux sirènes, assez semblable à celui qui décore l'arcade actuellement condamnée par où l'on allait jadis du quai des Tuileries dans la cour du vieux Louvre, et au-dessus de laquelle on lit : *Bibliothèque du cabinet du Roi*. Ce cartouche offrait le vieil écusson des d'Uxelles qui *portent d'or et de gueules, à la fasce de l'un à l'autre, avec deux lions de gueules à dextre et d'or à senestre pour supports; l'écu timbré du casque de chevalier, lambrequiné des émaux de l'écu et sommé de la couronne ducale.* Puis pour devise : *Cy paroist!* parole fière et sonnante.

— Je veux remplacer les armes de la maison d'Uxelles par les miennes; et comme elles se trouvent répétées six fois dans les deux façades et dans les deux ailes, ce n'est pas une petite affaire.

— Vos armes d'hier! s'écria Dinah, et après 1830!...

— N'ai-je pas constitué un majorat?

— Je concevrais cela si vous aviez des enfants, lui dit le journaliste.

— Oh! répondit le petit vieillard, madame de La Baudraye est encore jeune, il n'y a pas encore de temps perdu.

Cette fatuité fit sourire Lousteau qui ne comprit pas monsieur de La Baudraye.

— Hé! bien, *Didine*, dit-il à l'oreille de madame de La Baudraye, à quoi bon tes remords?

Dinah plaida pour obtenir un jour de plus, et les deux amants se firent leurs adieux à la manière de ces théâtres qui donnent dix fois de suite la dernière représentation d'une pièce à recettes. Mais combien de promesses échangées! combien de pactes solennels exigés par Dinah et conclus sans difficultés par l'impudent journaliste! Avec la supériorité d'une femme supérieure, Dinah conduisit, au vu et au su de tout le pays, Lousteau jusqu'à Cosne, en compagnie de sa mère et du petit La Baudraye.

Quand, dix jours après, madame de La Baudraye eut dans son salon à La Baudraye messieurs de Clagny, Gatien et Gravier, elle trouva moyen de dire audacieusement à chacun d'eux : — Je dois à monsieur Lousteau d'avoir su que je n'étais pas aimée pour moi-même.

Et quelles belles tartines elle débita sur les hommes, sur la nature de leurs sentiments, sur le but de leur vil amour, etc. Des trois amants de Dinah, monsieur de Clagny, seul, lui dit : — je vous aime *quand même !...* aussi Dinah le prit-elle pour confident et lui prodigua-t-elle toutes les douceurs d'amitié que les femmes confisent pour les Gurth qui portent ainsi le collier d'un esclavage adoré.

De retour à Paris, Lousteau perdit en quelques semaines le souvenir des beaux jours passés au château d'Anzy. Voici pourquoi. Lousteau vivait de sa plume. Dans ce siècle, et surtout depuis le triomphe d'une bourgeoisie qui se garde bien d'imiter François Ier ou Louis XIV, vivre de sa plume est un travail auquel se refuseraient les forçats, ils préféreraient la mort. Vivre de sa plume, n'est-ce pas créer : créer aujourd'hui, demain, toujours... ou avoir l'air de créer ; or le semblant coûte aussi cher que le réel ! Outre son feuilleton dans un journal quotidien qui ressemblait au rocher de Sisyphe et qui tombait tous les lundis sur la barbe de sa plume, Étienne travaillait à trois ou quatre journaux littéraires. Mais, rassurez-vous ? il ne mettait aucune conscience d'artiste à ses productions. Le Sancerrois appartenait, par sa facilité, par son insouciance, si vous voulez, à ce groupe d'écrivains appelés du nom de *bons enfants.* En littérature, à Paris, de nos jours, la bonhomie est une démission donnée de toutes prétentions à une place quelconque. Lorsqu'il ne peut plus ou qu'il ne veut plus rien être, un écrivain se fait journaliste et bon enfant. On mène alors une vie assez agréable. Les débutants, les bas-bleus, les actrices qui commencent et celles qui finissent leur carrière, auteurs et libraires caressent ou choyent ces plumes à tout faire. Lousteau, devenu viveur, n'avait plus guère que son loyer à payer en fait de dépenses. Il avait des loges à tous les théâtres. La vente des livres dont il rendait ou ne rendait pas compte soldait son gantier ; aussi disait-il à ces auteurs qui s'impriment à leurs frais : — J'ai toujours votre livre dans les mains. Il percevait sur les amours-propres des redevances en dessins, en tableaux. Tous ses jours étaient pris par des dîners, ses soirées par le théâtre, la matinée par les amis, par des visites, par la flânerie. Son feuilleton, ses articles, et les deux nouvelles qu'il écrivait par an pour les journaux hebdomadaires, étaient l'impôt frappé sur cette vie heureuse. Étienne avait cependant combattu pendant dix ans pour arriver à cette position. Enfin connu de toute la littérature, aimé pour le bien comme pour le mal qu'il commettait avec une irréprochable bonhomie, il se laissait aller en dérive, insouciant de l'avenir. Il régnait au milieu d'une coterie de nouveaux venus, il avait des amitiés, c'est-à-dire des habitudes qui duraient depuis quinze ans, des gens avec lesquels il soupait, il dînait, et se livrait à ses plaisanteries. Il gagnait environ sept à huit cents francs par mois, somme que la prodigalité particulière aux pauvres rendait insuffisante. Aussi Lousteau se trouvait-il alors aussi misérable qu'à son début à Paris quand il se disait : — Si j'avais cinq cents francs par mois, je serais bien riche ! Voici la raison de ce phénomène.

Lousteau demeurait rue des Martyrs, dans un joli petit rez-de-chaussée à jardin, meublé magnifiquement. Lors de son installation, en 1833, il avait fait avec un tapissier un arrangement qui rogna son bien-être pendant long-temps. Cet appartement coûtait douze cents francs de loyer. Or les mois de janvier, d'avril, de juillet et d'octobre étaient, selon son mot, des mois indigents. Le loyer et les notes du portier faisaient rafle. Lousteau n'en prenait pas moins des cabriolets, n'en dépensait pas moins une centaine de francs en déjeuners; il fumait pour trente francs de cigares, et ne savait refuser ni un dîner, ni une robe à ses maîtresses de hasard. Il anticipait alors si bien sur le produit toujours incertain des mois suivants, qu'il ne pouvait pas plus se voir cent francs sur sa cheminée, en gagnant sept à huit cents francs par mois, que quand il en gagnait à peine deux cents en 1822.

Fatigué parfois de ces tournoiements de la vie littéraire, ennuyé du plaisir comme l'est une courtisane, Lousteau quittait le courant, il s'asseyait parfois sur le penchant de la berge, et disait à certains de ses intimes, à Nathan, à Bixiou, tout en fumant un cigare au fond de son jardinet, devant un gazon toujours vert, grand comme une table à manger : — Comment finirons-nous ? Les cheveux blancs nous font leurs sommations respectueuses !...

— Bah! nous nous marierons, quand nous voudrons nous occuper de notre mariage, autant que nous nous occupons d'un drame ou d'un livre, disait Nathan.

— Et Florine? répondait Bixiou.

— Nous avons tous une Florine, disait Étienne en jetant son bout de cigare sur le gazon et pensant à madame Schontz.

Madame Schontz était une femme assez jolie pour pouvoir vendre très-cher l'usufruit de sa beauté, tout en en conservant la nue propriété à Lousteau, son ami de cœur. Comme toutes ces femmes qui, du nom de l'église autour de laquelle elles se sont groupées, ont été nommées *Lorettes*, elle demeurait rue Fléchier, à deux pas de Lousteau. Cette Lorette trouvait une jouissance d'amour-propre à narguer ses amies en se disant aimée par un homme d'esprit. Ces détails sur la vie et les finances de Lousteau sont nécessaires; car cette pénurie et cette existence de Bohémien à qui le luxe parisien était indispensable, devaient cruellement influer sur l'avenir de Dinah.

Ceux à qui la Bohême de Paris est connue comprendront alors comment, au bout de quinze jours, le journaliste, replongé dans son milieu littéraire, pouvait rire de sa baronne, entre amis, et même avec madame Schontz. Quant à ceux qui trouveront ces procédés infâmes, il est à peu près inutile de leur en présenter des excuses inadmissibles.

— Qu'as-tu fait à Sancerre, demanda Bixiou à Lousteau quand ils se rencontrèrent.

— J'ai rendu service à trois braves provinciaux, un Receveur des contributions, un petit cousin, et un Procureur du Roi qui tournaient depuis dix ans, répondit-il, autour d'une de ces cent et une dixièmes muses qui ornent les départements, sans y plus toucher qu'on ne touche à un plat monté du dessert, jusqu'à ce qu'un esprit fort y donne un coup de couteau...

— Pauvre garçon! disait Bixiou, je disais bien que tu allais à Sancerre pour y mettre ton esprit au vert.

— Ton calembour est aussi détestable que ma muse est belle, mon cher, répliqua Lousteau. Demande à Bianchon.

— Une muse et un poète, répondit Bixiou, ton aventure est alors un traitement homœopathique.

Le dixième jour, Lousteau reçut une lettre timbrée de Sancerre.

— Bien! bien! fit Lousteau. « Ami chéri, idole de mon cœur et de mon âme... » Vingt pages d'écriture! une par jour et datée

LES PARISIENS EN PROVINCE : LA MUSE DU DÉPARTEMENT. 457

de minuit! Elle m'écrit quand elle est seule... Pauvre femme. Ah! ah! *Post-scriptum.* « Je n'ose te demander de m'écrire comme » je le fais, tous les jours; mais j'espère avoir de mon bien-aimé deux » lignes chaque semaine pour me tranquilliser... » — Quel dommage de brûler cela! c'est crânement écrit, se dit Lousteau qui jeta les dix feuillets au feu après les avoir lus. Cette femme est née pour *faire de la copie.*

Lousteau craignait peu madame Schontz de laquelle il était aimé *pour lui-même*; mais il avait supplanté l'un de ses amis dans le cœur d'une marquise. La marquise, femme assez libre de sa personne, venait quelquefois à l'improviste chez lui, le soir, en fiacre, voilée, et se permettait, en qualité de femme de lettres, de fouiller dans tous les tiroirs. Huit jours après, Lousteau, qui se souvenait à peine de Dinah, fut bouleversé par un nouveau paquet de Sancerre : huit feuillets! seize pages! Il entendit les pas d'une femme, il crut à quelque visite domiciliaire de la marquise et jeta ces ravissantes et délicieuses preuves d'amour au feu... sans les lire!

— Une lettre de femme! s'écria madame Schontz en entrant, le papier, la cire sentent trop bonne...

— Monsieur, voici, dit un facteur des messageries en posant dans l'antichambre deux énormissimes bourriches. Tout est payé. Voulez-vous signer mon registre?...

— Tout est payé! s'écria madame Schontz. Ça ne peut venir que de Sancerre.

— Oui, madame, dit le facteur.

— Ta dixième Muse est une femme de haute intelligence, dit la Lorette en défaisant une bourriche pendant que Lousteau signait, j'aime une Muse qui connaît le ménage et qui fait à la fois des pâtés d'encre et des pâtés de gibier. — Oh! les belles fleurs!... s'écrit-elle en découvrant la seconde bourriche. Mais il n'y a rien de plus beau dans Paris!... De quoi? de quoi? un lièvre, des perdreaux, un demi-chevreuil. Nous inviterons tes amis et nous ferons un fameux dîner, car Athalie possède un talent particulier pour accommoder le chevreuil.

Lousteau répondit à Dinah; mais au lieu de répondre avec son cœur, il fit de l'esprit. La lettre n'en fut que plus dangereuse, elle ressemblait à une lettre de Mirabeau à Sophie. Le style des vrais amants est limpide. C'est une eau pure qui laisse voir le fond du cœur entre deux rives ornées des riens de la vie, émaillées de ces fleurs de l'âme nées chaque jour et dont le charme est enivrant mais pour deux êtres seulement. Aussi dès qu'une lettre d'amour peut faire plaisir au tiers qui la lit, est-elle à coup sûr sortie de la tête et non du cœur. Mais les femmes y seront toujours prises, elles croient alors être l'unique source de cet esprit.

Vers la fin du mois de décembre, Lousteau ne lisait plus les lettres de Dinah qui s'accumulèrent dans un tiroir de sa commode toujours ouvert, sous ses chemises qu'elles parfumaient. Il advenait à Lousteau l'un de ces hasards que ces Bohémiens doivent saisir par tous ses cheveux. Au milieu de ce mois, madame Schontz, qui s'intéressait beaucoup à Lousteau, le fit prier de passer chez elle un matin pour affaire.

— Mon cher, tu peux te marier, lui dit-elle.

— Souvent, ma chère, heureusement !

— Quand je dis te marier, c'est faire un beau mariage. Tu n'as pas de préjugés, on n'a pas besoin de gazer : voici l'affaire. Une jeune personne a commis une faute, et la mère n'en sait pas le premier baiser. Le père est un honnête Notaire plein d'honneur, il a eu la sagesse de ne rien ébruiter. Il veut marier sa fille en quinze jours, il donne une dot de cent cinquante mille francs, car il a trois autres enfants; mais !... — pas bête — il ajoute un supplément de cent mille francs de la main à la main pour couvrir le déchet. Il s'agit d'une vieille famille de la bourgeoisie parisienne, quartier des Lombards...

— Eh ! bien, pourquoi l'amant n'épouse-t-il pas ?

— Mort.

— Quel roman ! il n'y a plus que rue des Lombards où les choses se passent ainsi...

— Mais ne vas-tu pas croire qu'un frère jaloux a tué le séducteur ?... Ce jeune homme est tout bêtement mort d'une pleurésie, attrapée en sortant du spectacle. Premier clerc, et sans un liard, mon homme avait séduit la fille pour avoir l'Étude : en voilà une vengeance du ciel ?

— D'où sais-tu cela ?

— De Malaga, le Notaire est son milord.

— Quoi, c'est Cardot, le fils de ce petit vieillard à queue et poudré, le premier ami de Florentine !...

— Précisément. Malaga, dont l'amant est un petit criquet de musicien de dix-huit ans, ne peut pas en conscience le marier à cet âge-là ; elle n'a encore aucune raison de lui en vouloir. D'ailleurs monsieur Cardot veut un homme d'au moins trente ans. Ce Notaire, selon moi, sera très-flatté d'avoir pour gendre une célébrité. Ainsi, tâte-toi, mon bonhomme? Tu payes tes dettes, tu deviens riche de douze mille francs de rente, et tu n'as pas l'ennui de te rendre père : en voilà, des avantages ! Après tout, tu épouses une veuve consolable. Il y a cinquante mille livres de rente dans la maison, outre la charge ; tu ne peux donc pas avoir un jour moins de quinze autres mille francs de rente, et tu appartiens à une famille qui, politiquement, se trouve dans une belle position. Cardot est le beau-frère du vieux Camusot le Député qui est resté si long-temps avec Fanny Beaupré.

— Oui, dit Lousteau, Camusot le père a épousé la fille aînée à feu le petit père Cardot, et ils faisaient leurs farces ensemble.

— Eh ! bien, reprit madame Schontz, madame Cardot, la Notaresse, est une Chiffreville, des fabricants de produits chimiques, l'aristocratie d'aujourd'hui, quoi? des Potasse ! Là est le mauvais côté : tu auras une terrible belle-mère... oh ! une femme à tuer sa fille si elle la savait *dans l'état où...* Cette Cardot est dévote, elle a les lèvres comme deux faveurs d'un rose passé... Un viveur comme toi ne serait jamais accepté par cette femme-là, qui, dans une bonne intention, espionnerait ton ménage de garçon et saurait tout ton passé ; mais Cardot fera, dit-il, usage de son pouvoir paternel. Le pauvre homme sera forcé d'être gracieux pendant quelques jours pour sa femme, une femme de bois, mon cher ; Malaga, qui l'a rencontrée, l'a nommée une brosse de pénitence. Cardot a quarante ans, il sera Maire dans son Arrondissement, il deviendra peut-être Député. Il offre, à la place des cent mille francs, de donner une jolie maison, rue Saint-Lazare, entre cour et jardin, qui ne lui a coûté que soixante mille francs à la débâcle de juillet ; il te la vendrait, histoire de te fournir l'occasion d'aller et venir chez lui, de voir la fille, de plaire à la mère... Cela te constituerait un avoir aux yeux de madame Cardot. Enfin tu serais comme un prince, dans ce petit hôtel. Tu te feras nommer, par le crédit de Camusot, bibliothécaire à un Ministère où il n'y aura pas de livres. Eh ! bien, si tu places ton argent en cautionnement de journal, tu auras dix mille francs de rente, tu en gagnes six, ta bibliothèque t'en donnera quatre... Trouve mieux ? Tu te marierais à un agneau sans tache, il pourrait se changer en femme légère au bout de deux ans...

Que t'arrive-t-il? un dividende anticipé. C'est la mode! Si tu veux m'en croire, il faut venir dîner demain chez Malaga. Tu y verras ton beau-père, il saura l'indiscrétion, censée commise par Malaga contre laquelle il ne peut pas se fâcher, et tu le domines alors. Quant à ta femme... Eh!... mais sa faute te laisse garçon...

— Ah! ton langage n'est pas plus hypocrite qu'un boulet de canon.

— Je t'aime pour toi, voilà tout, et je raisonne. Eh! bien, qu'as-tu à rester là comme un Abd-el-Kader en cire? Il n'y a pas à réfléchir. C'est pile ou face, le mariage. Eh! bien, tu as tiré pile?

— Tu auras ma réponse demain, dit Lousteau.

— J'aimerais mieux l'avoir tout de suite, Malaga ferait l'article pour toi ce soir.

— Eh! bien, oui...

Lousteau passa la soirée à écrire à la marquise une longue lettre où il lui disait les raisons qui l'obligeaient à se marier : sa constante misère, la paresse de son imagination, les cheveux blancs, sa fatigue morale et physique, enfin quatre pages de raisons.

— Quant à Dinah, je lui enverrai le billet de faire part, se dit-il. Comme dit Bixiou, je n'ai pas mon pareil pour savoir couper la queue à une passion...

Lousteau, qui fit d'abord des façons avec lui-même, en était arrivé le lendemain à craindre que ce mariage manquât. Aussi fut-il charmant avec le Notaire.

— J'ai connu, lui dit-il, monsieur votre père chez Florentine, je devais vous connaître chez mademoiselle Turquet. Bon chien chasse de race. Il était très-bon enfant et philosophe, le petit père Cardot, car (vous permettez) nous l'appelions ainsi. Dans ce temps-là Florine, Florentine Tullia, Coralie et Mariette étaient comme les cinq doigts de la main... Il y a de cela maintenant quinze ans. Vous comprenez que mes folies ne sont plus à faire... Dans ce temps là, le plaisir m'emportait, j'ai de l'ambition aujourd'hui; mais, nous sommes dans une époque où pour parvenir il faut être sans dettes, avoir une fortune, femme et enfants. Si je paye le cens, si je suis propriétaire de mon journal au lieu d'en être un rédacteur, je deviendrai député tout comme tant d'autres!

Maître Cardot goûta cette profession de foi. Lousteau s'était mis sous les armes, il plut au Notaire, qui, chose assez facile à concevoir, eut plus d'abandon avec un homme qui avait connu les secrets de la vie de son père, qu'il n'en aurait eu avec tout autre. Le lendemain Lousteau fut présenté, comme acquéreur de la maison rue Saint-Lazare, au sein de la famille Cardot, et il y dîna trois jours après.

Cardot demeurait dans une vieille maison auprès de la place du Châtelet. Tout était cossu chez lui. L'Économie y mettait les moindres dorures sous des gazes vertes. Les meubles étaient couverts de housses. Si l'on n'éprouvait aucune inquiétude sur la fortune de la maison, on y éprouvait une envie de bâiller dès la première demi-heure. L'ennui siégeait sur tous les meubles. Les draperies pendaient tristement. La salle à manger ressemblait à celle d'Harpagon. Lousteau n'eût pas connu Malaga d'avance, à la seule inspection de ce ménage il aurait deviné que l'existence du Notaire se passait sur un autre théâtre. Le journaliste aperçut une grande jeune personne blonde, à l'œil bleu, timide et langoureux à la fois. Il plut au frère aîné, quatrième clerc de l'Étude, que la gloire littéraire attirait dans ses piéges, et qui devait être le successeur de Cardot. La sœur cadette avait douze ans. Lousteau, caparaçonné d'un petit air jésuite, fit l'homme religieux et monarchique avec la mère, il fut sobre, doucereux, posé, complimenteur.

Vingt jours après la présentation, au quatrième dîner, Félicie Cardot, qui étudiait Lousteau du coin de l'œil, alla lui offrir sa tasse de café dans une embrasure de fenêtre et lui dit à voix basse, les larmes dans les yeux : — Toute ma vie, monsieur, sera employée à vous remercier de votre dévouement pour une pauvre fille...

Lousteau fut ému, tant il y avait de choses dans le regard, dans l'accent, dans l'attitude. — Elle ferait le bonheur d'un honnête homme, se dit-il en lui pressant la main pour toute réponse.

Madame Cardot regardait son gendre comme un homme plein d'avenir ; mais, parmi toutes les belles qualités qu'elle lui supposait, elle était enchantée de sa moralité. Soufflé par le roué Notaire, Étienne avait donné sa parole de n'avoir ni enfant naturel ni aucune liaison qui pût compromettre l'avenir de la chère Félicie.

— Vous pouvez me trouver un peu exagérée, disait la dévote au journaliste ; mais quand on donne une perle comme ma Félicie à un homme, on doit veiller à son avenir. Je ne suis pas de ces mères qui sont enchantées de se débarrasser de leurs filles. Monsieur Cardot va de l'avant, il presse le mariage de sa fille, il le voudrait fait. Nous ne différons qu'en ceci... Quoiqu'avec un homme comme vous, monsieur, un littérateur dont la jeunesse a été préservée de la démoralisation actuelle par le travail, on puisse être en sûreté ; néanmoins, vous vous moqueriez de moi, si je mariais ma fille les yeux fermés. Je sais bien que vous n'êtes pas un innocent, et j'en serais bien fâchée pour ma Félicie (ceci fut dit à l'oreille), mais si vous aviez de ces liaisons... Tenez, monsieur, vous avez entendu parler de madame Roguin, la femme d'un Notaire qui a eu, malheureusement pour notre corps, une si cruelle célébrité. Madame Roguin est liée, et cela depuis 1820, avec un banquier...

— Oui, du Tillet, répondit Étienne qui se mordit la langue en songeant à l'imprudence avec laquelle il avouait connaître du Tillet.

— Eh ! bien, monsieur, si vous étiez mère, ne trembleriez-vous pas en pensant que votre fille peut avoir le sort de madame du Tillet ? A son âge, et née de Grandville, avoir pour rivale une femme de cinquante ans passés !... J'aimerais mieux voir ma fille morte que de la donner à un homme qui aurait des relations avec une femme mariée... Une grisette, une femme de théâtre se prennent et se quittent ! Selon moi, ces femmes-là ne sont pas dangereuses, l'amour est un état pour elles, elles ne tiennent à personne, un de perdu, deux de retrouvés !... Mais une femme qui a manqué à ses devoirs doit s'attacher à sa faute, elle n'est excusable que par sa constance, si jamais un pareil crime est excusable ! C'est ainsi du moins que je comprends la faute d'une femme comme il faut, et voilà ce qui la rend si redoutable...

Au lieu de chercher le sens de ces paroles, Étienne en plaisanta chez Malaga, où il se rendit avec son futur beau-père ; car le Notaire et le journaliste étaient au mieux ensemble.

Lousteau s'était déjà posé devant ses intimes comme un homme important : sa vie allait enfin avoir un sens, le hasard l'avait choyé, il devenait sous peu de jours propriétaire d'un charmant petit hôtel rue Saint-Lazare ; il se mariait, il épousait une femme charmante, il aurait environ vingt mille livres de rente ; il pourrait donner carrière à son ambition ; il était aimé de la jeune personne, il appartenait à plusieurs familles honorables... Enfin, il voguait à pleines voiles sur le lac bleu de l'espérance.

Madame Cardot avait désiré voir les gravures de Gil Blas, un de ces livres *illustrés* que la librairie française entreprenait alors, et Lousteau la veille en avait remis les premières livraisons à madame Cardot. La Notaresse avait son plan, elle n'empruntait le livre que pour le rendre, elle voulait un prétexte de tomber à l'improviste chez son gendre futur. A l'aspect de ce ménage de garçon, que son mari lui peignait comme charmant, elle en saurait plus, disait-elle, qu'on ne lui en disait sur les mœurs de Lousteau. Sa belle-sœur, madame Camusot, à qui le fatal secret était caché, s'effrayait de ce mariage pour sa nièce. Monsieur Camusot, Conseiller à la Cour royale, fils d'un premier lit, avait dit à sa belle-mère, madame Camusot, sœur de maître Cardot, des choses peu flatteuses sur le compte du journaliste. Lousteau, cet homme si spirituel, ne trouva rien d'extraordinaire à ce que la femme d'un riche Notaire voulût voir un volume de quinze francs avant de l'acheter. Jamais l'homme d'esprit ne se baisse pour examiner les bourgeois qui lui échappent à la faveur de cette inattention; et, pendant qu'il se moque d'eux, ils ont le temps de le garrotter.

Dans les premiers jours de janvier 1837, madame Cardot et sa fille prirent une urbaine et vinrent, rue des Martyrs, rendre les livraisons du Gil Blas au futur de Félicie, enchantées toutes deux de voir l'appartement de Lousteau. Ces sortes de visites domiciliaires se font dans les vieilles familles bourgeoises. Le portier d'Étienne ne se trouva point; mais sa fille, en apprenant de la digne bourgeoise qu'elle parlait à la belle-mère et à la future de monsieur Lousteau, leur livra d'autant mieux la clef de l'appartement que madame Cardot lui mit une pièce d'or dans la main.

Il était alors environ midi, l'heure à laquelle le journaliste revenait de déjeuner du Café Anglais. En franchissant l'espace qui se trouve entre Notre-Dame-de-Lorette et la rue des Martyrs, Lousteau regarda par hasard un fiacre qui montait par la rue du Faubourg-Montmartre, et crut avoir une vision en y apercevant la figure de Dinah ! Il resta glacé sur ses deux jambes en trouvant effectivement sa Didine à la portière.

— Que viens-tu faire ici ? s'écria-t-il.

Le vous n'était pas possible avec une femme à renvoyer.

— Eh ! mon amour, s'écria-t-elle, n'as-tu donc pas lu mes lettres ?...

— Si, répondit Lousteau.

— Eh ! bien ?

— Eh ! bien ?

— Tu es père, répondit la femme de province.

— Bah, s'écria-t-il sans prendre garde à la barbarie de cette exclamation. Enfin, se dit-il en lui-même, il faut la préparer à la catastrophe...

Il fit signe au cocher de s'arrêter, donna la main à madame de La Baudraye, et laissa le cocher avec la voiture pleine de malles, en se promettant bien de renvoyer *illicò*, se dit-il, la femme et ses paquets d'où elle venait.

— Monsieur ! monsieur ! cria la petite Paméla.

L'enfant avait de l'intelligence, et savait que trois femmes ne doivent pas se rencontrer dans un appartement de garçon.

— Bien ! bien ! fit le journaliste en entraînant Dinah.

Paméla crut alors que cette femme inconnue était une parente, elle ajouta cependant : — La clef est à la porte, votre belle-mère y est !

Dans son trouble, et en s'entendant dire par madame de la Baudraye une myriade de phrases, Étienne entendit : *ma mère y est*, la seule circonstance qui, pour lui, fût possible, et il entra. La future et la belle-mère, alors dans la chambre à coucher, se tapirent dans un coin en voyant l'entrée d'Étienne et d'une femme.

— Enfin, mon Étienne, mon ange, je suis à toi pour la vie ! s'écria Dinah en lui sautant au cou et l'étreignant pendant qu'il mettait la clef en dedans. La vie était une agonie perpétuelle pour moi dans ce château d'Anzy, je n'y tenais plus, et, le jour où il a fallu déclarer ce qui fait mon bonheur, eh ! bien, je ne m'en suis jamais senti la force. Je t'amène ta femme et ton enfant ! Oh ! ne pas m'écrire ! me laisser deux mois sans nouvelles !...

— Mais, Dinah ! tu me mets dans un embarras...

— M'aimes-tu ?..

— Comment ne t'aimerais-je pas ?... Mais ne valait-il pas mieux rester à Sancerre... Je suis ici dans la plus profonde misère, et j'ai peur de te la faire partager...

— Ta misère sera le paradis pour moi. Je veux vivre ici, sans jamais en sortir...

— Mon Dieu, c'est joli en paroles, mais....

Dinah s'assit et fondit en larmes en entendant cette phrase dite avec brusquerie. Lousteau ne put résister à cette explosion, il serra la baronne dans ses bras, et l'embrassa.

— Ne pleure pas, Didine ! s'écria-t-il.

En lâchant cette phrase, le feuilletoniste aperçut dans la glace le fantôme de madame Cardot, qui, du fond de la chambre, le regardait.

— Allons, Didine, va toi-même avec Paméla voir à déballer tes malles, lui dit-il à l'oreille. Va, ne pleure pas, nous serons heureux.

Il la conduisit jusqu'à la porte, et revint vers la notaresse pour conjurer l'orage.

— Monsieur, lui dit madame Cardot, je m'applaudis d'avoir voulu voir par moi-même le ménage de celui qui devait être mon gendre. Dût ma Félicie en mourir, elle ne sera pas la femme d'un homme tel que vous. Vous vous devez au bonheur de votre Didine, monsieur.

Et la dévote sortit en emmenant Félicie qui pleurait aussi, car Félicie s'était habituée à Lousteau. L'affreuse madame Cardot remonta dans son urbaine en regardant avec une insolente fixité la pauvre Dinah, qui sentait encore dans son cœur le coup de poignard du : *C'est joli en paroles;* mais qui, semblable à toutes les femmes aimantes, croyait néanmoins au : — *Ne pleure pas, Didine!*

Lousteau, qui ne manquait pas de cette espèce de résolution que donnent les hasards d'une vie agitée, se dit : — Didine a de la noblesse, une fois prévenue de mon mariage, elle s'immolera à mon avenir, et je sais comment m'y prendre pour l'en instruire.

Enchanté de trouver une ruse dont le succès lui parut certain, il se mit à danser sur un air connu : — Larifla! fla, fla! Puis, une fois Didine emballée, reprit-il en se parlant à lui-même, j'irai faire une visite et un roman à maman Cardot : j'aurai séduit sa Félicie à Saint-Eustache... Félicie, coupable par amour, porte dans son sein le gage de notre bonheur, et... larifla, fla, fla!... le père ne peut pas me démentir, fla, fla... ni la fille... larifla! *Ergò* le notaire, sa femme et sa fille sont enfoncés, larifla, fla, fla!...

A son grand étonnement, Dinah surprit Étienne dansant une danse prohibée.

— Ton arrivée et notre bonheur me rendent ivre de joie!... lui dit-il en lui expliquant ainsi ce mouvement de folie.

— Et moi qui ne me croyais plus aimée!... s'écria la pauvre femme en lachant le sac de nuit qu'elle apportait et pleurant de plaisir sur le fauteuil où elle se laissa tomber.

— Emménage-toi, mon ange, dit Étienne en riant sous cape, j'ai deux mots à écrire afin de me dégager d'une partie de garçon, car je veux être tout à toi. Commande, tu es ici chez toi.

Étienne écrivit à Bixiou.

« Mon cher, ma baronne me tombe sur les bras, et va me faire
» manquer mon mariage si nous ne mettons pas en scène une des
» ruses les plus connues des mille et un vaudevilles du Gymnase.
» Donc, je compte sur toi, pour venir, en vieillard de Molière,
» gronder ton neveu Léandre sur sa sottise, pendant que la dixième
» Muse sera cachée dans ma chambre; il s'agit de la prendre par
» les sentiments, frappe fort, sois méchant, blesse-la. Quant à
» moi, tu comprends, j'exprime un dévouement aveugle. Viens, si
» tu peux, à sept heures.

» Tout à toi,

» E. LOUSTEAU. »

Une fois cette lettre envoyée par un commissionnaire à l'homme de Paris qui se plaisait le plus à ces railleries que les artistes ont nommées *des charges*, Lousteau parut empressé d'installer chez lui la Muse de Sancerre; il s'occupa de l'emménagement de tous les effets qu'elle avait apportés, il la mit au fait des êtres et des choses du logis avec une bonne foi si parfaite, avec un plaisir qui débordait si bien en paroles et en caresses, que Dinah put se croire la femme du monde la plus aimée. Cet appartement où les moindres choses portaient le cachet de la mode lui plaisait beaucoup plus que son château d'Anzy. Paméla Migeon, cette intelligente petite fille de quatorze ans, fut questionnée par le journaliste à cette fin de savoir si elle voulait devenir la femme de chambre de l'imposante baronne. Paméla ravie entra sur-le-champ en fonctions en allant commander le dîner chez un restaurateur du boulevard. Dinah comprit alors quel était le dénûment caché sous le luxe purement extérieur de ce ménage de garçon en n'y voyant aucun des ustensiles nécessaires à la vie. Tout en prenant possession des armoires, des commodes, elle forma les plus doux projets, elle changerait les mœurs de Lousteau, elle le rendrait casanier, elle lui compléterait son bien-être au logis. La nouveauté de sa position en cachait le malheur à Dinah, qui voyait dans un mutuel amour l'absolution de sa faute, et qui ne portait pas encore les yeux au delà de cet appartement. Paméla, dont l'intelligence était égale à celle d'une lorette, alla droit chez madame Schontz lui demander de l'argenterie en lui racontant ce qui venait d'arriver à Lousteau. Après avoir tout mis chez elle à la disposition de Paméla, madame Schontz courut chez

Malaga, son amie intime, afin de prévenir Cardot du malheur advenu à son futur gendre.

Sans inquiétude sur la crise qui affectait son mariage, le journaliste fut de plus en plus charmant pour la femme de province. Le dîner occasionna ces délicieux enfantillages des amants devenus libres et heureux d'être enfin à eux-mêmes. Le café pris, au moment où Lousteau tenait sa Dinah sur ses genoux devant le feu, Paméla se montra tout effarée.

— Voici monsieur Bixiou! que faut-il lui dire? demanda-t-elle.

— Entre dans la chambre, dit le journaliste à sa maîtresse, je l'aurai bientôt renvoyé, c'est un de mes plus intimes amis, à qui d'ailleurs il faut avouer mon nouveau genre de vie.

— Oh! oh! deux couverts et un chapeau de velours gros-bleu! s'écria le compère... je m'en vais... Voilà ce que c'est que de se marier, on fait ses adieux. Comme on se trouve riche quand on déménage, hein?

— Est-ce que je me marie? dit Lousteau.

— Comment! tu ne te maries plus, à présent? s'écria Bixiou.

— Non!

— Non! Ah! çà, que t'arrive-t-il, ferais-tu par hasard des sottises? Quoi!... toi qui, par une bénédiction du ciel, as trouvé vingt mille francs de rente, un hôtel, une femme appartenant aux premières familles de la haute bourgeoisie, enfin une femme de la rue des Lombards...

— Assez, assez, Bixiou, tout est fini, va-t'en!

— M'en aller? j'ai les droits de l'amitié, j'en abuse. Que t'est-il arrivé?

— Il m'est arrivé cette dame de Sancerre, elle est mère, et nous allons vivre ensemble, heureux le reste de nos jours.... Tu saurais cela demain, autant te l'apprendre aujourd'hui.

— Beaucoup de tuyaux de cheminée qui me tombent sur la tête, comme dit Arnal. Mais si cette femme t'aime pour toi, mon cher, elle s'en retournera d'où elle vient. Est-ce qu'une femme de province a jamais pu avoir le pied marin à Paris? elle te fera souffrir dans tous tes amours-propres. Oublies-tu ce qu'est une femme de province? mais elle a le bonheur aussi ennuyeux que le malheur, elle déploie autant de talent à éviter la grâce que la Parisienne en met à l'inventer. Écoute, Lousteau? que la passion te fasse oublier en quel temps nous vivons, je le conçois; mais, moi, ton ami, je n'ai pas de bandeau mythologique sur les yeux... Eh! bien, examine ta position? Tu roules, depuis quinze ans dans le monde littéraire, tu n'es plus jeune, tu marches sur tes tiges, tant tu as marché!... Oui, mon bonhomme, tu fais comme les gamins de Paris qui pour cacher les trous de leurs bas les remploient et tu as le mollet aux talons!... Enfin ta plaisanterie est vieillotte. Ta phrase est plus connue qu'un remède secret...

— Je te dirai, comme le Régent au cardinal Dubois : *assez de coups de pied comme ça!* s'écria Lousteau tout en riant.

— Oh, vieux jeune homme, répondit Bixiou, tu sens le fer de l'opérateur à ta plaie. Tu t'es épuisé, n'est-ce pas? Eh! bien, dans le feu de la jeunesse, sous la pression de la misère, qu'as-tu gagné? Tu n'es pas en première ligne et tu n'as pas mille francs à toi. Voilà ta position chiffrée. Pourras-tu, dans le déclin de tes forces, soutenir par ta plume un ménage, quand ta femme, si elle est honnête, n'aura pas les ressources d'une lorette pour extraire *un billet de mille* des profondeurs où l'homme le garde? Tu t'enfonces dans *le troisième dessous* du théâtre social... Ceci n'est que le côté financier. Voyons le côté politique? Nous naviguons dans une époque essentiellement bourgeoise, où l'honneur, la vertu, la délicatesse, le talent, le savoir, le génie, en un mot, consiste à payer ses billets, à ne rien devoir à personne, et à bien faire ses petites affaires. Soyez rangé, soyez décent, ayez femme et enfant, acquittez vos loyers et vos contributions, montez votre garde, soyez semblable à tous les fusiliers de votre compagnie, et vous pouvez prétendre à tout, devenir ministre, et tu as des chances, puisque tu n'es pas un Montmorency! Tu allais remplir toutes les conditions voulues pour être un homme politique, tu pouvais faire toutes les saletés exigées pour l'emploi, même jouer la médiocrité, tu aurais été presque nature. Et, pour une femme qui te plantera là, au terme de toutes les passions éternelles, dans trois, cinq ou sept ans, après avoir consommé tes dernières forces intellectuelles et physiques, tu tournes le dos à la sainte famille, à la rue des Lombards, à tout un avenir politique, à trente mille francs de rente, à la considération... Est-ce là par où devait finir un homme qui n'avait plus d'illusions?... Tu ferais pot-bouille avec une actrice qui te rendrait heureux, voilà ce qui s'appelle une question de cabinet; mais vivre avec une femme mariée?... c'est tirer à vue sur le malheur! c'est avaler toutes les couleuvres du vice sans en avoir les plaisirs...

— Assez, te dis-je, tout finit par un mot : j'aime madame de La Baudraye et je la préfère à toutes les fortunes du monde, à toutes les positions... J'ai pu me laisser aller à une bouffée d'ambition... mais tout cède au bonheur d'être père.

— Ah! tu donnes dans la paternité? Mais, malheureux, nous ne sommes les pères que des enfants de nos femmes légitimes! Qu'est-ce que c'est qu'un moutard qui ne porte pas notre nom? c'est le dernier chapitre d'un roman! On te l'enlèvera, ton enfant! Nous avons vu ce sujet-là dans vingt vaudevilles, depuis dix ans... La Société, mon cher, pèsera sur vous, tôt ou tard. Relis Adolphe? Oh! mon Dieu! je vous vois, quand vous vous serez bien connus, je vous vois malheureux, triste-à-pattes, sans considération, sans fortune, vous battant comme les actionnaires d'une commandite attrapés par leur gérant! Votre gérant, à vous, c'est le bonheur.

— Pas un mot de plus, Bixiou.

— Mais je commence à peine. Écoute, mon cher. On a beaucoup attaqué le mariage depuis quelque temps; mais, à part son avantage d'être la seule manière d'établir les successions, comme il offre aux jolis garçons sans le sol un moyen de faire fortune en deux mois, il résiste à tous ses inconvénients! Aussi, n'y a-t-il pas de garçon qui ne se repente tôt ou tard d'avoir manqué par sa faute un mariage de trente mille livres de rentes...

— Tu ne veux donc pas me comprendre! s'écria Lousteau d'une voix exaspérée, va-t'en... Elle est là...

— Pardon, pourquoi ne pas me l'avoir dit plus tôt... tu es majeur.... et elle aussi, fit-il d'un ton plus bas mais assez haut cependant pour être entendu de Dinah. Elle te fera joliment repentir de son bonheur...

— Si c'est une folie, je veux la faire... Adieu!

— Un homme à la mer! cria Bixiou.

— Que le diable emporte ces amis qui se croient le droit de vous chapitrer, dit Lousteau en ouvrant la porte de sa chambre où il trouva sur un fauteuil madame La Baudraye affaissée étanchant ses yeux avec un mouchoir brodé.

— Que suis-je venue faire ici?... dit-elle. Oh! mon Dieu! pourquoi?... Etienne, je ne suis pas si femme de province que vous le croyez... Vous vous jouez de moi.

— Chère ange, répondit Lousteau qui prit Dinah dans ses bras, la souleva du fauteuil et l'amena quasi morte dans le salon, nous avons chacun échangé notre avenir, sacrifice contre sacrifice. Pendant que j'aimais à Sancerre, on me mariait ici; mais je résistais... va, j'étais bien malheureux.

— Oh! je pars! s'écria Dinah en se dressant comme une folle et faisant deux pas vers la porte.

— Tu resteras, ma Didine, tout est fini. Va! cette fortune est-elle à si bon marché? ne dois-je pas épouser une grande blonde dont le nez est sanguinolent, la fille d'un notaire, et endosser une belle-mère qui rendrait des points à madame Piédefer en fait de dévotion...

Paméla se précipita dans le salon, et vint dire à l'oreille de Lousteau : — Madame Schontz!...

Lousteau se leva, laissa Dinah sur le divan et sortit.

— Tout est fini, mon bichon, lui dit la lorette. Cardot ne veut pas se brouiller avec sa femme à cause d'un gendre. La dévote a fait une scène... une scène sterling! Enfin, le premier clerc actuel, qui était second premier clerc depuis deux ans, accepte la fille et l'Étude.

— Le lâche! s'écria Lousteau. Comment, en deux heures, il a pu se décider.

— Mon Dieu, c'est bien simple. Le drôle, qui avait les secrets du premier clerc défunt, a deviné la position du patron en saisissant quelques mots de la querelle avec madame Cardot. Le notaire compte sur ton honneur et sur ta délicatesse, car tout est convenu. Le clerc, dont la conduite est excellente, il se donnait le genre d'aller à la messe! un petit hypocrite fini, quoi! plaît à la notaresse. Cardot et toi, vous resterez amis. Il va devenir directeur d'une compagnie financière immense, il pourra te rendre service. Ah! tu te réveilles d'un beau rêve.

— Je perds une fortune, une femme, et...

— Une maîtresse, dit madame Schontz en souriant, car te voilà plus que marié, tu seras embêtant, tu voudras rentrer chez toi, tu n'auras plus rien de décousu, ni dans tes habits, ni dans tes allures... Laisse-la-moi voir par le trou de la porte?... demanda la lorette. Il n'y a pas, s'écria-t-elle, de plus bel animal dans le désert! tu es volé! C'est digne, c'est sec, c'est pleurard, il lui manque le turban de lady Dudley.

Et la lorette se sauva.

— Qu'y a-t-il encore?.... demanda madame de La Baudraye à

l'oreille de laquelle avaient retenti le froufrou de la robe de soie et les murmures d'une voix de femme.

— Il y a, mon ange, s'écria Lousteau, que nous sommes indissolublement unis... On vient de m'apporter une réponse verbale à la lettre que tu m'as vu écrire et par laquelle je rompais mon mariage...

— C'est là cette partie dont tu te dégageais?

— Oui !

— Oh ! je serai plus que ta femme, je te donne ma vie, je veux être ton esclave !... dit la pauvre créature abusée. Je ne croyais pas qu'il me fût possible de t'aimer davantage !... Je ne serai donc pas un accident dans ta vie, je serai toute ta vie ?...

— Oui, ma belle, ma noble Didine...

— Jure-moi, reprit-elle, que nous ne pourrons être séparés que par la mort !...

Lousteau voulut embellir son serment de ses plus séduisantes chatteries. Voici pourquoi.

De la porte de son appartement où il avait reçu le baiser d'adieu de la lorette à celle du salon où gisait la Muse étourdie de tant de chocs successifs, Lousteau s'était rappelé l'état précaire du petit La Baudraye, sa fortune, et ce mot de Bianchon sur Dinah : — Ce sera une riche veuve ! Et il se dit en lui-même : — J'aime mieux cent fois madame de La Baudraye que Félicie pour femme !

Aussi son parti fut-il promptement pris : il décida de jouer l'amour avec une admirable perfection, et son lâche calcul, sa violente passion eurent de fâcheux résultats. En effet, pendant son voyage de Sancerre à Paris, madame de La Baudraye avait médité de vivre dans un appartement à elle, à deux pas de Lousteau ; mais les preuves d'amour que son amant venait de lui donner en renonçant à ce bel avenir, et surtout le bonheur si complet des premiers jours de ce mariage illégal l'empêchèrent de parler de cette séparation. Le lendemain devait être et fut une fête au milieu de laquelle une pareille proposition faite *à son ange* eût produit la plus horrible discordance. De son côté Lousteau, qui voulait tenir Dinah dans sa dépendance, la maintint dans une ivresse continuelle, à coups de fêtes. Ces événements empêchèrent donc ces deux êtres si spirituels d'éviter le bourbier où ils tombèrent, celui d'une cohabitation insensée dont malheureusement tant d'exemples existent, à Paris, dans le monde littéraire.

Ainsi fut accompli dans toute sa teneur le programme de l'amour en province si railleusement tracé par madame de La Baudraye à Lousteau, mais dont, ni l'un ni l'autre, ils ne se souvinrent. La passion est sourde et muette de naissance.

Cet hiver fut donc, à Paris, pour madame de La Baudraye, tout ce que le mois d'octobre avait été pour elle à Sancerre. Étienne, pour initier *sa femme* à la vie de Paris, entremêla cette nouvelle lune de miel de parties de spectacles où Dinah ne voulut aller qu'en baignoires. Au début, madame de La Baudraye garda quelques vestiges de sa pruderie provinciale, elle eut peur d'être vue, elle cacha son bonheur. Elle disait : — Monsieur de Clagny, monsieur Gravier sont capables de me suivre ! Elle craignait Sancerre à Paris. Lousteau, dont l'amour-propre était excessif, fit l'éducation de Dinah, il la conduisit chez les meilleures faiseuses, et lui montra les jeunes femmes alors à la mode en les lui recommandant comme des modèles à suivre. Aussi l'extérieur provincial de madame de La Baudraye changea-t-il promptement. Lousteau, rencontré par ses amis, reçut des compliments sur sa conquête. Pendant cette saison Étienne produisit peu de littérature, et s'endetta considérablement, quoique la fière Dinah eût employé toutes ses économies à sa toilette, et crût n'avoir pas causé la plus légère dépense à son chéri. Au bout de trois mois, Dinah s'était acclimatée, elle s'était enivrée de musique aux Italiens, elle connaissait les répertoires de tous les théâtres, leurs acteurs, les journaux et les plaisanteries du moment ; elle s'était accoutumée à cette vie de continuelles émotions, à ce courant rapide où tout s'oublie. Elle ne tendait plus le cou, ne mettait plus le nez en l'air, comme une statue de l'Étonnement, à propos des continuelles surprises que Paris offre aux étrangers. Elle savait respirer l'air de ce milieu spirituel, animé, fécond, où les gens d'esprit se sentent dans leur élément et qu'ils ne peuvent plus quitter.

Un matin, en lisant les journaux que Lousteau recevait tous, deux lignes lui rappelèrent Sancerre et son passé, deux lignes auxquelles elle n'était pas étrangère et que voici :

« Monsieur le baron de Clagny, Procureur du Roi près le Tribunal de Sancerre, est nommé Substitut du Procureur-général près la Cour royale de Paris. »

— Comme il t'aime, ce vertueux magistrat ! dit en souriant le journaliste.

— Pauvre homme! répondit-elle. Que te disais-je? Il me suit.

En ce moment, Etienne et Dinah se trouvaient dans la phase la plus brillante et la plus complète de la passion, à cette période où l'on s'est habitué parfaitement l'un à l'autre, et où néanmoins l'amour conserve de la saveur. On se connaît, mais on ne s'est pas encore compris, on n'a pas repassé dans les mêmes plis de l'âme, on ne s'est pas étudié de manière à savoir, comme plus tard, la pensée, les paroles, le geste à propos des plus grands comme des plus petits événements. On est dans l'enchantement, il n'y a pas eu de collision, de divergences d'opinions, de regards indifférents. Les âmes vont à tout propos du même côté. Aussi, Dinah disait-elle à Lousteau de ces magiques paroles accompagnées d'expressions, de ces regards plus magiques encore que toutes les femmes trouvent alors.

— Tue-moi quand tu ne m'aimeras plus. — Si tu ne m'aimais plus, je crois que je pourrais te tuer et me tuer après.

A ces délicieuses exagérations, Lousteau répondait à Dinah : — Tout ce que je demande à Dieu c'est de te voir ma constance. Ce sera toi qui m'abandonneras!...

— Mon amour est absolu...

— Absolu, répéta Lousteau. Voyons? Je suis entraîné dans une partie de garçon, je retrouve une de mes anciennes maîtresses, elle se moque de moi; par vanité, je fais l'homme libre, et je ne rentre que le lendemain matin ici... M'aimerais-tu toujours?

— Une femme n'est certaine d'être aimée que quand elle est préférée, et si tu me revenais, si.... oh! tu me fais comprendre le bonheur de pardonner une faute à celui qu'on adore...

— Eh! bien, je suis donc aimé pour la première fois de ma vie! s'écriait Lousteau.

— Enfin, tu t'en aperçois! répondait-elle.

Lousteau proposa d'écrire une lettre où chacun d'eux expliquerait les raisons qui l'obligeraient à finir par un suicide; et, avec cette lettre en sa possession, chacun d'eux pourrait tuer sans danger l'infidèle. Malgré leurs paroles échangées, ni l'un ni l'autre ils n'écrivirent leur lettre.

Heureux pour le moment, le journaliste se promettait de bien tromper Dinah quand il en serait las, et de tout sacrifier aux exigences de cette tromperie. Pour lui, madame de La Baudraye était toute une fortune. Néanmoins, il subit un joug. En se mariant ainsi, madame de La Baudraye laissa voir et la noblesse de ses pensées, et cette puissance que donne le respect de soi-même. Dans cette intimité complète, où chacun dépose son masque, la jeune femme conserva de la pudeur, montra sa probité virile et cette force particulière aux ambitions qui faisait la base de son caractère. Aussi Lousteau conçut-il pour elle une involontaire estime. Devenue Parisienne, Dinah fut d'ailleurs supérieure à la plus charmante lorette : elle pouvait être amusante, dire des mots comme Malaga ; mais son instruction, les habitudes de son esprit, ses immenses lectures lui permettaient de généraliser son esprit ; tandis que les Schontz et les Florine n'exercent le leur que sur un terrain très-circonscrit.

— Il y a chez Dinah, disait Étienne à Bixiou, l'étoffe d'une Ninon et d'une Staël.

— Une femme chez qui l'on trouve une bibliothèque et un sérail est bien dangereuse, répondait le railleur.

Une fois sa grossesse devenue visible, madame de La Baudraye résolut de ne plus quitter son appartement ; mais avant de s'y renfermer, de ne plus se promener que dans la campagne, elle voulut assister à la première représentation d'un drame de Nathan. Cette espèce de solennité littéraire occupait les deux mille personnes qui se croient tout Paris. Dinah, qui n'avait jamais vu de première représentation, éprouvait une curiosité bien naturelle. Elle en était d'ailleurs arrivée à un tel degré d'affection pour Lousteau qu'elle se glorifiait de sa faute ; elle mettait une force sauvage à heurter le monde, elle voulait le regarder en face sans détourner la tête. Elle fit une toilette ravissante, appropriée à son air souffrant, à la maladive morbidesse de sa figure. Son teint pâli lui donnait une expression distinguée, et ses cheveux noirs en bandeaux faisaient encore ressortir cette pâleur. Ses yeux gris étincelants semblaient plus beaux cernés par la fatigue. Mais une horrible souffrance l'attendait. Par un hasard assez commun, la loge donnée au journaliste, aux premières, était à côté de celle louée par Anna Grossetête. Ces deux amies intimes ne se saluèrent pas, et ne voulurent se reconnaître ni l'une ni l'autre.

Après le premier acte, Lousteau quitta sa loge et y laissa Dinah seule, exposée au feu de tous les regards, à la clarté de tous les lorgnons, tandis que la baronne de Fontaine et la comtesse Marie de Vandenesse, venue avec Anna, reçurent quelques-uns des hom-

mes les plus distingués du grand monde. La solitude où restait
Dinah fut un supplice d'autant plus grand, qu'elle ne sut pas se
faire une contenance avec sa lorgnette en examinant les loges ; elle
eut beau prendre une pose noble et pensive, laisser son regard dans
le vide, elle se sentait trop le point de mire de tous les yeux ; elle ne
put cacher sa préoccupation, elle fut un peu provinciale, elle étala son
mouchoir, elle fit convulsivement des gestes qu'elle s'était interdits.
Enfin, dans l'entr'acte du second au troisième acte, un homme se
fit ouvrir la loge de Dinah ! Monsieur de Clagny se montra respectueux, mais triste.

— Je suis heureuse de vous voir pour vous exprimer tout le
plaisir que m'a causé votre promotion, dit-elle.

— Eh ! madame, pour qui suis-je venu à Paris ?...

— Comment ? dit-elle. Serais-je donc pour quelque chose dans
votre nomination ?

— Pour tout. Dès que vous n'avez plus habité Sancerre, Sancerre
m'est devenu insupportable, j'y mourais....

Dinah tendit la main au Substitut.

— Votre amitié sincère me fait du bien, dit-elle. Je suis dans
une situation à choyer mes vrais amis, maintenant je sais quel est
leur prix... Je croyais avoir perdu votre estime ; mais le témoignage
que vous m'en donnez par votre visite me touche plus que vos dix
ans d'attachement.

— Vous êtes le sujet de la curiosité de toute la salle, reprit le
Substitut. Ah ! chère, était-ce là votre rôle ? Ne pouviez-vous pas
être heureuse et rester honorée ?..... Je viens d'entendre dire que
vous êtes la maîtresse de monsieur Étienne Lousteau, que vous
vivez ensemble maritalement !... Vous avez rompu pour toujours
avec la Société, même pour le temps où, si vous épousiez votre
amant, vous auriez besoin de cette considération que vous mépri-
sez aujourd'hui... Ne devriez-vous pas être chez vous, avec votre
mère qui vous aime assez pour vous couvrir de son égide ; au moins
les apparences seraient gardées...

— J'ai le tort d'être ici, répondit-elle, voilà tout. J'ai dit
adieu sans retour à tous les avantages que le monde accorde aux
femmes qui savent accommoder leur bonheur avec les convenances.
Mon abnégation est si complète que j'aurais voulu tout abattre autour de moi pour faire de mon amour un vaste désert plein de
Dieu, de *lui*, et de moi... Nous nous sommes fait l'un à l'autre

trop de sacrifices pour ne pas être unis; unis par la honte, si vous voulez, mais indissolublement unis... Je suis heureuse, et si heureuse que je puis vous aimer à mon aise, en ami, vous donner plus de confiance que par le passé; car maintenant il me faut un ami!...

Le magistrat fut vraiment grand et même sublime. A cette déclaration où vibrait l'âme de Dinah, il répondit d'un son de voix déchirant : — Je voudrais aller vous voir afin de savoir si vous êtes aimée... je serais tranquille, votre avenir ne m'effrayerait plus... Votre ami comprendra-t-il la grandeur de vos sacrifices, et y a-t-il de la reconnaissance dans son amour?...

— Venez rue des Martyrs, et vous verrez !

— Oui, j'irai, dit-il. J'ai déjà passé devant la porte sans oser vous demander. Vous ne connaissez pas encore la littérature, reprit-il. Certes, il s'y trouve de glorieuses exceptions; mais ces gens de lettres traînent avec eux des maux inouïs, parmi lesquels je compte en première ligne la publicité qui flétrit tout! Une femme commet une faute avec...

— Un Procureur du Roi, dit la baronne en souriant.

— Eh! bien, après une rupture, il y a quelques ressources, le monde n'a rien su; mais avec un homme plus ou moins célèbre, le public a tout appris. Eh! tenez... quel exemple vous en avez là, sous les yeux. Vous êtes dos à dos avec la comtesse Marie de Vandenesse qui a failli faire les dernières folies pour un homme plus célèbre que Lousteau, pour Nathan, et les voilà séparés à ne pas se reconnaître... Après être allée au bord de l'abîme, la comtesse a été sauvée on ne sait comment, elle n'a quitté ni son mari, ni sa maison; mais comme il s'agissait d'un homme célèbre, on a parlé d'elle pendant tout un hiver. Sans la grande fortune, le grand nom et la position de son mari, sans l'habileté de la conduite de cet homme d'État qui s'est montré, dit-on, excellent pour sa femme, elle eût été perdue : à sa place, toute autre femme n'aurait pu rester honorée comme elle l'est...

— Comment était Sancerre quand vous l'avez quitté? dit madame de La Baudraye pour changer la conversation.

— Monsieur de La Baudraye a dit que votre tardive grossesse exigeait que vos couches se fissent à Paris, et qu'il avait exigé que vous y allassiez pour y avoir les soins des princes de la médecine, répondit le Substitut en devinant bien ce que Dinah voulait savoir.

Ainsi, malgré le tapage qu'a fait votre départ, jusqu'à ce soir vous étiez encore dans la *légalité*.

— Ah! s'écria-t-elle, monsieur de La Baudraye conserve encore des espérances?

— Votre mari, madame, a fait comme toujours : il a calculé.

Le magistrat quitta la loge en voyant le journaliste y entrer, et il le salua dignement.

— Tu as plus de succès que la pièce, dit Étienne à Dinah.

Ce court moment de triomphe apporta plus de joie à cette femme qu'elle n'en avait eu pendant toute sa vie en province; mais, en sortant du théâtre, elle était pensive.

— Qu'as-tu, ma Didine? demanda Lousteau.

— Je me demande comment une femme peut dompter le monde?

— Il y a deux manières : être madame de Staël, ou posséder deux cent mille francs de rentes!

— La Société, dit-elle, nous tient par la vanité, par l'envie de paraître... Bah! nous serons philosophes!

Cette soirée fut le dernier éclair de l'aisance trompeuse où madame de La Baudraye vivait depuis son arrivée à Paris. Trois jours après, elle aperçut des nuages sur le front de Lousteau qui tournait dans son jardinet autour du gazon en fumant un cigare. Cette femme, à qui les mœurs du petit La Baudraye avaient communiqué l'habitude et le plaisir de ne jamais rien devoir, apprit que son ménage était sans argent en présence de deux termes de loyer, à la veille enfin d'un *commandement!* Cette réalité de la vie parisienne entra dans le cœur de Dinah comme une épine; elle se repentit d'avoir entraîné Lousteau dans les dissipations de l'amour. Il est si difficile de passer du plaisir au travail que le bonheur a dévoré plus de poésies que le malheur n'en a fait jaillir en jets lumineux. Heureuse de voir Étienne nonchalant, fumant un cigare après son déjeuner, la figure épanouie, étendu comme un lézard au soleil, jamais Dinah ne se sentit le courage de se faire l'huissier d'une Revue. Elle inventa d'engager, par l'entremise du sieur Migeon, père de Paméla, le peu de bijoux qu'elle possédait, et sur lesquels *ma tante*, car elle commençait à parler la langue du quartier, lui prêta neuf cents francs. Elle garda trois cents francs pour sa layette, pour les frais de ses couches, et remit joyeusement la somme due à Lousteau qui labourait sillon à sillon, ou si voulez, ligne à ligne, une Nouvelle pour une Revue.

— Mon petit chat, lui dit-elle, achève ta Nouvelle sans rien sacrifier à la nécessité, polis ton style, creuse ton sujet. J'ai trop fait la dame, je vais faire la bourgeoise et tenir le ménage.

Depuis quatre mois, Étienne menait Dinah au café Riche dîner dans un cabinet qu'on leur réservait. La femme de province fut épouvantée en apprenant qu'Étienne y devait cinq cents francs pour les derniers quinze jours.

— Comment, nous buvions du vin à six francs la bouteille! une sole normande coûte cent sous!... un petit pain vingt centimes!... s'écria-t-elle en lisant la note que lui tendit le journaliste..

— Mais, être volé par un restaurateur ou par une cuisinière, il y a peu de différence pour nous autres, dit Lousteau.

— Tu vivras comme un prince pour le prix de ton dîner.

Après avoir obtenu du propriétaire une cuisine et deux chambres de domestiques, madame de La Baudraye écrivit un mot à sa mère en lui demandant du linge et un prêt de mille francs. Elle reçut deux malles de linge, de l'argenterie, deux mille francs par une cuisinière honnête et dévote que sa mère lui envoyait.

Dix jours après la représentation où ils s'étaient rencontrés, monsieur de Clagny vint voir madame de La Baudraye à quatre heures, en sortant du Palais, et il la trouva brodant un petit bonnet. L'aspect de cette femme si fière, si ambitieuse, dont l'esprit était si cultivé, qui trônait si bien dans le château d'Anzy, descendue à des soins de ménage et cousant pour l'enfant à venir, émut le pauvre magistrat qui sortait de la Cour d'Assises. En voyant des piqûres à l'un de ces doigts tournés en fuseau qu'il avait baisés, il comprit que madame de La Baudraye ne faisait pas de cette occupation un jeu de l'amour maternel. Pendant cette première entrevue, le magistrat lut dans l'âme de Dinah. Cette perspicacité chez un homme épris était un effort surhumain. Il devina que Didine voulait se faire le bon génie du journaliste, le mettre dans une noble voie; elle avait conclu des difficultés de la vie matérielle à quelque désordre moral. Entre deux êtres unis par un amour, si vrai d'une part et si bien joué de l'autre, plus d'une confidence s'était échangée en quatre mois. Malgré le soin avec lequel Étienne se drapait, plus d'une parole avait éclairé Dinah sur les antécédents de ce garçon dont le talent fut si comprimé par la misère, si perverti par le mauvais exemple, si contrarié par des difficultés au-dessus de son courage. Il grandira dans l'aisance, s'était-elle dit. Et elle voulait lui donner le bonheur, la sécurité du chez soi, par l'économie et par l'ordre familiers aux gens nés en province. Dinah devint femme de ménage comme elle était devenue poète, par un élan de son âme vers les sommets.

— Son bonheur sera mon absolution.

Cette parole, arrachée par le magistrat à madame de La Baudraye, expliquait l'état actuel des choses. La publicité donnée par Étienne à son triomphe le jour de la première représentation avait assez mis à nu aux yeux du magistrat les intentions du journaliste. Pour Étienne, madame de La Baudraye était, selon une expression anglaise, une assez belle plume à son bonnet. Loin de goûter les charmes d'un amour mystérieux et timide, de cacher à toute la terre un si grand bonheur, il éprouvait une jouissance de parvenu à se parer de la première femme comme il faut qui l'honorait de son amour. Néanmoins le Substitut fut pendant quelque temps la dupe des soins que tout homme prodigue à une femme dans la situation où se trouvait madame de La Baudraye, et que Lousteau rendait charmants par des câlineries particulières aux hommes dont les manières sont nativement agréables. Il y a des hommes, en effet, qui naissent un peu singes, chez qui l'imitation des plus charmantes choses du sentiment est si naturelle, que le comédien ne se sent plus, et les dispositions naturelles du Sancerrois avaient été très-développées sur le théâtre où jusqu'alors il avait vécu.

Entre le mois d'avril et le mois de juillet, moment où Dinah devait accoucher, elle devina pourquoi Lousteau n'avait pas vaincu la misère : il était paresseux et manquait de volonté. Certainement le cerveau n'obéit qu'à ses propres lois ; il ne reconnaît ni les nécessités de la vie, ni les commandements de l'honneur. On ne produit pas une belle œuvre parce qu'une femme expire, ou pour payer des dettes déshonorantes, ou pour nourrir des enfants. Néanmoins il n'existe pas de grand talent sans une grande volonté. Ces deux forces jumelles sont nécessaires à la construction de l'immense édifice d'une gloire. Les hommes d'élite maintiennent leur cerveau dans les conditions de la production, comme jadis un preux avait ses armes toujours en état. Ils domptent la paresse, ils se refusent aux plaisirs énervants, ou n'y cèdent qu'avec une mesure indiquée par l'étendue de leurs facultés : ainsi s'expliquent Scribe, Rossini, Walter Scott, Cuvier, Voltaire, Newton, Buffon, Bayle, Bossuet, Leibnitz, Lope de Véga, Calderon, Boccace, l'Arétin, Aristote, enfin tous les gens qui divertissent, régentent ou conduisent leur époque. La volonté peut et doit être un sujet d'orgueil bien plus que le talent. Si le talent a son germe dans une prédisposition cultivée, le vouloir est une conquête faite à tout moment sur les instincts, sur les goûts domptés, refoulés, sur les fantaisies et les entraves vaincues, sur les difficultés de tout genre héroïquement surmontées.

L'abus du cigare entretenait la paresse de Lousteau. Si le tabac endort le chagrin, il engourdit infailliblement l'énergie. Tout ce que le cigare éteignait au physique, la Critique l'annihilait au moral chez ce garçon si facile au plaisir. La Critique est funeste au critique comme le Pour et le Contre à l'avocat. A ce métier, l'esprit se fausse, l'intelligence perd sa lucidité rectiligne. L'Écrivain n'existe que par des partis pris. Aussi doit-on distinguer deux Critiques, de même que, dans la peinture, on reconnaît l'Art et le Métier. Critiquer à la manière de la plupart des feuilletonistes actuels, c'est exprimer des jugements tels quels d'une façon plus ou moins spirituelle, comme un avocat plaide au Palais les causes les plus contradictoires. Les journalistes bons enfants trouvent toujours un thème à développer dans l'œuvre qu'ils analysent. Ainsi fait, ce métier convient aux esprits paresseux, aux gens dépourvus de la faculté sublime d'imaginer, ou qui, la possédant, n'ont pas le courage de la cultiver. Toute pièce de théâtre, tout livre devient sous leurs plumes un sujet qui ne coûte aucun effort à leur imagination, et dont le compte-rendu s'écrit, ou moqueur ou sérieux, au gré des passions du moment. Quant au jugement, quel qu'il soit, il est toujours justifiable avec l'esprit français qui se prête admirablement au Pour et au Contre. La conscience est si peu consultée, ces *bravi* tiennent si peu à leur avis, qu'ils vantent dans un foyer de théâtre l'œuvre qu'ils déchirent dans leurs articles. On en a vu passant, au besoin, d'un journal à un autre sans prendre la peine d'objecter que les opinions du nouveau feuilleton doivent être diamétralement opposées à celles de l'ancien. Bien plus, madame de La Baudraye souriait en voyant faire à Lousteau un article dans le sens légitimiste et un article dans le sens dynastique sur un même événement. Elle applaudissait à cette maxime dite par lui : — Nous sommes les Avoués de l'opinion publique !... L'autre Critique est toute une science, elle exige une compréhension complète des œuvres, une vue lucide sur les tendances d'une époque, l'adoption d'un système, une foi dans certains principes ; c'est-à-dire une jurisprudence, un rapport, un arrêt. Ce critique devient alors le magistrat des idées, le censeur de son temps, il exerce un sacerdoce ; tandis que l'autre est un acrobate qui fait des tours pour gagner sa vie, tant qu'il a des jambes. Entre Claude Vignon et Lousteau, se trouvait la distance qui sépare le Métier de l'Art.

Dinah, dont l'esprit se dérouilla promptement et dont l'intelligence avait de la portée, eut bientôt jugé littérairement son idole. Elle vit Lousteau travaillant au dernier moment, sous les exigences les plus déshonorantes, et *lâchant*, comme disent les peintres, d'une œuvre où manque *le faire* ; mais elle le justifiait en se disant : — C'est un poète ! tant elle avait besoin de se justifier à ses propres yeux. En devinant ce secret de la vie littéraire de bien des gens, elle devina que la plume de Lousteau ne serait jamais une ressource. L'amour lui fit alors entreprendre des démarches auxquelles elle ne serait jamais descendue pour elle-même. Elle entama par sa mère des négociations avec son mari pour en obtenir une pension, mais à l'insu de Lousteau dont la délicatesse devait, dans ses idées, être ménagée.

Quelques jours avant la fin de juillet, Dinah froissa de colère la lettre où sa mère lui rapportait la réponse définitive du petit La Baudraye.

« Madame de La Baudraye n'a pas besoin de pension à Paris
» quand elle a la plus belle existence du monde à son château d'Anzy :
» qu'elle y vienne ! »

Lousteau ramassa la lettre et la lut.

— Je nous vengerai, dit-il à madame de La Baudraye de ce ton sinistre qui plaît tant aux femmes quand on caresse leurs antipathies.

Cinq jours après, Bianchon et Duriau, le célèbre accoucheur, étaient établis chez Lousteau qui, depuis la réponse du petit La Baudraye, étalait son bonheur et faisait du faste à propos de l'accouchement de Dinah. Monsieur de Clagny et madame Piédefer, arrivée en hâte, étaient les parrain et marraine de l'enfant attendu ; car le prévoyant magistrat craignit de voir commettre quelque faute grave à Lousteau. Madame de La Baudraye eut un garçon à faire envie aux reines qui veulent un héritier présomptif. Bianchon, accompagné de monsieur de Clagny, alla faire inscrire cet enfant à la Mairie comme fils de monsieur et de madame de La Baudraye, à l'insu d'Étienne qui, de son côté, courait à une imprimerie faire composer ce billet :

Madame la baronne de La Baudraye est heureusement accouchée d'un garçon.

Monsieur Étienne Lousteau a le plaisir de vous en faire part.

La mère et l'enfant se portent bien.

Un premier envoi de soixante billets avait été fait par Lousteau, quand monsieur de Clagny, qui venait savoir des nouvelles de l'accouchée, aperçut la liste des personnes de Sancerre à qui Lousteau se proposait d'envoyer ce curieux billet de faire part, écrite au-dessous des soixante Parisiens qui l'allaient recevoir. Le Substitut saisit la liste et le reste des billets, il les montra d'abord à madame Piédefer en lui disant de ne pas souffrir que Lousteau recommençât cette infâme plaisanterie, et il se jeta dans un cabriolet. Le dévoué magistrat commanda chez le même imprimeur un autre billet ainsi conçu :

Madame la baronne de la Baudraye est heureusement accouchée d'un garçon.

Monsieur le baron Melchior de La Baudraye a l'honneur de vous en faire part.

La mère et l'enfant se portent bien.

Après avoir fait détruire épreuves, composition, tout ce qui pouvait attester l'existence du premier billet, monsieur de Clagny se mit en course pour intercepter les billets partis ; il en substitua beaucoup chez les portiers, il obtint la restitution d'une trentaine ; enfin, après trois jours de courses, il n'existait plus qu'un seul billet de faire part, celui de Nathan. Le Substitut était revenu cinq fois chez cet homme célèbre sans pouvoir le rencontrer. Quand, après avoir demandé un rendez-vous, monsieur de Clagny fut reçu, l'anecdote du billet de faire part avait couru dans Paris ; les uns la prenaient pour une de ces spirituelles calomnies, espèce de plaie à laquelle sont sujettes toutes les réputations, même les éphémères ; les autres affirmaient avoir lu le billet et l'avoir rendu à un ami de la famille La Baudraye ; beaucoup de gens déblatéraient contre l'immoralité des journalistes, en sorte que le dernier billet existant était devenu comme une curiosité. Florine, avec qui Nathan vivait, l'avait montré timbré de la poste, affranchi par la poste, et portant l'adresse écrite par Étienne. Aussi, quand le Substitut eut parlé du billet de faire part, Nathan se mit-il à sourire.

— Vous rendre ce monument d'étourdillage et d'enfantillage? s'écria-t-il. Cet autographe est une de ces armes dont ne doit pas se priver un athlète dans le cirque. Ce billet prouve que Lousteau manque de cœur, de bon goût, de dignité, qu'il ne connaît ni le monde, ni la morale publique, qu'il s'insulte lui-même quand il ne sait plus qui insulter... Il n'y a que le fils d'un bourgeois venu de Sancerre pour être un poète et qui devient le *bravo* de la première Revue venue, qui puisse envoyer un pareil billet de faire part! Convenez-en? ceci, monsieur, est une pièce nécessaire aux archives de notre époque.... Aujourd'hui Lousteau me caresse, demain il pourra demander ma tête.... Ah! pardon de cette plaisanterie, je ne pensais pas que vous êtes Substitut. J'ai eu dans le cœur une passion pour une grande dame, et aussi supérieure à madame de La Baudraye que votre délicatesse, à vous, monsieur, est au-dessus de la gaminerie de Lousteau; mais je serais mort avant d'avoir prononcé son nom... Quelques mois de ses gentillesses et de minauderies m'ont coûté cent mille francs et mon avenir; mais je ne les trouve pas trop chèrement payés!... Et je ne me suis jamais plaint!.... Que les femmes trahissent le secret de leur passion, c'est leur dernière offrande à l'amour; mais que ce soit nous... il faut être bien Lousteau pour ça! Non, pour mille écus je ne donnerais pas ce papier.

— Monsieur, dit enfin le magistrat après une lutte oratoire d'une demi-heure, j'ai vu à ce sujet quinze ou seize littérateurs, et vous seriez le seul inaccessible à des sentiments d'honneur?.... Il ne s'agit pas ici d'Étienne Lousteau, mais d'une femme et d'un enfant qui l'un et l'autre ignorent le tort qu'on leur fait dans leur fortune, dans leur avenir, dans leur honneur. Qui sait, monsieur, si vous ne serez pas obligé de demander à la justice quelque bienveillance pour un ami, pour une personne à l'honneur de laquelle vous tiendrez plus qu'au vôtre? la justice pourra se souvenir que vous avez été impitoyable... Un homme comme vous peut-il hésiter? dit le magistrat.

— J'ai voulu vous faire sentir tout le prix de mon sacrifice, répondit alors Nathan qui livra le billet en pensant à la position du magistrat et acceptant cette espèce de marché.

Quand la sottise du journaliste eut été réparée, monsieur de Clagny vint lui faire une semonce en présence de madame Piédefer ; mais il trouva Lousteau très-irrité de ces démarches.

— Ce que je faisais, monsieur, répondit Étienne, était fait avec intention. Monsieur de La Baudraye a soixante mille francs de rentes, et refuse une pension à sa femme ; je voulais lui faire sentir que j'étais le maître de cet enfant.

— Eh! monsieur, je vous ai bien deviné, répondit le magistrat. Aussi me suis-je empressé d'accepter le parrainage du petit Melchior, il est inscrit à l'État-Civil comme fils du baron et de la baronne de La Baudraye, et, si vous avez des entrailles de père, vous devez être joyeux de savoir cet enfant héritier d'un des plus beaux majorats de France.

— Eh! monsieur, la mère doit-elle mourir de faim?

— Soyez tranquille, monsieur, dit amèrement le magistrat qui avait fait sortir du cœur de Lousteau l'expression du sentiment dont la preuve était depuis si long-temps attendue, je me charge de cette négociation avec monsieur de La Baudraye.

Et monsieur de Clagny sortit la mort dans le cœur : Dinah, son idole, était aimée par intérêt! N'ouvrirait-elle pas les yeux trop tard? — Pauvre femme! se disait le magistrat en s'en allant.

Rendons-lui cette justice, car à qui la rendrait-on si ce n'est à un Substitut? il aimait trop sincèrement Dinah pour voir dans l'avilissement de cette femme un moyen d'en triompher un jour, il était tout compassion, tout dévouement : il aimait.

Les soins exigés pour la nourriture de l'enfant, les cris de l'enfant, le repos nécessaire à la mère pendant les premiers jours, la présence de madame Piédefer, tout conspirait si bien contre les travaux littéraires, que Lousteau s'installa dans les trois chambres louées au premier étage pour la vieille dévote. Le journaliste obligé d'aller aux premières représentations sans Dinah, et séparé d'elle la plupart du temps, trouva je ne sais quel attrait dans l'exercice de sa liberté. Plus d'une fois il se laissa prendre sous le bras et entraîner dans une joyeuse partie. Plus d'une fois il se retrouva chez la lorette d'un ami dans le milieu de la Bohême. Il revoyait des femmes d'une jeunesse éclatante, mises splendidement, et à qui l'économie apparaissait comme une négation de leur jeunesse et de leur pouvoir. Dinah, malgré la beauté merveilleuse qu'elle montra dès son troisième mois de nourriture, ne pouvait soutenir la comparaison avec ces fleurs sitôt fanées, mais si belles pendant le moment où elles vivent les pieds dans l'opulence. Néanmoins la vie de ménage eut de grands attraits pour Etienne. En trois mois, la mère et la fille, aidées par la cuisinière venue de Sancerre et par la petite Paméla, donnèrent à l'appartement un aspect tout nouveau. Le journaliste y trouva son déjeuner, son dîner servis avec une sorte de luxe. Dinah, belle et bien mise, avait soin de prévenir les goûts de son cher Étienne, qui se sentit le roi du logis où tout jusqu'à l'enfant fut subordonné, pour ainsi dire, à son égoïsme. La tendresse de Dinah éclatait dans les plus petites choses, il fut donc impossible à Lousteau de ne pas lui continuer les charmantes tromperies de sa passion feinte. Cependant Dinah prévit dans la vie extérieure où Lousteau se laissait engager, une cause de ruine et pour son amour et pour le ménage. Après dix mois de nourriture, elle sevra son fils, remit sa mère dans l'appartement d'Étienne, et rétablit cette intimité qui lie indissolublement un homme à une femme quand une femme est aimante et spirituelle. Un des traits les plus saillants de la Nouvelle due à Benjamin Constant, et l'une des explications de l'abandon d'Ellénore est ce défaut d'intimité journalière ou nocturne, si vous voulez, entre elle et Adolphe. Chacun des deux amants a son chez soi, l'un et l'autre ont obéi au monde, ils ont gardé les apparences. Ellénore, périodiquement quittée, est obligée à d'énormes travaux de tendresse pour chasser les pensées de liberté qui saisissent Adolphe au dehors. Le perpétuel échange des regards et des pensées dans la vie en commun donne de telles armes aux femmes que, pour les abandonner, un homme doit objecter des raisons majeures qu'elles ne fournissent jamais tant qu'elles aiment.

Ce fut tout une nouvelle période et pour Étienne et pour Dinah. Dinah voulut être nécessaire, elle voulut rendre de l'énergie à cet homme dont la faiblesse lui souriait, elle y voyait des garanties. Elle lui trouva des sujets, elle lui en dessina les canevas; et, au besoin, elle lui écrivit des chapitres entiers. Elle rajeunit les veines de ce talent à l'agonie par un sang frais, elle lui donna ses idées, ses jugements; enfin, elle fit deux livres qui eurent du succès. Plus d'une fois elle sauva l'amour-propre d'Étienne au désespoir de se sentir sans idées, en lui dictant, lui corrigeant, ou lui finissant ses feuilletons. Le secret de cette collaboration fut inviolablement gardé : madame Piédefer n'en sut rien. Ce galvanisme moral fut récompensé par un surcroît de recettes qui permit au ménage de bien vivre jusqu'à la fin de l'année 1838. Lousteau s'habituait à voir sa besogne faite par Dinah, et il la payait, comme dit le peuple dans son langage énergique, *en monnaie de singe*. Ces dépenses du dévouement deviennent un trésor auquel les âmes généreuses s'attachent. Il y eut un moment où Lousteau coûtait trop à Dinah pour qu'elle pût jamais renoncer à lui. Mais elle eut une seconde grossesse. L'année fut terrible à passer. Malgré les soins des deux femmes, Lousteau contracta des dettes; il excéda ses forces pour les payer par son travail pendant les couches de Dinah qui le trouva héroïque, tant elle le connaissait bien! Après cet effort, épouvanté d'avoir deux femmes, deux enfants, deux domestiques, il se regarda comme incapable de lutter avec sa plume pour soutenir une famille, quand lui seul n'avait pu vivre. Il laissa donc les choses aller à l'aventure. Ce féroce calculateur outra la comédie de l'amour chez lui pour avoir au dehors plus de liberté. La fière Dinah soutint le fardeau de cette existence à elle seule. Cette pensée : *il* m'aime! lui donna des forces surhumaines. Elle travailla comme travaillent les plus vigoureux talents de cette époque. Au risque de perdre sa fraîcheur et sa santé, Didine fut pour Lousteau ce que fut mademoiselle Delachaux pour Gardane dans le magnifique conte vrai de Diderot. Mais en se sacrifiant elle-même, elle commit la faute sublime de sacrifier sa toilette; elle fit reteindre ses robes, elle ne porta plus que du noir.

— Elle pua le noir, comme disait Malaga qui se moquait beaucoup de Lousteau.

Vers la fin de l'année 1839, Étienne, à l'instar de Louis XV, en était arrivé, par d'insensibles capitulations de conscience, à établir une distinction entre sa bourse et celle de son ménage, comme Louis XV distinguait entre son trésor secret et sa cassette. Le misérable trompa Dinah sur le montant des recettes. En s'apercevant de ces lâchetés, madame de La Baudraye eut d'atroces souffrances de jalousie. Elle voulut mener de front la vie du monde et la vie littéraire; elle accompagna le journaliste à toutes les premières représentations, et surprit chez lui des mouvements d'amour-propre offensé. Le noir de la toilette déteignait sur lui, rembrunissait sa physionomie, et le rendait parfois brutal. Jouant, dans son ménage, le rôle de la femme, il en eut les féroces exigences : il reprochait à Dinah le peu de fraîcheur de sa mise, tout en profitant de ce sacrifice qui coûte tant à une maîtresse; absolument comme une femme qui, après vous avoir ordonné de passer par un égout pour lui sauver l'honneur, vous dit : — Je n'aime pas la boue! quand vous en sortez.

Dinah ramassa les guides jusqu'alors assez flottantes de la domination que toutes les femmes spirituelles exercent sur les gens sans volonté; mais à cette manœuvre elle perdit beaucoup de son lustre moral : les soupçons qu'elle laissa voir attirent aux femmes des querelles où le manque de respect commence, parce qu'elles descendent elles-mêmes de la hauteur à laquelle elles se sont primitivement placées. Puis elle fit des concessions. Ainsi Lousteau put recevoir plusieurs de ses amis, Nathan, Bixiou, Blondet, Finot dont les manières, les discours, le contact étaient dépravants. On essaya de persuader à madame de La Baudraye que ses principes, ses répugnances étaient un reste de pruderie provinciale. Enfin on lui prêcha le code de la supériorité féminine. Bientôt sa jalousie donna des armes contre elle. Au carnaval de 1840, elle se déguisait, allait au bal de l'Opéra, faisait quelques soupers afin de suivre Étienne dans tous ses amusements.

Le jour de la Mi-Carême, ou plutôt le lendemain, à huit heures du matin, Dinah déguisée arrivait du bal pour se coucher. Elle était allée épier Lousteau qui, la croyant malade, avait disposé de sa mi-carême en faveur de Fanny Beaupré. Le journaliste, prévenu par un ami, s'était comporté de manière à tromper la pauvre femme, qui ne demandait pas mieux que d'être trompée. En descendant de sa citadine, Dinah rencontra monsieur de La Baudraye, à qui le portier la désigna. Le petit vieillard dit froidement à sa femme en la prenant par le bras : — Est-ce vous, madame?...

Cette apparition du pouvoir conjugal devant lequel elle se trouvait si petite, et surtout ce mot glaça presque le cœur à cette pauvre créature surprise en débardeur. Pour mieux échapper à l'attention d'Étienne, elle avait pris le déguisement sous lequel il ne la chercherait point. Elle profita de ce qu'elle était encore masquée pour se sauver sans répondre, alla se déshabiller, et monta chez sa mère où l'attendait monsieur de La Baudraye. Malgré son air digne, elle rougit en présence du petit vieillard.

— Que voulez-vous de moi, monsieur? dit-elle. Ne sommes-nous pas à jamais séparés?...

— De fait, oui, répondit monsieur de La Baudraye ; mais légalement, non...

Madame Piédefer faisait des signes à sa fille que Dinah finit par apercevoir.

— Il n'y a que vos intérêts qui puissent vous amener ici, dit-elle avec amertume.

— Nos intérêts, répondit froidement le petit homme, car nous avons des enfants... Votre oncle Silas Piédefer est mort à New-York, où, après avoir fait et perdu plusieurs fortunes dans divers pays, il a fini par laisser quelque chose comme sept à huit cent mille francs, on dit douze cent mille francs ; mais il s'agit de réaliser des marchandises... Je suis le chef de la communauté, j'exerce vos droits.

— Oh ! s'écria Dinah, en tout ce qui concerne les affaires, je n'ai de confiance qu'en monsieur de Clagny ; il connaît les lois, entendez-vous avec lui ; ce qui sera fait par lui sera bien fait.

— Je n'ai pas besoin de monsieur de Clagny, dit monsieur de La Baudraye, pour vous retirer mes enfants...

— Vos enfants ! s'écria Dinah, vos enfants à qui vous n'avez pas envoyé une obole ! vos enfants !...

Elle n'ajouta rien qu'un immense éclat de rire ; mais l'impassibilité du petit La Baudraye jeta de la glace sur cette explosion.

— Madame votre mère vient de me les montrer, ils sont charmants, je ne veux pas me séparer d'eux, et je les emmène à notre château d'Anzy, dit monsieur de La Baudraye, quand ce ne serait que pour leur éviter de voir leur mère déguisée comme se déguisent les...

— Assez ! dit impérieusement madame de La Baudraye. Que voulez-vous de moi en venant ici ?...

— Une procuration pour recueillir la succession de notre oncle Silas...

Dinah prit une plume, écrivit deux mots à monsieur de Clagny et dit à son mari de revenir le soir. A cinq heures, l'Avocat-Général, monsieur de Clagny avait eu de l'avancement, éclaira madame de la Baudraye sur sa position ; mais il se chargea de la régulariser en faisant un compromis avec le petit vieillard, que l'avarice avait amené. Monsieur de La Baudraye, à qui la procuration de sa femme était nécessaire pour agir à sa guise, l'acheta par les concessions suivantes : il s'engagea d'abord à faire à sa femme une pension de dix mille francs tant qu'il lui conviendrait, fut-il dit dans l'acte, de vivre à Paris ; mais, à mesure que les enfants atteindraient à l'âge de six ans, ils seraient remis à monsieur de La Baudraye. Enfin le magistrat obtint le paiement préalable d'une année de la pension. Le petit La Baudraye vint dire adieu galamment à sa femme et à ses enfants, il se montra vêtu d'un petit paletot blanc en caoutchouc. Il était si ferme sur ses jambes et si semblable au La Baudraye de 1836, que Dinah désespéra d'enterrer jamais ce terrible nain.

Du jardin où il fumait un cigare, le journaliste vit monsieur de La Baudraye pendant le temps que cet insecte mit à traverser la cour; mais ce fut assez pour Lousteau : il lui parut évident que le petit homme avait voulu détruire toutes les espérances que sa mort pouvait inspirer à sa femme. Cette scène si rapide changea beaucoup les dispositions de son cœur et de son esprit. En fumant un second cigare, il se mit à réfléchir à sa position. La vie en commun qu'il menait avec la baronne de La Baudraye lui avait jusqu'à présent coûté tout autant d'argent qu'à elle. Pour se servir d'une expression commerciale, les comptes se balançaient à la rigueur. Eu égard à son peu de fortune, à la peine avec laquelle il gagnait son argent, Lousteau se regardait moralement comme le créancier. Assurément, l'heure était favorable pour quitter cette femme. Fatigué de jouer depuis environ trois ans une comédie qui ne devient jamais une habitude, il déguisait perpétuellement son ennui. Ce garçon, habitué à ne rien dissimuler, s'imposait au logis un sourire semblable à celui du débiteur devant son créancier. Cette obligation lui devenait de jour en jour plus pénible. Jusqu'alors l'intérêt immense que présentait l'avenir lui avait donné des forces; mais quand il vit le petit La Baudraye partant aussi lestement pour les États-Unis que s'il s'agissait d'aller à Rouen par les bateaux à vapeur, il ne crut plus à l'avenir. Il rentra du jardin dans le salon élégant où Dinah venait de recevoir les adieux de son mari.

— Étienne, dit madame de La Baudraye, sais-tu ce que mon seigneur et maître vient de me proposer? Dans le cas où il me plairait d'habiter Anzy pendant son absence, il a donné ses ordres, et il espère que les bons conseils de ma mère me décideront à y revenir avec mes enfants...

— Le conseil est excellent, répondit sèchement Lousteau qui connaissait assez Dinah pour savoir la réponse passionnée qu'elle mendiait d'ailleurs par un regard.

Ce ton, l'accent, le regard indifférent, tout frappa si durement cette femme qui vivait uniquement par son amour, qu'elle laissa couler de ses yeux le long de ses joues deux grosses larmes sans répondre, et Lousteau ne s'en aperçut qu'au moment où elle prit son mouchoir pour essuyer ces deux perles de douleur.

— Qu'as-tu, Didine? reprit-il atteint au cœur par cette vivacité de sensitive.

— Au moment où je m'applaudissais d'avoir conquis à jamais notre liberté, dit-elle, — au prix de ma fortune! — en vendant — ce qu'une mère a de plus précieux — ses enfants!... — car il me les prend à l'âge de six ans — et, pour les voir, il faudra retourner à Sancerre! — un supplice! — ah! mon Dieu! qu'ai-je fait!

Lousteau se mit aux genoux de Dinah et lui baisa les mains en lui prodiguant ses plus caressantes chatteries.

— Tu ne me comprends pas, dit-il. Je me juge, et ne vaux pas tous ces sacrifices, mon cher ange. Je suis, littérairement parlant, un homme très-secondaire. Le jour où je ne pourrai plus faire la parade au bas d'un journal, les entrepreneurs de feuilles publiques me laisseront là, comme une vieille pantoufle qu'on jette au coin de la borne. Penses-y? nous autres danseurs de corde, nous n'avons pas de pension de retraite! Il se trouverait trop de gens de talent à pensionner, si l'État entrait dans cette voie de bienfaisance! J'ai quarante-deux ans, je suis devenu paresseux comme une marmotte. Je le sens : mon amour (il lui baisa bien tendrement la main) ne peut que te devenir funeste. J'ai vécu, tu le sais, à vingt-deux ans avec Florine; mais ce qui s'excuse au jeune âge, ce qui semble alors joli, charmant, est déshonorant à quarante ans. Jusqu'à présent, nous avons partagé le fardeau de notre existence, elle n'est pas belle depuis dix-huit mois. Par dévouement pour moi, tu vas mise tout en noir, ce qui ne me fait pas honneur...

Dinah fit un de ces magnifiques mouvements d'épaule qui valent tous les discours du monde...

— Oui, dit Étienne en continuant, je le sais, tu sacrifies tout à mes goûts, même ta beauté. Et moi, le cœur usé dans les luttes, l'âme pleine de pressentiments mauvais sur mon avenir, je ne récompense pas ton suave amour par un amour égal. Nous avons été très-heureux, sans nuages, pendant long-temps... Eh! bien, je ne veux pas voir mal finir un si beau poème, ai-je tort?...

Madame de La Baudraye aimait tant Étienne, que cette sagesse digne de monsieur de Clagny lui fit plaisir, et sécha ses larmes.

— Il m'aime donc pour moi! se dit-elle en le regardant avec un sourire dans les yeux.

Après ces quatre années d'intimité, l'amour de cette femme avait fini par réunir toutes les nuances découvertes par notre esprit d'analyse et que la société moderne a créées; un des hommes les plus remarquables de ce temps, dont la perte récente afflige encore les lettres, Beyle (Stendalh) les a, le premier, parfaitement caractérisées. Lousteau produisait sur Dinah cette vive commotion, explicable par le magnétisme, qui met en désarroi les forces de l'âme, de l'esprit et du corps, qui détruit tout principe de résistance chez les femmes. Un regard de Lousteau, sa main posée sur celle de Dinah la rendaient tout obéissance. Une parole douce, un sourire de cet homme fleurissaient l'âme de cette pauvre femme, émue ou attristée par la caresse ou par la froideur de ses yeux. Lorsqu'elle lui donnait le bras en marchant à son pas, dans la rue ou sur le boulevard, elle était si bien fondue en lui qu'elle perdait la conscience de son *moi*. Charmée par l'esprit, magnétisée par les manières de ce garçon, elle ne voyait que de légers défauts dans ses vices. Elle aimait les bouffées de cigare que le vent lui apportait du jardin dans la chambre, elle allait les respirer, elle n'en faisait pas une grimace, elle se cachait pour en jouir. Elle haïssait le libraire ou le directeur de journal qui refusait à Lousteau de l'argent en objectant l'énormité des avances déjà faites. Elle allait jusqu'à comprendre que ce bohémien écrivît une Nouvelle dont le prix était à recevoir, au lieu de la donner en paiement de l'argent reçu. Tel est sans doute le véritable amour, il comprend toutes les manières d'aimer : amour de cœur, amour de tête, amour-passion, amour-caprice, amour-goût, selon les définitions de Beyle. Didine aimait tant, qu'en certains moments où son sens critique, si juste, si continuellement exercé depuis son séjour à Paris, lui faisait voir clair dans l'âme de Lousteau, la sensation l'emportait sur la raison, et lui suggérait des excuses.

— Et moi, lui répondit-elle, que suis-je? une femme qui s'est mise en dehors du monde. Quand je manque à l'honneur des femmes, pourquoi ne me sacrifierais-tu pas un peu de l'honneur des hommes? Est-ce que nous ne vivons pas en dehors des conventions sociales? Pourquoi ne pas accepter de moi ce que Nathan accepte de Florine? nous compterons quand nous nous quitterons, et... tu sais!... la mort seule nous séparera. Ton honneur, Étienne, c'est ma félicité; comme le mien est ma constance et ton bonheur. Si je ne te rends pas heureux, tout est dit. Si je te donne une peine, condamne-moi. Nos dettes sont payées, nous avons dix mille francs de rentes, et nous gagnerons bien, à nous deux, huit mille francs par an.... *Je ferai du théâtre!* Avec quinze cents francs par mois, ne serons-nous pas aussi riches que les Rostchild? Sois tranquille. Maintenant j'aurai des toilettes délicieuses, je te donnerai tous les jours des plaisirs de vanité comme le jour de la première représentation de Nathan...

— Et ta mère qui va tous les jours à la messe, qui veut t'amener un prêtre et te faire renoncer à ton genre de vie.

— Chacun son vice. Tu fumes, elle me prêche, pauvre femme! mais elle a soin des enfants, elle les mène promener, elle est d'un dévouement absolu, elle m'idolâtre; veux-tu l'empêcher de pleurer?.....

— Que dira-t-on de moi?...

— Mais nous ne vivons pas pour le monde! s'écria-t-elle en relevant Étienne et le faisant asseoir près d'elle. D'ailleurs, nous serons un jour mariés... nous avons pour nous les chances de mer...

— Je n'y pensais pas, s'écria naïvement Lousteau qui se dit en lui-même : Il sera toujours temps de rompre au retour du petit La Baudraye.

A compter de cette journée, Lousteau vécut luxueusement. Dinah pouvait lutter, aux premières représentations, avec les femmes les mieux mises de Paris. Caressé par ce bonheur intérieur, Lousteau jouait avec ses amis, par fatuité, le personnage d'un homme excédé, ennuyé, ruiné par madame de La Baudraye.

— Oh! combien j'aimerais l'ami qui me délivrerait de Dinah! Mais personne n'y réussirait! disait-il, elle m'aime à se jeter par la fenêtre si je le lui disais.

Le drôle se faisait plaindre, il prenait des précautions contre la jalousie de Dinah, quand il acceptait une partie. Enfin il commettait des infidélités sans vergogne. Quand monsieur de Clagny, vraiment désespéré de voir Dinah dans une situation si déshonorante, quand elle pouvait être si riche, si haut placée et au moment où ses primitives ambitions allaient être accomplies, arriva lui dire : — On vous trompe! Elle répondit : — Je le sais!

Le magistrat resta stupide. Il retrouva la parole pour faire une observation.

— M'aimez-vous encore? lui demanda madame de La Baudraye en l'interrompant au premier mot.

— A me perdre pour vous... s'écria-t-il en se dressant sur ses pieds.

Les yeux de ce pauvre homme devinrent comme des torches, il trembla comme une feuille, il sentit son larynx immobile, ses cheveux frémirent dans leurs racines, il crut au bonheur d'être pris par son idole comme un vengeur, et ce pis-aller le rendit presque fou de joie.

— De quoi vous étonnez-vous? lui dit-elle en le faisant rasseoir, voilà comment je l'aime.

Le magistrat comprit alors cet argument *ad hominem!* Et il eut des larmes dans les yeux, lui qui venait de faire condamner un homme à mort! La satiété de Lousteau, cet horrible dénoûment du concubinage, s'était trahie en mille petites choses qui sont comme des grains de sable jetés aux vitres du pavillon magique où l'on rêve quand on aime. Ces grains de sable, qui deviennent des cailloux, Dinah ne les avait vus que quand ils avaient eu la grosseur d'une pierre. Madame de La Baudraye avait fini par bien juger Lousteau.

— C'est, disait-elle à sa mère, un poète sans aucune défense contre le malheur, lâche par paresse et non par défaut de cœur, un peu trop complaisant à la volupté; enfin, c'est un chat qu'on ne peut pas haïr. Que deviendrait-il sans moi? J'ai empêché son mariage, il n'a plus d'avenir. Son talent périrait dans la misère.

— Oh! ma Dinah! s'écria madame Piédefer, dans quel enfer vis-tu?... Quel est le sentiment qui te donnera les forces de persister...

— Je serai sa mère! avait-elle dit.

Il est des positions horribles où l'on ne prend de parti qu'au moment où nos amis s'aperçoivent de notre déshonneur. On transige avec soi-même, tant qu'on échappe à un censeur qui vient faire le Procureur du Roi. Monsieur de Clagny, maladroit comme un *patito*, venait de se faire le bourreau de Dinah!

— Je serai, pour conserver mon amour, ce que madame de Pompadour fut pour garder le pouvoir, se dit-elle quand monsieur de Clagny fut parti.

Cette parole dit assez que son amour devenait lourd à porter, et qu'il allait être un travail au lieu d'être un plaisir.

Le nouveau rôle adopté par Dinah était horriblement douloureux, mais Lousteau ne le rendit pas facile à jouer. En sa qualité de bon enfant, quand il voulait sortir après dîner, il jouait de petites scènes d'amitié ravissantes, il disait à Dinah des mots vraiment pleins de tendresse, il prenait son compagnon par la chaîne, et quand il l'en avait meurtrie dans les meurtrissures, le royal ingrat disait : — T'ai-je fait mal ?

Ces menteuses caresses, ces déguisements eurent quelquefois des suites déshonorantes pour Dinah qui croyait à des retours de tendresse. Hélas! la mère cédait avec une honteuse facilité la place à Didine. Elle se sentit comme un jouet entre les mains de cet homme, et elle finit par se dire : — Eh! bien, je veux être son jouet! en y trouvant des plaisirs aigus, des jouissances de damné.

Quand cette femme d'un esprit si viril, se jeta par la pensée dans la solitude, elle sentit son courage défaillir. Elle préféra les supplices prévus, inévitables de cette intimité féroce, à la privation de jouissances d'autant plus exquises qu'elles naissaient au milieu de remords, de luttes épouvantables avec elle-même, de *non* qui se changeaient en *oui !* Ce fut à tout moment la goutte d'eau saumâtre trouvée dans le désert, bue avec plus de délices que le voyageur n'en goûte à savourer les meilleurs vins à la table d'un prince. Quand Dinah se disait à minuit : — Rentrera-t-il, ne rentrera-t-il pas? elle ne renaissait qu'au bruit connu des bottes d'Étienne, elle reconnaissait sa manière de sonner. Souvent elle essayait des voluptés comme d'un frein, elle se plaisait à lutter avec ses rivales, à ne leur rien laisser dans ce cœur rassasié. Combien de fois joua-t-elle la tragédie du Dernier Jour d'un Condamné, se disant : — Demain, nous nous quitterons! Et combien de fois un mot, un regard, une caresse empreinte de naïveté la fit-elle retomber dans l'amour? Ce fut souvent terrible! elle tourna plus d'une fois autour du suicide en tournant autour de ce gazon parisien d'où s'élevaient des fleurs pâles!... Elle n'avait pas, enfin, épuisé l'immense trésor de dévouement et d'amour que les femmes aimantes ont dans le cœur. Adolphe était sa Bible, elle l'étudiait; car, par-dessus toutes choses, elle ne voulait pas être Ellénore. Elle évita les larmes, se garda de toutes les amertumes si savamment décrites par le critique auquel on doit l'analyse de cette œuvre poignante, et dont la glose paraissait à Dinah presque supérieure au livre. Aussi relisait-elle souvent le magnifique article du seul critique qu'ait eu la Revue des Deux-Mondes, et qui se trouve en tête de la nouvelle édition d'Adolphe.

— « Non, se disait-elle en en répétant les fatales paroles, » non, je ne donnerai pas à mes prières la forme du comman-

» dement, je ne m'empresserai pas aux larmes comme à une
» vengeance, je ne jugerai pas les actions que j'approuvais au-
» trefois sans contrôle, je n'attacherai point un œil curieux à ses
» pas ; s'il s'échappe, au retour il ne trouvera pas une bouche im-
» périeuse, dont le baiser soit un ordre sans réplique. Non ! mon
» silence ne sera pas une plainte, et ma parole ne sera pas une
» querelle !... » Je ne serai pas vulgaire, se disait-elle en posant
sur sa table le petit volume jaune qui déjà lui avait valu ce mot de
Lousteau : — Tiens ? tu lis Adolphe !... N'eussé-je qu'un jour où
il reconnaîtra ma valeur et où il se dira : Jamais la victime n'a
crié ! ce serait assez ! D'ailleurs, les autres n'auront que des moments, et moi j'aurai toute sa vie !

En se croyant autorisé par la conduite de sa femme à la punir au tribunal domestique, monsieur de La Baudraye eut la
délicatesse de la voler pour achever sa grande entreprise de la
mise en culture des douze cents hectares de brandes, à laquelle,
depuis 1836, il consacrait ses revenus en vivant comme un rat. Il
manipula si bien les valeurs laissées par monsieur Silas Piédefer,
qu'il put réduire la liquidation authentique à huit cent mille
francs, tout en en rapportant douze cent mille. Il n'annonça point son
retour à sa femme ; mais, pendant qu'elle souffrait des maux
inouïs, il bâtissait des fermes, il creusait des fossés, il plantait des
arbres, il se livrait à des défrichements audacieux qui le firent regarder comme un des agronomes les plus distingués du Berry. Les
quatre cent mille francs, pris à sa femme, passèrent en trois ans à cette
opération, et la terre d'Anzy dut, dans un temps donné, rapporter
soixante-douze mille francs de rentes, nets d'impôts. Quant aux huit
cent mille francs, il en fit emploi en quatre et demi pour cent, à quatre-vingts francs, grâce à la crise financière due au Ministère dit
du Premier Mars. En procurant ainsi quarante-huit mille francs de
rentes à sa femme, il se regarda comme quitte envers elle. Ne pouvait-il pas lui représenter les douze cent mille francs le jour où le
quatre et demi dépasserait cent francs. Son importance ne fut plus
primée à Sancerre que par celle du plus riche propriétaire foncier
de France dont il se faisait le rival. Il se voyait cent quarante mille
francs de rente, dont quatre-vingt-dix en fonds de terres formant
son majorat. Après avoir calculé qu'à part ses revenus, il payait dix
mille francs d'impôts, trois mille francs de frais, dix mille francs à
sa femme et douze cents à sa belle-mère, il disait en pleine Société

Littéraire : — On prétend que je suis un avare, que je ne dépense rien, ma dépense monte encore à vingt-six mille cinq cents francs par an. Et je vais avoir à payer l'éducation de mes deux enfants! ça ne fait peut-être pas plaisir aux Milaud de Nevers, mais la seconde maison de La Baudraye aura peut-être une aussi belle carrière que la première. J'irai vraisemblablement à Paris, solliciter du Roi des Français le titre de comte (monsieur Roy est comte), cela fera plaisir à ma femme d'être appelée madame la comtesse.

Cela fut dit d'un si beau sang-froid, que personne n'osa se moquer de ce petit homme. Le Président Boirouge seul lui répondit :
— A votre place, je ne me croirais heureux que si j'avais une fille...
— Mais, dit le baron, j'irai bientôt à Paris...

Au commencement de l'année 1841, madame La Baudraye, en se sentant toujours prise comme pis-aller, en était revenue à s'immoler au bien-être de Lousteau : elle avait repris les vêtements noirs; mais elle arborait cette fois un deuil, car ses plaisirs se changeaient en remords. Elle avait trop souvent honte d'elle-même pour ne pas sentir parfois la pesanteur de sa chaîne, et sa mère la surprit en ces moments de réflexion profonde où la vision de l'avenir plonge les malheureux dans une sorte de torpeur. Madame Piédefer, conseillée par son confesseur, épiait le moment de lassitude que ce prêtre lui prédisait devoir arriver, et sa voix plaidait alors pour les enfants. Elle se contentait de demander une séparation de domicile sans exiger une séparation de cœur.

Dans la nature, ces sortes de situations violentes ne se terminent pas, comme dans les livres, par la mort ou par des catastrophes habilement arrangées; elles finissent beaucoup moins poétiquement par le dégoût, par la flétrissure de toutes les fleurs de l'âme, par la vulgarité des habitudes, mais très-souvent aussi par une autre passion qui dépouille une femme de cet intérêt dont on les entoure traditionnellement. Or, quand le bon sens, la loi des convenances sociales, l'intérêt de famille, tous les éléments de ce qu'on appelait la morale publique sous la Restauration, en haine du mot Religion catholique, fut appuyé par le sentiment de blessures un peu trop vives; quand la lassitude du dévouement arriva presque à la défaillance, et que, dans cette situation, un coup par trop violent, une de ces lâchetés que les hommes ne laissent voir qu'à des femmes dont ils se croient toujours maîtres, met le comble au dégoût, au désenchantement, l'heure est arrivée pour l'ami qui poursuit la guérison. Madame Piédefer eut donc peu de chose à faire pour détacher la taie aux yeux de sa fille. Elle envoya chercher l'Avocat-Général. Monsieur de Clagny acheva l'œuvre en affirmant à madame de La Baudraye que, si elle renonçait à vivre avec Étienne, son mari lui laisserait ses enfants, lui permettrait d'habiter Paris et lui rendrait la disposition de *ses propres*.

— Quelle existence! dit-il. En usant de précautions, avec l'aide de personnes pieuses et charitables, vous pourriez avoir un salon et reconquérir une position. Paris n'est pas Sancerre!

Dinah s'en remit à monsieur de Clagny du soin de négocier une réconciliation avec le petit vieillard. Monsieur de La Baudraye avait bien vendu ses vins, il avait vendu des laines, il avait abattu des réserves, et il était venu, sans rien dire à sa femme, à Paris y placer deux cent mille francs en achetant, rue de l'Arcade, un charmant hôtel provenant de la liquidation d'une grande fortune aristocratique compromise. Membre du Conseil-Général de son département depuis 1826 et payant dix mille francs de contributions, il se trouvait doublement dans les conditions exigées par la nouvelle loi sur la pairie. Quelque temps avant l'élection générale de 1842, il déclara sa candidature au cas où il ne serait pas fait pair de France. Il demandait également à être revêtu du titre de comte et promu commandeur de la Légion-d'Honneur. En matière d'élections, tout ce qui pouvait consolider les nominations dynastiques était juste; or, dans le cas où monsieur de La Baudraye serait acquis au gouvernement, Sancerre devenait plus que jamais le bourg pourri de la Doctrine. Monsieur de Clagny, dont les talents et la modestie étaient de plus en plus appréciés, appuya monsieur de La Baudraye; il montra dans l'élévation de ce courageux agronome des garanties à donner aux intérêts matériels. Monsieur de La Baudraye, une fois nommé comte, pair de France et commandeur de la Légion-d'Honneur, eut la vanité de se faire représenter par une femme et par une maison bien tenue, il voulait, dit-il, jouir de la vie. Il pria sa femme, par une lettre que dicta l'Avocat-Général, d'habiter son hôtel, de le meubler, d'y déployer ce goût dont tant de preuves le charmaient, dit-il, dans son château d'Anzy. Le nouveau comte fit observer à sa femme que l'éducation de leurs fils exigeait qu'elle restât à Paris, tandis que leurs intérêts territoriaux l'obligeaient à ne pas quitter Sancerre. Le complaisant mari chargeait donc monsieur de Clagny de remettre à madame la comtesse soixante mille francs pour l'arrangement intérieur de l'hôtel de La Baudraye en recommandant d'incruster une plaque de marbre au-dessus de la porte cochère avec cette inscription : *Hôtel de La Baudraye*. Puis, tout en rendant compte à sa femme des résultats de la liquidation Silas Piédefer, monsieur de La Baudraye annonçait le placement en quatre et demi pour cent des huit cent mille francs recueillis à New-York, et lui allouait cette inscription pour ses dépenses, y compris celles de l'éducation des enfants. Quasi forcé de venir à Paris pendant une partie de la session à la Chambre des Pairs, il recommandait alors à sa femme de lui réserver un petit appartement dans un entresol au-dessus des communs.

— Ah! çà, mais il devient jeune, il devient gentilhomme, il devient magnifique, que va-t-il encore devenir? c'est à faire trembler, dit madame de La Baudraye.

— Il satisfait tous les désirs que vous formiez à vingt ans!... répondit le magistrat.

La comparaison de sa destinée à venir avec sa destinée actuelle n'était pas soutenable pour Dinah. La veille encore, Anna de Fontaine avait tourné la tête pour ne pas voir son amie de cœur du pensionnat Chamarolles.

Dinah se dit : — Je suis comtesse, j'aurai sur ma voiture le manteau bleu de la pairie, et dans mon salon les sommités de la politique et de la littérature... je la regarderai, moi!...

Cette petite jouissance pesa de tout son poids au moment de la conversion.

Un beau jour, en mai 1842, madame de La Baudraye paya toutes les dettes de son ménage, et laissa mille écus sur la liasse de tous les comptes acquittés. Après avoir envoyé sa mère et ses enfants à l'hôtel La Baudraye, elle attendit Lousteau tout habillée, comme pour sortir. Quand l'ex-roi de son cœur rentra pour dîner, elle lui dit : — J'ai renversé la marmite, mon ami. Madame de La Baudraye vous donne à dîner au Rocher de Cancale. Venez?

Elle entraîna Lousteau stupéfait du petit air dégagé que prenait cette femme, encore asservie le matin à ses moindres caprices, car elle aussi! avait joué la comédie depuis deux mois.

— Madame de La Baudraye est ficelée comme pour une *première*, dit-il en se servant de l'abréviation par laquelle on désigne en argot du journal une première représentation. Et pourquoi pas, Dinah?

— N'oubliez pas le respect que vous devez à madame de La Baudraye, dit gravement Dinah. Je ne sais plus ce que signifie ce mot *ficelée...*

— Comment Didine? fit-il en la prenant par la taille.

— Il n'y a plus de Didine, vous l'avez tuée, mon ami, répondit-elle en se dégageant. Et je vous donne la première représentation de madame la comtesse de La Baudraye...

— C'est donc vrai, notre insecte est pair de France?

— La nomination sera ce soir dans le Moniteur, m'a dit monsieur de Clagny qui lui-même passe à la Cour de Cassation.

— Au fait, dit le journaliste, l'entomologie sociale devait être représentée à la Chambre.

— Mon ami, nous nous séparons pour toujours, dit madame de La Baudraye en comprimant le tremblement de sa voix. J'ai congédié les deux domestiques. En rentrant, vous trouverez votre ménage en règle et sans dettes. J'aurai toujours pour vous, mais secrètement, le cœur d'une mère. Quittons-nous tranquillement, sans bruit, en gens comme il faut. Avez-vous un reproche à me faire sur ma conduite pendant ces six années?

— Aucun, si ce n'est d'avoir brisé ma vie et détruit mon avenir, dit-il d'un ton sec. Vous avez beaucoup lu le livre de Benjamin Constant, et vous avez même étudié l'article de Gustave Planche; mais vous ne l'avez lu qu'avec des yeux de femme. Quoique vous ayez une de ces belles intelligences qui ferait la fortune d'un poète, vous n'avez pas osé vous mettre au point de vue des hommes. Ce livre, ma chère, a les deux sexes. Vous savez?... Nous avons établi qu'il y a des livres mâles ou femelles, blonds ou noirs... Dans Adolphe, les femmes ne voient qu'Ellénore, les jeunes gens y voient Adolphe, les hommes y voient Ellénore et Adolphe, les politiques y voient la vie sociale! Vous vous êtes dispensée, comme votre critique d'ailleurs, d'entrer dans l'âme d'Adolphe. Ce qui tue ce pauvre garçon, ma chère, c'est d'avoir perdu son avenir pour une femme; de ne pouvoir rien être de ce qu'il serait devenu, ni ambassadeur, ni ministre, ni poète, ni riche. Il a donné six ans de son énergie, du moment de la vie où l'homme peut accepter les rudesses d'un apprentissage quelconque, à une jupe qu'il a devancée dans la carrière de l'ingratitude, car une femme qui a pu quitter son premier amant devait tôt ou tard laisser le second. Adolphe est un Allemand blondasse qui ne se sent pas la force de tromper Ellénore. Il est des Adolphe qui font grâce à leur Ellénore des querelles déshonorantes, des plaintes, et qui se disent : Je ne parlerai pas de ce que j'ai perdu ! je ne montrerai pas toujours à l'Égoïsme que j'ai couronné mon poing coupé comme fait le Ramorny de la Jolie Fille de Perth; mais ceux-là, ma chère, on les quitte... Adolphe est un fils de bonne maison, un cœur aristocrate qui veut rentrer dans la voie des honneurs, des places, et rattraper sa dot sociale, sa considération compromise. Vous jouez en ce moment à la fois les deux personnages. Vous ressentez la douleur que cause une position perdue, et vous vous croyez en droit d'abandonner un pauvre amant qui a eu le malheur de vous croire assez supérieure pour admettre que si chez l'homme le cœur doit être constant, le sexe peut se laisser aller à des caprices...

— Et croyez-vous que je ne serai pas occupée de vous rendre ce que je vous ai fait perdre ? Soyez tranquille, répondit madame de La Baudraye foudroyée par cette sortie, votre Ellénore ne meurt pas, et si Dieu lui prête vie, si vous changez de conduite, si vous renoncez aux lorettes et aux actrices, nous vous trouverons mieux qu'une Félicie Cardot.

Chacun des deux amants devint maussade : Lousteau jouait la tristesse, il voulait paraître sec et froid; tandis que Dinah, vraiment triste, écoutait les reproches de son cœur.

— Pourquoi, dit Lousteau, ne pas finir comme nous aurions dû commencer, cacher à tous les yeux notre amour, et nous voir secrètement ?

— Jamais ! dit la nouvelle comtesse en prenant un air glacial. Ne devinez-vous pas que nous sommes, après tout, des êtres finis. Nos sentiments nous paraissent infinis à cause du pressentiment que nous avons du ciel; mais ils ont ici-bas pour limites les forces de notre organisation. Il est des natures molles et lâches qui peuvent recevoir un nombre infini de blessures et persister; mais il en est de plus fortement trempées qui finissent par se briser sous les coups. Vous m'avez...

— Oh ! assez, dit-il, *ne faisons plus de copie !...* Votre article me semble inutile, car vous pouvez vous justifier par un seul mot : *Je n'aime plus !...*

— Ah ! c'est moi qui n'aime plus !... s'écria-t-elle étourdie.

— Certainement. Vous avez calculé que je vous causais plus de chagrins, plus d'ennuis que de plaisirs, et vous quittez votre associé...

— Je le quitte !... s'écria-t-elle en levant les deux mains.

— Ne venez-vous pas de dire : *Jamais !...*

— Eh ! bien, oui, *jamais,* reprit-elle avec force.

Ce dernier jamais, dicté par la peur de retomber sous la domination de Lousteau, fut interprété par lui comme la fin de son pouvoir, du moment où Dinah restait insensible à ses méprisants sarcasmes. Le journaliste ne put retenir une larme : il perdait une affection sincère, illimitée. Il avait trouvé dans Dinah la plus douce Lavallière, la plus agréable Pompadour qu'un égoïste qui n'est pas roi pouvait désirer; et, comme l'enfant qui s'aperçoit, qu'à force de tracasser son hanneton, il l'a tué, Lousteau pleurait.

Madame de La Baudraye s'élança hors de la petite salle où elle dînait, paya le dîner et se sauva rue de l'Arcade en se grondant et se trouvant féroce.

Dinah passa tout un trimestre à faire de son hôtel un modèle du comfortable. Elle se métamorphosa elle-même. Cette double métamorphose coûta trente mille francs au delà des prévisions du jeune pair de France.

Le fatal événement qui fit perdre à la famille d'Orléans son héritier présomptif ayant nécessité la réunion des Chambres en août 1842, le petit La Baudraye vint présenter ses titres à la noble Chambre plus tôt qu'il ne le croyait. Il fut si content des œuvres de sa femme qu'il donna les trente mille francs. En revenant du Luxembourg, où, selon les usages, il fut présenté par deux pairs, le baron de Nucingen et le marquis de Montriveau, le nouveau comte rencontra le vieux duc de Chaulieu, l'un de ses anciens créanciers, à pied, un parapluie à la main; tandis qu'il se trouvait campé dans une petite voiture basse sur les panneaux de laquelle brillait son écusson et où se lisait: *Deo sic patet fides et hominibus.* Cette comparaison mit dans son cœur une dose de ce baume dont se grise la Bourgeoisie depuis 1830. Madame La Baudraye fut effrayée en revoyant alors son mari mieux qu'il n'était le jour de son mariage. En proie à une joie superlative, l'avorton triomphait à soixante-quatre ans de la vie qu'on lui déniait, de la famille que le beau Milaud de Nevers lui interdisait d'avoir, de sa femme qui recevait chez elle à dîner monsieur et madame de Clagny, le curé de l'Assomption et ses deux introducteurs à la Chambre. Il caressa ses enfants avec une fatuité charmante. La beauté du service de table eut son approbation.

— Voilà les toisons du Berry, dit-il en montrant à monsieur de Nucingen les cloches surmontées de sa nouvelle couronne, elles sont d'argent !

Quoique dévorée d'une profonde mélancolie contenue avec la puissance d'une femme devenue vraiment supérieure, Dinah fut charmante, spirituelle, et surtout parut rajeunie dans son deuil de cour.

— L'on dirait, s'écria le petit La Baudraye en montrant sa femme à monsieur de Nucingen, que la comtesse a moins de trente ans !

— Ah ! *matame aid eine fame te drende ansse ?* reprit le baron qui se servait des plaisanteries consacrées en y voyant une sorte de monnaie pour la conversation.

— Dans toute la force du terme, répondit la comtesse, car j'en ai trente-cinq, et j'espère bien avoir une petite passion au cœur...

— Oui, ma femme m'a ruiné en potiches, en chinoiseries...

— Madame a eu ce goût-là de bonne heure, dit le marquis de Montriveau en souriant.

— Oui, reprit le petit La Baudraye en regardant froidement le marquis de Montriveau qu'il avait connu à Bourges, vous savez qu'elle a ramassé en 25, 26 et 27 pour plus d'un million de curiosités qui font d'Anzy un musée...

— Quel aplomb ! pensa monsieur de Clagny en trouvant ce petit avare de province à la hauteur de sa nouvelle position.

Les avares ont des économies de tout genre à dépenser. Le lendemain du vote de la loi de régence par la Chambre, le petit pair de France alla faire ses vendanges à Sancerre et reprit ses habitudes. Pendant l'hiver de 1842 à 1843, la comtesse de La Baudraye, aidée par l'Avocat-Général à la Cour de Cassation, essaya de se faire une société. Naturellement elle prit un jour, elle distingua parmi les célébrités, elle ne voulut voir que des gens sérieux et d'un âge mûr. Elle essaya de se distraire en allant aux Italiens et à l'Opéra. Deux fois par semaine, elle y menait sa mère et madame de Clagny, que le magistrat força de voir madame de La Baudraye. Mais, malgré son esprit, ses façons aimables, malgré ses airs de femme à la mode, elle n'était heureuse que par ses enfants sur lesquels elle reporta toutes ses tendresses trompées. L'admirable monsieur de Clagny recrutait des femmes pour la société de la comtesse, et il y parvenait ! Mais il réussissait beaucoup plus auprès des femmes pieuses qu'auprès des femmes du monde.

— Elles l'ennuient ! se disait-il avec terreur en contemplant son idole mûrie par le malheur, pâlie par les remords, et alors dans tout l'éclat d'une beauté reconquise et par sa vie luxueuse et par sa maternité.

Le dévoué magistrat, soutenu dans son œuvre par la mère et par le curé de la paroisse, était admirable en expédients. Il servait chaque mercredi quelque célébrité d'Allemagne, d'Angleterre, d'Italie ou de Prusse à sa chère comtesse ; il la donnait pour une femme *hors ligne* à des gens auxquels elle ne disait pas deux mots ; mais qu'elle écoutait avec une si profonde attention qu'ils s'en allaient convaincus de sa supériorité. Dinah vainquit à Paris par le silence, comme à Sancerre par sa loquacité. De temps en temps, une épigramme sur les choses ou quelque observation sur les ridicules révélait une femme habituée à manier les idées, et qui quatre ans auparavant avait rajeuni le feuilleton de Lousteau. Cette époque fut pour la passion du pauvre magistrat comme cette saison nommée l'été de la Saint-Martin dans les années sans soleil. Il se fit plus vieillard qu'il ne l'était pour avoir le droit d'être l'ami de Dinah sans lui faire tort ; mais comme s'il eût été jeune, beau, compromettant, il se mettait à distance en homme qui devait cacher son bonheur. Il essayait de couvrir du plus profond secret ses petits soins, ses légers cadeaux que Dinah montrait au grand jour. Il tâchait de donner des significations dangereuses à ses moindres obéissances.

— Il joue à la passion, disait la comtesse en riant.

Elle se moquait de monsieur de Clagny devant lui, et le magistrat se disait : — Elle s'occupe de moi !

— Je fais une si grande impression à ce pauvre homme, disait-elle en riant à sa mère, que si je lui disais oui, je crois qu'il dirait non.

Un soir monsieur de Clagny ramenait en compagnie de sa femme sa chère comtesse profondément soucieuse. Tous trois venaient d'assister à la première représentation de *la Main droite et la Main gauche*, le premier drame de Léon Gozlan.

— A quoi pensez-vous? demanda le magistrat effrayé de la mélancolie de son idole.

La persistance de la tristesse cachée mais profonde qui dévorait la comtesse était un mal dangereux que l'Avocat-Général ne savait pas combattre, car le véritable amour est souvent maladroit, surtout quand il n'est pas partagé. Le véritable amour emprunte sa forme au caractère. Or, le digne magistrat aimait à la manière d'Alceste, quand madame de La Baudraye voulait être aimée à la manière de Philinte. Les lâchetés de l'amour s'accommodent fort peu de la loyauté du Misanthrope. Aussi Dinah se gardait-elle bien d'ouvrir son cœur à son *Patito*. Comment oser avouer qu'elle regrettait parfois son ancienne fange? Elle sentait un vide énorme dans la vie du monde, elle ne savait à qui rapporter ses succès, ses triomphes, ses toilettes. Parfois les souvenirs de ses misères revenaient mêlés au souvenir de voluptés dévorantes. Elle en voulait parfois à Lousteau de ne pas s'occuper d'elle, elle aurait voulu recevoir de lui des lettres ou tendres ou furieuses.

Dinah ne répondant pas, le magistrat répéta sa question en prenant la main de la comtesse et la lui serrant entre les siennes d'un air dévot.

— Voulez-vous la main droite ou la main gauche? répondit-elle en souriant.

— La main gauche, dit-il, car je présume que vous parlez du mensonge et de la vérité.

— Eh! bien, je l'ai vu, lui répliqua-t-elle en parlant de manière à n'être entendu que du magistrat. En l'apercevant triste, profondément découragé, je me suis dit : A-t-il des cigares? a-t-il de l'argent?

— Eh! si vous voulez la vérité, je vous dirai, s'écria monsieur de Clagny, qu'il vit maritalement avec Fanny Beaupré. Vous m'arrachez cette confidence!... je ne vous l'aurais jamais appris : vous auriez cru peut-être à quelque sentiment peu généreux chez moi.

Madame de La Baudraye donna une poignée de main à l'Avocat-Général.

— Vous avez pour mari, dit-elle à son chaperon, un des hommes les plus rares. Ah! pourquoi....

Et elle se cantonna dans son coin en regardant par les glaces du coupé; mais elle supprima le reste de sa phrase que l'Avocat-Général devina : Pourquoi Lousteau n'a-t-il pas un peu de la noblesse de cœur de votre mari!...

Néanmoins cette nouvelle dissipa la mélancolie de madame de La Baudraye, qui se jeta dans la vie des femmes à la mode; elle voulut avoir du succès, et elle en obtint; mais elle faisait peu de progrès dans le monde des femmes; elle éprouvait des difficultés à s'y produire. Au mois de mars, les prêtres amis de madame Piédefer et l'Avocat-Général frappèrent un grand coup en faisant nommer madame la comtesse de La Baudraye quêteuse pour l'œuvre de bienfaisance fondée par madame de Carcado. Enfin elle fut désignée à la cour pour recueillir les dons en faveur des victimes du tremblement de terre de la Guadeloupe.

La marquise d'Espard, à qui monsieur de Canalis lisait les noms de ces dames à l'Opéra, dit en entendant celui de la comtesse : — Je suis depuis bien long-temps dans le monde, je ne me rappelle pas quelque chose de plus beau que les manœuvres faites pour le sauvetage de l'honneur de madame de La Baudraye.

Pendant les jours de printemps, qu'un caprice de notre planète fit luire sur Paris dès la première semaine du mois de mars et qui permit de voir les Champs-Élysées feuillés et verts à Longchamp, plusieurs fois déjà, l'amant de Fanny-Beaupré, dans ses promenades avait aperçu madame de La Baudraye sans être vu d'elle. Il fut alors plus d'une fois mordu au cœur par un de ces mouvements de jalousie et d'envie assez familiers aux gens nés et élevés en province, quand il revoyait son ancienne maîtresse, bien posée au fond d'une jolie voiture, bien mise, un air rêveur, et ses deux enfants à chaque portière. Il s'apostrophait d'autant plus en lui-même qu'il se trouvait aux prises avec la plus aiguë de toutes les misères, une misère cachée. Il était, comme toutes les natures essentiellement vaniteuses et légères, sujet à ce singulier point d'honneur qui consiste à ne pas déchoir aux yeux de son public, qui fait commettre des crimes légaux aux hommes de Bourse pour ne pas être chassés du temple de l'agiotage, qui donne à certains criminels le courage de faire des actes de vertu. Lousteau dînait et déjeunait, fumait comme s'il était riche. Il n'eût pas, pour une succession, manqué d'acheter les cigares les plus chers, pour lui, comme pour le dramaturge ou le prosateur avec lesquels il entrait dans un Débit.. Le journaliste se promenait en bottes vernies ; mais il craignait des saisies qui, selon l'expression des huissiers, avaient reçu tous les sacrements. Fanny-Beaupré ne possédait plus rien d'engageable, et ses appointements étaient frappés d'oppositions ! Après avoir épuisé le chiffre possible des avances aux Revues, aux journaux et chez les libraires, Étienne ne savait plus de quelle encre faire or. Les jeux, si maladroitement supprimés, ne pouvaient plus acquitter, comme jadis, les lettres de change tirées sur leurs tapis verts par les Misères au désespoir. Enfin, le journaliste était arrivé à un tel désespoir, qu'il venait d'emprunter au plus pauvre de ses amis, à Bixiou, à qui jamais il n'avait rien demandé, cent francs!

Ce qui peinait le plus Lousteau, ce n'était pas de devoir cinq mille francs, mais de se voir dépouillé de son élégance, de son mobilier acquis par tant de privations, enrichi par madame de La Baudraye. Or, le 3 avril, une affiche jaune arrachée par le portier après avoir fleuri le mur, avait indiqué la vente d'un beau mobilier pour le samedi suivant, jour des ventes par autorité de justice.

Lousteau se promena, fumant des cigares et cherchant des idées; car les idées, à Paris, sont dans l'air, elles vous sourient au coin d'une rue, elles s'élancent sous une roue de cabriolet avec un jet de boue! Le flâneur avait déjà cherché des idées d'articles et des sujets de nouvelles pendant tout un mois; mais il n'avait rencontré que des amis qui l'entraînaient à dîner, au théâtre, et qui grisaient son chagrin, en lui disant que le vin de Champagne l'inspirerait.

— Prends garde, lui dit un soir l'atroce Bixiou qui pouvait tout à la fois donner cent francs à un camarade et le percer au cœur avec un mot. En t'endormant toujours soûl, tu te réveilleras fou.

La veille, le vendredi, le malheureux, malgré son habitude de la misère, était affecté comme un condamné à mort. Jadis, il se serait dit : — Bah! mon mobilier est vieux, je le renouvellerai. Mais il se sentait incapable de recommencer des tours de force littéraires. La librairie dévorée par la contrefaçon payait peu. Les journaux lésinaient avec les talents éreintés, comme les directeurs de théâtre avec les ténors qui baissent d'une note. Et d'aller devant lui, l'œil sur la foule sans y rien voir, le cigare à la bouche et les mains dans ses goussets, la figure crispée en dedans, un faux sourire sur les lèvres. Il vit alors passer madame de La Baudraye en voiture, elle prenait le boulevard par la rue de la Chaussée-d'Antin pour se rendre au Bois.

— Il n'y a plus que cela, se dit-il.

Il rentra chez lui s'y adoniser. Le soir, à sept heures, il vint en citadine à la porte de madame de La Baudraye et pria le concierge de faire parvenir à la comtesse un mot ainsi conçu :

« *Madame la comtesse veut-elle faire à monsieur Lous-*
» *teau la grâce de le recevoir un instant, et à l'instant.* »

Ce mot était cacheté d'un cachet qui, jadis, servait aux deux amants. Madame de La Baudraye avait fait graver sur une véritable cornaline orientale : *parce que!* Un grand mot, le mot des femmes, le mot qui peut expliquer tout, même la création.

La comtesse venait d'achever sa toilette pour aller à l'Opéra, le vendredi était son jour de loge. Elle pâlit en voyant le cachet.

— Qu'on attende! dit-elle en mettant le billet dans son corsage.

Elle eut la force de cacher son trouble et pria sa mère de coucher les enfants. Elle fit alors dire à Lousteau de venir, et elle le reçut dans un boudoir attenant à son grand salon, les portes ouvertes. Elle devait aller au bal après le spectacle, elle avait mis une délicieuse robe en soie brochée à raies alternativement mates et pleines de fleurs, d'un bleu pâle. Ses gants garnis et à glands laissaient voir ses beaux bras blancs. Elle étincelait de dentelles, et portait toutes les jolies futilités voulues par la mode. Sa coiffure à la Sévigné lui donnait un air fin. Un collier de perles ressemblait sur sa poitrine à des soufflures sur de la neige.

— Qu'avez-vous, monsieur? dit la comtesse en sortant son pied de dessous sa robe pour pincer un coussin de velours, je croyais, j'espérais être parfaitement oubliée...

— Je vous dirais *jamais*, vous ne voudriez pas me croire, dit Lousteau qui resta debout et se promena tout en mâchant des fleurs qu'il prenait à chaque tour aux jardinières dont les massifs embaumaient le boudoir.

Un moment de silence régna. Madame de La Baudraye, en examinant Lousteau, le trouva mis comme pouvait l'être le scrupuleux dandy.

— Il n'y a que vous au monde qui puissiez me secourir et me tendre une perche, car je me noie, et j'ai déjà bu plus d'une gorgée.... dit-il en s'arrêtant devant Dinah et paraissant céder à un effort suprême. Si vous me voyez, c'est que mes affaires vont bien mal.

— Assez! dit-elle, je vous comprends..

Une nouvelle pause se fit entre eux pendant laquelle Lousteau se retourna, prit son mouchoir, et eut l'air d'essuyer une larme.

— Que vous faut-il, Étienne? reprit-elle d'une voix maternelle. Nous sommes en ce moment de vieux camarades, parlez-moi comme vous parleriez.... à.... à Bixiou.....

— Pour empêcher mon mobilier de sauter demain à l'hôtel des Commissaires-Priseurs, dix-huit cents francs! Pour rendre à mes amis, autant! trois termes au propriétaire que vous connaissez.... Ma tante exige cinq cents francs.....

— Et pour vous, pour vivre....

— Oh! j'ai ma plume!....

— Elle est à remuer d'une lourdeur qui ne se comprend pas quand on vous lit.... dit-elle en souriant avec finesse. — Je n'ai pas la somme que vous me demandez.... Venez demain à huit heures, l'huissier attendra bien jusqu'à neuf, surtout si vous l'emmenez pour le payer.

Elle sentit la nécessité de congédier Lousteau qui feignait de ne pas avoir la force de la regarder; mais elle éprouvait une compassion à délier tous les nœuds gordiens que noue la Société.

— Merci! dit-elle en se levant et tendant la main à Lousteau, votre confiance me fait un bien!.... Oh! il y a long-temps que je ne me suis senti tant de joie au cœur....

Lousteau prit la main, l'attira sur son cœur et la pressa tendrement.

— Une goutte d'eau dans le désert, et... par la main d'un ange!... Dieu fait toujours bien les choses!

Ce fut dit moitié plaisanterie et moitié attendrissement; mais, croyez-le bien, ce fut aussi beau, comme jeu de théâtre, que celui de Talma dans son fameux rôle de Leicester où tout est en nuances de ce genre. Dinah sentit battre le cœur à travers l'épaisseur du drap, il battait de plaisir, car le journaliste échappait à l'épervier judiciaire; mais il battait aussi d'un désir bien naturel à l'aspect de Dinah rajeunie et renouvelée par l'opulence. Madame de La Baudraye, en examinant Étienne à la dérobée, aperçut la physionomie en harmonie avec toutes les fleurs d'amour qui, pour elle, renaissaient dans ce cœur palpitant; elle essaya de plonger ses yeux, une fois, dans les yeux de celui qu'elle avait tant aimé, mais un sang tumultueux se précipita dans ses veines et lui troubla la tête. Ces deux êtres échangèrent alors le même regard rouge qui, sur le quai de Cosne, avait donné l'audace à Lousteau de froisser la robe d'organdi. Le drôle attira Dinah par la taille, elle se laissa prendre, et les deux joues se touchèrent.

— Cache-toi, voici ma mère! s'écria Dinah tout effrayée. Et elle courut au-devant de madame Piédefer. — Maman, dit-elle (ce mot était pour la sévère madame Piédefer une caresse qui ne manquait jamais son effet), voulez-vous me faire un grand plaisir, prenez la voiture, allez vous-même chez notre banquier monsieur Mongenod, avec le petit mot que je vais vous donner. Venez, venez, il s'agit d'une bonne action, venez dans ma chambre?

Et elle entraîna sa mère qui semblait vouloir regarder la personne qui se trouvait dans le boudoir.

Deux jours après, madame Piédefer était en grande conférence avec le curé de la paroisse. Après avoir écouté les lamentations de cette vieille mère au désespoir, le curé lui dit gravement : — Toute régénération morale qui n'est pas appuyée d'un grand sentiment religieux, et poursuivie au sein de l'Église, repose sur des fondements de sable... Toutes les pratiques, si minutieuses et si peu comprises que le catholicisme ordonne, sont autant de digues nécessaires à contenir les tempêtes du mauvais esprit. Obtenez donc de madame votre fille qu'elle accomplisse tous ses devoirs religieux et nous la sauverons...

Dix jours après cette conférence, l'hôtel de La Baudraye était fermé. La comtesse et ses enfants, sa mère, enfin toute sa maison, qu'elle avait augmentée d'un précepteur, était partie pour le Sancerrois où Dinah voulait passer la belle saison. Elle fut charmante, dit-on, pour le comte.

NOTE DE L'AUTEUR. — Page 360, ligne 27, au lieu de Tobie Piédefer, lisez Silas Piédefer. On peut pardonner à l'auteur de s'être rappelé trop tard que les calvinistes n'admettent pas le livre de TOBIE dans les Saintes-Écritures.

FIN DU SIXIÈME VOLUME.

TABLE DES MATIÈRES.

SCÈNES DE LA VIE DE PROVINCE.

Les Célibataires : (deuxième histoire) Le Curé de Tours.............. 1
Les Célibataires : (troisième histoire) Un Ménage de garçon.......... 63
Les Parisiens en province : (première histoire) L'Illustre Gaudissart.. 318
Les Parisiens en province : (deuxième histoire) La Muse du département. 355

FIN DE LA TABLE.

www.ingramcontent.com/pod-product-compliance
Lightning Source LLC
Chambersburg PA
CBHW071409230426
43669CB00010B/1491